KB253527

新選明文東洋古典大系

新完譯

古文眞寶 前集

黃 堅 編纂
金學主 譯著

明文堂

▲**한유상**(韓愈像) 768~824, 자는 퇴지(退之). 송대(宋代)에 창려백(昌黎伯)에 추봉되어 흔히 한창려라고도 부른다.

▲**조식**(曹植)192~232, 자는 자건(子建)으로 삼국시대 위(魏)나라 조조(曹操)의 셋째 아들이다. 일곱 발자국[七步]을 걷는 동안 시를 지었다.

▲**왕소군**(王昭君)이 흉노 땅으로 시집가는 그림

▶**도연명**(陶淵明) **입상**(立像) 365~427, 이름은 잠(潛), 자가 연명(淵明), 정절(靖節)선생이라고도 불렸다. 〈귀거래사(歸去來辭)〉를 읊으며 전원으로 돌아가 술을 벗하며 시로 한평생을 보냈다.

▼**여산**(廬山) 여산은 삼면이 물로 둘러싸이고 계곡에는 명승이 많아 옛부터 찬탄되어온 명산이다. 강서성(江西省) 구강시(九江市) 남쪽에 있다.

▲**이백**(李白) **초상화** 701~762, 자는 태백(太白), 청련거사(靑蓮居士)라 자호(自號)하였다. 두보(杜甫)와 쌍벽을 이루는 당대(唐代)의 대표적 시인이다.

▲**두보상**(杜甫像) 712~770, 자는 자미(子美). 흔히 이백을 시선(詩仙), 두보를 시성(詩聖)이라 하며 '이두(李杜)'라 부른다.

◀**백거이**(白居易) **입상**(立像) 772~846, 자는 낙천(樂天), 호는 취음선생(醉吟先生) 또는 향산거사(香山居士)라 하였다.

▼**왕안석상**(王安石像) 1021~1086, 자는 개보(介甫), 호는 반산(半山). 당송팔대가의 한 사람이다.

고문진보(古文眞寶)

전집(前集)

역자 서문

이 책은 내용이 가장 풍부한 우리나라 판본의 《상설고문진보대전(詳說古文眞寶大全)》을 완역한 것이다. 우리나라판 《고문진보(古文眞寶)》는 송우정(宋佑貞) 음석(音釋)·유섬(劉剡) 교정(校正)이라 표기하고 있는데, 송우정이나 유섬 모두 어떤 사람인지 알 길이 없다. 어떻든 우리나라에서 읽힌 《고문진보》는 전집(前集)이 12권인데, 10권으로 된 중국의 어떤 판본보다도 수십 수의 시가 더 많이 실려 있고, 후집(後集)도 중국 판본과 같은 10권이지만 내용은 거의 배나 되는 양의 글을 뽑아 싣고 있다.

그것은 조선조(朝鮮朝)를 통하여 《고문진보》가 고시(古詩)와 고문(古文)의 교과서로 가장 널리 읽혀졌고, 따라서 학자들이 이에 주의하여 그 내용을 우리 나름대로 충실히 보충하였기 때문이라 생각된다. 우리나라에서는 서너 종류의 《고문진보》가 간행되었으나 내용은 모두 같은 것들이다.

이처럼 《고문진보》는 우리나라에서 가장 널리 읽혀왔던 고시(古詩)와 고문(古文)의 교과서 같은 것이었으나, 아직도 완역본이 나온 일이 없다. 대부분이 빈약한 일본 판본을 근거로 한 일본 사람들의 번역을 따른 초역(抄譯)이거나, 일부 완역을 목표로 한 것도 그들의 범위를 벗어난 것은 하나도 발견하지 못하였다.

우리나라판 《고문진보》를 완역한 것은, 그 내용이 풍부하여 중국의 고시와 고문을 공부하는 데에 다른 어떤 책보다도 편리하다는 이유도 있지마는, 《고문진보》의 편자나 마찬가지로 이 책을 통하여 동양의 옛 윤리와 사상 같은 것도 아울러 이해하며, 우리 선인들의 학문 성격도 직접 이해하게 되기 바라는 마음에서이다.

따라서 역문도 쉬운 현대어이면서도 본문과 대조하기 편리하도록 어순을 배열하였으며, 본문을 근거로 하여 자세한 주해(注解)를 가하고, 또 이 책 전체에 대한 해제(解題)와 각 문류(文類)에 대한 해설 및 각 작품에 대한 해설을 붙였다.

이 책의 번역은 본시 명문당(明文堂) 김동구(金東求) 사장의 권유로 10여년 전에 착수했던 것이다. 일이 7할 정도 진전된 상태에서 개인 사정으로 중단했다가 10여년 뒤인 오늘에야 다시 틈을 내어 나머지를 완성시켜 내놓게 된 것이다. 이전의 한 일도 다시 한번 교열하기는 하였으나 10여년의 공백이 큰 차질을 빚는 것이나 아닌지 몹시 걱정된다. 게다가 아직도 크게 부족한 공부 수준인지라 더욱 두려운 마음 가실 길이 없다. 이 책을 접하는 여러분들의 친절하고도 거리낌없는 고견(高見)을 간절히 바랄 따름이다.

끝으로 늘 우리 전통 문화와 동양에 관한 책의 출판에 사명감을 느끼며, 어려운 출판계 사정에도 불구하고 수많은 좋은 책들을 내고 있는 출판사 명문당의 노력과 성과에 경의를 표한다.

1985년　11월 17일

역저자　김학주(金學主)　씀

개정판 서문

《고문진보》 전집은 송(宋)대 이전의 중국시 선집(選集)이다. 이 책은 앞의 역자 서문에서도 밝힌 바 있듯이 우리나라 최초의 《상설고문진보대전(전집)》의 완역본이다. 다소 세월이 흘러 이제 개정판을 내게 되어 늦은감은 있으나 감회가 새롭다.

본인은 《중국시선집》을 구상하던 중 《고문진보》 전집을 바탕으로 《당시선》·《송시선》 발간을 명문당 김동구 사장에게 제의하였고, 김사장은 흔쾌히 이를 받아들여 《당시선》·《송시선》을 출간하게 되었다. 김사장의 선견지명에 이 자리를 빌어 고맙게 생각한다.

이번에 새로 가로 조판을 하면서 손이 닿는 대로 전반적으로 교정하였다. 한자에 어려움을 느끼는 한글 세대를 위하여 원문은 물론 한자로 되어 있던 주해 및 해설 부분에 한글로 음을 달아 읽기 쉽게 하였다.

또한 시 제목 및 번역문도 가능한 한 다시 풀어 써서 중국 고시에 관심있는 사람이라면 누구든지 쉽게 접할 수 있도록 배려하였다.

우리 선인들이 가장 많이 시 공부의 교과서로 사용한 이 《고문진보》 전집이 새로운 세대에게도 더 많이 읽히는 계기가 되기를 바라는 바이다. 바로 이것이 명문당 김동구 사장이 이 책을 아끼는 뜻일 것이다.

오직 독자 여러분의 거리낌없는 고견과 격려를 빌 따름이다.

2004. 10. 1.

김 학 주 인헌서실에서

일러두기

1. 이 책은 문장의 편수(篇數)가 가장 많은 우리나라의 《상설고문진보 대전(詳說古文眞寶大全)》 본문을 완역(完譯)한 것이다.
2. 본문은 각 시문(詩文), 작자의 본집과 대조하여 바로잡고, 현대적인 토를 달았다.
3. 내용은 여러 가지 종류의 시문(詩文)에 전체적인 해설을 붙인 위에, 원문·번역·주해·해설의 순서로 배열하였다.
4. 번역은 가능한 한 본문의 어순(語順)을 따르면서도, 쉽고도 현대적인 문장이 되도록 노력하였다.
5. 주해는 본문을 기준으로 하여 대조하기 쉽도록 번호를 붙이고 독음과 자세한 풀이를 붙였다. 특별한 설명을 하고 있는 곳에서는 언제나 그 출전(出典)을 밝혔다.
6. 해설은 각 작품의 내용을 이해하는 데 도움을 주는 해설을 하거나, 그 작품에 관한 옛 학자들의 특별한 견해나 그와 관련된 자료를 소개하였다.
7. 작가들에 대하여는 끝머리에 부록으로 작자약전(作者略傳)을 붙여 참고에 편하도록 하였다.
8. 본시 《고문진보》에서는 작가의 이름을 표기할 때 명(名)·자(字)·호(號)를 뒤섞어 쓰고 있으나, 여기에서는 모두 명(名)으로 통일하여 혼란을 피하였다.

차 례

오언고풍단편(五言古風短篇) 65

▮ 권2(卷二) 141

▌권 3(卷三) 215

오언고풍장편(五言古風長篇) 217

권 4 (卷四) 329

칠언고풍단편(七言古風短篇) 331

▌권5(卷五) 377

▮권6(卷六) 441

칠언고풍장편(七言古風長篇) 443

▌권 7 (卷七) 485

장단구 (長短句) 487

▌권8(卷八) 553

가류(歌類) 555

▌권10(卷十) 687

행류(行類) 689

▌권11(卷十一) 735

▮ 권 12 (卷十二) 785

음류 (吟類) 787

인류 (引類) 797

《고문진보》해제

― 조선 간 《상설고문진보대전(詳說古文眞寶大全)》에 대하여

1. 들어가는 말

《고문진보(古文眞寶)》는 '고문(古文)의 진짜 보배'라는 뜻이다. 이 책은 고시(古詩)와 고문(古文)의 교과서로서 조선시대에 무수히 간행되었으며1) 가장 널리 읽혔던 중국의 시문선집(詩文選集)이다. 중국에서는 송(宋)대에 구양수(歐陽修)·소식(蘇軾) 같은 대가(大家)들에 힘입어 고문운동(古文運動)이 성공을 거둔 뒤 원(元)·명(明)대에 이 《고문진보》가 가장 성행하여 여러 가지 판본이 나왔다.

그러나 청(淸)대에 이르러서는 동성파(桐城派)의 고문(古文)이 주류를 이루고 요내(姚鼐, 1731~1815)의 《고문사류찬(古文辭類纂)》이 고문의 규범으로 너무나 큰 자리를 차지하게 되어 《고문진보》는 차츰 세상에서 자취를 감추게 되었다. 강희연간(康熙年間, 1662~1722)에 나온 《고문관지(古文觀止)》도 선문(選文)의 기준이 훨씬 분명하여 《고문진보》의 유행을 누르는 데 한몫을 하였을 것이며, 명(明) 풍유눌(馮惟訥, 1550 전후)의 《고시기(古詩紀)》와 청(淸) 심덕잠(沈德潛, 1673~1769)의 《고시원(古詩源)》 같은 빼어난 고시선집(古詩選集)의 출현도 《고문진보》 전집(前集)의 빛을 잃게 하였을 것이다.

---

1) 成宗朝(1470~1494)에 첫 活字本이 나온 이래로 韓末에 이르기까지 여러 가지 刻本이 나왔다.

그러나 우리나라와 일본에서는 계속 《고문진보》가 널리 읽혀, 일본에서도 여러 판본이 간행되었다. 특히 조선시대에 간행되어 우리나라에 널리 읽힌 《상설고문진보대전》 판본은 빼어난 특징을 지니고 있다.

여기에서는 《고문진보》의 일반적인 성격을 검토해 보고 난 뒤 조선시대에 간행되었던 《상설고문진보대전》은 중국이나 일본의 그것들과 비교할 때 어떤 특징을 갖고 있는가를 밝혀 보려는 것이다. 그리고 조선시대에 간행된 진덕수(眞德秀, 1178~1235)의 《문장정종(文章正宗)》, 사방득(謝枋得, 1226~1289)의 《문장궤범(文章軌範)》 등의 고문선집(古文選集)과는 어떤 관계가 있는지도 검토해 보려 한다.

2. 《고문진보》의 편찬과 그 성격

명(明)나라 홍치(弘治) 15년(1502) 겨울에 청려재(青藜齋)가 쓴 〈중간고문진보발(重刊古文眞寶跋)〉에는 이 책을 "영양(永陽, 江蘇省 徐州府)의 황견(黃堅)이 편찬했다."고 하였고, 조선 간본에도 편자를 황견이라고 한다. 황견이 어느 시대의 어떤 사람인지 알 수 없으나, 이 책에 남송(南宋) 말엽의 사방득(謝枋得)과 문천상(文天祥, 1236~1282)의 글이 실려 있으니, 혹 이 글들이 후세 사람에 의하여 보충된 것일는지도 모르나, 그는 송말(宋末) 원초(元初) 사람일 것이라고 추측할 수 있을 따름이다. 지금 우리에게 전하는 《고문진보》는 어떤 판본을 막론하고 모두 후세 사람들 손에 의한 개편을 거친 것이라 생각되므로 후세 사람들이 뒤에 다시 골라 넣은 글이 들어가 있을 수도 있는 것이다.

《고문진보》에는 여러 가지 판본들이 있지만 모두 《전집(前集)》과 《후집(後集)》으로 크게 나뉘어 있다. 그리고 《전집》에는 주로 고시(古詩), 《후집》에는 고문(古文)들이 모아져 있다.

고시(古詩)는 고풍(古風) 또는 고체(古體)라고도 부르는데, 이는 당

(唐) 이후 성행된 율시(律詩)와 절구(絶句)로 대표되는 근체시(近體詩)에 대가 되는 호칭이다. 그런데 근체시를 제외한 옛날의 시들 중에서도 《시경(詩經)》과 《초사(楚辭)》를 제외하고 고시라 부르는 게 보통이다. 고시의 특징은 그 체재가 근체시에 비하여 매우 자유로운 것이다. 절구(絶句)에서 강조되는 기승전결(起承轉結)의 구법이나 율시와 같은 연(聯)의 구성이나 대구(對句)의 법칙도 없고, 심지어 구수(句數)나 한 구의 자수에도 일정한 규정이 없고 압운(押韻)에도 일정한 원칙이 없다.

따라서 고시에는 근체시에 매우 가까워진 형식의 것들도 있지만 자유형이라 할 수 있는 것까지도 있다. 《고문진보》 전집(前集)에는 한(漢) 초에서 송(宋) 말에 이르는 시대에 지어진 여러 가지 고시들이 실려 있다. 그 중에도 이백(李白)·두보(杜甫)·소식(蘇軾)·한유(韓愈)·도연명(陶淵明)의 작품이 수십 수에서 10여 수에 이르는 분량으로 두드러지게 많이 실려 있다.

고문(古文)이란 육조(六朝)시대에 성행하였던 변려문(騈儷文)이 아닌 산문들을 가리킨다. 변려문은 변문(騈文)·변체(騈體)·사륙문(四六文) 등으로도 불리는데, 전편(全篇)이 네 자 또는 여섯 자 구(句)를 중심으로 한 대구(對句)로 이루어진 글이며, 또 그 구절들은 각 글자의 음의 고저(高低)까지도 고려되어 배열된 것이다. 이런 형식상의 구속없이 자유로이 쓴 글이 고문이다.

따라서 고문에는 크게 볼 때 진한(秦漢)대 이전의 고문이 있고, 한유(韓愈)와 유종원(柳宗元)이 고문운동(古文運動)을 일으켰던 중당(中唐) 이후의 고문이 있다. 《고문진보》 후집(後集)에는 한(漢)에서 송(宋)에 이르는 작가의 글들이 실려 있다. 다만 한유·유종원 등 중당(中唐) 이전 작가들의 글은 몇편 되지 않으니 여기에는 당송(唐宋)의 고문이 중심을 이루고 있다 할 것이다.

명(明)나라 홍치(弘治) 간본의 청려재(靑藜齋)의 발문(跋文)에는

"《고문진보》 20권(前·後集 各 10卷)은 칠국(七國) 이래의 명가(名

家)의 작품 도합 27체(體) 312편을 싣고 있는데, 모두가 정선(精選)된 것이다."2)

하였고, 그 주(注)에

"《전집(前集)》이 245편 있고 《후집(後集)》이 67편 있으며, 합해서 312편이다. 《홍치본(弘治本)》의 《전집》은 《괴본(魁本)》과 달라서 10체(體)로 되어 있으며, 《후집》은 《괴본》과 완전히 같은 17체이다."3)

고 하였다.

《괴본》이란 원(元)나라 지정(至正) 26년(1366)에 임이정(林以正)이 산정(刪定) 주석(注釋)하여 간행한 《괴본대자제유전해고문진보(魁本大字諸儒箋解古文眞寶)》로 뒤에 일본에 전해져 여러번 번각(翻刻)됨으로써 중국보다 일본에서 더 유행되었던 판본이다. 서울대 도서관에는 《선본대자제유전해고문진보(善本大字諸儒箋解古文眞寶)》의 영본(零本) 1책(冊)이 있는데, 같은 판본으로 여겨지니 《괴본》을 간혹 《선본(善本)》이라 부르기도 하였던 듯하다.

이밖에도 명(明) 《만력중각본(萬曆重刻本)》(張天啓 釋文),4) 명(明) 만력(萬曆) 무신(戊申) 간 《고문대전(古文大全)》(葉向高 注釋), 명간(明刊) 《평림주석고문대전(評林注釋古文大全)》, 청(淸) 《신대각교정주석보유고문대전(新台閣校正注釋補遺古文大全)》(張瑞圖 校釋) 등의 다른 판본들이 있는데, 모두 체재와 내용에서 약간의 차이가 있다.

형식에 있어서 이들보다 더욱 두드러진 특징을 보여주는 것이 조선간 《상설고문진보대전(詳說古文眞寶大全)》이다. 앞머리에 전진사(前進

---

2) "永陽(屬徐州府) 黃堅氏(徐州 麟峰人) 所集古文眞寶二十卷(指眞寶 前後集), 載七國而下諸名家之作, 凡二十有七體, 三百十有二篇, 蓋精選也."

3) "前集有二百四十五篇, 後集有六十七篇也, 合三百十二篇. 弘治本前集, 與魁本有異, 已有十體. 後集與魁本全同, 而十七體也."

4) 《萬曆重刻本》에는 明 神宗의 序文이 있고, 帝命으로 35篇을 보충하여 萬曆 11년(1583)에 간행한 것으로 되어 있는데, 정말 勅撰인지 아닌지 의심스러운 점이 많다.

士) 송백정(宋伯貞) 음석(音釋), 후학(後學) 경조(京兆) 유섬(劉剡) 교정(校正)이라 쓰고 있다. 《전집》은 모두 12권에 243수(首)의 작품이 권학문(勸學文)·오언고풍단편(五言古風短篇)·오언고풍장편(五言古風長篇)·칠언고풍단편(七言古風短篇)·칠언고풍장편(七言古風長篇)·장단구(長短句)·가류(歌類)·행류(行類)·음류(吟類)·인류(引類)·곡류(曲類)·사(辭)의 12류(類)로 분류되어 차례대로 실려 있다.

《후집》은 대체로 부정확하기는 하나 연대순으로 130편의 작품이 실려 있다. 이는 《전집》의 성질은 형식이나 내용이 다른 판본과 크게 다를 것이 없지만 《후집》은 다른 판본들과 전혀 다른 형식과 내용임을 알려준다. 《홍치본(弘治本)》이나 《괴본(魁本)》 모두 《후집》은 10권이나 글을 사(辭)·부(賦)·설(說)·해(解)·서(序)·기(記)·잠(箴)·명(銘)·문(文)·송(頌)·전(傳)·비(碑)·변(辯)·표(表)·원(原)·논(論)·서(書) 등 17체로 나누어 67편의 작품을 싣고 있다. 조선 간본은 작품수가 130편이니 분량면에서 거의 배가(倍加)된 셈이며, 그 작품들이 종류별로 분류되어 있지 않은 것이다.5) 그리고 이것들을 음석(音釋)한 송백정(宋伯貞, 一作 佑貞)과 교정을 한 유섬(劉剡)이란 사람도 어떤 인물인지 자세히 알 수 없다.

《고문진보》는 중국을 비롯하여 우리나라와 일본에서까지도 널리 읽혔던 시문(詩文)의 교본이지만 그 선문기준(選文基準)이나 문장의 배열 등에는 전체적으로 큰 문제를 안고 있다. 그것은 《고문진보》가 《문선(文選)》 같은 다른 시문선집에 비길 때 학술적인 가치가 현저히 낮음을 뜻하는 것이다. 중국에서는 청(淸)대로 들어오면서 이 책이 거의 읽히지 않았던 가장 큰 이유의 하나도 여기에 있을 것이다.

우선 《전집》을 보면 고시집(古詩集)이면서도 권1에는 순전한 시라고

---

5) 卷10 끝머리에 箴·銘이 모아져 있으니, 배열에 글의 종류에 대해서도 약간은 의식하였던 듯하다.

하기에 어려운 권학문(勸學文) 8편이 실려 있고, 근체(近體)의 시도 여러편 눈에 띈다. 그리고 시를 시의 구형(句形)과 시의 장단(長短)에 따라 5·7언(言)의 단편과 장편으로 분류하고 나서, 또 일부는 시제(詩題)에 따라 가(歌)·행(行)·음(吟)·인(引)·곡(曲)·사(辭)로 분류한 것도 그 방법이 일관되지 못한 것이다. 앞의 5·7언 단편과 장편 가운데에는 또 적지 않은 가·음·행 등의 작품이 들어 있기도 하다. 그리고 조선 간본의 경우이지만 끝머리 사(辭)로 원진(元稹, 779~831)의 〈연창궁사(連昌宮辭)〉를 놓은 것은6) 더욱 어울리지 않는다.

《후집》에는 《홍치간본(弘治刊本)》이나 《괴본(魁本)》 등이 문장의 분류를 너무나 제명(題名)에 의존하여, 기(記)·서(序)·해(解) 등으로 나누고 있어, 심지어 한유(韓愈, 768~824)의 〈원인(原人)〉, 〈원도(原道)〉로 말미암아 원류(原類)까지 생겨난 것은 문제가 되지 않을 수 없다. 심지어 운문(韻文)이라 할 수 있는 사류(辭類)·부류(賦類)가 앞에 붙어 있는 것도 고문선집으로는 어울리지 않는다. 조선 간본은 더욱이 맨 앞머리에 《이소경(離騷經)》까지 붙여 놓았고, 더 많은 명문(名文)을 뽑다 보니 변려체(騈儷體) 글까지 끼어들게 되었다. 그리고 더 크게 볼 때에 《전집》의 고시와 《후집》의 고문을 한곳에 몰아놓고 《고문진보》라 부르고 있는 것도 문제이다. 고시와 고문이 전혀 관계가 없는 것은 아니지만 이것들은 서로 다른 문학사의 줄기를 타고 발전한 시와 산문이기 때문이다.

이러한 학술상의 하자(瑕疵)에도 불구하고 《고문진보》가 존중되며 널리 읽힌 것은 성리학(性理學)의 성행에 따른 도학적(道學的)인 의의(意義)가 높이 평가되었기 때문인 듯하다. 원(元) 지정(至正) 26년(1366) 간본의 정본(鄭本) 〈서문〉에서는 그 뜻을 다음과 같이 설명하고 있다.

---

6) 後集에 또 辭類가 있음을 생각하면 더욱 어울리지 않는다. 다만 朝鮮刊本은 後集의 경우 文體別 分類가 되어 있지 않아 이것이 크게 두드러지지 않을 따름이다.

"육예(六藝, 곧 六經)를 가르치지 않게 되자, 세상에서 학문의 초보를 가르치는 사람들은 반드시 《논어(論語)》와 《맹자(孟子)》를 가르치고 다음에야 고문(古文)으로 하게 되었는데, '행하고 남는 힘이 있으면 곧 그것으로 글을 배운다'(《論語》 學而)고 한 뜻을 따른 것이다. 《고문진보》는 책의 첫머리에 학문을 권하는 권학문(勸學文)이 들어 있고, 끝머리에는 〈출사표(出師表)〉(諸葛亮)·〈진정표(陳情表)〉(李密)가 들어 있는데, 어찌 사람들에게 부지런히 학문을 닦는 데 힘쓰도록 하여 그들을 충효로 유도하려는 것이 아니겠는가? 이것이 편자의 숨겨진 뜻인 것이다."7)

《고문진보》는 이처럼 학문을 올바로 닦아 충효의 도에 이르는 길을 제시해 주는 이외에, 또 고시와 고문을 공부하는 데에도 좋은 길잡이가 되어 주었기 때문에 세상에 널리 유행하였던 것이다.

3. 《상설고문진보대전》의 전래와 간행

순조(純祖) 3년(1803) 전북(全北) 태인(泰仁) 사람인 전이채(田以采)·박치유(朴致維) 두 사람이 간행한 《상설고문진보대전》에는 성화(成化) 8년(1472) 김종직(金宗直, 1431~1492)이 쓴 발문(跋文), 만력(萬曆) 40년(1612) 양몽설(梁夢說, 1565~1627)이 쓴 발문과 함께 병진년(丙辰年, 1796) 내옹(耐翁)이 쓴 발문이 붙어 있다. 김종직의 발문에 의하면 《고문진보》는 고려조(高麗朝)에 직접 사람들이 휴대하여 세 번에 걸쳐 우리나라로 유입되었다.8) 그리고 이것을 처음 간행한 사람은 여말

---

7) "自六藝不講, 而世之誨小學者, 必以語孟, 而次以古文, 亦餘力學文之意也. 眞寶之編, 首有勸學之作, 終有出師陳情之表. 豈不欲勉之以勤, 而誘之以忠孝乎? 此編者之微意也."
8) "前後三經人手, 自流入東土."

(麗末) 합포(合浦)의 전녹생(田祿生, 號 埜隱, 1318~1357)이었고, 뒤이어 관성(管城)에서도 이본(異本)이 간행되었다 하였으니,9) 여말에는 두 가지 다른 판본의 《고문진보》가 유행했음을 알 수 있다.

그리고 지금 우리에게 전하는 판본은 세종(世宗) 32년(1450)에 명나라 예겸(倪謙, 1453 전후)이 우리나라에 사신으로 오면서 가져왔던 것으로, 이전의 것들보다 거기에 실린 시문(詩文)이 거의 배가된 것이었다.10) 다만 중국에서는 이와 같은 판본이 발견되지 않았으나 명대에 간행되었던 《평림주석고문대전(評林注釋古文大全)》 또는 《신증주석고문대전(新增注釋古文大全)》과 비슷한 계열의 것으로 여겨진다.

그리고 조선시대에 성행한 《상설고문진보대전》의 조선 초간본(初刊本)은 전감사(前監司)였던 이서장(李恕長)이 자기 집에 전해지고 있던 판본을 내어 당시 진양감사(晉陽監司)였던 오백창(吳伯昌, 1415~1473)에게 간행을 부탁하여, 다시 그는 목사(牧使) 권량(權良)과 판관(判官) 최영(崔榮)에게 각인(刻印)토록 함으로써 성종(成宗) 3년(1472)에 나온 것이다.11) 그러나 김종직(金宗直)이 이러한 기록을 하기 직전에

"그러나 이 책은 세상에 성행하지 못했다. 대체로 주자(鑄字)는 인쇄하는 대로 부서져서 판본이 한 번 완성된 뒤에는 마음대로 찍어 낼 수 있는 것만 못하였다."12)

고 말하고 있으니, 성종 5년에 간인(刊印)한 것은 목판본(木版本)이고 그 이전에 주자본(鑄字本)이 나왔음이 분명하다. 또 가람문고에는 세종

---

9) 金宗直 跋文 : "埜隱田先生, 首刊于合甫, 厥後繼刊于管城, 二本互有增減."

10) 上曰 : "景泰初(1450), 翰林侍講倪先生將今本以遺我東方, 其詩若文, 視舊倍蓰, 號爲大全."

11) 上同 : "前監司李相公恕長, 嘗慨于玆, 以傳家一帙囑之晉陽今監司吳相公伯昌, 繼督牧使權公良, 判官崔侯榮, 敬承二相之志力, 調工費, 未朞月訖功, 將見是書之流布三韓, 如菽粟布帛焉."

12) 上同 : "然而此書不能盛行于世, 盖鑄字隨印隨壞, 非如板本一完之後可恣意以印也."

(世宗) 32년(1450) 간본이 소장되어 있다. 《단종실록(端宗實錄)》에도 단종 원년(1453)에 활자로 《고문진보》를 찍었다는 기록이 있다.[13]

뒤의 양몽설(梁夢說)의 발문은 광해군(光海君) 5년(1612)에 이 책을 간인한 경과를 쓴 것이고, 다시 끝머리 내옹(耐翁)의 발문은 순조(純祖) 3년(1803)에 전이채(田以采)가 이 책을 간행한 의의를 쓴 글이다. 내옹은 전이채가 여말(麗末)에 《고문진보》를 우리나라에서는 처음으로 간행하였던 전녹생(田祿生)의 후손이어서, 이 책의 간행은 자기 선조의 뜻을 계승한 훌륭한 일임을 강조하고 있다.

여기에는 《고문진보》의 전래와 간행을 설명하기 위하여 순조 때 간행된 판본의 발문을 이용하였지만, 그밖에도 조선시대에는 여러번 《고문진보》가 간행되어 세상에 널리 유행하였다.

4. 《문장정종(文章正宗)》·《문장궤범(文章軌範)》과의 관계

《고문진보》의 발문에서 김종직(金宗直)은 말하기를 "《고문진보》야말로 그 편집에 있어서 진덕수(眞德秀, 1178~1235)의 《문장정종》의 유법(遺法)을 잘 터득한 것이다."[14]라고 말하고 있다. 진덕수는 남송(南宋)의 성리학자(性理學者)로서 조선시대 학자들의 존경을 받았으며, 그가 편집한 《문장정종》은 성리학의 입장에서 선문(選文)한 것이므로, 그 고문선집(古文選輯)의 기준은 조선 학자들에게는 규범으로 받아들여질 만한 것이었다. 《고문진보》에 앞서 세종(世宗) 10년(1428)에 《서산선생진문충공문장정종(西山先生眞文忠公文章正宗)》이 간행된 이래로 다시 여러번 그 책이 간인되었던 것은 당연한 일이었다 할 것이다.

---

13) 서울大學校 圖書館 가람文庫에 《古文眞寶大典》(庚午字) 後集이 남아 있는 것이, 바로 그때 찍은 것인 듯하다.

14) "惟眞寶一書不然, 其採輯頗得眞西山正宗之遺法."

《문장정종》은 〈정편(正編)〉이 20권, 〈속편(續編)〉이 다시 20권으로
이루어져 있다. 〈정편〉은 모두 당(唐) 이전의 글로서 《좌전(左傳)》·《국
어(國語)》이하의 글들이 사령(辭令)·의론(議論)·서사(敍事)·시가
(詩歌)의 네 종류로 나뉘어 있고, 거기에 진덕수 스스로 주를 달고 있
다. 〈속편〉은 모두 송(宋)대의 글로서 의론(議論)·서사(敍事)의 두 가
지만 있는 미완성의 것으로 여겨진다. 어떻든 모두 선문(選文)에 있어서
이전 사람들과는 달리 성리학의 입장에서 언리(言理)를 위주로 한 글들
을 뽑은 것이다. 그의 엄정(嚴正)한 선문태도(選文態度) 때문에 《문장정
종》은 성리학파의 고문 교과서로서 매우 존중되었던 것이다.

《고문진보》는 선문(選文) 기준이 《문장정종》처럼 엄정하지는 않다. 언
리(言理)만을 강조하지 않았음은 물론이고, 사채(辭采)도 어느 정도 중
시하는 입장을 취하였다. 따라서 《전집(前集)》에는 근체(近體)에 가까운
시가 들어 있고, 《후집(後集)》에는 변체(騈體)에 가까운 글도 들어 있다.
그럼에도 《고문진보》가 뒤에는 《문장정종》보다 더 성행하였던 것은, 《고
문진보》는 선문의 기본 방향에서 크게 벗어나지 않으면서도 문장이 다양
하고 글을 뽑은 폭이 넓었기 때문일 것이다. 심지어 《고문진보》는 잡되
다고까지 평할 수도 있겠지만, 문장 교범(教範)으로서는 매우 폭넓고 다
양한 편이 선호되었던 것으로 여겨진다.

또 언제 누가 합쳐 놓은 것인지는 알 수 없지만15) 지금 우리에게 전
하는 《상설고문진보대전》에는 《후집》 끝머리에 사방득(謝枋得)의 《문장
궤범》이 부록으로 첨가되어 있는 판본이 많다. 지금 판본의 부록 첫머리
에는 다음과 같은 글이 실려 있다.

"《고문진보》와 《문장궤범》은 세간에 함께 유행되던 책이다. 《문장궤
범》은 모두 7권으로 '후왕장상유종호(侯王將相有種乎)'의 일곱 자로서

---

15) 서울대학교 圖書館 藏本으로는 壬辰字로 찍은 《詳說古文眞寶大典》이 《文章軌
範》을 附錄으로 붙인 가장 오래된 것으로 正祖 때 刊本으로 보인다.

각 권의 이름을 삼았다. 글은 모두 69편인데 그중 42편은 《고문진보》 가운데 이미 수록되어 있으므로, 그 나머지 27편을 지금 《고문진보》의 끝머리에 부간(附刊)하는 바이다. 그리고 《문장궤범》의 목록(目錄)을 아래 적음으로써 참고에 편리케 하고자 한다."16)

그러나 실제로 그 〈목록〉은 이 글 앞에 붙여져 있다. 《문장궤범》은 촉(蜀) 제갈량(諸葛亮)의 〈출사표(出師表)〉와 진(晉) 도연명(陶淵明)의 〈귀거래사(歸去來辭)〉를 제외하고는 모두가 당송(唐宋)의 글이고, 그 중에서도 한유(韓愈)와 소식(蘇軾)의 글이 가장 많고 다음으로 유종원(柳宗元)·구양수(歐陽修)·소순(蘇洵)의 글들이 중심을 이루고 있다. 그밖에 전편의 글을 방담문(放膽文, 권1·권2)과 소심문(小心文, 권3 이하)으로 나누고, 〈출사표〉와 〈귀거래사〉를 제외한 전편의 글에 권점(圈點)과 평어(評語)를 붙이고 있다.

《고문진보》에 〈부록〉으로 덧붙어 있는 27편의 글은 한유 16편, 유종원 1편, 구양수 2편, 소순 1편, 소식 5편, 호전(胡銓) 1편, 신기질(辛棄疾) 1편이니, 《고문진보》에 실린 글들과 성격상 별로 다름이 없는 것들이다. 사방득의 《첩산선생비점궤범(疊山先生批點軌範)》도 조선에서 중종조(中宗朝) 이후 두 차례 이상 간행되었으니, 우리나라에서 퍽 존중되던 문장선집(文章選集)의 하나였음이 분명하다. 편자인 사방득이 성리학자이며 송(宋)의 충신이었다는 점과, 그 선문 기준이 《고문진보》·《문장정종》 등과도 비슷해서 조선시대에 많이 읽혔을 것이다.

그리고 《고문진보》와 《문장궤범》에는 서로 중복되는 글이 3분의 2를 넘고 있어, 이 두 책을 함께 간편히 읽으려는 욕심에서 《고문진보》의 부록으로, 《문장궤범》의 서로 중복되지 않는 글 27편을 붙여 놓게 되었을 것이다. 조선에서 유행한 《고문진보》가 엄정한 선문 기준이나 일정한 체

---

16) "眞寶軌範, 世間並行之書也. 軌範凡七編, 以侯王將相有種乎七字爲號, 其文共六十九篇, 而四十二則眞寶中已錄, 故其餘二十七篇, 今附刊於眞寶之末, 因書軌範目錄於下, 以便參考云."

계를 갖춘 판본보다는 실린 글의 수가 많은 판본을 선택한 위에, 또 이처럼 《문장궤범》까지도 〈부록〉으로 합쳐 놓은 것은 모두 되도록 많은 문장을 읽어 고문을 제대로 익히게 하려는 욕심이 그렇게 만든 것이라 여겨진다.

5. 맺음말

《고문진보》는 중국의 고시와 고문의 선집(選集)이면서도 그 편집의 규범은 김종직(金宗直)이 성종(成宗) 3년(1472) 간본 발문에서 말하고 있듯이, 시문(詩文)을 올바로 공부하되

"또한 주돈이(周敦頤)·장재(張載)·이정자(二程子)에서 이루어지는 성명지설(性命之說)을 참작함으로써 후세에 문장을 공부하는 사람들로 하여금 그 뿌리를 둔 바가 있음을 알게 하려는 것이었다. 아아! 이것이야말로 이 책이 '진실한 보배'가 된 까닭이라 할 것이다."[17)]

고 한 데서 찾아볼 수 있을 것이다. 그리고 《문장정종》과의 관계는 그러한 규범으로서의 이상을 보여주는 것이라 할 것이다.

그리고 조선에서 간행된 《상설고문진보대전》은 거기에 실린 시문(詩文)의 양이 보통 다른 판본들에 비하여 월등히 많다. 이것은 되도록 많은 시와 글을 읽어 고시와 고문을 잘 익히도록 하려는 욕망이 그처럼 많은 글을 이 책에 싣도록 하였을 것이다. 더구나 후세에 와서 거기에 〈부록〉으로 《문장궤범》까지도 첨가되었던 것은 그러한 추론(推論)을 더욱 강력히 뒷받침해 주는 것이라 할 수 있다.

---

17) "又且參之以濂溪關洛性命之說, 使後之學爲文章者, 知有所根柢焉. 嗚呼! 此其所以爲眞寶也歟!"

권 1

권학문 勸學文

오언고풍단편 五言古風短篇

권학문(勸學文)

　권학문이란 사람들에게 '배움을 권장하는 글'이다. 원대(元代) 정본(鄭本)이 《고문진보》서(敍)에서 '진보(眞寶)의 편찬은 첫머리에 배움을 권장하는 글들이 있고, 끝으로 출사(出師)·진정(陳情)의 표(表)가 있다. 이게 어찌 부지런히 배움에 힘쓰게 하고 끝내는 충(忠)·효(孝)로 이끌려는 뜻이 아니겠는가? 이것은 편자가 간직한 뜻인 것이다'고 한 것같이, 이는 공부를 하는 사람을 위하여 편찬한 책이므로 첫머리에 배움을 권하는 글부터 실은 것이다. 따라서 권학문은 문체(文體)의 이름이 아니므로 운문(韻文)이나 시편(詩篇) 이외에 산문(散文)으로 된 것도 있는 것이다.

진종황제께서 공부하기를 권함(眞宗皇帝勸學)

진종황제(眞宗皇帝)

富家不用買良田하라, 書中①自有千鍾粟이라.
　(부가불용매량전　서중자유천종속)
安居不用②架高堂하라, 書中自有③黃金屋이라.
　(안거불용가고당　서중자유황금옥)
出門莫④恨無人隨하라, 書中車馬多如⑤簇이라.
　(출문막한무인수　서중거마다여족)
⑥娶妻莫恨無良媒하라, 書中有女⑦顔如玉이라.
　(취처막한무량매　서중유녀안여옥)

男兒欲⑧**遂平生志**면, ⑨**六經勤向窓前讀**하라.
(남아욕수평생지　육경근향창전독)

집을 부하게 하려고 좋은 밭 사려 마라,
글 가운데 본시 천종(千鍾)의 곡식 있도다.
삶을 편하게 하려고 큰 집을 짓지 마라,
글 가운데 본시 황금으로 된 집 있도다.
문을 나설 때 따르는 사람 없다고 한하지 마라,
글 가운데 수레와 말이 떨기처럼 많도다.
장가를 들려는데 좋은 중매 없다고 한하지 마라,
글 가운데 얼굴이 옥 같은 여자 있도다.
사나이가 평생의 뜻을 이루고자 한다면,
육경(六經)을 부지런히 창 앞에 펴놓고 읽을지니라.

주해　① 自有(자유)－'자연히 있게 된다', '자연히, 본시부터 있는 것'이라는
뜻. ○千鍾粟(천종속)－많은 양의 봉록(俸祿)을 말한다. '종(鍾)'은 양목
(量目)으로 6석(石) 4두(斗)가 1종이다. '속(粟)'〔조 속〕은 곡식의 뜻뿐
만 아니라 '녹속(祿粟)'의 뜻.
② 架(가)－세우다. 짓다. ○高堂(고당)－높다란 큰 집.
③ 黃金屋(황금옥)－황금으로 장식한 집. 〈한무고사(漢武故事)〉에 '금옥(金
屋)'이란 말이 보이며, 한(漢)나라 무제(武帝)는 못 속에 점대(漸臺)라는
높이 30장(丈)의 누대를 짓고 지붕을 황금으로 장식했다 한다.
④ 恨(한)－한하다. ○無人隨(무인수)－수행(隨行)하는 종자(從者)가 없는 것.
⑤ 簇(족)－떨기. 나무처럼 많이 모인 것.
⑥ 娶(취)－장가드는 것. ○媒(매)－중매. 중국에서는 옛날엔 반드시 중매인
을 통하여 혼사(婚事)를 이루는 것이 예(禮)였다. 《시경(詩經)》 제풍(齊
風) 남산(南山) 시에도 '취처(娶妻)하려면 어떻게 하는가? 중매 아니면
안되는 거지'하고 읊었다.

⑦ 顔如玉(안여옥)―얼굴이 옥 같고. 《시경》 소남(召南) 야유사균(野有死麕)
   시에도 '유녀여옥(有女如玉)'이라 하였다.
⑧ 遂(수)―이루다. 완수하다. ○平生志(평생지)―평생을 통하여 늘 품고 있
   었던 큰 뜻.
⑨ 六經(육경)―중국 유가(儒家)의 중요한 경전 여섯 가지. 《시경(詩經)》·
   《서경(書經)》·《예기(禮記)》·《악경(樂經)》·《역경(易經)》·《춘추(春
   秋)》〔莊子 天運편〕 또는 《역경》·《시경》·《서경》·《춘추》·《예기》·
   《주례(周禮)》〔宋 王應麟《六經天文編》〕.   ○勤(근)―부지런히 하는 것.

(해설) 이것은 송(宋)나라 제3대 황제인 진종(眞宗, 998~1022 재위)이 백
성들에게 학문을 권하는 뜻으로 지은 것이다. 글만 잘 읽으면 글을 통하
여 큰 부귀영화를 다 누릴 수 있다는 것은 지나치게 입신출세(立身出世)
를 내세운 듯한 감이 있지만, 일반 대중에게는 가장 이해하기 쉬운 목표
였을 것이다.
   이 글의 형식을 보면 2연씩 전반(前半) 4구, 후반 4구로 동형의 구법
(句法)을 쓰고 있고, 최후의 1연으로 전체를 결론짓고 있다. 또 모두 칠
언이고 한 구 건너 측운(仄韻)〔屋·沃〕으로 압운(押韻)하고 있어 칠언고
시(七言古詩)의 형이지만, 내용에 있어선 제목에 '권학문(勸學文)'이라
했듯이 시라기보다는 '문(文)'이라 보는 것이 좋을 것이다. 《고문진보》 후
집〔散文〕의 〈북산이문(北山移文)〉〈조고전장문(弔古戰場文)〉이 압운하
고 있듯이 중국의 글은 산문이라 하더라도 정제(整齊)한 구와 운이 쓰이
는 경우가 있다. 특히 이 글은 배움을 권하는 내용이므로 송독(誦讀)에 편
케 하기 위하여 고시(古詩)의 형식을 빌은 것이다.

인종황제께서 공부하기를 권함(仁宗皇帝勸學)

인종황제(仁宗皇帝)

①朕觀無學人은, 無物②堪比倫이라.
　　(짐관무학인　무물감비륜)

若比於草木하면, 草有③靈芝木有椿이오.
　　(약비어초목　초유영지목유춘)

若比於④禽獸면, 禽有⑤鸞鳳獸有麟이오.
　　(약비어금수　금유난봉수유린)

若比於⑥糞土면, 糞⑦滋五穀土養民하니라.
　　(약비어분토　분자오곡토양민)

世間無限物이, 無比無學人이라.
　　(세간무한물　무비무학인)

　　내가 배움이 없는 사람을 보니,
　　그에게 견줄 만한 물건은 없는 듯하다.
　　만약 풀과 나무에 견준다면,
　　풀에는 영지(靈芝)가 있고 나무에는 춘목(椿木)이 있다.
　　만약 새와 짐승에 견준다면,
　　새에는 봉황새가 있고 짐승에는 기린이 있다.
　　만약 똥과 흙에 견준다면,
　　똥은 오곡을 살지게 하고 흙은 백성들을 기른다.
　　세상의 무한한 물건들에,
　　배움 없는 사람에게 견줄 만한 것은 없다.

주해　① 朕(짐)－황제의 자칭(自稱). ○觀(관)－보다. 살피다.

② 堪(감)-'할 수 있다'는 뜻. ○比倫(비륜)-같은 무리로서 견주는 것.

③ 靈芝(영지)-'자지(紫芝)'라고도 하며, 버섯의 일종이나 옛날부터 서초(瑞草)라 일러왔다. 한대(漢代) 허신(許愼)의 《설문해자(說文解字)》에도 '지(芝)는 신초(神草)라' 하였고 《서명기(瑞命記)》에 '왕자(王者)가 자애롭고 어질면 이것이 난다'고 하였다. ○椿(춘)-《장자(莊子)》 소요유(逍遙遊)편에 '상고(上古)에 대춘(大椿)이란 나무가 있었는데 8천년을 한 봄, 8천년을 한 가을로 삼았다'고 한 장수하기로 알려진 신목(神木).

④ 禽(금)-새. 조류. ○獸(수)-짐승. 동물.

⑤ 鸞(란)-전설적인 신조(神鳥)로 《산해경(山海經)》 서산경(西山經)에 '여상(女牀)의 산에 새가 있는데 모양은 꿩과 같고 오채(五彩)의 무늬가 있으며 이름을 난(鸞)이라 한다. 이것이 나타나면 천하가 안녕한 것이다'고 하였다. 《광아(廣雅)》 석조(釋鳥)에는 '난(鸞)새는 봉황의 종류'라 하였고, 《초학기(初學記)》 권30 조부(鳥部)에는 《모시초충경(毛詩草蟲經)》을 인용하여 '수컷은 봉(鳳)·암컷은 황(凰), 그 새끼들은 난작(鸞鷟)이라 한다'고 하였다. ○鳳(봉)-전설적인 새로서 《서경(書經)》 공전(孔傳)에 '수컷은 봉, 암컷은 황이라 한다' 하였다. 《설문해자》에는 '봉(鳳)은 신조(神鳥)라' 하였다. 봉은 암수를 모두 대표한 봉황(鳳凰)〔皇으로도 씀〕을 뜻한다 하였다. ○麟(린)-곧 기린(麒麟). 어진 짐승으로 세상이 태평할 때만 나온다 하였다.(《左傳》 哀公 14년 杜預 注).

⑥ 糞(분)-똥. 거름.

⑦ 滋(자)-자양(滋養)을 공급하여 살지게 하는 것. ○五穀(오곡)-벼·기장·조·콩·보리의 대표적인 다섯 가지 곡식. 여기서는 모든 곡식을 가리킨다.

〔해설〕 인종(仁宗, 1023~1063 재위)은 앞의 진종(眞宗)의 아들로 송(宋)나라 제4대 황제이다. 배움이 없는 무학자(無學者)를 세상의 어떤 물건들보다도 소용없는 물건들이라고 내침으로써 백성들에게 배움을 권한 글이다. 글의 모양은 첫 오언(五言) 2구에 압운하고 다음에는 오칠언을 엇섞어가며 칠언구에 압운한 운문 형식을 갖추고 있다. 역시 누구나 쉽게 읽고 외울 수 있도록 하려는 뜻에서 이러한 형식을 취한 것이다.

사마온공의 학문을 권하는 노래(司馬溫公勸學歌)

사마광(司馬光)

養子不敎父之過요, ①訓導不嚴師之惰라.
　(양자불교부지과　훈도불엄사지타)

父敎師嚴②兩無外하되, 學問無成子之罪라.
　(부교사엄양무외　학문무성자지죄)

③煖衣飽食居人倫하며, ④視我笑談如土塊라.
　(난의포식거인륜　시아소담여토괴)

⑤攀高不及下品流요, ⑥稍遇賢才無與對라.
　(반고불급하품류　초우현재무여대)

⑦勉後生力求誨하고, ⑧投明師莫自昧하라.
　(면후생역구회　투명사막자매)

⑨一朝雲路果然登이면, 姓名⑩亞等呼先輩라.
　(일조운로과연등　성명아등호선배)

⑪室中若未結親姻이면, 自有⑫佳人求匹配리라.
　(실중약미결친인　자유가인구필배)

勉⑬旃汝等各早脩하고, 莫待老來⑭徒自悔하라.
　(면전여등각조수　막대노래도자회)

　자식을 기르면서 가르치지 않음은 아버지의 허물이요,
　훈도를 엄히 하지 않음은 스승의 게으름이라.
　아버지는 가르치시고 스승은 엄하여 양편 다 벗어남이 없는데,
　학문에 성취함이 없는 것은 자식의 죄이다.
　의식도 족하고 인륜의 질서 속에서 살면서,
　자신을 보고 웃으며 이야기하는 것은 아무 생동(生動)이 없는 흙

덩이 같은 것이다.

　높이 오르려다 오르지 못하는 것은 낮은 계급의 무리여서,
　녹을 현재(賢材)가 만난 것과는 상대가 되지 않는다.
　힘써라 후생들이여, 힘써 가르침을 구하라.
　훌륭한 스승에게 의지하여, 스스로 몽매하지 마라.
　어느 날이고 출세길에 과연 오르기만 하면,
　성명은 드러나고 선배라 불리우게 되리라.
　집안에서 만약 아직 혼인을 맺지 못했다면,
　자연히 어느 미인이 배필을 구하여 오리라.
　힘써 그대들은 각기 빨리 배움 닦아,
　늙어서 공연히 스스로 뉘우치게 되지 마라.

(주해)　① 訓(훈)―교훈. 가르치다. ○導(도)―인도하다. ○嚴(엄)―엄한 것. ○惰
(타)―게으른 것.

② 兩(양)―부교(父教)와 사엄(師嚴)의 두 가지 일을 가리킨다. ○無外(무
외)―충실하여 부족함이 없는 것. 도리에 벗어남이 없는 것.

③ 煖(난)―따스한 것.　○飽(포)―배부른 것.《맹자(孟子)》등문공(滕文公)
상(上)편에 '사람의 도가 있는데, 배불리 먹고 따뜻하게 입고 편히 살면서
가르침이 없으면 곧 새나 짐승에 가깝게 된다. 성인(聖人)께선 이를 걱정
하시어 설(契)로 하여금 사도(司徒)를 삼으시고 인륜(人倫)을 가르치셨는
데, 부자유친(父子有親)·군신유의(君臣有義)·부부유별(夫婦有別)·장유
유서(長幼有序)·붕우유신(朋友有信)케 하셨다'고 하였다. ○倫(륜)―인륜
(人倫). 이곳의 인륜은 맹자(孟子)의 인륜과는 다른 뜻으로 인류 또는 인
간의 뜻이다. 곧 맹자의 친(親)·의(義)·별(別)·서(序)·신(信)의 오륜
이 아니라 부자·군신·부부·장유·붕우 등의 인간관계를 가리킨다.

④ 視我(시아)―'나 같은, 곧 작자 사마광(司馬光) 같은 나이 많은 사람을 보
고'의 뜻. 뒤에 여등(汝等)〔너희들〕이라 부른 말과 대응시켜 이해하여야
할 것이다. ○塊(괴)―흙덩어리. 여토괴(如土塊)는 대수롭지 않게 여김을
뜻한 것이다.

⑤ 攀(반)-부여잡는 것. 반고(攀高)는 높은 지위로 기어올라가는 것. ○下品(하품)-하급·하류. ○流(류)-'휩쓸린다' '낀다'는 뜻.

⑥ 稍(초)-녹(祿)의 뜻을 나타냄. ○與對(여대)-함께 얘기하고 응대하는 것.

⑦ 勉(면)-힘쓰다. ○後生(후생)-후배들. ○誨(회)-가르치다. 교회(敎誨).

⑧ 投(투)-던지는 것. 몸을 맡기는 것. 몸을 의탁하는 것. ○昧(매)-어두운 것. 자매(自昧)는 스스로 본성을 어둡게 함으로써 사리를 가리지 못하는 것.

⑨ 一朝(일조)-하루아침. 어느 날이고. ○雲路(운로)-출세길. 구름은 높은 하늘에 있으므로 출세에 비유한 것이다.

⑩ 亞等(아등)-차등(次等)의 뜻. ○先輩(선배)-여기서는 주로 선임관(先任官), 또는 과거에 먼저 합격한 사람을 말한다.

⑪ 室(실)-가정(家庭)의 뜻. 결혼하여 부부를 중심으로 이룩된 가정을 말하므로 '가(家)'와 구별된다. ○姻(인)-혼인.

⑫ 佳人(가인)-미인(美人). ○匹配(필배)-배필.

⑬ 旃(전)-조사(助詞). 아무런 뜻도 없다. ○脩(수)-수학(修學)·수업(修業)을 말한다.

⑭ 徒(도)-공연히.

〔해설〕 사마온공(司馬溫公)이란 송(宋)나라 때《자치통감(資治通鑑)》을 쓴 사마광(司馬光, 1019~1086)이다. 첫머리에서 가르치는 책임은 아버지와 스승에게 있지만 그 학문이 대성(大成)하지 못함은 자신에게 달려 있다고 전제하고 있다. 그러나 그의 권학(勸學)도 출세와 영달(榮達)을 내세워 학문을 통하여 인생의 행복을 추구해야 한다는 데 역점을 두고 있다. 이것은 모두가 현실주의적인 유교철학의 영향이라 할 것이다. 이런 점에서 글의 내용은 진종황제권학(眞宗皇帝勸學)과 별다른 것이 없다.

그러나 그의 독락원기(獨樂園記)〔《고문진보》 후집〕에는 다음과 같은 대목이 첫머리에 쓰여 있다.

'우수(迂叟, 사마광의 號)는 평일 책을 읽는 데 위로는 성인(聖人)들을 스승으로 삼고 아래로는 여러 어진 이들을 벗하고서, 인의(仁義)의 근원을 살피고 예악(禮樂)의 실마리를 찾는다. 세상의 사물의 형체가 생기기

전 태곳적부터 시작하여 사방 끝없는 한계 저쪽에 이르기까지, 모든 사물의 이치가 모두 눈앞에 모여드는 것이다. 걱정이란 배움이 아직 불충분하다는 것이다. 그러나 또 무엇을 남에게 구하고, 무엇을 밖에서 기다릴 건가?'(據 원문, 《고문진보》엔 '걱정이란……' 이하의 글이 다름).

　이 글을 통하여 사마광의 학문이 얼마나 고원(高遠)한 경지에 도달해 있었던가 알 수 있겠다. 권학은 계몽적인 글이기 때문에 쉬운 출세양명(出世揚名)을 들어 배움을 권한 것이다. 그리고 '권학가(勸學歌)'라 했듯이 칠언고시의 가요체로 한 것도 독송의 편리를 위한 것이다.

유둔전의 학문을 권하는 글(柳屯田勸學文)

유영(柳永)

　父母養其子而不①敎는, 是不愛其子也요.
　　(부모양기자이불교　시불애기자야)
　雖敎而不②嚴은, 是亦不愛其子也라.
　　(수교이불엄　시역불애기자야)
　父母敎而不學은, 是子不愛其身也요.
　　(부모교이불학　시자불애기신야)
　雖學而不③勤은, 是亦不愛其身也니라.
　　(수학이불근　시역불애기신야)
　是故로 養子必敎하고, 敎則必嚴하며,
　　(시고　양자필교　교즉필엄)
　嚴則必勤하고, 勤則必成이니라.
　　(엄즉필근　근즉필성)
　學則庶人之子라도 爲④公卿이오,
　　(학즉서인지자　위공경)

不學則公卿之子라도 爲庶人이니라.
(불학즉공경지자   위서인)

부모가 그의 자식을 기르면서도 가르치지 않는다면,

그것은 그 자식을 사랑하지 않는 것이다.

비록 가르친다 하더라도 엄하게 않는다면,

이것도 역시 그 자식을 사랑하지 않는 것이다.

부모가 가르치는 데도 배우지 않는다면,

이것은 자식이 그 자신을 사랑하지 않는 것이다.

비록 배운다 하더라도 부지런히 하지 않는다면,

이것도 역시 그 자신을 사랑하지 않는 것이다.

그러므로 자식을 기르면 반드시 가르쳐야 하고,

가르친다면 반드시 엄히 해야만 하며,

엄하다면 반드시 부지런할 것이고,

부지런하다면 반드시 이룰 것이다.

배우면 평민의 자식이라 하더라도 공경(公卿)이 되고,

배우지 않는다면 공경의 자식이라 하더라도 평민이 되는 것이다.

주해 ① 敎(교)－부모가 자식의 교육을 뒷받침함을 말한다.

② 嚴(엄)－엄하게 공부시키는 것.

③ 勤(근)－부지런한 것.

④ 公卿(공경)－삼공구경(三公九卿). 옛날 중국에서 장관급 이상의 높은 벼슬에 해당하던 사람들. 주제(周制)를 보면 삼공에 태사(太師)·태부(太傅)·태보(太保)가 있었고, 구경(九卿)으론 가재(家宰)·사도(司徒)·종백(宗伯)·사마(司馬)·사구(司寇)·사공(司空)·소사(少師)·소부(少傅)·소보(少保)가 있었다. 이후로 시대에 따라 관명(官名)은 일정치 않다. 일반적으로 공(公)·경(卿)·대부(大夫)·사(士)·서인(庶人)이 중국 고대 봉건사회의 계급이었다.

해설 유둔전(柳屯田)은 송(宋) 인종(仁宗) 때의 사(詞)의 작가로 알려진 유영(柳永, 990?~1050?)이다. 특히 그는 만사(慢詞)를 중흥시킨 대가(大家)로 유명하다.

　이것은 앞의 권학문들과는 달리 무운(無韻)의 산문(散文)으로 되어 있으나 내용에 있어선 큰 차가 없다. 다만 부모의 자식에 대한 '사랑'이 '가르침'을 통하여 발휘되어야 한다는 점은 인간의 숭고한 부모의 사랑을 교육과 결부시킨 훌륭한 착안으로 생각된다. 사회에는 공(公)·경(卿)·대부(大夫)·사(士)·서인(庶人)의 구별이 있지만, 그것은 본시부터 사람들이 타고난 차별이 아니라 사람들이 닦은 배움의 차별이 그렇게 만든 것이라는 것이다. 평민(平民)도 배우기만 하면 공경(公卿)이 될 수 있다는 말은 일반 서민들의 학문열을 자극하기에 족할 것이다.

왕형공의 학문을 권하는 글(王荊公勸學文)

왕안석(王安石)

　讀書不①破費하고, 讀書②萬倍利로다.
　　(독서불파비　독서만배리)
　書③顯官人才하고, 書④添君子智하니라.
　　(서현관인재　서첨군자지)
　⑤有即起書樓하고, ⑥無即致書櫃니라.
　　(유즉기서루　무즉치서궤)
　⑦窓前看古書하고, 燈下⑧尋書義하라.
　　(창전간고서　등하심서의)
　貧者因書富하고, 富者因書貴하며,
　　(빈자인서부　부자인서귀)
　愚者得書賢하고, 賢者因書利하니라.
　　(우자득서현　현자인서리)

只見讀書榮하고, 不見讀書⑨墜라.
(지견독서영   불견독서추)

⑩賣金買書讀하라. 讀書買金⑪易라.
(매금매서독   독서매금이)

好書⑫卒難逢이오, 好書眞難⑬致니.
(호서졸난봉   호서진난치)

⑭奉勸讀書人하나니, 好書在心⑮記하라.
(봉권독서인   호서재심기)

독서엔 비용이 들지 않고,

책을 읽음으로써 만 배의 이가 생기는도다.

글은 사람들의 재능을 밝혀주고,

글은 군자들의 지혜를 더해주도다.

돈 있으면 곧 서재(書齋)를 짓고,

돈 없으면 곧 책궤라도 갖춰라.

창 앞에서 옛글을 보고,

등 밑에서 글뜻을 찾아라.

가난한 사람은 글을 통하여 부해지고,

부한 사람은 글을 통하여 출세할 것이며,

어리석은 사람은 글로써 어질게 되고,

어진 사람은 글로써 이롭게 될 것이다.

글을 읽어 영화 누리는 것은 봤어도,

글을 읽어 실패하는 것은 못보았네.

금을 팔아 책을 사 읽어라,

책을 읽어두면 금 사기 쉬우리니.

좋은 책은 끝내 만나기 힘든 것이고,

좋은 책은 정말 얻기 어려운 것이니,

글읽는 사람들에게 받들어 권하노니,

좋은 책은 마음에 기억해 두기를.

주해 ① 破費(파비)─비용을 깨친다, 곧 '비용이 든다'는 뜻.

② 萬倍利(만배리)─만 배는 많은 것을 형용한 말임. 독서는 이루 말할 수 없으리만큼 많은 이익을 사람들에게 준다는 뜻.

③ 顯(현)─밝히다. 뚜렷이 한다. ○官人(관인)─벼슬하는 사람. 관리. 또는 벼슬하려는 사람.

④ 添(첨)─더하는 것. 첨가의 뜻.

⑤ 有(유)─돈 또는 재력이 있는 것. ○起(기)─건(建)의 뜻. ○書樓(서루)─책을 넣어두고 읽고 하는 누각(樓閣).

⑥ 無(무)─돈이나 재력이 없는 것. ○致(치)─갖추는 것. 입수(入手)하는 것. ○櫃(궤)─상자. 책궤.

⑦ 窓前(창전)─낮의 독서를 말함. 다음 구의 '등하(燈下)……'가 밤의 독서를 말하고 있는 것과 대(對)가 된다.

⑧ 尋(심)─찾다. ○義(의)─뜻. 심서의(尋書義)도 앞의 간고서(看古書)와 마찬가지로 훌륭한 독서를 말하는 것이다.

⑨ 墜(추)─떨어지는 것. 타락이나 실패를 모두 뜻한다.

⑩ 賣金(매금)─황금을 파는 것. 매금매서(賣金買書)는 황금으로 책을 사는 것을 말한다.

⑪ 易(이)─쉬운 것.

⑫ 卒(졸)─끝내. 내내. ○逢(봉)─만나는 것.

⑬ 致(치)─여기서도 입수(入手)의 뜻임.

⑭ 奉勸(봉권)─받들어 권하다. 삼가 권하다.

⑮ 記(기)─기억, 암기의 뜻.

해설 왕형공(王荊公)은 북송(北宋) 신종(神宗) 때의 대정치가이며 문인인 왕안석(王安石, 1021~1086)이다. 그는 정치적으로는 중국의 사회제도를 혁신하려 하여 소동파(蘇東坡)의 구파(舊派)와 다투었다. 시문(詩文)을 잘하여 문학에 있어선 소동파와 함께 '당송팔대가(唐宋八大家)'의 한 사람으로 친다.

왕안석은 독서의 이익이 금보다 더함을 주장할 뿐만 아니라 독서의 심득(心得)에까지 언급하고 있다. 세상에 책은 많기도 하지만 좋은 책은 정말 드문 것이다. 그렇기 때문에 만약 좋은 책을 보게 되면 그것을 외워 버리라는 것이다. 《송사(宋史)》 열전(列傳) 86에 의하면 '왕안석은 무주(撫州) 임천(臨川) 사람으로 어려서부터 책읽기를 좋아하였고 한번 읽은 것은 평생 잊지 않았다'고 하였다. 이처럼 뛰어난 기억력의 소유자이기에 양서(良書)는 외워 버리라고 권하고 있는 것이다. 범인(凡人)으로서는 외우지는 못한다 하더라도 힘써 정독(精讀)은 하도록 하여야 할 것이다.

글의 체재는 오언고시(五言古詩)이고 전편(全篇)이 20구(句)인데, 구마다 '서(書)'자가 들어 있는 점이 재미있다. 앞에 나온 권학문이 낮은 평민들을 대상으로 한 데 비하여 약간 격을 높이어 사인(士人)들의 학문을 위한 독서를 권장하고 있는 듯하다.

백낙천의 학문을 권하는 글(白樂天勸學文)

백거이(白居易)

有田不①耕倉廩虛하고, 有書不敎子孫②愚하라.
 (유전불경창름허 유서불교자손우)

倉廩虛兮여 歲月③乏하고, 子孫愚兮여 ④禮義疎라.
 (창름허혜 세월핍 자손우혜 예의소)

⑤若惟不耕與不敎면, ⑥是乃父兄之過歟인저.
 (약유불경여불교 시내부형지과여)

밭이 있어도 갈지 않으면 곳간이 비고,
책이 있어도 가르치지 않으면 자손들이 어리석으리라.

곳간이 비면 살림이 구차해지고,
자손들이 어리석으면 예의에 어두우리라.
만약 갈지도 않고 가르치지도 않는다면,
이것은 곧 부형들의 잘못이 될 것이다.

주해 ① 耕(경)−밭가는 것. 경작, 곧 농사짓는 것. ㅇ倉廩(창름)−곡식 창고.
ㅇ盧(허)−텅 비다.
② 愚(우)−어리석은 것. 세상 사리에 어두운 것.
③ 乏(핍)−결핍의 뜻. 세월핍(歲月乏)은 '세월을 지나기에 궁핍해진다', 곧
'살림이 구차해진다'는 뜻.
④ 禮義(예의)−예(禮)는 예의, 의(義)는 의리로서, 사람이 사회생활을 하면
서 알고 지켜야 할 여러 가지 도리를 말한다. ㅇ疎(소)−소(疏)와 같은 글
자, 곧 '거리가 멀다' '어둡다' '잘 모른다'는 뜻.
⑤ 若(약)−만약. ㅇ惟(유)−뚜렷한 뜻 없이 강조를 나타내는 조사(助詞).
⑥ 是(시)−이것. 앞 구를 받는다. ㅇ乃(내)−'곧'의 뜻. ㅇ歟(여)−단정이 아
니라 동의(同意)를 구하는 의문형으로 문장을 만드는 조사임.

해설 백거이(白居易, 772~846)는 중당(中唐)의 사회시인(社會詩人)이며
호가 낙천(樂天)이다. 그는 교육은 바로 사람의 생활에 꼭 필요한 농업이
나 같은 것이라 하였다. 농사를 짓지 않으면 살 수 없듯이 사람이란 배우
지 못하면 올바른 사회생활을 영위하지 못한다는 것이다.
　그리고 또 백낙천은 교육을 통해서 얻어지는 중요한 것으로 '예(禮)'와
'의(義)'를 들었다. '예'는 바로 사회의 질서이며, 인간의 존재의의는 그것
을 통하여 인정되는 것이다. 그리고 '의'는 올바로 '예'를 체계지운다. 예
의가 없다면 사람의 존엄성은 인정할 길이 없는 것이다. 중국의 학문이란
유학을 비롯하여 사람이 사람으로서 올바로 살아나가는 길을 모색하는
것이다. 앞의 진종(眞宗)의 권학(勸學)과는 더욱 커다란 차이가 있다.
　이 글도 형식은 칠언고시이지만 '문(文)'이라 제(題)하고 있다. 백낙천
의 문집에는 이 글이 실려 있지 않다.

주문공의 학문을 권하는 글(朱文公勸學文)

주희(朱熹)

①勿謂今日不學而有來日하고, 勿謂今年不學而有來年하라.
(물위금일불학이유내일　물위금년불학이유내년)

②日月逝矣나, 歲不我③延이라.
(일월서의　세불아연)

④嗚呼老矣라, 是誰之⑤愆고?
(오호노의　시수지건)

오늘 배우지 않으면서 내일이 있다고 말하지 말고,
올해 배우지 않으면서 내년이 있다고 말하지 말라.
세월은 흐르고,
시간은 나를 위해 연장되지 않는다.
아아! 늙었다 할 때,
이것은 누구의 허물이겠는가?

주해　① 勿(물)－'……하지 마라'는 금지사(禁止詞).

② 日月(일월)－세월. ○逝(서)－지나가고 있는 것. 《논어(論語)》양화(陽貨)
편에 양화가 공자(孔子)에게 출사(出仕)를 권하는 말로 '일월서의(日月逝
矣), 세불아여(歲不我與)'라 하고 있다.

③ 延(연)－뻗는 것. 연장되는 것.

④ 嗚呼(오호)－감탄사, '아아!'.

⑤ 愆(건)－허물. 잘못. 늙었는데도 배우지 않았다면 뉘우쳐 봤자 소용없다
는 뜻을 나타낸다.

해설　주희(朱熹, 1130~1200)는 송대(宋代) 성리학(性理學)의 대성자(大

成者)이다. 그를 높이는 뜻에서 보통 주자(朱子)라 부른다. 여기서는 특히 공부함에 있어 시간의 귀중함을 강조하고 있다. 학문의 길은 멀고 인생은 유한하다. 주자는 성리학의 대가(大家)로서 늙기까지 쉬지 않고 정진한 학자이지만, 인생의 유한함을 절감하고 시간의 귀중함을 강조하여 이 글을 지은 것이다.

시간은 어떤 순간을 막론하고 지체없이 흐르고 있으니 우리는 시간을 최대한으로 잘 이용하지 않으면 안된다는 것이다. '시간은 나를 위하여 연장되지 않는다'는 생각은 그의 호학(好學)으로 인하여 언제나 마음속에 있었던 것 같다. 그는 〈우연히 시를 이루다[偶成]〉란 시에서도 다음과 같이 읊었다.

소년은 늙기 쉬운데 배움은 이룩되기 어려우니
짧은 시간이라 하더라도 가벼이 할 수 없는 것,
못가 봄풀의 꿈이 채 깨이기도 전에
뜰 앞의 오동잎은 벌써 가을 소리를 내누나.
(少年易老學難成이니, 一寸光陰不可輕이라.
未覺池塘春草夢이어늘, 階前梧葉已秋聲이라.)

이 시와 함께 주희의 권학문을 읽어 보면 '오호노의(嗚呼老矣)'라는 탄식이 단순한 남에게 글을 권하는 말이기보다는 자신의 경험과 반성에서 우러나오는 위인(偉人)의 가르침임을 깨닫게 된다.

이 글의 형식도 앞의 두 편과 마찬가지로 대구(對句)를 두 번 중복시켜 이룬 것이다. 첫 네구는 6자와 4자, 뒤 네 구는 4자와 4자의 두 구를 반복시키고 연(年)·연(延)·건(愆)으로 압운하고 있다.

성남에서 공부하는 아들 부에게(①符讀書城南)

한유(韓愈)

木之②就規矩는, 在③梓匠輪輿하고,
(목지취규구   재자장윤여)

人之能爲人은, ④由腹有詩書니라.
(인지능위인   유복유시서)

詩書⑤勤乃有하고, 不勤腹⑥空虛라.
(시서근내유   불근복공허)

欲知學之力하면, ⑦賢愚同一初라.
(욕지학지력   현우동일초)

由其不能學으로, ⑧所入遂異閭니라.
(유기불능학   소입수이려)

⑨兩家各生子하여, ⑩提孩巧相如하고,
(양가각생자   제해교상여)

⑪少長聚嬉戲에, 不⑫殊同隊魚라.
(소장취희희   불수동대어)

年至十二三에, ⑬頭角稍相踈하고,
(연지십이삼   두각초상소)

二十漸⑭乖張에, 淸⑮溝映汚渠하고,
(이십점괴장   청구영오거)

三十骨⑯骼成에, 乃一龍一⑰豬라.
(삼십골격성   내일룡일저)

⑱飛黃騰踏去하고, 不能⑲顧蟾蜍라.
(비황등답거   불능고섬여)

一爲[20]馬前卒하여, [21]鞭背生蟲蛆하고,
　(일위마전졸　편배생충저)

一爲[22]公與相하여, [23]潭潭府中居라.
　(일위공여상　담담부중거)

問[24]之何因爾오, 學與不學歟니라.
　(문지하인이　학여불학여)

金[25]璧雖重寶나, [26]費用難貯儲요.
　(금벽수중보　비용난저저)

學問藏之身하여, 身在則[27]有餘라.
　(학문장지신　신재즉유여)

君子與小人이, 不[28]繫父母且요.
　(군자여소인　불계부모차)

不見公與相이, [29]起身自犁鋤라.
　(불견공여상　기신자리서)

不見三公[30]後아, [31]寒饑出無驢라.
　(불견삼공후　한기출무려)

文章豈不貴아, [32]經訓乃菑畬라.
　(문장기불귀　경훈내치여)

[33]潢潦無根源하니, [34]朝滿夕已除라.
　(황로무근원　조만석이제)

人不通古今이면, 馬牛而[35]襟裾요.
　(인불통고금　마우이금거)

[36]行身陷不義하고, [37]況望多名譽아.
　(행신함불의　황망다명예)

[38]時秋積雨霽하고, [39]新凉入郊墟하니,
　(시추적우제　신량입교허)

㊵燈火稍可親이요, ㊶簡編可卷舒니,
(등화초가친　간편가권서)

㊷豈不旦夕念가, 爲爾㊸惜居諸라.
(기부단석념　위이석거저)

㊹恩義有相奪이니, 作詩勸㊺躊躇하노라.
(은의유상탈　작시권주저)

나무가 둥글고 모나게 깎임은,
가구나 집, 수레바퀴, 수레 만드는 목수에게 달렸고,
사람이 사람답게 되는 것은,
배 속에 배운 글이 들은 데에 달렸네.
글은 부지런하면 곧 갖게 되고,
부지런하지 못하면 배 속이 텅 비게 되네.
배움의 힘을 알고자 한다면,
어진 이와 어리석은 자 처음 낳을 땐 같았음을 알면 되지.
그가 배우지 못했으므로 말미암아,
들어간 마을이 마침내 달라진 것이네.
두 집에서 각기 아들을 낳았다 하자.
어린 아기 적에는 아주 비슷하고,
약간 자라 모여 놀 적에도,
같은 무리 속의 고기나 다름없지.
나이가 열두세 살 되면,
두각이 약간 달라지고,
스무 살이 되면 점점 더 벌어져,
맑은 냇물과 더러운 도랑에 비치는 듯이 되며,
서른 살에 뼈대가 굵어지면,
하나는 용, 하나는 돼지처럼 된다네.

용마는 쏜살처럼 달리어,
두꺼비 같은 것은 돌아볼 수도 없네.
한쪽은 말 앞의 졸개가 되어,
채찍맞은 등에 구더기가 생기고,
한쪽은 삼공이나 재상이 되어,
고래등 같은 집안에 사네.
묻노니 어째서 이렇게 되었나?
배운 것과 배우지 않은 것 때문일 걸세.
금이나 구슬이 중한 보배라지만,
쓰기 위해 간직하기도 어렵네.
학문은 몸에 간직하여,
몸만 있으면 사용해도 남음이 있게 되네.
군자와 소인은,
부모에게 관련된 것은 아니네.
보지 못하는가, 삼공과 재상이
농민으로부터 나왔다는 것을.
보지 못하는가, 삼공의 후손이
헐벗고 굶주리고 노새도 없이 나가는 것을.
문장이 어찌 귀하지 않으리,
경서의 가르침은 곧 전지(田地) 같은 것이네.
고인 빗물은 근원이 없으니,
아침엔 찼다가도 저녁엔 이미 없어지네.
사람으로서 고금에 통하지 않으면,
소나 말이 옷 입은 것이라.
자신의 행동이 불의에 빠지고도,
하물며 많은 명예를 바라는가?
철은 가을이라 장맛비 가시고,

산뜻한 기가 들판 마을에 이니,
등불 점점 친할 수 있게 되었고,
책을 펼칠 만하게 되었으니,
어찌 아침저녁으로 유념않으리,
그대 위해 세월 아껴야지.
사랑과 의리는 서로 어긋남이 있는 것이니,
시를 지어 우물쭈물하는 이들을 권면하노라.

주해 ① 符(부)─한유(韓愈)의 아들 이름. ○城南(성남)─한유의 별장(別莊)이 있었다. 맹교(孟郊)의 시에 '부랑(符郎)의 시에 천종(天縱 : 天才) 있음을 기뻐한다[喜符郎詩]'는 말이 있고, 〈성남 한씨(韓氏)의 장(莊)에 놀며 지은 시[游城南韓氏莊]〉도 있다. 장적(張籍)의 시에도 '아들 부(符)가 전해온 한유의 말을 받들어 성남의 장(莊)에서 요양한다[祭退之]'는 말이 있다. 부(符)는 창(昶)의 어릴 적 이름이며, 장경(長慶) 4년(824)에 등과하였다. 그리고 원화(元和) 11년(816) 가을의 작품이라《창려선생집(昌黎先生集)》권6에 시 제하(題下)에 주(注)하고 있다.

② 就(취)─나아가다. 쓰다. ○規(규)─규(規)와 같은 자로, 동그라미를 그리는 컴퍼스 같은 기구. ○矩(구)─방형(方形)을 만드는 데 쓰는 자. 취규구(就規矩)는 컴퍼스나 곡척(曲尺)에 따라 나무를 정확하게 원형(圓形) 또는 방형(方形)으로 깎아 만드는 것.

③ 梓(자)─가구 만드는 목수(木手). ○匠(장)─보통 목공. ○輪(륜)─수레바퀴 만드는 목수. ○輿(여)─차체(車體)를 만드는 목수. 이러한 목수들에 의하여 나무가 원형 또는 방형으로 다듬어진다는 뜻.

④ 由(유)─말미암아. ○腹(복)─배. ○詩書(시서)─《시경(詩經)》·《서경(書經)》 같은 경전(經典)들. 공부를 많이 하여 배 속에 경전이 들었느냐 안 들었느냐에 의하여 사람됨이 결정된다는 뜻이다.

⑤ 勤(근)─부지런한 것. ○乃(내)─이에. 곧. ○有(유)─배 속에 지니게 된다는 뜻.

⑥ 空虛(공허)─텅 비는 것.

⑦ 賢(현)-현인(賢人). ㅇ愚(우)-우인(愚人). ㅇ初(초)-처음 낳았을 때.
사람이 처음 낳았을 때엔 현우(賢愚)의 구별없이 누구나 비슷하다.

⑧ 所入(소입)-들어가게 되는 곳. ㅇ遂(수)-마침내. 드디어. ㅇ異(이)-다
른 것. ㅇ閭(려)-마을, 문. 이려(異閭)는 신분이 달라짐을 뜻한다.

⑨ 兩家各生子(양가각생자)-앞 구에 대한 예를 든 것이다.

⑩ 提孩(제해)-안고 다니는 어린아이. 두세 살 된 아이. ㅇ巧相如(교상여)-
지능이 똑같다. 교묘하기가 서로 같다.

⑪ 少長(소장)-약간 자라는 것. ㅇ聚(취)-모이는 것. ㅇ嬉戱(희희)-장난치
고 노는 것.

⑫ 殊(수)-다른 것. 불수(不殊)는 같다는 뜻. ㅇ同隊魚(동대어)-같은 무리
의 고기. 떼를 지어 다니는 고기들은 모두 비슷비슷하다.

⑬ 頭角(두각)-머리의 모진 끝. ㅇ稍(초)-조금씩. ㅇ踈(소)-멀어지는 것.
두각초상소(頭角稍相踈)는 키가 크고 작고 차별이 생기듯 지능이나 배움
이 노력에 따라 차이가 생긴다는 뜻.

⑭ 乖(괴)-서로 달라지는 것. ㅇ張(장)-벌어지는 것.

⑮ 溝(구)-개천. 도랑. ㅇ映(영)-비치는 것. ㅇ汙(오)-더러운 것. ㅇ渠(거)-
도랑, 수로(水路).

⑯ 骼(격)-마른 뼈. 골격(骨骼)은 골격(骨格)으로도 쓰며 '뼈대'.

⑰ 豬(저)-돼지. 일룡일저(一龍一豬)는 한 사람은 용처럼 뛰어난 인물이 되
고 한 사람은 돼지처럼 우둔한 인물이 된다는 뜻.

⑱ 飛黃(비황)-신마(神馬)의 이름으로, 학문을 이룬 사람에 비유한 것이다.
《회남자(淮南子)》 남명훈(覽冥訓)에 '청룡진가(靑龍進駕), 비황복조(飛黃
伏皁)'라 하였는데, 고유(高誘)는 '비황(飛黃)은 승황(乘黃)이라고 한다.
서방(西方)에서 나며 모양은 여우 같고, 등 위에 뿔이 있으며 천년이나
산다'고 주(注)하였다. ㅇ騰(등)-뛰다. 달리다. ㅇ踏(답)-밟다. 등답(騰
踏)은 높이 뛰어가는 것.

⑲ 顧(고)-돌아보다. ㅇ蟾蜍(섬여)-두꺼비. 두꺼비는 우둔한 공부 안한 사
람에 비유한 것이다.

⑳ 馬前卒(마전졸)-말 앞에서 뛰어가며 시중하는 천한 졸개.

㉑ 鞭(편)—채찍. ○背(배)—등. ○蛆(저)—구더기. 천졸(賤卒)로 둔하게 잘못
하여 윗사람에게 등을 채찍으로 얻어맞고 헐어서 그곳 살이 썩어 구더기
가 생길 지경이 된 것.

㉒ 公(공)—삼공(三公). ○相(상)—재상(宰相). 이것들은 정부의 최고 지위
이다.

㉓ 潭潭(담담)—심원(深遠)한 모양. 부(府), 곧 저택이 크고 깊숙함을 형용한
말이다. 깊숙이 들어앉아 있는 모양을 형용한 말로 보아도 좋다.

㉔ 之(지)—지시대사(指示代詞), '그렇게 된 것'. ○何因(하인)—무슨 때문이
오? ○爾(이)—조사(助詞).

㉕ 璧(벽)—구슬. ○寶(보)—보배.

㉖ 費用(비용)—소비하는 것. ○貯(저)—저축하는 것. ○儲(저)—저축. 금옥
(金玉) 같은 것은 언제건 쓰게 됨을 뜻한다.

㉗ 有餘(유여)—남음이 있는 것. 학문이란 몸에 지니는 것이기 때문에 아무
리 쓴다 하더라도 언제나 몸과 함께 쓰고 남을 만치 있게 마련이라는 뜻.

㉘ 繫(계)—이어지는 것. 불계(不繫)는 관련이 없다는 뜻. 배우는 것은 자신
이므로 배워서 군자(君子)가 되느냐 못배우고 소인이 되고 마느냐 하는
것은 부모와는 관계없이 본인의 책임이라는 뜻임. ○且(저)—조사(助詞).

㉙ 起身(기신)—출신(出身)의 뜻. ○犁(리)—보습, 쟁기. ○鋤(서)—호미. 이
서(犁鋤)는 농가, 농촌을 말한다. 공상(公相) 중에는 농촌 출신도 있다
는 뜻.

㉚ 後(후)—후손. 자손.

㉛ 寒(한)—추위에 헐벗는 것. ○饑(기)—굶주리는 것. ○驢(로)—나귀. 출무
로(出無驢)는 집을 나서 길을 가려도 타고 다닐 나귀조차 없는 것.

㉜ 經訓(경훈)—경서(經書)의 가르침. ○菑(치)—개간한 지 1년 된 밭. ○畬
(여)—3년 된 밭. 치여(菑畬)는 전지(田地)를 뜻한다. 전지에서 곡식이 자
라 사람을 먹여 살리듯이 경훈(經訓)도 식록(食祿)을 얻어 사람을 잘 먹
고 살게 할 수 있다는 뜻.

㉝ 潢(황)—고인 물. ○潦(로)—빗물.

㉞ 朝滿(조만)—아침엔 가득 차 있는 것. ○夕(석)—저녁. ○已(이)—이미.

○除(제)−말라 없어져 버리는 것.

㉟ 襟(금)−옷깃. ○裾(거)−옷 뒷자락. 마우이금거(馬牛而襟裾)는 말이나 소에게 옷을 입혀놓은 거나 같다는 뜻.

㊱ 行身(행신)−자신의 행동, 행실, 행위. ○陷(함)−빠지다.

㊲ 況(황)−하물며. 더욱이.

㊳ 時(시)−때. 철. ○積雨(적우)−오래 계속되던 비. ○霽(제)−비가 개는 것.

㊴ 新涼(신량)−청신(淸新)하고 서늘한 기운. ○郊(교)−교외(郊外). 교야(郊野). ○墟(허)−인가(人家)가 있는 언덕.

㊵ 燈(등)−등불. ○稍(초)−조금씩. 점점. 등화가친(燈火可親)은 등불을 친근히 하고 독서함을 뜻한다.

㊶ 簡(간)−대쪽. ○編(편)−짜다. 엮다. 옛날 종이가 없을 적엔 대쪽에 글을 써 그것을 엮어 책을 만들었다. 따라서 간편(簡編)은 책을 가리킨다. ○可卷舒(가권서)−두루말이로 된 책을 말았다 폈다 하여 독서할 만하게 되었다는 뜻임.

㊷ 豈(기)−어찌. ○念(념)−염려의 뜻.

㊸ 惜(석)−아끼다. ○居諸(거저)−《시경(詩經)》 패풍(邶風) 일월(日月) 시 '일거월저(日居月諸)'에서 따온 말로(居와 諸는 모두 助詞) 여기서는 '일월' 곧 세월, 시간을 뜻한다.

㊹ 恩(은)−사랑. 은혜. ○義(의)−의리. ○相奪(상탈)−서로 빼앗으며 다투는 것. 은의유상탈(恩義有相奪)은 부모가 자식을 가르칠 때 사랑과 의리가 서로 충돌함을 뜻한다. 곧 교육은 엄하게 게으름피는 일 없이 시행하여야 하는데 부모로서는 자식을 사랑하는 마음이 있어 엄함을 늦추기 쉽다. 그래서 사랑과 의리가 교육에 있어 서로 충돌된다는 것이다.

㊺ 躊躇(주저)−태도를 분명히 않고 학문을 하는 데 머뭇거리고 있는 사람들.

해설 이 글은 당대(唐代)의 고문가(古文家)인 한유(韓愈, 768~824)가 그의 아들 부(符)의 배움을 권면하기 위하여 지은 글이다. 그의 문집 《창려선생집(昌黎先生集)》 권6 고시(古詩)에도 이 시가 들어 있다. 글의 대의는《고문진보》의 이 시 제하(題下)에 주(注)했듯이 아들에게 '배우면 군자가 되고 배우지 않으면 소인이 되고 만다'는 것을 깨우치려는 데 있다. 그리고 이 시에서도 학문의 내용으로 '문장'과 '경훈(經訓)'을 내세운 것은 '문자관도지기(文者貫道之器)'란 생각을 지녔던 그의 문학사상을 잘 말해준다.

뒤의 '시추적우제(時秋積雨霽)하고 신량입교허(新涼入郊墟)에 등화초가친(燈火稍可親)이오 간편가권서(簡編可卷舒)라'고 한 몇 구들은 시로서도, 시인으로서의 한유를 대변해 줄만한 명구이다. 시에 담긴 권학의 뜻과 생채(生彩)나는 문장을 통하여 자식을 위하는 어버이의 마음이 절실히 느껴질 것이리라. 지금까지도 가을이 되면 '등화가친'이란 말이 여러 사람들의 입에 오르내리며 독서를 권하는 명언이 되고 있음도 그 때문일 것이다.

오언고풍단편(五言古風短篇)

중국 시를 크게 구별하면 '고체시(古體詩)'와 '근체시(近體詩)'로 나뉘어진다. 고체시는 《시경(詩經)》을 비롯한 중국의 고대시가를 계승한 것으로, '고시(古詩)' 또는 '고풍(古風)'이라고도 부른다. 오언고시는 한(漢)대에 발생하여 그 뒤로 위진(魏晉) 육조(六朝)를 통하여 성행한다. 칠언고시는 오언보다 그 발생과 유행이 약간 뒤진다.

고시(古詩)의 특징은 시의 편폭(篇幅)에 아무런 제한이 없으며, 평측(平仄)의 엄격한 규정이 없고, 압운(押韻)도 간혹 매구운(每句韻)이 있기는 하지만 격구운(隔句韻)의 것이 많다. 그밖에 측운(仄韻)도 피하지 않고 환운(換韻)도 자유롭다.

이에 비하여 구식(句式)이나 평측·압운에 일정한 규율이 있는 '근체시'는 당초(唐初)에 발생하여 이후 성행한다. '근체시'에는 오언·칠언의 절구(絶句)와 율시(律詩)가 있다. 이곳에 '오언고풍단편(五言古風短篇)'이라 한 것은 오언고시 중에서 편폭이 짧은 것을 말한다. 그러나 이 책에는 당(唐)·송인(宋人)의 절구도 여기에 들어 있다. 명(明) 양교(梁橋)의 《빙천시식(氷川詩式)》에 '오언절구는 한위악부(漢魏樂府)에서 나왔다'고 하였는데, 이들 절구가 고아(古雅)한 시풍을 지녔다는 데서 '고풍' 속에 넣은 듯하다. 당의 대표시인 이백(李白)의 《이백시집(李白詩集)》에도 고시를 '고풍(古風) 59수'라 제(題)하고 있다.

맑은 밤을 읊음(淸夜^①吟)

소옹(邵雍)

月到^②天心處요, ^③風來水面時라.
  (월도천심처 풍래수면시)
^④一般淸意味를, ^⑤料得少人知라.
  (일반청의미 요득소인지)

달은 하늘 가운데 떠있고,
수면엔 소슬바람이 잔물결 일으킨다.
이러한 청신한 맛,
아는 사람 적을 거라.

(주해) ① 吟(음)—읊다. 청야음(淸夜吟)이란 '맑은 밤, 곧 공기 맑고 시원한 밤에 읊은 시'란 뜻이다.
② 天心(천심)—하늘 가운데. 심(心)은 중앙의 뜻임. ○處(처)—'……하고 있는 곳'의 뜻이나, 다음 구(句)의 '시(時)'자와 호응하여 작자가 읊고 있는 청야(淸夜)의 처경(處境)과 때를 형용한 것을 나타낸다.
③ 風來水面時(풍래수면시)—직역하면 '바람이 수면에 불어올 때'라는 뜻. 그러나 앞 주(註)에서 말한 것처럼 '시(時)'는 앞의 '처(處)'와 호응하는 것으로 우리말로 옮길 때엔 표현하지 않아도 된다.
④ 一般(일반)—'모든, 이러한'의 뜻.
⑤ 料(료)—헤아리는 것. 요득(料得)은 마음속으로 헤아려 아는 것. '……할 것이다' '……이리라'는 뜻.

(해설) 이 시의 제하(題下)에 '도(道)의 전체와 중화(中和)의 묘용(妙用),

자득(自得)의 즐거움, 이 맛을 아는 사람이 적다'고 주(注)하고 있다. 소옹(邵雍, 1011~1077)은 송대(宋代) 도학(道學)의 개조(開祖)로 호가 강절(康節)이며 그는 시를 통하여 도학자적인 자연에의 체득을 노래하고 있는 것이다. 송대 도학자 120인의 설(說)을 집록(集錄)한 《성리대전(性理大全)》 제70에도 이 시를 싣고서 '웅강대씨(熊剛大氏)가 말하기를, 이 시편을 빌어 성인(聖人)의 본체가 맑고 밝으며 사람의 욕망이 모두 정화된 것을 형용하였다. 달이 하늘 가운데 와있을 때란 곧 가리웠던 구름이 다 가신 것이고, 바람이 수면에 불어올 때란 곧 파도가 일지 않는 것이다. 이것은 바로 사람의 욕망이 모두 정화되어 천리(天理)가 유행하는 때인 것이라고 하였다'고 주(注)하고 있다.

곧 천공(天空)에 떠있는 둥근 달과 잔잔한 호수는 아름다운 맑은 밤의 정경을 읊는 한편 작자의 철리(哲理)도 표현하고 있다는 것이다. 이처럼 고요하고 맑게 아름다운 밤의 자연 속에 함양되어 있는 청순한 진리를 깨닫는 사람들이 적을 것은 말할 것도 없으리라.

이처럼 송대의 성리학(性理學)은 시에도 영향을 미치어 중국시에 철학을 도입하는 경향을 만들었다. 그렇지 않아도 당시(唐詩)가 감정적이라면 송시(宋詩)는 설리적(說理的)이라고 일반적인 특징을 흔히 말하는데, 이러한 철학시는 특히 그 설리적인 면을 노골화하게 한 것이라 하겠다.

사철(四時)

도연명(陶淵明)

春水滿四①澤이오, 夏雲多②奇峯이라.
　　(춘수만사택　하운다기봉)

秋月③揚明輝하고, 冬④嶺秀孤松이라.
　　(추월양명휘　동령수고송)

봄물은 못마다 가득 찼고,
여름 구름은 기이한 봉우리도 많을시고.
가을달은 밝은 빛을 발하고,
겨울 산마루엔 외로운 소나무 빼어났어라.

주해 ① 澤(택)-못. 사택(四澤)은 사방의 못. 모든 못.
② 奇峯(기봉)-기이한 봉우리. 여름의 충적운(層積雲)이 이룬 기괴한 산봉
우리 형상을 말한다.
③ 揚(양)-나타내다. 발(發)의 뜻. ○輝(휘)-빛나는 것. 명휘(明輝)는 밝은 빛.
④ 嶺(령)-고개. 산마루턱. ○秀(수)-빼어난 것. 특출(特出)하다는 뜻.

해설 이 시는 사철 풍경의 특징을 단적으로 잡아 계절의 아름다운 변환을
읊은 것이다. 도연명(陶淵明, 372~427)은 중국의 대표적인 전원시인(田
園詩人)인 만큼 사철의 자연을 잘 읊고 있다. 한 구절로 표현되었지만 따
뜻한 봄철의 기분이나 강렬한 햇빛과 더위 속의 여름 또는 청신(淸新)한
가을 및 눈 덮힌 겨울 풍경들이 한폭의 그림을 보는 듯하다.

　이 시를 어떤 이는 같은 진대(晉代) 산수화의 개산(開山)이라 일컫는
고개지(顧愷之)의 작이라 한다. 송(宋) 탕한(湯漢)은 이것은 '고개지의
신정시(神情詩)이다. 유문(類文)에 전편이 있으나 고시(顧詩)는 수미(首
尾)가 같지 않고 유독 이것만이 특출하다'고 주(注)했고, 유사립(劉斯立)
은 '마땅히 이것으로써 전편을 채워 이루어야 한다. 편중(篇中)에서 오직
이것만이 특출하니 가만히 있어도 알 수 있다. 혹 비록 고(顧)씨의 작이
라 하더라도 도연명이 네 구를 적출(摘出)했으니 가히 잘 가렸다 할 수
있다' 하였다 한다.

　그리고 송(宋) 허의(許顗)는 《언주시화(彦周詩話)》에서 '이것은 곧
고개지의 시인데 《도연명집(陶淵明集)》에 잘못 들어간 것이다'라고 단
정하였다(이상 淸 陶澍 注 《陶靖節全集》 권4에 인용되었음.) 또 명(明)
장자열(張自烈) 평(評) 《전주도연명집(箋注陶淵明集)》 권3에서는 '기격
(氣格)이 연명과 비슷하지 않으니 빼어버려야 한다'고 말하였다. 어떻든

이 시는 도연명의 작품이 아니라고 생각하는 학자가 많은 듯하다.

눈 내리는 강(江雪)

유종원(柳宗元)

①千山鳥飛絶이오, 萬②逕人蹤滅이라.
　　(천산조비절　만경인종멸)
孤舟③簑笠翁이, 獨④釣寒江雪이라.
　　(고주사립옹　독조한강설)

온 산엔 새들도 고요하고,
모든 길엔 사람의 행적도 없는데,
외로운 배의 도롱이와 삿갓 쓴 영감이,
홀로 추운 눈 덮힌 강에서 낚시질한다.

(주해)　① 千(천)―천산(千山)의 '천(千)'은 다음의 만(萬)이나 마찬가지로 '많은 것'을 형용한 것이다.
② 逕(경)―길. 경(徑)과 통함. 만경(萬逕)은 모든 길. ○人蹤(인종)―사람의 자취, 사람의 행적. ○滅(멸)―없어지다. 이상 2구는 대설(大雪)로 덮힌 한적한 자연을 읊은 것이다.
③ 簑(사)―도롱이. ○笠(립)―삿갓. ○翁(옹)―늙은이, 영감.
④ 釣(조)―낚시. 독조(獨釣)는 홀로 고기를 낚고 있는 것.

(해설)　이 시는 눈 덮힌 겨울의 강변을 읊은 것이다. 사람은커녕 새조차도 대설(大雪)에 눌리어 나들이 못하는 듯한 조용하고도 흰 대자연 속에도 외로이 고기를 낚는 늙은이가 있다. 한강설(寒江雪) 속에 독조(獨釣)하는

고주(孤舟)의 사립옹(簑笠翁)에서 작자는 바로 자기 자신의 영상(影像)을 발견하고 있는 듯하다. 유종원(柳宗元, 773~819)은 독조옹(獨釣翁)의 고고한 마음지님이 있었기에 고문운동(古文運動)을 대성시키고 시문으로 일생을 깨끗이 살 수 있었을 것이다.

도사를 찾아갔다 만나지 못하고서([1]訪道者不遇)

가도(賈島)

松下問童子하니, 言師採藥去라.
　　(송하문동자　언사채약거)
[2]只在此山中이리나, 雲深不知處라.
　　(지재차산중　운심부지처)

소나무 아래서 아이에게 물어보니,
스승은 약초 캐러 갔단다.
이 산속에 계시기는 한데,
구름 짙어 계신 데를 모른단다.

주해　① 訪(방)－찾아가다. 방문하다. ○道者(도자)－도(道)를 닦고 있는 사람. 수도하는 은자(隱者). ○遇(우)－만나다.
② 只(지)－다만. 이곳에서는 이 산속에 계시'기는 하지만'의 뜻을 나타낸다.

해설　속세의 정을 버리고 유연(悠然)히 살아가는 도자(道者)의 모습이 잘 그려져 있다. 구름이 오가는 깊은 산속에서 약초나 캐며 나날을 보내는 청정(淸淨)한 생활이 동자(童子)와의 문답을 통해서 느껴진다. 도자를 만나지도 못했으면서 도자의 풍격이 한 구 한 구 잘 표현된 것은 작자 자신도 이미 도자의 경지에 서있음을 느끼게 한다.

　제목의 도자는 은자(隱者)로 된 판본도 있다. 작자 가도(賈島, 779~843)는 승(僧)이 되어 무본(無本)이라 자호(自號)한 일이 있다.

누에치는 아낙(①蠶婦)

작자 미상

昔日到城②郭하여, 歸來③淚滿巾이라.
　(작일도성곽　귀래누만건)
④遍身綺羅者는, 不是養蠶人이라.
　(편신기라자　불시양잠인)

어제는 고을에 갔었는데,
돌아올 적엔 눈물 흠뻑 흘렸네.
온몸에 비단을 감고 있는 사람은,
누에치는 사람들이 아니더군.

주해　① 蠶(잠)－누에.
② 郭(곽)－외성(外城). 성곽의 성시(城市). 도시의 뜻.
③ 淚(루)－눈물. ○滿巾(만건)－수건이 흠뻑 젖도록 눈물을 많이 흘렸음
　을 말한다.
④ 遍(편)－두루, 편(偏)과 같은 자. 편신(遍身)은 ‘온몸’의 뜻. ○綺羅(기
　라)－무늬있는 비단. 여기서는 형용사로 ‘비단을 두르고 있는’의 뜻.

해설　이 시는 작자를 알 수 없다. 또 평측(平仄)도 절구와 맞지 않으니,
　형식은 오언사구(五言四句)지만 고시(古詩)로 보아야 할 것이다. 내용을

보더라도 천근(淺近)한 비유가 옛 민요풍의 냄새를 풍긴다. 농사짓지 않는 사람들이 배불리 잘 먹고, 길쌈하지 않는 사람들이 호화롭게 잘 입고 산다는 모순은 일찍부터 옛사람들이 흔히 느껴온 일이다. 비단옷을 입고 사는 사람들은 누에치고 비단짜는 노고는 아랑곳없으니 작자는 눈물을 흘린 것이다.

농부를 동정함(①憫農)

이신(李紳)

②鋤禾日當午하니, ③汗滴禾下土라.
　　(서화일당오　한적화하토)

誰知④盤中飧이, ⑤粒粒皆辛苦오?
　　(수지반중손　입립개신고)

김매는 데 해는 대낮,
땀방울이 곡식 밑의 흙에 떨어지네.
그릇에 담긴 밥이,
알알이 모두가 괴로움임을 뉘 알랴?

주해　① 憫農(민농)－노고(勞苦)하는 농민을 동정(同情)한다는 뜻.
② 鋤(서)－호미. 김매는 것. ○禾(화)－벼. 본시는 가곡(嘉穀)의 뜻이어서 땅 위에 자란 짚이 달린 곡식 그대로를 말하였다. 따라서 여기서는 화(禾)를 '곡식'이라 보아도 좋다. 서화(鋤禾)는 곡식을 김매는 것.
③ 汗(한)－땀. ○滴(적)－물방울. 물방울이 떨어지다.
④ 盤(반)－쟁반. 여기서는 큰 접시로 옛날에 밥을 담던 그릇을 말한다. ○飧(손)－저녁밥. 여기서는 그대로 '밥'이라 봄이 옳다.

⑤ 粒(립)-낟알. ㅇ粒粒(입립)-알알이, 낱낱이.

(해설) 이것은 이신(李紳, 772~864)의 〈민농(憫農)〉시 두 수 가운데의 둘째 편이다(《唐文粹》十六下 古調歌篇). 여기서는 뜨거운 햇볕 아래 김을 매는 농부들의 노고를 노래하고, 우리가 평상시 먹는 곡식알 하나에는 농민들의 노고가 깃들어 있음을 읊은 것이다. 나머지 한 수는 나라에서 정치를 잘못하여 농민들이 더욱 고생함을 읊은 것으로 다음과 같다.

> 봄에 한 알의 곡식 씨뿌리면
> 가을엔 만 알의 곡식을 거둔다.
> 그리고 세상엔 놀리는 밭이 없으나
> 농부들은 그래도 굶어 죽고 있다.
> (春種一粒粟하면 秋收萬顆子라.
> 四海無閑田이나 農夫猶餓死라.)

열심히 1년 내내 고생하며 농사를 지어도 조세(租稅)로 다 추수를 빼앗기고 보면 굶어 죽는 것은 오히려 농민뿐이라는 것이다. 만당(晩唐)의 섭이중(聶夷中, 837?~884?)도 〈전가(田家)〉시의(《全唐詩》제10函1冊) 두 수 중 첫 수에서,

> 아비는 들의 밭을 갈고
> 자식은 산속의 거친 땅을 판다.
> 6월 곡식은 아직 패지도 않았는데
> 관가에서는 벌써 창고를 수리한다.
> (父耕原上田하고 子劚山中荒이라.
> 六月禾未秀어늘 官家已修倉이라.)

고 노래하였다. 관가(官家)에서는 농민들의 노고는 아랑곳없이 여름부터 추수하면 곡식을 거둬들일 궁리만 하고 있다는 것이다. 옛날 가렴주구(苛斂誅求) 아래 신음한 농민들의 모습이 눈에 선하다.

이사전을 읽고(讀[1]李斯傳)

이업(李鄴)

[2]欺暗常不然커든, 欺[3]明當自戮이라.
　(기암상불연　기명당자륙)

[4]難將一人手론, [5]掩得天下目이리라.
　(난장일인수　엄득천하목)

남모르는 것을 속여도 언제나 옳게 못되거든,
남이 아는 것을 속이면 마땅히 스스로 죽게 되는 것.
한 사람의 손으로는,
천하의 눈을 가리기 어려우리라.

주해　① 李斯傳(이사전)—《사기(史記)》의 이사열전(李斯列傳)을 말한다. 이사(기원전 284?~기원전 208)는 한비(韓非, 기원전 280?~기원전 233?)와 함께 순경(荀卿, 기원전 298?~기원전 238?)에게 제왕(帝王)의 술(術)을 배우고 법술형명(法術刑名)의 학으로써 진시황(秦始皇)을 섬기었다. 시황이 중원(中原)을 통일한 뒤에는 승상(丞相)이 되어 군현제(郡縣制)를 실시하고 금서령(禁書令)을 내리고 한자를 소전(小篆)으로 개혁하였다. 그러나 진이세(秦二世) 때에 환관(宦官) 조고(趙高)에게 참소(讒訴)되어 처형되었다. 진시황의 분서갱유(焚書坑儒) 같은 폭정은 그의 권장으로 시행된 것이라 한다. 작자는 그러한 이사의 전기를 적은 《사기》의 이사열전을 읽고 느낀 것을 읊었다는 뜻이다.

② 欺(기)—속이다. ○暗(암)—남몰래. 남은 모르고 자기만 아는 일. ○常(상)—언제나. ○然(연)—시(是)와 뜻이 통하여, 불연(不然)은 불시(不是), 곧 '제대로 되지 않는 것' '옳게 되지 않는 것'. 상(常)은 '상(尙)'으로 된 판본도

있다.

③ 明(명)－앞의 ‘암(暗)’과 반대로 ‘공공연한 일’ ‘남이 다 아는 것’. ○戮
　(륙)－죽이는 것. 처형당하는 것.

④ 難(난)－다음 구 끝에까지 전부 걸린다. ○將(장)－‘……을 가지고’ ‘……
　로써’의 뜻.

⑤ 掩(엄)－가리다. ○天下目(천하목)－천하 모든 사람들의 눈.

(해설) 이 시의 작자는 《전당시(全唐詩)》나 《당문수(唐文粹)》 18에 의하면
이업(李鄴)이 아니라 조업(曹鄴, 816~875?)이다. 《전당시》에는 이업의
시로서 〈화면주우중승등월왕루작(和綿州于中丞登越王樓作)〉 한 수가 제
9함(函) 3책에 실려 있을 뿐이다. 〈독이사전(讀李斯傳)〉은 《전당시》 제9
함 7책에 조업의 시 가운데 실려 있는데 내용이 약간 다르다. 다음에 조
업의 시 전편을 싣는다.

　　한 수레에 세 바퀴를 달은 것은
　　본시 빨리 달리기 위한 것이다.
　　수레몰기의 어려움은 알지 못한 것이니
　　출발하자마자 뒤엎어지도다.
　　남모르는 것 속여도 옳게 되지 않거든
　　남 아는 것 속이면 마땅히 스스로를 죽게 하는 것.
　　한 사람의 손으로는
　　천하의 눈을 가리기 어려우리.
　　석자 넓이의 무덤엔
　　그늘졌다 햇빛났다 하며 풀만 공연히 푸르른 것을 보지 못했는가?
　　(一車致三轂은 本圖行地速이라.
　　不知駕馭難이니 擧足成顚覆이라.
　　欺暗尙不然커든 欺明當自戮이라.
　　難將一人手론 掩得天下目이라.
　　不見三尺墳에 雲陽草空綠고?)

이사의 전(傳)은 《사기》 권87 열전(列傳) 27에 실려 있다. 법가(法家)로서 법술(法術)을 앞세워 평생을 정치에 바친 이사의 전기는 읽는 이들에게 많은 감흥과 교훈을 줄 것이다. 가혹한 법술은 한동안 통할지 모르지만 결국은 그 부정(不正)이 드러난다. 그 부정이 드러날 뿐만 아니라 자기 자신을 결과적으로는 죽이게 된다. 그리고 한 사람이나 몇 사람은 속일 수 있을지 몰라도 온 세상을 속이기는 어렵다는 것이다.

왕소군(①王昭君)

이백(李白)

昭君②拂玉鞍하여, 上馬③啼紅頰이라.
　(소군불옥안　상마제홍협)
今日漢宮人이, 明朝④胡地妾이라.
　(금일한궁인　명조호지첩)

왕소군 구슬 안장 떨고,
말에 오르는 붉은 볼엔 눈물이 홍건.
오늘까지도 한나라 궁전 사람이더니,
내일 아침이면 오랑캐 땅의 첩이 되다니.

주해 　① 王昭君(왕소군)－한(漢)나라 황제 원제(元帝, 기원전 48~기원전 33 재위)는 후궁이 너무 많아 일일이 친히 고를 수가 없었다. 그래서 원제는 화공(畫工)으로 하여금 초상화를 그려 바치게 하여 그 그림을 보고 후궁들을 불러들였다. 화공은 이에 여자들로부터 뇌물을 받고 뇌물의 많고 적음에 따라 초상을 예쁘고 밉게 그려 바쳤다. 이때 후궁에서 왕소군[이름은 嬙, 昭君은 字임]만은 뇌물을 안써서 임금 근처에도 못가봤다. 이때

흉노(匈奴)의 세력이 커서 한나라를 위협하고 있었는데, 그 흉노의 선우
(單于)가 한나라로 미인을 구하러 왔다. 이에 원제는 화공의 그림을 보고
가장 못생긴 왕소군을 골라 주었다. 그러나 떠날 때 소군을 보니 천하의
절색이라, 원제는 잘못되었음을 뉘우쳤지만 이미 어찌할 수 없었다. 이에
원제는 화공을 베고, 소군의 아름다움을 아끼며 흉노에게로 떠나보내었다
[《西京雜記》]. 이 왕소군의 기구한 운명은 옛부터 많은 문인들의 마음을
움직이어 많은 작가들이 시나 소설 또는 희곡으로 그의 일생을 노래하였다.
② 拂(불)−먼지 같은 것을 떠는 것. ○鞍(안)−말안장. 옥안(玉鞍)은 구슬
로 장식된 안장.
③ 啼(제)−우는 것. ○頰(협)−뺨. 제홍협(啼紅頰)은 아름다운 붉은 볼에
눈물을 흘리며 우는 것.
④ 胡地(호지)−북쪽의 오랑캐 땅. 흉노를 말함.

(해설) 이 시는 이백(李白, 701~762)의 〈왕소군〉 시 2수의 둘째 것이다.
다른 첫째 수는 다음과 같다.

한나라 진 땅의 달이
흐르는 그림자로 명비를 전송하네.
한번 옥문관을 나서서
하늘 저쪽 끝으로 가서는 돌아오지 않네.
한나라의 달은 여전히 동해에서 뜨고 있건만
명비는 서쪽 땅으로 시집가 돌아오지를 않네.
연지 나는 연산(燕山)은 언제나 추워 눈이 꽃을 이루고
미인은 초췌하여 오랑캐 모래땅에 묻히리.
살아선 황금이 모자라 초상화를 잘못 그렸으나
죽어서는 청총을 남기어 사람들을 탄식케 하네.
(漢家秦地月이 流影送明妃라.
一上玉關道하여 天涯去不歸라.
漢月還從東海出이나 明妃西嫁無來日이라.

燕支長寒雪作花요 蛾眉憔悴沒胡沙라.
生乏黃金枉圖畵나 死留靑塚使人嗟로다.)

  곽무천(郭茂倩, 1084 전후)의 《악부시집(樂府詩集)》29 상화가사(相
和歌辭) 4를 보아도 음탄곡(吟歎曲)엔 진(晉)나라 서숭(西崇)의 〈왕소
군〉을 비롯하여 29수의 왕소군 시가 있고, 그밖에도 명군사(明君詞)·
소군사(昭君詞)·소군탄(昭君歎) 등 왕소군을 주제로 한 시가 많다. 소
군은 또 명군(明君)·명비(明妃)라고도 불리웠다. 이 책의 권말에도 〈명
비곡(明妃曲)〉이 들어 있다.
  이 시는 소군이 호지(胡地)로 눈물흘리며 떠나가는 모습을 노래한 것
이다. 한(漢)나라의 황제인 원제(元帝)도 왕소군을 사랑하면서도 흉노의
위협에 못이기어 떠나가는 소군을 보고 있을 수밖에 없었다. ‘오늘까지도
한궁(漢宮)의 사람이더니 내일 아침이면 호지(胡地)의 선우(單于)의 첩
이 되는가’하고 읊은 시인의 마음에는 외세를 배격하고 강한 조국을 간직
하고픈 진정이 스며 있다. 한나라 이후에도 호인(胡人)들의 위협은 내내
가시지 않았다.
  왕소군이 호지로 가서는 절개를 지키다 죽었는데, 그 무덤은 1년 내내
푸르렀다 한다. 그래서 그의 무덤을 청총(靑塚)이라 불렀다 한다. 그러나
이것은 자존심이 강한 중국인들이 만들어낸 전설에 불과할 것이다.

검객(①劍客)

가도(賈島)

  十年磨一劍하여, ②霜刃未曾試라.
    (십년마일검   상인미증시)
  今日③把贈君하니, 誰有④不平事오?
    (금일파증군   수유불평사)

10년을 한 칼로 갈아,

서릿발 같은 칼날은 시험해 보지도 않았네.

오늘 그것을 당신에게 드리노니,

누가 바르지 못한 일을 할 수 있으랴?

주해　① 劍客(검객)—칼을 잘 쓰는 사람. 검술(劍術)은 칼을 쓰는 기술뿐만 아니라 정신 수양도 올바로 되어야 한다.
② 霜刀(상인)—서릿발 같은 칼날. ○曾(증)—일찍이.
③ 把(파)—'그것을 가지고'의 뜻. ○贈(증)—보내주다.
④ 不平事(불평사)—평정(平正)치 못한 일을 하는 것. 곧 비뚤어진 짓을 하는 것.

해설　이 시에서 10년 동안 칼을 갈았다는 것은 오랫동안 경세(經世)를 위한 학문을 쌓았음에 비유한 것이다. 이렇게 쌓은 학문을 가지고 일단 조정에 나가 일하게 되면 아무도 비뚤어진 일을 못하도록 정치를 올바로 해나가겠다는 것이다.
　작자 가도(賈島, 779~843)는 앞에 나온 승(僧) 무본(無本)의 환속(還俗)한 이름이다. 그에게는 이 시 이외에도 〈소년행(少年行)〉 〈협객행(俠客行)〉 등 경국(經國)의 뜻을 노래한 시들이 있다.

칠보시(①七步詩)

조식(曹植)

②煮豆燃豆其하니, 豆在③釜中泣이라.
　(자두연두기　두재부중읍)

本是④同根生이어늘, ⑤相煎何太急고?
　(본시동근생　상전하태급)

콩을 삶는 데 콩대를 때니,
콩은 솥 가운데서 울고 있네.
본시가 한뿌리에서 났거늘,
어찌 그리 심하게도 들볶는고?

주해 ① 七步詩(칠보시)-《세설신어(世說新語)》권3에 의하면 '위문제(魏文帝 : 220~226 재위. 曹操의 長子 曹조)가 일찍이 동아왕(東阿王 : 조조의 次子 曹植, 곧 曹子建)으로 하여금 일곱 발자국을 걷는 동안에 시를 짓게 하였다. 시를 못 지으면 처벌하겠다는 것이다. 명령이 떨어지자 곧 이 시를 지었다. 문제(文帝)는 이를 듣고 매우 부끄러운 빛을 띠었다'〔《曹集詮評》丁晏 註 所引〕는 얘기가 있다. 조조(曹操)가 생전에 늘 차자(次子) 조식(曹植)의 재능을 사랑하였으므로 형 조비(曹조)는 제위를 계승한 뒤에 아우를 박해한 것이다. 이 시는 일곱 발자국 걷는 동안에 지었다 하여 '칠보시'라 부르게 된 것이다.
② 煮(자)-삶는 것. ○燃(연)-태우는 것. ○萁(기)-콩대. 두기(豆萁)는 콩대.
③ 釜(부)-가마솥.
④ 同根生(동근생)-솥 안의 콩과 솥 밑에 타고 있는 콩대는 본시가 한뿌리에서 자라났던 것이다. 콩과 콩대를 형제에 비유했다.
⑤ 相煎(상전)-'서로 볶는다'는 뜻보다 상(相)자는 한편에서 가해지는 동작의 상관관계를 강조하기 위하여 붙인 것에 불과하다. ○太(태)-너무. ○急(급)-다급한 것. 지독한 것. 심한 것.

해설 조식(曹植, 192~232)의 문집에 실려 있는 〈칠보시〉는 이와 약간 내용이 다르다.

콩 삶으려 콩대를 때고 있으니,
메주를 걸러 장을 만들려는 것이다.
콩대는 솥 밑에서 타고 있고,
콩은 솥 가운데서 울고 있다.
본시 같은 뿌리에서 났거늘,

들볶는 게 어찌 그리도 심한가?
(煮豆燃豆其하니　漉豉以爲汁이라.
其在釜下然하고　豆在釜中泣이라.
本是同根生이어늘　相煎何太急고?)

　　이것은 6구이지만 내용에 있어서는 이 책의 4구와 큰 차이가 없다. 콩과 콩대는 본시 같은 뿌리에서 자라난 것인데, 지금 콩을 삶기 위하여 솥 밑에 콩대를 때고 있다. 같은 뿌리에서 자라난 처지에 어쩌면 그렇게도 콩대가 콩을 못살게 굴 수가 있느냐는 것이다. 이것은 조식(曹植)이 자기에게 박해를 가하는 형인 위문제(魏文帝) 조비(曹丕)를 풍자한 것이다. 같은 부모 밑에서 자란 형제인데 어찌 형이 아우를 못살게 굴 수가 있느냐는 것이다. 이 시를 보고 형인 조비가 부끄러움을 느꼈을 것은 말할 것도 없겠다.

경자와 병자로 운을 담(①競病韻)

조경종(曹景宗)

去時兒女悲러니, **歸來**②**笳鼓競**이라.
　(거시아녀비　귀래가고경)
③**借問行路人**하나니, **何如**④**霍去病**고?
　(차문행로인　하여곽거병)

　　떠날 때는 아녀들이 슬퍼하더니,
　　돌아옴에 피리와 북소리 요란하구나.
　　길가는 사람에게 묻노니,
　　옛날의 곽거병인들 이에 더하리?

주해 ① 競病韻(경병운)－작자인 조경종(曹景宗, 457~508)은 양(梁)나라의
장군이었다. 양나라 무제(武帝, 502~549 재위) 때 위(魏)나라 장수 양대
안(楊大眼)을 회수(淮水)에서 크게 쳐부수고 개선하자 무제는 그를 맞아
화광전(華光殿)에서 잔치를 베풀었다. 연석(宴席)에서 여러 신하들이 연
구(聯句)를 짓고, 당대의 대문장가 심약(沈約, 441~513)도 시를 지었다.
이때 보통 쓰이는 시운(詩韻)은 다 써버리고 다만 경(競)·병(病) 두 자
만이 남았다. 모두 쩔쩔매고 있을 때 조경종이 붓을 들어 단숨에 써내려
간 시가 이것이라 한다. ‘경(競)·병(病)’ 두 자 운을 써서 지은 시로 유
명하여 ‘경병운(競病韻)’이라 불리우게 된 것이다. 무제는 무(武)에 문(文)
을 겸한 그의 재능에 탄복하고 그를 공(公)의 벼슬로 올려줬다 한다.
② 笳(가)－피리. ○鼓(고)－북. ○競(경)－다투다. 피리와 북이 다투듯 요란
하게 연주됨을 뜻한다.
③ 借問(차문)－‘물어보자’ ‘물어보나니’의 뜻.
④ 霍去病(곽거병)－한(漢)나라 무제(武帝) 때의 대장군. 여러번 흉노(匈奴)
를 쳐 큰 공을 세워 죽은 뒤에는 경환후(景桓侯)에 봉하여졌다. 충의와
용직(勇直)으로 유명한 장군이다.

해설 어려운 운자(韻字)를 써서 적을 쳐부수고 돌아온 득의(得意)한 심정
을 읊은 것이다. 자기가 전쟁에 나갈 적만 하더라도 아녀자들은 강적(强
敵)과 나라의 불안 때문에 모두 슬퍼하고 있었다. 그러나 자기가 적을 무
찌르고 돌아오니 사람들은 기쁨이 넘쳐 악기를 연주하며 그를 맞아준다.
장군으로서 뜻을 이룬 지금, 옛날 한(漢)나라의 대장군 곽거병(霍去病)과
비길 때 자기의 공로나 위용(偉容)은 어떠한가 아무나 붙잡고 물어보고
싶은 심정인 것이다.
　나라를 위하여 공을 세운 장군의 솔직한 기쁨이 잘 표현되어 있다. 적
이 또 나타나면 곽거병처럼 몇번이고 적을 쳐부수어 나라를 보위하겠다
는 결의도 엿보인다.

탐천(^①貪泉)

오은지(吳隱之)

> 古人云此水는, 一^②歃懷千金이라.
>   (고인운차수 일삽회천금)
> 試使^③夷齊飮이면, 終當不^④易心이라.
>   (시사이제음 종당불역심)

옛사람들이 말하기를 이 물은,
한번 마시면 천금을 생각하게 된다네.
시험삼아 백이나 숙제 같은 마음 곧은 이에게 마시게 한다면,
역시 끝내 마음 바뀌지 않으리라.

주해 ① 貪泉(탐천)―광주성(廣州城) 밖 10리 되는 석문(石門)에 있는 샘 이름. 이 샘물을 마시면 한없는 탐욕(貪欲)이 생긴다 한다. 작자 오은지(吳隱之)는 광주(廣州) 땅에 자사(刺史)가 되어 부임하였는데, 탐천의 물을 마시며 이 시를 지었다 한다. 그러나 오은지는 탐욕은커녕 더욱 청렴하여져서 뒤에는 이를 '염천(廉泉)'이라 바꿔 부르게 되었다 한다〔《晉書》90 良吏列傳〕.《고시원(古詩源)》 등에는 〈작탐천시(酌貪泉詩)〉라 제목이 붙어 있다.
② 歃(삽)―마시다. 빨다. ○懷(회)―욕심을 내어 생각하는 것.
③ 夷齊(이제)―백이(伯夷)와 숙제(叔齊).《사기(史記)》 열전(列傳)에 의하면, 이들은 은말(殷末) 주왕(紂王) 때의 고죽군(孤竹君)의 두 아들이다. 주(周)나라 무왕(武王)이 은(殷)나라를 쳐부수자 이들은 은나라의 신하된 도리로 주(周)나라의 녹속(祿粟)을 안먹는 게 옳다 여기고 수양산(首陽山)으로 들어가 고비를 뜯어먹으면서 연명하다가 죽었다. 이토록 절조가

굳은 사람이면 아무리 탐천이라 하더라도 그것쯤 먹는다고 마음이 탐욕
해지겠느냐는 것이다.
④ 易(역)―변하는 것.

(해설) 《진서(晉書)》 권90의 양리열전(良吏列傳)에 의하면 광주(廣州) 땅엔
여러 자사(刺史)들이 부임하였으나 모두 재화(財貨)의 부정으로 자리에
서 쫓겨났다. 조정에선 그러한 오폐를 없애려고 청렴한 오은지(吳隱之,
?~413)를 그곳의 자사로 임명하였다 한다.
　광주 땅에는 한번 마시면 돈만 알게 된다는 탐천(貪泉)이란 샘이 있었
다. 오은지는 자기의 마음을 굳게 채찍질하며 아무리 탐천이라 하더라도
사람의 곧은 마음이야 변하게 할 수 있으랴 하며 그 샘물을 떠 마셨다.
　《시자(尸子)》라는 책에는 공자(孔子)가 도천(盜泉 : 山東省 泗水縣 동
북쪽에 있었음)을 지날 때 목이 무척 말랐으나 그 샘의 이름이 나쁘다고
마시지 않았다는 얘기가 실려 있다. 공자의 도천을 대하던 태도와 오은지
가 탐천의 물을 마신 것은 정반대의 태도이다. 악을 대함에는 공자처럼
그것이 꼭 필요해도 피하는 방법이 있고, 또 그것이 필요없어도 일부러
찾아가 물리치는 오은지와 같은 방법이 있다.

상산길 소감(①商山路有感)

백거이(白居易)

萬里路長在나, **六年**②**今始歸**라.
　(만리노장재　육년금시귀)
所經多③**舊館**이나, **太半主人**④**非**라.
　(소경다구관　태반주인비)

만리 길은 언제나 있었을 것이나,

6년만에 지금 비로소 돌아오네.

지나는 곳마다 옛 여관이 많지만,

태반은 옛 주인이 아닐세.

(주해) ① 商山(상산)−섬서성(陝西省) 상현(商縣)의 동쪽에 있는 산 이름. 백
거이가 6년만에 집으로 돌아가는 길에 상산길을 지나며 느낀 것을 읊은
시이다. 《백씨장경집(白氏長慶集)》 권18에도 실려 있다.

② 今(금)−백거이의 문집에는 '신(身)'자로 된 판본도 있다.

③ 舊館(구관)−옛날부터 있던 여관(旅館).

④ 非(비)−옛 주인이 아니라는 뜻.

(해설) 상산(商山)은 진(秦)나라 때 나라의 어지러움을 피하여 '사호(四皓)'
라 불리우던 동원공(東園公)·기리계(綺里季)·하황공(夏黃公)·녹리선
생(甪里先生)이 은거한 곳이다. 그들은 영초(靈草) 자지(紫芝)를 따먹고
신선이 되어 장생불사(長生不死)하였다 한다.

백거이(772~846)는 이 상산길을 지나면서 이들 신선이 된 사호를 생
각하였을 것이다. 그러나 한편 자기가 옛날 묵었던 여관에 들러보니 겨우
6년만인데도 옛 주인이 아닌 곳이 태반이다. 인간 세상은 정말 무상한 것
이다.

금곡원(①金谷園)

작자 미상

當時歌舞地에, ②不説草離離로되.
　(당시가무지　불설초리리)

今日歌舞[3]盡하니, 滿園[4]秋露垂라.
(금일가무진   만원추로수)

그 옛날 노래하고 춤추던 곳에,
풀이 더부룩히 자라리라 말한 이는 없었으련만.
지금 노래와 춤 간 곳 없으니,
동산 가득히 가을 이슬만 맺혀 있네.

(주해) ① 金谷園(금곡원)－진(晉)나라 때 석숭(石崇)이 만든 정원 이름. 하남
성(河南省) 금곡(金谷)에 있었으며 석숭은 매일 귀인(貴人)들을 모아 호
유(豪遊)하였다. 이름은 전하지 않는 작자가 금곡원의 황폐한 옛 자리에
가서 옛날의 호유를 생각하며 인생의 무상함을 노래한 것이다.
② 不說(불설)－아무도 말하지 않았다. 말하지 않았으리라는 뜻. ○離離(이
리)－풀이 더부룩히 자란 모양.
③ 盡(진)－자취조차도 다 없어진 것.
④ 秋露垂(추로수)－가을 이슬이 풀과 나무에 매달려 있다는 뜻. 한편 금석
지감(今昔之感)에 젖어 흘리는 작자의 눈물도 상징하고 있는 듯하다.

(해설) 석숭(石崇)은 형주자사(荊州刺史)라는 벼슬을 지냈고 한편 무역(貿
易)으로 거만(巨萬)의 치부(致富)를 하여 사치를 극한 호유(豪遊)를 일삼
은 사람이다. 금곡원(金谷園)은 곡수(穀水)라 불리우던 강물을 낀 아름다
운 골짜기에 자리잡고 있었고, 이러한 아름다운 동산에서 가무로 나날을
즐겼었다. 호화롭던 그 옛날 가무가 끊이지 않던 이곳에 잡초만이 무성하
게 될 줄은 아무도 몰랐으리라. 작자는 거칠어진 금곡원 옛터에 서서 금
석지감(今昔之感)에 눈물흘리고 있는 것이다.

봄 계수나무의 문답 두 번(①春桂問答二)

왕유(王維)

問春桂하되, 桃李②正芳華라.
  (문춘계 도리정방화)
③年光隨處滿커늘, 何事獨無花오?
  (연광수처만 하사독무화)
春桂答하되, 春華④詎能久오?
  (춘계답 춘화거능구)
風霜⑤搖落時에, ⑥獨秀君知不아?
  (풍상요락시 독수군지불)

봄 계수나무에게 묻기를,
"복숭아와 오얏은 방금 향기로운 꽃을 피워,
봄빛이 모든 곳에 찼거늘,
어째서 홀로 꽃을 피우지 않소?"
봄 계수나무 대답하기를,
"봄꽃이 어찌 오래 갈 수 있으리?
서릿바람에 잎새 떨어질 적에,
홀로 빼어남을 그대는 알지 못하는가?"

(주해) ① 春桂(춘계)—봄의 계수나무. 계수나무는 상록수이다. 봄에 계수나무
  와 문답한 형식으로 읊은 시이다.
② 正(정)—바로 지금. 방금. 막. ㅇ芳(방)—향기. ㅇ華(화)—꽃.
③ 年光(연광)—춘광(春光). 봄빛을 가리킨다. ㅇ隨處(수처)—모든 곳.

④ 詎(거)-어찌.
⑤ 搖落(요락)-낙엽지는 것.
⑥ 獨秀(독수)-흘로 낙엽지지 않고 잎새가 푸르른 것을 뜻함.

해설 계수나무와의 문답을 통하여 자기의 마음가짐을 나타낸 것이다. 계수나무가 1년 내내 똑같이 푸르듯이 자기의 마음가짐도 언제나 변함이 없을 것이라는 것이다. 일시적인 허영보다는 이러한 절개가 귀중한 것이다. 작자 왕유(王維, 701~761)는 만년엔 불교사상에 마음이 기울어져 조용히 은거하며 시화(詩畵)로 여생을 보냈다. 그의 시 가운데 염정담원(恬靜淡遠)한 정조가 보이는 것은 이 시에서 보여준 세상의 영화를 초월하는 마음가짐이 바탕이 되고 있기 때문일 것이다.

객지에 나간 자식(①遊子吟)

맹교(孟郊)

慈母手中線은, 遊子身上衣라.
  (자모수중선   유자신상의)

臨行②密密縫하며, 意恐遲遲歸라.
  (임행밀밀봉   의공지지귀)

③難將寸草心하여, 報得④三春暉라.
  (난장촌초심   보득삼춘휘)

자애로운 어머님 손에 들린 실은,
길 떠날 아들 옷을 짓는 것이네.
떠나기 전에 꼼꼼히 꿰매시며,
마음은 더디 돌아올까 걱정이시네.

한 치 풀 같은 마음을 가지고서,
삼춘의 햇빛 같은 어머님 사랑 보답하기 어렵네.

주해　① 遊子(유자)―'길 나선 사람'의 뜻. ○吟(음)―읊음. 유자음(遊子吟)은
'나그네의 노래'와 같은 뜻. 길 나선 나그네가 어머님의 사랑을 생각하
며 부른 노래이다. 《맹동야시집(孟東野詩集)》 제1권에 들어 있다.
② 密密(밀밀)―촘촘한 모양. 꼼꼼한 모양. ○縫(봉)―꿰매다.
③ 難將(난장)―《맹동야집(孟東野集)》엔 '수언(誰言)'으로 되어 있다. ○寸
草(촌초)―한 치 되는 풀. 미력(微力)한 자식에 비유했음.
④ 三春(삼춘)―맹춘(孟春)·중춘(仲春)·계춘(季春)의 봄 3개월. ○暉(휘)―
햇빛.

해설　이 시는 맹교(孟郊, 751~814)가 자기의 어머니를 생각하고 지은 시
이다. 첫 네 구에는 자식을 객지로 내보내는 어머니의 자애로운 걱정이 묘
사되었다. 이것은 맹교의 경험이었을 것이다. 이러한 위대한 어머니의 사랑
을 삼춘(三春)의 양광(陽光)에 견준다면 자식이란 그 햇빛 아래 돋아나는
풀과 같다는 것이다. 미력한 자식의 힘으로 위대한 어머니의 은혜에 어찌
다 보답하겠느냐는 것이다. 1본(本)엔 '어머니를 율수(溧水)에서 뵙고 지은
것'이라 자주(自注)하고 있다. 그렇다면 그가 율양현위(溧陽縣尉)였던 54
세 때의 작품이다. 늦게서야 겨우 진사(進士)에 급제한 그가 출세가 늦어
어머니를 편안히 잘 모시지 못했음을 자책(自責)한 시로 볼 수도 있겠다.

자야오가(①子夜吳歌)

이백(李白)

②長安一片月에, ③萬戶擣衣聲이라.
　(장안일편월　만호도의성)

秋風④吹不盡하니, ⑤總是玉關情이라.
  (추풍취부진 총시옥관정)
何日平⑥胡虜하고, ⑦良人罷遠征고?
  (하일평호로 양인파원정)

장안엔 한 조각 달이 밝은데,
집집에선 다듬이소리.
가을바람도 끊일 줄 모르니,
모두가 옥문관의 임 그리는 정 일깨우네.
언제나 오랑캐들을 평정하고,
임께선 원정으로부터 돌아오시려나?

(주해) ① 子夜吳歌(자야오가) ─ 자야(子夜)는 옛 민요조의 악부시(樂府詩). 자
야라는 동진(東晉)의 한 여인이 처음 만든 노래인데, 곡조가 슬퍼서 후인
(後人)들은 이로써 사시행락(四時行樂)의 노래를 지었다 한다[《樂府古題
要解》]. 동진의 도읍은 오(吳 : 江蘇省)의 건업(建業 : 金陵. 지금의 南京)
에 있었기 때문에 이를 오가(吳歌)라 한 것이다. 《악부시집(樂府詩集)》
제45 청상곡사(淸商曲辭)에는 이백(李白, 701~762)의 〈자야사시가(子夜
四時歌)〉 4수를 싣고 있고, 《이태백시집(李太白詩集)》에는 자야오가(子
夜吳歌)라 제(題)하고 있는데, 이곳에 실린 것은 그 '추가(秋歌)'이다. 따
라서 《당시삼백수(唐詩三百首)》 같은 데서는 자야추가(子夜秋歌)라 제
(題)하고 있다.
② 長安(장안) ─ 당(唐)나라의 수도 섬서성 서안(西安)의 옛 이름임.
③ 萬戶(만호) ─ 모든 집. ○擣(도) ─ 방망이질하는 것. 도의(擣衣)는 다듬이질
을 하는 것.
④ 吹不盡(취부진) ─ 다함이 없이 끊이지 않고 부는 것.
⑤ 總是(총시) ─ '모두가'. 곧 일편월(一片月)·도의성(擣衣聲)·추풍(秋風)
등 모두가의 뜻. ○玉關(옥관) ─ 옥문관(玉門關). 장안(長安)의 북서쪽 3천
6백 리에 있던 서역(西域) 땅으로 나가는 관문(關門). 감숙성(甘肅省) 돈

황현(燉煌縣) 서쪽 150리, 양관(陽關)의 서북쪽에 있다. 여인의 남편은 지금 옥문관 근처로 서호(西胡)들과 싸우러 원정가 있는 것이다.

⑥ 胡虜(호로)－남편과 싸우고 있는 '오랑캐들'.

⑦ 良人(양인)－'우리 임'. 여인이 남편을 가리키는 말. ○罷(파)－오랑캐들을 평정하여 원정이 끝나 집으로 남편이 돌아오는 것.

(해설) 밝은 달, 다듬이소리에 가을바람, 이런 것은 모두가 멀리 원정가 있는 남편을 그립게 만든다. 남편은 서북쪽의 옥문관(玉門關)으로 오랑캐들과 싸우러 나가 있다. 여인은 남편을 향하는 그리움 속에 원정에 성공하고 돌아올 영광의 날을 손꼽아 기다리고 있는 것이다.

벗과 함께 묵으며(友人①會宿)

이백(李白)

②滌蕩千古愁하며, ③留連百壺飲이라.
　　(척탕천고수　유련백호음)
④良宵宜且談이니, ⑤皓月未能寢이라.
　　(양소의차담　호월미능침)
⑥醉來臥空山하니, 天地卽⑦衾枕이라.
　　(취래와공산　천지즉금침)

천고의 시름을 씻어버리며,
눌러앉아 백 병의 술을 마신다.
좋은 밤은 마땅히 얘기로 지새울지니,
밝은 달빛에 잠들지 못하네.
술 취하여 빈 산에 누우니,

하늘과 땅이 곧 이불이요 베개로다.

주해 ① 會宿(회숙)—만나 함께 묵는 것. 이 시는 친구와 함께 하룻밤을 묵으
며 밝은 달빛 아래 밤새워 술마신 일을 읊은 것이다.
② 滌(척)—씻다. ○蕩(탕)—깨끗이 하는 것. 척탕(滌蕩)은 깨끗이 씻어 없애
는 것. ○千古愁(천고수)—아득한 옛날부터 사람들이 지녀온 영원히 씻
을 수 없는 시름.
③ 留連(유련)—자리에 미련이 있어 떠나지 못하는 것. ○壺(호)—술병.
④ 良宵(양소)—좋은 밤. ○宜(의)—마땅한 것. 의당. ○且(차)—또.
⑤ 皓(호)—흰 것. 밝은 것.
⑥ 醉來(취래)—'취하게 되면'의 뜻. 내(來)는 취향을 나타내는 조사(助詞)
로 봄이 좋다. ○臥(와)—눕다. ○空山(공산)—인기척 없는 조용한 산.
⑦ 衾(금)—이불. ○枕(침)—베개. 베개를 베다.

해설 술을 마시는 것은 사람들이 언제나 지니고 있는 시름으로부터 해방
되어 인간 본연의 자태로 돌아가 보자는 데 있다. 더욱이 뜻이 맞는 친구
를 달밝은 밤에 만나 그대로 잠자리에 들어 눈을 감을 수는 없다. 마음껏
마시고 얘기하다 취하면 하늘을 이불삼고 땅을 베개삼아 누우면 그만이
라는 것이다.
진(晉)나라 때 죽림칠현(竹林七賢)의 한 사람이었던 유령(劉伶)이 〈주
덕송(酒德頌)〉[《고문진보》後集에 실림]에서 읊은 '하늘을 장막삼고 땅
을 자리로 삼아 멋대로 지낸다'는 광달(曠達)한 정신과 통한다. 뒤에 나
오는 〈장진주(將進酒)〉에서도 이백(李白)은 술로써 '만고의 시름'을 없애
자고 하였다. 술을 빌어 자연으로 돌아가자는 것은 도가(道家)의 정신과
도 통한다.

운곡의 잡사(①雲谷雜詠)

주희(朱熹)

②野人載酒來하여, ③農談日西夕이라.
　　(야인재주래 농담일서석)

④此意良已勤하니, ⑤感歎情何極고?
　　(차의양이근 감탄정하극)

歸去莫⑥頻來하라, 林深⑦山路黑이라.
　　(귀거막빈래 임심산로흑)

농사꾼이 술을 지고 와서,
농사 얘기 하다보니 해는 서산에 기울었네.
찾아준 뜻 정말로 고마우니,
마음에 스미는 정 가이없네.
돌아가거들랑 자주 오진 마오,
깊은 숲속 산길은 어두운데.

(주해) ① 雲谷(운곡)－복건성(福建省) 건양현(建陽縣) 서북쪽 70리 되는 곳.
숭안현(崇安縣)과 접한 곳에 서산(西山)과 대치하고 있는 산 이름. 본시
는 노봉(蘆峯)이라 불렀으나 주희(朱熹 : 호는 晦庵)가 이곳에 초당을 짓
고 글을 읽으면서 이름을 운곡(雲谷)이라 고쳤다. 《주자대전(朱子大全)》
권6에 운곡잡영(雲谷雜詠) 12수가 있는데 각각 다른 시제가 붙어 있다.
② 野人(야인)－전야(田野)에서 일하며 사는 사람, 곧 농부. 재조(在朝)의 군
자(君子)에 대가 되는 말이다. ○載酒(재주)－본시 '술을 수레에 싣고'
오는 것이나, 여기서는 그대로 술을 가지고 왔다고 봄이 좋겠다.
③ 農談(농담)－농사에 관한 얘기를 하는 것.

④ 此意(차의)—이렇게 찾아준 뜻. ○良已勤(양이근)—정말로 이미 각별하다
할 만한 것이라는 뜻. 근(勤)은 여기서는 '친절' 또는 '각별함'의 뜻으로
보아야 한다.
⑤ 感歎(감탄)—마음속에 느끼는 것. ○極(극)—'끝' 또는 '한(限)'의 뜻.
⑥ 頻(빈)—자주.
⑦ 山路黑(산로흑)—산길이 어둡다. 곧 산길이 위험하다는 뜻. 주희가 객을
사절하는 본뜻은 '자기는 공부하며 수도하는 사람이라 한담(閑談)할 여유
가 없으니 자주 찾아오지 말아 달라'는 것이겠으나, 객에 대한 예(禮) 때
문에 완곡히 사절하는 것이다.

(해설) 이 시는 주자(朱子, 1130~1200)가 운곡(雲谷)에 들어앉아 공부에
열중하고 있을 적에 지은 것이다. 술을 짊어지고 찾아온 농부의 뜻은 고
맙기 그지없으나, 자기로서는 이처럼 술 마시며 놀고 지낼 겨를이 없다,
그러기에 길도 험하니 다음부터는 자주 찾아오지 말아 달라는 것이다. 한
편 내객(來客)은 은거(隱居)하는 청고(淸孤)한 생활을 흔들어 놓는 것이
기 때문에 내객을 사절한 것이라고도 하겠다.
　어떻든 세속 속에서 술로써 인위적인 허식을 지워버리고 벗들과 그날
그날을 즐긴 이백의 방달(放達)한 태도와는 좋은 대조가 된다.

농사꾼들을 애달파하며(①傷田家)

섭이중(聶夷中)

②二月賣新絲요, ③五月糶新穀이라.
　(이월매신사　오월조신곡)
④醫得眼前瘡이나, ⑤剜却心頭肉이라.
　(의득안전창　완각심두육)

我願君王心이, ⑥化作光明燭하여,
  (아원군왕심 화작광명촉)

不照⑦綺羅筵하고, ⑧徧照逃亡屋이라.
  (부조기라연 편조도망옥)

2월에 미리 새 고치실을 팔고,
5월이면 미리 새 곡식을 팔아 돈을 빌리네.
눈앞의 부스럼은 고쳐지지만,
심장의 살을 도려내는 거나 같은 것.
바라노니 임금님의 마음,
밝게 비추는 촛불이 되어,
화려한 잔칫자리 비칠 게 아니라,
사방으로 유랑할 집들에 두루 비춰줬으면.

(주해) ① 傷(상)−슬퍼하는 것. 상전가(傷田家)는 앞에 나온 이신(李紳)의 〈민
농(憫農)〉 시와 같이 농가의 노고를 노래한 것이다. 전가(田家)는 농가.
② 二月(이월)−음력 2월로 누에를 치기 시작하는 때. 누에를 치기 시작하면
서 그것을 담보로 돈을 미리 빌어다 쓰기 때문에 '매신사(賣新絲)' 곧 '새로
생산될 실을 판다'고 한 것이다.
③ 五月(오월)−음력 5월은 모를 심을 때. ○糶(조)−곡식을 파는 것, 곡식을
내보내는 것. 양식이 떨어져 농민은 모심을 때 이미 추수할 곡식을 담보
로 곡식이나 돈을 빈다. 소위 '보릿고개'는 옛부터 중국 농민에게도 있었
던 모양이다.
④ 醫(의)−병을 고치는 것. ○瘡(창)−부스럼. ○眼前瘡(안전창)−눈앞의
고통을 뜻한다. 농민들은 양식이 없어 굶고 있으므로, 추수할 것을 담보
로 곡식이나 돈을 빌리면 당장의 굶주림은 면하게 된다.
⑤ 剜(완)−도려내는 것. ○却(각)−도려내 '버리는 것'. ○心頭肉(심두육)−
심장(心臟)의 살점. 농민들이 이처럼 미리 누에고치나 양식을 담보로 돈
이나 곡식을 빌리는 것은 심장의 살을 도려내는 것처럼 사태를 더욱 악화

시키어 생명을 단축시키는 거나 같은 짓이라는 것이다.

⑥ 化作(화작)－변화하여 ……이 되는 것. ○燭(촉)－촛불.

⑦ 綺(기)－무늬 비단. ○羅(라)－비단. 기라(綺羅)는 귀족들의 옷, 또는 화려함을 형용한 말임. ○筵(연)－잔치. 연석(宴席)의 뜻.

⑧ 徧(변)－두루. ○逃亡屋(도망옥)－생활고로 생활 근거지로부터 유산(流散)하게 되는 집안.

(해설) 만당(晩唐)의 혼란한 사회 속에서 모순된 경제체제에 고생하는 농민들의 실태를 읊은 것이다.《재자전(才子傳)》권9에 의하면 작자 섭이중(聶夷中, 837~?)은 오래도록 벼슬도 못하고 갖은 고생을 한 뒤에 임관(任官)된 사람이다.

《전당시(全唐詩)》제10함 1책에는 이미 앞의 이신(李紳, 780~846)의 〈민농(憫農)〉시 해설에 인용한 것처럼 섭이중의 〈전가(田家)〉시 2수가 있다. 이 〈상전가(傷田家)〉시와 비슷한 내용인 것으로 보아 작자는 특히 농민들의 고통에 많은 주의를 기울이고 있었던 것 같다. 작자가 거용(擧用)되기 전에 농촌에서 농민들의 고통을 친히 체험했던 때문인지도 모른다. 이러한 농민들의 고통을 살펴줄 임금이 나오기를 작자는 간절히 바랐지만 당(唐)나라엔 그런 명군(明君)이 영영 나오지 못했다.

시세에 대한 느낌(①時興)

양분(楊賁)

貴人昔未貴할제, ②咸願顧寒微러니.
　　(귀인석미귀　함원고한미)

及自登③樞要로, 何曾問④布衣오?
　　(급자등추요　하증문포의)

⑤平明登紫閣하고, 日⑥晏下彤闈라.
(평명등자각 일안하동위)

⑦擾擾路傍子는, ⑧無勞歌是非하라.
(요요노방자 무로가시비)

귀한 분들도 옛날 귀해지기 전엔,

모두 빈한한 이들을 돌보리라 생각했으련만.

자신이 높은 지위에 오른 뒤론,

평민들은 거들떠보지도 않네.

새벽엔 궁전으로 올라갔다,

해 저물면 궁전 문을 나오네.

시끄러운 길거리 사람들이여,

시비를 노래하는 수고 말기를.

주해 ① 時興(시흥)−시세(時勢)에 대하여 일어나는 감흥을 노래한 것.

② 咸(함)−다. 모두. ○顧(고)−돌아오다. ○寒微(한미)−빈천한 사람들.

③ 樞要(추요)−정치를 하는 데 중심이 되는 가장 높은 자리를 뜻함.

④ 布衣(포의)−평민이 입는 옷. 전(轉)하여 '평민'의 뜻.

⑤ 平明(평명)−날이 밝아오는 새벽. ○紫閣(자각)−조정의 전전(前殿)을 자신(紫宸)이라 한다. 천자가 조회(朝會)를 보는 곳. 하늘에 자미원(紫微垣 : 북두성 북쪽에 있는 天子의 星座)이 있다는 데서 천자의 거소를 자각(紫閣)·자신(紫宸)·자전(紫殿) 등으로 부르게 된 것이다.

⑥ 晏(안)−날이 저무는 것. ○彤闈(동위)−붉은 칠을 한 대궐 문.

⑦ 擾擾(요요)−시끄럽게 떠드는 모양. ○路傍子(노방자)−길가에서 구경하고 있는 사람.

⑧ 無勞(무로)−'수고하지 마라'. 무(無)는 금지사(禁止詞)임. ○歌是非(가시비)−귀인들의 '옳고 그름을 노래로써 비판 풍자하는 것.'

해설 새벽에 자각(紫閣)에 올라갔다 날이 저물면 동위(彤闈)를 물러나온다는 것은 고관(高官)들의 생활을 묘사한 것이다. 그들도 본시부터 출세했던 것은 아니어서, 옛날 가난하게 살 적에는 평민들을 이해하는 듯하였다. 그러나 일단 출세를 하고 나면 평민 같은 것은 거들떠보지도 않는다. 이것이 세상의 상정(常情)이다. 그걸 말해 무엇하겠느냐는 것이다.

이별(離別)

육구몽(陸龜蒙)

丈夫非無淚로되, 不①灑離別間이라.
  (장부비무루   불쇄이별간)
②仗劍對樽酒하니, ③恥爲游子顏이라.
  (장검대준주   치위유자안)
④蝮蛇一螫手면, 壯士⑤疾解腕이라.
  (복사일석수   장사질해완)
所思在功名하니, 離別何足歎고?
  (소사재공명   이별하족탄)

대장부도 눈물이 없는 것은 아니지만,
이별할 때 흘리지는 않는다.
칼을 짚고 술그릇을 대하니,
나그네의 서글픈 얼굴하기 수치스럽다.
독사가 손을 한번 물었다면,
장사는 속히 팔을 잘라내는 법.
생각이 공명에 있으니,
이별쯤으로 어찌 탄식하리?

주해 ① 灑(쇄)—물뿌리는 것. 눈물을 뿌리는 것. 본음은 새.
② 仗(장)—의지하는 것. ㅇ樽(준)—술통. 이별주가 담긴 술통.
③ 耻(치)—부끄러운 것. 치(恥)와 같은 자. ㅇ游子顔(유자안)—나그네의 수심띤 얼굴.
④ 蝮蛇(복사)—독사(毒蛇). ㅇ螫(석)—벌레가 쏘는 것. 독사가 무는 것.
⑤ 疾(질)—빠른 것. ㅇ腕(완)—팔. ㅇ解腕(해완)—독사의 독이 전신에 번지는 것을 막기 위하여 팔을 잘라내는 것. 장사(壯士)란 커다란 목적을 위해서는 조그만 희생 같은 것은 감수한다는 것이다.

해설 《당문수(唐文粹)》 권15에는 이 시를 '별리(別離)'로 제(題)하고 있다. 이곳에선 장부의 비장(悲壯)한 이별을 읊은 것이다. 정든 사람들과의 이별은 언제나 가슴아픈 것이다. 그러나 큰 뜻을 품고 떠나는 남아(男兒)가 쉽사리 서글픈 얼굴을 하고 눈물을 뿌릴 수는 없다. 독사(毒蛇)에 물렸을 때 전신을 구하기 위하여 물린 팔을 잘라내는 듯한 결의로 이별의 슬픔을 억누르고 떠난다는 것이다. '독사에 손을 물리면 장사(壯士)는 팔을 잘라낸다'는 말은 옛날의 성어(成語)였던 것 같다.
《통감강목(通鑑綱目)》엔 진(晉)나라 민제(愍帝)가 군사를 모집했을 때 신하가 '독사가 손을 물면 장사는 팔을 자른다' 하였고, 《전한서(前漢書)》13 전담전(田儋傳)에도 제왕(齊王)이 '독사가 손을 물면 곧 손을 자르고, 발을 물면 곧 발을 자른다'고 하였다. 또 《문선(文選)》 진공장(陳孔障)의 〈오(吳)나라 장교(將校) 부곡(部曲)에게 격(檄)하는 글〉에도 '독사가 손에 있으면 장사는 그 손목을 자른다'고 하였다.

고시(①古詩)

작자 미상

客從遠方來하여, ②遺我一端綺라.
　(객종원방래　유아일단기)
③文綵雙鴛鴦을, ④裁爲合歡被라.
　(문채쌍원앙　재위합환피)
⑤著以長相思하고, ⑥緣以結不解라.
　(저이장상사　연이결불해)
以⑦膠投漆中하니, 誰能別離此오?
　(이교투칠중　수능별리차)

객이 먼 곳으로부터 왔는데 그편에,
내게 한 자락 비단을 선물했네.
쌍 원앙새의 문채가 있는 것을,
말라서 임과 덮을 이불 만들었네.
속에는 언제나 잊지 말자 솜을 넣었고,
가는 헤어지지 말라고 풀리지 않는 매듭으로 시쳤네.
아교를 옻칠에 넣은 것같이 되리니,
누가 이제 이별케 할 수 있으리?

주해　① 古詩(고시)－이 시는 《문선(文選)》 권29에 실려 있는 한대(漢代) 무명씨(無名氏) 작 고시(古詩) 19수 가운데의 제18이다. 이 고시19수는 '오언(五言)의 관면(冠冕)'이라 유협(劉勰)이 《문심조룡(文心雕龍)》에서 말했으며, 오언고시의 초기 작품이다.

② 遺(유)—주는 것. 선사하는 것. ○一端(일단)—한 자락.

③ 文綵(문채)—비단에 짜여진 아름다운 색깔의 무늬. ○雙鴛鴦(쌍원앙)—암수 두 마리의 원앙새. 옛부터 원앙새는 의좋은 부부에 비유되어 왔다.

④ 裁(재)—재단(裁斷)하는 것. ○合歡被(합환피)—부부가 만나 함께 즐기는 이불. 합환의 무늬가 수놓인 이불, 부부용 이불.

⑤ 著(저)—《의례(儀禮)》정현(鄭玄) 주(注)에 '저(著)란 솜을 두는 것을 말한다' 하였다. ○長相思(장상사)—언제까지나 잊지 않고 서로 사랑하는 것. 이불의 솜〔綿〕은 '면면(綿綿)히' 언제까지나 사랑이 계속됨을 취한 것이라는 뜻이다.

⑥ 緣(연)—이불의 사방 가를 시치는 것. ○結不解(결불해)—풀리지 않는 매듭을 짓는 것. 이것은 부부가 영원히 결합하여 헤어지지 않는다는 뜻을 취한 것이다.

⑦ 膠(교)—아교. 나무 같은 것을 붙이는 데 쓰는 풀. ○漆(칠)—옻칠. 아교와 옻칠은 비슷한 성질의 물건이이서 한데 넣으면 완전히 섞여 버린다. 자기들 부부가 아교와 옻칠을 한 곳에 섞은 듯이 완전히 융합되었다는 뜻.

해설 《문선(文選)》에 의하면 이 시에는 1, 2구 다음에

> 서로 만여 리나 떨어져 있으나, 그 사람의 마음은 그대로이네.
> (相去萬餘里나, 故人心尙爾라)

란 구절이 3, 4구로 들어 있다. 《고문진보》에선 이 두 구절을 빠뜨린 듯하다. 이 시의 대의는 다음과 같다.

'멀리서 오는 나그네편에 우리 임이 비단을 한 자락 보내왔다. 그것을 받고 보니 임의 사랑이 여전함을 느끼어 더욱 임이 그리워진다. 그 비단에는 두 마리 암수의 원앙새 무늬가 있다. 나는 그것을 말아 임이 돌아오면 함께 덮을 이불을 만들었다. 이불 속에는 우리 사랑이 언제까지나 계속됨을 뜻하는 솜을 두었고, 이불 가는 우리 부부의 관계가 영원히 계속되라는 뜻에서 풀리지 않는 매듭을 지으며 시쳤다. 그리하여 우리가 다시 만나는 날에는 아교와 옻칠을 섞어놓은 듯 완전히 융

합될 것이다. 그렇게 되면 누가 우리를 다시 떼어놓을 수가 있겠는가?'

이 시의 특징은 부부의 사랑을 나타내는 비유가 많이 쓰인 것일 것이다. 곧 '쌍원앙(雙鴛鴦)' '합환피(合歡被)' '장상사(長相思)' '결불해(結不解)' '교투칠중(膠投漆中)' 같은 것이다.

전원으로 돌아와 살며(①歸園田居)

도연명(陶淵明)

種豆南山下하니, 草盛豆苗②稀라.
　　(종두남산하　초성두묘희)
③侵晨理荒穢하고, ④帶月荷鋤歸하니,
　　(침신이황예　대월하서귀)
道狹草木長하니, 夕露⑤沾我衣라.
　　(도협초목장　석로첨아의)
衣沾不足惜이오, 但使⑥願無違라.
　　(의첨부족석　단사원무위)

남산 아래 콩을 심었더니,
풀이 성해서 콩싹이 드물다.
이른 새벽에 잡초 우거진 밭을 매고,
달과 함께 호미 메고 돌아온다.
길은 좁은데 초목이 더부룩하니,
저녁 이슬이 내 옷을 적신다.
옷 젖는 것은 아까울 것 없으니,
다만 바라는 농사나 뜻대로 되기를!

(주해)　① 歸園田居(귀원전거)－도연명(陶淵明)이 전원(田園)으로 돌아와 살며 그 정취를 노래한 것이 이 시이다. 《도연명집(陶淵明集)》에는 귀원전거 시가 5수 있는데 이것은 그 넷째번 것이다.

② 稀(희)－드문 것.

③ 侵晨(침신)－이른 아침. 《도연명집》엔 신흥(晨興 : 아침에 일어나서)으로 된 판본도 있다. ○理(리)－손질을 하는 것. ○荒穢(황예)－황폐하여 잡초만 무성한 것. 우거진 잡초.

④ 帶月(대월)－달빛과 함께. ○荷(하)－짊어지다. 메다. ○鋤(서)－호미.

⑤ 沾(첨)－적시다.

⑥ 願(원)－바람. 도연명의 전원에서의 바람이란 밭에 심은 콩이 잘 자라 많은 수확을 하는 것일 게다. ○無違(무위)－어긋남이 없는 것.

(해설)　《고문진보》의 이 시의 제하(題下)에는 '소인은 많고 군자는 적음을 말한 것'이라 하였고, 시구(詩句)의 주(注)에도 '전원(田園)에 콩을 심음이 잡초를 뽑아냄에 달려 있음은, 조정에서 현인(賢人)을 씀이 소인을 몰아냄에 달려 있음과 같음을 말한 것'이라 하였다. 그러나 이런 해석은 지나친 천착(穿鑿)인 듯하다.

이 시는 도연명(陶淵明, 365~427)의 전원생활을 솔직히 그대로 읊은 것이다. 잡초가 무성한 밭으로 나가 김을 매고 달빛 아래 저녁 이슬을 맞으며 집으로 돌아오는 소박한 생활이 손에 잡히는 듯하다. 끝 구 '옷 젖는 것은 아까울 것 없으니, 다만 바람이나 어긋남이 없게 되기를!'하고 읊은 곳에 《고문진보》에서는 소식(蘇軾)의 말이라 하여 '저녁 이슬이 옷을 적시기 때문에 그 소원이 어긋나게 된 자가 많다'고 주(注)한 것도 시의 본의를 올바로 이해하지 못한 말인 듯하다. 이 시는 비유가 아니라 소박한 자기 생활을 솔직히 그대로 노래한 것이다.

심부름꾼에게 묻는 말(①問來使)

도연명(陶淵明)

②爾從山中來하니, ③早晩發天目이라.
　(이종산중래　조만발천목)

我屋南山下에, 今生幾④叢菊고?
　(아옥남산하　금생기총국)

⑤薔薇葉已抽오, ⑥秋蘭氣當馥이라.
　(장미엽이추　추란기당복)

⑦歸去來山中하면, 山中酒應⑧熟이리라.
　(귀거래산중　산중주응숙)

그대는 산중으로부터 왔으니,
얼마 전에 천목산을 떠나온 거겠지.
우리집은 남산 아래 있는데,
지금은 몇 포기의 국화가 자라 있노?
장미잎은 진작 나왔을 테고,
가을 난초는 향기롭게 피어 있겠지.
돌아가 산중엘 가면,
산중에는 술이 익었을 게라.

(주해)　① 問來使(문래사)─도연명이 전에 팽택현령(彭澤縣令)을 하고 있을 때 향리(鄕里)로부터 심부름 보낸 사람이 왔다. 이 시는 향리로부터 온 심부름꾼에게 산중(山中)의 자기 집 모양을 물으며 은근히 산중에의 동경(憧憬)을 노래한 것이다. 이 시는 《도연명집(陶淵明集)》권4, 앞에 나왔

던 〈사시(四時)〉 시의 앞에 실려 있으나, 탕동간(湯東磵)은 그 제하(題下)에 만당(晚唐) 사람이 이태백(李太白)의 〈감추(感秋)〉 시를 보고 위작한 것이라 주(注)하고 있다.

② 爾(이)-너. 내사(來使)를 가리킴.

③ 早晩(조만)-곧. 얼마 전. ○發(발)-출발. ○天目(천목)-산 이름. 절강성(浙江省) 항주부(杭州府) 임안현(臨安縣) 서쪽에 있는 도교(道敎)의 영산(靈山). 도연명의 향리와는 관계가 없으며 또 그가 가본 일도 없는 곳이다. 이 점이 이 시의 위작임을 의심케 한다.

④ 叢(총)-떨기.

⑤ 薔薇(장미)-덩굴장미. ○抽(추)-잎새가 삐져나오는 것.

⑥ 秋蘭(추란)-난초(蘭草)의 별종(別種)으로 가을에 피는 것. ○當馥(당복)-당연히 향기로울 것이다.

⑦ 歸去來山中(귀거래산중)-도연명에게 〈귀거래사(歸去來辭)〉가 있어 이곳에서도 '내(來)'자를 조사(助詞)로 보는 이가 있으나, '내산중(來山中)', 즉 '산중으로 온다(간다)'고 연결시켜 읽음이 옳을 것이다.

⑧ 熟(숙)-익다.

해설 향리로부터 온 심부름꾼에게 물어본 말이지만, 이미 이 시에는 전원으로 돌아가고픈 뜻이 강하게 나타나 있다.

   홍매(洪邁)의 《용재수필(容齋隨筆)》 5집(集) 권1 문고거조(問故居條)에 '도연명 문래사시(問來使詩)는…… 제집(諸集) 중에 모두 실려 있지 않다. 오직 조문원(晁文元)의 가본(家本)에만 들어 있다. 천목산(天目山)은 도연명의 거처가 아닌 듯하다. 그런데 이백(李白)은 '도령귀거래(陶令歸去來)하니, 전가주응숙(田家酒應熟)이라'〔도연명이 팽택령(彭澤令)을 그만두고 돌아오니 전가(田家)엔 술이 응당 익었을게라.-〈秋興〉〕라고 읊었는데 곧 이것을 써서 지은 듯하다'고 하였다.

왕우군([1]王右軍)

이백(李白)

　右軍本[2]淸眞하니, [3]瀟洒在風塵이라.
　　(우군본청진　소쇄재풍진)
　[4]山陰遇羽客하니, 愛此好[5]鵝賓이라.
　　(산음우우객　애차호아빈)
　[6]掃素寫道經하니, [7]筆精妙入神이라.
　　(소소사도경　필정묘입신)
　書罷[8]籠鵝去하니, [9]何曾別主人고?
　　(서파농아거　하증별주인)

우군은 본시 청진한 분이어서,
거리낌없이 속세에 있네.
산음 땅에서 도사를 만나니,
이 거위를 좋아하는 손을 좋아하였다네.
흰 비단을 쓸고 도덕경을 베끼니,
필법이 정묘하여 신이 든 듯하여라.
쓰기를 마치자 거위를 채롱에 넣어가지고,
주인에겐 작별도 없이 떠났다네.

주해　① 王右軍(왕우군)－동진(東晉)의 명필(名筆) 왕희지(王羲之, 321～
379)이다. 그는 우군장군(右軍將軍)이라는 벼슬을 지냈기 때문에 왕우군
(王右軍)이라고도 부른다. 왕희지는 자(字)가 일소(逸少)이고, 부(父) 광
(曠)은 동진의 대재상(大宰相) 왕도(王導)의 조카이다. 왕희지는 13세 때
주의(周顗)의 인정을 받고, 자라서는 변설의론(辨舌議論)을 잘했으며 특

히 예서(隷書)에 뛰어나 고금(古今) 제일이라 하였다. 그의 필세는 유운
경룡(遊雲驚龍)과 같았다 하며 회계군(會稽郡)의 내사(內史)로서 59세에
졸(卒)하였다. 《진서(晉書)》 왕희지전에 ‘산음(山陰)에　한　도사(道士)가
있었는데 좋은 거위를 기르고 있었다. 왕희지가 가서 그 거위를 보고 몹
시 좋아하였다. 그래서 굳이 그것을 팔라고 졸랐다. 도사는 《도덕경(道德
經)》을 써주면 거위떼를 모두 주겠다고 하였다. 왕희지는 흔연히 《도덕
경》을 다 베껴주고 거위를 채롱에 담아 와 매우 즐거워하였다’는 기록
이 있다. 이 시는 왕희지가 자신이 좋아하는 거위를 위하여 천하의 명
필로 《도덕경》을 베껴주는 거침없는 성격을 읊은 것이다.

② 淸眞(청진)―도가(道家)의 상용어로 청정하고 진실한 본성. 속악(俗惡)한
　　형식이나 예법(禮法)을 초월한 천진(天眞)하고 깨끗한 성격을 말한다.

③ 瀟洒(소쇄)―깨끗하고 아무런 거리낌이 없는 모양. 쇄(洒)는 쇄(灑)로도
　　쓴다. ○風塵(풍진)―속세(俗世)·진세(塵世).

④ 山陰(산음)―회계군(會稽郡)에 있는 현(縣) 이름. 왕희지는 그 지방의 지
　　방장관인 내사(內史)를 지냈으며, 영화(永和) 9년(353) 3월 3일엔 그곳
　　난정(蘭亭)에서 곡수류상(曲水流觴)의 연(宴)을 베풀고 유명한 〈난정집서
　　(蘭亭集序)〉〔《고문진보》 後集〕를 지었다. 지금의 절강성(浙江省) 소흥부
　　(紹興府) 땅이며, 회계산의 북쪽에 있다 하여 산음이라 불렀다. ○羽客
　　(우객)―도사들은 새깃으로 만든 우의(羽衣)를 입었기 때문에 ‘우인(羽
　　人)’ 또는 ‘우객(羽客)’이라 불렀다. 도사들이 우의를 입는 것은 본시 ‘우
　　화등선(羽化登仙)’한다는 데서 취한 것이다.

⑤ 鵝(아)―거위. 호아빈(好鵝賓)은 왕희지를 가리킨다.

⑥ 掃素(소소)―글씨를 쓰기 전에 글씨 쓸 비단을 손으로 쓸어 잘 펴는 것.
　　○道經(도경)―노자(老子)의 《도덕경(道德經)》. 《도덕경》은 상하권으로 되
　　어 있는데 상권을 《도경(道經)》, 하권을 《덕경(德經)》이라 구별한다. 그러
　　나 여기의 《도경》은 《진서(晉書)》 본전(本傳)대로 《도덕경》 전체를 가리키
　　는 것으로 봄이 좋겠다.

⑦ 筆(필)―필법·필력. ○精(정)―정교(精巧)·정진(精進)의　뜻. ○妙入神
　　(묘입신)―묘하기가 신(神)이 든 것 같다. 사람의 솜씨 같지 않다는 말.

⑧ 籠(롱)−바구니. 바구니에 담다.

⑨ 何曾別主人(하증별주인)−'어찌 일찍이 주인에게 작별 인사 같은 것까지 하였겠느냐?' 곧 작별 인사도 없이 훌훌 털고 떠나버렸다는 뜻.

[해설] 북제(北齊)의 안지추(顔之推)는《안씨가훈(顔氏家訓)》에서 왕희지(王羲之)를 '풍류의 재사(才士)요 소산(蕭散)한 명인(名人)'이라 평하고 있다. 소산(蕭散)은 소쇄(瀟洒)와 비슷한 뜻이다. 왕희지는〈난정집서(蘭亭集序)〉에 보이는 것처럼 글과 글씨로써 개성적인 풍류를 남긴 사람이다. 이백(李白)의 방달(放達)한 성격으로 왕희지의 재주와 멋을 좋아했을 것은 짐작이 가고도 남는다. 다음에 실린 이백(李白)의 하지장(賀知章)을 읊은 시도 그의 멋을 주로 노래한 것이다.

술을 앞에 놓고 하지장을 생각함(對酒憶①賀監)   2수(首)

이백(李白)

②四明有狂客하니, ③風流賀季眞이라.
  (사명유광객   풍류하계진)

④長安一相見하고, 呼我⑤謫仙人이라.
  (장안일상견   호아적선인)

昔好⑥盃中物터니, 今爲⑦松下塵이라.
  (석호배중물   금위송하진)

⑧金龜換酒處에, ⑨却憶淚沾巾이라.
  (금귀환주처   각억누첨건)

     (1)
  사명산에 광객이 있으니,

풍류쟁이 하계진일세.
장안에서 처음 만났을 때,
나를 귀양온 신선이라 불렀지.
옛날에는 술잔깨나 좋아하더니,
지금은 소나무 아래 진토가 되었구려.
금거북으로 술을 사놓고 보니,
추억으로 눈물이 수건 적시네.

又(우)

狂客歸四明하니, ⑩山陰道士迎이라.
　(광객귀사명　산음도사영)

敕賜⑪鏡湖水하니, 爲君⑫臺沼榮이라.
　(칙사경호수　위군대소영)

人亡餘故宅하고, 空有⑬荷花生이라.
　(인망여고택　공유하화생)

念此⑭杳如夢하니, ⑮凄然傷我情이라.
　(염차묘여몽　처연상아정)

(2)

광객이 사명산으로 돌아가니,
산음의 도사들이 그를 마중했네.
칙명으로 경호의 물을 내리시니,
당신의 누대와 연못을 위하여 영광된 일이었지.
사람은 죽고 옛집만 남았는데,
공연히 연꽃만 피어 있으리.
이를 생각하면 아득하기 꿈만 같으니,
처연히 내 마음 슬퍼지네.

주해 ① 賀監(하감)－하지장(賀知章, 677~744). 자(字)는 계진(季眞)이며 월주(越州) 영흥(永興) 사람. 성격이 광달(曠達)하고 평이(平夷)하였으며 담소(談笑)를 잘하였다. 태상박사(太常博士)·비서감(秘書監) 등의 요직을 거쳤고, 만년에는 더욱 방탄(放誕)하게 세상을 오유(遨遊)하였다. 스스로 사명광객(四明狂客) 또는 비서외감(秘書外監)이라 호(號)하였다. 현종(玄宗)의 천보(天寶) 초, 사관(辭官)하고 향리로 돌아와 수도(修道)하다 죽었다. 이때 현종은 경호(鏡湖) 섬천(剡川)의 한 골짜기를 그에게 내렸다 한다. 이백(李白)이 처음 장안(長安)에 갔을 때 하지장은 그를 보자 '적선인(謫仙人)'이라 불렀다. 이 시는 하지장이 죽은 뒤 술을 대하고 앉아 이백이 지기(知己)의 풍류객인 그를 추억하며 부른 노래이다. 《이태백집(李太白集)》에는 권23에 이 시가 실려 있다.

② 四明(사명)－산 이름. 절강성(浙江省)에 있으며 280봉이 있다 한다. 도교의 제9동천(第九洞天)이라 알려져 있는데, 산 위에 네 굴이 있어서 안으로 일월성신(日月星辰)의 빛을 통하게 한다 하여 사명산(四明山)이라 이름붙였다 한다. 하지장은 만년에 이 산에 은거하며 스스로 사명광객(四明狂客)이라 호(號)하였다. ○狂客(광객)－세속에 구애받지 않고 자유분방히 사는 사람.

③ 風流(풍류)－행동에 멋이 있는 것. 멋있는 놀이를 또 풍류라 한다. ○季眞(계진)－하지장(賀知章)의 자(字).

④ 長安一相見(장안일상견)－이백이 장안으로 가 처음 하지장을 만났을 때를 말함.

⑤ 謫仙人(적선인)－귀양온 선인(仙人). 곧 세상에 내려온 신선(神仙).

⑥ 盃中物(배중물)－잔 안의 물건. 곧 술을 뜻한다.

⑦ 松下塵(송하진)－지금은 죽어 산에 묻히어 소나무 아래 진토(塵土)가 되어 버렸다는 뜻.

⑧ 金龜(금귀)－관리들이 예복(禮服)의 띠에 매는 주머니. 본시는 물고기 모양으로 금(金)·은(銀)의 어대(魚袋)가 있었으나 측천무후(則天武后)가 거북으로 바꿨다. 금귀는 3품 이상의 고관(高官), 은귀는 5품 이상의 관리들이 지녔다.

⑨ 却憶(각억)—추억. 회상의 뜻.

⑩ 山陰道士(산음도사)—앞에 이백의 〈왕우군(王右軍)〉 시에 보인 산음(山陰)의 우객(羽客). 사명산(四明山)이나 회계(會稽) 산음 땅에는 입산수도하는 사람들이 많았다.

⑪ 鏡湖(경호)—절강성(浙江省) 소흥현(紹興縣)에 있는 호수 이름.

⑫ 臺沼(대소)—하지장의 누대와 못. 하지장은 은거하는 집을 천추관(千秋觀)이라 하였는데, 그 집과 근처의 경호(鏡湖) 및 섬천(剡川)을 현종(玄宗)으로부터 하사받았다.

⑬ 荷花(하화)—연(蓮)꽃.

⑭ 杳(묘)—아득한 것.

⑮ 凄然(처연)—여기서는 '처연(悽然)'과 통하여 '슬픈 모양'.

[해설] 이백(李白)과 하지장(賀知章)은 두보(杜甫)가 〈음중팔선가(飮中八僊歌)〉에서 읊은 것처럼 모두가 '주선(酒仙)'이라 할만한 사람들이었다. 더욱이 처음으로 이백이 장안에 나타났을 때 하지장은 그를 보자마자 '적선인(謫仙人)'이라 불러준 지기(知己)이다. 이백은 지금 금귀(金龜)를 잡히고 술을 받아왔다. 중국의 옛 속담에 '여인은 자기를 사랑해 주는 사람을 위하여 치장(治粧)하고, 장부(丈夫)는 지기(知己)를 위하여 목숨을 바친다' 하였다.

이백의 광달(曠達)한 성격으로도 술을 대하니 시로써 술로써 또는 성격으로써도 통하던 지기 하지장이 그리워진다. 그와 함께 술잔을 기울이며 담소하고픈 마음 간절하지만, 그는 이미 고인(故人)이 되어 산속의 흙이 되었다. 하지장이 은거하던 사명산(四明山)과 경호(鏡湖) 등이 머리에 꿈결처럼 떠오르며 추억은 이백을 슬프게 하는 것이다.

강동으로 가는 장사인을 송별하며(送張①舍人之江東)

이백(李白)

②張翰江東去하니, ③正値秋風時라.
(장한강동거　정치추풍시)

天晴一④雁遠하고, 海⑤闊孤帆遲라.
(천청일안원　해활고범지)

⑥白日行欲暮하고, ⑦滄波杳難期라.
(백일행욕모　창파묘난기)

⑧吳洲如見月커든, ⑨千里幸相思하라.
(오주여견월　천리행상사)

장한이 강동으로 떠나가는데,
마침 가을바람이 싸늘한 때다.
맑은 하늘에는 외기러기 멀리 날고,
넓은 바다에는 외로운 돛배가 떠있네.
밝은 해는 뉘엿뉘엿 저물어가고,
푸른 물결은 돌아올 기약 아득하네.
오 땅의 바닷가에서 달을 보거들랑,
멀리 이 몸을 생각해 주게.

주해)　① 舍人(사인)－관명(官名). 장사인(張舍人)이 누군지는 알 수 없다. ○江
東(강동)－양자강(揚子江)의 동부 지방, 지금의 강소성(江蘇省). 이 시는
이백(李白)이 친구 장사인이 강동(江東)으로 떠나가는 것을 전송하며 지은
것이다.

② 張翰(장한)―자는 계응(季鷹), 오(吳)나라 사람이며, 청재(淸才)가 있어 글을 잘 지었다. 성격이 분방(奔放)하여 그때 사람들이 강동(江東)의 보병(步兵 : 죽림칠현 중의 한 사람인 阮籍을 가리킴. 그는 步兵校尉란 벼슬을 하였으므로 보병이라 부른 것이다)이라 하였다. 낙(洛) 땅으로 들어간 뒤에는 제왕(齊王) 경(冏)이 불러 대사마동조연(大司馬東曹掾)이란 벼슬을 주었다. 장한은 추풍(秋風)이 이는 것을 보고 곧 고향인 오 땅의 고채(菰菜)와 순갱(蓴羹) 및 노어(鱸魚) 생각이 나서 '인생은 뜻에 맞는 것이 제일이다. 어찌 멀리 수천리 땅에서 벼슬에 매어 이름과 벼슬을 구할까 보냐'고 말하고 마침내는 수레를 불러 향리로 돌아갔다 한다[《晉書》]. 여기서 이백은 자기의 친구 장사인을 장한에 비긴 것이다.

③ 正値(정치)―'마침 ……한 철을 만났다'는 뜻.

④ 雁(안)―기러기. ○遠(원)―동사(動詞)로서 '멀리 날고 있다'는 뜻.

⑤ 闊(활)―넓은 것. ○孤帆(고범)―외로운 한 척의 돛단배. ○遲(지)―배가 가기는 하겠지만 멀리서 보면 별로 움직이는 것 같지 않으므로 '더디게 가고 있다'고 형용한 것이다.

⑥ 白日(백일)―밝은 해. ○行(행)―뉘엿뉘엿. ○欲暮(욕모)―해가 저물려 하고 있다는 뜻.

⑦ 滄(창)―푸른 것. 창(蒼)과 통함. ○杳(묘)―아득한 것. ○難期(난기)―여행이 끝나 돌아갈 날을 '기약하기 어렵다'는 뜻.

⑧ 吳(오)―나라 이름. 지금의 강소성(江蘇省) 지방을 가리킨다. ○洲(주)―여기서는 물이 있는 고장, 또는 '바닷가'를 가리킨다. ○如(여)―만약.

⑨ 千里(천리)―멀리. ○幸相思(행상사)―다행히 자기를 잊지 말고 생각해 주었으면 좋겠다는 뜻.

[해설] 이백(李白)에겐 또 〈금릉(金陵)에서 장십일(張十一)이 다시 동오(東吳)로 떠남을 보낸다〉는 시가 있다. 장십일은 장사인(張舍人)과 같은 사람인 듯하다. 그 시는 다음과 같다.

장한의 국화를 읊은 시는,
5백년 동안의 풍류라 한다.

누가 지금 그를 계승할고?

그분은 세상에서 현인이라 일컬었다.

다시 출발하여 오 땅의 노를 저으며 놀고자,

다시 배를 타고 바다로 들어간다.

봄빛은 백문[金陵에 있음]의 버들에 따스하고,

노을빛은 적성산[浙江省 天台縣에 있음] 하늘에 곱네.

고향을 떠나려니 이별이 어려워,

돌아서야겠다면서도 서로 돌아서질 못하네.

공연히 가생[漢代 賈誼]의 눈물[가의가 귀양갈 때 흘린 눈물]만을 남기고,

서로 돌아보며 다같이 슬퍼하네.

(張翰黃花句는, 風流五百年이라.

誰人今繼作고? 夫子世稱賢이라.

再動遊吳棹하여, 還浮入海船이라.

春光白門柳요, 霞色赤城天이라.

去國難爲別이니, 思歸各未旋이라.

空餘賈生淚하고, 相顧共悽然이라.)

이처럼 이백은 장한(張翰)의 풍류를 좋아하여 장씨(張氏) 친구가 떠날 때마다 그의 이름을 들어 전송하였다. 일설에 장사인 또는 장십일은 장열(張說, 667~730)이라고도 하나 확실치 않다.

장난삼아 정율양에게 지어 줌([1]戲贈鄭溧陽)

이백(李白)

[2]陶令日日醉하여, 不知[3]五柳春이라.
  (도령일일취   부지오류춘)

④素琴本無絃하고, ⑤漉酒用葛巾이라.
　　(소금본무현　녹주용갈건)

淸風北窓下에, 自謂⑥羲皇人이라.
　　(청풍북창하　자위희황인)

何時到⑦栗里하여, 一見⑧平生親고?
　　(하시도율리　일견평생친)

　　도연명은 매일 취하여,
　　다섯 그루 버들에 봄이 옴을 몰랐네.
　　소금엔 본시부터 줄이 없었고,
　　술은 칡베 건으로 걸렀네.
　　그리곤 맑은 바람 부는 북창 아래서
　　스스로 희황적 사람이라 하였네.
　　언제면 율리로 가서
　　평생의 친구를 만나보게 될까?

주해　① 戲贈(희증)—장난삼아 시를 지어 주는 것. ○溧陽(율양)—강소성(江蘇省) 진강부(鎭江府)의 고을 이름. 이백의 친구 정(鄭) 아무개가 율양의 영(令)으로 있었다. 이 시는 율양령 정아무개를 팽택령(彭澤令)이었던 도연명(陶淵明)에 비기면서 심심풀이로 지어보낸 것이라는 뜻이다.

② 陶令(도령)—도연명. 그는 일찍이 강서성(江西省) 북부에 있는 팽택(彭澤)이란 곳의 영을 지냈으므로 도령(陶令)이라 부른 것이다.

③ 五柳(오류)—도연명은 집 주위에 다섯 그루의 버드나무를 심어놓았었다. 그리하여 '오류선생(五柳先生)'이라 불렀는데, 그에게는 풍자적인 자화상 같은 〈오류선생전〉〔《고문진보》 後集〕이 있다.

④ 素琴(소금)—소박한 금(琴)의 뜻인데, 줄이 없는 금(琴)을 말한다. 도연명은 무현금(無絃琴)을 옆에 두고 흥겨우면 언제나 이를 어루만졌다 한다.

⑤ 漉(록)—거르다. ○葛(갈)—칡. ○葛巾(갈건)—갈포(葛布 : 칡베)로 만든

두건(頭巾).

⑥ 羲皇人(희황인)-상고(上古)시대 삼황(三皇)의 한 사람인 복희(伏羲) 때
  의 사람. 소박하고 꾸밈없는 태평시대의 사람을 뜻한다.

⑦ 栗里(율리)-심양군(潯陽郡)에 있는 도연명의 고거(故居). 이백의 친구
  정(鄭)아무개가 영(令)으로 있는 율양(溧陽)에 비긴 것이다.

⑧ 平生親(평생친)-평생의 친구 정율양(鄭溧陽)을 가리킨다.

(해설) 이백은 도연명처럼 술을 좋아했고 또 그의 소박하고 진솔한 인간성
을 좋아하였다. 연명은 계절에 아랑곳없이 술을 즐기며, 흥이 나면 현
(絃)도 없는 소금(素琴)으로 기분을 내고 술이 익으면 머리에 썼던 갈건
(葛巾)을 벗어 걸러 마셨다. 이렇게 소박한 생활 속에 진솔한 흥취를 즐
기며 자연의 아름다움을 사랑하고, 자기는 근심걱정없이 소박하게 본성
대로 살아가던 태곳적 사람이라 스스로 말했다.
  이백은 친구 정율양(鄭溧陽)도 이러한 도연명의 멋을 이해한다고 생각
했다. 그래서 속히 그 벗을 만나고 싶다는 것이다. 심심풀이로 지었다지만
친구를 그리는 진정이 엿보인다.

술마시려 하지 않는 왕역양을 조롱함(①嘲王歷陽不肯飮酒)

이백(李白)

②地白風色寒하니, ③雪花大如手라.
    (지백풍색한   설화대여수)

笑④殺陶淵明이, 不飮盃中酒라.
    (소쇄도연명   불음배중주)

⑤浪撫一張琴하고, ⑥虛栽五株柳라.
    (낭무일장금   허재오주류)

⑦空負頭上巾하니, 吾於爾⑧何有오?
(공부두상건   오어이하유)

땅은 희고 바람기는 차가운데,

눈송이는 크기가 주먹만하네.

우습다 도연명이,

술을 마시지 않네.

쓸데없이 소금만을 어루만지고,

헛되이 다섯 그루 버드나무 심었구나.

공연히 머리 위의 건을 배반하고 있으니,

그대에게 내가 무엇을 하리.

주해   ① 嘲(조)―비웃는 것. ○歷陽(역양)―안휘성(安徽省) 화현(和縣)에 있
던 지명. 왕역양(王歷陽)은 그곳의 영(令)인 이백(李白)의 친구 왕(王)아
무개. 이 시는 이백의 친구인 역양령(歷陽令) 왕아무개가 술을 마시려들
지 않음을 비웃는다는 내용이다.

② 地白(지백)―눈이 와서 대지가 흰 눈에 덮여 있는 것. ○風色(풍색)―바
람기.

③ 雪花(설화)―눈송이. 눈송이는 자세히 보면 꽃모양으로 생겼으므로 설화
라 한다.

④ 殺(쇄)―심함을 나타내는 조사(助詞). '쇄(煞)'로도 쓴다. 소쇄(笑殺)는
'참 우습다'는 뜻.

⑤ 浪(랑)―헛되이. 쓸데없이. ○撫(무)―어루만지는 것. 금(琴)이 소금(素琴)
이기 때문에 '무(撫)'라 말한 것이다.

⑥ 虛(허)―헛된 것. ○栽(재)―심는 것.

⑦ 空(공)―공연히. ○負(부)―배반하는 것. 어기는 것. 도연명의 갈건(葛巾)
은 술을 걸러 마시는 데 썼는데 왕역양은 공연히 건(巾)만 쓰고 있으니
건을 배반했다고 한 것이다.

⑧ 何有(하유)―무엇을 하랴? 무엇이 있으랴? 무슨 상관이 있으랴? 곧 이

젠 너를 모른 체 하겠다는 뜻. 도연명의 〈음주(飮酒)〉 제20수에 '만약 다시 통쾌히 술마시지 않는다면, 공연히 머리 위의 건을 배반하는 것이라[若復不快飮이면, 空負頭上巾이라]'고 읊은 말에서 취한 것이다.

해설 술 안마시는 왕역양(王歷陽)을 조롱하는 데 도연명을 인용한 것은 정율양(鄭溧陽)에게 보낸 앞의 시와 대조할 때 재미있다. 도연명에게는 줄이 없는 소금(素琴)을 비롯하여 오류수(五柳樹)와 술거르는 데도 쓴 갈건(葛巾) 등 재미있는 일화가 많지만 이들은 술을 통음(痛飮)할 때 비로소 생기를 띠게 되는 것이다. 술 안마시는 도연명이라면 소금이며 오류(五柳)·갈건이 모두 우스꽝스러울 뿐이다. 조소(嘲笑)받은 왕역양도 이 시를 읽고 실소를 금치 못했을 게다.

자류마(紫[1]騮馬)

이백(李白)

紫騮[2]行且嘶하고, [3]雙翻碧玉蹄라.
　(자류행차시　쌍번벽옥제)

臨流不肯渡하니, 似惜[4]錦障泥라.
　(임류불긍도　사석금장니)

白雪[5]關山遠하고, 黃雲海[6]戍迷라.
　(백설관산원　황운해수미)

[7]揮鞭萬里去하니, 安得念[8]香閨오?
　(휘편만리거　안득염향규)

자색 띤 붉은 말이 울부짖으며 걷는데,
벽옥 같은 말발굽이 번갈아 뒤젖힌다.

물가에 이르자 건너려 하지 않으니,
비단 진흙 가리개를 아끼는 것 같네.
흰 눈 덮힌 관산은 멀고,
누런 구름 뜬 해변 수자리는 아득하네.
채찍을 휘두르며 만리길을 달려가는데,
어찌 처 있는 집생각을 하랴?

주해 ① 騮(류)―검은 갈기에 털빛이 붉은 말. 자류마(紫騮馬)는 자줏빛을 띤 검은 갈기의 몸이 붉은 명마(名馬). 자류마는 옛날 악부(樂府)의 가곡명(歌曲名)으로 《악부시집(樂府詩集)》 권24 횡취곡(橫吹曲)엔 15수가 실려 있다. 《이태백시집(李太白詩集)》 권6의 이 시에 양제현(楊齊賢)은 다음과 같은 주(注)를 달고 있다. '진(晉)나라의 왕제(王濟)는 말의 성질을 잘 이해하였다. 일찍이 연금(連錦)의 장니(障泥 : 진흙 가리개)를 단 한 말을 타고 가는데, 앞에 물이 닥치자 끝내 건너려들지 않았다. 제(濟)는 말했다. 이것은 반드시 이 장니(障泥)가 아까워서일 거라고. 사람을 시켜 이것을 풀어내니 곧 건너갔다. 《고금악록(古今樂錄)》의 자류마 곡(曲)은 모두 장부가 멀리 수자리에 나가 돌아갈 날을 그리는 곡이다.'

② 行且嘶(행차시)―말이 걸어가며 우는 것.

③ 雙翻(쌍번)―두 발이 쌍쌍이 번갈아가며 굽을 뒤집는 것. 말이 걸어갈 때의 발굽을 형용한 것. ○碧玉蹄(벽옥제)―푸른 옥같이 아름다운 말발굽.

④ 錦障泥(금장니)―비단으로 만든 진흙 가리개. 장니(障泥)는 말의 안장 밑에 단다.

⑤ 關山(관산)―나라를 지키는 요점(要點)인 관소(關所)가 있는 산.

⑥ 戍(수)―수자리. 해수(海戍)는 바닷가 수자리. ○迷(미)―아득하여 어느 곳인지 잘 분간 못하는 것.

⑦ 揮鞭(휘편)―채찍을 휘두르는 것, 곧 말을 달리는 것.

⑧ 香閨(향규)―《이태백시집》엔 '춘규(春閨)'라 하였으며 다같이 사랑하는 처(妻)가 있는 규방(閨房).

해설 이 시는 전반 4구에선 주해①에서 얘기한 왕제(王濟)의 명마 고사(故事)를 읊고, 후반 4구에선 악부(樂府)인 자류마(紫騮馬)의 본의인 수자리에 나간 장부(丈夫)가 돌아갈 날을 그리는 정을 읊었다. 겉으로는 장부가 멀리 정수(征戍)에 나가 향규(香閨)를 생각해서는 안된다지만 처를 그리는 정이 절실히 느껴진다.

술 사오기를 기다리며(①待酒不至)

이백(李白)

②玉壺繫靑絲러니, ③沽酒來何遲오?
　　(옥호계청사　고주래하지)

山花向我笑하니, 正好④銜盃時라.
　　(산화향아소　정호함배시)

⑤晚酌東山下하니, 流⑥鶯復在玆라.
　　(만작동산하　유앵부재자)

春風與醉客이, 今日乃⑦相宜라.
　　(춘풍여취객　금일내상의)

구슬병에 파란 실을 매고,
술을 사러 갔는데 어찌 이리 늦게 오나?
산꽃은 나를 향해 방긋하니,
술잔을 기울이기 마침 좋은 때라.
저녁에 동산 아래서 술마시니,
날아다니며 우는 꾀꼬리가 여기에도 있구려.
봄바람과 취객이,

　　오늘이야말로 잘 어울리누나.

주해　① 待酒不至(대주부지)－'술을 사러 보내고 기다려도 빨리 오지 않는다'
는 뜻. 이 시는 술을 사오라 해놓고 산꽃을 바라보며 술을 기다리다 술이
오자 꾀꼬리 노랫소리를 들으며 동산(東山) 아래서 술을 마시며 즐긴다는
내용이다.
② 玉壺(옥호)－백옥(白玉)으로 만든 술병. ○繫靑絲(계청사)－파란 실로 들
기 편하도록 술병 목에 끈을 맨 것.
③ 沽(고)－사다. ○來何遲(내하지)－오는 게 어찌 더딘가?
④ 銜盃(함배)－술잔을 입에 무는 것. 곧 술을 마시는 것.
⑤ 晚(만)－저녁. ○酌(작)－술을 따라 마시는 것. ○東山(동산)－동쪽 산.
《이태백시집(李太白詩集)》엔 '동창하(東牕下)'로 된 판본이 있다.
⑥ 鸎(앵)－꾀꼬리, '앵(鶯)'과 같은 자. 유앵(流鸎)은 여기저기로 날아다니며
우는 꾀꼬리.
⑦ 相宜(상의)－양편이 잘 어울리는 것. 서로 조화가 잘 되는 것.

해설　술을 좋아하는 이백(李白)의 기분을 잘 표현한 시이다. 술을 사러
보내놓고 술을 기다리는 애주가의 마음이야 얼마나 지루했을까? 안타까
울 지경이다. 그 사이 주위를 바라보니 산에는 꽃들이 피어 나를 보고 웃
고 있는 듯하다. 정말 술을 마시기 좋은 철이라 이백이 생각하고 있는 동
안에 술이 왔다. 이백이 동산(東山) 아래 술자리를 벌인 것은 저녁 무렵
이 되어서이다. 여기에 꾀꼬리가 이리저리 날아다니며 고운 소리로 노래
를 불러 흥을 돋구어준다.
　　술에 도연(陶然)해진 이백은 정말 오늘이야말로 봄바람에 어울릴만치
멋지게 술을 즐겼다고 만족한다. 아름다운 자연 속에 도연자약(陶然自若)
하는 취선(醉仙)의 모습을 눈앞에 보는 듯하다.

용문 봉선사에서 노닐며(遊^①龍門奉先寺)

두보(杜甫)

已從^②招提遊러니, 更宿招提境이라.
　　(이종초제유　갱숙초제경)

^③陰壑生靈籟하고, 月林散^④清影이라.
　　(음학생영뢰　월림산청영)

^⑤天闕象緯逼하니, ^⑥雲臥衣裳冷이라.
　　(천궐상위핍　운와의상랭)

欲覺聞晨鐘하니, 令人^⑦發深省이라.
　　(욕각문신종　영인발심성)

이미 스님 좇아 놀고서,

또 절 경내에 묵도다.

북녘 골짜기에선 영묘한 소리 나고,

달빛 아래 숲속에는 맑은 그림자 어지럽다.

하늘 문 같은 용문산은 성좌에 닿은 듯,

구름 속에 누우니 옷이 차가워진다.

잠결에 아침 종소리 들으니,

사람으로 하여금 깊이 반성케 하는도다.

주해　① 龍門(용문)－하남성(河南省) 하남부(河南府) 이궐현(伊闕縣) 북쪽 45리에 있는 산 이름. 이궐(伊闕) 또는 궐구(闕口)라고도 부른다. 용문석굴(龍門石窟)로 특히 유명하다. 이 시는 용문산에 있는 봉선사(奉先寺)에 가 놀았던 때의 정경을 읊은 것으로 《두소릉집(杜少陵集)》 권1의 첫머리에 실려 있다.

② 招提(초제)—범어(梵語)로서 본시는 ‘척제(拓提)’라 하였다. 《현응음의(玄應音義)》에 ‘초제(招提)는 척투제사(拓鬪提奢)란 말로서 사방을 뜻한다. 번역하는 사람이 투(鬪)와 사(奢)는 빼버렸고, 척(拓)은 초(招)라 잘못 쓰게 된 것이다’고 하였다. 《열반경(涅槃經)》에는 ‘초제는 승방(僧坊)이라’ 하였는데 《혜림음의(慧琳音義)》에선 ‘초제가 승방(僧坊)이라는 것은 사방승방(四方僧坊)을 말하는 것이다’라고 하였다. 그리고 《번역명의집(飜譯名義集)》에는 ‘후위(後魏) 태무(太武) 시광(始光) 2년에 가람(伽藍)을 만들고 초제란 이름을 붙였다’ 하였다. 이렇게 볼 때 초제는 본시가 사방의 뜻이어서, 사방의 승(僧)들을 초제승(招提僧), 사방의 승(僧)이 있는 곳을 초제승방(招提僧坊)이라 불렀는데, 위(魏)나라 태무(太武)가 절의 이름을 초제라 한 뒤로 마침내 초제는 절의 다른 이름이 되고 말았다. 여기서는 첫 구의 ‘초제’는 승(僧)을, 둘째 구의 것은 ‘사원(寺院)’을 가리킨다.

③ 陰壑(음학)—그늘진 산의 북쪽 골짜기. ○靈籟(영뢰)—영묘(靈妙)한 바람소리. 장자(莊子)는 자연의 음향을 천뢰(天籟)·지뢰(地籟)·인뢰(人籟)로 구분하였다. 《두소릉집》》엔 영뢰가 ‘호뢰(虎籟)’로 된 판본도 있다.

④ 清影(청영)—임목(林木)의 맑은 그림자.

⑤ 天闕(천궐)—하늘의 궐문(闕門). 용문산(龍門山)의 서봉(西峯)이 문궐(門闕)처럼 생겼다 한다. 양(梁)나라 유견오(庾肩吾)도 ‘구름에 잠기어 천궐 같다’고 읊었다. ‘천규(天闚)’ 또는 ‘천개(天開)’로 된 판본도 있다. ○象緯(상위)—일월성신(日月星辰)의 경(經 : 날) 형상과 하늘을 수놓은 위(緯 : 씨)의 성좌(星座). 곧 상위는 천체들의 배열을 가리킨 것이다. ○逼(핍)—가까운 것.

⑥ 雲臥(운와)—구름 속에 눕는다. 봉선사(奉先寺)는 용문산 높은 곳에 있어 방에 누워 있어도 구름이 날아들어오므로 누웠다고 형용한 것이다.

⑦ 發深省(발심성)—사람으로 하여금 ‘깊은 반성을 발(發)하게 한다’, 곧 새벽 절의 종소리를 들으면 인간이나 우주 같은 것에 대하여 깊이 생각해 보도록 만든다는 뜻.

해설 두보(712~770)가 용문산 봉선사에 하룻밤 묵었던 맑은 흥취(興趣)

를 읊은 것이다. 스님들과 노닐다 산속의 절에 묵으니 골짜기에선 바람 소리가 신비스럽고 숲속에 비치는 달빛이 한없이 아름답다. 자기가 있는 용문산은 하늘의 천체들에 닿을 듯이 높은 곳이라 방에 누워 있어도 문 틈으로 구름이 날아들어와 입은 옷을 축축하게 만든다. 모든 것이 속세 와는 달리 청정(淸淨)하기만 하다. 더욱이 절에서 흘러나오는 새벽 종소 리를 들으니 무언가 마음속으로 깊이 깨닫게 하는 듯한 느낌이 나더라 는 것이다.

장난삼아 정광문에게 써주며 아울러 소사업에게도 보냄
(①戲簡鄭廣文兼呈蘇司業)

두보(杜甫)

廣文到②官舍하여, ③繫馬堂階下라.
  (광문도관사　계마당계하)

醉卽騎馬歸하니, ④頗遭官長罵라.
  (취즉기마귀　파조관장매)

才名三十年에, 坐客寒無⑤氈이라.
  (재명삼십년　좌객한무전)

近有蘇司業하여, 時時與酒錢이라.
  (근유소사업　시시여주전)

  광문이 관청에 이르러,
  대청 섬돌 아래 말을 매어둔다.
  취하면 곧 말을 타고 돌아가니,
  상관들의 욕을 적잖게 먹었다.

재명을 30년이나 날렸는데도,
추위에 앉아 있는 손에게 담요도 못내놓는다.
근래엔 소사업이란 분이 있어,
때때로 술과 돈을 보내준단다.

(주해) ① 戱簡(희간)－장난삼아 편지하는 것. ○鄭廣文(정광문)－정건(鄭虔).
정주(鄭州) 사람으로 고사(高士)라 불렸다. 소허공(蘇許公)이 재상일 때
망년지교(忘年之交)를 맺어 그의 추천으로 저작랑(著作郞)이 되었다. 현
종(玄宗)은 정건을 좋아하여 좌우에 두었으나 일을 안하므로 개원(開元)
25년(737) 광문관(廣文館)을 열고 그곳의 박사(博士)에 임명했다. 얼마
안가서 광문관은 국자감(國子監)과 병합되어 없어졌는데, 두보(杜甫)는 이
밖에도 〈광문선생(廣文先生) 홀로 관(官)에서 쓸쓸하다〉라는 시도 지어
그에 대한 동정을 표시하고 있다. 정건이 광문관 박사였으므로 정광문이라
부른 것이다. ○蘇司業(소사업)－이름은 원명(源明), 자가 약부(弱夫). 국
자사업(國子司業)이란 벼슬을 지냈으므로 소사업이라 한 것이다.《두소릉
집(杜少陵集)》1권에 들어 있다.
② 官舍(관사)－관청. 여기서는 광문관(廣文館).
③ 繫(계)－매다. ○階(계)－섬돌.
④ 頗(파)－매우. 상당히. ○遭(조)－당하다. 파조(頗遭)는 '꽤 많이 ……을
당했다'는 뜻. ○官長(관장)－상관(上官). ○罵(매)－꾸짖는 것.
⑤ 氈(전)－털로 짜서 만든 방석. 담요.

(해설) 정건(鄭虔)은 현종의 사랑을 받았으면서도 일을 안하여 출세하지 못
하고 가난하게 살았다. 광문관(廣文館)의 박사(博士)로 있으면서도 어떤
형식이나 남의 비위는 아랑곳없이 초탈(超脫)한 행동을 하여 상관에게
많은 꾸지람을 들었다. 그러한 성격 때문에 지금은 가난하게 살고 있지만
두보(杜甫)는 그러한 초탈한 행동을 좋아했다. 짧은 시이지만 소박하고
욕심없으며 형식에 구애받지 않는 정건의 성격과 두보의 우정이 잘 표현
되어 있다.

그리고 그러한 가난한 정건에게 언제나 마음을 쓰면서 좋아하는 술과 필요한 돈을 때때로 보내주는 소원명(蘇源明)도 훌륭한 사람이라 생각한 것이다. 앞의 이백(李白)의 〈희증정율양(戲贈鄭溧陽)〉 시도 그렇지만 이 시도 '희(戲 : 장난)'라고는 하지만 작자의 진정이 잘 표현되어 있다.

전초산 속의 도사에게 부침(寄①全椒山中道士)

위응물(韋應物)

今朝②郡齋冷하니, 忽念③山中客이라.
(금조군재랭   홀념산중객)

④澗底束荊薪하고, 歸來⑤煮白石이라.
(간저속형신   귀래자백석)

遙持一盃酒하여, ⑥遠慰風雨夕이라.
(요지일배주   원위풍우석)

落葉滿空山하니, 何處尋行迹고?
(낙엽만공산   하처심행적)

오늘 아침엔 군청도 쌀쌀하니,
갑자기 산속의 친구 생각이 나네.
시냇가 산골짜기에서 땔나무하고,
돌아와서는 흰 돌을 찌고 있겠지.
멀리로 한 잔의 술을 들어,
그곳의 비바람치는 쓸쓸한 저녁을 위로하네.
낙엽이 텅 빈 산에 가득할 테니,
어디 가서 그의 행적인들 찾을 수 있을까?

주해 ① 全椒(전초)―섬서성(陝西省) 봉상현(鳳翔縣)에 있는 지명. 이때 위응물(韋應物)은 소주자사(蘇州刺史)로 있었다. 날이 쌀쌀해지자 위응물은 전초산중(全椒山中)에서 도(道)를 닦고 있는 친구를 생각하고 이 시를 지은 것이다. 이 시는 《위강주집(韋江州集)》 권3에도 실려 있다.

② 郡齋(군재)―군청 안의 자사(刺史)가 일을 보는 서재.

③ 山中客(산중객)―산중에서 수도(修道)하고 있는 친구. 객(客)은 도사(道士)를 가리킨다.

④ 澗底(간저)―산골짜기 시냇물이 흐르는 낮은 바닥. ○荊(형)―싸리나무. ○薪(신)―땔나무. 형신(荊薪)은 땔나무.

⑤ 煮(자)―삶다. ○白石(백석)―선인(仙人)들이 먹는다는 흰 돌. 《포박자(抱朴子)》 내편(內篇)에 '인석산(引石散)을 한 치 넓이의 숟갈로 떠서 한 말의 흰 자갈에 넣어 물을 붓고 삶으면 곧 고구마처럼 익어서 곡식처럼 먹을 수 있게 된다' 하였다.

⑥ 遠慰風雨夕(원위풍우석)―멀리서나마 한 잔의 술을 들어 '먼 산중에서 비바람치는 밤을 쓸쓸히 보내고 있을 친구인 도사(道士)를 위로한다'는 뜻.

해설 도연명(陶淵明)처럼 전원(田園) 자연의 풍물시를 잘 지은 작가로 당대(唐代)에서는 왕유(王維)·맹호연(孟浩然)·유종원(柳宗元)과 함께 위응물(韋應物, 736~790?)을 친다. 이 시는 본격적인 풍물시는 아니지만 쓸쓸한 가을날, 산속에서 수도하고 있을 도사(道士)에의 걱정을 통하여 자연에의 동경이 절감된다. 이러한 유원청신(幽遠淸新)한 시풍은 이백(李白)이나 두보(杜甫)의 풍격과도 다른 또 한 가지 당시(唐詩)의 특징을 대표하는 것이다. 산속의 도사에게 보내는 따뜻한 우정이 아름다운 상상의 뒷받침으로 읽는 이의 가슴을 따스하게 해준다.

그리고 끝의 '낙엽만공산(落葉滿空山)하니, 하처심행적(何處尋行迹)고?'라 한 구절은 앞에 나온 가도(賈島)의 〈도사를 찾아갔다 만나지 못하고(訪道者不遇)〉 시의 끝머리 '지재차산중(只在此山中)이리나, 운심부지처(雲深不知處)라'고 한 말과 함께 도사들의 탈속한 청정감(淸淨感)을 강하게 인상지워준다.

위소주의 시운을 따라 지어 등도사에게 부침
(和^①韋蘇州詩寄鄧道士)

소식(蘇軾)

一盃^②羅浮春을, 遠^③餉採薇客이라.
　(일배나부춘　원향채미객)

遙知獨酌罷하고, 醉臥松下石이라.
　(요지독작파　취와송하석)

幽人不可見이로되, ^④淸嘯聞月夕이라.
　(유인불가견　청소문월석)

^⑤聊戲庵中人하니, ^⑥空飛本無迹이라.
　(요희암중인　공비본무적)

　　한 잔의 명주 나부춘을,
　　멀리 산속의 도사에게 보내노라.
　　아마 그는 홀로 술을 다 마시고,
　　소나무 아래 돌 위에 취하여 누워 있으리라.
　　숨어사는 사람은 볼 수 없지마는,
　　맑은 휘파람 소리가 달밤이면 들려온다.
　　한번 암자에 있는 그대에게 장난삼아 말하노니,
　　하늘을 날아다니면 본시 흔적도 없을 것 아닌가?

주해　① 韋蘇州(위소주)—앞의 〈전초산 속의 도사에게 부침(寄全椒山中道

士)〉 시를 지은 위응물(韋應物). 그가 소주자사(蘇州刺史) 벼슬을 지냈기 때문에 위소주라 부른 것이다. 등도사(鄧道士)는 소식(蘇軾)의 친구. 앞에 나온 위응물의 〈전초산 속의 도사에게 부침〉 시의 운(韻) '객(客)·석(石)·석(夕)·적(迹)'에 화(和)하여 시를 지어 등도사에게 부친다는 제목이다. 《동파시(東坡詩)》 권4에 이 시가 실려 있는데, 거기에는 다음과 같은 작자의 주(注)가 붙어 있다. '나부산(羅浮山)에 야인(野人)이 있는데 갈치천(葛稚川)의 예(隷)라 전한다. 등도사(鄧道士) 수안(守安)은 그 산중에서 도를 닦는 사람이다. 일찍이 그의 암자 앞에서 야인의 두 자가 넘는 발자국을 보았다 한다. 소성(紹聖) 2년(1095) 정월 10일, 나는 우연히 위소주의 〈전초산 속의 도사에게 부침〉 시를 읽었다. 이에 술 한 병과 위소주 시의 운을 딴 시를 한 수 지어 그에게 부쳤다.'

② 羅浮春(나부춘)—소식(蘇軾)이 만든 술 이름. 이때 동파(東坡)는 혜주(惠州)의 유배지에 있었는데, 나부산(羅浮山)이 보이므로 그 이름을 딴 것이다. 나부산은 혜주〔廣東〕의 박라현(博羅縣) 서북쪽 30리 되는 곳에 있으며, 도서(道書)에 10대 동천(洞天)의 하나로 치고 있다. 동천이란 신선이 살고 있는 명산(名山)을 말한다. 이 선산(仙山) 이름에 '춘(春)'자를 붙인 것은 기분좋게 봄날처럼 취한다는 뜻에서 취한 것이다.

③ 餉(향)—음식을 보내주는 것. ○採薇客(채미객)—산중에 은거하는 도인(道人)을 말한다. 은말(殷末)에 백이(伯夷)와 숙제(叔齊)가 수양산(首陽山)으로 들어가 고비〔薇〕를 뜯어먹고 살다 죽었다는 얘기에서 취한 말.

④ 淸嘯(청소)—맑은 휘파람. 선객도사(仙客道士)들의 수행의 하나로 장소토납(長嘯吐納)의 술(術)이 있다. 심호흡을 겸하여 휘파람을 불며 심신을 정양(靜養)하였던 것 같다. ○月夕(월석)—달밝은 밤.

⑤ 聊(료)—요차(聊且)의 뜻. ○庵中人(암중인)—등도사(鄧道士)를 가리킨다.

⑥ 空飛(공비)—신선은 하늘을 날듯이 다닌다. 선인(仙人)은 우화등천(羽化登天)한다는데, 암자 앞에 선인의 커다란 발자국이 있었다니 우습지 않느냐는 것이다. ○迹(적)—발자국. 적(跡)과 같은 자.

해설 명주(名酒) 한 병과 시를 한 수 보내면서도 '네가 선인(仙人)의 커다란 발자국을 봤다는데, 경묘(輕妙)하게 날아다니는 선인이 발자국을 남겼다는 것은 우습지 않느냐?'고 묻는 말로 끝을 맺은 것은 대문호(大文豪) 소동파(蘇東坡, 1036~1101)의 날카로운 해학을 느끼게 한다. 등도사(鄧道士)가 술과 함께 이 시를 받고 얼마나 유쾌하게 느꼈을까 짐작이 간다. 그리고 '유인불가견(幽人不可見)이나, 청소문월석(淸嘯聞月夕)이라'는 구절도 앞의 시와 마찬가지로 속세와 격절(隔絶)된 도인의 청정함을 잘 나타낸 것이다.

유공권의 연구를 채움(足①柳公權聯句)

소식(蘇軾)

人皆苦炎熱하되, 我愛夏日長이라.
　(인개고염열　아애하일장)
②薰風自南來하니, ③殿閣生微涼이라.
　(훈풍자남래　전각생미량)
一爲④居所移하여, ⑤苦樂永相忘이라.
　(일위거소이　고락영상망)
⑥願言均此施하여, ⑦淸陰分四方하라.
　(원언균차시　청음분사방)

사람들은 모두 더위가 괴롭다지만,
나는 긴 여름날을 사랑하네.
훈풍이 남쪽에서 불어오니,
전각엔 시원한 기운 이네.
한번 이런 곳으로 거소를 옮기면,

백성들의 고락은 영영 잊고 마네.

바라건대 이러한 쾌락을 고루 베풀어,

맑은 그늘을 온 세상에 나누어 즐기기를.

주해 ① 柳公權(유공권, 777~865)―화원(華原) 사람. 공작(公綽)의 아우로 원화(元和) 초 진사(進士)에 급제, 시학서사(侍學書士)를 거쳐 태자태보(太子太保)를 지냈다. 《당시기사(唐詩紀事)》에 의하면 당나라 제10대 황제 문종(文宗, 827~840 재위)이 여름날 여러 학사(學士)들과 연구(聯句)를 지었다. 문종이 '인개고염열(人皆苦炎熱)하되, 아애하일장(我愛夏日長)이라'고 읊자, 유공권이 이어 '훈풍자남래(薰風自南來)하니, 전각생미량(殿閣生微涼)이라'라고 읊고, 오학사(五學士)들이 이를 이어받았다. 그러나 문종은 오직 유공권의 두 구만을 읊조렸다. 그리고 문종은 그 연구를 벽 위에 써놓도록 하였는데, 그 글자를 보고 옛날의 종요(鍾繇)나 왕희지(王羲之) 같은 명필에 못지않다고 찬탄하였다 한다. 그러나 소동파(蘇東坡)는 유명한 이 연구에 만족치 못하고 자신이 네 구를 더 지어 붙이어 시로 완성시킨 것이다. 《동파선생시(東坡先生詩)》에는 '희족유공권연구(戱足柳公權聯句)'라 제(題)하고 있는 판본도 있으며 다음과 같은 자주(自注)가 붙어 있다. '송옥(宋玉 : 楚나라의 詩人)은 초왕(楚王)에 대하여 "이것〔시원한 바람〕은 다만 대왕의 웅풍(雄風)일 따름입니다. 서인(庶人)들이야 어찌 이를 함께할 수가 있겠습니까?"고 말하였다. 이것은 초왕이 자기만 알고 남은 모르는 것을 풍자한 것이다. 유공권은 소자(小子)이니 문종과 지은 연구는 아름답기는 하지만 교훈이 없다. 그래서 여기에 시구를 채워 시를 완성시킨 것이다.'

② 薰風(훈풍)―남쪽에서 부는 따스하면서도 향기로운 바람. 《여씨춘추(呂氏春秋)》 유시(有始)편에는 '무엇을 팔풍(八風)이라 하는가? ……동남쪽의 것은 훈풍(薰風)이라 한다'고 있다.

③ 殿閣(전각)―임금의 궁전과 누각. ○微涼(미량)―시원한 기.

④ 居所移(거소이)―거처를 옮기는 것. 《맹자(孟子)》 진심(盡心) 상편에 '거(居)는 기(氣)를 옮기고, 양(養)은 체(體)를 옮긴다'고 하였다. 거처를 옮

기어 화려한 전각 속에 살면 서인들이 염열(炎熱)을 싫어하는 것과 처지가 달라진다.

⑤ 苦樂(고락)－백성들의 괴로움이나 즐거움.

⑥ 願(원)－바라다. ○言(언)－조사(助詞). ○均此施(균차시)－이 전각의 시원함을 고루 백성들에게도 베풀어 즐기게 하는 것.

⑦ 淸陰(청음)－맑고 시원한 그늘. ○四方(사방)－사방의 백성들. 온 세상의 서인들.

[해설] 유공권(柳公權)은 여러 조(朝)에 벼슬하여 명망이 높았고, 목종(穆宗)이 필법(筆法)을 묻자 '마음이 바르면 곧 필(筆)도 바르게 된다'고 대답한 강직한 사람이었다. 그런데도 이 연구(聯句)만 보고 소동파(蘇東坡)가 그를 '소자(小子)'라 한 것은 지나친 명인(名人)의 자부에서 나온 듯하다. 그러나 한편 중국시는 《시경(詩經)》 때부터 시교(詩敎)라 하여 사회와의 관계 속에서 시를 인정하여왔고 또 창작되었다. 사회와 동떨어진 시나 일반 사람들의 마음가짐에 아무런 교화(敎化)도 못미칠 시는 중국문학의 전통으로 보아 소외된대도 할 수 없다.

소동파가 유공권의 연구(聯句)를 보고 그를 '소자'라 잘라 말한 것도 그러한 시에 대한 인식을 바탕으로 하고 있기 때문일 것이다. 임금이 '사람들은 모두 더위가 괴롭다지만, 나는 긴 여름날이 좋다'고 읊은 것은 백성들의 입장은 전혀 도외시한 것이다. 여기에 신하로서 '훈풍이 남쪽으로부터 불어오니, 전각(殿閣)엔 시원한 기운 인다'고 덧붙인 것은 임금에 대한 아부라면 지나칠지 몰라도 적어도 대신(大臣)의 위치는 잊어버린 장난에 불과하다고 동파는 본 것이다.

그러기에 '화려한 전각에 기거하면 백성들의 고락(苦樂)은 영영 잊어버리기 일쑤이다. 그러나 지배자들은 전각의 시원함을 백성들에게 고루 베풀어 다같이 이를 즐기도록 하지 않으면 안된다'는 뜻의 구절을 덧붙인 것이다. 전각의 시원함이나 맑은 그늘은 실제로 백성들에게 나누어 주거나 함께 이를 즐길 수는 없는 것이다. 다만 위정자는 그런 마음가짐으로 백성을 위하여 정치를 하면 된다는 것이다.

자첨이 해남으로 귀양을 감(①子瞻謫海南)

황정견(黃庭堅)

子瞻謫②海南하니, ③時宰欲殺之라.
  (자첨적해남   시재욕살지)
④飽喫惠州飯하고, ⑤細和淵明詩라.
  (포끽혜주반   세화연명시)
⑥彭澤千載人이오, 東坡⑦百世士라.
  (팽택천재인   동파백세사)
⑧出處雖不同이나, ⑨氣味乃相似라.
  (출처수부동   기미내상사)

자첨이 해남으로 귀양을 가니,
이때의 재상은 그분을 죽이려는 거네.
혜주 땅의 밥을 배부르게 자시고,
연명의 시를 가늘게 읊조리신다.
도연명이 천 년에 한 번 날 인물이라면,
소동파는 백 세에 한 번 날 선비일세.
산 방법은 같지 않다지만,
기풍은 서로 비슷하네.

주해 ① 子瞻(자첨)—소식(蘇軾, 號 東坡)의 자(字). ○謫(적)—귀양가는 것.
소동파는 소성(紹聖) 원년(元年 : 1094) 광동성(廣東省)의 혜주(惠州)로
귀양갔고, 3년 뒤엔 다시 해남도(海南島)로 옮겨졌다. 이 시는 강서시파
(江西詩派)의 창건자인 황정견(黃庭堅 : 호는 山谷)이 그의 스승 소식의

귀양살이 모습을 읊은 것이다. 《예장황선생문집(豫章黃先生文集)》권7에 실려 있는데, 거기엔 〈발자첨화도시(跋子瞻和陶詩)〉라 제(題)하고 있다. 곧 소식이 도연명(陶淵明)의 시운에 화하여 지은 시 뒤에 붙여 읊은 시라는 뜻이다.

② 海南(해남)—《예장황선생문집》에는 '영남(嶺南)'으로 되어 있다. 동파는 처음엔 혜주로 귀양갔다가 뒤에 해남도(당시엔 瓊州라 불렀음)로 옮겨졌다. 영남은 5령(嶺)의 남쪽이란 뜻으로 지금의 광동(廣東)·광서(廣西)·안남(安南) 지방의 일부를 가리킨다.

③ 時宰(시재)—그때의 재상. 왕안석(王安石)의 신파(新派)에 속하는 왕규(王珪)·채확(蔡確) 등.

④ 飽(포)—배부른 것. ○喫(끽)—먹다.

⑤ 細和(세화)—가늘게 읊으며 화(和)하는 것. 동파는 연명(淵明)을 무척 좋아하였으며 그의 시에 화한 작품이 109편이나 된다.

⑥ 彭澤(팽택)—도연명. 그는 팽택령(彭澤令)을 지낸 일이 있어 팽택이라고도 부른다. ○千載人(천재인)—천 년에 한번 나올 만한 훌륭한 사람.

⑦ 百世士(백세사)—백세(百世)에 한번 나올 만한 뛰어난 인사(人士). 사(士)는 '사(師)'로 된 판본도 있다. 1세는 30년.

⑧ 出處(출처)—나가서 벼슬하는 것과 거처하는 것. 곧 세상을 살아가는 방법.

⑨ 氣味(기미)—기풍(氣風). 인물의 풍취(風趣).

(해설) 소동파는 멀리 해남(海南)에 귀양가서도 아무런 거리낌없이 식사 잘하고 자기가 좋아하는 도연명(陶淵明) 시에 화(和)하였다. 그 인격의 고결함과 풍류는 생활방식은 달랐지만 두 사람이 비슷한 점이 있다. 동파는 연명에 심취하여 그의 시부(詩賦)엔 연명의 영향이 많이 보인다. 동파의 시집을 보면 이밖에도 직접 연명 자신이나 시를 두고 지은 〈귀거래집자 10수(歸去來集字十首)〉니 〈문연명(問淵明)〉 같은 시들이 눈에 띈다. 황정견(1045~1105)은 이러한 스승인 동파의 초탈한 인격과 연명에 대한 심취를 산문의 서술식으로 솔직히 읊고 있다. 연명과 동파는 정말로 천재인(千載人)이요 백세사(百世士)일 것 같다.

젊은이(①少年子)

이백(李白)

②青春少年子가, ③挾彈章臺左라.
(청춘소년자   협탄장대좌)

④鞍馬四邊開하니, ⑤突如流星過라.
(안마사변개   돌여유성과)

⑥金丸落飛鳥하고, 夜入⑦瓊樓臥라.
(금환낙비조   야입경루와)

⑧夷齊是何人으로, ⑨獨守西山餓오?
(이제시하인   독수서산아)

청춘의 젊은이가,
탄궁(彈弓)을 끼고 장대 같은 호화로운 누대 왼편에 노네.
말안장 위에 올라타고 사방으로 달리니,
갑자기 달리는 게 유성이 지나는 듯하네.
금탄환으로 나는 새를 떨구고,
밤에는 구슬 누각으로 들어가 자네.
옛날의 백이와 숙제는 어떤 사람들이었기에,
홀로 서산에서 절조를 지키며 굶주렸을까?

주해 ① 少年子(소년자)—이것도 옛 악부(樂府)의 가곡명(歌曲名).《악부시
집(樂府詩集)》권66 잡곡가사(雜曲歌辭)에 들어 있다.《이태백시집(李太
白詩集)》에는 권6에 실려 있으며, 젊은이들이 도시에서 놀이로 세월을
보내고 있음을 풍자한 것이다.

② 靑春(청춘)—싱싱한 푸른 봄같이 나이가 한창인 때. ○少年子(소년자)—지금의 말로는 '소년(少年)'보다는 '청년(靑年)'에 가까운 말이다.

③ 挾(협)—끼다. 지니다. ○彈(탄)—탄궁(彈弓). 알로써 새 같은 것을 쏘도록 만들어진 활. ○章臺(장대)—초(楚)나라 영왕(靈王)이 지금의 화용현(華容縣)에 장화대(章華臺)란 화려한 누대를 세웠다. 장대란 장화대를 뜻하며, 여기서는 화려한 장안(長安)의 누대를 가리킨다. ○左(좌)—왼쪽의 숲을 말한다.

④ 鞍馬(안마)—안장을 얹어놓은 말. ○四邊(사변)—사방(四方). ○開(개)—달린다는 뜻.

⑤ 突(돌)—갑자기 내달리는 것.

⑥ 金丸(금환)—금으로 만든 탄환(彈丸). 그것으로 새를 쏜다는 것은 낭비에 가까운 사치이다.《서경잡기(西京雜記)》권4에는 '한언(韓嫣)은 탄궁을 좋아하여 늘 금으로 탄환을 만들었는데, 하루에 잃는 것이 10여개나 되었다. 장안에선 그를 두고 말하기를 "헐벗고 굶주리거든 금환(金丸)을 뒤쫓아라."고 하였다. 경사(京師)의 아이들은 한언이 탄궁을 쏘러 나왔다 하면 그를 따라다니다 금환이 떨어지는 곳으로 달려가 그것을 주웠다'는 얘기가 있다.

⑦ 瓊樓(경루)—구슬로 장식된 화려한 누각.

⑧ 夷齊(이제)—백이(伯夷)와 숙제(叔齊). 은말(殷末) 주(周)나라 녹속(祿粟)을 안먹겠다고 수양산(首陽山)으로 들어가 채미(採薇)하며 살다 죽은 절조 굳은 사람들.

⑨ 獨守(독수)—홀로 절조를 지키는 것. ○西山(서산)—수양산의 다른 이름. ○餓(아)—굶는 것.

(해설) 이 시는 이백(李白)이 장안(長安)의 경박한 젊은이들을 풍자한 시이다. 낮이면 탄궁이나 끼고 좋은 말을 타고 뛰어다니며 금환(金丸)으로 새나 잡다 밤이면 화려한 누각에 들어가 주색으로 세월을 보낸다. 그런 젊은이들에게는 일반 백성들의 고통이나 조국 또는 지조 같은 생각은 염두에도 없는 듯하다. 백이(伯夷)와 숙제(叔齊) 같은 지사(志士)들이 왜 그

옛날 수양산(首陽山)으로 들어가 채미(採薇)로 굶주리다 죽었는지 이들
은 이해 못할 것이다. 정말 한심스런 일이라는 것이다.
　이백에게는 또 다음과 같은 〈소년행(少年行)〉이라는 시가 있다.

　남아 백 년에 또한 명을 즐길 것이니,
　무엇 때문에 책을 따라 병과 가난을 겪겠는가?
　남아 백 년에 또 몸이 영달해야 할 것이니,
　무엇 때문에 절개를 따라 풍진을 달게 겪겠는가?
　의관을 차린 분은 거의가 전쟁에 나갔던 분들이고,
　궁한 선비들은 쓸데없이 숲속의 백성 노릇만 하네.
　(男兒百年且樂命이니, 何須徇書受病貧고?
　男兒百年且榮身이니, 何須徇節甘風塵고?
　衣冠半是征戰士요, 窮儒浪作林泉民이라.)

　이 시를 보면 뒤에 풍자를 느끼기는 할망정 젊은이는 낙명(樂命)하고
영신(榮身)해야지 책이나 읽고 절조나 따지고 할 필요가 없다. 흔히 출세
한 사람들을 보면 용감한 군인들이고 선비는 그저 은거하는 소용없는 백
성이 될 뿐이더라. 그러니 젊은이는 협기(俠氣)가 있고 멋지게 놀고 하여
야 한다는 뜻이다.
　이런 식으로 보면 〈젊은이(少年子)〉도 낮에는 탄환으로 새나 잡고 밤
이면 화려한 누각에서 잠자는 젊은이를 칭찬한 것으로 보아도 된다. 그렇
게 하루하루 즐기면 되는 것이지 백이·숙제처럼 수양산으로 들어가 굶
주릴 필요가 무엇 있느냐는 것이다. 이 편이 문면(文面)에 나타난 시의
본의엔 가깝지만 역시 풍자의 뜻을 전혀 무시할 수는 없을 것이다.

금릉의 신정([1]金陵新亭)

작자 미상

金陵風景好하니, [2]豪士集新亭이라.
　　(금릉풍경호　호사집신정)
[3]擧目山河異하니, [4]偏傷周顗情이라.
　　(거목산하이　편상주의정)
[5]四坐楚囚悲하고, 不憂[6]社稷傾이라.
　　(사좌초수비　불우사직경)
[7]王公何慷慨오? 千載仰[8]雄名이라.
　　(왕공하강개　천재앙웅명)

　　금릉 땅은 풍경도 좋을시고,
　　호걸들이 신정에 모였네.
　　눈 들어 보니 산천이 달라,
　　주의의 마음을 슬프게만 하네.
　　사방에 앉은 이들은 초나라 포로처럼 슬퍼하였으나,
　　사직이 기울었음을 걱정하진 않았네.
　　왕공은 그때 얼마나 기염을 토했던가?
　　천년을 두고 용감한 이름을 우러르네.

주해　① 金陵(금릉)—남경(南京)의 옛 이름. 진(晉)나라가 북호(北胡)에게 쫓
기어 도읍을 강남(江南)의 금릉(金陵 : 당시의 建業)으로 옮겼다(東晉 元
帝 때, 317년). ○新亭(신정)—강소성(江蘇省) 남경시(南京市) 남쪽 노로
산(勞勞山) 위에 있으며, 노로정(勞勞亭) 또는 임창관(臨滄觀)이라고도
불렀다. 동진(東晉)의 명사들이 가일(暇日)이면 모여 놀아 유명했다. 이

시는 전편(全篇)이 《진서(晉書)》의 왕도전(王導傳) 얘기를 인용하고 있다. 왕도전에 의하면 동진이 강남으로 천도한 뒤에 동진의 명사들은 틈이 날 때마다 신정으로 몰려와 음연(飮宴)하였다. 주의(周顗)가 술자리에서 '풍경은 다르지 않지만 눈을 들어 바라보면 산천이 다른 곳이라'고 하였다. 이 말에 모두들 마주보고 눈물을 흘렸다. 다만 이때 왕도만이 초연(愀然)히 안색을 바로잡고 말하기를, "마땅히 함께 힘을 내어 왕실을 위해 신주(神州 : 中國)를 되찾아야 한다. 어찌 초(楚)나라 포로처럼 되어 가지고 서로 마주보고 울고 있을가 보냐!"고 하였다. 여러 사람들은 이에 눈물을 거두고 이 말에 동의하였다 한다. 이 시는 작자가 누구인지 모른다. 누구이든 외족(外族)에게 짓눌린 감정을 왕도의 고사를 빌어 토로한 것이 아닐까 싶다. 그렇다면 당송(唐宋)을 막론하고 국세가 떨쳤을 때의 작품은 아닐 것이다. 혹 신정(新亭)에 가 단순히 왕도의 의기를 생각하고 읊은 것일 수도 있기는 하다.

② 豪士(호사)―호걸지사(豪傑之士)·명사(名士).

③ 擧目(거목)―눈을 들어 바라보는 것. ○山河異(산하이)―옛 북쪽 땅은 외족에게 빼앗기고 남쪽에 와 있음을 말한 것이다.

④ 偏(편)―'그저 ……하게만 한다'는 뜻. ○周顗(주의)―진(晉)나라 안성(安成) 사람. 자는 백인(伯仁). 당시의 명사로 왕도(王導)와 친교가 두터웠다.

⑤ 四坐(사좌)―사방에 앉아 있는 모든 사람들. ○楚囚(초수)―《좌전(左傳)》성공(成公) 9년에 '진후(晉侯)가 군부(軍府)를 시찰했는데 종의(鍾儀)를 보고는 물었다. "남쪽의 관(冠)을 쓰고 묶이어 있는 자는 누구인가?" 관원이 대답했다. "정인(鄭人)이 바쳐온 초수(楚囚)입니다."' 여기에서 '초수' 곧 '초나라의 포로(捕虜)'라는 말을 따왔으나, 이 시에서는 단순히 '패전자'의 뜻으로 쓰였다. 남쪽으로 쫓겨와 있기 때문에 남쪽에 있던 초나라를 생각하고 '초수'라 했을 것이다.

⑥ 社稷(사직)―사(社)는 토신(土神), 직(稷)은 곡신(穀神)을 제사지내는 것. 이는 천자나 제후의 의무로서 나라마다 사직단(社稷壇)이 있었으므로 뒤에는 '나라'를 대표하는 말로 쓰이게 되었다.

⑦ 王公(왕공)―왕도(王導). 자는 무홍(茂弘). 당시의 재상으로 황제의 신임

이 두터웠던 사람. ○慷慨(강개)−의기를 가지고 분격하는 것.
⑧ 雄名(웅명)−영웅다운 이름. 위대한 영명(英名).

(해설) 서진(西晉)의 회제(懷帝) 영가(永嘉) 5년(311)에 흉노족(匈奴族)인 한(漢)나라 유총(劉聰)이 낙양(洛陽)에 쳐들어와 진군(晉軍)은 열두 번 패하여 회제는 평양(平陽 : 山西省 북쪽)으로 잡혀가고 태자 전(詮)은 죽임을 당하였다. 이것을 5호(胡) 16국(國)의 난(亂)이라 한다. 나라가 기울자 사민(士民)들은 장강(長江)을 건너 남쪽으로 도망왔다. 이때 왕도(王導)는 낭야왕(瑯琊王) 예(睿)를 믿고 살아남은 군사들을 모아 천하를 평정하려 하였다. 그리하여 예는 106인의 신하들을 거느리고 건업(建業 : 金陵)으로 옮겨왔다.

한편 장안에선 무제(武帝)의 손자가 즉위하여 이를 민제(愍帝)라 불렀다. 그러나 장안도 유요(劉曜)에게 함락되어 민제는 죽임을 당하였다. 이렇게 서진이 망하자 낭야왕은 건업에서 즉위하고 동진(東晉)이라 불렀다. 그가 동진의 원제(元帝)이다.

중국의 왕조가 장강 이남으로 옮긴 것은 이것이 처음이었다. 이것을 남조(南朝)라 하며, 삼국(三國)의 오(吳)를 합쳐 오(吳)·동진(東晉)·송(宋)·제(齊)·양(梁)·진(陳)을 육조(六朝)라 부른다. 곧 금릉에 도읍했던 육조라는 뜻이다. 이때 5호(胡) 16국(國)의 이민족들은 강북에서 흥망하였는데, 이 중에는 북위(北魏)·북제(北齊)·북주(北周) 등이 있었다. 이들을 합쳐 이 시대를 흔히 남북조시대라 부른다. 이 시에서 '산하이(山河異)'라 한 것은 이러한 전변(轉變)을 가리킨 것이다. 이러한 한민족의 수난기에서 발휘한 왕도(王導) 같은 지개(志慨)는 두고두고 숭앙을 받지 않을 수가 없는 것이다.

권 2

오언고풍단편 五言古風短篇

장가행(①長歌行)

심약(沈約)

> 青青園中②葵는, ③朝露待日晞라.
>   (청청원중규   조로대일희)
> 陽春④布德澤하니, 萬物⑤生光輝라.
>   (양춘포덕택   만물생광휘)
> 常恐秋節至하여, ⑥焜黃華葉衰라.
>   (상공추절지   혼황화엽쇠)
> 百川東到海하니, 何時復西歸오?
>   (백천동도해   하시부서귀)
> 少壯不努力이면, 老大徒傷悲라.
>   (소장불노력   노대도상비)

푸릇푸릇한 남새밭의 아욱잎엔,
아침이슬이 햇빛이 나와 말려주기 기다리네.
따뜻한 봄은 은택을 널리 펴니,
만물은 생기를 발하네.
언제나 두려운 건 가을철이 되어,
붉고 누렇게 꽃과 잎이 시드는 거네.
모든 냇물은 동쪽 바다로 흐르는데,
언제 다시 서쪽으로 돌아오련가?
젊고 힘있을 때 노력하지 않으면,
나이 늙어 공연히 서러웁게 될 걸세.

주해 ① 長歌行(장가행) –《악부시집(樂府詩集)》권30 상화가사(相和歌辭) 속

에 이 장가행이 들어있다. ‘고사(古辭)’라 부주(附注)하고는 《고금주(古今注)》에 말하기를, “장가(長歌)와 단가(短歌)는 사람의 수명의 장단(長短)이 각기 정분(定分)이 있으니 함부로 구할 수가 없음을 말하는 것이다.”고 하였다. 그러나 《고시(古詩)》에 말하기를, “장가는 아주 격렬하다.” 하였고, 위무제(魏武帝) 연가행(燕歌行)에는 “단가는 미음(微吟)하여 길 수가 없다.”하고 진(晋)나라 부현(傅玄)의 염가행(艶歌行)에는 “슬퍼지면 장가 부르다 단가로 잇는다.” 하였다. 그렇다면 곧 가성(歌聲)에 장단이 있는 것이지 수명을 말한 것이 아니다’라고 설명하고 있다.

② 葵(규)―아욱. 야채의 일종. ○園中葵(원중규)―채원(菜園) 속에 자라 있는 아욱.

③ 朝露(조로)―‘아침이슬이 내리어’의 뜻. ○晞(희)―마르는 것.

④ 布(포)―포시(布施)의 뜻. ○德澤(덕택)―은택·은덕.

⑤ 生光輝(생광휘)―광휘가 난다. 곧 ‘생기가 난다’는 뜻.

⑥ 焜(혼)―불빛. 혼황(焜黃)은 붉고 노랗고 한 것. 초목이 시드는 모양.

〔해설〕 《문선(文選)》 이선(李善) 주(注)에서는 이 시는 ‘작자 성명(姓名)을 모른다’ 하였고, 《악부시집(樂府詩集)》 권30에도 작자는 없이 ‘고사(古辭)’라고만 하였다. 심약(沈約, 441~513)에게 같은 제목의 시가 두 수 있으나 내용이 모두 다르다. 《고문진보》에서 이 시의 작자를 심약이라 한 것은 잘못인 듯하다.

이 시의 본의는 맨 끝의 두 구에 있다. 인생은 덧없으니 ‘젊어서 노력하지 않으면 늙어서 공연히 후회하고 슬퍼하게 된다’는 것이다. 따라서 ‘청청(靑靑)한 원중(園中)의 규(葵)’나 양춘(陽春)의 ‘만물이 광휘(光輝)를 생(生)하는 것’은 모두가 인생의 청춘에 비유된 것이다. 젊었을 적엔 힘도 있고 정열도 있어 무슨 일이든 할 수가 있다. 다음에 나오는 낙엽지는 가을은 물론 늙음의 비유인 것이다.

잡시(①雜詩)

도연명(陶淵明)

②結廬在人境하니, 而無③車馬喧이라.
　(결려재인경　이무거마훤)
問君④何能爾오? ⑤心遠地自偏이라.
　(문군하능이　심원지자편)
採菊東⑥籬下하여, ⑦悠然見南山이라.
　(채국동리하　유연견남산)
⑧山氣日夕佳하니, 飛鳥相與還이라.
　(산기일석가　비조상여환)
此間有眞意하니, ⑨欲辨已忘言이라.
　(차간유진의　욕변이망언)

사람 사는 고장에 움막을 엮었으나,
수레나 말의 시끄러움이 없네.
그대에게 묻노니 어찌 그럴 수가 있소?
마음이 먼 데 있으면 땅이 스스로 편벽된다오.
동녘 울타리 아래에서 국화를 따다,
유연히 남산을 바라본다.
산기는 날이 저물자 더 좋아져,
나는 새들도 어울려 돌아온다.
이런 가운데 참된 뜻이 있으니,
이를 설명하려다가도 어느덧 말을 잊는다.

주해　① 雜詩(잡시)－《도정절집(陶靖節集)》에는 권3에 〈음주(飮酒)〉 시의 제

5수로 이 시가 실려 있다. 술 마시며 생(生)을 즐기는 도연명의 생활의 일편을 읊은 것이라 보면 좋을 것이다.

② 結廬(결려)—움막을 얽어 만드는 것. ㅇ人境(인경)—사람들이 살고 있는 고장. 인리(人里). 도연명은 산속에 은퇴한 것이 아니라 농촌의 마을 한구석에 살았다.

③ 車馬(거마)—귀인들이 타고 찾아드는 수레와 말. ㅇ喧(훤)—시끄러운 것.

④ 何能爾(하능이)—어찌 그럴 수가 있느냐? 이(爾)는 연(然)과 같은 뜻.

⑤ 心遠(심원)—마음이 멀리 속세로부터 떨어져 있는 것. ㅇ地自偏(지자편)— 땅이 스스로 편벽해진다. 곧 마음만 멀리 있으면 몸은 인경(人境)에 있다 하더라도 처지가 속세와는 격절(隔絶)되게 된다는 뜻.

⑥ 籬(리)—울타리.

⑦ 悠然(유연)—유유한 모양. 마음의 여유가 있는 모양.

⑧ 山氣(산기)—산에 끼는 안개나 노을 같은 것. ㅇ日夕(일석)—해가 저무는 것.

⑨ 欲辨(욕변)—'설명해 주려 하는 것'. 변(辨)은 '변(辯)'으로 된 판본도 있다.

해설 도연명(365~427)을 대표할 만한 시이다. 후세 당대(唐代)의 시 가운데도 이만한 수작(秀作)은 드물 것이다. 사람들이 사는 마을 가운데 살면서도 마음 호젓할 수 있는 연명의 여유있는 마음가짐이 흐뭇하다. 속세에 묻혀 있다 해도 마음가짐에 따라 사람은 청정(淸淨)한 본연의 진솔함을 지니고 살아갈 수가 있는 것이다. 이런 형이상학적인 철인(哲人)의 희열은 속인에게 쉽사리 설명할 수도 없고 설명할 필요도 없는 것이다.

특히 '채국동리하(採菊東籬下)하여, 유연견남산(悠然見南山)이라'고 한 구는 천고(千古)의 명구라 일컫는다. 자연에의 사랑뿐만 아니라 자연 속에 완전히 융화된 연명의 모습이 눈에 선하다.

잡시(①雜詩)

도연명(陶淵明)

秋菊有佳色하니, ②裛露掇其英이라.
　(추국유가색　읍로철기영)
③汎此忘憂物하여, 遠我④遺世情이라.
　(범차망우물　원아유세정)
一⑤觴雖獨進이나, 盃盡壺自傾이라.
　(일상수독진　배진호자경)
日入⑥羣動息하니, 歸鳥趨林鳴이라.
　(일입군동식　귀조추임명)
⑦嘯傲東軒下하니, ⑧聊復得此生이라.
　(소오동헌하　요부득차생)

　　가을 국화는 빛깔도 좋을시고,
　　이슬 머금은 그 꽃을 따,
　　이 시름 잊게 하는 술에 띄워,
　　나의 세상 버린 정을 더 멀리한다.
　　한 잔 술을 홀로 들고는 있지만,
　　잔이 다하면 술병은 자연히 기울어진다.
　　해지자 모든 움직임이 쉬고,
　　깃드는 새는 숲속으로 울며 날아간다.
　　동쪽 툇마루 아래 휘파람 불며 거니니,
　　또 다시 이 삶을 얻은 듯하다.

주해 ① 雜詩(잡시)－앞 시와 같은 〈음주(飮酒)〉 시의 제7수. 《문선(文選)》

권30에도 앞의 시와 함께 〈잡시(雜詩) 2수〉라 제(題)하여 실려 있다.

② 裛露(읍로)-읍로(浥露). 이슬에 젖어 있는 것. ○掇(철)-꺾다. 따다.
○英(영)-꽃.

③ 汎(범)-띄우는 것. ○忘憂物(망우물)-시름을 잊게 하는 물건. 곧 술.

④ 遺世情(유세정)-세상을 버린 정, 속세를 잊은 정.

⑤ 觴(상)-술잔.

⑥ 羣動息(군동식)-여러 움직임이 쉰다. 곧 만물이 고요해진다.

⑦ 嘯(소)-휘파람. ○傲(오)-오만한 것. 소오(嘯傲)는 휘파람 불며〔또는 멋대
로 숨쉬며〕아무 거리낌없이 멋대로 행동하는 것. ○軒(헌)-창문. 툇마루.

⑧ 聊(료)-요차(聊且)의 뜻. ○得此生(득차생)-이 삶을 얻었다. 진실한 삶
의 기쁨을 깨달았다는 뜻.

(해설)   연명(淵明)은 국화와 술을 좋아했다. 이슬 머금은 그 깨끗한 국화꽃
을 따서 술에 띄우고 홀로 잔을 기울이고 있다. 잔이 비면 어느덧 술병이
기울어져 술이 다시 잔에 찬다. 이렇게 하는 사이 해가 지자 숲속으로 날
아가는 새들의 울음소리만이 들려온다. 이런 가운데 아무런 거침없이 자
유로운 몸가짐을 하고 있노라니 진실한 삶의 기쁨이 느껴진다. 연명은 완
전히 자연과 화합되어, 연명에게 외부로부터 어떤 간섭이나 요구가 없고
연명도 다른 욕망이나 요구도 더 없다. 자연 속에서 인간 본연의 모습 그
대로 살아가고 있는 것이다.

의고(①擬古)

도연명(陶淵明)

日暮天無雲하니, **春風**②**扇微和**라.
　(일모천무운　춘풍선미화)

③佳人美淸夜하여, ④達曙酣且歌라.
　(가인미청야　달서감차가)

歌竟長歎息하니, ⑤持此感人多라.
　(가경장탄식　지차감인다)

⑥皎皎雲間月이오, ⑦灼灼葉中華라.
　(교교운간월　작작엽중화)

⑧豈無一時好리오, 不久當如何오?
　(기무일시호　불구당여하)

해 지자 하늘엔 구름 한 점 없는데,
봄바람이 부채질하듯 부드럽게 불어온다.
고운 임은 맑은 밤을 좋아하여,
새벽까지 술마시며 노래한다.
노래를 끝내고 긴 탄식을 하는데,
이 모양은 너무도 사람을 감동케 한다.
구름 사이의 달은 밝기도 할시고,
나뭇잎 속의 꽃은 곱기도 할시고.
한때의 아름다움이 없는 것은 아니지만,
오래 가지 못하니 이를 어쩌면 좋단 말인가?

주해　① 擬古(의고)－고시(古詩)에 비겨 지은 시란 뜻. 도연명은 전원(田園)으로 돌아와 의고시를 많이 지었다. 이는 〈의고〉 9수 중의 제7수이며 《문선(文選)》 권30엔 〈도연명의고시(陶淵明擬古詩)〉라 제(題)하고 있다.

② 扇(선)－부채.　○扇微和(선미화)－봄바람이 부채질을 하는 것처럼 미세하고 부드럽다는 뜻.

③ 佳人(가인)－미인(美人). 여기서는 그리운 사람. 애인이나 벗을 가리킨다. 반드시 여인이라고만 볼 수는 없다. 《문선》 주(注)에는 '현인(賢人)'을 말한다 하였다.　○美(미)－동사(動詞)로 '아름답게 여긴다' 또는 '좋아한다'

는 뜻.

④ 達曙(달서)-새벽이 되도록. ○酣(감)-술 취한 것.

⑤ 持此(지차)-이것을 가지고, 이러한 모양으로.

⑥ 皎皎(교교)-달이 밝은 모양.《시경(詩經)》진풍(陳風) 월출(月出) 시에 '월출교교(月出皎皎)'라 하였다.

⑦ 灼灼(작작)-꽃이 만발한 모양.《시경》주남(周南) 도요(桃夭) 시에 '도(桃)의 요요(夭夭)함이여, 그 꽃은 작작(灼灼)하네'라 읊었는데, 모전(毛傳)에 '작작은 꽃이 성한 모양이라 주(注)하고 있다.

⑧ 豈無一時好(기무일시호)-'일시의 아름다움이야 어찌 없겠느냐?' 곧 '사람이건 꽃이건 일시의 성시(盛時)만은 있다'는 뜻. 그러나 오래 갈 수는 없는 것이라는 말이다.

(해설) 이 시는 앞에 나온 〈장가행(長歌行)〉과 청춘은 짧고 시간은 쉴새없이 흐르고 있음을 애석히 여긴다는 점에서 공통된다. 그러나 〈장가행〉에선 늙어서도 후회 없도록 노력을 아끼지 않아야만 된다는 결론임에 비하여, 연명(淵明)은 일시적인 성시(盛時)를 마음껏 즐길 것을 전제로 하고 있다.

그러나 가인(佳人)이 밤새도록 술마시고 노래하다가도 날이 새면 결국은 긴 탄식을 한다는 것은 인생의 숙명을 절감하게 한다. 따라서 짧은 젊음을 뜻있게 보내야 한다는 귀결은 취향은 다를 망정 마찬가지이다.

그런데 원대(元代)의 유리(劉履) 같은 사람은《선시보주(選詩補注)》권5에서 '이 시는 아마 원희초(元熙初, 419)의 작품일 것이다. 일모(日暮)는 진(晉)나라의 몰락에 비유한 것이다. "하늘에 구름 없고 바람이 미화(微和)하다."는 것은 공제(恭帝)가 잠깐 개명(開明)하여 빛을 발하는 형상에 비유한 것이다. "청야(淸夜)는……"'하고 이 시를 일일이 당대의 시국과 견주어 풀이하고 있다. 그러나 이는 연명의 본뜻이 아닐 것이다.

고취곡(①鼓吹曲)

사조(謝朓)

②江南佳麗地요, 金陵③帝王州라.
  (강남가려지   금릉제왕주)

④逶迤帶綠水하고, ⑤迢遞起朱樓라.
  (위이대록수   초체기주루)

⑥飛甍夾馳道요, 垂楊⑦蔭御溝라.
  (비맹협치도   수양음어구)

⑧凝笳翼高盖하고, ⑨疊鼓送華輈라.
  (응가익고개   첩고송화주)

⑩獻納雲臺表하니, 功名⑪良可收라.
  (헌납운대표   공명양가수)

강남은 아름답고 좋은 곳이요,
금릉은 제왕의 도읍터로다.
꾸불꾸불 녹색을 띤 물 흐르고,
까맣게 붉은 누각이 솟아 있네.
나는 듯한 지붕 대마루는 한길을 끼고 있고,
늘어진 버들은 궁전 도랑을 덮고 있네.
엉기는 피리소리는 높은 수레포장을 떠받치는 듯,
여러 개의 북소리는 아름다운 수레채를 미는 듯,
공을 아뢰어 운대 위에 표창되니,
공명이란 정말 거둘 만한 것일세.

주해 ① 鼓吹曲(고취곡)―《악부시집(樂府詩集)》제16엔 고취곡사(鼓吹曲辭)들이 실려 있다. 그리고 《문선(文選)》권28엔 이 사조(謝脁, 464~499)의 고취곡이 한 수 실려 있다. 《악부시집》고취곡사의 해설에는 '고취곡은 단소요가(短簫饒歌)라고도 부른다. 유환정(劉瓛定)의 군례(軍禮)에는 고취는 그 시작을 알 수 없다'고 하였다. 한(漢)나라 군사가 중원(中原)을 휩쓸면서 이미 있었다. 피리소리에 퉁소로 화(和)했지 모든 악기를 다 쓴 것은 아니다. 소인(騷人)이 횡적(橫笛)을 불고 우(竽)를 분다 한 것은 바로 그것이다. 채옹(蔡邕)의 《악지(樂志)》에 말하기를, "한악(漢樂)엔 4품(品)이 있는데 그 넷째가 단소요가로서 군악(軍樂)인데 황제(黃帝) 때 기백(岐伯)이 만든 것이다." 하였고 ……《주례(周禮)》대사악(大司樂)에 말하기를, "왕사(王師)가 크게 공을 아뢸 적엔 개악(愷樂)을 연주한다……." 하였는데, 이러한 군악에 속하는 것들을 통틀어 고취곡이라 하였다. 《문선》에 이 시의 이선(李善)의 주(注)에는 오언집(五言集)을 인용하여 "수왕(隋王)의 교(敎)를 받들어 고입조곡(古入朝曲)을 지었다."고 하였다. 이 시의 내용을 보면 화려한 제도(帝都)에 제후들이 입조(入朝)하는 모습을 읊은 것이다.

② 江南(강남)―장강(長江)의 남쪽. 이선의 《문선》주(注)엔 《이아(爾雅)》를 인용 '강남은 양주(楊州)라'고 하였다.

③ 帝王州(제왕주)―제왕이 있는 고장, 왕도(王都)의 뜻.

④ 逶迤(위이)―꾸불거리며 긴 모양. ○帶綠(대록)―녹색(綠色)을 띤 것. 곧 불빛이 비추인 것.

⑤ 迢遞(초체)―멀고 까마득한 모양. ○朱樓(주루)―붉은 칠을 한 화려한 누각.

⑥ 飛甍(비맹)―날듯이 양편이 위로 뻗친 지붕 대마루. ○馳道(치도)―《한서(漢書)》의 응소(應劭) 주(注)에 '천자의 길'이라 하였다. 궁성 앞의 넓은 한길.

⑦ 蔭(음)―그늘지다. 덮다. ○御溝(어구)―궁전 가의 도랑. 최표(崔豹)의 《고금주(古今注)》에 '장안(長安)의 어구(御溝)를 양구(楊溝)라고도 한다.

버드나무를 그 위에 심었던 것이다'라고 하였다. 금릉(金陵)엔 실은 어구가 없었으나 장안 치도(馳道)의 어구를 빌어 금릉의 화려함을 형용한 것이다.

⑧ 凝(응)-엉기다. ○笳(가)-피리. 응가(凝笳)는 많은 피리소리가 엉기듯이 합주되는 것. ○翼(익)-돕는 것. 떠받드는 것. ○高盖(고개)-수레의 높은 뚜껑. 익고개(翼高盖)는 피리의 연주를 따라 내조하는 제후의 행차가 들어오고 있어 그 피리소리가 수레의 높은 뚜껑을 양편에서 떠받들고 오는 것 같다는 뜻.

⑨ 疊鼓(첩고)-여러 개의 북. ○華輈(화주)-조각을 한 아름다운 수레채. 제후의 행렬에 악기를 연주하며 오므로 그 북소리가 화려한 수레채를 밀며 오는 것 같다는 뜻. ○輈(주)-수레채.

⑩ 獻納(헌납)-본디는 신하가 임금에게 의견을 아뢰는 것. 여기서는 세운 공(功)을 아뢰는 것. ○雲臺(운대)-후한(後漢) 때의 명제(明帝)는 영평(永平) 3년(60)에 28장(將)을 남궁(南宮)의 운대에 그려 놓았다 한다〔本書 注〕. 운대표(雲臺表)는 28장처럼 공을 세워 운대에 표창되는 것.

⑪ 良(량)-정말로. ○可收(가수)-공을 거둘 만한 것이라는 뜻.

(해설) 《전한삼국진남북조시(全漢三國晉南北朝詩)》의 제(齊)나라 사조(謝朓, 464~499. 字가 玄暉)집에는 〈수왕고취곡10수(隋王鼓吹曲十首)〉라 제(題)하고 '제(齊)나라의 영명(永明) 8년(496) 사조가 진서(鎭西) 수왕(隋王)의 교(教)를 받들어 형주(荊州)의 도중(道中)에서 지었다. 조천(釣天)〔曲名〕 이상의 3곡은 제공(帝功)을 송(頌)하고 교렵(校獵)〔曲名〕 이상의 3곡은 번덕(藩德)〔제후들의 德〕을 송(頌)한 것이다'라고 하였다. 여기의 '입조곡(入朝曲)' '생번곡(生藩曲)' '교렵곡(校獵曲)' 같은 것은 '번덕(藩德)을 송(頌)하는' 곡인 것이다.

《고문진보》 주(注)에는 '이 편은 금릉(金陵) 제도(帝都)의 성용(盛容)을 읊은 것'이라 하였지만, 역시 주제는 뒤 4구의 제후들의 내조의 입공(立功) 수표(受表)함을 읊은 데 있다고 보아야 한다.

그리고 금릉, 곧 남경(南京)의 제도(帝都)를 묘사함에 장안(長安)의 풍

물을 읊어 비의(比擬)한 것은 남조(南朝) 사람들의 습성이었다. 사조의
다음 〈화서도조(和徐都曹)〉에서도 하남성(河南省)의 남양(南陽)〔宛〕과
낙양(洛陽)을 빌어 금릉을 읊고 있다. 제도(帝都)의 형용인만치 이는 남
조인들의 북쪽 중원 회복에 대한 욕망과 미련의 표현이라 보아야 할 것
이다. 또 끝 구를 '공명양가수(功名良可收)'라 하여 사람들에게 공을 세
울 것을 권한 것도 고입조곡(古入朝曲)에 비의한 것이라고만 생각할 수
는 없다.

서도조의 시에 화작함(和①徐都曹)

사조(謝朓)

　②宛洛佳遨遊하니, 春色滿③皇州라.
　　(완락가오유　춘색만황주)
　④結軫靑郊路하고, ⑤逈瞰蒼江流라.
　　(결진청교로　형감창강류)
　⑥日華川上動하고, ⑦風光草際浮라.
　　(일화천상동　풍광초제부)
　⑧桃李成蹊徑하고, ⑨桑楡蔭道周라.
　　(도리성혜경　상유음도주)
　⑩東都已俶載하니, ⑪言歸望綠疇라.
　　(동도이숙재　언귀망록주)

　　　완 땅이나 낙양은 놀기 좋은 곳이라지만,
　　　이곳 왕도에도 봄빛이 가득 찼네.
　　　수레를 푸른 교외길로 달리며,
　　　멀리 파란 장강의 흐름을 바라보네.

햇살은 강물 위에서 움직이고,
풍광은 풀밭 위에 떠있네.
복숭아와 오얏꽃은 아름다움으로 사람을 끌어 길을 이루게 하고
뽕나무와 느릅나무는 길 모퉁이를 그늘로 덮고 있네.
이 동쪽 왕도에도 농사일이 시작됐으니,
이제 돌아가 푸른 밭을 바라보아야지.

(주해) ① 徐都曹(서도조)―서면(徐勉). 중도조(中都曹)의 벼슬을 하였기 때문에 서도조라 하였다. 서면의 〈매단(昧旦)에 신정(新亭)의 물가로 나가다〉라는 시에 화(和)한 것으로, 왕도(王都) 금릉(金陵) 교외의 풍광을 읊은 것이다. 《문선(文選)》 권30에 이 시가 실려 있으며 《사조집(謝朓集)》엔 〈화서도조출신정저(和徐都曹出新亭渚)〉라 제(題)하고 있다. 신정은 앞 권1의 말미 〈금릉신정(金陵新亭)〉 시에서 설명하였다.

② 宛(완)―하남성(河南省) 남양현(南陽縣). 한(漢) 광무제(光武帝)가 태어난 곳으로 한나라의 중흥 공신이 이곳에서 많이 나와 번성하였다. ○洛(락)―지금의 하남부(河南府)인 낙양(洛陽). 한대(漢代)의 동도(東都)였다. 사조는 한대의 동도를 끌어다 금릉에 견준 것이다. ○遨(오)―노닐다. 고시19수의 제3수에 '완락(宛洛)에 유희한다'는 말이 있으니 이를 인용한 듯하다.

③ 皇州(황주)―황도(皇都). 제(齊)나라의 도성(都城)이었던 금릉.

④ 結軫(결진)―수레를 달려 돌아다니는 것. 《초사(楚辭)》 구탄(九歎) 원유(遠遊)편에 '나는 진(軫)을 서쪽으로 결(結)한다'고 하였는데, 왕일(王逸)은 '결(結)'을 '돌 선(旋)'의 뜻이라 주(注)하였다. 진(軫)은 수레의 횡목(橫木)이 본뜻이나 전하여 수레를 가리킨다. ○青郊路(청교로)―푸른 교외의 길. 오행설(五行說)에 봄은 동쪽, 그 빛은 청색(青色)으로, 봄의 동쪽 교외의 길임도 암시한다.

⑤ 逈(형)―먼 것. '회(回)' 또는 '회(廻)'로 된 판본도 있다. ○瞰(감)―굽어보는 것. ○蒼(창)―푸른 것. ○江(강)―장강(長江).

⑥ 日華(일화)―태양의 광채, 햇살. ○川上動(천상동)―강물 위에 비치어 물

이 흐르므로 동요하는 것.

⑦ 風光(풍광)－바람의 빛. 바람엔 빛이 없으나 바람에 나부끼며 풀잎이 반사되는 것을 풍광이라 한 것이다.

⑧ 桃李成蹊徑(도리성혜경)－《한서(漢書)》이광전(李廣傳)의 찬(贊)에 '속담에 말하였다. "복숭아와 오얏은 말을 못하지만 그 밑에 스스로 좁은 길을 만들게 한다."'고 하였다. 도리(桃李)는 꽃이 아름다워 사람들을 유인케 되므로 그 밑에 자연히 오솔길이 만들어지는 것이다. 혜경(蹊徑)은 지름길, 좁은 길.

⑨ 桑(상)－뽕나무. ○楡(유)－느릅나무. ○蔭(음)－그늘지는 것. ○道周(도주)－길이 구부러진 모퉁이.

⑩ 東都(동도)－금릉(金陵)을 가리킴. 금릉은 동쪽에 있다. ○俶載(숙재)－농사일을 봄에 시작하는 것. 《시경》소아(小雅) 대전(大田)편에 '남묘(南畝)에서 숙재(俶載)한다'고 하였다.

⑪ 言(언)－조사(助詞). ○疇(주)－밭.

(해설) 사조(謝朓, 464~499)는 매우 섬세한 감각의 묘사에 뛰어나 청신(淸新)한 시들을 지었다. 당대(唐代)의 시선(詩仙)이라 불리던 이백(李白)도 그 점에서 사조를 매우 좋아하였다. 이 시는 앞 시나 마찬가지로 금릉(金陵)의 풍물을 읊은 것이지만 '일화천상동(日華川上動)하고, 풍광초제부(風光草際浮)라'한 것 같은 표현은 그 보기라 할 것이다. 금릉의 교외 봄빛에 희열을 느끼는 작자의 마음이 잘 느껴진다.

동원에 노닐며(①遊東園)

사조(謝朓)

②戚戚苦無悰하니, ③携手共行樂이라.
　(척척고무종　휴수공행락)

④尋雲陟累榭하고, ⑤隨山望菌閣이라.
  (심운척루사   수산망균각)

遠樹⑥曖芊芊하고, 生⑦烟紛漠漠이라.
  (원수애천천   생연분막막)

魚戲⑧新荷動이오, 鳥散餘花落이라.
  (어희신하동   조산여화락)

不對⑨芳春酒하고, ⑩還望靑山郭이라.
  (부대방춘주   환망청산곽)

　　시름으로 즐거움 없음이 괴로워,
　　손 잡고 함께 나가 즐긴다.
　　구름 찾아 여러 층의 누대에 오르고,
　　산을 따라 올라가 향기로운 누각을 바라본다.
　　멀리 나무들은 자욱히 무성해 있고,
　　피어나는 안개는 널리 뒤엉키네.
　　고기가 노니 새 연잎이 움직이고,
　　새가 흩어져 나니 남은 꽃잎이 떨어지네.
　　향기로운 봄술은 거들떠보지도 않고,
　　푸른 산의 성곽을 바라보네.

주해　① 遊東園(유동원)－《문선(文選)》 권22에는 '유동전(遊東田)'이라   제(題)하고 있는데, 이선(李善)은 '사조(謝朓)에겐 종산(鍾山)에 별장이 있었는데 그곳에 동유(東遊)하고 돌아와 지은 것이라'고 하였다. 여관영(余冠英)의 《한위육조시선(漢魏六朝詩選)》 주(注)에는 '제(齊)나라의 혜문태자(惠文太子)가 누관(樓館)을 종산 아래 세우고 동전(東田)이라 이름을 붙였다'고 하였다. 동원(東園) 또는 동전(東田)은 종산 아래의 사조의 별장을 가리킨다.

② 戚戚(척척)－슬픈 모양, 마음에 시름이 많은 모양. '척척(慼慼)'이라 된 판

본도 있다. ㅇ悰(종)-즐겁다.

③ 携手(휴수)-손을 끌고, 손을 잡고.

④ 尋雲(심운)-'구름을 찾아', 높은 곳에 올라감을 형용한 것. ㅇ陟(척)-오르다. ㅇ累榭(누사)-여러 층으로 된 높은 누각. 《초사(楚辭)》 초혼(招魂)에 '층대누사(層臺累榭)가 고산(高山)에 임하고 있다' 하였는데, 왕일(王逸)은 '층(層)과 누(累)는 모두 겹의 뜻'이라 주(注)하고 있다.

⑤ 隨山(수산)-산을 따라 가는 것. 곧 산길을 가는 것. ㅇ菌閣(균각)-《초사(楚辭)》 구회(九懷)에 '균각혜루(菌閣蕙樓)'라 하였는데 '균(菌)과 혜(蕙)'는 모두 향초(香草). 여관영의 주(注)에는 '고각(高閣)의 모양이 지균(芝菌)과 같다' 하였다. 곧 '여러 겹의 버섯 모양' 같다고 본 것 같다. 그러나 혜루(蕙樓)나 마찬가지로 균(菌)도 그 향기로움, 또는 아름다움을 형용한 것으로 봄이 옳다.

⑥ 曖(애)-어둠침침한 것. ㅇ芊芊(천천)-초목이 무성한 모양.

⑦ 烟(연)-연기. 연(煙)과 같은 자. 생연(生烟)은 안개가 피어오르는 것. ㅇ紛(분)-어지러운 것. ㅇ漠漠(막막)-넓은 모양. 널리 퍼지는 모양.

⑧ 新荷(신하)-새로 난 깨끗한 연(蓮)잎. 한대(漢代)의 악부 상화가(相和歌) 강남(江南)편의 '어희연엽간(魚戲蓮葉間)'에서 취한 구절이다.

⑨ 芳(방)-향기.

⑩ 還(환)-'또한'의 뜻[助詞]으로 보아도 되고 '돌이킨다'는 뜻으로 보아도 된다. 환망(還望)은 '돌려 바라본다' 또는 '또한 바라본다'는 뜻. ㅇ郭(곽)-외성(外城).

(해설) 이 시의 주제도 맨 끝의 두 구에 강조되고 있다. 자기 마음속의 시름을 달래려고 몇몇 친구들과 자기의 종산(鍾山) 별장으로 놀러 나갔다. 철은 늦은 봄에서 첫여름에 걸친 때. 아름다운 누각 속에서 아름다운 풍경을 대하고는 있지만 아무래도 술마시며 즐길 흥이 나지 않는다. 그래서 멀거니 저쪽 푸른 산의 성곽을 바라보는 것이다. 이때 작자의 가슴속에는 북쪽 오랑캐들을 막지 못해 금릉(金陵)으로 쫓겨 와 있는 민족적인 비분(悲憤)과, 북쪽 중원(中原) 땅에의 향수가 오갔을 것이다.

   청신(淸新)한 초하(初夏)의 풍물과 작자의 마음의 움직임이 잘 표현된 시이다. 전체적으로 제시(齊詩)는 섬세한 기교에 특징이 있다지만 이 사조의 시만은 청원(淸遠)한 깊음이 있는 경지를 보여준다.

원망의 노래([1]怨歌行)

반첩여(班婕妤)

   [2]新裂齊紈素하니, [3]皎潔如霜雪이라.
      (신렬제환소   교결여상설)

   裁爲[4]合歡扇하니, [5]團圓似明月이라.
      (재위합환선   단원사명월)

   出入君懷袖하여, 動搖微風發이라.
      (출입군회수   동요미풍발)

   常恐秋節至하여, [6]涼飆奪炎熱이라.
      (상공추절지   양표탈염열)

   [7]棄捐篋笥中하니, [8]恩情中道絕이라.
      (기연협사중   은정중도절)

      제 땅에서 난 흰 비단을 새로 잘라내니,
      희고 깨끗하기 서리나 눈과 같네.
      이를 말라 합환선을 만드니,
      둥글기가 밝은 달 같네.
      임의 품 속을 들락날락거리며,
      흔들림에 따라 가는 바람이 이네.
      언제나 가을이 와서,

서늘한 바람이 더위를 몰아낼까 두려워했더니,

장농 안에 버려져,

애정이 중간에 끊이고 말았네.

주해　① 怨歌行(원가행)－'원망하는 노래'. '행(行)'은 가곡(歌曲)의 뜻.《한서 (漢書)》에는 '환선시(紈扇詩)'라 하였다. 작자 반첩여(班婕妤, 기원전 7 전후)는 한(漢)나라 성제(成帝, 기원전 32~기원전 7 在位) 때의 희(姬). 반(班)은 성(姓)이고 첩여(婕妤)는 관명(官名)이다. 뒤에 조비연(趙飛燕) 에게 임금의 은총을 빼앗기고 그 위에 비연으로부터 모함까지 받아 성제 에게 버림받고 이 시를 지었다 한다. '원시행(怨詩行)'이라 된 판본도 있 으며,《문선(文選)》이선(李善) 주(注)에는 '가록(歌錄)에 원가행(怨歌行) 은 고사(古辭)라 하였다. 그러나 옛날에 이 곡이 있던 것을 반첩여가 이 를 따라 지은 것이라 한다'고 하였다. 그러나 고사(古辭)는 대개 민간에 전승된 가요로서 무명씨의 작(作)이므로 이것도 반첩여의 작이 아닐지 모 른다.《악부시집(樂府詩集)》에는　상화가사(相和歌辭)　초조곡(楚調曲)에 들어 있다.

② 新裂(신렬)－새로 찢어내다. '신제(新製)'로 된 판본도 있다. 제(齊)는 제 (齊)나라〔山東省 지방〕. ○紈素(환소)－희고 고운 비단. 제(齊)나라는 환 소의 명산지였다.

③ 皎(교)－흰 것. 밝은 것. ○潔(결)－깨끗한 것.

④ 合歡扇(합환선)－합환(合歡)은 앞에 나온 고시(古詩)의 '합환피(合歡被)' 처럼 부부가 함께 즐긴다는 뜻. 합환선은 앞뒤로 천을 붙여 합쳐 만든 부채로 부부의 사랑을 상징한다.

⑤ 團圓(단원)－둥근 것. '단단(團團)'으로 된 판본도 있다.

⑥ 涼(량)－서늘한 것. ○飇(표)－회오리바람. 여기서는 그냥 '바람'의 뜻. 이선 (李善) 주본(注本)《문선》엔 '양풍(涼風)'으로 되어 있다.

⑦ 棄捐(기연)－내버리는 것. ○篋笥(협사)－대나무로 만든 물건을 넣어두는 장. 상자.

⑧ 恩(은)－사랑. 은총. ○中道(중도)－도중.

(해설) 후세에도 '추선(秋扇)'이나 '첩여선(婕妤扇)'은 남편에게 버림받은 여인을 가리키는 말로 쓰이고 있다. 이 시는 남편에게 버림받은 자기를 부채에 비유하여 버림받은 억울함을 노래한 것이다. 이 부채는 고운 비단으로 만든 밝은 달처럼 둥글고 아름다운 것이다. 더울 적에는 임은 언제나 품에 지니고 다니며 자기를 애용하더니 가을바람이 일자 너를 언제 봤더냐하고 장농 속에 동댕이쳐버린다. 그처럼 자기도 조비연(趙飛燕) 때문에 성제(成帝)로부터 버림받고 있다는 것이다.

원망의 노래를 본뜸(①擬怨歌行)

강엄(江淹)

紈扇如圓月하니, 出自②機中素라.
　(환선여원월　출자기중소)

畵作③秦王女하여, 乘④鸞向煙霧라.
　(화작진왕녀　승란향연무)

采色世所重이나, ⑤雖新不代故라.
　(채색세소중　수신부대고)

⑥竊愁涼風至하여, 吹我玉階樹라.
　(절수양풍지　취아옥계수)

君子恩未畢하여, ⑦零落在中路라.
　(군자은미필　영락재중로)

흰 비단 부채는 둥근 달 같은데,
베틀의 흰 비단 잘라 만든 것일세.
진나라 목공의 딸 모습 그리니,

난새 타고 안개 속을 날고 있네.

채색은 세상에서 중히 여기는 것이지만,

비록 새것이라 하더라도 이 옛것을 대체하진 못하리라.

속으로 서늘한 바람이 불어,

우리 구슬 섬돌 앞 나뭇잎을 불어 떨어뜨릴까 근심했었는데,

임의 사랑이 채 다하기도 전에,

중간에 버려지고 말다니.

(주해) ① 擬怨歌行(의원가행) — 앞에 나온 〈원가행(怨歌行)〉을 본뜬 시라는 뜻.《문선(文選)》권31에는 양(梁)나라 강엄(江淹, 444~505)의 잡체시(雜體詩) 30수 가운데의 제3수 〈반첩여(班婕妤)〉라 제(題)하고 '영선(詠扇)'이라 주(注)하여 실려 있다. 대의는 앞의 〈원가행〉과 비슷하다.

② 機(기) — 베틀. ○出自機中素(출자기중소) — 베틀 가운데 비단으로부터 나왔다. 곧 베틀의 비단을 잘라 만든 것이라는 뜻.

③ 秦王女(진왕녀) — 진(秦)나라 목공(穆公)의 딸 농옥(弄玉).《문선》의 이선(李善) 주(注)에 '《열선전(列仙傳)》에 말하기를, "소사(蕭史)는 진(秦)나라 목공 때의 사람으로 통소를 잘 불었다. 목공에겐 딸이 있어 자(字)를 농옥이라 하였는데 그를 좋아했다. 공(公)은 마침내 그의 처로 시집보냈는데 어느 날 아침 둘 다 봉황을 타고 가버렸다 하였다."'고 했다.

④ 鸞(란) — 봉황 종류의 신조(神鳥). ○煙霧(연무) — 구름과 안개.

⑤ 雖新不代故(수신부대고) — 새것이라 하더라도 이 옛것의 훌륭함을 당해내지 못한다는 뜻. 이 환선(紈扇)의 아름다움을 강조한 것이다.

⑥ 竊(절) — 남몰래. 속으로.

⑦ 零落(영락) — 낙엽처럼 떨어져 버려지는 것. ○中路(중로) — 중도(中途). 길 가운데라 보아도 좋다.

(해설) 이 시는 완전히 내용, 형식 모두 앞의 〈원가행(怨歌行)〉을 본뜬 것이다. 〈원가행〉도 그렇지만 이 시의 해석에 있어 문제가 되는 것은 제7구의 '절수(竊愁)'〔〈원가행〉에선 '상공(常恐)'〕를 이곳에 해석한 것처럼

제8구까지만 걸리게 하느냐 또는 끝 4구 전부에 걸리는 것으로 보느냐 하는 것이다. 《고시전(古詩箋)》의 문인담(聞人倓)의 주(注)에서는 앞의 시도 그렇지만 '절수(竊愁)'가 뒤의 4구 전부에 걸리는 것으로 보고 '가을이 와서 임에게로부터 버림받을까 근심한다'는 뜻으로 풀이하였다.

　그러나 이 시는 이미 버림받은 뒤의 작품이므로 《문선》의 이선(李善) 주(注)를 따라 '가을이 올까 근심하였는데, 결국은 지금 임으로부터 버림받고 말았다'는 대의로 취함이 옳을 것이다.

고시(①古詩)

작자 미상

②迢迢牽牛星이오, ③皎皎河漢女라.
　　(초초견우성　교교하한녀)

④纖纖擢素手하여, ⑤札札弄機杼라.
　　(섬섬탁소수　찰찰농기저)

⑥終日不成章하고, ⑦涕泣零如雨라.
　　(종일불성장　체읍영여우)

河漢清且淺하니, 相去復⑧幾許오?
　　(하한청차천　상거부기허)

⑨盈盈一水間에, ⑩脈脈不得語라.
　　(영영일수간　맥맥부득어)

　저 멀리 견우성이 반짝이고,
　뿌연 은하수 옆엔 직녀성이 있다.
　가는 흰 손을 들어,
　찰칵찰칵 베틀의 북을 놀린다.

종일토록 무늬를 이루지 못하고,
눈물을 비오듯 흘린다.
은하수는 맑고도 얕은데,
또 얼마나 떨어져 있는가?
고운 강물을 사이에 두고,
빤히 바라보며 말도 하지 못하누나.

주해 ① 古詩(고시)—이는 《문선(文選)》권29 고시(古詩)19수 가운데의 제10
수로, 그 작자는 알 수 없다. 《옥대신영(玉臺新詠)》에서는 한(漢)나라 매
승(枚乘)의 작(作)이라 하였지만 불확실하다. 이 시의 내용은 견우(牽牛)
와 직녀(織女)의 전설을 빌어 이루지 못하는 남녀의 사랑을 노래한 것이다.
② 迢迢(초초)—멀고 아득한 모양. ○牽牛星(견우성)—독수리자리의 수성(首
星). 알타이르.
③ 皎皎(교교)—희게 빛나는 모양. ○河漢(하한)—은하수(銀河水). 하한녀(河
漢女)는 은하수 옆의 직녀성(織女星). 직녀성은 거문고자리의 주성(主星)
으로 은하를 사이에 두고 견우성(牽牛星)과 사랑을 하는데 칠월칠석날 밤
1년에 한 차례 만난다는 슬픈 전설이 있다.
④ 纖纖(섬섬)—가늘고 고운 모양. ○擢(탁)—장선(張銑) 주(注)에 '거(擧)',
곧 '든다'는 뜻이라 하였다.
⑤ 札札(찰찰)—베짜는 베틀 소리를 형용한 말. ○弄機杼(농기저)—베틀의
북을 희롱하다. 씨날이 담긴 북을 손으로 날실 사이로 왔다갔다 보내어서
베를 짜는 것.
⑥ 終日不成章(종일불성장)—《시경(詩經)》 소아(小雅) 대동(大東) 시에 '저
직녀성을 바라보면, 하루종일 일곱번 자리를 옮겨 앉는다. 비록 일곱번 자
리를 옮겨 다니지만 비단의 무늬를 이루지 못한다[跂彼織女면, 終日七襄
이로다. 雖則七襄이나, 不成報章이로다]'고 읊었다. 직녀(織女)의 이름은
베짜는 여자지만 실은 비단을 짜지는 못한다는 뜻.
⑦ 涕泣(체읍)—'읍체(泣涕)'로 된 판본도 있으며 '눈물을 흘리는 것'. ○零
(령)—물방울이나 눈물이 뚝뚝 떨어지는 것.

⑧ 幾許(기허) - 얼마나.

⑨ 盈盈(영영) - 고운 모양. 고시19수의 제2수에 '영영루상녀(盈盈樓上女)'란 구절이 있다. '찰 영'자라 물이 가득 찬 모양으로 풀이하는 이가 있으나 앞의 '청차천(淸且淺)'과 모순되므로 잘못이다.

⑩ 脈脈(맥맥) - 《문선(文選)》의 이선(李善) 주(注)에 '《이아(爾雅)》에 맥(脈)은 서로 본다는 뜻이라 하였다. 곽박(郭璞)은 말하기를, "맥맥(脈脈)은 서로 바라보는 모양이라."고 하였다' 했다. '묵묵(默默)'으로 된 판본도 있으나 자음(字音)이 비슷하여 와전된 것일 게다.

(해설) 직녀(織女)의 전설은 중국뿐만 아니라 우리나라나 일본에까지도 널리 전하여진 얘기이다. 은하수를 사이에 두고 서로 빤히 바라보고 사랑하면서도 마음대로 만나지 못하는 안타까움은 옛부터 이 전설을 듣는 많은 젊은이들의 가슴을 애타게 하였을 것이다. 게다가 은하수도 별로 깊게 보이지도 않는다. 옛부터 흔히 애인을 옆에 두고도 이루지 못하는 사랑이나, 남편이 객지로 나가 마음대로 만나지 못하는 안타까운 부부의 사랑에 견우(牽牛)와 직녀(織女)를 비겨왔다.

고시(①古詩)

작자 미상

②生年不滿百이어늘, 常懷③千歲憂라.
　　(생년불만백　상회천세우)

晝短苦夜長하니, 何不④秉燭遊오?
　　(주단고야장　하불병촉유)

爲樂⑤當及時어늘, 何能待⑥來茲오?
　　(위락당급시　하능대래자)

愚者⑦愛惜費하여, 俱爲⑧塵世嗤라.
　(우자애석비　구위진세치)

仙人⑨王子喬는, ⑩難可以等期로다.
　(선인왕자교　난가이등기)

사는 나이 백 년도 차지 못하거늘,
언제나 천 년의 시름을 품고 있네.
낮이 짧고 밤이 긴 것이 괴로운데,
어찌 촛불을 밝히고 놀지 않을손가?
즐김은 마땅히 때에 미처야 하거늘,
어찌 장래를 기다릴 수 있겠는가?
어리석은 자는 비용을 아끼어,
모두 세상의 비웃음거리가 된다.
신선 왕자교 같은 이가 있지만,
그와 같이 산다는 것은 어려운 일이다.

주해　① 古詩(고시)─이는 고시19수 가운데의 제15수이다. 그 내용은 인생은 짧으니 때를 잃지 말고 할 수 있는 것을 즐기고 놀라는 것이다.

② 生年(생년)─'생평(生平)'으로 된 판본도 있다.

③ 千歲憂(천세우)─천 년 두고 살려는 걱정. 영원히 해결 안될 본질적인 인생의 걱정.

④ 秉燭(병촉)─촛불을 손에 드는 것.

⑤ 當及時(당급시)─마땅히 때를 잃지 말고 그때그때에 하여야 한다는 뜻.

⑥ 來玆(내자)─앞으로 올 날. 장래.

⑦ 愛惜(애석)─아끼는 것. ○費(비)─노는 비용.

⑧ 塵世(진세)─속세(俗世). 《문선(文選)》엔 '단위후세치(但爲後世嗤)'라 되어 있다. ○嗤(치)─비웃는 것.

⑨ 王子喬(왕자교)─주(周)나라 영왕(靈王)의 태자(太子) 진(晉). 생(笙)을 잘

불어 봉황새의 울음소리를 냈으며, 도사(道士) 부구공(浮丘公)을 따라 숭산
(嵩山)에 들어가 신선이 되어 백학(白鶴)을 타고 갔다(《列仙傳》卷一).
⑩ 難可以等期(난가이등기)―수명을 그와 같이 하기는 어려운 것이라는 뜻.

(해설) 생명의 덧없음을 느끼고 청춘의 환락을 구가(謳歌)함은 고시(古詩)
에 흔히 보이는 낭만이다. 한대(漢代)의 악부 〈서문행(西門行)〉도 이 시
와 내용과 문구가 비슷하다.

서문을 나서
걸으며 생각하니,
오늘 즐기지 않는다면,
또한 어느 때를 기다릴 건가?
즐기자면
마땅히 제때에 미치도록 즐겨야 한다.
어찌 앉아서 걱정근심하며,
다시 장래를 기다려야만 하나?
좋은 술 마시고,
살찐 쇠고기 구워,
마음이 통하는 친구 초청해 오면,
가히 시름 마음 풀 수 있으리라.
인명은 백 년도 차지 못하거늘
언제나 천 년 걱정 품고 있네.
낮이 짧고 밤이 긴 것이 괴로운데,
어찌 촛불을 밝히고 놀지 않을손가?
자신은 선인 왕자교가 아니니,
수명을 계산하면 그와 같기 어렵다.
사람의 목숨은 쇠나 돌이 아니니,
1년의 목숨인들 어찌 기약할 수 있으랴?
재물을 탐하여 비용을 아끼면,

다른 후세의 비웃음을 살 따름인 것을.
(出西門하여, 步念之하니,
今日不作樂이면, 當待何時오?
夫爲樂은, 爲樂當及時니라.
何能坐怫鬱하여, 當復待來茲오?
飮醇酒하고, 炙肥牛하여,
請呼心所歡이면, 可用解憂愁니라.
人生不滿百이어늘, 常懷千歲憂라.
晝短苦夜長하니, 何不秉燭遊오?
自非仙人王子喬니, 計會壽命難與期라.
人壽非金石이니, 年命安可期오?
貪財愛惜費면, 但爲後世嗤니라.)

이 시는 한대(漢代)의 악부이며 칠언구가 들어 있는 것으로 미루어 '고
시(古詩)'의 뒤에 지어진 작품인 것 같다. 여관영(余冠英) 같은 이는 고
시가 〈서문행〉으로부터 나왔다 하였는데 잘못이다.

녹균헌(綠①筠軒)

소식(蘇軾)

可使食無肉이언정, ②不可居無竹이라.
　(가사식무육　불가거무죽)
無肉令人③瘦나, 無竹令人俗이라.
　(무육영인수　무죽영인속)
人瘦尚可肥나, 士俗不可醫라.
　(인수상가비　사속불가의)

④傍人笑此言하되, ⑤似高還似癡라.
　(방인소차언　사고환사치)

若對⑥此君仍大嚼이면, 世間那有⑦揚州鶴고?
　(약대차군잉대작　세간나유양주학)

식사에 고기가 없는 것은 괜찮지만,

거처에 대나무가 없을 수는 없네.

고기가 없으면 사람을 마르게 하지만,

대나무가 없으면 사람을 속되게 하네.

사람이 마른 것은 살찌게 할 수가 있지만,

선비 속된 것은 고칠 수 없는 것이네.

사람들은 이 말을 비웃어,

고상한 것 같으면서도 바보 같은 짓이라 하네.

만약 이 대나무를 대하고서 고기를 마음껏 먹는다면,

어찌 온갖 영화 누리며 신선 못됨을 한하는 이 있으랴?

주해　① 筠(균)－대나무 껍질. 이 시는 《동파시집(東坡詩集)》 권13에 실려 있는데 '어잠승녹균헌(於潛僧綠筠軒)'이라 제(題)하고 있다. 어잠(於潛)은 절강성(浙江省) 항주부(抗州府)에 있던 현(縣) 이름. 그 고장의 중이 거처를 '녹균헌(綠筠軒)'이라 한 것이다. 녹균헌이란 '푸른 대나무가 있는 소실(小室)'의 뜻. 대나무는 옛부터 그 절개를 숭상하여 풍류아사(風流雅士)들이 좋아하였다. 그런데 고아(高雅)한 취미로 대나무를 심는 사람들은 고기를 먹으며 잘살기 힘들다. 이 두 가지 일이 병행되기 어렵다면 차라리 대를 심고 즐기는 편을 취하겠다는 것이 이 시의 본지(本旨)이다.

② 不可居無竹(불가거무죽)－《진서(晉書)》 왕휘지전(王徽之傳)에 '자는 자유(子猷)고 희지(羲之)의 아들이다. 일찍이 공댁(空宅) 가운데 살면서 대나무를 심었다. 어떤 사람이 그 이유를 물었다. 그는 다만 휘파람을 불기만 하더니 대나무를 가리키면서 어찌 하루인들 차군(此君 : 대나무)이 없을

수 있겠는가고 말하였다'고 했다. 《동파시집》엔 '불가사거무죽(不可使居
無竹)'으로 되어 있다.

③ 瘦(수)—여윈 것.

④ 傍人(방인)—이 말을 듣는 곁의 일반 사람들.

⑤ 似高還似癡(사고환사치)—'고상한 것 같으면서도 또한 바보 같다'는 뜻.
곧 말이 고상하게는 들리지만 실은 대나무를 보는 것보다는 고기를 실컷
먹는 것이 낫다는 뜻.

⑥ 此君(차군)—주해②에 인용한 왕희지의 말에서 따온 것으로 대나무를 가
리킨다. ○大嚼(대작)—고기를 실컷 먹는 것.

⑦ 揚州鶴(양주학)—《사문유취(事文類聚)》 후집(後集) 권42 학조(鶴條)에
'옛날 손들이 모여 각기 생각하는 바를 말하였다. 한 사람은 양주(揚州)의
자사(刺史)가 되고 싶다고 하고, 다른 한 사람은 재물이 많았으면 좋겠다
하고, 다른 한 사람은 학(鶴)을 타고 하늘로 올라가고 싶다[곧 仙人이 되
고 싶다]고 하였다. 이때 나머지 한 사람은 말하기를, "허리에 10만관(貫)
의 돈을 차고 학을 타고 양주(揚州)로부터 하늘로 올라가고 싶다."고 하
였다. 앞의 세 사람의 욕망을 다 겸한 것이다'라고 하였다. 양주학(揚州
鶴)이란 최후인의 소망을 가리킨다. 그러나 세상에선 그러한 부귀영화를
다 누리면서도 또 신선이 될 수는 없다는 것이다. 대나무를 앞에 두고 고
기를 실컷 먹는다는 일은 양주학을 바라는 거나 마찬가지이다. 속세의 일
과 고상한 취향은 어울릴 수가 없는 것이기 때문에 자기라면 대나무를 즐
기는 편을 취하겠다는 뜻을 나타낸 것이다.

(해설) 이 시는 왕휘지(王徽之)가 대나무를 즐긴 얘기와 양주학(揚州鶴)의
고사(故事)를 인용하여 해학적으로 읊은 것이다. 녹균헌(綠筠軒)의 승
(僧)도 대나무를 대하고 조용히 수업하고 있지만 이러한 생활은 세상 사
람들이 생각하는 것처럼 어리석기만한 것은 아니다. 잘먹고 잘사는 것도
중요하지만 고매(高邁)한 정신세계에서 소요(逍遙)하는 이러한 생활은
그 못지않게 의의가 있다는 것이다. 속세에서 배불리 잘먹고 살면서도 청
아한 정신세계를 유지하기는 어렵다. 옛부터 배불리 잘먹고 살기 위한 부

귀와 장수(長壽)·불사(不死)를 추구하는 청정한 마음가짐은 둘 다 사람들의 욕망 속에 존재하여 왔다. 그러나 이 둘은 공존할 수가 없는 것이다. 그렇다면 차라리 대나무를 즐기는 청정한 생활이 자기는 좋다는 것이다.

달 아래 홀로 술 마시며(①月下獨酌)

이백(李白)

②花下一壺酒를, 獨酌無相親이라.
　　(화하일호주　독작무상친)

擧盃③邀明月하니, 對影成④三人이라.
　　(거배요명월　대영성삼인)

月旣不⑤解飮하고, 影徒隨我身이라.
　　(월기불해음　영도수아신)

暫伴月⑥將影하니, ⑦行樂須及春이라.
　　(잠반월장영　행락수급춘)

我歌月⑧徘徊하고, 我舞影⑨凌亂이라.
　　(아가월배회　아무영릉란)

⑩醒時同交歡이나, ⑪醉後各分散이라.
　　(성시동교환　취후각분산)

永結⑫無情遊하여, ⑬相期邈雲漢이라.
　　(영결무정유　상기막운한)

꽃 밑에서 한 병의 술을,
친한 이도 없이 홀로 마시네.
잔을 들어 밝은 달을 맞이하니,
그림자를 대하게 되어 세 사람이 되었네.

달은 본시 술마실 줄을 모르고,

그림자는 그저 내 몸을 따라다니네.

잠시 달과 그림자를 벗하노니,

즐김에는 반드시 봄철에 어울리게 하여야 하네.

내가 노래하면 달은 머뭇머뭇거리고,

내가 춤을 추면 그림자가 어지럽게 흔들리네.

아직 깨었을 적에는 함께 서로 즐기지만,

취한 뒤에는 각기 헤어지네.

영원히 인정 깃들지 않은 놀음을 맺어,

멀리 은하수를 향하여 다시 만날 것을 기약하네.

(주해) ① 月下獨酌(월하독작) — 달빛 아래 홀로 술마시다. 《이태백시집(李太白
詩集)》 권23에 실린 4수의 제1수.

② 花下(화하) — 《이태백시집》엔 '화간(花間)'으로 되어 있다.

③ 邀(요) — 맞다.

④ 三人(삼인) — 달과 그림자와 자기의 세 사람.

⑤ 解(해) — '능(能)'의 뜻. 당(唐) 원진(元稹)의 시에 '도화해소앵능어(桃花解
笑鶯能語)'라 했고, 또 미인을 '해어화(解語花)'라 하였는데 모두 '해(解)'
는 '능(能)' 곧 '……할 줄 안다'의 뜻으로 풀음이 옳다.

⑥ 將(장) — '여(與)'의 뜻. '……과' '……과 함께'.

⑦ 行樂(행락) — 나가서 놀며 즐기는 것. ○須及春(수급춘) — 반드시 봄에 미
처야 한다. 곧 '봄철 같은 좋은 때를 놓쳐서는 안된다'는 뜻.

⑧ 徘徊(배회) — 왔다갔다 하는 것. 서성대는 것. 우물쭈물 떠나지 못하는 것.

⑨ 凌亂(능란) — 제멋대로 움직이는 것. 어지러이 움직이는 것. '영란(零亂)'
으로 된 판본도 있으나 같은 뜻이다.

⑩ 醒(성) — 술에 취하지 않고 있는 것.

⑪ 醉後各分散(취후각분산) — 취하여 누우면 달이나 그림자의 존재를 잊게
되니 각기 분산(分散)한다고 표현한 것이다.

⑫ 無情(무정) ― 인정(人情)이 깃들지 않은 것.

⑬ 相期(상기) ― 서로 다시 만날 것을 기약하는 것. ○邈雲漢(막운한) ― 먼 은하수 곁에 있는 달과 약속을 한다는 뜻.

[해설] 이 시는 호방불기(豪放不羈)한 이백(李白)의 흉금(胸襟)을 표현한 것이다. 꽃그늘 아래 밝은 달을 바라보며 혼자 술잔을 기울이노라면 외로움이 스며들 것이다. 그러나 이백은 거침없이 달과 자기의 그림자를 벗삼아 술마시며 노래와 춤으로 봄철을 즐긴다. 달이나 그림자는 만나도 친분이 없고 헤어져도 석별(惜別)의 정을 안느껴도 되는 친구들이다. 이런 벗들과 영원히 인정을 초월한 교유(交遊)를 갖겠다는 것이다. 아름다운 자연 속에 자연과 완전히 융화된 선인(仙人)의 모습을 보는 듯하다.

봄날 취했다 일어나 내 뜻을 말함(①春日醉起言志)

이백(李白)

②處世若大夢하니, ③胡爲勞其生고?
　　(처세약대몽　호위노기생)

④所以終日醉하여, ⑤頹然臥前楹이라.
　　(소이종일취　퇴연와전영)

覺來⑥眄庭前하니, 一鳥花間鳴이라.
　　(각래면정전　일조화간명)

借問⑦如何時오? 春⑧風語流鶯이라.
　　(차문여하시　춘풍어류앵)

⑨感之欲歎息하고, 對酒還自傾이라.
　　(감지욕탄식　대주환자경)

⑩**浩歌待明月**하니, **曲盡已**⑪**忘情**이라.
(호가대명월 곡진이망정)

세상을 살아감은 큰 꿈을 꾸는 것과 같은 것이니,
어찌하여 그 삶을 수고롭게 할 것인가?
그러니 하루종일 취하여,
몸 가누지 못하고 대청 기둥 아래 눕는다.
깨어나 뜰 앞을 바라보니,
한 마리의 새가 꽃 사이에서 울고 있네.
묻노니 어떤 철인가?
봄바람 살랑거리고 날아다니는 꾀꼬리가 지저귀네.
봄철에 감동되어 탄식이 절로 나려 하고,
술을 대하고는 또 스스로 잔을 기울인다.
큰 소리로 노래하며 밝은 달을 기다리니,
곡이 다하자 이미 모든 감정을 잊네.

(주해) ① 春日醉起言志(춘일취기언지)－봄날에 취했다 일어나 뜻을 말한다.
이 '뜻'이란 이백(李白)의 인생관 또는 생활관의 일단(一端)이라 보아도
좋다.《이태백시집(李太白詩集)》권23에 실려 있다.

② 處世(처세)－세상에 처하는 것, 세상을 살아가는 것. ○若大夢(약대몽)－
《장자(莊子)》제물론(齊物論)에 '깨어난 뒤에야 그 꿈임을 안다. 또한 크
게 깨우침이 있은 뒤에야 그것이 큰 꿈임을 안다'고 하였다. 장자가 말
하는 '그것'이란 인생을 가리킨다.

③ 胡爲(호위)－하위(何爲). '어째서'. ○勞其生(노기생)－《장자》대종사(大
宗師)편에 '대지(大地)는 우리를 실음에 형(形)으로써 하고, 우리를 노
(勞)함에 생(生)으로써 하고, 우리를 일(佚 : 安樂)케 함에 노(老)로써 하
고, 우리를 쉬게 함에 사(死)로써 한다'고 하였다. 사는 동안에 이해관계
때문에 노고(勞苦)함을 뜻한다.

④ 所以(소이)-'그래서'. 인생은 약대몽(若大夢)이기 때문에.

⑤ 頹然(퇴연)-몸을 가누지 못하고 곤드라지는 모양. ○臥(와)-눕다. ○前楹(전영)-당(堂)의 전면에 있는 기둥.

⑥ 眄(면)-흘낏 바라보는 것.

⑦ 如何時(여하시)-《이태백시집》엔 '차하시(此何時)'로 되어 있다. '어떠한 때인가?'

⑧ 風(풍)-동사(動詞)임. ○語(어)-동사로 '지저귀다'. ○流鶯(유앵)-이리저리 날아다니는 꾀꼬리.

⑨ 感之(감지)-지(之)는 '그것'. 곧 '봄철의 아름다움'. 감(感)은 감동되는 것.

⑩ 浩歌(호가)-큰 소리로 노래하는 것.

⑪ 忘情(망정)-사람의 모든 감정을 잊는 것. 술에 취하여 노장철학(老莊哲學)에서 말하는 혼돈의 무아지경(無我之境)으로 들어가는 것.

해설 술에서 깨어난 희미한 의식 속에서 몸의 긴장을 풀어주는 부드러운 봄바람과 아름답게 지저귀는 꾀꼬리 소리에 도취(陶醉)된다. 봄철의 아름다움은 탄식이 나올 것같이 이백(李白)의 마음을 희열로 차게 한다. 이러한 희열 속에 다시 술을 마시고 아무 거리낌없이 노래부르다 다시 무아지경의 취향(醉鄕)으로 들어간다. 인생은 꿈과 같은 것, 기왕 꿈을 꾸자면 좀 멋진 수고로움 없는 꿈을 꾸자는 것이다. 이 시에서도 호탕한 이백의 성품과 속세의 가치관을 초월한 선인(仙人)의 풍모가 느껴진다.

소무(①蘇武)

이백(李白)

蘇武在匈奴하여, 十年持②漢節이라.
　(소무재흉노　십년지한절)

③白雁上林飛하니, 空傳一④書札이라.
　　(백안상림비　공전일서찰)

牧羊邊地苦하니, ⑤落日歸心絶이라.
　　(목양변지고　낙일귀심절)

渴飮⑥月窟水이라, 飢餐⑦天上雪이라.
　　(갈음월굴수　기찬천상설)

⑧東還沙塞遠하고, 北⑨愴河梁別이라.
　　(동환사새원　북창하량별)

泣把李陵衣하고, 相看⑩淚成血이라.
　　(읍파이릉의　상간누성혈)

소무는 흉노 땅에 잡혀 있으면서,
10년이나 한나라의 부절(符節)을 지녔다.
흰 기러기가 상림원까지 날아와,
편지를 전한 것도 소용없이 되었고
양치느라 변지에서 고생하노라니,
지는 해를 바라볼 적마다 돌아가고픈 마음 간절했다.
목마르면 월굴의 물을 마시고,
배고프면 하늘에서 내린 눈을 먹었다.
동쪽으로 돌아가려니 사막의 변방 아득한데,
북쪽 하수 다리에선 이릉과의 이별로 슬퍼했다.
울며 이릉의 옷자락을 잡고,
마주보며 피눈물을 흘렸단다.

주해　① 蘇武(소무)―한(漢)나라 무제(武帝) 때의 사람.《한서(漢書)》열전(列傳) 24엔 다음과 같은 전기(傳記)가 있다. '무(武)는 자가 자경(子卿). 젊어서 아버지의 벼슬을 따라 형제가 다같이 낭(郎)이 되었다가 얼마 뒤엔 이중구감(移中廐監)이 되었다. 그때 한나라는 연이어 오랑캐를 치고 자주 사신을 보내어 엿보았다. 흉노(匈奴)는 한나라 사신 곽길(郭吉)·노충국(路充國) 등을 모두 잡아두어 전후 10여명이 잡혔다. 흉노의 사신이 오면 한나라에서도 잡아두고 이에 대처하였다. 천한(天漢) 원년(기원전 100) 흉노가 잡아두었던 한나라 사신들을 전부 돌려보내자 무제는 무(武)에게 중랑장(中郞將)이란 벼슬을 주고 사신으로 절(節)을 가지고 잡아놓았던 흉노 사신들을 데리고 가 되돌려주게 하였다. 무는 부중랑장(副中郞將) 장승(張勝) 및 가리(假吏) 상혜(常惠) 등과 백여명을 이끌고 함께 갔다. 무가 흉노에 들어간 뒤 바로 변란이 생기어 흉노는 무를 큰 땅굴 속에 가두고 협박과 권유로 흉노에게 항복하기를 권하였다. 땅굴 속에 가두고 음식을 주지 않으니, 눈이 오자 무는 누워서 눈과 깃대 수술〔旄毛〕을 씹어 먹었다. 이리하여 며칠이 지나도 죽지 않으니 흉노는 그를 신(神)이라 여기었다. 이에 무를 북해(北海) 가 사람 없는 곳으로 옮기어 수양을 치게 하고 새끼를 낳으면 곧 돌려보내겠다 하였다. 무는 바닷가로 갔으나 식량도 보내주지 않아서 들쥐들이 감춰놓은 풀열매를 파먹고 살았다. 한나라의 절(節 : 사신의 標識)을 지팡이로 짚고 양을 치는데 언제나 들고 있어 절모(節旄 : 쇠꼬리로 만든 節의 장식)가 다 떨어졌다. 뒤에 이릉(李陵)이 북해 가로 와서 무에게 상(上 : 武帝)이 돌아가셨음을 알렸다. 무는 이를 듣고 남쪽을 향하여 통곡하며 피를 토하였다. 소제(昭帝)가 즉위하고 수년만에 흉노는 한나라와 화친하였다. 한나라가 무를 돌려달라고 요구하자 흉노는 그가 죽었다고 속이었다. 뒤에 한나라 사신이 다시 흉노에게 갔다. 이때 상혜(常惠)가 그들을 지키고 있는 자에게 간청하여 함께 한나라 사신을 만나보고 모든 일을 얘기하고, 사신에게 선우(單于)께 다음과 같이 말해 달라고 하였다. 천자께서 상림원(上林苑)에서 기러기를 쏘아 잡았는데 다리에 편지가 매어 있었다. 거기에 무 일행이 모(某) 택중(澤中)에 있다고 했다는 것이다. 사신은 크게 기뻐하고 상혜의 말대로 하여 선우는 무를 돌려보내기로 하였다. 이에 이릉은 술자리를 벌여놓고 무에게 축하하여 말했다. ……이릉은 눈물을 줄줄 흘리며 무와 작별하였다. 무를 따라 돌아온 자 9명이었다. 무는 시원(始元) 6년 봄에 경사(京師)에 이르러 전속국(典屬國)이 되었다. 무가 흉노에 머물기 19년, 젊을 때 나가 돌아올 때에는 백발이 되어 있었다. 무는 나이 80여세로 신작(神爵) 2년(기원전 69)에 병졸(病卒)하였다'〔抄譯〕 이 시는 파란 많은 일생을 절조로 살아온 소무(蘇武)의 생애를 읊은 것이다.

② 漢節(한절)－한(漢)나라 사신의 절(節). 절은 부절(符節)이라고도 한《후한서(後漢書)》주(注)에 의하면 절은 대나무로 만드는데 자루의 길이가 8척, 모우(旄牛)의 꼬리로 3중으로 절을 만들어 달았다.《주례(周禮)》지관장절(地官掌節)의 주(注)에 '왕명(王命)으로 왕래함엔 반드시 절이 있어서 증거로 삼는다'고 하였다.

③ 白雁(백안)－흰 기러기. ㅇ上林(상림)－상림원(上林苑). 한(漢)나라 궁전에 있던 원명(苑名). 여기서는《한서》소무전(蘇武傳)과는 달리 실제로 소무가 편지를 보냈던 것처럼 읊고 있다.

④ 書札(서찰)－편지.

⑤ 落日歸心絶(낙일귀심절)－지는 해에 돌아가고픈 마음 절실해진다. '절(絶)'은 끊이었다라기보다 '절실'의 '절(切)'과 같은 뜻.

⑥ 月窟(월굴)－서역(西域)에 있다는 달이 나온다는 굴. 여기선 흉노 땅에 비유한 것이다.

⑦ 天上雪(천상설)－하늘 위로부터 내린 눈.

⑧ 東還(동환)－동쪽 한(漢)나라로 돌아가는 것. ㅇ沙(사)－사막. ㅇ塞(새)－변방. 국경.

⑨ 愴(창)－슬퍼하다. ㅇ河梁(하량)－하수(河水)의 다리. 소무(蘇武)는 한(漢)나라로 돌아올 때 북쪽 황하(黃河) 상류의 다리 위에서 이릉(李陵)과 작별을 슬퍼했던 것이다. 이릉은 자가 소경(少卿). 한나라의 명장으로 흉노와 적은 병력으로 싸워오다 마침내는 잡히어 항복하였다. 그는 영영 한나라로 못돌아가게 되었으므로 소무와의 작별은 슬펐다.

⑩ 淚成血(누성혈)－《한비자(韓非子)》화씨(和氏)편에도 '초(楚)나라 문왕(文王)이 즉위하자 화씨는 곧 구슬을 안고 초산(楚山) 아래서 울었다. 삼일삼야(三日三夜)가 되자 눈물이 다하여 피가 이어 나왔다'고 하였다.

(해설) 절조(節操)로 고난의 일생을 산 소무(蘇武)의 평생이 전기(傳記)를

읽는 것보다도 강력한 인상을 남겨주는 시이다. 소무는 흉노에 갇혀 있는 10여년 동안 줄곧 한(漢)나라 사신의 부절(符節)을 손에 들고 있었다. 흉노의 모진 핍박 아래에서도 한인(漢人)으로서의 긍지와 자기의 임무를 잊지 않았기 때문에 어떻게든 살아 돌아가 천자에게 귀환보고를 올리려 하였다. 그러기에 눈과 깃대 수술을 씹으면서도 살아왔다. 그리하여 마침내는 한나라로 돌아오게 되었던 것이다.

　기러기가 편지를 전한다는 전설은 소무의 고사(故事)로부터 나왔다. 실은 소무가 기러기편에 편지를 보낸 것이 아니라 사신이 선우(單于)에게 꾸며낸 얘기지만, 뒤에는 차차 소무가 실제로 편지를 보낸 것처럼 전설화하여 이백(李白)도 그렇게 노래하고 있다.

잡시(①雜詩)

도연명(陶淵明)

人生無②根蔕하여, ③飄如陌上塵이라.
　(인생무근체　표여맥상진)

分散④逐風轉하니, 此已⑤非常身이라.
　(분산축풍전　차이비상신)

⑥落地爲兄弟니, 何必⑦骨肉親고?
　(낙지위형제　하필골육친)

得歡當作樂이니, ⑧斗酒聚比鄰이라.
　(득환당작락　두주취비린)

⑨盛年不重來요, 一日⑩難再晨이라.
　(성년부중래　일일난재신)

及時當⑪勉勵어다, 歲月不待人이라.
　(급시당면려　세월부대인)

인생은 뿌리도 꼭지도 없어,

길 위에 먼지처럼 날아다니는 것.

흩어져 바람따라 굴러다니니,

이것은 이미 무상(無常)한 몸이라.

땅 위에 태어나면 모두가 형제이니,

어찌 반드시 골육(骨肉)만을 따지랴?

기쁜 일이 생기면 마땅히 즐겨야만 하는 것이니,

한 말의 술이라도 받아놓고 이웃을 모은다.

한창 때는 다시 오지 않고,

하루에 새벽이 두 번 있기는 어려운 것.

때를 놓치지 말고 마땅히 힘써야만 하는 것이니,

세월은 사람을 기다려 주지 않는다.

주해 ① 雜詩(잡시)—도연명(陶淵明)의 잡시(雜詩) 12수 가운데의 제1수.

② 根(근)—뿌리. ○蔕(체)—꼭지. 근체(根蔕)가 없다는 것은 일정하게 믿고 있을 만한 근거가 없다는 뜻. 사람이란 내일 어찌될런지 모르는 것이다.

③ 飄(표)—바람에 날리는 것. ○陌(맥)—가로(街路)의 뜻.

④ 逐風轉(축풍전)—바람이 부는 데 따라 굴러다닌다는 뜻.

⑤ 非常身(비상신)—인생은 무상하다는 뜻.

⑥ 落地(낙지)—땅 위에 태어나는 것. 세상에 인간으로 태어나는 것.

⑦ 骨肉親(골육친)—혈통(血統)이 같은 친척만을 찾는 것. 같은 혈육을 타고 나야만 형제로 아는 것. 《논어(論語)》 안연(顔淵)편에 '자하(子夏)가 말하기를, "군자(君子)가 공경하고 실례됨이 없으며, 사람으로서 공손하고 예(禮)가 있으면 사해(四海) 안 사람들이 모두 형제가 된다. 군자가 어찌 형제 없음을 걱정하랴!"고 하였다'란 말이 있다.

⑧ 斗酒(두주)—한 말의 술. ○聚(취)—모이는 것. ○比隣(비린)—이웃 사람들. 옛날엔 5가(家)를 비(比)라 하였다.

⑨ 盛年(성년)—나이가 한창인 때. 청장년(靑壯年).

⑩ 難再晨(난재신)─새벽이 두 번 있기는 어렵다. 하루는 한 번 지나가면 그
  만이라는 뜻.
⑪ 勉勵(면려)─뜻있는 놀이에 힘쓰는 것. 뜻있게 시간을 보내도록 힘쓰
  는 것.

〈해설〉 이 시 가운데에서도 끝의 네 구는 특히 격언(格言)으로서도 널리 알
려졌다. 이것은 연명(淵明)이 무상한 인생에 대한 감개를 통하여 얻어진
처세훈이다. '때를 놓치지 말고 힘써라, 세월은 사람을 기다려 주지 않는
다.' 그리고 세상을 살아가는 데 있어서 너무 이해관계에만 얽매어 아귀
다툼을 할 필요가 없다. 자기의 몸가짐만 바르면 온 세상 사람들과 모두
형제처럼 지낼 수 있다는 것이다. 그러니 될수록이면 여럿이 즐기며 귀중
한 시간을 뜻있게 보내라는 것이다.

전원으로 돌아와 살며(①歸田園居)

도연명(陶淵明)

　②野外罕人事하고, ③深巷寡輪鞅이라.
　　(야외한인사　심항과륜앙)

　白日④掩柴扉하니, ⑤虛室絶塵想이라.
　　(백일엄시비　허실절진상)

　⑥時復墟曲中에, ⑦披草共來往이라.
　　(시부허곡중　피초공래왕)

　相見無雜言하고, 但道桑麻長이라.
　　(상견무잡언　단도상마장)

　桑麻日已長하고, 我土日已⑧廣이라.
　　(상마일이장　아토일이광)

常恐雪⁹霰至하여, ¹⁰零落同草莽이라.
(상공설산지   영락동초망)

들 밖은 사람의 접촉이 드물고,

으슥한 골목엔 마수레도 뜸하다.

대낮에도 사립문을 닫고 있으니,

빈 방은 잡된 생각을 끊어준다.

때때로 또 마을 모퉁이에는,

풀을 헤치며 서로 내왕하는데,

만나더라도 잡된 말은 없이,

다만 뽕이나 삼의 생장이나 얘기한다.

뽕나무와 삼대는 날로 자라났고,

나의 땅도 날로 넓어졌다.

언제나 두려운 것은 눈이나 싸락눈이 내리어,

우거진 풀과 함께 시들어 버리는 걸세.

주해   ① 歸田園居(귀전원거)－《도정절집(陶靖節集)》 권2에는 '귀원전거(歸園田居)'로 되어 있는데 그 편이 옳다. 이곳에 실린 것은 그 5수 중의 제2수로서 전원에 조용히 묻혀 농사에만 관심을 두고 있는 작자의 청정무구(淸淨無垢)한 생활과 마음가짐이 잘 나타나 있다.

② 野外(야외)－성(城)의 교외. 농촌이 있는 곳. ○罕(한)－드물다. ○人事(인사)－사람들과의 관계.

③ 深巷(심항)－《도정절집》엔 '궁항(窮巷)'으로 되어 있다. '으슥한 골목'이란 결국 '가난한 사람들이 사는 골목'이었을 것이다. ○寡(과)－적은 것. ○輪(륜)－바퀴. 수레를 가리킴. ○鞅(앙)－말의 배대끈. 수레를 끄는 말을 가리킴.

④ 掩(엄)－가리는 것. 닫는 것. ○柴扉(시비)－사립문. 《도정절집》엔 '형비(荊扉)'로 되어 있는데 같은 뜻임.

⑤ 虛室(허실)—살림살이가 거의 없는 텅 빈 조용한 방. ㅇ塵想(진상)—진세
(塵世)의 속된 생각. 공명심 같은 것.

⑥ 時(시)—때때로. ㅇ墟曲(허곡)—마을 모퉁이. 이 구절은 '시부허리인(時復
墟里人)'으로 된 판본도 있다.

⑦ 披草(피초)—사람들의 왕래가 드물어 길에 우거진 잡초를 헤치는 것.

⑧ 廣(광)—땅을 개척하여 넓어지는 것.

⑨ 霰(산)—싸락눈.

⑩ 零落(영락)—나무나 풀잎이 시들어 떨어지는 것. ㅇ莽(망)—풀이 무성
한 것.

해설 한적한 농촌에 묻혀 살고 있으면 세상의 명리(名利)와 마음이 멀어
진다. 곁에서 보기에 가난하기는 하지만 외부로부터의 간섭을 벗어나 언
제나 깨끗한 본연의 자아(自我)를 지닐 수가 있는 것이다. 연명(淵明)의
은거(隱居) 주위는 길이 있어도 사람의 내왕이 드물어 잡초가 우거졌고,
간혹 그 잡초를 헤치고 사람들이 내왕하기는 하지만 서로 만나더라도 농
사에 관한 문답밖엔 교환하지 않는다. 그곳의 농민들도 세사(世事)에 때
묻지 않았기 때문이다. 연명은 이러한 인간 본연의 청정무욕을 찾아 전원
으로 되돌아왔던 것이다.

쥐 수염으로 만든 붓(①鼠鬚筆)

소과(蘇過)

②**太倉失陳紅**하고, ③**狡穴得餘腐**라.
  (태창실진홍 교혈득여부)

④**旣興丞相歎**이오, ⑤**又發廷尉怒**라.
  (기흥승상탄 우발정위노)

⑥磔肉餧餓猫하고, 分⑦髯雜霜兎라.
　(책육위아묘　분염잡상토)
⑧插架刀槊健이오, 落紙⑨龍蛇騖라.
　(삽가도삭건　낙지용사무)
物理未易⑩詰이니, ⑪時來卽所遇라.
　(물리미이힐　시래즉소우)
⑫穿墉何卑微오? ⑬託此得佳譽라.
　(천용하비미　탁차득가예)

정부의 창고에선 붉게 썩은 쌀을 축내고,
교활한 쥐굴에선 나머지 썩은 고기가 나와,
옛날 이사(李斯)로 하여금 탄식을 발하게 하였고,
장탕(張湯)으로 하여금 노발대발케 했단다.
그러나 쥐를 잡아 고기는 찢어 주린 고양이 먹이고,
수염만을 갈라 흰 토끼털 섞어 붓을 만들었다.
필통에 꽂아두면 칼이나 창처럼 억세게 보이고,
종이에 대면 용이나 뱀이 꿈틀거리듯 글씨가 쓰여진다.
사물의 도리는 따지기 어려운 것이니,
만물은 때를 만나 제구실을 하게 되는 것이다.
담을 뚫을 적엔 얼마나 비천한 것이었던가?
그러나 어떤 이는 이를 빌어 훌륭한 명성을 얻기도 했다.

주해　① 鼠鬚筆(서수필)―쥐 수염으로 만든 붓. 예로부터 서도가(書道家)들
이 진중(珍重)히 여겨온 것으로, 앞에 나온 중국의 대서도가 왕희지(王羲
之)가 절강성(浙江省) 산음현(山陰縣)에 있는 난정(蘭亭)에서 곡수류상
(曲水流觴)의 연(宴)을 벌였을 때 지은 〈난정집서(蘭亭集序)〉도 이 붓으
로 썼다 한다. 《법서요록(法書要錄)》에 '우군(右軍 : 王羲之)이 난정서(蘭
亭序)를 쓸 때 서수필(鼠鬚筆)을 썼다. 우군은 필법을 백운선생(白雲先

生)에게서 얻었는데 그에게 서수필을 주었다 한다' 하였다. 왕희지의《필
록(筆錄)》에도 '세상에서 장지(張芝, 東漢人)·종요(鍾繇, 魏人)는 서수필
을 썼는데 필봉(筆鋒)이 강경(强勁)하여 봉망(鋒芒)이 있었다' 하였다. 이
시의 작자 소과(蘇過, 1072~1123)는 송대(宋代)의 문호(文豪) 소식(蘇
軾)의 아들이다. 이름은 과(過)로서 시문을 잘했다. 소과의《사천집(斜川
集)》엔 '부서수필(賦鼠鬚筆)'이라 제(題)하고 있다.

② 太倉(태창)—제도(帝都)에 있던 나라의 곡창(穀倉).《한서(漢書)》고제기
(高帝紀)에 '7년 2월 소하(蕭何)는 미앙궁(未央宮)을 다스리고 태창(太
倉)을 세웠다' 하였다. ○陳(진)—오래된 것. 진부(陳腐). 곧 썩는다는
뜻. 실진홍(失陳紅)은 '붉게 썩은 곡식을 쥐에게 잃었다'는 뜻.

③ 狡(교)—교활한 것. 쥐를 가리킴. ○餘腐(여부)—썩은 먹다 남은 고기.

④ 旣興丞相歎(기흥승상탄)—《사기(史記)》이사열전(李斯列傳)에 의하면 '이
사는 초(楚)나라 상채(上蔡) 사람이다. 연소(年少)할 때 군(郡)의 소리(小
吏)가 되었다. 이사(吏舍)의 변소 가운데의 쥐는 더러운 것을 먹으며 인
견(人犬)에 가까이하다 자주 놀라는 것을 보았다. 뒤에 사(斯)가 창고에
들어가, 창고 안의 쥐는 쌓여 있는 곡식을 먹으며 큰집 아래 살고 있으되
인견의 걱정 없이 지내는 것을 보았다. 이에 이사는 탄식을 하며 사람이
현명하고 못나고 한 것도 이 쥐나 같다. 자기가 처하여 있는 곳에 따라
결정되는 것이다. 그리고는 그는 순경(荀卿)을 따라 제왕의 술(術)을 배
웠다' 하였다. 이사는 뒤에 진시황(秦始皇)의 승상(丞相)이 되어 법술(法
術)을 행하였다. '승상의 탄식을 일으켰다'고 한 것은 이사가 쥐를 보고
탄식했던 것을 가리킨다. 그리고 첫째 구 '태창실진홍(太倉失陳紅)'은 이
구와 대응하는 것이다.

⑤ 又發廷尉怒(우발정위노)—《한서(漢書)》열전(列傳)에 '장탕(張湯)은 두릉
인(杜陵人)이다. 어렸을 때 집을 보고 있었는데 쥐가 고기를 훔쳐갔다. 그
의 아버지는 화가 나서 탕(湯)을 때렸다. 탕은 쥐굴을 파젖히고 불로 그
을은 끝에 쥐와 남은 고기를 얻었다. 그리고 쥐를 처형하였다' 했다. 장탕
은 뒤에 대중대부(大中大夫)를 거쳐 정위(廷尉)가 되었다. '정위의 노여
움을 발(發)케 하였다'는 것은 이 사실을 뜻하며, 제2구 '교혈득여부(狡穴

得餘腐)'는 이 구와 호응하는 것이다. 이처럼 제1과 제3·제2와 제4구가
대응하는 것을 '선대(扇對)'라 부른다.

⑥ 磔(책)－찢는 것. ㅇ餧(위)－먹이다. ㅇ餓猫(아묘)－굶주린 고양이.

⑦ 髯(염)－수염. 분염(分髯)은 쥐의 수염을 따로 가려내는 것. ㅇ霜兎(상
　토)－흰 토끼털. 쥐 수염과 흰 토끼털을 섞어 붓을 만든 것이다.

⑧ 揷(삽)－꽂다. ㅇ架(가)－필가(筆架), 붓을 꽂아두는 곳. ㅇ槊(삭)－창. 도
　삭건(刀槊健)은 붓이 '칼이나 창처럼 날카롭고 억세어 보인다'는 뜻.

⑨ 龍蛇鶩(용사무)－붓으로 쓰는 글씨의 세(勢)가 '용이나 뱀이 꿈틀거리며
　달리는 것 같다'는 뜻.

⑩ 詰(힐)－의문나는 이치를 따져 알아내는 것.

⑪ 時來卽所遇(시래즉소우)－때가 오면 곧 만나는 바에 따라 그 상황에 알
　맞게 제구실을 하게 된다는 뜻.

⑫ 穿墉(천용)－담을 뚫는 것. ㅇ卑微(비미)－비천하고 미소(微小)한 것.

⑬ 託此(탁차)－이 서수필(鼠鬚筆)에 의지하여. ㅇ得佳譽(득가예)－왕희지
　(王義之)처럼 명필로서의 훌륭한 명성을 얻는 것.

(해설) 이 시는 서수필(鼠鬚筆)을 빌어 인생을 노래한 것이라 보아도 좋다.
쥐란 일반적으로 사람들이 싫어하는 짐승이다. 그것은 사람들이 쌓아놓은
곡식이나 음식을 훔쳐먹고 사는 습성 때문일 것이다. 그렇지만 어떤 쥐는
그 수염만이 추리어져 서수필이 만들어진다. 사람들이 싫어하는 비천한
쥐에게서 일대의 명필을 이룩케 하는 서수필이 나올 수가 있는 것이다.
사람도 마찬가지일 것이다. 사람이란 누구나 어느 정도의 재능을 구유(具
有)하고 있기는 하지만 그 재능이 활용되고 못되는 것은 대부분 그가 때
를 바로 만나느냐 못만나느냐에 달려 있다.

이녀의 기박한 운명(①妾薄命) 첫째 시

진사도(陳師道)

②主家十二樓에, ③一身當三千이라.
(주가십이루 일신당삼천)

④古來妾薄命하여, 事主⑤不盡年이라.
(고래첩박명 사주부진년)

起舞爲主⑥壽하고, 相送⑦南陽阡이라.
(기무위주수 상송남양천)

⑧忍著主衣裳하고, 爲人⑨作春妍가!
(인착주의상 위인작춘연)

有⑩聲當徹天이오, 有淚當徹⑪泉이라.
(유성당철천 유루당철천)

死者恐無知니, 妾身長自憐이라.
(사자공무지 첩신장자련)

주인집 열두 누각에서,
이 몸은 3천 명의 총애를 한몸에 지녔었는데,
옛부터 여자 팔자 기구타더니,
나도 주인을 섬김에 삶을 다 바치지 못하였네.
일어나 춤추어 주인의 수를 빌었건만,
남양 무덤길로 주인을 보냈네.
차마 주인이 주신 옷을 입고,
남을 위해 고운 자태 지을 수야 있겠는가!
내 울음소리는 하늘에 사무치고,

내 눈물은 황천에 사무치리라.
돌아가신 분은 아무것도 모를 것이니,
이 몸만 영영 불쌍하게 되었네.

주해 ① 妾(첩)—여인이 자기를 낮춰 부르는 말. ○薄命(박명)—운명이 기박
한 것. 첩박명(妾薄命)은 옛 악부(樂府)의 곡명(曲名)으로 조식(曹植)에
게도 〈첩박명〉이란 작품이 있다. 《악부시집(樂府詩集)》에선 《악부해제(樂
府解題)》를 인용하여 인생의 즐거움이 오래 가지 못함을 한(恨)하는 노
래라 하였다. 작자 진사도(陳師道, 1053~1101)는 동파(東坡) 문하(門下)
의 육학사(六學士) 중의 한 사람이다. 이 작품은 《후산시집(后山詩集)》
제1권에 실려 있으며 '원풍(元豐) 6년 계해(癸亥, 1083)에 〈첩박명〉 2수를
지었다'고 하였다.

② 主家(주가)—남편의 집. ○十二樓(십이루)—많은 누각들. 《한서(漢書)》교
사지(郊祀志)에 '방사(方士)가 말하였다. "황제(黃帝) 때에 5성(城) 12루
(樓)를 짓고서 신인(神人)을 기다렸다."'고 하였는데 응소(應劭)는 '5성
12루란 선인(仙人)이 늘 사는 곳'이라 하였다. 여기서는 선인과는 관계없
이 화려한 많은 누각들을 가리킨다.

③ 一身當三千(일신당삼천)—백낙천(白樂天)의 〈장한가(長恨歌)〉에 '후궁(後
宮)의 가인 3천명이 있었는데, 3천명의 총애를 한몸에 지녔다'고 하였다.
곧 '자기 한 사람이 3천명의 총애를 홀로 누린 듯이 굉장한 사랑을 받았
다'는 뜻.

④ 古來妾薄命(고래첩박명)—옛부터 〈첩박명(妾薄命)〉을 노래하여 왔다는
뜻. 전하여 옛부터 여인 중에 박명한 이가 많았다는 뜻으로 보아도 된다.

⑤ 不盡年(부진년)—천년의 수(壽)를 다하여 사랑하지 못하는 것. 곧 자기
삶이 다할 때까지 남편을 섬기지 못한 것.

⑥ 壽(수)—여기선 동사(動詞)로서 '수(壽)를 비는 것'.

⑦ 南陽阡(남양천)—무덤으로 가는 길. 《한서》 유협전(游俠傳)에 '원섭(原涉)
은 자가 거선(巨先)이다. 섭(涉)의 아버지는 애제(哀帝) 때 남양태수(南
陽太守)가 되었고 천하 갑부였다. 대군(大郡)의 2천석〔太守〕이 죽으면

부렴(賦斂)하여 장사를 지냈는데 모두 천만 이상을 모아 처자들이 이를
받아 생업을 이룩했다. 그때엔 그러나 3년상을 지키는 자가 적었다. 섭은
아버지가 돌아가시자 남양에서 보내오는 부의(賻儀)를 되돌려보내고 무덤
옆 움막에서 3년상을 치렀다. 그리하여 이름이 경사(京師)에 알려졌다.
······섭은 스스로 생각하기를, 전에 남양의 부의를 되돌려보내어 자기는
명성을 얻었다. 그러나 선인(先人)의 무덤을 검소케 하는 것은 효가 아니
다 하고, 묘막(墓幕)을 크게 세우고 중문(重門)으로 합(閤)을 둘렀다. 처
음 무제(武帝) 때에 경조윤(京兆尹) 조씨(曹氏)를 무릉(茂陵)에 장사지냈
는데 백성들은 그 길을 경조천(京兆阡)이라 불렀다. 섭은 이를 생각하고
곧 땅을 사서 길을 닦고 표(表)를 세워 남양천(南陽阡)이라 하였다. 사람
들은 그러나 이를 따르지 않고 원씨천(原氏阡)이라 불렀다' 하였다. 천(阡)
은 '밭둔덕 길' 또는 '동서 또는 남북으로 뻗은 길'의 뜻.

⑧ 忍(인)―'차마 ······하고 ······할 수야 있겠는가?'의 뜻. ○著(착)―입다.

⑨ 作春姸(작춘연)―'봄의 아름다운 모습을 한다' '애교를 부린다'는 뜻.

⑩ 聲(성)―자기의 슬픈 울음소리. ○徹天(철천)―하늘에까지 사무치는 것.

⑪ 泉(천)―지하의 샘. 황천(黃泉).

(해설) 진사도(陳師道, 1053~1101)의 《후산시집(后山詩集)》의 이 시의 주
(注)에 '후산(后山)은 자주(自注)하여 말하기를, "증남풍(曾南豐)을 위하
여 지었다."고 하였다. 후산은 남풍(南豐, 號) 증공(曾鞏)의 아들 고(固)
에게서 배웠다. 남풍은 원풍(元豐) 6년(1083)에 졸하였다. 이 작품은 틀
림없이 이때 지었다' 하였다. 또 남풍을 직접 스승으로 삼았다는 이도 있
다. 여하튼 이 시는 진사도가 스승의 은덕을 생각하며, 남편을 그리는 여
인의 심정에 비겨 노래한 것이다.

이녀의 기박한 운명(妾薄命)   둘째 시

진사도(陳師道)

①落葉風不起하고, 山空花自紅이라.
　　(낙엽풍불기　산공화자홍)

②捐世不待老하니, ③惠妾無其終이라.
　　(연세부대로　혜첩무기종)

④一死尚可忍이나, ⑤百歲何當窮고?
　　(일사상가인　백세하당궁)

天地豈不⑥寬이리오, ⑦妾身自不容이라.
　　(천지기불관　첩신자불용)

死者如有知면, 殺身以相從이라.
　　(사자여유지　살신이상종)

⑧向來歌舞地에, 夜雨鳴⑨寒蛩이라.
　　(향래가무지　야우명한공)

　　낙엽이 지는데 바람은 잠잠하고,
　　산은 고요한데 꽃만이 붉구나.
　　늙기도 전에 세상을 버리셨으니,
　　내 사랑 끝을 맺지 못하였네.
　　한번 죽어버리면 그래도 괜찮겠지만,
　　평생을 이렇게 어찌 견딜고?
　　하늘과 땅은 넓기만 한데도,
　　이 몸 하나 용납되지 않누나.
　　죽은 이 알아주시기만 한다면,

죽어서라도 임 따르리이다.
옛날 춤추고 노래하던 곳엔,
밤비에 싸늘한 귀뚜라미소리만 남았구려.

주해   ① 落葉風不起(낙엽풍불기)―다음 구 '산공화자홍(山空花自紅)'과 함께
적막한 풍경을 묘사한 것이다. 《문선(文選)》 반안인(潘安仁)의 도망시(悼
亡詩)에 '낙엽은 무덤 곁에 흩어지고 마른 풀뿌리가 봉분 모퉁이에 둘려
있다'고 한 것처럼 무덤 곁의 처참한 의상(意象)을 나타낸 것이다.
② 捐(연)―버리다. ○不待老(부대로)―'늙기를 기다리지 않았다' 곧 '늙기 전
에 죽었다'는 뜻.
③ 惠(혜)―사랑. ○無其終(무기종)―끝까지 사랑해 주지 못하고 중도에 죽
어버렸다는 뜻.
④ 一死尙可忍(일사상가인)―'한번 죽어버리는 일은 그래도 참을 수 있다',
곧 '차라리 죽어버릴 수도 있다'는 뜻.
⑤ 百歲(백세)―평생(平生). 남은 여생을 가리킨다. ○何當窮(하당궁)―어떻
게 버티어 가야 하는가? 임없이 살기에는 너무나 한(恨)이 크다는 뜻.
⑥ 寬(관)―넓은 것.
⑦ 妾身自不容(첩신자불용)―자기는 남편만을 의지하고 살아왔는데 남편이
먼저 죽어버려 '내 몸은 그 자체를 용납할 곳도 없게 되었다'는 뜻.
⑧ 向來(향래)―전에. 그 전에. 그 옛날.
⑨ 寒蛩(한공)―쓸쓸한 귀뚜라미. 또는 가을이나 겨울철의 귀뚜라미.

해설   이것은 앞 〈이녀의 기박한 운명(妾薄命)〉의 제2수이다. 역시 진사도
(陳師道)가 돌아간 스승, 증공(曾鞏)을 사모하는 정을 남편 여읜 여인의
심정에 비긴 것이다. 선사(先師)를 추모하는 지극한 정이 잘 나타나 있
다. 여인이 남편을 의지하듯 자기는 스승의 사랑을 받으며 인간수업을 하
여 왔다. 스승이 가버린 지금 자기는 마치 의지할 곳을 잃은 여인처럼 넓
은 세상에 한 몸을 둘 곳도 없어진 듯하다. 옛날엔 스승 밑에서 글을 배
우며 즐거운 나날을 보냈는데 지금은 밤비에 쓸쓸한 귀뚜라미소리가 자

기의 마음을 더욱 슬프게 해줄 뿐이라는 것이다.

   옛날부터 앞 제1수도 그렇지만 이 시를 현세에의 풍자로 많이 해석하였다. 예를 들면 '산공화자홍(山空花自紅)'을 '산중엔 소나무·잣나무·가래나무 같은 좋은 재목들이 나는 곳인데 지금은 꽃만이 피어 있다는 것은 나라에 동량지재(棟梁之材)가 될만한 훌륭한 인재가 없음을 비유한 것이다'[《고문진보》注]라는 것 같은 것이다. 이런 시의 해석방법은 지나친 견강부회(牽强附會)라 보는 것이 옳을 것이다.

파릇파릇한 물속의 창포(①青青水中蒲)

한유(韓愈)

　青青水中蒲여, ②下有一雙魚로다.
　　(청청수중포　하유일쌍어)
　君今③上隴去하니, 我在與誰居오?
　　(군금상롱거　아재여수거)

　青青水中蒲여, ④長在水中居로다.
　　(청청수중포　장재수중거)
　寄語⑤浮萍草하나니, ⑥相隨我不如라.
　　(기어부평초　상수아불여)

　青青水中蒲여, ⑦葉短不出水로다.
　　(청청수중포　엽단불출수)
　⑧婦人不下堂이어늘, ⑨行子在萬里로다.
　　(부인불하당　행자재만리)

　　파릇파릇한 물속의 창포여,

밑에는 한 쌍의 고기가 놀고 있네.
임은 이제 농산으로 떠나가니,
나 홀로 누구와 함께 산단 말인가?

파릇파릇한 물속의 창포여,
언제나 물속에 자라고 있네.
부평초에게 말 전하니,
몰려다니는 그대들만도 난 못하구나.

파릇파릇한 물속의 창포여,
잎이 짧아서 물밖으로 나오지 않듯,
여자는 대청 아래로 내려서지 않는다 하는데,
떠나간 임은 만리 저쪽에 계시니 어이하리.

주해 ① 靑靑水中蒲(청청수중포)─《문선(文選)》고시19수의 제2수와《고악부(古樂府)》음마장성굴행(飮馬長城窟行) 수구(首句)에 '청청하반초(靑靑河畔草)'란 구절로 여인이 사부(思夫)하는 정을 노래하고 있다. 작자 한유(韓愈)는 고시(古詩)의 체를 따라 제1구를 제명(題名)으로 한 것이다.《창려선생집(昌黎先生集)》에는 권4에 이를 3수로 나누어 싣고 있다. ○蒲(포)─창포, 수초(水草)의 일종.

② 下有一雙魚(하유일쌍어)─창포 포기 밑에 놀고 있는 한 쌍의 물고기를 보며 짝을 잃게 된 자신의 외로운 처지를 생각하는 것이다.

③ 上隴去(상롱거)─농(隴)은 섬서성(陝西省)에 있는 농산(隴山)인데, 서역(西域)으로 수자리 갈 때에 지나는 곳. 따라서 '상롱거(上隴去)', 곧 '농(隴)으로 갔다'는 것은 서쪽으로 수자리를 살러 갔음을 뜻한다.

④ 長在水中居(장재수중거)─창포를 보면 '언제나 물속에 살고 있다.' 여기에서 언제나 집에 있지 못하고 떠나가 버린 임에 대한 아쉬움을 반사적으로 생각케 된 것이다.

⑤ 浮萍草(부평초)─물위에 떠다니는 수초(水草), '개구리밥'.

⑥ 相隨我不如(상수아불여)-부평초는 여럿이 언제나 몰려 떠다닌다. 자기는 단 하나의 임과도 이별하였으니 결국 하잘것없는 부평초만도 못하다는 뜻.

⑦ 葉短不出水(엽단불출수)-창포는 잎이 짧은데도 물밖으로 나오지 않는다. 그런데 자기는 만물의 영장(靈長)이라는 사람이면서도 남편이 집으로부터 떠나가게 되었음을 생각한 것이다.

⑧ 婦人不下堂(부인불하당)-부인은 당(堂) 밑으로 내려가지 않는 법. 당(堂)은 '대청'과 비슷하다. 따라서 여자는 규방을 벗어나면 안된다는 뜻이다. 여인은 규방을 나서면 안된다는 윤리가 있으니 임을 찾아 만리 길을 달려갈 수도 없다.

⑨ 行子(행자)-여로(旅路)에 있는 임.

(해설) 이 시는 고시19수의 제2수 〈청청하반초(靑靑河畔草)〉나 악부(樂府) 〈음마장성굴행(飮馬長城窟行)〉과 내용이 비슷하다. 모두가 떠나간 임을 그리는 애절한 마음을 노래한 것이다. 《고문진보》에선 이 시를 한 수(首)로 묶고 있으나 역시 '청청수중포' 구절을 시작으로 하는 3수로 보아야 할 것이다. 이 시 제하(題下)에 《고문진보》에선 '제1장은 남편이 떠나감을, 제2장은 남편과 함께 있지 못함을, 제3장은 임을 올바르게 권면하는 뜻을 지녔다'고 주(注)하고 있다.

그윽한 정회(①幽懷)

한유(韓愈)

幽懷不可②寫하여, 行此春江③潯이라.
　　(유회불가사　행차춘강심)
④適與佳節會하여, 士女⑤競光陰이라.
　　(적여가절회　사녀경광음)

⑥凝粧耀洲渚하고, ⑦繁吹蕩人心이라.
 (응장요주저   번취탕인심)
⑧間關林中鳥는, ⑨知時爲和音이라.
 (간관임중조   지시위화음)
豈無一⑩樽酒리오, 自酌還自吟이라.
 (기무일준주   자작환자음)
但悲時易失이니, ⑪四序迭相侵이라.
 (단비시이실   사서질상침)
我歌⑫君子行하니, ⑬視古猶視今이라.
 (아가군자행   시고유시금)

가슴속의 시름을 씻을 길 없어,
이렇게 봄 강 가를 걷고 있네.
마침 좋은 철을 만나,
남녀들은 다투어 즐기고 있네.
짙은 화장은 물가에 아롱거리고,
요란한 피리소리는 사람의 마음을 들뜨게 하네.
숲속에선 새들이 쨱쨱,
철을 만나 아름답게 지저귀네.
어찌 한 통의 술도 없을가 보냐?
스스로 따라 홀로 마시며 홀로 읊조리네.
다만 철을 잃기 쉬운 것이 서러운데,
사철은 속절없이 바뀌고 있네.
내 옛날의 군자행을 노래하노라니,
옛날에도 지금의 나처럼 때가 감을 슬퍼했네.

주해 ① 幽懷(유회)—가슴속에 품고 있는 느낌, 인생무상의 우수(憂愁)를 말
한다. 《창려집(昌黎集)》엔 권2에 실려 있다.

② 寫(사)-사(瀉)와 통하며 '쏟아버리는 것' 또는 '씻어버리는 것'.

③ 潯(심)-물가.

④ 適(적)-마침. ○佳節(가절)-날씨와 경치가 좋은 철.

⑤ 競光陰(경광음)-좋은 철을 다투어 즐기는 것.

⑥ 凝妝(응장)-짙은 화장. 곱게 단장한 것. ○耀(요)-빛나다. ○洲(주)-섬.
물가. ○渚(저)-물가. 모래톱. 요주저(耀洲渚)는 '물가 모래톱에 비치는
것' 또는 '물가에 반사되어 어른거리는 것'.

⑦ 繁吹(번취)-번다(繁多)한 취적(吹笛) 소리. 요란한 피리소리. 취(吹)는
취주(吹奏) 악기 소리를 가리킨다. ○蕩人心(탕인심)-'사람의 마음을 움
직인다' '사람의 마음을 들뜨게 한다'.

⑧ 間關(간관)-새가 우는 소리의 형용. 《시경(詩經)》 주남(周南) 관저(關
雎) 시의 '관관저구(關關雎鳩)'에서 딴 것이나 '짹짹' 또는 '삑삑'으로 보
아야 옳다.

⑨ 知時爲和音(지시위화음)-'때를 알고 부드러운 소리를 낸다', 곧 '아름다
운 봄철을 만나 고운 소리로 운다'는 뜻.

⑩ 樽(준)-술통.

⑪ 四序(사서)-춘하추동 사철의 질서. ○迭相侵(질상침)-'번갈아가며 자리
를 서로 빼앗는다' '번갈아 돌아간다'는 뜻.

⑫ 君子行(군자행)-옛 악부의 이름. 그 내용은 군자는 힘써 도(道)를 지키
어 혐의(嫌疑)를 피하고 시간을 아끼며 현사(賢士)를 애써 구한다는 것이
다. 작자는 이 노래를 부르며 군자의 본분을 생각하고, 더욱 광음(光陰)
이 빨리 흐름을 안타까이 여긴 것이다.

⑬ 視古猶視今(시고유시금)-왕희지(王羲之)의 〈난정집서(蘭亭集序)〉〔《고
문진보》 後集에선 〈蘭亭記〉로 되어 있음〕에 '후에 지금을 보는 것도 또
한 지금 옛날을 보는 것처럼 될 것이다. 슬프다!'라 한 데서 딴 구절이다.
'옛을 봄은 마치 지금을 보는 거와 같다'. 곧 '옛날의 군자들은 〈군자행〉
에서 노래했듯이 시간을 아끼며 덕을 쌓았는데 지금 우리도 그래야 할 것
이다'라는 뜻으로 보아도 되고, '지금 자기가 시간이 흐름을 슬퍼하듯 옛
분들도 시간의 흐름을 슬퍼했다'는 뜻으로 보아도 된다.

해설 이 시는 하는 일 없이 시간이 흐르고 있음을 슬퍼한 것이다. 사람들은 좋은 철이라 유흥(遊興)에 들떠 있고, 새들은 아름다운 소리로 지저귀고 있지만 시간은 잠시도 쉬지 않고 흘러가고 있는 것이다. 이처럼 흐르는 시간을 생각할 때마다 작자의 마음은 한없이 슬퍼만진다. 옛날 군자들을 생각하며 〈군자행(君子行)〉을 노래하여 보지만, 시간의 흐름을 슬퍼한 것은 옛부터 지녀온 인간의 숙명인 것만 같다.

공자의 잔치(公①讌)

조식(曹植)

②公子愛敬客하여, 終宴不知疲라.
　　(공자애경객　종연부지피)

清夜遊西園하니, ③飛盖相追隨라.
　　(청야유서원　비개상추수)

明月④澄清影하고, ⑤列宿正參差라.
　　(명월징청영　열수정참치)

⑥秋蘭被長坂하고, ⑦朱華冒綠池라.
　　(추란피장판　주화모록지)

⑧潛魚躍清波하고, 好鳥鳴高枝라.
　　(잠어약청파　호조명고지)

神⑨飇接丹轂하고, 輕⑩輦隨風移라.
　　(신표접단곡　경련수풍이)

⑪飄飖放志意하니, ⑫千秋長若斯라.
　　(표요방지의　천추장약사)

공자께선 객을 좋아하고 공경하여,

잔치 끝나도록 지칠 줄을 모르네.
맑은 밤을 서원에 노니니,
수레 포장 날리며 줄지어 달리네.
밝은 달은 맑은 빛으로 비쳐주고,
성좌들은 모래알을 뿌려놓은 듯 반짝이네.
가을 난초는 긴 언덕을 덮었고,
붉은 연꽃은 푸른 연못을 덮고 있네.
물속의 고기는 맑은 물결 속을 뛰어오르고,
아름다운 새가 높은 가지에서 울고 있네.
신묘한 회오리바람은 붉은 수레바퀴통을 떠밀고,
가벼운 수레는 바람을 따라 옮아가네.
바람에 휘날리듯 마음을 풀어놓으니,
천년이고 만년이고 언제나 이러하고 싶네.

주해 ① 讌(연)−연(醼)·연(燕)·연(宴)과 통하는 글자. 공연(公讌)은 '공가 (公家)의 연회' 또는 '공자(公子)의 연회'의 뜻. 이 시는 조식(曹植, 字 子 建)이 업궁(鄴宮, 河南省 彰德府)에서 형 조비(曹丕, 文帝)와 연음(讌飮) 할 때 지은 시이다. 조비와 조식은 조조(曹操)의 아들로 이들 3부자는 삼 조(三曹)라 칭하였고 건안문학(建安文學)의 중심인물들이었다. 《문선(文 選)》 권20과 《조자건집(曹子建集)》 권4에도 실려 있는데 그곳엔 '공연(公 宴)'이라 제(題)하고 있다.

② 公子(공자)−국군(國君)의 자(子), 여기서는 조비를 가리키며 이때 그는 오관중랑장(五官中郞將)이란 벼슬에 있었다. 그는 뒤에 문제(文帝)가 되 었으나 조조의 재세시(在世時)이기 때문에 공자(公子)라 한 것이다. ○愛 敬(애경)−《문선》엔 '경애(敬愛)'로 되어 있다.

③ 飛盖(비개)−수레 위에 걸친 견산(絹傘)이 수레가 달리면 날 것같이 보 인다. 여기서는 수레가 빨리 달리는 것을 형용한 말이다.

④ 澄(징)−맑은 것. ○淸影(청영)−맑은 그림자 또는 빛. 《문선》과 《조집(曹

集)》엔 '청경(淸景)'으로 되어 있다. 《설문(說文)》에 '경(景)은 광(光)의
뜻'이라 하였으니, '청경'을 '맑은 빛'으로 보아도 된다.

⑤ 列宿(열수)―하늘에 벌여 있는 성수(星宿)·성좌(星座)들을 가리킨다.
ㅇ參差(참치)―들쭉날쭉한 것. 여기서는 '여기저기 크고 작게 많은 별들이
반짝이고 있는 것.'

⑥ 秋蘭(추란)―가을 난초. ㅇ被(피)―덮다. ㅇ坂(판)―언덕. 산비탈.

⑦ 朱華(주화)―《문선》 이선(李善) 주(注)에 '부용(芙蓉)을 말한다' 하였으
니, '붉은 연꽃'. ㅇ冒(모)―덮혔다는 뜻.

⑧ 潛魚(잠어)―물속에 잠겨 있는 고기. 《문선》의 이주한(李周翰) 주(注)에
선 '잠어(潛魚)와 뒤의 호조(好鳥)는 자기에게 비유한 것이고, 청파(淸波)
와 고지(高枝)는 공자(公子)에 비긴 것이다. 곧 공자 곁에서 뛰고 놀음을
말한 것이다'고 하였다.

⑨ 飇(표)―회오리바람. 신표(神飇)는 신묘한 회오리바람. ㅇ丹轂(단곡)―붉
은 칠한 수레바퀴통. 곧 화려한 수레를 뜻한다. 접단곡(接丹轂)은 '단곡
(丹轂)에 접한다' 곧 '단곡을 떠밀고 가는 듯하다'는 뜻.

⑩ 輦(련)―수레. 가벼운 수레.

⑪ 飄颻(표요)―기분이 가볍게 들떠 바람에 날리듯 움직이는 것. ㅇ放志意
(방지의)―뜻을 멋대로 풀어놓는 것.

⑫ 千秋(천추)―천년. 언제까지나. ㅇ斯(사)―이것.

해설 이것은 위(魏)나라의 업도(鄴都) 서원(西園)에서 자기 형 조비(曹
丕)와 즐기던 연회 때의 모습을 노래한 것이다. 주인인 자기 형은 손들을
경애(敬愛)하였고 서원의 풍경은 말할 수도 없이 아름다웠다. 이때 조식
(曹植, 192~232)은 언제나 이처럼 즐겁고 아름다운 나날이 계속되기를
빌어 '천추장약사(千秋長若斯)'라 하였다. 그러나 얼마 못가 이들 형제는
사이가 벌어져 앞에 나왔던 〈칠보시(七步詩)〉 같은 작품까지 나오게 되
었다.

홀로 술마시며(①獨酌)

이백(李白)

天若不愛酒면, ②酒星不在天이오.
　(천약불애주　주성부재천)

地若不愛酒면, 地應無③酒泉이라.
　(지약불애주　지응무주천)

天地旣愛酒하니, 愛酒不④愧天이라.
　(천지기애주　애주불괴천)

已聞⑤淸比聖이오, 復道濁如賢이라.
　(이문청비성　부도탁여현)

⑥賢聖旣已飮하니, 何必求神仙고?
　(현성기이음　하필구신선)

三盃通⑦大道요, 一斗⑧合自然이라.
　(삼배통대도　일두합자연)

但得⑨醉中趣니, 勿爲⑩醒者傳하라.
　(단득취중취　물위성자전)

하늘이 만약 술을 좋아하지 않는다면,
술별이 하늘에 있지 않을 테고.
땅이 만약 술을 좋아하지 않는다면,
술샘이 땅에 없어야만 하리라.
하늘과 땅도 술을 좋아하니,
술 좋아하는 것은 하늘에 부끄러울 것 없네.
옛부터 맑은 술은 성인에 비겼고,

또 탁주는 어진 사람 같다고 일러왔네.

어진 것과 성인 같은 것을 이미 마셔 왔으니,

꼭 신선되기 바랄 게 무엇 있으리.

석 잔을 마시면 위대한 도에 통하고,

한 말을 마시면 자연과 합치되네.

다만 취중의 취미를 얻은 것이니,

술 안 먹는 자에겐 전할 것도 없는 거네.

주해 ① 獨酌(독작) — 이 시는 앞에 나온 〈달 아래 홀로 술마시며(月下獨酌)〉의 제2수이다. 시 가운데 달이 나오지 않아 그대로 '독작(獨酌)'이라 따로 제(題)한 듯하다.

② 酒星(주성) — 《진서(晉書)》 천문지(天文志)에 '헌원(軒轅 : 별 이름) 오른쪽 모퉁이 남쪽의 세 별을 주기(酒旗)라 한다. 주관(酒官)의 기(旗)로써 향연음식(饗宴飮食)을 주관한다. 오성주기(五星酒旗)를 지키면 천하대포(天下大酺)한다' 하였다.

③ 酒泉(주천) — 응소(應劭)의 《지리풍속기(地理風俗記)》에 '주천군(酒泉郡)은 그 물이 술과 같다. 그래서 주천(酒泉)이다 한다' 했다. 안사고(顔師古)의 《한서(漢書)》 주(注)에도 '구전(舊傳)에 성(城) 밑에 금천(金泉)이 있는데 맛이 술과 같다' 했다. 주천(酒泉)은 군명(郡名)으로 지금의 감숙성(甘肅省) 주천현(酒泉縣)이다.

④ 愧(괴) — 부끄러운 것.

⑤ 淸比聖(청비성) — 청주(淸酒)를 성인(聖人)에 비겼다. 《위지(魏志)》에 '서막(徐邈)은 자가 경산(景山), 위(魏)에 벼슬하여 상서랑(尙書郞)이 됨. 이 때 술을 금하였는데 막(邈)은 몰래 마시고 심취(沈醉)하였다. 조달(趙達)이 위법을 물으니 막은 성인(聖人)에 알맞는 것이라 했다. 달(達)이 이를 아뢰니 태조(太祖)는 화를 냈다. 선우포(鮮于酺)가 나아가 말하였다. "취객은 술이 맑은 것을 성인이라 하고 탁(濁)한 것을 야인(野人)이라 합니다. 막은 가끔 취하여 그렇게 말할 따름입니다." '라고 했다. 여기에서 취(取)하여 후세엔 청주를 성(聖), 탁주를 현(賢)이라 부르게 된 것이다.

⑥ 賢聖(현성)－탁주와 청주.

⑦ 大道(대도)－도가(道家)에서 말하는 우주의 본체가 되는 위대한 도(道).

⑧ 合自然(합자연)－인간의 모든 욕망이나 감정을 잊고 본연의 순박한 상태로 되돌아가는 것.

⑨ 醉中趣(취중취)－《이백시집(李白詩集)》엔 '주중취(酒中趣)'로 되어 있다.

⑩ 醒者(성자)－술이 취하여 있지 않은 사람. 술을 마시지 않는 사람.

[해설] 이백(李白)의 애주시(愛酒詩) 가운데의 하나이다. 술을 통하여 우주자연의 대도(大道)에 통할 수 있고, 술을 마심으로써 인간본연의 무욕순박(無欲純朴)한 상태로 되돌아갈 수 있다는 것이다. 이것은 위진대(魏晉代)의 죽림칠현(竹林七賢)이나 도연명(陶淵明)이 노장(老莊)의 허무적이면서도 낭만적인 우주관 또는 인생관을 근거로 술을 마셨던 것과도 통한다. 어지러운 세상에 정신차리고 앉아 있을 필요도 없다. 그렇다고 각고수련(刻苦修鍊)함을 통하여 진세(塵世)를 초월하는 선인(仙人)이 되려고 애쓸 필요도 없다. 그것은 술 속에서 간단히 선경(仙境)을 얻을 수 있기 때문인 것이다.

전원으로 돌아오다(①歸田園)

도연명(陶淵明)

種苗在東②皐하니, 苗生滿③阡陌이라.
　(종묘재동고　묘생만천맥)

雖有④荷鋤倦이나, 濁酒聊自適이라.
　(수유하서권　탁주요자적)

日暮⑤巾柴車하니, 路暗光已夕이라.
　(일모건시거　노암광이석)

⑥歸人望煙火하고, ⑦稚子候簷隙이라.
  (귀인망연화 치자후첨극)

問君亦⑧何爲오? ⑨百年會有役이라.
  (문군역하위 백년회유역)

但願⑩桑麻成하고, ⑪蠶月得紡績이라.
  (단원상마성 잠월득방적)

⑫素心正如此니, ⑬開逕望三益이라.
  (소심정여차 개경망삼익)

동쪽 언덕에 씨를 뿌리니,
싹이 나 밭둔덕에까지 가득 찼네.
호미 메고 다니기 진력나기도 하지만,
막걸리로 잠시 즐거움에 잠기네.
해가 져 나무 수레를 챙기면,
햇빛 이미 져 길이 어둡네.
돌아가는 사람이 저녁 연기 바라보노라면,
어린아이들은 처마 밑에서 기다려 주네.
그대에게 묻노니 그래 가지고 무얼 하려는 건가?
일평생이면 반드시 일이 있을 걸세.
다만 뽕나무와 삼대 잘 자라고,
누에치는 달엔 길쌈할 수 있기 바랄 뿐이네.
평소의 마음이 이와 같으니,
길을 닦고 좋은 벗은 안오는가 바라보네.

주해 ① 歸田園(귀전원)-《도정절집(陶靖節集)》권4에 실린 귀원전거(歸園
田居) 6수의 종편(終篇)이다. 《도정절집》에서 한자창(韓子蒼)은 '전원(田
園)의 6수에서 말편(末篇)은 곧 행역(行役)을 읊은 것이어서 앞 5수와 같
지 않다. 금래(今來) 속본(俗本)에서 강엄(江淹, 字는 文通)의 〈종묘재동

고시(種苗在東皐詩)〉를 취하여 말편이라 붙인 것이다. 동파(東坡)도 이를
따라 잘못 알고 화(和)하였다'고 평하고 있다. 이는 《문선(文選)》 권31 강
문통(江文通) 잡체(雜體) 30수 가운데 '도징군(陶徵君)의 전거(田居)' 시
인 것이다. 강엄은 양(梁)나라 시인으로 의고(擬古)를 잘하여 원작과 구
별하기 힘들만큼 교묘한 작품을 지었다.

② 皐(고)―언덕.

③ 阡陌(천맥)―밭 사이의 둔덕길. 《풍속통(風俗通)》에 '남북을 천(阡)이라
하고 동서를 맥(陌)이라 한다. 하동(河東)에선 동서를 천(阡)이라 하고 남
북을 맥(陌)이라 한다'고 하였다.

④ 荷(하)―메다. 등에 지다. ○鋤(서)―호미. ○倦(권)―싫증나는 것.

⑤ 巾(건)―수레에 짐을 싣고 포장으로 덮어 싸는 것. 《주례(周禮)》 춘관(春
官) '건거(巾車)'의 주(注)에 '건(巾)은 옷을 입히는 거와 같다'고 하였
다. ○柴車(시거)―땔나무를 실은 수레.

⑥ 歸人(귀인)―집으로 돌아오는 사람. 작자 본인.

⑦ 稚子(치자)―어린 자식들. ○候(후)―기다리다. ○簷(첨)―처마. ○隙
(극)―틈.

⑧ 何爲(하위)―'어째서 그렇게 노고를 하는가?'의 뜻.

⑨ 百年(백년)―사람의 평생을 가리킴. ○會(회)―'반드시 ……하리라'는 뜻.
○有役(유역)―부림을 당함이 있는 것. 할 일이 있는 것.

⑩ 桑麻成(상마성)―뽕이나 삼을 비롯한 작물이 잘 성장하는 것. 〈귀원전거
(歸園田居)〉의 제2수에서도 '서로 만나도 잡언(雜言)은 없고, 다만 상마
(桑麻)의 자람만을 얘기할 뿐'이라 읊었다.

⑪ 蠶(잠)―누에. 잠월(蠶月)은 누에를 치는 달. 《시경(詩經)》 빈풍(豳風) 칠
월(七月) 시에 '잠월엔 조상(條桑)이라' 하였다. 사조제(謝肇淛)의 서오지
승(西吳枝乘)에선 '오흥(吳興)에선 4월을 잠월이라 한다'고 하였다. ○紡
績(방적)―누에고치 실을 빼어 길쌈하는 것.

⑫ 素心(소심)―평소의 마음. 본시부터 지니던 마음.

⑬ 開逕望三益(개경망삼익)―《삼보결록(三輔決錄)》에 '장허(蔣詡)는 자가
원경(元卿)인데 사중(舍中)의 대나무 아래 삼경(三徑：세 길)을 열고 오

직 구중(求仲)·양중(羊仲)들과만 어울려 놀았다' 했다. 도잠(陶潛)의 〈귀거래사(歸去來辭)〉에도 '삼경(三徑)은 취황(就荒)이나 송국(松菊)은 유존(猶存)이라' 읊었다. 이를 근거로 후세 사람은 '삼경'을 은사(隱士)의 거처를 가리키는 말로 쓰게 되었다. '개경(開逕)'은 이 '삼경'〔逕은 徑과 통함〕을 열음을 뜻한다. '삼익(三益)'은 《논어(論語)》 계씨(季氏)편에 '익자(益者)에 삼우(三友)가 있고 손자(損者)에 삼우(三友)가 있다'고 한 말에 근거하여 '뜻이 맞는 좋은 벗' 곧 '고사(高士)'를 가리킨다.

[해설] 이 시는 분명히 도연명(陶淵明)의 것이 아니라 강엄(江淹, 444~505)의 것이다. 앞에서 인용한 것처럼 한자창(韓子蒼)은 '행역(行役)'을 노래한 것이라 하였는데 《도정절집(陶靖節集)》 권4에서 도주(陶澍)는 한자창의 의견에 찬성 못하겠노라고 주(注)하고 있다. 이들은 지나치게 시를 천착하기 때문에 올바른 시의(詩意)를 파악하지 못하는 것 같다.

이는 동쪽 언덕에 씨뿌리고 농사 지으며 노동의 괴로움을 막걸리로 잊는 농촌에 은거(隱居)한 사람의 심경을 읊은 것이다. 어두운 길에 나뭇짐을 싣고 돌아오면 집 문턱에서 반겨주는 아이들과 따뜻한 저녁밥도 그의 마음을 즐겁게 해준다. 남들은 농사일이 고되지 않느냐고 생각할지 모르지만 작물이 자라고 누에고치가 잘되는 것만을 바라며 속세의 공명(功名)이나 욕망을 잊는 것이 그의 본심이다. 그리고 농촌의 이 은거에는 때때로 뜻맞는 고사(高士)들의 내방이 있어 작자의 긍지를 지켜준다.

도연명의 의고 시에 화작함(①和陶淵明擬古)

소식(蘇軾)

有客②扣我門하여, ③繫馬門前柳라.
　(유객구아문　계마문전류)

庭空鳥④雀噪요, 門閉客立久라.
　(정공조작조　문폐객립구)

主人枕書臥하여, 夢我平生友라.
　(주인침서와　몽아평생우)

忽聞⑤剝啄聲하고, ⑥驚散一盃酒라.
　(홀문박탁성　경산일배주)

⑦倒裳起謝客하니, ⑧夢覺兩愧負라.
　(도상기사객　몽각양괴부)

⑨坐談雜今古하니, 不答⑩顔愈厚라.
　(좌담잡금고　부답안유후)

問我何處來오? 我來⑪無何有라.
　(문아하처래　아래무하유)

어떤 손이 우리집 문을 두드리고,

문앞 버드나무에 말을 매니,

빈 뜰에는 참새들만 지저귀고 있고,

문은 닫혀 있어 손은 오랫동안 서있다.

주인은 책을 베고 누워,

자기 평생의 벗을 꿈꾸다,

갑자기 문 두드리는 소리 듣고,

한 잔에 취한 술도 놀라 깨어 버린다.

바지를 거꾸로 입고 일어나 손에게 인사하니,

꿈에서나 깨어서나 우정을 멀리했음을 부끄러워한다.

앉아 하는 얘기엔 고금 일이 뒤섞이니,

대답을 못하여 얼굴은 더욱 뜨거워진다.

내가 어느 곳에서 왔는가 물으니,

나는 어딘지도 모를 곳에서 왔노라 대답했단다.

주해 ① 和陶淵明擬古(화도연명의고)－《도정절집(陶靖節集)》권4엔 〈의고(擬古)〉 시가 9수가 있는데 이것은 그 중의 제1수에 화(和)한 것이다. 이 시는 《동파시집(東坡詩集)》권31에 실려 있다.

② 扣(구)－두드리다.

③ 繫(계)－잡아매다.

④ 雀(작)－참새. ○噪(조)－많은 새들이 지저귀는 것.

⑤ 剝啄(박탁)－《한문(韓文)》권4 박탁행(剝啄行)에 '박박탁탁(剝剝啄啄), 어떤 손이 문에 왔다'고 했는데, 제주(題注)에 '박탁은 문을 두드리는 소리'라 하였다. 곧 '톡톡' 또는 '탁탁', 문을 두드리는 소리.

⑥ 驚散(경산)－놀라서 술기가 달아나는 것. ○一盃酒(일배주)－한 잔의 술을 마신 취기(醉氣)를 가리킨다.

⑦ 倒裳(도상)－치마나 바지를 거꾸로 입는 것. 곧 당황한 모양을 나타낸 것. ○謝客(사객)－손님에게 인사하는 것.

⑧ 夢覺(몽각)－꿈꿀 때와 깨었을 때. ○兩愧負(양괴부)－양(兩)은 몽각(夢覺)의 둘을 말하며 '꿈에서나 깨어서나 모두 우정을 저버렸던 것을 부끄러이 여긴다'는 뜻.

⑨ 坐談雜今古(좌담잡금고)－내객(來客)이 고금(古今)에 통달한 박학(博學)임을 나타내는 말임.

⑩ 顔愈厚(안유후)－얼굴이 더욱 두터워진다. 곧 얼굴이 더욱 뜨거워진다는 뜻.

⑪ 無何有(무하유)－《장자(莊子)》소요유(逍遙遊)편에 '지금 그대는 큰 나무가 있는데 그 쓸 곳 없음을 걱정하고 있다. 어찌 그것을 무하유(無何有)의 고을 광막한 들에 심고 그 옆에 하는 일 없이 왔다갔다 소요(逍遙)하다 그 밑에 누워 자지 않는가?'고 하였다. 따라서 '무하유'란 무하유지향(無何有之鄕), 아무것도 거리낌이나 할 일이 없는 허무·무위·자연의 고장을 말한다. 여기서 동파(東坡)가 '자기는 무하유에서 왔노라'고 말한 것은 의식이나 욕망을 떠난 고장에서 왔다는 뜻임.

해설 동파(東坡)가 화(和)한 연명(淵明)의 〈의고시(擬古詩)〉 9수 중의 제

1수는 다음과 같다.

싱싱하게 창 밑엔 난초가 자라 있고,
휘영청 집 앞엔 버드나무 늘어져 있는데,
옛날 그대와 이별할 적엔,
떠나가 오래 있지 않으리라 하였네.
집 나선 만리 타향의 나그네가,
도중에 좋은 벗을 만나,
말도 건네기 전에 마음이 먼저 취하여,
술잔은 주고받을 필요도 없을 정도 되었네.
그러나 난초 마르고 버드나무도 시드니,
마침내 떠날 적의 말은 어기고 말았네.
여러 젊은이들에게 고하나니,
교우를 충후히 하지 않아서야 되겠는가?
의기 때문에 사람들은 목숨도 바치는데,
멀리 떨어져 있은들 또 무슨 상관 있겠는가 ?
(榮榮窗下蘭이오, 密密堂前柳라.
初與君別時엔, 不謂行當久라.
出門萬里客이, 中道逢嘉友라.
未言心先醉하여, 不在接杯酒라.
蘭枯柳亦衰니, 遂令此言負라.
多謝諸少年하나니, 相知不忠厚라.
意氣傾人命이니, 離隔復何有리오?)

이 시는 친우와 오랫동안 떨어져 있음을 생각하며 오랫동안의 이별의
뜻을 노래한 것이다. 소동파도 이 시에 화하여 넘치는 고아(高雅)한 우정
을 노래하였다. 오랫동안 헤어진 뜻맞는 친구를 낮잠 속에서 만나고 있었
는데 정말로 그 친우가 찾아온 기쁨을 읊은 것이다. 우정 이외에도 작자
의 초탈한 생활관과 친구의 고매(高邁)한 사람됨이 잘 나타나 있다.

자식을 꾸짖음(①責子)

도연명(陶淵明)

白髮被兩②鬢하니, ③肌膚不復實이라.
  (백발피양빈   기부불부실)
雖有④五男兒나, 總不好紙筆이라.
  (수유오남아   총불호지필)
⑤阿舒已二八이나, ⑥懶惰故無匹이오.
  (아서이이팔   나타고무필)
阿宣⑦行志學이나, 而不愛⑧文術하고.
  (아선행지학   이불애문술)
雍端年十三이나, 不識六與七이오.
  (옹단년십삼   불식육여칠)
通子⑨垂九齡이나, 但⑩覓梨與栗이라.
  (통자수구령   단멱이여률)
天運⑪苟如此하니, 且進⑫盃中物하라.
  (천운구여차   차진배중물)

양편 귀밑머리가 백발로 화하니,
살갗도 이제는 팽팽치 않네.
비록 다섯 아들이 있기는 하나,
모두 종이나 붓은 좋아하지 않네.
서(舒)는 이미 열다섯살인데도,
게으르기 다시 짝이 없고,
선(宣)은 열다섯이 되어가는데,

공부하기를 좋아하지 않고,
옹(雍)과 단(端)은 함께 열세살인데,
여섯과 일곱도 분간 못하고,
통(通)이란 놈은 아홉살이 다 되었는데도,
배와 밤만 찾고 있네.
하늘의 운수가 진실로 이러하니,
또한 술잔이나 기울일 수밖에.

주해 ① 責子(책자)—자식들을 책하는 시. 《도정절집(陶靖節集)》 권3에 실려
있다.
② 鬢(빈)—머리. 귀밑머리.
③ 肌膚(기부)—살갗. 피부. ○不復實(불부실)—옛처럼 충실치 않다. 곧 주
름이 져서 옛처럼 팽팽하지 않다는 뜻.
④ 五男兒(오남아)—도연명에게는   엄(儼)·사(俟)·분(份)·일(佚)·동(佟)
의 다섯 아들이 있었는데 유명(幼名)을 서(舒)·선(宣)·옹(雍)·단(端)·
통(通)이라 각각 불렀다.
⑤ 阿(아)—친애를 나타내는 뜻으로 붙인 것. 이름 외에도 아모(阿母)·아형
(阿兄)과 같이도 쓴다. ○二八(이팔)—16세. '16(十六)'으로 된 판본도 있다.
⑥ 懶惰(나타)—게으른 것.
⑦ 行志學(행지학)—열다섯살이 되어간다. 《논어(論語)》 위정(爲政)편에 '나
는 열다섯살에 배움[學]에 뜻[志]을 두었다' 하였다. 이에서 인용 '지학
(志學)'을 열다섯살의 뜻으로 쓰게 된 것이다.
⑧ 文術(문술)—학술·학문·공부.
⑨ 垂(수)—'되어간다'는 뜻.
⑩ 覓(멱)—찾다. '염(念 : 생각한다)'으로 된 판본도 있다.
⑪ 苟(구)—진실로. 구차하다는 뜻으로 보아도 통한다.
⑫ 盃中物(배중물)—잔 속의 물건. 곧 술을 가리킨다.

해설 자기 자식의 못났음을 책하는 시이다. 천재적인 시인 연명(淵明)도

게으르고 우둔한 자기 자식은 어찌는 수가 없었던 모양이다. 사람이 늙으
면 의지할 곳이란 자식뿐인데, 자식들이 이처럼 못났으니 한심스럽기 짝
이 없다. 이것도 운수인 모양이라고 체념하며 연명은 술잔을 들어 덮쳐오
는 번민을 씻는다.

농가(①田家)

유종원(柳宗元)

古道②饒蒺藜하여, ③縈廻古城曲이라.
　　(고도요질려　영회고성곡)

④蓼花被隄岸하니, ⑤陂水寒更綠이라.
　　(요화피제안　파수한갱록)

是時收穫⑥竟하니, 落日多⑦樵牧이라.
　　(시시수확경　낙일다초목)

風高⑧楡柳疎하고, 霜重⑨梨棗熟이라.
　　(풍고유류소　상중이조숙)

⑩行人迷去徑이오, 野鳥競⑪棲宿이라.
　　(행인미거경　야조경서숙)

⑫田翁笑相念하니, 昏黑⑬愼原陸이라.
　　(전옹소상념　혼흑신원륙)

今年幸少豐하니, ⑭無惡饘與粥이라.
　　(금년행소풍　무오전여죽)

　　낡은 길섶엔 찔레덩굴이 우거져,
　　옛 성 모퉁이에 휘감겨 있네.

여뀌꽃은 방죽 위를 뒤덮었고,
연못 물은 차갑고도 푸르네.
이젠 수확도 다 끝나서,
해 저물자 나무꾼과 목동이 많네.
높직이 부는 바람은 성근 느릅나무와 버드나무를 흔들고,
짙은 서리에 배와 대추가 익네.
길 가는 사람은 갈 길을 분간 못하고,
들새는 다투어 잠자리로 깃드네.
늙은 농부는 웃으며 걱정을 해주는데,
어두움에 들길을 조심함이 좋으리라며,
올해는 다행히 얼마간 풍년이 든 셈이니,
범벅이든 죽이든 싫다 말고 들고 가라네.

주해 ① 田家(전가) — 농가의 뜻. 《당류선생집(唐柳先生集)》 권43의 〈전가시(田家詩)〉 3수 가운데의 제3수가 이 시이다.

② 饒(요) — 풍부한 것. 많은 것. ○蒺藜(질려) — 가시가 달린 만생(蔓生)의 식물로서 남가새.

③ 縈廻(영회) — 칭칭 감기어 있는 것. ○古城曲(고성곡) — 낡은 성벽의 모퉁이.

④ 蓼(료) — 여뀌. 풀이름. ○被(피) — 덮다. ○隄(제) — 방죽. 제(堤)와 같은 자. ○岸(안) — 물가의 언덕.

⑤ 陂水(파수) — 방죽 속의 물. 곧 저수지(貯水池)의 물. ○綠(록) — 《당류선생집》엔 '녹(淥 : 물 맑다)'으로 되어 있다.

⑥ 竟(경) — 다 끝나는 것.

⑦ 樵(초) — 여기서는 초부(樵夫). 곧 나무꾼. ○牧(목) — 목동(牧童).

⑧ 楡(유) — 느릅나무. ○疎(소) — 낙엽이 져 가지들이 성글게 보이는 것.

⑨ 梨(리) — 배. ○棗(조) — 대추. ○熟(숙) — 익다.

⑩ 行人(행인) — 길 가는 나그네. 작자 자신을 말한다. ○迷去徑(미거경) — 날이 어두워져 '갈 길을 분간 못하게 되는 것'. 《당류선생집》엔 '미거주(迷

去住)'로 되어 있는데 그편이 문맥은 더 잘 통한다.

⑪ 棲宿(서숙)―새가 저녁에 자려고 깃드는 것.

⑫ 田翁(전옹)―늙은 농부. ○相念(상념)―나그네가 갈 길과 머물 곳을 걱정해 주는 것.

⑬ 愼(신)―삼가다. ○原陸(원륙)―들길을 말한다.

⑭ 無惡(무오)―'싫어하지 말라' '나빠하지 말라'의 뜻. ○饘(전)―범벅. ○粥(죽)―죽.

(해설) 이 시는 작자 유종원(柳宗元, 773~819. 字는 子厚)이 나그네의 입장에서 농촌의 가을 풍경과 질박(質朴)한 농민의 인심을 노래한 것이다. 유종원을 한유(韓愈)와 함께 고문(古文)의 대가로 치지만, 시에 있어서는 도연명(陶淵明)의 유파에 속하는 청려한 자연시를 많이 썼다.

앞 여덟 구는 잡초가 우거진 옛 성 옆의 낡은 길과 연못을 배경으로 지는 해를 등지고 돌아오는 나무꾼과 목동(牧童)들이 있는 농촌 풍경을 묘사했다. 때는 가을이라 드높은 바람에 낙엽진 나뭇가지들이 앙상하고, 된서리에 푹 익은 배와 대추가 나무에 달려 있다.

나머지 여섯 구는 흐뭇한 농촌의 인정을 그린 것이다. 날이 어두워 나그네는 갈 길을 분간 못하게 되었는데, 늙은 농부는 날이 저물었으니 길 가기 어려울 것이다, 사양말고 우리와 죽이라도 한 그릇 나누며 하룻밤 쉬어 가라고 웃으며 권한다. 소박하고도 따뜻한 농부의 정이 읽는 이들 피부에도 느껴질 것이다.

권 3

오언고풍장편 五言古風長篇

오언고풍장편(五言古風長篇)

오언시(五言詩)에 대하여는 앞의 오언고풍단편(五言古風短篇)의 해설에서 이미 설명하였다. 앞의 1, 2권에는 단편(短篇)이 실린 데 비하여 이곳엔 장편(長篇)인 오언시가 실렸다는 것이다. 그러나 고시에 있어서 단편과 장편에 어떤 규정이 있는 것은 아니다. 앞에도 꽤 긴 시들이 이미 나왔다. 장단(長短)의 규정은 순전히 작자의 주관에 의한 것이다. 그러나 이들의 구수(句數)를 보면 앞의 단편들은 14구를 넘지 않았고, 장편들은 모두가 16구 이상의 시들이다. 뒤의 칠언시에선 24구 이하를 단편, 그 이상을 장편이라 하였는데, 어떤 근거가 있어 그렇게 정한 것은 아니다.

중서성에서 숙직하며(①直中書省)

사령운(②謝靈運)

③紫殿肅陰陰하고, ④彤庭赫弘敞이라.
　(자전숙음음　동정혁홍창)
風動⑤萬年枝요, 日⑥華承露掌이라.
　(풍동만년지　일화승로장)
⑦玲瓏結綺錢이오, ⑧深沈映朱網이라.
　(영롱결기전　심침영주망)
⑨紅藥當階翻이오, ⑩蒼苔依砌上이라.
　(홍약당계번　창태의체상)

茲⑪言翔鳳池하니, 鳴⑫珮多淸響이라.
　(자언상봉지　명패다청향)

⑬信美非吾室이니, 中園思⑭偃仰이라.
　(신미비오실　중원사언앙)

⑮朋情以鬱陶하고, 春物⑯方駘蕩이라.
　(붕정이울도　춘물방태탕)

⑰安得凌風翰하여, ⑱聊恣山泉賞고?
　(안득능풍한　요자산천상)

　궁전은 엄숙하고 으슥하며,
　궁전 뜰은 밝고도 넓게 트였네.
　바람은 감탕나무 가지를 움직이고,
　햇빛은 이슬 받는 신선 손바닥을 비추네.
　영롱하게 창에는 비단을 돈 모양으로 잘라 장식했고,
　아련히 붉은 망사 창이 비치고 있네.
　붉은 작약꽃이 섬돌 아래 펄럭이고,
　푸른 이끼는 돌층계따라 올라오고 있네.
　옛부터 봉황지라 부른 중서성(中書省)에 나도 날고 있으니,
　패옥이 울리는 맑은 소리 요란하네.
　정말 아름답지만 우리집은 아니어서,
　동산 가운데서 뒹굴뒹굴할 생각만 하네.
　벗 생각하는 정이 가슴 답답하게 하는데,
　봄의 풍물은 한창 화창하네.
　어찌하면 바람을 탈 나래를 얻어,
　잠시라도 멋대로 산천을 구경할 수 있을까?

주해　① 直(직)―숙직(宿直) 또는 일직(日直)의 뜻. ○中書省(중서성)―천자
　의 조칙(詔敕)이나 문서·기밀을 처리하는 관청으로 모든 중요한 나라의

정사는 대개 이곳에서 결정된다. 작자는 이 시를 쓸 때 중서랑(中書郎)이란 벼슬을 하고 있었다.

② 謝靈雲(사령운, 385~433)—《문선(文選)》 권30엔 제(齊)나라 사현휘(謝玄暉)의 작이라 하여 이 시를 싣고 있다. 현휘는 사조(謝朓)의 자(字)이며, 이 책에서 사령운이라 한 것은 잘못이다.

③ 紫殿(자전)—북극의 성좌에 자미궁(紫微宮)이 있는데 이에 견주어 천자가 거(居)하는 궁전을 흔히 자전(紫殿)이라 부른다. ○肅(숙)—엄숙한 것. ○陰陰(음음)—으슥하고 조용한 모양.

④ 彤庭(동정)—궁중의 뜰. 궁중엔 붉은 칠을 많이 하였으므로 그 뜰을 동정(彤庭)이라 한 것이다. 직접 궁정에 붉은 장식을 하였거나 흙을 붉게 만들었다고 보는 이도 있으나[《文選》 西都賦 李善 및 張銑의 注] 그곳에 있는 궁전 건물에 붉은 칠을 많이 했던 것으로 봄이 순리일 것이다. ○赫(혁)—밝게 빛나는 것. ○弘敞(홍창)—넓게 탁 트인 것.

⑤ 萬年枝(만년지)—만년목(萬年木)의 가지. 만년목은 억(檍)이라고 하며 ‘감탕나무’. 《문선》의 이선 주(注)에 의하면, 진궁(晉宮)엔 만년수 14주(株)가 있었다 한다.

⑥ 華(화)—빛나는 것. 화려한 것. ○承露掌(승로장)—《한서(漢書)》 교사지(郊祀志)에 ‘무제(武帝)는 백량(柏梁)·동주(銅柱)·승로(承露)·선인장(僊人掌) 같은 것을 만들었다’ 하였다. 안사고(顏師古)의 주(注)에 의하면 ‘건장궁(建章宮)의 승로반(承露盤)은 높이가 20장(丈), 둘레 10위(圍)를 동(銅)으로 이것을 만들고 그 위에 선인장이 있어 이슬을 받아 옥설(玉屑)과 섞어 마심으로써 신선이 되고자 하였다’ 했다. 한제(漢制)를 따라 그 뒤로 많은 황제들이 선인장을 만들었다. 승로장(承露掌)이란 바로 선인장이며 선인의 모습을 한 사람이 손바닥을 벌려 이슬을 받도록 만들어 놓은 물건.

⑦ 玲瓏(영롱)—빛이 여러 가지 색깔로 아름다운 것. ○綺錢(기전)—창을 장식하기 위하여 ‘비단을 돈 모양으로 잘라 이은 것’. 《문선》의 이선 주(注)에 ‘창에는 사면에 비단으로 만든 연전(連錢)이 있다’고 하였다.

⑧ 深沈(심침)—깊이 가라앉은 것처럼 아련히 보이는 것. ○朱網(주망)—붉

은 색깔의 망창(網窓).

⑨ 紅藥(홍약) — 빨간 작약(芍藥)꽃. 빨간 함박꽃. ○當階翻(당계번) — 섬돌 앞에서 펄럭이고 있다는 뜻.

⑩ 蒼苔(창태) — 푸른 이끼. ○砌(체) — 섬돌. 돌로 만든 계단.

⑪ 言(언) — ‘나’의 뜻. 조사(助詞)로 보고 ‘이곳 상봉지〔玆言翔鳳池〕에는’으로 풀이해도 된다. ○翔鳳池(상봉지) — ‘봉지(鳳池)에 난다’. ‘언(言)’을 조사로 볼 때엔 ‘봉(鳳)이 나는 못’, 곧 ‘봉황지’의 뜻으로 보아야 한다. 《진서(晉書)》 순욱전(荀勗傳)에 ‘욱(勗)은 오랫동안 중서(中書)에 있었는데 무제(武帝)는 그를 상서령(尙書令)에 임명하였다. 어떤 이가 이를 축하하니 욱은 나는 봉황지를 빼앗겼는데, 그대들은 어째서 축하하는가?고 말하였다’는 기록이 있다. 이에서 중서성(中書省)을 ‘봉황지’ 또는 ‘봉지’라 부르게 되었다.

⑫ 珮(패) — 고인(古人)이 허리에 차던 구슬.

⑬ 信美非吾室(신미비오실) — ‘정말 아름답지만 내 집은 아니다’. 《문선》 왕찬(王粲)의 〈등루부(登樓賦)〉에 ‘정말 아름답기는 하나 나의 땅은 아니다’라는 표현을 딴 것이다.

⑭ 偃仰(언앙) — 눕고 우러르고 하며 유유히 지내는 것.

⑮ 朋情(붕정) — 벗을 생각하는 정. ○鬱陶(울도) — 가슴이 답답해지는 것.

⑯ 方(방) — ‘방금’ 또는 ‘한창’의 뜻. ○駘蕩(태탕) — ‘무르익은 것’ ‘한적하게 편히 펼쳐 있는 것’.

 安(안) — 어찌하면. ○凌風翰(능풍한) — 바람을 타는 나래. ‘능(凌)’은 ‘능(陵)’으로 된 판본도 있다.

⑱ 聊(료) — 잠시. 또. ○恣(자) — 멋대로 하는 것.

〔해설〕 사조(謝朓, 464~499)뿐만 아니라 남조(南朝)의 시인들은 시의 외형미(外形美)를 추구하여 화사(華奢)한 노래를 잘 지었다. 화미(華美)한 의상을 입히기에 알맞은 소재는 제경(帝京)을 중심으로 한 궁전의 주변에 가장 많았다. 아름다운 궁전 뜰, 거기에 서있는 감탕나무와 승로장(承露掌), 아름다운 궁전의 창들과 섬돌 등의 수식(修飾)에 인공(人工)의 아름

다움을 다해 표현되어 있다. 나라의 정사를 요리하는 중서성(中書省)에 있으면서도 그의 몸짓이나 마음은 한적하고 나른하기만 하다.

맨 끝 구의 '나래를 달고 날며 산천을 마음껏 구경하고 싶다'는 것도 분방한 정열에서보다도 안락에의 권태로움이 그렇게 만든 것인 듯하다. 그리고 궁정의 감탕나무와 승로장 같은 것은 직접 작자의 눈에 비친 풍경이 아니라 진(晉)나라와 한(漢)나라 궁정에 각각 있던 물건들을 빌어 아름다운 표현을 꾀한 데 불과한 것이다.

고시(①古詩)

작자 미상

②行行重行行하니, 與君③生別離라.
  (행행중행행   여군생별리)

相去萬餘里하여, 各在④天一涯라.
  (상거만여리   각재천일애)

道路⑤阻且長하니, 會面安可期오?
  (도로조차장   회면안가기)

⑥胡馬依北風이오, ⑦越鳥巢南枝라.
  (호마의북풍   월조소남지)

相去⑧日已遠하니, ⑨衣帶日已緩이라.
  (상거일이원   의대일이완)

⑩浮雲蔽白日하니, ⑪遊子不復返이라.
  (부운폐백일   유자불부반)

思君令人老하니, 歲月忽已晚이라.
  (사군영인로   세월홀이만)

⑫棄捐勿復道하고, ⑬努力加餐飯하라.
(기연물부도   노력가찬반)

가고가고 또 가도 끝없는 길,

임과 생이별하였네.

만여리 길 떠나가시니,

각기 하늘가에 있게 되었네.

가신 길은 험하고도 머니,

만날 날을 어이 기약하리?

오랑캐 말은 북풍에 몸을 맡기고,

남쪽에서 온 새는 남쪽 가지에 둥우리를 친다네.

떠나신 뒤 날로 멀어졌으니,

여위어 허리띠는 날로 느슨하여졌네.

뜬 구름 해를 가리우니,

가신 임은 다시 돌아오지 않으실 것만 같네.

임 생각은 사람을 늙게 하고,

세월만 어느덧 저물어 가네.

버림받음을 다시는 말하지 않으리,

힘써 식사 많이 드시고 몸조심하사이다.

주해 ① 古詩(고시)－《문선》 권29에 실려 있는 고시19수 가운데의 제1편.

② 行行重行行(행행중행행)－가고가고 또 가고 가는 것. 길 나선 남편이 계
속하여 길을 가고 있음을 뜻한다.

③ 生別離(생별리)－생이별(生離別). 살아있으면서 이별하는 것.

④ 天一涯(천일애)－하늘의 한쪽 가. 멀리 떨어져 있음을 형용한 말.

⑤ 阻(조)－막히는 것. 험한 것.

⑥ 胡馬(호마)－중국 북방 호지(胡地)에서 나는 말. ○依北風(의북풍)－북풍
에 몸을 의지한다. 북쪽에서 온 말이 북쪽을 그리워함을 나타낸 말.

⑦ 越(월) — 절강(浙江)·광동(廣東)·광서(廣西)에 걸친 중국의 남부지방. 따라서 월조(越鳥)는 남쪽에서 온 새. ○巢南枝(소남지) — 남쪽 가지에 둥우리를 친다. 금수(禽獸)들도 고향을 이처럼 그리워한다는 데 임이야 얼마나 고향을 그리고 있겠느냐는 뜻을 나타낸다.

⑧ 日已遠(일이원) — 날로 더욱 멀어진다.

⑨ 衣帶(의대) — 옷의 띠. ○日已緩(일이완) — 날로 더욱 느슨해지는 것. 몸이 여윔을 뜻한다.

⑩ 浮雲蔽白日(부운폐백일) — 뜬구름이 밝은 해를 가린다. 《문선》 이선(李善) 주(注)에선 '간신(奸臣)이 현명한 군주의 총명을 흐리게 함을 비유하는 것'이라 하였다. 그러나 가려지는 해를 보고 절망을 느낀 것이라고 단순하게 풀이함이 좋을 듯하다.

⑪ 遊子(유자) — 집 나간 '임'을 가리킴. ○復(부) — 《문선》에선 '고(顧)'로 되어 있는데 이선은 염(念)의 뜻이라 주(注)하고 있다.

⑫ 棄捐(기연) — 버리다. 작자 자신이 '버림받고 있는 것'.

⑬ 努力加餐飯(노력가찬반) — 식사를 많이 들기에 노력하라. 곧 몸조심하라는 뜻. 고악부(古樂府) 〈음마장성굴행(飮馬長城窟行)〉에는 '위에는 식사를 많이 들라고 있고, 아래에는 오래오래 그리겠다 하였네'란 구절이 있다. 어떤 이는 이 구를 앞의 '기연물부도(棄捐勿復道)'에 붙이어 자신에게 하는 말로 풀이하나, 역시 이는 임에게 당부하는 말로 보는 것이 순리일 것이다.

(해설) 이는 객지에 나가 돌아오지 않는 남편을 그리는 정을 노래한 것이다. 《옥대신영(玉臺新詠)》에선 이를 한(漢)나라 매승(枚乘, ?~기원전 141)의 작품이라 하고 또 '상거일이원(相去日已遠)'부터 나누어 2수로 다루고 있다. 고시 19수가 매승의 작이 아님은 앞에서도 이미 말했거니와 뜻은 전반과 후반에 차이가 있다 하더라도 《문선》이나 이곳에서처럼 한 수로 보는 것이 악부의 본래 형식에 가까울 것이다.

유협(劉勰)이 《문심조룡(文心雕龍)》에서 고시를 '오언의 관면(冠冕)'이라 했듯이 이들은 후세 문학에 많은 영향을 끼쳤고, 후세 작가들로 하여금 많은 의작(擬作)을 내게 하였다.

의고(①擬古)

도연명(陶淵明)

東方有一士하니, 被服常②不完이라.
　(동방유일사　피복상불완)
三③旬九遇食하고, 十年④著一冠이라.
　(삼순구우식　십년착일관)
⑤辛苦無此比나, 常有⑥好容顏이라.
　(신고무차비　상유호용안)
我欲觀其人하여, ⑦晨去越河關이라.
　(아욕관기인　신거월하관)
靑松夾路生이오, 白雲⑧宿簷端이라.
　(청송협로생　백운숙첨단)
知我故來意하고, 取琴爲我彈이라.
　(지아고래의　취금위아탄)
⑨上絃驚別鶴이오, 下絃⑩操孤鸞이라.
　(상현경별학　하현조고란)
願留就君住하여, 從今至⑪歲寒이라.
　(원류취군주　종금지세한)

동방에 한 선비가 있으니,
입은 옷은 언제나 남루하였다.
한 달에 아홉 끼니가 고작이고,

10년을 관 하나로 지내었다.
고생됨 이에 짝이 없으련만,
언제고 좋은 얼굴이더라.
내 그분을 보고자 하여,
아침에 강나루 건너갔었네.
푸른 소나무는 길을 끼고 우거졌고,
흰 구름은 처마끝에 걸려 있더라.
내 일부러 온 뜻을 알고,
금(琴)을 들어 날 위해 타누나.
윗줄에선 별학(別鶴)곡이 퉁겨나더니,
아랫줄에선 고란(孤鸞)곡을 타내네.
바라건대 여기 남아 그대와 함께,
지금부터 늙기까지 깨끗이 살고 싶네.

(주해) ① 擬古(의고)−《도정절집(陶靖節集)》권4에 있는 〈의고시(擬古詩)〉 9수
중의 제5수. 의고란 고시(古詩)를 모방했다는 뜻.
② 不完(불완)−온전치 못하다. 곧 찢어지고 해지고 하였다는 뜻.
③ 旬(순)−열흘. 삼순구식(三旬九食)은 30일에 아홉 끼니 먹는 것. 곧 사흘
에 한 끼니도 제대로 못먹는 것.
④ 著一冠(착일관)−한 개의 관만을 써왔다는 뜻.
⑤ 辛苦(신고)−매우 고생되는 것. 《도정절집》엔 '고(苦)'가 '근(勤)'으로 되
어 있다. ○無此比(무차비)−'이에 비길 것이 없다' '이에 더한 것이 없다'
는 뜻.
⑥ 好容顔(호용안)−좋은 얼굴. 기분 좋은 얼굴.
⑦ 晨(신)−아침. ○河關(하관)−황하(黃河)의 관소(關所). 관소는 나루터에
있었을 것이니 '월하관(越河關)'은 황하 나루를 건너갔다는 뜻. 하(河)는
본시 '황하(黃河)'의 뜻이나 '큰 강'으로 보아도 좋다.
⑧ 宿簷端(숙첨단)−처마끝에 머물러 있다. 산속의 아침이라 구름이 나직이

떠있는 것이다.

⑨ 上絃(상현)—윗줄. 고음(高音)을 내는 줄. ○驚別鶴(경별학)—별학(別鶴)은 금곡(琴曲)의 이름. 《고금주(古今注)》음악 제3에 의하면 별학조(別鶴操)는 상릉(商陵)의 목자(牧子)가 만든 것이라 한다. 경(驚)은 놀란 듯 음이 갑자기 퉁겨져 나옴을 말한다.

⑩ 操(조)—금(琴)을 연주하는 것. ○孤鸞(고란)—금곡(琴曲)의 이름.

⑪ 歲寒(세한)—본시는 한 해가 다 감을 뜻하나, 여기에서는 자기가 늙음에 비유한 것이다.

[해설] 동방(東方)에 남루한 옷을 입고 사흘에 한 끼니도 못먹는 사람이 있는데 그의 얼굴을 보면 언제나 유쾌하고 밝단다. 그래서 도연명은 송림(松林) 사잇길로 그 사람을 찾아갔다. 그 사람은 연명을 손으로 맞아 금(琴)을 타주었을 뿐인데 연명은 평생을 그의 곁에서 살고 싶다고 말한다.

소동파(蘇東坡)는 이 시에 나오는 '동방(東方)의 한 선비'란 바로 작자 자신의 화신(化身)이라 보았는데〔題跋〕동감이다. 동방의 일사(一士)를 빌어 초속(超俗)한 인간의 본연을 되찾으려는 것이 이 시의 본지(本旨)인 것이다.

산해경을 읽으며(①讀山海經)

도연명(陶淵明)

孟夏草木長하니, **②繞屋樹扶疎**라.
　(맹하초목장　요옥수부소)

衆鳥③欣有托이오, **吾亦愛吾廬**라.
　(중조흔유탁　오역애오려)

旣耕亦已種하니, ④時還讀我書라.
　(기경역이종　시환독아서)

⑤窮巷隔深轍이니, ⑥頗回故人車라.
　(궁항격심철　파회고인거)

⑦欣然酌春酒하니, ⑧摘我園中蔬라.
　(흔연작춘주　적아원중소)

微雨從東來하니, 好風⑨與之俱라.
　(미우종동래　호풍여지구)

⑩汎覽周王傳하고, ⑪流觀山海圖라.
　(범람주왕전　유관산해도)

⑫俛仰終宇宙하니, 不樂復何如오?
　(면앙종우주　불락부하여)

첫여름 초목이 자라나니,
집을 둘러싸고 나뭇가지 우거졌다.
뭇새들은 깃들 곳 있음을 기꺼워하고,
나도 또한 내 움막을 사랑하노니.
밭 갈고 또 씨뿌린 뒤에는,
때때로 또 나의 책을 읽는다.
호젓한 골목은 깊은 수레자국 난 한길과 떨어져 있으니,
자못 옛 친구의 수레도 되돌려보내곤 한다.
흔연히 봄술을 따라 마시며,
남새밭의 나물을 뜯어 안주로 한다.
보슬비가 동녘으로부터 뿌려오니,
상쾌한 바람이 함께 불어온다.
주나라 《목천자전(穆天子傳)》을 두루 훑어보고,
《산해경》의 그림을 모두 구경한다.

머리 숙였다 드는 동안에 우주를 다 구경하니,
즐겁지 않고 또 어이하리!

주해   ① 讀山海經(독산해경)─《산해경(山海經)》을 읽는다.《산해경》은 한
(漢)나라 유흠(劉歆)이 교정한 해내외(海內外) 먼 지방의 진귀한 산천풍
물에 관한 일을 적어놓은 책이다. 왕충(王充)의《논형(論衡)》이나《오월
춘추(吳越春秋)》에선 하(夏)나라 우왕(禹王)이 홍수를 다스리고 해내를
주유하여 견문한 것을 백익(伯益)이 기록한 것이라 하였다. 뒤에 진(晉)나
라 곽박(郭璞)은 그 주(注)와 도찬(圖讚)을 만들었다. 이 시는《문선》권
30,《도연명집(陶淵明集)》권4에 실린 13수 중의 제1수이다. 그 내용은《산
해경》과《목천자전(穆天子傳)》을 읽으며 그때의 감흥을 읊은 것이다.

② 繞(요)─둘리다. ○扶疎(부소)─분포의 뜻. 나뭇가지가 무성하게 퍼짐을
뜻한다.

③ 欣(흔)─기쁜 것. ○有托(유탁)─의탁할 곳이 있는 것. 곧 깃들 곳이 있
는 것.

④ 時(시)─때때로. ○還(환)─'또', '돌아와서'라 해석할 수도 있다.

⑤ 窮巷(궁항)─호젓한 한 구석의 골목. ○隔(격)─멀리 떨어진 것. ○深轍
(심철)─깊은 수레바퀴 자국. 한길엔 수레가 많이 다니어 바퀴 자국이 깊
숙이 나있으므로 '한길'을 뜻한다.

⑥ 頗回故人車(파회고인거)─옛 친구의 수레도 방문을 사절하여 꽤 많이 돌
려보냈다는 뜻.

⑦ 欣然(흔연)─기쁜 모양.《문선》엔 '환언(歡言)',《도연명집》엔 '환연(歡然)'
으로 된 판본이 많다. '언(言)'은 '연(然)'과 비슷한 조사(助詞).

⑧ 摘(적)─뜯다. 따다. '적(擿)'으로 된 판본도 있다. ○蔬(소)─채소. 남새.
안주로 하기 위해 나물을 뜯는 것임.

⑨ 與之俱(여지구)─'그것과 더불어 함께한다'. 곧 호풍(好風)이 미우(微雨)
를 따라 불어온다는 뜻.

⑩ 汎覽(범람)─'널리 보다' '두루 보다'.《문선》엔 '범람(泛覽)'으로 되어 있
으나 같은 뜻. ○周王傳(주왕전)─《목천자전》.《목왕유행기(穆王遊行記)》

라고도 한다. 6권으로 되었으며 진(晉)나라 태강(太康) 2년(281)에 하남성(河南省) 급현(汲縣) 사람이 위(魏)나라 양왕(襄王)의 묘(墓)를 도굴하다 발견했다. 그 내용은 주(周)나라 목왕(穆王)이 서유(西遊)한 얘기로 《산해경》보다는 사실에 가깝다. 진(晉)나라 곽박(郭璞)의 주(注)가 유명하다.

⑪ 流觀(유관)—두루 보는 것.　○山海圖(산해도)—《산해경》의 도회(圖繪). 곽박이 만들었다 한다.

⑫ 俛(면)—몸을 굽히는 것. 부(俯)로 된 판본도 있다. ○俛仰(면앙)—고개를 굽혔다 쳐드는 짧은 동안을 말한다. ○終宇宙(종우주)—우주를 전부 구경한다는 뜻.

(해설)　이 시는 한적한 농촌에서 농사를 짓고 틈틈이 책을 읽는 즐거움을 읊은 것이다. 자연 만물이 무럭무럭 자라나는 초여름, 춘주(春酒)에 손수 농사지은 나물을 안주로 자적(自適)하는 여유있는 생활이 읽는 이의 마음을 흐뭇하게 할 것이다. 그리고 향긋한 바람이 보슬비를 몰아오는 날, 조용히 방안에 앉아 전설적인 지리지(地理志)인 《목천자전(穆天子傳)》과 《산해경(山海經)》을 읽으며, 불가사의의 신비로운 땅을 좇아 공상을 달려본다. 먼지 하나 없이 맑은 자연의 즐거움을 눈앞에 보는 듯하다.

이백을 꿈에 보고(①夢李白)　첫째 시

두보(杜甫)

死別已②呑聲이오, 生別常③惻惻이라.
　(사별이탄성　생별상측측)

江南④瘴癘地에, ⑤逐客無消息이라.
　(강남장려지　축객무소식)

⑥故人入我夢하니, 明我⑦長相憶이라.
　(고인입아몽　명아장상억)

恐非⑧平生魂이니, ⑨路遠不可測이라.
　(공비평생혼　노원불가측)

⑩魂來楓林靑이오, 魂返⑪關塞黑이라.
　(혼래풍림청　혼반관새흑)

今君⑫在羅網하니, 何以有羽翼고?
　(금군재라망　하이유우익)

落月⑬滿屋梁하니, 猶疑⑭見顏色이라.
　(낙월만옥량　유의견안색)

水深波浪濶하니, ⑮無使蛟龍得하라.
　(수심파랑활　무사교룡득)

죽어 이별은 소리조차 나오질 않고,
살아 이별은 언제나 슬프기만 하다.
강남은 열병이 많은 곳이라는데,
귀양간 그대는 소식도 없구나.
그대가 내 꿈에 보이니,
우리가 오래 서로 생각하기 때문이리라.
평상시의 그대 혼이 아닌 것 같으나,
길이 멀어 어찌된 건지 헤아릴 수 없구나.
혼이 올 적엔 단풍나무숲이 푸르렀는데,
혼이 돌아갈 적엔 국경 관문이 꺼멓게 솟아 있었으리.
지금 그대는 그물에 걸려 있는 몸,
어이 나래가 있을 수 있으리?
지는 달이 지붕 마루턱을 환히 비추고 있으니,
그대의 밝은 얼굴빛을 보고 있는 게 아닌가 한다.

물은 깊고 물결은 널리 일고 있으니,
이무기나 용에게 잡혀 먹히지 말기를.

주해   ① 夢李白(몽이백)―《두소릉집(杜少陵集)》권7에 실려 있다. 꿈에 이백(李白)을 만나보고 쓴 시임.

② 呑聲(탄성)―소리를 삼키다. 슬픔에 소리를 삼키며 우는 것.

③ 惻(측)―슬픈 것. 《초사(楚辭)》구가(九歌)에도 '슬픔에 생이별(生離別)보다 더 서러운 것은 없다' 하였다.

④ 瘴癘(장려)―장기(瘴氣)로 말미암아 생기는 장강(長江) 남쪽의 풍토병(風土病). 열병(熱病)의 일종임. 이때〔乾元 元年(758)〕이백은 호남성(湖南省) 야랑(夜郎)에 귀양가 있었고, 두보(杜甫)는 섬서성(陝西省) 진주(秦州)에 있었다. 강남(江南)은 이백이 귀양가 있던 고장을 막연히 가리키는 말이다.

⑤ 逐客(축객)―쫓겨난 손. 곧 '귀양간 손'. 이백을 가리킨다. '원객(遠客)'이라 된 판본도 있으며, 이때 이백은 영왕(永王) 인(璘)의 반란에 연루되어 귀양가 있었다.

⑥ 故人(고인)―옛사람. 옛 친구. 이백을 가리킨다.

⑦ 長相憶(장상억)―오래 두고 서로 생각하는 것. 장(長)이 '상(常)'으로 된 판본도 있다. 억(憶)은 '그리워하는 것'으로 보아도 좋다.

⑧ 平生魂(평생혼)―평소 때의 혼.

⑨ 路遠不可測(노원불가측)―무슨 일이 있는 것만 같은데 '길이 멀어 헤아릴 수가 없다'.

⑩ 魂來楓林靑(혼래풍림청)―혼이 올 적에는 단풍나무숲이 푸르렀을 것이라는 상상을 노래한 것이다. 《초사(楚辭)》초혼(招魂)에서 '깊고 푸른 강물 위에는 단풍나무가 있고, 저 멀리 바라보니 봄 마음 슬퍼진다. 혼(魂)이여 돌아오라, 강남은 슬프다'고 노래한 데서 따온 표현이다.

⑪ 關塞(관새)―변새(邊塞)의 관문.

⑫ 在羅網(재라망)―그물에 있다. 곧 법망(法網)에 걸려 있다는 뜻.

⑬ 滿屋梁(만옥량)―지붕 대마루에 달빛이 가득히 비추고 있다는 뜻.

⑭ 見顔色(견안색)—이백의 '안색을 보는 듯하다'. 밝은 달을 바라보며 멋진 이백의 풍채를 생각하는 것이다.

⑮ 無使蛟龍得(무사교룡득)—교룡(蛟龍)은 용의 종류로 '이무기'. '이무기에게 잡히지 않도록 하라'는 것은 '악인(惡人)들에게 해침을 당하지 않도록 하라'는 뜻. 따라서 앞의 '수심파랑활(水深波浪濶)'은 세상이 험난함을 비유한 것이다.

(해설) 두보(杜甫)와 이백(李白)은 중국시를 대표하며, '시성(詩聖)'과 '시선(詩仙)'으로 각각 불리우는 쌍벽(雙璧)이다. 이백은 두보보다 약 10년 연장이며, 직접 오랫동안 교우(交友)한 사이는 아니었지만 서로가 시인이기 때문이었는지 상당한 우정을 느끼고 있었던 듯하다. 두보는 이백이 멀리 야랑(夜郎)으로 귀양갔다는 말만 듣고 그의 신상을 퍽 걱정하고 있었다.

그러던 중 어느 날 밤 이백을 꿈에 만났다. 꿈속에 본 이백의 모습은 두보로 하여금 무언가 큰일이 일어난 듯한 인상을 주었다. 그래서 두보는 더욱 근심이 되이 몸 다치지 않고 돌아오게 되기를 더욱 간절히 비는 것이다.

이백을 꿈에 보고(夢李白) 둘째 시

두보(杜甫)

①浮雲終日行이나, 遊子久不至라.
　　(부운종일행　유자구부지)

三夜②頻夢君하니, ③情親見君意라.
　　(삼야빈몽군　정친견군의)

④告歸常局促이오, ⑤苦道來不易라.
　　(고귀상국촉　고도내불이)

江湖多風波하니, 舟⑥楫恐失墜라.
　(강호다풍파　주집공실추)

出門⑦搔白首하니, ⑧若負平生志라.
　(출문소백수　약부평생지)

⑨冠盖滿京華어늘, 斯人獨⑩顇顇라.
　(관개만경화　사인독췌초)

⑪孰云網恢恢오? 將老身反⑫累라.
　(숙운망회회　장로신반루)

千秋萬歲名이라도, ⑬寂寞身後事라.
　(천추만세명　적막신후사)

뜬구름 종일토록 떠다니나,

길 나간 사람은 오래도록 돌아오지 않네.

사흘 밤을 자주 그대 꿈 꾸니,

우정의 지극함으로 그대의 뜻을 드러내는 것이리라.

돌아갈 때면 언제나 풀이 죽어,

다시 오기 어려우리라 괴로이 말하며,

강호엔 풍파가 많으니,

배의 노를 떨어뜨릴까 두렵다 하였네.

문을 나서며 흰 머리를 긁는 품이,

평생의 뜻을 저버린 것 같았네.

서울엔 호화롭게 사는 이들 가득하거늘,

이 사람만이 홀로 초췌하네.

하늘의 뜻은 빈틈없다 누가 말했던가?

늘그막에 몸은 도리어 법에 걸렸으니,

천년 만년 이름을 남긴대도,

죽은 뒤의 일은 적막하기만 하리라.

주해 ① 浮雲(부운)—이 구절은 앞에 나온 고시19수의 제1수 '정운(淨雲)은 백일(白日)을 가리고, 유자(遊子)는 되돌아오지 않는다'는 표현을 빈 것이다.

② 頻(빈)—자주.

③ 情親見君意(정친견군의)—꿈에서도 '정이 친밀함을 느끼며 그대의 뜻이 어떠한가 알 수 있다'는 뜻.

④ 告歸(고귀)—꿈에 이백이 돌아가려고 인사를 하는 것. ○局促(국촉)—두려워 몸을 움츠리는 모양.

⑤ 苦道(고도)—괴로운 듯이 말하다. 또 괴롭게 거듭 말하다.

⑥ 楫(집)—배의 노, 돛대.

⑦ 搔(소)—긁다. ○白首(백수)—흰 머리.

⑧ 若負平生志(약부평생지)—평생의 뜻을 배반한 듯이 보였다. 곧 실의(失意)한 것처럼 보였다는 뜻.

⑨ 冠盖(관개)—머리에 쓰는 관과 수레 위의 비단 포장. 모두 고관귀족의 화려한 생활을 나타내는 것임.

⑩ 頛顦(췌초)—'초췌(顦頛)'로 된 판본도 있으며 '초췌(憔悴)'와 같은 말. '근심으로 몰골이 파리해진 것'.

⑪ 孰(숙)—누구. ○網恢恢(망회회)—《노자(老子)》 73장에 '하늘의 망(網)은 회회(恢恢)하여 성근 듯하지만 놓치는 게 없다' 하였다. '회회'는 넓은 모양. 망회회는 하늘의 뜻에 빈틈이 없음을 말하며, 이 구절은 하늘을 원망하는 말임.

⑫ 累(루)—환난을 당하는 것.

⑬ 寂寞(적막)—쓸쓸한 것. ○身後事(신후사)—몸이 죽은 뒤의 일.

해설 앞편에서 이백(李白)의 신상을 걱정한 데 이어 이곳에서는 요며칠 자주 꿈에 본 광경을 눈앞에 보듯 서술하고 있다. 이백이 돌아갈 때에 남기는 불안한 모습과 언동이 더욱 두보의 마음을 애타게 한다. 장안(長安)에는 잘사는 사람들도 많건만 어째서 천재적인 시인 이백만이 초췌한 모습을 하고 있는가? 설령 이백이 죽은 뒤 천년까지 그의 이름을 남길지는 모르지만 현실은 너무나 억울하다는 것이다. 이백에의 동정 속에는 자기 자신의 불평도 섞여 있는 것으로 보아야 할 것이다.

동파에게 드림(①贈東坡) 첫째 시

황정견(黃庭堅)

②江梅有佳實하니, 託根③桃李場이라.
(강매유가실   탁근도리장)

④桃李終不言이나, ⑤朝露借恩光이라.
(도리종불언   조로차은광)

⑥孤芳忌皎潔이나, ⑦冰雪空自香이라.
(고방기교결   빙설공자향)

古來⑧和鼎實하니, 此物⑨升廟廊이라.
(고래화정실   차물승묘랑)

歲月⑩坐成晩하니, ⑪煙雨靑已黃이라.
(세월좌성만   연우청이황)

得升桃李盤하여, ⑫以遠初見嘗이라.
(득승도리반   이원초견상)

終然⑬不可口하니, ⑭擲置官道傍이라.
(종연불가구   척치관도방)

⑮但使本根在면, 棄捐⑯果何傷고?
(단사본근재   기연과하상)

강가 매화나무에 좋은 열매 여는데,
뿌리는 복숭아나무와 오얏나무 밭에 뻗고 있네.
복숭아와 오얏은 끝내 말도 안하나,

아침 이슬은 은총의 빛을 빌어 주네.

외로이 향기로운 매화는 희고 깨끗함을 시기당하나,

얼음과 눈 속에서 공연히 스스로 향기를 뿜네.

옛부터 솥 안의 음식맛을 내는 데 쓰여,

이 물건은 묘당에 올라갔었네.

세월은 어느덧 저물어가니,

안개와 빗속에 파랗던 매실이 누래져,

복숭아와 오얏 쟁반에 담기게 되어,

먼 데서 왔다고 처음으로 맛보게 되었는데,

마침내는 먹을 수가 없다고,

관청 길가에 버려지게 되었네.

다만 뿌리만 그대로 있다면,

버려진다 하더라도 결국 무얼 슬퍼할 것인가?

주해   ① 贈東坡(증동파)―작자 황정견(黃庭堅, 호는 山谷)이 그의 스승 소식
(蘇軾)에게 보낸 시.《산곡집(山谷集)》권1에 실려 있다.

② 江梅(강매)―냇가에 자란 야생의 매화나무. 스승 동파(東坡)를 이 강매
(江梅)에 비겨 읊었다.

③ 桃李場(도리장)―복숭아와 오얏이 심어진 밭. 장(場)은 장포(場圃)의 뜻.
도리(桃李)는 일반 대신들, 도리장(桃李場)은 그들이 활약하는 정계에 비
긴 것이다.

④ 桃李終不言(도리종불언)―'도리(桃李)가 끝내 말하지 않는다'는 것은 다
른 대신들이 그를 질투함을 말한다.

⑤ 朝露(조로)―아침 이슬. 임금의 은총에 비긴 것이다. ○借恩光(차은광)―
은혜의 빛을 빌어준다.

⑥ 孤芳(고방)―외로이 향기를 내뿜는 매화를 가리킴. ○忌(기)―시기를 받
는다는 뜻. ○皎潔(교결)―희고 깨끗한 것. 밝고 깨끗한 것.

⑦ 冰雪(빙설)―얼음과 눈이 있는 늦은 겨울철을 가리킴. ○空(공)―공연히.

보는 이도 없는데.

⑧ 和鼎實(화정실)−매실의 신맛은 소금과 함께 옛부터 '솥 안의 음식맛을 조화시키는 데' 썼다. 그리고 이 매실과 소금은 왕정(王政)을 조화시키는 재상(宰相)에 흔히 비겨졌다.

⑨ 升廟廊(승묘랑)−'묘당(廟堂)의 낭(廊)에 오른다'. 묘(廟)는 왕궁의 전전(前殿)으로 묘랑은 조정을 가리킴. 승묘랑은 따라서 조정의 일에 참석함을 뜻한다.

⑩ 坐(좌)−어느덧.

⑪ 煙雨(연우)−안개와 비.

⑫ 以遠(이원)−멀리서 가져왔다 해서. ○嘗(상)−맛보다.

⑬ 不可口(불가구)−입에 맞지 않는다. 먹을 수 없다. 맛이 없다.

⑭ 擲(척)−버리다. 내던지다. 이 구절은 동파가 관도(官途)에서 버림받았음을 뜻한다.

⑮ 但使本根在(단사본근재)−'단 동파의 덕성(德性)과 지조만을 지니고 있다면'의 뜻을 나타낸다.

⑯ 果(과)−과연. 결과적으로. ○何傷(하상)−무엇을 슬퍼하겠는가?

(해설) 이 시는 동파(東坡)를 매(梅)에 비유하여 읊은 것이다. 강가에 좋은 열매가 달린 매화나무가 도리(桃李)가 자라는 밭에 뿌리를 뻗고 있다는 것은, 훌륭한 인격에 학식을 지닌 동파가 속인들이 모이는 정계에 참여하였음을 말하는 것이다. 도리(桃李)는 끝내 말을 안하나 아침 이슬은 은광(恩光)을 빌어 주었다는 것은, 정계의 왕안석(王安石) 같은 인물들은 그를 시기하여 말도 않지만 임금은 동파에게도 똑같이 높은 벼슬을 주었음을 뜻한다.

그런데 매화는 그의 교결(皎潔)함을 시기받으면서도 의연히 추운 겨울에 꽃피어 향기를 뿜고 있다는 것은, 동파의 고매(高邁)한 인격과 결백한 성품은 남들의 질투를 받으면서도 여전히 초속(超俗)한 몸가짐으로 덕성을 발휘하고 있다는 것이다. 옛부터 매실(梅實)은 소금과 함께 음식맛을 조화시키는 데 써서 왕정(王政)을 조화시키는 재상(宰相)에 비유되어 왔는데, 그처럼 동파도 한때는 재상의 자리에까지 올랐었다.

그런데 세월이 흘러 푸른 매실이 누렇게 익자 도리(桃李) 같은 속과
(俗果)와 함께 주인에게 바쳐졌다는 것은, 동파가 만년에는 왕안석의 신
파(新派) 인물들과 함께 국정을 다투게 되었음을 뜻한다. 마침내는 주인
이 먹어보고 매실은 맛이 없다고 관도(官道) 옆에 버려졌다는 것은, 동파
가 신파에게 밀려나 귀양갔음을 뜻한다.

그러나 뿌리만 그대로 있다면 매실쯤 버림을 받았대도 슬퍼할 건 없다
는 것은, 인격과 덕성만 그대로 지니고 있다면 관계(官界)에서 일시 밀려
났다고 슬퍼할 건 없다는 뜻이다. 동파의 높고 바른 인격과 덕성을 따르
는 제자와 후배들은 결국은 동파의 뜻을 이루어 줄 것이기 때문이다.

동파에게 드림(贈東坡)   둘째 시

황정견(黃庭堅)

①青松出澗壑하니, 十里聞風聲이라.
  (청송출간학   십리문풍성)

上有百尺②絲요, 下有千歲③苓이라.
  (상유백척사   하유천세령)

④自性得久要하고, 爲人⑤制頹齡이라.
  (자성득구요   위인제퇴령)

⑥小草有遠志하니, ⑦相依在平生이라.
  (소초유원지   상의재평생)

⑧醫和不並世하니, ⑨深根且固蔕라.
  (의화불병세   심근차고체)

⑩人言可醫國이니, 何用⑪大早計오?
  (인언가의국   하용대조계)

⑫小大材則殊나, ⑬氣味固相似라.
(소대재즉수   기미고상사)

푸른 소나무가 시냇물 흐르는 골짜기에 자라나니,

10리에서도 소나무에 부는 바람소리가 들리네.

소나무 위에는 백 자 길이의 새삼이 감겨 있고,

소나무 아래엔 천년 묵은 풍냉이가 자라 있네.

풍냉이는 본성이 오래 견딜 수 있고,

사람들의 늙음을 막는 약으로 쓰인다네.

작은 풀에도 원지(遠志)란 풀이 있으니,

몸을 의탁하고 평생을 살아가려네.

의화 같은 명의(名醫)가 이 세상에 없다면

뿌리를 깊이 박고 또 꼭지를 단단히 하고 때를 기다리자.

사람들이 말하기를 나라의 병도 고칠 수 있다 하였거늘,

어찌 크게 서두를 필요가 있으랴?

작고 크고 재능에 있어서는 다르다 하지만,

성질은 본시부터 모두 비슷하네.

주해 ① 靑松(청송)—소동파(蘇東坡)에 비긴 것이다. ○澗(간)—산간수. 계곡
의 물. ○壑(학)—골짜기. 간학(澗壑)은 시냇물이 흐르는 산골짜기.
② 絲(사)—토사(兎絲) 또는 토사(菟絲)라고도 하며, 나무에 감기어 기생(寄
生)하는 '새삼'. 이는 황정견(黃庭堅)이 자신에 견준 것이다.
③ 苓(령)—복령(茯苓). 소나무 뿌리에 생기는 일종의 균(菌).《회남자(淮南
子)》설산훈(說山訓)에 '천년 묵은 소나무 아래에는 복령(茯苓)이 있고
위에는 토사(菟絲)가 있다'고 하였다. 소나무 진이 천년 묵어 이루어지는
것이라 한다. 소동파의 문하(門下)에는 소위 '소문사학사(蘇門四學士)'가
있었는데, 황정견(黃庭堅)·진관(秦觀)·장뢰(張耒)·조보지(晁補之)의 네
사람을 말한다. 복령은 작자 황정견을 제외한 나머지 삼학사(三學士)에

비긴 것이다.

④ 自性(자성)－자기 본연의 성(性). 불교에선 제법(諸法)에 각각 불변불멸(不變不滅)의 성(性)이 있는데 이것을 ‘자성(自性)’이라 한다. ○久要(구요)－《논어(論語)》 헌문(憲問)편에 ‘구요(久要)엔 평생지언(平生之言)을 잊지 않는다’고 한 데서 따온 말. 여기서 ‘요(要)’는 ‘약(約)’ 곧 약속의 뜻이나, 이 시에서는 본성이 변치 않고 ‘오래 감’을 단순히 뜻한다.

⑤ 制頹齡(제퇴령)－늙어 퇴폐(頹廢)하여가는 나이를 억제한다. 곧 노쇠를 방지하는 데 복령이 약으로 쓰인다는 뜻. 도연명(陶淵明)의 구일한거시(九日閑居詩)에 ‘국(菊)은 퇴령(頹齡)을 억제한다’고 하였다.

⑥ 小草有遠志(소초유원지)－《세설신어보(世說新語補)》 권18 배조하(排調下)에 환온(桓溫)이 사안(謝安)에게 ‘원지(遠志)’는 또 ‘소초(小草)’라고도 부르는데 어째서 한 물건이 두 가지의 이름이 있느냐고 물었다. 학륭(郝隆)이 옆에 있다가, 들어앉아 있을 때는 원지라 부르고 나오면 소초라 부른다 대답하였다 한다. 《박물지(博物志)》 권4에 ‘원지의 싹을 소초라 하고 뿌리를 원지라 한다’ 했다. 원지는 《본초(本草)》에 의하면 지혜를 늘이고 의지를 강하게 하는 약초라 한다. 《세설(世說)》에선 학륭은 사안이 벼슬하기 전엔 큰 뜻을 품은 듯하더니 벼슬한 뒤로는 형편없이 행동함을 초명(草名)을 빌어 조소(嘲笑)한 것이다.

⑦ 相依在平生(상의재평생)－의지함을 평생 두고 한다. 곧 원지(遠志)를 품고 토사(菟絲)가 소나무에 의지하듯 자기는 동파를 평생 의지하겠다는 뜻.

⑧ 醫和(의화)－옛 진(晉)나라의 명의(名醫). 《국어(國語)》 진어(晉語)에 ‘평공(平公)이 병이 나서 의화(醫和)로 하여금 보게 하였다. 문자(文子)가 의술을 나랏일에 미치게 할 수가 있는가고 물으니 의화가 대답하기를, “상의(上醫)는 나라의 병을 고치고, 그 다음은 사람의 병을 고치는 것이니, 본시부터 의(醫)는 관(官)과 같은 것이다.”고 말하였다는 얘기가 있다. ○不並世(불병세)－세상에 나란히 하지 않았다. 의화(醫和)와 같은 때에 태어나지 못하여 자기[遠志]를 약으로 써주는 명의[爲政者]가 없다는 말임.

⑨ 深根且固蔕(심근차고체)－뿌리를 깊이 박고 또 꼭지나 굳건히 하겠다.

곧 덕(德)을 깊이 닦고 수신하여 몸이나 잘 보전하겠다는 뜻.

⑩ 人言可醫國(인언가의국)―사람들 말이 나라의 병도 고칠 수 있다고 하였다는 것은 앞 주해⑧의 의화의 말을 인용한 것임.

⑪ 大무計(대조계)―《장자(莊子)》 제물론(齊物論)에 '그대는 너무나 조계(무計)이다. 달걀을 보고는 새벽에 울기를 구하고, 탄궁(彈弓)을 보고는 솔개의 군 고기를 구한다'고 하였다. 따라서 대조계는 너무 일찍부터 서두르는 것.

⑫ 小大材則殊(소대재즉수)―'동파(東坡)와 자기는 재능의 크고작음에 있어서는 다르지만'의 뜻.

⑬ 氣味(기미)―냄새와 맛. 곧 생각이나 취향.

(해설) 여기서는 동파(東坡)를 고송(古松)에, 자기를 새삼에, 다른 문하생들을 풍냉이에 비유하고 있다. 진관(秦觀)·장뢰(張耒)·조보지(晁補之) 같은 소문(蘇門)의 학사들은 복령(茯苓)이 사람의 노령을 제지할 수 있듯이 사회에 그들의 재능을 발휘하여 유익한 일을 할 수 있다. 자기는 그런 재능은 없지만 풀에 '원지(遠志)'라는 약초가 있듯이 큰 뜻을 품고 평생을 소동파에게 의탁하려 하였다.

그러나 자기의 뜻을 알아줄 명의(名醫) 같은 위정자가 없어 자기는 버림받고 있으니 덕이나 닦으며 명철보신(明哲保身)하여야겠다. 옛날에 의화(醫和)는 상의(上醫)는 나라의 병을 고친다 했으니 미리 서두르고 날뛸 필요가 없다. 언젠가 기회는 올 것이다. 동파와 자기는 재능에 있어 대소의 큰 차이가 있기는 하지만 생각이나 취향에 있어서는 서로 비슷하다는 것이다.

황정견(黃庭堅)은 소위 강서시파(江西詩派)의 종주(宗主)라 할만한 인물이다. 그들의 시는 소동파의 풍격을 배운 것이지만 더욱 전고(典故)와 수식(修飾)을 많이 써서 이 시들처럼 읽기 어렵게 보이는 것이 강서시파의 특징이라 할 것이다.

효성스런 까마귀가 밤에 울다(①慈烏夜啼)

백거이(白居易)

慈烏失其母하고, ②啞啞吐哀音이라.
　　(자오실기모　아아토애음)

晝夜不飛去하고, 經年守③故林이라.
　　(주야불비거　경년수고림)

夜夜夜半啼하니, 聞者爲④沾襟이라.
　　(야야야반제　문자위첨금)

聲中如告訴하여, 未盡⑤反哺心이라.
　　(성중여고소　미진반포심)

百鳥豈無母리오, 爾獨哀怨深이라.
　　(백조기무모　이독애원심)

應是母慈重하여, 使爾悲不任이라.
　　(응시모자중　사이비불임)

昔有⑥吳起者하니, 母歿喪不臨이라.
　　(석유오기자　모몰상불림)

哀哉若此輩는, 其心不如禽이라.
　　(애재약차배　기심불여금)

慈烏彼慈烏여! 烏中之⑦曾參이로다.
　　(자오피자오　조중지증삼)

효성스런 까마귀가 그 어미를 잃고,
까악까악 섧게 울고 있네.
밤낮없이 날아가지도 않고,

1년이 넘도록 옛 숲을 지키네.

밤마다 밤중이면 우니,

듣는 이의 옷깃을 눈물로 적시게 하네.

우는 소리는 흡사,

키워준 은혜를 다 갚지 못했다고 호소하는 듯하네.

뭇새들에게 어찌 어미가 없으리?

그런데도 그대만이 슬픔에 사무치는가!

틀림없이 어머니의 사랑이 두터워,

그대의 슬픔을 이기지 못하게 하나 보다.

옛날 오기라는 사람은,

어머니가 돌아가셔도 장사지내러 오지 않았다네.

슬프다! 이런 무리들은,

그 마음이 새만도 못하구나.

효성스런 까마귀여! 저 효성스런 까마귀여!

그대는 새 가운데의 증삼이로구나!

(주해) ① 慈烏(자오)─《금경(禽經)》 장화(張華)의 주(注)에 '자오(慈烏)란 효
성스런 새를 말한다. 자라면 그 어미에게 먹이를 물어다 먹인다. 큰부리까
마귀는 그렇지 않다'고 하였다.《공총자(孔叢子)》의 소이아(小爾雅)편엔
'순흑색(純黑色)이고 자라서 어미에게 먹이를 물어다 먹이는 것을 오
(烏 : 까마귀)라 말하고, 작고 배 밑이 희며 자라도 어미에게 먹이를 물어
다 먹이지 않는 것을 아오(鴉烏 : 갈까마귀)라 한다' 하였다. 보통 까마귀
가 모두 자라서 어미에게 먹이를 물어다 먹임으로써 키워준 은혜에 보답
하는지는 알 수 없으나 '자오'란 '효성스런 까마귀'의 뜻이다. ○夜啼(야
제)─밤에 우는 것.《악부시집(樂府詩集)》 권47엔 오야제(烏夜啼)란 악부
시가 실려 있는데 이 고악부의 이름에서 자오야제(慈烏夜啼)란 제명(題
名)을 땄을 것이다.《백씨장경집(白氏長慶集)》 권1에 이 시가 실려 있다.
② 啞啞(아아)─까마귀가 까악까악 우는 모양.

③ 故林(고림) - 어미와 살던 옛 둥지가 있는 숲.

④ 沾襟(첨금) - 흐르는 눈물로 옷깃이 젖는 것.

⑤ 反哺(반포) - 어미새가 길러준 은혜를 갚기 위하여 새끼새가 자라서 '반대로 먹이를 입으로 물어다 먹이는 것'. 《본초(本草)》에 '자오(慈烏)는 일명 효오(孝烏)라고도 한다. 이 새는 처음 낳아서 어미에게 60일 먹이를 얻어 먹고 자라면 60일 반포(反哺)한다' 하였다.

⑥ 吳起(오기) - 《사기(史記)》 열전(列傳)에 '오기(吳起)는 위(衛)나라 사람이다. 용병(用兵)을 좋아했고 일찍이 증자(曾子)에게 배우고 노(魯)나라 임금을 섬기었다. ……노나라에선 마침내 장수가 되어, 제(齊)나라를 쳐 크게 깨치었다. 노나라 사람에 오기를 미워하여, 기(起)의 사람됨을 시기심 많고 잔인한 사람이다, 그는 젊었을 때 집안에 천금이 있었는데 여러 나라로 벼슬하러 다니다 이루지 못하고 집안을 마침내는 파산케 하였다고 말하는 이가 있었다. 마을 사람들은 이를 비웃었다. 오기는 자기를 욕하는 자 30여명을 죽이고 동쪽으로 위나라 성곽(城郭) 문을 나서 그의 어머니와 이별하였다. 그는 팔을 물어뜯으며 맹서하기를 경상(卿相)이 되지 않으면 다시는 위나라로 들어오지 않겠다 하였다. 그리고는 마침내 증자를 모시게 되었다. 얼마 있다가 그의 어머니가 죽었으나 기(起)는 마침내 돌아가지 않았다. 증자는 이를 경박하게 여기고 기를 끊어 버렸다'는 기록이 있다.

⑦ 曾參(증삼) - 자(字)는 자여(子輿)로 남무성(南武城) 사람. 공자(孔子)의 제자로서 효도에 뛰어났으며 《효경(孝經)》을 지었다 한다.

(해설) 이 시는 밤에 우는 까마귀 소리를 듣고 효성스런 자오(慈烏)를 생각하며 노래한 것이다. 자오는 효성스런 까마귀로 그의 어미를 여의자 어미와 살던 옛집을 밤낮으로 지키며, 1년이 넘도록 슬프게 밤마다 울고 있다. 그 울음소리는 못다 한 효성을 서러워하는 듯하여 듣는 이의 눈시울을 적신다. 많은 새들 가운데에서도 이 새만이 어미의 죽음을 크게 슬퍼하는 것은 그 어미의 사랑이 두터웠기 때문인지도 모른다.

  사람 중에도 옛날 오기(吳起)처럼 어머니가 돌아가셨는데도 공명심 때문에 장례에도 돌아가지 않았던 자가 있다. 이런 자는 이 까마귀만도 못한 인간이다. 이 까마귀야말로 효행에 뛰어난 공자(孔子)의 제자 증삼(曾參)에게 견줄 만한 짐승이라는 것이다.

농가(①田家)

유종원(柳宗元)

②籬落隔煙火하니, 農談③四鄰夕이라.
  (이락격연화 농담사린석)

庭際秋④蛩鳴하고, ⑤疎麻方寂歷이라.
  (정제추공명 소마방적력)

蠶絲盡⑥輸稅하니, ⑦機杼空倚壁이라.
  (잠사진수세 기저공의벽)

⑧里胥夜經過하니, ⑨鷄黍事筵席이라.
  (이서야경과 계서사연석)

各言官長⑩峻하여, ⑪文字多督責이라.
  (각언관장준 문자다독책)

⑫東鄉後租期하여, ⑬車轂陷泥澤이라.
  (동향후조기 거곡함니택)

⑭公門少推恕하여, ⑮鞭扑恣狼藉이라.
  (공문소추서 편복자랑적)

努力愼經營하라, ⑯肌膚眞可惜이라.
  (노력신경영 기부진가석)

⑰迎新在此歲하니, 惟恐⑱踵前跡이라.
  (영신재차세 유공종전적)

  울타리를 사이에 두고 연기와 불이 피어오르니,

사방의 이웃이 모여 농사 얘기하는 저녁이 되었구나.
마당가에선 가을 귀뚜라미 울고,
삼대는 성기어서 쓸쓸하게 보이네.
누에실을 모두 세금으로 바치니,
베틀은 쓸 곳 없어 벽에 세워 두었네.
이장(里長)이 밤에도 돌아다니니,
닭잡고 기장밥 지어 술자리를 마련하는데,
모두 말하기를 관청의 나리는 엄하기만 하여,
명령 문구 가운데엔 독촉과 책망하는 말이 많다네.
동쪽 마을에선 세금 기일을 놓치어,
수레바퀴 진흙 못에 빠진 듯 꼼짝도 못하게 되었네.
관청에선 사정을 보아주고 용서해 주는 일 없어,
매를 함부로 많이 얻어맞았다네.
힘써 일을 해 나감에 신중하라,
피부는 정말로 아까운 것이다.
이 해의 새 추수를 맞이하게 되었으나,
오직 지난 자취 또 밟게 될까 두렵네.

주해   ① 田家(전가)—《당류선생집(唐柳先生集)》권43에 실려 있는 같은 제
목의 시 3수 가운데의 제2수. 그 제3수는 앞의 오언단편(五言短篇) 말미
에 실려 있으니 함께 참조하며 읽으면 좋을 것이다.
② 籬(리)—울타리. ○落(락)—마을. 부락. 이락(籬落)은 마을의 울타리가 둘려
있는 집. ○隔煙火(격연화)—연기와 불이 울타리 사이로 저쪽에 보이는 것.
③ 四鄰夕(사린석)—사방의 이웃이 저녁이 되었다는 뜻.
④ 蛩(공)—귀뚜라미.
⑤ 疎麻(소마)—밭에 성기게 남은 삼대들을 가리킨다. ○寂歷(적력)—적막
(寂寞)과 비슷한 것으로 '쓸쓸하게 보이는 것'.
⑥ 輸稅(수세)—세(稅)로써 바치는 것.

⑦ 機(기)－베틀. ○杼(저)－북.

⑧ 里胥(이서)－동리(洞里)의 일을 맡아보는 사람. 서(胥)는 하리(下吏)의 뜻으로 지금의 동서기(洞書記).

⑨ 鷄黍(계서)－닭잡고 기장으로 밥하고 하는 농촌의 성찬(盛餐).《논어(論語)》미자(微子)편에도 '자로(子路)를 머물러 묵게 하고 닭잡고 기장으로 밥지어 이를 대접했다' 하였다. ○事筵席(사연석)－연석(宴席)을 마련하는 일을 하는 것.

⑩ 峻(준)－준엄한 것.

⑪ 文字(문자)－명령의 글. ○督責(독책)－독촉하고 책망하는 말.

⑫ 東鄉(동향)－동쪽의 마을. ○後租期(후조기)－조세 기일에 뒤늦는다.

⑬ 車轂陷泥澤(거곡함니택)－'수레바퀴통이 진흙 못에 빠진 듯이' 꼼짝달싹도 못하게 된 것.

⑭ 公門(공문)－관소. 관청. ○推恕(추서)－미루어 사정을 보아주고 용서해 주고 하는 것.

⑮ 鞭(편)－채찍. ○扑(복)－회초리. 편복(鞭扑)은 관리들이 백성들에게 매질을 하는 것. ○恣(자)－멋대로. 함부로. ○狼藉(낭적〔자〕)－이리가 풀을 깔고 누워 풀을 짓뭉개어 놓듯이 멋대로 짓밟고 어지럽히는 것. '억'의 운으로 압운(押韻)하는 관계로 '적'으로 읽음.

⑯ 肌膚眞可惜(기부진가석)－사람의 살갖은 정말로 귀중한 것이니, 백성들은 관원에게 매를 맞고 다치지 않도록 하여야 한다는 뜻.

⑰ 迎新(영신)－새로 금년의 추수를 맞이하게 되었다는 뜻.

⑱ 踵(종)－뒤를 따라가는 것. 종전적(踵前跡)은 옛날처럼 조세를 제때에 못 내어 백성들이 관원에게 얻어맞는 것을 말한다.

(해설) 앞에 나온 〈잠부(蠶婦, 작자 미상)〉, 〈민농(憫農, 李紳)〉, 〈상전가(傷田家, 聶夷中)〉 등 각 편에 보인 것처럼 중당(中唐) 이후의 농촌은 가렴주구(苛斂誅求)에 허덕이고 있었다. 유종원(柳宗元)은 당대(唐代)의 자연시인 가운데의 한 사람으로 평화로운 농촌의 정경을 묘사하면서도 한편 관리들에게 착취당하여 생활고에 허덕이는 농민들에 대한 동정을

노래하고 있다.

　유종원은 한유(韓愈)와 함께 당대(唐代) 고문운동(古文運動)을 성공으로 이끈 대가(大家)로 일컬어진다. 한유의 '문이재도(文以載道)' 곧 '문학은 올바른 도(道)의 표현을 지니고 있어야 한다'는 문학정신은 유종원과도 통하여 전원시(田園詩) 속에 위정자들의 반성을 촉구할 만한 뼈대있는 내용을 집어넣은 것이다.

악부상(①樂府上)

작자 미상

靑靑河畔草여, ②綿綿思遠道라.
　(청청하반초　면면사원도)

③遠道不可思니, ④夙昔夢見之라.
　(원도불가사　숙석몽견지)

夢見在我傍터니, 忽覺在他鄕이라.
　(몽견재아방　홀각재타향)

他鄕各異縣하여, ⑤輾轉不可見이라.
　(타향각이현　전전불가견)

⑥枯桑知天風하고, 海水知天寒이라.
　(고상지천풍　해수지천한)

⑦入門各自媚하니, 誰肯相爲言고?
　(입문각자미　수긍상위언)

客從遠方來하여, 遺我雙鯉魚라.
　(객종원방래　유아쌍리어)

呼童⑧烹鯉魚하니, 中有⑨尺素書라.
　(호동팽리어　중유척소서)

⑩長跪讀素書하니, 書中竟何如오?
(장궤독소서 서중경하여)

上有⑪加餐飯하고, 下有長相憶이라.
(상유가찬반 하유장상억)

파릇파릇한 강가의 풀은,

끊임없이 임 가신 먼 길을 생각케 하네.

먼 길 떠난 임 생각할 수도 없으니,

지난 밤 꿈속에 뵈었네.

꿈속에선 내 옆에 계시더니,

깨어보니 타향에 계시는구려.

타향서도 서로 다른 고을에 있으니,

이리저리 뒤척이며 그리워도 만날 수 없네.

마른 뽕나무도 공중에 부는 바람을 느끼고,

얼지 않는 바닷물도 추운 날씨를 안다네.

집안에 들어가면 제각기 좋아하는 이에게 예쁘게 보이려 하니,

누가 임에게 말이나 붙여 주려 할 건가?

나그네가 먼 고장으로부터 와서,

내게 한 쌍의 잉어를 주고 가기에,

아이를 불러 잉어를 삶게 하니,

배 속에 한 자 되는 흰 비단 편지가 있었네.

무릎꿇고 흰 비단 편지 읽었으니,

편지에 뭐라고 쓰였는지 아는가?

위에는 몸조심 하라 하였고,

아래엔 언제나 그립다고 쓰였더라네.

주해 ① 樂府上(악부상)―《문선》 권27 악부(樂府) 상(上)의 첫머리에 악부
네 수가 있다. 그 고사(古辭)의 제1편 〈음마장성굴행(飮馬長城窟行)〉이

이 시이다. 악부란 한(漢)나라 무제(武帝)가 세운 음악을 관장하던 곳인
데, 그곳에선 당시 각 지방에 유행하던 가요를 모아 이를 수정하고 또 새
로운 가요를 지었다. 이들 '악부'에서 노래불리우던 가요들을 '악부체' 또
는 '악부'라 불렀고, 그중의 작자를 모르는 고가(古歌)를 '고사(古辭)'라
한다. 여기에서 '악부상'이라 제(題)한 것은 《문선》 권27에 악부 상이라
하여 14수, 권28에 악부 하라 하여 27수가 수록되어 있는데, 《문선》 권27
대로 '악부상'이라 한 것이다. 그러나 '상(上)'자가 붙은 것은 제명(題名)
으로서는 부적합한 것임은 말할 나위도 없다.

② 綿綿(면면) - 생각이 끊임없는 것. 이선(李善)은 《문선》에 '세미(細微)한
생각'이라 주(注)하고 있으나 불합리하다.

③ 遠道(원도) - 먼 길을 떠난 임을 가리킨다.

④ 夙昔(숙석) - 《문선》 왕신(王臣) 주(注)엔 '숙석(宿昔)'이라 하였다. '석
(昔)'은 '석(夕)'과 통하여 '지난 밤'의 뜻.

⑤ 輾轉(전전) - 잠 못이루고 이리 뒤척 저리 뒤척 하는 것. 《시경》 주남(周
南) 관저(關雎) 시에서도 '유재유재(悠哉悠哉)여! 전전반측(輾轉反側)하
도다'라 읊고 있는데, 주희(朱熹)는 《시집전(詩集傳)》에 '전(輾)은 반쯤
딩구는 것이고 전(轉)은 완전히 딩구는 것'이라 주(注)하고 있다.

⑥ 枯桑知天風(고상지천풍) - '마른 뽕나무는 가지나 잎새가 다 떨어졌어도
공중에 부는 찬바람을 안다'는 뜻. 뒤의 '해수지천한(海水知天寒 : 바닷물
은 얼지는 않지만 날씨가 추워진 것을 안다)' 구와 함께, 남편이 객지에서
겪을 추위와 고초를 걱정한 것이다. 마른 뽕나무나 바닷물도 추위를 느끼
거늘 하물며 집 떠난 임이야 어떠하겠는가?

⑦ 入門各自媚(입문각자미) - '집 문안에 들어가면 각자 자기를 좋아하는 사
람에게 잘 보이려고 시중을 잘 들어준다'. 그러나 자기 남편은 객지이니
그에게 잘 보이려고 시중 들어주는 이 하나 없을 것이다. 시중은커녕 '아
무도 말을 걸어줄 사람조차 없을 것이다'.

⑧ 烹(팽) - 삶는 것.

⑨ 尺素書(척소서) - 한 자 길이의 흰 비단에 쓰여진 편지.

⑩ 長跪(장궤) - 무릎을 꿇고 앉는 것.

⑪ 加餐飯(가찬반)-《고문진보》엔 보통 '반(飯)'이 '식(食)'으로 되어 있으나
  여기선 《문선》을 따라 고쳤다. 가찬반(加餐飯)은 앞의 고시(古詩)에도 보
  였듯이 본시 '밥과 반찬을 많이 들라'는 뜻이나 '몸조심 하라'는 뜻으로 상
  용되는 성어(成語)이다.

(해설) 《옥대신영(玉臺新詠)》엔 이 시를 한인(漢人) 채옹(蔡邕)의 작(作)이
라 하였으나 《문선(文選)》대로 작자 미상의 고사(古辭)로 봄이 좋을 것
이다. 《고문진보》 주(注)에는 '이 시는 옛날로부터 크게 멀지 않은 것이
어서 《시경》의 유풍을 많이 지니고 있다' 하였다. 소박한 고인(古人)이
멀리 떠나간 임을 그리는 정이 문면에 약여(躍如)하다. 또 이 편 후반의
구절들은 고시19수의 제17수에도 비슷한 6구가 나온다.

  나그네가 먼 곳으로부터 와서
  내게 한 장의 편지를 주었네.
  위에선 언제나 그립다 말하고
  아래엔 오랫동안 이별하였구나 말하였네.
  (客從遠方來하여, 遺我一書札이라.
  上言長相思하고, 下言久離別이라.)

  이것은 옛날 멀리 떨어진 사랑하는 남녀 사이에서 주고받은 편지에서
늘 쓰여진 위무(慰撫)와 비탄(悲歎)의 상투어였던 것 같다.

칠월 밤에 강릉으로 가는 도중에 지음(①七月夜行江陵途中作)

도연명(陶淵明)

②閑居三十載에, 遂與③塵事冥이라.
  (한거삼십재 수여진사명)

④詩書敦宿好하고, 林園無俗情이라.
　(시서돈숙호　임원무속정)

如何捨此去하여, 遙遙至⑤西荊고?
　(여하사차거　요요지서형)

⑥叩枻新秋月하고, 臨流別友生이라.
　(고설신추월　임류별우생)

凉風起將夕하니, 夜景⑦湛虛明이라.
　(양풍기장석　야경담허명)

⑧昭昭天宇闊이오, ⑨晶晶川上平이라.
　(소소천우활　효효천상평)

懷⑩役不遑寐하여, 中宵尙孤征이라.
　(회역불황매　중소상고정)

⑪商歌非吾事라, ⑫依依在耦耕이라.
　(상가비오사　의의재우경)

⑬投冠旋舊墟하여, 不爲好爵⑭縈이라.
　(투관선구허　불위호작영)

養⑮眞衡茅下하니, ⑯庶以善自名이라.
　(양진형모하　서이선자명)

한가히 살기 30년에,
마침내 세상일에 어둡게 되었네.
시서는 옛부터의 기호를 두터이하고,
숲속은 속된 정을 없이하네.
어찌 이를 버리고 떠나,
멀리 서쪽 형주에까지 가랴?
노를 두드리며 가을달을 즐기며,
강물을 앞에 두고 벗을 이별하네.
싸늘한 바람이 저무는 해 따라 일더니,

밤 경치의 고요하고 밝음을 즐기네.

밝고 밝은 하늘은 넓기도 하고,

맑고 맑은 냇물은 질펀하네.

할 일 생각하니 잠잘 겨를도 없어,

밤중에도 외로이 길을 가네.

출세는 내 뜻이 아니기에,

의연히 밭을 갈고 있네.

관을 던지고 옛 마을로 돌아와,

벼슬 좋아함으로써 성가신 일 생기지 않네.

초가집 아래에서 참됨을 기르니,

스스로의 이름을 잘 지니기 바람이네.

(주해) ① 七月夜行江陵途中作(칠월야행강릉도중작)—《정절선생집(靖節先生集)》권3에 실려 있는데 〈신축세칠월부가환강릉야행도구(辛丑歲七月赴假還江陵夜行塗口)〉라 제(題)하고 있다. '도구(塗口)'는 '도중(途中)'으로 된 판본이 많으나 《문선》이선(李善) 주(注)에 의하면 도구는 사양현(沙陽縣) 하류 110리에 적기(赤圻)가 있고, 적기에서 20리 더 가면 도구가 있다 했으니 '도구'가 옳다. 강릉(江陵)은 지금의 호북성(湖北省) 강릉현, 곧 장강(長江) 가에 있던 부(府) 이름.

② 閑居三十載(한거삼십재)—이때 연명(淵明)은 37세여서, 몇년의 재관(在官) 기간을 제하면 거의 30년 동안 가거(家居)한 셈이 된다.

③ 塵事(진사)—세상의 속된 일. ○冥(명)—어두운 것.

④ 詩書(시서)—《시경(詩經)》과 《서경(書經)》. ○宿好(숙호)—오랫동안 지녀온 기호.

⑤ 西荊(서형)—서쪽의 형주(荊州). 이때 경도(京都)는 동쪽에 있었으므로 형주는 서쪽이 된다. 형주는 강릉 땅을 가리킨다. 다른 판본엔 모두 '남형(南荊)'으로 되어 있으나 잘못이다.

⑥ 叩(고)—두드리다. ○枻(설)—배의 노. ○新秋月(신추월)—《문선》엔 '친월

선(親月船)'으로 되어 있다. 여하튼 '신(新)'자는 '친(新)'의 뜻으로 보아야
한다.

⑦ 湛(담)－오래 즐기는 것. ㅇ虛明(허명)－하늘의 공허(空虛)함과 달의 밝음.

⑧ 昭昭(소소)－하늘이 밝은 모양.

⑨ 晶晶(효효)－강물이 달빛에 반사되어 흰한 모양.

⑩ 役(역)－할 일. ㅇ遑(황)－겨를, 짬.

⑪ 商歌(상가)－《문선》 이선(李善)의 주(注)에 의하면 《회남자(淮南子)》에
'영척(甯戚)이 수레 밑에서 상가(商歌)를 부르니 환공(桓公)이 개연히 깨
달았다' 하였다. 상가를 부른다는 것은 출사(出仕)를 구함을 뜻한다.

⑫ 依依(의의)－미련을 갖는 모양. 《초사(楚辭)》에 실린 왕일(王逸)의 구사
(九思) 상시(傷時)에 '뜻은 연련(戀戀)하고도 의의(依依)하다' 하였다.
ㅇ耦耕(우경)－쟁기로 밭가는 것. 곧 농사짓는 것.

⑬ 投冠(투관)－벼슬을 내던짐을 뜻한다. ㅇ旋(선)－돌아오는 것. ㅇ墟(허)－
마을을 가리킨다.

⑭ 縈(영)－얽히는 것. 성가신 일이 신변에 생기는 것.

⑮ 眞(진)－천진(天眞). 타고난 진실함. ㅇ衡茅(형모)－형문모옥(衡門茅屋).
곧 작대기를 걸치어 문을 만든 초가집.

⑯ 庶(서)－바라다. 서기(庶幾)의 뜻. ㅇ善自名(선자명)－자신의 이름을 잘
보전하는 것.

(해설) 이때 도연명은 일시적으로 유유(劉裕)의 막하에서 진군참군(鎭軍參
軍)이란 벼슬을 하고 있다가 볼 일이 생겨 휴가에 강릉(江陵)으로 가게
되었다. 이 무렵의 연명의 행적은 뚜렷하지 않으며, 참군(參軍)이란 일정
한 직책과 보수가 없는 한직(閑職)이었다. 어떤 사정으로 참군이 되었는
지 알 수 없지만 이 시를 통해 볼 때 한거자적(閑居自適)하는 전원의 체
취는 조금도 잃지 않고 있음을 알 수 있다.

어떤 이는 강릉으로 참군이 되어 부임하는 길이라고도 한다. 여하튼 시
서(詩書)와 원림(園林)으로 자적하던 생활을 벗어나 지금은 멀리 강릉으로
벗을 이별하고 떠나왔지만 자연을 즐기는 그의 취향은 여전하다. 아직도

농사나 짓고 소박하게 살아가지, 큰 벼슬을 할 뜻은 전혀 보이지 않는다.

음주(①飮酒)

도연명(陶淵明)

②羲農去我久하니, 擧世③少復眞이라.
　(희농거아구　거세소복진)

④汲汲魯中叟가, ⑤彌縫使其淳이라.
　(급급노중수　미봉사기순)

⑥鳳鳥雖不至나, 禮樂⑦蹔得新이라.
　(봉조수부지　예악잠득신)

⑧洙泗輟微響하니, ⑨漂流逮狂秦이라.
　(수사철미향　표류체광진)

詩書亦何罪오? 一朝⑩成灰塵이라.
　(시서역하죄　일조성회진)

⑪區區諸老翁이, ⑫爲事誠慇懃이라.
　(구구제로옹　위사성은근)

如何⑬絶世下에, ⑭六籍無一親고?
　(여하절세하　육적무일친)

終日⑮馳車走나, ⑯不見所問津이라.
　(종일치거주　불견소문진)

若復不快飮이면, 空負⑰頭上巾이라.
　(약부불쾌음　공부두상건)

但恨多⑱謬誤하니, ⑲君當恕醉人하라.
　(단한다류오　군당서취인)

복희(伏羲)와 신농(神農)씨는 태곳적 분들이니,
온 세상엔 참됨으로 돌아가려는 이가 적네.
애쓰신 노나라의 공자란 노인이,
이것을 고쳐 순박한 것으로 만드셨다.
봉황새는 날아들지 않았지만,
예악이 잠시 새로워질 수 있었네.
그러나 공자의 영향이 미세해져서,
미친 진나라에까지 떠내려왔다네.
시서는 또 무슨 죄가 있었길래,
하루 아침에 재가 되고 말았는가?
구구한 여러 할아버지들은,
일하심이 정말 은근하였다네.
어째서 온 세상 아래,
육경 가운데 하나도 잘 아는 이가 없는가?
하루 종일 수레 몰고 이익 찾아 달리지만,
나루터를 묻는 이도 보지 못했네.
만약 다시 유쾌히 술마시지 않는다면,
공연히 머리 위의 건만을 배반케 되리라.
다만 그릇됨이 많음을 한하노니,
그대는 마땅히 술 취한 사람 용서해야 할 것이네.

주해 ① 飮酒(음주) –《정절선생집(靖節先生集)》권3에 실려 있는 〈음주(飮
酒)〉20수의 최종편이다. 앞에 나왔던 〈잡시(雜詩)〉두 수도 모두 이 종
류의 시들이어서 다같이 '음주'라 제(題)하는 것이 옳다.
② 羲農(희농) – 삼황(三皇) 중의 복희(伏羲)와 신농(神農)으로 태고시대를
가리킨다.
③ 少復眞(소복진) – 하늘로부터 타고난 참된 모습으로 돌아감이 적다. 곧

진실한 인간의 본연의 성(性)으로부터 멀어졌다는 뜻.

④ 汲汲(급급)−쉬지 않고 애쓰는 모양.《한서(漢書)》양웅전(揚雄傳)에도 '부귀에 급급하지 않았다'는 용례가 있다. ○魯中叟(노중수)−노나라의 노인. 곧 공자(孔子)를 가리킨다.

⑤ 彌縫(미봉)−해진 곳을 '깁는 것'. ○淳(순)−순박한 것.

⑥ 鳳鳥雖不至(봉조수부지)−'봉황새는 비록 오지 않았으나'. 봉황새는 태평성대(太平聖代)에만 나타난다는 전설적인 새임. 봉황새가 나타나지 않았음은 성군(聖君)이 다스리는 태평시대는 못되었다는 뜻.

⑦ 蹔(잠)−잠시. 잠(暫)과 같은 자(字). 이 구절은 공자(孔子)가 육경(六經)을 편수(編修)하여 사회의 예의제도(禮儀制度)와 음악을 새롭게 부활시켰음을 말한다.

⑧ 洙泗(수사)−수수(洙水)와 사수(泗水). 수수는 산동성(山東省) 경계에 있는 사수(泗水)의 지류(支流). 공자는 이 두 강물 가를 중심으로 하여 가르침을 폈다. ○輟(철)−그치다. 중지되다. ○微響(미향)−미소한 공자(孔子)의 유향(遺響).

⑨ 漂流(표류)−역사가 자연의 섭리대로 흘러 내려옴을 형용한 말. ○逮(체)−이르다. ○狂秦(광진)−광포한 진(秦)나라.

⑩ 成灰塵(성회진)−'재와 먼지가 되었다'. 진시황(秦始皇)이 천하의 책을 모아 불사른 것을 뜻한다.

⑪ 區區(구구)−잔일에까지 모두 마음을 쓰는 모양. ○諸老翁(제로옹)−《서경(書經)》을 전한 제남(濟南)의 복생(伏生), 《시경》을 전한 제(齊)나라의 원고생(轅固生)과 노(魯)나라의 신공(申公), 《예기(禮記)》를 전한 노나라의 고당생(高堂生), 《춘추(春秋)》를 전한 호모생(胡母生) 등을 가리킨다 [《漢書》儒林傳].

⑫ 爲事(위사)−앞에 나온 '제로옹(諸老翁)'들이 진시황(秦始皇)의 분서(焚書)로 말미암아 실전(失傳)된 경서(經書)들을 다시 전하는 일을 가리킴. ○慇懃(은근)−'은근(殷勤)'이라고도 쓰며 '공을 들이는 것'.

⑬ 絶世(절세)−오랜 세대가 떨어진 것. 훨씬 후대를 가리킴.

⑭ 六籍(육적)−유가(儒家)의 육경(六經). 시(詩)·서(書)·예(禮)·역(易)·

춘추(春秋)·악(樂)의 여섯 가지 책.

⑮ 馳車走(치거주)─이익을 추구하려고 마차(馬車)를 몰고 달리는 것.

⑯ 不見所問津(불견소문진)─'나루터를 묻는 사람도 보지 못했다.'《논어(論語)》미자(微子)편에 '장저(長沮)와 걸익(桀溺)이 밭을 갈고 있었는데 공자(孔子)가 그곳을 지나다 자로(子路)를 시켜 나루터를 물었다' 하였다. 곧 이 구절은 연명(淵明) 자신은 장저·걸익 같은 은자(隱者)로 자처하고 세상에 공자의 무리 같은 사람들이 없음을 한탄한 것이다〔《靖節先生集》卷三 湯漢敬 注〕.

⑰ 頭上巾(두상건)─연명(淵明)은 머리의 건(巾)을 벗어 술을 걸러 마셨다. 따라서 술을 안마신다는 것은 두건을 배반하는 것이 된다.

⑱ 謬(류)─그릇된 것. 잘못된 것.

⑲ 君當恕醉人(군당서취인)─이처럼 어지러운 세상에 술을 안먹고 견딜 수가 없다. 술을 빌어서만 사람 본연의 참됨을 되찾을 수 있기 때문이다. 따라서 술먹고 탈선을 좀 하는 일이 있다 하더라도 그것은 용서를 해주어야만 할 일이라는 뜻이다.

〔해설〕 태고시대 사람들의 마음은 순박하기 이를 데 없었는데, 역사가 흐름에 따라 그 순박은 날로 소멸되어갔다. 공자(孔子) 같은 분이 나서 세상에 예교(禮敎)를 일으키려 가르침을 폈지만 세상이 바로잡히기는커녕 더욱 어지러워졌다. 진시황(秦始皇)이 나와서는 심지어 분서(焚書)라는 폭정(暴政)으로 공자가 편수(編修)한 육경(六經)들을 모두 불태워 버렸다. 한대(漢代)에 와서는 진(秦)나라 때 없어진 경서(經書)들이 여러 학자들의 노고로써 부활되기는 하였다.

그러나 지금 사람들은 인간 본연의 순진함을 잃었을 뿐만 아니라 공자의 노력이 깃들은 육경까지도 거들떠보지 않고 있다. 이런 세상에서 술이나 마셔야지 또 무얼 하겠느냐는 것이다. 술에 취해서나마 본연의 참된 모습으로 돌아가고 싶은 것이다. 술 취하면 물론 실수도 약간 있지만 그런 실수쯤은 눈감아 주어야만 하지 않겠느냐는 것이다. 연명(淵明)의 음주철학이 잘 표현된 시라 하겠다.

전원으로 돌아와 살며(①歸田園居)

도연명(陶淵明)

少無適②俗韻하고, 性本愛丘山이라.
　　(소무적속운　성본애구산)

誤落③塵網中하여, ④一去三十年이라.
　　(오락진망중　일거삼십년)

⑤羈鳥戀舊林이오, 池魚思⑥故淵이라.
　　(기조연구림　지어사고연)

開荒⑦南野際하고, ⑧守拙歸園田이라.
　　(개황남야제　수졸귀원전)

⑨方宅十餘畝요, 草屋八九間이라.
　　(방택십여묘　초옥팔구간)

⑩楡柳蔭後簷하고, 桃李羅堂前이라.
　　(유류음후첨　도리나당전)

⑪曖曖遠人村이오, ⑫依依墟里煙이라.
　　(애애원인촌　의의허리연)

狗吠深巷中하고, 鷄鳴桑樹顚이라.
　　(구폐심항중　계명상수전)

⑬戶庭無塵雜이오, ⑭虛室有餘閑이라.
　　(호정무진잡　허실유여한)

久在⑮樊籠裏라가, 復得反⑯自然이라.
　　(구재번롱리　부득반자연)

젊어서부터 세상의 속기에 알맞지 않았고,

천성은 본디부터 산림을 좋아하였다.

티끌 세상에 잘못 떨어져,

어느덧 30년이 지났구나.

새장 속의 새는 옛날 살던 숲을 그리워하고,

연못의 물고기는 옛날 살던 깊은 못을 생각한단다.

남쪽 들 한 끝을 일구고,

본성을 지키려 고향으로 돌아왔다.

모난 텃밭은 10여 이랑이 되고,

초가집은 8, 9칸이다.

느릅나무·버드나무는 뒷편 처마를 가리우고,

복숭아나무·오얏나무가 대청 앞에 늘어서 있다.

어슴푸레 멀리 인가들이 보이고,

마을에선 가늘게 연기가 피어오르고 있다.

깊숙한 골목 안에선 개짖는 소리가 들리고,

뽕나무 꼭대기에선 닭이 울고 있다.

집안에는 지저분하고 잡된 일이 없고,

조용한 빈 방에는 한가함이 깃들어 있다.

오랫동안 새장 속에 있다가,

또다시 자연으로 돌아갔노라.

주해 ① 歸田園居(귀전원거)─《정절선생집(靖節先生集)》 권2에 실려 있는데, '귀원전거(歸園田居)'라 제(題)한 5수 중의 제1편이다. 연명(淵明)의 대표적인 전원시의 하나이다.

② 俗韻(속운)─속된 기. 세상의 풍속.

③ 塵網(진망)─'티끌처럼 지저분한 그물 같은 속박이 있는 세상'을 뜻한다.

④ 一去三十年(일거삼십년)─여리(閭里)에 나와 산 지 '어느덧 30년이 되었다'는 뜻. 진망(塵網)을 명리(名利)를 위한 관리생활을 가리키는 것이라 단정하고 '30년'은 '13년' 또는 '이십년(已十年)'의 잘못이라 주장하는 학

자들이 있으나, 그렇게 된 판본이 없는 이상 근거없는 억단(臆斷)이라 하겠다. 앞의 〈칠월야행강릉도중작(七月夜行江陵途中作)〉시의 첫머리에 말한 '한거삼십재(閑居三十載)'를 달리 표현한 데 불과한 것이다. 이 시는 의희(義熙) 2년(406) 연명이 31세 되던 해의 작품이며〔說詳 車柱環 敎授, 陶潛五言詩疏證.《大東文化硏究》第三輯〕〈칠월야행강릉도중작〉은 37세 때의 작품이어서 '30'은 그 개수(槪數)인 것이다.

⑤ 羈鳥(기조)－자기가 자란 옛 숲을 떠나와 새장 안에 갇힌 새를 말한다.

⑥ 故淵(고연)－연못의 고기가 본시 살던 강의 심연(深淵)을 말한다.

⑦ 南野(남야)－'남묘(南畝)'로 된 판본도 있다.

⑧ 守拙(수졸)－자기의 소박한 졸렬(拙劣)하게 보이는 본성을 지키는 것. 곧 본성에 안맞는 속세의 이해관계로부터 떠나는 것.

⑨ 方宅(방택)－모난 네모꼴의 집터. 텃밭까지를 포함한 것이다.

⑩ 楡(유)－느릅나무. ○蔭(음)－가리다. 그늘지다. ○簷(첨)－처마.

⑪ 曖曖(애애)－어슴푸레한 모양. 안개나 아지랑이 같은 것에 가리어 윤곽이 희미하게 보이는 모양.

⑫ 依依(의의)－연기 같은 것이 가늘게 피어오르는 모양. ○墟里(허리)－촌리(村里), 촌락. 허락(墟落).

⑬ 戶庭(호정)－대문에서 마당에 이르는 집안. ○塵雜(진잡)－티끌과 잡된 것. 지저분한 것들.

⑭ 虛室(허실)－텅 비고 조용한 방.

⑮ 樊籠(번롱)－새장.

⑯ 自然(자연)－스스로 그러한 것. 외부의 아무런 강요나 간섭없이 본래의 제 모습 그대로 있는 것.

[해설] 도연명이 관직(官職)을 버리고 전원으로 돌아와 소박한 삶을 영위하는 기쁨을 노래한 것이다. 자기에게 세상의 명리(名利)보다도 전원의 소박한 생활이 더 알맞은 것은 전원이 자기의 본성에 더 알맞기 때문이다. 고요하고 청정한 초가에 앉아 있으려니, 옛날 명리를 추구하던 생활이란 마치 새가 새장 속에 갇혀 있는 것과 같은 생활이었음을 느낀다. 전원에

돌아와 보니 이제야 자기의 천성(天性)대로 아무런 거리낌이나 더럽힘 또는 구속받는 일 없이 있는 그대로 살아갈 수 있게 되었다는 것이다. 마치 오랫동안 새장 속에 갇혀 있던 새가 깊은 숲속에 놓여나 지저귀는 노래처럼 자유의 기쁨을 느끼게 한다.

여름날 이공이 방문함(夏日①李公見訪)

두보(杜甫)

②遠林暑氣薄하니, 公子③過我遊라.
　（원림서기박　공자과아유）

貧居類④村墟하니, ⑤僻近城南樓라.
　（빈거류촌오　벽근성남루）

⑥傍舍頗淳朴하여, 所願亦易求라.
　（방사파순박　소원역이구）

⑦隔屋問西家하되, 借問有酒不아?
　（격옥문서가　차문유주부）

⑧牆頭過濁醪하니, 展席⑨俯長流라.
　（장두과탁료　전석부장류）

清風左右至하니, 客意已驚秋라.
　（청풍좌우지　객의이경추）

巢多衆鳥鬪요, 葉密鳴⑩蟬稠라.
　（소다중조투　엽밀명선주）

苦⑪遭此物聒하니, 孰謂吾廬幽오?
　（고조차물괄　숙위오려유）

⑫水花晚色靜하니, ⑬庶足充淹留라.
　（수화만색정　서족충엄류）

⑭預恐樽中盡하여, 更起爲君⑮謀라.
(예공준중진 갱기위군모)

멀리 떨어진 숲속은 더위가 엷어,
이공께서 놀러 찾아오셨네.
가난한 내 집은 마을가의 담이나 비슷하니,
외지게도 성 남쪽 망루(望樓) 가까이에 있다네.
이웃들은 매우 순박해서,
아쉬운 것도 얻기 쉽다네.
담너머 서쪽 집에 묻기를,
술 혹시 가진 것 없소 하니,
담너머로 막걸리를 넘겨주어,
자리를 펴고 멀리 흘러가는 냇물을 굽어보네.
맑은 바람이 좌우에서 불어오니,
손님은 속으로 가을이 되었나 하고 놀랄 지경이네.
숲에는 새둥지가 많아 뭇 새들이 다투고,
잎 무성한 나무에선 매미 울음소리가 시끄럽네.
이놈들이 시끄러워 괴롭기만 한데,
누가 내 집이 조용타 하였나?
연꽃이 저녁 노을에 조용히 피어 있으니,
손을 붙들어 머물게 하기에 충분하리라.
미리 술통 비일가 두려우니,
다시 일어나 그대 위해 주선하려네.

주해 ① 李公(이공) ─이염(李炎). 당(唐)나라 숙종(肅宗)이 태자였을 때 가령
(家令)이어서 일본(一本)엔 '이가령견방(李家令見訪)'이라 제(題)하고 있
다 한다. 이 시는 《두소릉집(杜少陵集)》 권3에 들어 있으며 천보(天寶)
14년(755)의 작(作)이다.

② 遠林(원림)-'멀리 떨어진 숲'. 시가(市街)로부터 떨어져 있는 숲.

③ 過我遊(과아유)-'내게로 놀러왔다'. '과(過)'는 '방문하다'의 뜻.

④ 村塢(촌오)-마을에 있는 도둑을 막기 위하여 흙으로 쌓아놓은 담. ○塢
(오)-언덕.

⑤ 僻(벽)-외진 것.

⑥ 傍舍(방사)-이웃집들.

⑦ 隔屋(격옥)-집을 사이에 두고 '격옥문서가(隔屋問西家)'는 이 집에서 저
집으로 가지도 않고 울을 사이에 두고 서쪽 집에 물어보는 것. 순박한 시
골 이웃의 인정관계를 표현한 것이다.

⑧ 牆頭(장두)-'담머리' '담 위'. ○醪(료)-막걸리. 과탁료(過濁醪)는 막걸
리를 넘겨 보내주는 것.

⑨ 俯長流(부장류)-긴 흐름을 굽어본다. 높은 곳에 자리를 잡고 멀리 흘
러가는 냇물을 바라보는 것이다.

⑩ 蟬(선)-매미. ○稠(주)-많다.

⑪ 遭(조)-만나다. ○此物(차물)-매미와 새들을 가리킨다. ○聒(괄)-요란
한 것. 시끄러운 것.

⑫ 水花(수화)-못의 연꽃. 최표(崔豹)의 《고금주(古今注)》에 '부용(芙蓉)은
일명 하화(荷華)이고 지택(池澤) 가운데 자란다. 열매를 연(蓮)이라 하
고 꽃이 가장 수이(秀異)한 것이다. 일명 수지(水芝) 또는 수화(水花)
라고도 부른다' 하였다. ○晚色(만색)-저녁빛.

⑬ 庶(서)-거의. ○淹留(엄류)-오랫동안 머무르는 것.

⑭ 預(예)-미리. ○樽中(준중)-술통 속의 술.

⑮ 謀(모)-계책. 술을 더 장만하는 것. 자기 집엔 돈이나 술이 없으므로 빌
어오든가 또는 외상으로 사오게 되므로 '모(謀)'로 표현한 것이다.

(해설) 이염(李炎)의 내방을 빌어 작자는 자기의 빈거(貧居)를 중심으로 한
생활을 노래하고 있다. 성남(城南) 망루가 있는 외딴 곳에 자리잡은 자기
의 가난한 집은 보잘것없지만 도시로부터 멀리 떨어진 숲 사이에 있어
시원하기 이를 데 없다. 또 집이 높은 곳에 있어 멀리 시냇물이 굽어 보

이고 바람이 불어오면 처음 찾아온 손님들은 벌써 가을이 되었는가고 놀
랄 지경이다. 가난하긴 하지만 이웃 사람들도 인심이 좋아 담너머로 술을
빌어온다. 그리고 새소리·매미소리들이 요란한 것은 자기의 집이 더욱
으슥한 곳에 있음을 실감케 한다.

양(梁)나라의 왕적(王籍)은 〈약야계(若耶溪)에 들어간다〉란 시에서 '매
미가 시끄러울수록 숲속은 더욱 조용하게 느껴지고, 새들이 울수록 산은
더욱 으슥해진다'고 읊었다. 두보(杜甫, 712~770)는 이 왕적의 표현을
빌어다 쓴 것이다. 저쪽 연못 속에는 또 연꽃이 아름답게 피어 있다. 빈
거(貧居)이긴 하지만 이만하면 손님의 마음도 흡족하리라 생각하고, 손님
보고 며칠 묵어가기를 권한 뒤 두보는 또 술을 장만할 궁리를 한다.

자연 속에 순박하게 살아가는 두보의 모습을 보는 듯하다. 시풍(詩風)
의 차이에도 불구하고 도연명(陶淵明)에 통하는 천진(天眞)이 있음은 그
것이 적나라한 인간 본연의 모습이기 때문일 것이다. 범인(凡人)들은 개
인의 욕망이나 사회의 명리(名利) 때문에 이런 순박을 잃고 있는 것이다.
위대한 시인들을 통하여 범인들이 이러한 순박이나 천진에 젖을 수 있음
은 시를 읽는 이득의 하나라 할 것이다.

위팔 처사에게 드림(①贈衛八處士)

두보(杜甫)

人生不相見은, ②動如參與商이라.
   (인생불상견 동여삼여상)
③今夕復何夕고? 共④此燈燭光이라.
   (금석부하석 공차등촉광)
少壯能幾時오? 鬢髮各已⑤蒼이라.
   (소장능기시 빈발각이창)

訪舊半^⑥爲鬼하니, ^⑦驚呼熱中腸이라.
　(방구반위귀　경호열중장)

焉知二十載에, 重上^⑧君子堂고?
　(언지이십재　중상군자당)

昔別君未婚터니, 兒女忽^⑨成行이라.
　(석별군미혼　아녀홀성항)

^⑩怡然敬父執하여, 問我來何方고?
　(이연경부집　문아내하방)

問答未及已에, 兒女^⑪羅酒漿이라.
　(문답미급이　아녀나주장)

夜雨^⑫剪春韭하고, 新^⑬炊間黃粱이라.
　(야우전춘구　신취간황량)

主稱會面難하여, 一擧^⑭累十觴이라.
　(주칭회면난　일거누십상)

十觴亦不醉하니, 感子^⑮故意長이라.
　(십상역불취　감자고의장)

明日隔山岳이면, 世事兩^⑯茫茫이라.
　(명일격산악　세사양망망)

사람이 서로 만나지 못함은,
걸핏하면 삼성과 상성처럼 되네.
오늘 저녁은 또 무슨 저녁이기에,
그대와 함께 촛불 아래 대하게 되었는가?
젊음이란 얼마나 갈 수 있는 건가?
귀밑머리 어느덧 희끗희끗하게 되었구나!
옛 친구 찾아보면 반은 귀신 되었으니,
놀라 소리치며 가슴이 벅차 슬픔 느끼네.
어찌 알았으랴 20년만에,

다시 그대 군자의 대청에 오르게 될 줄이야?
옛날 이별할 적엔 결혼도 아직 안했었는데,
자녀들이 어느덧 줄을 짓게 되었구나.
즐거이 아비 친구를 공경하며,
내게 어디서 왔느냐고 묻네.
문답이 채 끝나기도 전에,
자녀들이 술상을 벌여놓네.
밤비를 맞으며 봄부추를 잘라 오고,
노란 좁쌀 섞어 새로 밥을 짓네.
주인이 앞으로 만나기 어려울 거라 말하여,
단숨에 10여 잔을 거듭하네.
10여 잔을 마셔도 취하지 않으니,
그대의 옛 우정이 변함없음에 감동한 때문이네.
내일 산너머로 떨어지게 되면,
세상일은 양편 모두 어떻게 될는지 알 길이 없네.

주해 ① 贈衛八處士(증위팔처사)―위팔처사(衛八處士)에게 주는 시. 위(衛)는 성(姓)이며, 8은 형제의 배항(排行)이다. 곧 위씨네 형제 중에서 여덟 번째란 뜻이며, 중국에선 흔히 이름 대신 이 배항의 숫자를 많이 썼다. 처사는 은자(隱者)를 일컫는 말로서 출사(出仕)하지 않고 집에 조용히 들어앉아 있는 사람을 가리킨다. 이 시는 《두소릉집(杜少陵集)》권6에 들어 있는데 '위팔(衛八)'이 누구인지는 확실치 않다. 어떤 이는 위빈(衛賓), 어떤 이는 위대경(衛大經)의 일족일 것이라고 한다. 이 시는 건원(乾元) 2년(759) 두보(杜甫)가 화주(華州)에 있을 무렵 그의 집에 놀러가 지은 것일 게다.

② 動(동)―걸핏하면. 자칫하면. ○參與商(삼여상)―삼성(參星)과 상성(商星). 삼성은 동쪽, 상성은 서쪽에 있는데 삼성이 뜨면 상성이 지고 상성이 뜨면 삼성이 져서 영영 함께 나타나지 않는다. 그래서 삼상(參商)은 사람들

이 이별하여 만나지 못하는 데 흔히 비유된다.

③ 今夕復何夕(금석부하석)—《시경(詩經)》당풍(唐風) 주무(綢繆) 시에 '금석(今夕)은 하석(何夕)이기에 이 고운 임을 만났나?'라 한 것을 인용한 것이다.

④ 此(차)—숙(宿)으로 된 것도 있다.

⑤ 蒼(창)—검은 머리에 흰머리가 섞인 것.

⑥ 爲鬼(위귀)—귀신이 되다. 곧 사람이 죽었음을 뜻한다.

⑦ 驚呼(경호)—놀라 소리치는 것. ○熱中腸(열중장)—배 속의 창자가 뜨거워지듯이 슬픔으로 벅차게 되는 것.

⑧ 君子堂(군자당)—덕이 있는 군자 집의 당(堂). 군자는 위팔처사(衛八處士)를 가리키며, 당(堂)은 우리나라의 대청과 비슷하다.

⑨ 成行(성항)—'줄을 이룬다'. 곧 자녀들이 많음을 뜻함.

⑩ 怡然(이연)—기뻐하는 모양. ○父執(부집)—아버지와 같은 뜻을 지니고 있는 사람. 아버지의 동지(同志). 아버지의 친구.

⑪ 羅(라)—차려놓는 것. ○酒漿(주장)—술과 음료.

⑫ 剪(전)—자르다. ○韭(구)—부추. 반찬과 안주를 만들기 위하여 부추를 베어오는 것이다.

⑬ 炊(취)—불때어 밥을 짓는 것. ○間(간)—섞는 것. ○黃粱(황량)—노란 좁쌀.

⑭ 累(루)—거듭하는 것. ○十觴(십상)—10여 잔. 10여 잔의 술.

⑮ 故意(고의)—'옛 뜻' '옛 우정'. ○長(장)—오래도록 변치 않는 것.

⑯ 茫茫(망망)—아득한 것. '세사양망망(世事兩茫茫)'은 세상일 때문에 둘 다 서로 소식이 아득하여질 것이라는 뜻.

[해설] 20년 전에 헤어졌던 친구 위팔(衛八)을 찾아가 두보(杜甫)가 지은 시이다. 오랜만에 친구를 만나보니 서로 옛날 모습과는 달리 머리가 희끗희끗하여졌고 서로 아는 태반(太半)의 친구들이 벌써 죽었단다. 인생이란 허무한 것, 그래도 무슨 연(緣)이 있어 우리는 20년만에 다시 만나는가고 두보는 감회에 젖는다.

  옛날엔 위처사(衛處士)는 총각이었는데 그 사이 많은 자녀들을 두었다.

자녀들은 아버지 친구가 왔다고 기뻐하며 술상을 차리고 밥을 짓고 하느라 분주하다. 20년만에 만나는 친구지만 알뜰한 우정이 두보에게 감동을 준다. 친구를 만난 기쁨에 10여 잔의 술을 단숨에 서로 마셨지만 즐거운 감동에 술 취하는 줄도 모른다. 지금은 이처럼 즐겁기만 하지만 내일이면 또 헤어져 서로 소식조차 모르게 될 것이다. 인생의 이합(離合)은 이렇게도 무상하단 말인가!

　친구를 만난 교환(交歡)의 정태(情態)가 감동적으로 잘 표현되어 있다. 두보 시 가운데에서도 수작(秀作)의 하나로 칠만한 작품이다.

석호리(①石壕吏)

두보(杜甫)

暮投石壕村하니, 有吏夜捉人이라.
　(모투석호촌　유리야착인)
老翁②踰墻走하고, 老婦出門看이라.
　(노옹유장주　노부출문간)
吏呼③一何怒며, 婦啼一何苦오?
　(이호일하노　부제일하고)
聽婦前致詞하니, 三男④鄴城戍라.
　(청부전치사　삼남업성수)
一男⑤附書至하니, 二男新戰死라.
　(일남부서지　이남신전사)
存者且⑥偸生이나, 死者⑦長已矣라.
　(존자차투생　사자장이의)
室中更無人하고, 惟有乳下孫이라.
　(실중갱무인　유유유하손)

孫有母未去나, 出入無⑧完裙이라.
　(손유모미거　출입무완군)

老⑨嫗力雖衰나, 請從吏夜歸라.
　(노구역수쇠　청종리야귀)

急應⑩河陽役하여, 猶得備晨炊라.
　(급응하양역　유득비신취)

夜久語聲絶하니, ⑪如聞泣幽咽이라.
　(야구어성절　여문읍유열)

天明登前途하니, 獨與老翁別이라.
　(천명등전도　독여노옹별)

저녁에 석호촌에 투숙하였는데,
관원이 밤에 사람을 잡으러 왔네.
할아버지는 담너머 달아나고,
할머니가 문 밖에 나가 보네.
관원의 호통은 얼마나 노여웁고,
할머니의 울음은 얼마나 괴로웠던가?
할머니가 앞으로 나아가 말하는 것을 들으니,
셋째 아들 업성에서 수자리 살고 있고,
맏아들이 편지를 보내어 왔는데,
둘째 아들이 요새 전사했다네.
산 사람은 그래도 억지로라도 살아가겠지만,
죽은 사람은 영영 그만이네.
집안에는 또 다른 사람은 없고,
오직 젖먹이 손자가 있을 뿐이라네.
손자가 있어 어미는 가지 못하였으나,
나들이할 온전한 치마도 없다네.

늙은 할미 기력은 비록 쇠약하나,

나으리 따라 밤에라도 가게 하여 달라네.

급히 하양의 전쟁터에 나가게 된다면,

그래도 아침밥은 지을 수 있을 거라네.

밤이 깊어지자 말소리는 끊겼으나,

소리 죽여가며 흐느끼는 울음소리가 들리는 듯했네.

날이 새어 길을 떠나갈 적에는,

홀로 할아버지하고만 작별하였었네.

주해   ① 石壕吏(석호리)―《두소릉집(杜少陵集)》권2에 들어 있는 두보의 대표적인 사회시이다. 석호(石壕)는 지금의 하남성(河南省) 섬현(陝縣)에 있던 석호진(石壕鎭) 동북쪽.

② 踰(유)―넘다.

③ 一(일)―하(何)를 강조하는 뜻으로 붙였다. 일하(一何)는 '얼마나 ……한가!'의 뜻을 나타낸다.

④ 鄴城(업성)―지금의 하남성 임장현(臨漳縣) 서쪽에 있던 업현(鄴縣)의 성. 안경서(安慶緒)가 업성을 지키다 안녹산(安祿山)의 난을 이어받은 사사명(史思明)에게 건원(乾元) 원년(758) 10월에 포위를 당하여 두 달만에 풀려났다. 업성수(鄴城戍)는 이때의 일이다.

⑤ 附書至(부서지)―'편지를 보내어 왔다'는 뜻.

⑥ 偸生(투생)―구차하게 살아가는 것.

⑦ 長已矣(장이의)―'영원히 그만이다'의 뜻.

⑧ 完裙(완군)―완전한 치마.

⑨ 嫗(구)―할머니. 노파.

⑩ 河陽役(하양역)―하양(河陽)은 지금의 하남성 맹현(孟縣) 남쪽에 있던 현(縣) 이름. 역(役)은 전역(戰役). 당(唐)나라의 장수 곽자의(郭子儀)의 군대가 사사명(史思明)에게 패하자 도우후(都虞侯) 장용제(張用濟)의 계책으로 근처의 다른 성들은 비우고 하양을 지켰다 한다. 때는 건원 2년

(759).

⑪ 如聞(여문)-'들은 것 같다'는 것은 가늘게 들렸다는 뜻. ○咽(열)-흐느
끼는 것. 흐느껴 우는 것.

[해설] 천보(天寶) 14년(755) 당(唐)나라가 태평에 젖어 있을 무렵에 변장
(邊將) 안녹산(安祿山)이 난을 일으켰다. 태평 속에 무방비상태이던 중원
(中原)을 안녹산은 단숨에 휩쓸어 현종(玄宗)도 왕위를 아들 숙종(肅宗)
에게 물려주고 사천성(四川省)으로 험난한 피난을 하지 않으면 안되었다.
3년만에 안녹산은 안경서(安慶緒)에게 잡혀 죽었으나 건원(乾元) 원년
(758)엔 그의 부하 사사명(史思明)이 다시 반란의 배턴을 이어받는다. 사
사명도 4년만에 죽음을 당하고 말지만, 이 내란을 통해서 당나라 천지는
일시에 수라장이 되고 말았다. 특히 전쟁을 통하여 백성들이 당한 괴로움
은 비참을 극(極)하고 있다.

시인 두보(杜甫)는 이 전쟁통에 각지를 전전하며 백성들의 참상을 눈
으로 보고, 여기에서 받은 감동과 정상(情狀)을 시로 썼다. 사회시인으
로서의 두보의 면목은 이 안사(安史)의 난을 통해서 더욱 빛을 발한다.
이 〈석호리(石壕吏)〉는 그러한 전쟁의 참상을 읊은 사회시의 대표적인
작품의 하나이다.

장정들은 이미 다 붙들려 전쟁에 나가고 집에는 노인과 부녀자들만이
있는데, 할아버지도 관원을 피하여 달아나야만 했던 세상이다. 할머니가
대문 밖에 나갔다가 결국 전쟁터로 끌려간다. 할머니가 관리에게 잡혀갈
때 또 그밖에 누가 마음놓고 살아갈 수가 있겠는가? 아들 삼형제 중에서
하나는 죽었다는 연락이 왔고, 며느리는 온전한 치마 한 벌이 없어 출입
을 제대로 못한다. 이보다 더 처참한 사회가 있을 수 있을까?

몇년 전만 하더라도 평화롭던 마을이 이렇게 변한 것은 모두 전쟁 때
문이다. 말은 하지 않았지만 이 사회에서 전쟁이 없어지기를 바라는 두보
의 인간애가 느껴진다.

가인(①佳人)

두보(杜甫)

②絶代有佳人하니, 幽居在③空谷이라.
 (절대유가인 유거재공곡)

自云良家子로, ④零落依草木이라.
 (자운양가자 영락의초목)

⑤關中昔喪敗하여, 兄弟遭殺戮이라.
 (관중석상패 형제조살륙)

官高何足論고? 不得收⑥骨肉이라.
 (관고하족론 부득수골육)

世情⑦惡衰歇이나, ⑧萬事隨轉燭이라.
 (세정오쇠헐 만사수전촉)

⑨夫婿輕薄兒니, ⑩新人美如玉이라.
 (부서경박아 신인미여옥)

⑪合昏尙知時요, ⑫鴛鴦不獨宿이라.
 (합혼상지시 원앙부독숙)

但見新人笑니, 那聞舊人哭가!
 (단견신인소 나문구인곡)

⑬在山泉水淸이오, 出山泉水濁이라.
 (재산천수청 출산천수탁)

⑭侍婢賣珠廻하여, ⑮牽蘿補茅屋이라.
 (시비매주회 견라보모옥)

⑯摘花不插髮하고, ⑰采柏動盈掬이라.
 (적화불삽발 채백동영국)

天寒⑱**翠袖薄**하니, **日暮**⑲**倚脩竹**이라.
(천한취수박   일모의수죽)

절세의 미인이,
조용한 골짜기에 조용히 살고 있네.
자기는 양갓집 딸이었는데,
지금은 몰락하여 초목 속에 몸을 맡기고 있다네.
관중 땅이 옛날 전쟁통에 짓밟힐 때,
형제들이 모두 죽음을 당했다네.
벼슬 높은 것 들추어 무엇하리?
골육도 거두지 못하는 것을.
세상 인정은 집안 망하는 것을 싫어하나,
만사가 촛불 꺼지듯 변해 버렸다네.
남편은 경박한 사람이어서,
아름답기 구슬 같은 새사람을 얻었는데,
합혼초는 풀이지만 때를 알고,
원앙새는 새이지만 홀로 자지 않는다는데,
새사람의 웃음만 보고,
이 옛 처의 울음은 들은 체도 않더라네!
산에서는 샘물이 맑지만,
산을 나서면 샘물이 흐려지는 법.
하녀가 구슬을 팔고 돌아와서는,
댕댕이덩굴 거두며 초가지붕을 매만지네.
꽃을 따되 머리에는 꽂지 않고,
측백잎을 뜯다 보니 어느덧 한줌이 차네.
날은 찬데 푸른 옷소매 얇고,
해가 지자 긴 대나무를 의지하네.

주해 ① 佳人(가인)-미인(美人), 좋은 사람. 《두소릉집(杜少陵集)》 권7에 실려 있다.

② 絶代(절대)-'절세(絶世)'와 같은 말. 이 세상에 둘도 없음. 한(漢)나라 이연년(李延年)의 〈가인가(佳人歌)〉에도 '북방에 가인이 있으니 절세에 독립(獨立)하였다' 했다.

③ 空谷(공곡)-공허하고 사람 없는 산골짜기.

④ 零落(영락)-영(零)도 낙(落)의 뜻을 지녔으며 '몰락'의 뜻. ○依草木(의초목)-몸을 초목에 의지한다. 곧 산림 속에 묻혀 산다는 뜻.

⑤ 關中(관중)-섬서성(陝西省)의 함곡관(函谷關) 이서(以西) 지방을 가리킴. 장안(長安)은 관중(關中)에 있으며 안녹산(安祿山)이 난을 일으키어 장안을 함락시켰다. ○喪敗(상패)-'상란(喪亂)'으로 된 판본도 있으며 모두 전란에 짓밟혀 형편없이 되는 것.

⑥ 骨肉(골육)-뼈와 살을 물려받은 부모와 자식의 관계.

⑦ 惡衰歇(오쇠헐)-집안이 쇠하고 망한 것을 미워한다. 곧 집안이 망하면 그 집안 사람들을 멀리하게 된다는 뜻. 헐(歇)은 멸망을 뜻한다.

⑧ 萬事隨轉燭(만사수전촉)-만사가 촛불이 꺼지듯이 되어간다. 곧 세상의 모든 일이 옛날 집안이 흥성했던 때와는 정반대로 갑자기 촛불이 꺼지는 것처럼 모두 제대로 되어지지 않는다는 뜻.

⑨ 夫婿(부서)-자기의 남편. ○輕薄兒(경박아)-경솔하고 박정한 사람.

⑩ 新人(신인)-남편이 새로 맞아들인 사람. 새로 얻은 아내.

⑪ 合昏(합혼)-풀 이름. 밤이 되면 잎새들이 합쳐지는 풀. 이처럼 풀도 밤이 되면 합쳐지는데 자기 남편은 전혀 옛사랑을 모르고 있다는 뜻.

⑫ 鴛鴦(원앙)-언제나 암수가 함께 노닌다는 새. 옛부터 부부의 애정을 표시할 때 비유로 많이 써왔다. 자기 남편은 이 새만도 못하다는 뜻을 지녔다.

⑬ 在山泉水清(재산천수청), 出山泉水濁(출산천수탁)-산에서는 샘물이 맑다가도 산을 벗어나면 그 물이 흐려지듯이, 자기가 옛날 집에서 잘살 때엔 그리운 것 없이 풍부하였으나 지금은 형편없이 궁해진 것을 뜻한다. 고인(古人)들은 흔히 천수(泉水)의 청탁을 그의 절조(節操)나 정에 비하

고, 절조를 지키려고 자기가 산에 와 살고 있음을 뜻한다든가, 남편을 아직도 생각하고 있다고 풀었으나 잘못인 듯하다.

⑭ 侍婢(시비)―하녀. ○賣珠廻(매주회)―살기가 궁하여 옛날 지녔던 구슬을 팔고 돌아왔다는 뜻.

⑮ 牽蘿(견라)―뻗어 올라간 댕댕이덩굴을 끌어올려 거두는 것. ○補茅屋(보모옥)―초가지붕을 보수하는 것.

⑯ 摘花(적화)―꽃을 따는 것. ○不揷髮(불삽발)―머리에 꽂지 않는다. 《시경(詩經)》 위풍(衛風) 백혜(伯兮) 시에서 '어찌 머리 감고 기름 바를 게 없으랴만, 누구를 위하여 화장을 할까?'라 한 뜻을 표현한 것이다. 꽃을 꺾지만 예쁘게 보일 임이 없어 꽂지 않는 것이다.

⑰ 采柏(채백)―잣나무 잎새를 따는 것. 잣나무는 1년 내내 푸른 소나무와 같이 잎이 시들지 않아, 송백(松柏)이라 하여 변함없는 절조(節操)를 나타낸다. 남편의 절조를 비는 뜻에서 잣나무 잎새를 따는 것이다. ○動(동)―걸핏하면. 어느새. 바로. ○盈掬(영국)―한줌이 찬다는 뜻.

⑱ 翠袖(취수)―비췻빛 옷소매.

⑲ 倚脩竹(의수죽)―긴 대나무에 몸을 기댄다. 여기에서도 절조있는 남편 품에 기대고 싶은 소망을 나타낸 것이다. 수(脩)는 장(長)의 뜻.

(해설) 옛날에는 가인(佳人)을 현자(賢者)에 비긴 것으로 보고, 관중(關中)의 난 이후 어진 노성(老成)한 사람들은 몰락하고 신진(新進)의 덕없는 젊은이들만을 등용하고 있음을 풍자한 시라고 흔히 해석하였다. 그러나 이것은 건원(乾元) 2년(759) 두보(杜甫)가 진주(秦州)에서 눈으로 친히 본 한 여인을 두고 읊은 것이라 봄이 좋을 것이다.

여인의 가정의 몰락을 통하여 전쟁이 백성들에게 안겨준 비극을 노래하고, 여인과 남편의 관계를 통하여 전쟁 속에 무너진 사회도덕과 얄팍해진 인정을 노래한 것이다. 아무리 사람이 몰락했고 또 사회가 어지럽다 하더라도 사람이면 모두 올바른 절조를 지니기 바라는 것이다. 그러기에 사시사철 푸른 잣나무 잎새를 따고 또 지는 해를 바라보며 꿋꿋한 대나무에 몸을 의지해 보는 것이다.

제갈각이 수주로 공부하러 가는 것을 전송하며

(送①諸葛覺往隨州讀書)

한유(韓愈)

②鄴侯家多書하여, ③架揷三萬軸이라.
   (업후가다서   가삽삼만축)

④一一懸牙籤하고, 新若手未觸이라.
   (일일현아첨   신약수미촉)

爲人⑤强記覽하여, 過眼不再讀이라.
   (위인강기람   과안부재독)

偉哉羣聖書를, ⑥磊落載其腹이라.
   (위재군성서   뇌락재기복)

⑦行年逾五十에, ⑧出守數已六이라.
   (행년유오십   출수수이륙)

⑨京邑有舊廬나, ⑩不容久食宿이라.
   (경읍유구려   불용구식숙)

⑪臺閣多官員하니, 無地寄一足이라.
   (대각다관원   무지기일족)

我雖官在朝나, 氣勢日⑫局縮이라.
   (아수관재조   기세일국축)

屢爲⑬丞相言이나, ⑭雖懇不見錄이라.
   (누위승상언   수간불현록)

送行過⑮滻水하니, ⑯東望不轉目이라.
   (송행과산수   동망부전목)

今子^⑰從之遊하니, 學問得所欲이라.
(금자종지유   학문득소욕)

^⑱入海觀龍魚하고, ^⑲矯翮逐黃鵠이라.
(입해관룡어   교핵축황혹)

勉爲新詩章하여, 月寄^⑳三四幅하라.
(면위신시장   월기삼사폭)

업후의 집에는 책이 많아,
서가에는 3만 개의 두루마리가 꽂혀 있네.
하나하나 상아 딱지가 달려 있고,
새롭기 손도 대지 않은 것 같네.
그분은 많이 읽고 외우고 하여,
한번 본 책은 다시 읽을 게 없다네.
위대하게도 여러 성인의 글이,
수북이 그의 뱃속에 쌓여 있다네.
나이는 50이 넘었는데,
고을 태수를 여섯 번이니 이미 지냈네.
장안에도 옛집이 있으나,
오래 살게 버려두지 않았고.
대각엔 관원이 많아,
한 발을 들여놓을 여지도 없었다네.
나는 비록 조정에서 벼슬하고 있다 하나,
기세가 나날이 오므라들고 있어,
여러번 승상에게 말씀드렸지만,
간절한 말 들어주지도 않더군.
그를 전송하러 산수를 지나가서,
그가 가는 동쪽을 눈도 깜박거리지 않고 바라보았네.

지금 그대가 그에게 가서 놀게 되면,

학문을 바라는대로 닦을 수 있을 거네.

바다로 들어가 물고기와 용을 보고,

나래 들어 황혹을 쫓듯 마음껏 공부하게.

힘써 새로운 시와 글 지어,

다달이 서너 폭씩 보내주게나.

주해 ① 諸葛覺(제갈각)－담사(澹師)의 이름으로 승(僧)이었으나 불교를 버리고 유교로 돌아온 사람. 한유(韓愈)의 일시(逸詩)에 〈담사한수(澹師鼾睡)〉 2수가 있는데 바로 이 사람을 두고 지은 시라 한다. ○隨州(수주)－지금의 호북성(湖北省) 덕안부(德安府)에 있던 고을 이름. 이때 업현후(鄴縣侯) 이필(李泌)의 아들 이번(李繁)이 수주자사(隨州刺史)로 있었다. 제갈각은 이번을 좇아 공부를 하려고 수주로 떠났는데, 그를 보내며 한유가 지은 시가 이것이다. 이 시는 《한창려선생집(韓昌黎先生集)》 권7에 실려 있다.

② 鄴侯(업후)－재상(宰相)을 지낸 이필(李泌)을 가리킨다. 필(泌)은 자가 장원(長源)이며 정원(貞元, 786~804) 중에 상(相)이 되어 업현후에 봉함을 받았다.

③ 架(가)－서가. ○揷(삽)－꽂다. ○軸(축)－‘두루마리’. 이때의 책은 비단에 글을 써서 축(軸 : 굴대)에 만 것이었다. 3만 축(軸)은 곧 3만 책에 해당한다.

④ 一一(일일)－하나하나에 모두. ○懸(현)－달아두는 것. ○牙籤(아첨)－상아로 만든 패 쪽지. 거기엔 서명(書名)과 저작명(著作名)이 적혀 있다.

⑤ 强記覽(강기람)－강기박람(强記博覽). 많이 외우고 널리 책을 읽는 것.

⑥ 磊落(뇌락)－돌이 첩첩히 쌓여 있는 모양. 여기에서는 암송하는 책의 많음을 형용한 것이다. ○載其腹(재기복)－그의 뱃속에 들어 있다. 곧 암기하고 있다는 뜻.

⑦ 行年(행년)－지나온 해. 곧 ‘나이’.

⑧ 出守(출수)－지방으로 나가 고을 태수가 되는 것. ○數已六(수이륙)－수

가 이미 여섯 번이다. 곧 여섯 번이나 지방 태수 노릇을 하였다.

⑨ 京邑(경읍)－장안(長安)을 가리킨다.

⑩ 不容久食宿(불용구식숙)－오랫동안 장안에 있는 집에서 먹고 자고 살도록 용허하지 않았다. 곧바로 지방으로 쫓아내 버렸던 일을 뜻한다.

⑪ 臺閣(대각)－조정 정치의 중심이 되는 상서성(尙書省)을 가리킨다. 여기에서는 장안의 중앙 관서를 가리킨다고 생각함이 좋다.

⑫ 局縮(국축)－오므라드는 것.

⑬ 丞相言(승상언)－승상에게 말하다.

⑭ 雖懇(수간)－'비록 간절히' 여러번 말씀드렸지만. ○不見錄(불현록)－채록되지 않았다. 들어주지 않았다. ○見(현)－피동(被動)을 나타낸다.

⑮ 滻水(산수)－장안의 남전곡(藍田谷) 북쪽으로부터 나와 패릉(灞陵)에 이르러 패수(灞水)와 합쳐지는 강물 이름.

⑯ 東望(동망)－동쪽으로 그가 떠나가는 것을 바라보는 것. ○不轉目(부전목)－눈을 깜박거리거나 굴리지도 않고 응시하는 것.

⑰ 從之遊(종지유)－그를 좇아 논다. '지(之)'는 이번(李繁)을 가리킨다.

⑱ 入海觀龍魚(입해관룡어)－바닷속으로 들어가 고기나 용을 구경하듯 심오한 학문을 많이 배우라는 뜻.

⑲ 矯(교)－나래를 '들어' 높이 나는 것. ○翮(핵)－죽지. 나래. ○鵠(혹)－고니. '황혹(黃鵠)'은 '고니'. 큰 기러기같이 생긴 후조(候鳥)의 하나. 이 구절은 마음껏 공부를 많이 하라는 뜻임.

⑳ 三四幅(삼사폭)－서너 폭. 옛날에는 글을 권물(卷物)이나 괘물(掛物)에 썼으므로 '폭'이라 한 것이다.

해설 이 시는 친구인 제갈각(諸葛覺)이 수주(隨州)로 글 배우러 떠나가는 것을 전송하며 지은 것이다. 수주의 자사(刺史)로 있는 이번(李繁)의 아버지 업후(鄴侯)는 많은 장서(藏書)와 풍부한 학식을 가지고 있던 분이다. 그의 아들인 이번도 자연히 학문이 깊을 것이지만 나이 50이 넘도록 줄곧 지방 태수 노릇만 하는 사람이다. 자기는 승상(丞相)에게 이번을 여러번 추천했으나 등용되지 못했다.

그래서 그가 수주로 떠나갈 때 이별하던 일이 지금도 눈에 떠오른다. 지금 그대는 이번에게로 글공부를 하러 가니 가거든 그 많은 장서와 연원(淵源)있는 학식 밑에서 마음껏 많은 공부를 하기 바란다. 그리고 멀리 떠나 있다 하더라도 나를 잊지 말고 한 달에 서너 편씩 좋은 시를 써보내주기 바란다는 것이다. 그러면 자기는 그 시를 통하여 그대의 소식에 접하고 나날이 진보하는 학문을 알고 자려(自勵)하게 될 것이라는 뜻도 지니고 있다.

시를 통하여 학문에 대한 한유(韓愈, 768~824)의 깊은 관심과, 깊은 학문을 지니고도 큰 벼슬 못하는 이에 대한 동정을 느낄 수 있다.

사마온공의 독락원(①司馬溫公獨樂園)

소식(蘇軾)

②青山在屋上하고, 流水在屋下라.
　　(청산재옥상　유수재옥하)

中有五畝園하니, 花竹③秀而野라.
　　(중유오묘원　화죽수이야)

花香④襲杖屨하고, ⑤竹色侵盞斝라.
　　(화향습장구　죽색침잔가)

樽酒樂餘春하고, ⑥棊局消長夏라.
　　(준주낙여춘　기국소장하)

⑦洛陽古多士하니, 風俗猶⑧爾雅라.
　　(낙양고다사　풍속유이아)

先生⑨臥不出하니, ⑩冠盖傾洛社라.
　　(선생와불출　관개경락사)

雖云[11]與衆樂이나, 中有[12]獨樂者라.
(수운여중락   중유독락자)

[13]才全德不形하니, [14]所貴知我寡라.
(재전덕불형   소귀지아과)

先生獨何事오? 四海望[15]陶冶라.
(선생독하사   사해망도야)

兒童誦[16]君實하고, [17]走卒知司馬라.
(아동송군실   주졸지사마)

[18]持此欲安歸오? [19]造物不我捨라.
(지차욕안귀   조물불아사)

名聲逐我輩하니, [20]此病天所赭라.
(명성축아배   차병천소자)

[21]撫掌笑先生하니, 年來[22]效喑啞라.
(무장소선생   연래효음아)

푸른 산이 지붕 위에 있고,
흐르는 물이 지붕 아래 있네.
그러한 가운데 수백평 넓이의 정원이 있는데,
꽃나무 대나무가 우거져 들판처럼 느껴지네.
꽃향기가 지팡이와 신발에 엄습해 오고,
대잎 빛이 구슬 술잔에 들어 있네.
통술로 나머지 봄을 즐기며,
바둑으로 긴 여름을 보내네.
낙양엔 옛부터 많은 선비가 있어,
풍속은 아직도 우아함을 지녔네.
선생은 들어앉아 세상에 나서지 않았으나,
관 쓰고 수레 탄 낙양의 명사들이 모두 몰려드네.

비록 여러 사람들과 함께 즐긴다고 하나,

그 속에 홀로 즐기는 것이 있네.

재능이 완전한데도 덕은 나타나지 않으니,

귀히 여기는 것은 나를 알아주는 이 적은 거네.

선생께선 홀로 무슨 일을 하시는가?

온 세상이 나와 일해 주시기 바라는데.

아이들도 선생의 자인 군실(君實)을 외우고,

낮은 하인들도 선생의 성인 사마(司馬)를 아네.

이런 명성을 가지고 어디로 돌아가시려 하는가?

만물을 지으신 하느님은 우리를 버리지 않으시네.

명성이란 우리를 쫓아다니는 것이어서,

이 병은 하늘이 붉은 옷을 입힌 거나 같은 거네.

손뼉을 치며 선생께서 근래에,

벙어리 흉내내심을 웃네.

(주해)　① 司馬溫公(사마온공)−사마광(司馬光, 1019~1086). 자(字)는 군실 (君實). 문사(文詞)에 뛰어난 정치가로 왕안석(王安石)의 신법(新法)을 반대하는 구당(舊黨)이었다. 뒤에 태사온국공(太師溫國公)에 봉하여지 고 문정(文正)이라 시(諡)하였으므로 온공이라 불리웠다. 《자치통감(資 治通鑑)》290권・《목록(目錄)》30권・《고이(考異)》30권・《가집(家集)》・ 《전가집(傳家集)》이 있다. ○獨樂園(독락원)−그가 만년에 짓고 한거한 원명(園名)으로 《고문진보》 후집(後集)에는 그의 〈독락원기(獨樂園記)〉 가 있고, 또 〈독락원칠제(獨樂園七題)〉라는 7수의 시가 있다. 소동파(蘇 東坡)는 사마광(司馬光)과 정치상의 동지였으며, 그의 독락원을 빌어 사 마광의 위인(爲人)과 백성들의 경앙(敬仰)을 찬미한 것이 이 시이다. 《동 파시집》 권10에 이 시가 들어 있다. '사마군실독락원(司馬君實獨樂園)'이 라 제(題)한 판본도 많다.

② 靑山在屋上(청산재옥상), 流水在屋下(유수재옥하)−푸른 산이 지붕 위

에 솟아 있고, 흐르는 냇물이 지붕 아래 있다. 곧 집 주위에는 아름다운
산수가 있음을 노래한 것이다.

③ 秀而野(수이야)―꽃과 대가 '빼어나게 자라 무성하면서도 들판과 같은
자연스런 풍경을 이루고 있다'는 뜻.

④ 襲杖屨(습장구)―향기가 '지팡이와 신에 엄습한다', 곧 향기가 강렬하게 꽃
으로부터 엄습해 오는 모양을 형용한 것이다.

⑤ 竹色(죽색)―대나무 같은 초록색. ○侵盞斝(침잔가)―옥잔 속으로 옮겨
들어와 있다. 중국의 노주(老酒)인 소흥주(紹興酒)에는 3년 묵은 죽엽청
(竹葉靑)이란 술이 있다. 이 구절은 옥 술잔에 담긴 죽엽청이란 파란 술은
흡사 밖의 대잎 빛이 옮겨와 푸르게 뵈는 것 같다는 뜻이다. ○斝(가)―옥
으로 만든 술잔.

⑥ 棊局(기국)―바둑판. 국(局)은 '판 국'.

⑦ 洛陽(낙양)―주(周)나라 이래의 동도(東都)로서 하남성(河南省) 언사현
(偃師縣) 서쪽 낙수(洛水)의 북쪽 기슭에 있는 고대 문화의 중심지. 사마
광의 독락원(獨樂園)은 이 낙양에 있었다.

⑧ 爾雅(이아)―'우아함에 가깝다'. 이(爾)는 가까울 이(邇)와 통하는 글자.

⑨ 臥(와)―눕다. 와불출(臥不出)은 틀어박혀 있으면서 세상에 나가 벼슬
하거나 활동하지 않는 것.

⑩ 冠盖(관개)―관(冠)을 쓰고 수레에 포장을 달고 다니는 귀인들. ○傾
(경)―모두 모여드는 것. ○洛社(낙사)―낙양(洛陽)의 문인·사대부들의
결사(結社). 그때 문언박(文彦博)은 은퇴한 뒤 낙양에서 부필(富弼)·사
마광(司馬光) 등과 '낙양기영회(洛陽耆英會)'를 결성하였다. 그 회원은 공
경대부로서 퇴관(退官)한 나이 71세 이상의 제로(諸老) 12인이었다. 사마
광은 그때 아직 50이었으나, 제로들이 모두 흠모하여 모여들었다. 낙사란
이 '기영회'와 같은 모임들을 말한다.

⑪ 與衆樂(여중락)―여러 사람들과 더불어 즐긴다.《맹자(孟子)》양혜왕(梁
惠王) 하(下)에도 왕도(王道)를 권하여 '대중들과 음악을 즐긴다' 하였다.

⑫ 獨樂者(독락자)―자기 홀로 도(道)를 즐기는 것.《논어(論語)》술이(述
而)편에서 공자(孔子)가 '소식(疏食)을 먹고 물 마시고 팔을 베고 누웠어

도 즐거움은 또한 그 속에 있다'고 한 것 같은 것이 독락자이다.

⑬ 才全德不形(재전덕불형)－재능이 완전한데도 덕이 나타나지 않는 것. 《장자(莊子)》 덕충부(德充符)편에 나오는 말로서, 무슨 일이나 할 수 있는 재능을 가졌으면서도 그 효용(效用), 곧 덕을 외면에 나타내지 않는 훌륭한 사람을 말한다.

⑭ 所貴知我寡(소귀지아과)－'귀히 여기는 바는 나를 알아주는 이가 적은 것'. 《노자(老子)》 70장에 '나를 알아주는 이 드문 것은 곧 내가 귀한 것이다'고 하였다.

⑮ 陶冶(도야)－도(陶)는 질그릇을 구워 만드는 것, 야(冶)는 쇠를 부어 그릇을 만드는 것. 이 말은 천하를 다스리는 정치를 비유한 것이다. 곧 사마광이 재상이 되어 나라를 다스리기를 바란다는 것이다.

⑯ 君實(군실)－사마광의 자(字).

⑰ 走卒(주졸)－하복(下僕). 하인.

⑱ 持此(지차)－'이것을 가지고'. '이것'은 이러한 명성을 뜻한다. ○安(안)－어찌. 어디로. 안귀(安歸)는 '어디로 돌아가는가?' 곧 이러한 명성을 두고 어디로 피해 홀로 갈 수 있겠는가?

⑲ 造物(조물)－조물주. 만물을 만드신 하늘. 또는 하느님. ○不我捨(불아사)－우리를 버리지 않으신다. 당신 홀로 물러나 있게 두지 않을 것이라는 뜻.

⑳ 此病(차병)－명성이 우리들에게 붙어다니는 병. ○赭(자)－붉은 옷. 죄인의 옷임. 천소자(天所赭)는 하늘이 천형(天刑)의 표시로 붉은 옷을 입혀 놓은 거나 같다는 뜻.

㉑ 撫掌(무장)－손뼉을 치는 것.

㉒ 效喑啞(효음아)－벙어리 흉내를 내는 것. 음(喑)과 아(啞)는 모두 말 못하는 벙어리. 이것은 어지러운 나라 정치에 관심이 없는 듯 입을 다물고 있는 것을 뜻한다.

해설 이 시는 독락원(獨樂園)을 빌어 사마광(司馬光)의 위인(爲人)과 인덕(人德)을 칭송한 것이다. 소동파(蘇東坡)에게는 《당송팔가문(唐宋八家

文)》에 또 〈사마온공신도비(司馬溫公神道碑)〉가 있으니 참조 바란다. 이 신도비에도 백성들이 사마광을 얼마나 흠모했고 또 얼마나 그가 나와서 정치를 해주기 바랐던가 누누이 기술하고 있다.

　이 시의 첫 8구는 덕있는 군자가 은거(隱居)하기에 알맞은 아름다운 독락원의 풍경과 그 속의 유유한 생활을 읊고 있다. 다음 8구는 낙양(洛陽)의 사대부들 가운데서 사마광이 얻고 있는 명망과 그의 재덕(才德)을 읊은 것이다. 다시 끝 8구는 온 세상 사람들이 사마광이 나와서 정치에 참여하기를 바라고 있음을 읊은 것이다. 사마광이라면 아이건 하복(下僕)이건 모르는 사람이 없다. 이러한 명성을 지녔다는 것은 하늘의 숙명으로 자기 홀로 은거하지는 못할 것이라는 것이다.

위좌상에게 올리는 20운의 시(上^①韋左相二十韻)

두보(杜甫)

^②鳳曆軒轅紀에, ^③龍飛四十春이라.
　　(봉력헌원기　용비사십춘)

^④八荒開壽域하니, ^⑤一氣轉洪鈞이라.
　　(팔황개수역　일기전홍균)

^⑥霖雨思賢佐하고, ^⑦丹靑憶老臣이라.
　　(임우사현좌　단청억로신)

^⑧應圖求駿馬하니, ^⑨驚代得麒麟이라.
　　(응도구준마　경대득기린)

^⑩沙汰江河濁이오, ^⑪調和鼎鼐新이라.
　　(사태강하탁　조화정내신)

^⑫韋賢初相漢하고, ^⑬范叔已歸秦이라.
　　(위현초상한　범숙이귀진)

盛業今如此하고, ⑭傳經固絕倫이라.
　(성업금여차　전경고절륜)

⑮豫樟深出地요, ⑯滄海闊無津이라.
　(예장심출지　창해활무진)

⑰北斗司喉舌하고, ⑱東方領搢紳이라.
　(북두사후설　동방영진신)

⑲持衡留藻鑑이오, ⑳聽履上星辰이라.
　(지형유조감　청리상성신)

獨步才超古하니, ㉑餘波德照鄰이라.
　(독보재초고　여파덕조린)

聰明過㉒管輅요, ㉓尺牘倒陳遵이라.
　(총명과관로　척독도진준)

豈是㉔池中物이리오, 由來㉕席上珍이라.
　(기시지중물　유래석상진)

㉖廟堂知至理하니, 風俗盡還淳이라.
　(묘당지지리　풍속진환순)

才傑俱登用하니, ㉗愚蒙但隱淪이라.
　(재걸구등용　우몽단은륜)

㉘長卿多病久하고, ㉙子夏索居貧이라.
　(장경다병구　자하삭거빈)

㉚回首驅流俗하니, 生涯似衆人이라.
　(회수구류속　생애사중인)

㉛巫咸不可問이오, ㉜鄒魯莫容身이라.
　(무함불가문　추로막용신)

感激時將晚하니, ㉝蒼茫興有神이라.
　(감격시장만　창망흥유신)

爲公歌此曲하니, **涕淚在衣巾**이라.
(위공가차곡   체루재의건)

봉조(鳳鳥)의 달력과 황제가 바로잡은 역년(曆年)에 의하면,
용이 나신 지 40년이 되는 해,
이 세상에 장수하는 고장을 여시고,
한 기운으로 천지를 다스리셨네.
단비 기다리듯 어진 신하를 생각하시고,
한나라에 공신을 그려놓았듯이 늙은 신하들을 아끼시네.
그림을 따라 날랜 말을 찾듯이 어진 이를 구하시니,
일세를 놀라게 할만한 기린 같은 분을 얻으셨네.
모래 일어 강물이 흐려지듯 관계를 정화하기에 힘쓰셨고,
솥 안의 음식을 조화하듯 정치를 쇄신하셨네.
위현이 옛날 한나라 재상이 되었듯이 재상이 되시었고,
범수가 진나라로 돌아갔듯이 나라에 공을 세우셨네.
이루신 위업이 지금 이와 같으시고,
경서를 전하심에 있어서도 비할 데 없이 뛰어나셨네.
위좌상의 인물은 예장나무가 깊은 땅에서 난 듯하고,
창해가 넓어서 나루터가 없는 듯하네.
북두성이 하늘의 목이나 혀인 것처럼 천자의 조칙을 지으셨고,
필공(畢公)처럼 신하들을 거느리시네.
저울대처럼 공평하게 인물을 평가하셨고,
발소리 듣고 사람을 알아보듯 궁전에 드나드셨네.
독보적인 재능은 옛사람들을 능가하고,
좌상의 덕의 여파는 이웃 나라에까지 미치네.
총명하기 관로보다 더하시고,
편지의 글은 진준을 압도하네.

어찌 용이 되지 못하고 못 속의 물건이 되고 말까?
줄곧 학문을 닦고 불러주기 기다렸네.
조정에서는 지극한 도리를 알고 일하셨으니,
풍속을 모두 순박하게 변화시켰네.
재능이 뛰어난 이들을 모두 등용하시니,
어리석은 자들만이 초야에 묻히었네.
사마상여처럼 병이 많이 든 지 오래이고,
자하처럼 쓸쓸히 떨어져 가난하게 살고 있네.
회고해 보면 세상 속사에 몰리어서,
생애는 일반 백성들과 비슷하네.
무함 같은 점쟁이에게 물어볼 수도 없고,
공자가 노에서, 맹자는 추에서 몸둘 곳이 없었던 것 같네.
이처럼 감격하고 있는 사이에 해는 저물고,
넓고 큰 흥 속에 신묘함이 있네.
공 위하여 이 곡을 노래하노라니,
눈물이 흘러 옷과 수건을 적시고 있네.

(주해) ① 韋左相(위좌상)－위견소(韋見素). 천보(天寶) 13년(754) 가을에 무
부상서(武部尚書) 동중서문하사(同中書門下事)가 되었으며, 천보 15년에
는 현종(玄宗)을 따라 사천성(四川省)으로 피란가 파서(巴西)에까지 갔었
는데 좌상(左相)에 빈국공(豳國公)을 조명(詔命)으로 겸하게 되었다. 무
부상서도 재상급이어서 13년 처음 입상(入相)할 때 두보(杜甫)가 보낸 시
일 것이다. 제목에 '좌상(左相)'이라 한 것은 뒤에 두시(杜詩)를 편집할
때 고쳐 부른 것인 듯하다[《杜詩錢註》]. 이 시는 《두공부집(杜工部集)》
권9에 근체시(近體詩)로서 실려 있다.
② 鳳曆(봉력)－소호씨(少暤氏) 때의 역정(曆正)을 지낸 봉조씨(鳳鳥氏)가
만든 달력[《左傳》昭公 17년]. ○軒轅紀(헌원기)－헌원(軒轅)은 황제(黃
帝)의 성(姓). 헌원기는 황제가 고정(考定)한 연력(年曆).

③ 龍飛(용비)―용이 나는 것은 천자가 즉위한 데 비유한 것이다. 이 해 천보 13년은 현종이 즉위한 지 43년이 되는 해이다.

④ 八荒(팔황)―팔방(八方)의 땅끝 안. 곧 온 세상. ○壽域(수역)―장수하는 지역. 곧 살기 좋은 평화로운 나라. 당(唐)나라를 가리킨다.

⑤ 一氣(일기)―혼연한 만상(萬象)의 근원이 되는 기(氣). 음양으로 분리되기 전의 기(氣). ○洪鈞(홍균)―대균(大鈞). 균(鈞)은 도공(陶工)이 그릇을 만들 때 흙을 올려놓고 돌리는 틀. 일기(一氣)로 대균(大鈞)을 돌리며 하늘이 만물을 만들어 내듯 천자는 정도(正道)로 세상을 다스리고 있다는 뜻.

⑥ 霖(림)―단비. '임우사현좌(霖雨思賢佐)'는 가뭄에 단비를 바라듯 현명한 보신(輔臣)을 생각한다는 뜻.

⑦ 丹靑(단청)―한(漢)나라 선제(宣帝)가 기린각(麒麟閣)에 공신(功臣)들의 초상을 그려 걸어놓았던 것을 가리킨다. '단청억로신(丹靑憶老臣)'은 선제가 공신을 단청(丹靑)으로 그려놓았듯이 노신(老臣)들을 생각하고 존경한다는 뜻.

⑧ 應圖求駿馬(응도구준마)―그림을 따라 준마를 구한다. 《한서(漢書)》 권67 매복전(梅福傳)에 '3대의 선거의 법을 가지고 당세의 사(士)를 등용하려는 것은 마치 백락(伯樂 : 말의 專門家)의 그림을 살피며 준마를 시장에서 구하는 것 같으니 얻을 수 없음은 이미 분명한 일이다'고 하였다. 그러나 여기서는 준마 같은 현신을 열심히 찾는다는 뜻을 나타내고 있다.

⑨ 驚代(경대)―'경세(驚世)'로 된 판본도 있다. ○麒麟(기린)―뛰어난 현신(賢臣)을 말한다.

⑩ 沙汰(사태)―모래가 물에 씻기우는 것. ○江河濁(강하탁)―장강(長江)이나 황하(黃河)가 흐려지는 것. 모래를 씻느라고 강물들이 흐려진다는 것은 좌상(左相)의 노고에 비유한 것이다.

⑪ 調和(조화)―양념을 잘 섞어 음식의 맛을 내는 것. ○鼎鼐(정내)―크고작은 솥들. ○新(신)―솥 안의 음식맛을 새롭게 하듯 나라의 정치를 새롭게 했다는 것이다.

⑫ 韋賢(위현)―자(字)는 장유(長孺). 노(魯)나라 추인(鄒人)으로 한(漢)나라 선제(宣帝) 때의 박학하고 어진 재상. 위견소(韋見素)를 동성(同姓)인

명상 위현에게 비긴 것이다.

⑬ 范叔(범숙)—위인(魏人) 범수(范雎). 자(字)가 숙(叔)이다. 그는 위(魏)나라에서 뜻을 펴지 못하고 진(秦)나라로 들어가 명상이 되었다. 위견소가 진나라로 들어간 범수와 같은 명상이라는 것이다.

⑭ 傳經固絶倫(전경고절륜)—정치업적뿐만 아니라 경학(經學)을 세상에 전하는 학문에 있어서도 본시 비길 사람이 없을 만큼 위견소는 뛰어난 사람이라는 것이다.

⑮ 豫樟(예장)—남쪽에 나는 거목(巨木)의 이름. 예장이 깊이 땅에 뿌리를 박고 자라 있듯 위견소는 훌륭한 인재라는 것이다.

⑯ 滄海闊無津(창해활무진)—푸른 바다가 넓어 나루터가 없듯이 위견소는 도량이 넓다는 뜻이다.

⑰ 北斗司喉舌(북두사후설)—후설(喉舌)은 목과 혀로 발성기관이다. 《후한서(後漢書)》 이고열전(李固列傳)에 '지금 폐하(陛下)에게 상서(尙書)가 있는 것은 마치 하늘에 북두(北斗)가 있는 것과 같습니다. 북두성은 하늘의 후설(喉舌)이고 상서는 왕명을 출납(出納)하여 정사를 사해(四海)에 폅니다' 하였다.

⑱ 東方領搢紳(동방영진신)—진신(搢紳)은 홀(笏)을 띠에 꽂고 대대(大帶)를 띤 사대부들. 이 구절은 《서경(書經)》 강왕지고(康王之誥)에 '필공(畢公)이 동방의 제후들을 거느리고 응문(應門)으로부터 들어와 오른편에 섰다' 하였다. 필공이 동방의 제후들을 거느리듯 위견소가 여러 현신(賢臣)들을 거느리었음을 말한다.

⑲ 持衡(지형)—저울대를 잡고 있듯이 공평하게 인사를 처리하는 것. ㅇ留藻鑑(유조감)—품조(品藻) 감별(鑑別)의 행적을 남기는 것. 품(品)은 인물의 평가, 조(藻)는 재능의 평정(評定), 감(鑑)은 거울처럼 밝힘을 뜻한다.

⑳ 聽履(청리)—걷는 신발 소리를 듣는 것. ㅇ星辰(성신)—천자가 계시는 곳을 가리킨다. 그가 걸어가는 신발 소리를 듣고 천자가 알 정도로 천자를 친근히 보좌함을 뜻한다.

㉑ 餘波(여파)—그의 재능과 학덕의 영향. ㅇ德照鄰(덕조린)—덕이 이웃 나라들을 비춘다. 곧 그의 덕은 이웃 나라들까지도 교화를 시킨다는 뜻.

㉒ 管輅(관로) ─위(魏)나라 때 천문지리에 통달했던 명인(名人). 자(字)는 공명(公明)이었다.

㉓ 尺牘(척독) ─편지 쓰는 문장. ○陳遵(진준) ─한인(漢人). 자(字)는 맹공 (孟公). 글을 잘 지어 사람들은 그의 편지를 받으면 모두 소중히 간직하였다 한다. 도진준(倒陳遵)은 진준(陳遵)을 압도했다는 뜻.

㉔ 池中物(지중물) ─못 속의 용(龍)이 되지 못하고 있는 시원찮은 물건.

㉕ 席上珍(석상진) ─《예기(禮記)》 유행(儒行)편에 '애공(哀公)이 석(席)을 명하였다. 공자(孔子)가 전하여 말하였다. "유(儒)에겐 석상(席上)의 진 (珍 : 보배)이 있는데, 그것을 가지고서 초빙을 기다린다."' 하였다. 위견소 (韋見素)는 옛날 덕을 닦고 천자가 부르시기만을 기다리고 있었다는 뜻.

㉖ 廟堂(묘당) ─옛날엔 중요한 국사(國事)를 종묘에서 의논하였으므로, 여기서는 조정을 가리킨다. ○至理(지리) ─지극한 이치. 위견소는 좌상(左相)이 되어 조정에 들어가서는 지극히 올바른 도리를 따라 정치를 하였다는 뜻.

㉗ 愚蒙(우몽) ─어리석고 몽매한 사람. ○隱淪(은륜) ─초야에 묻혀 평민으로 사는 것.

㉘ 長卿多病久(장경다병구) ─장경(長卿)은 한대(漢代)의 대표적인 부가(賦 家) 사마상여(司馬相如). 그는 소갈병(消渴病)을 앓았는데 탁문군(卓文 君)을 가까이한 뒤로는 병이 더하여져 마침내는 이 병으로 죽었다. 이 구절부터는 두보(杜甫) 자신에 비유한 것이다.

㉙ 子夏索居貧(자하삭거빈) ─《예기(禮記)》 단궁(檀弓) 상(上)편에 '자하(子 夏)가 말하였다. "나는 무리를 떠나 삭거(索居)한 지 이미 오래되었다."' 고 하였다. 주(註)에 '삭(索)은 산(散)의 뜻'이라 하였으니 삭거는 산거(散 居), 즉 친구들과 사귀지 않고 쓸쓸히 떨어져 사는 것이다.

㉚ 回首(회수) ─머리를 돌려 자신을 살펴보는 것. 지난 일을 반성해 보는 것. ○驅流俗(구류속) ─세상 습속에 몰리는 것.

㉛ 巫咸(무함) ─황제(黃帝) 때의 신무(神巫).

㉜ 鄒魯(추로) ─맹자(孟子)는 추(鄒) 사람, 공자(孔子)는 노(魯) 사람. 후세엔 문교(文敎)의 중심지를 가리키게 되었다.

㉝ 蒼茫(창망) ─넓고 먼 모양. 아득한 것. ○興(흥) ─시흥(詩興). '흥유신(興

有神)'은 시흥(詩興) 속에 신묘(神妙)함이 있다는 뜻.

해설 이 시는 처음부터 성대(聖代)를 찬미하고 이러한 훌륭한 세상에 나와 재상이 된 위견소(韋見素)의 재덕(才德)과 학식을 칭찬하는 데 많은 구절을 충당하고 있다. 그리고 끝의 12구에서는 시인인 자신의 불우를 절실하게 표현하고 있다. 이러한 호소가 사실은 이 시의 본의인 것이다. 당시 높은 지위에서 현종(玄宗)의 신임을 두텁게 받고 있던 위견소는 많은 면에서 두보(杜甫)의 뜻과 투합하였다. 이에 두보는 눈물어린 호소로써 이 시를 읊었던 것이다. 목석이라도 움직일 만한 내용이지마는 위견소가 이 시를 읽고 어떤 반응을 보였는지 알 길이 없다. 이 시가 천보(天寶) 13년에 지어졌고 15년에 안녹산(安祿山)의 난이 일어났으니 위견소가 깊은 감동을 받았다 해도 두보를 돌볼 겨를은 없었을 것이다.

이백에게 부침(①寄李白)

두보(杜甫)

②昔年有狂客하니, 號爾謫仙人이라.
　(석년유광객　호이적선인)

③筆落驚風雨요, 詩成泣鬼神이라.
　(필락경풍우　시성읍귀신)

聲名從此大하니, ④汨沒一朝伸이라.
　(성명종차대　골몰일조신)

⑤文彩承殊渥하니, ⑥流傳必絶倫이라.
　(문채승수악　유전필절륜)

⑦龍舟移棹晩이오, ⑧獸錦奪袍新이라.
　(용주이도만　수금탈포신)

白日來⑨深殿이오, ⑩青雲滿後塵이라.
(백일래심전   청운만후진)

⑪乞歸優詔許하니, ⑫遇我宿心親이라.
(걸귀우조허   우아숙심친)

未負⑬幽棲志하고, 兼全⑭寵辱身이라.
(미부유서지   겸전총욕신)

⑮劇談憐野逸이오, 嗜酒見⑯天眞이라.
(극담련야일   기주견천진)

醉舞⑰梁園夜하고, 行歌⑱泗水春이라.
(취무양원야   행가사수춘)

才高心不展이오, ⑲道屈善無鄰이라.
(재고심부전   도굴선무린)

處士⑳禰衡俊이오, ㉑諸生原憲貧이라.
(처사예형준   제생원헌빈)

㉒稻梁求未足인대, ㉓薏苡謗何頻고?
(도량구미족   의이방하빈)

㉔五嶺炎蒸地요, ㉕三危放逐臣이라.
(오령염증지   삼위방축신)

幾年㉖遭鵩鳥오? ㉗獨泣向麒麟이라.
(기년조복조   독읍향기린)

㉘蘇武先還漢하고, ㉙黃公豈事秦가?
(소무선환한   황공기사진)

㉚楚筵辭醴日이오, ㉛梁獄上書辰이라.
(초연사례일   양옥상서신)

已用當時法하니, 誰將此義陳고?
(이용당시법   수장차의진)

㉜老吟秋月下하고, ㉝病起暮江濱이라.
 (노음추월하 병기모강빈)
莫㉞心在恩波隔하라, ㉟乘槎與問津이라.
 (막괴은파격 승사여문진)

옛날에 광객(狂客)이 있었는데,
그대를 불러 적선인(謫仙人)이라 하였지.
붓을 들면 비바람이 놀라게 하듯 하고,
시가 이루어지면 귀신을 울렸네.
명성이 이로부터 커졌으니,
묻혀 살던 몸이 하루아침에 펴졌지.
그대의 아름다운 글은 천자의 두터운 사랑을 받고,
세상에 유행하는 작품은 모두가 비길 데 없이 뛰어났네.
천자의 용주는 그대 위해 노를 더디 저었고,
짐승무늬 비단 장포(長袍)를 천자님으로부터 받았네.
대낮에도 깊은 궁전을 드나들었고,
푸른 구름처럼 높은 고관들이 그대 뒤에 가득히 따랐었네.
초야로 돌아갈 것을 바라자 천자는 조칙 내려 허락하셨고,
나를 만나 꾸준한 마음으로 친히 대해 줬네.
숨어살려는 뜻을 어기지 아니하고,
총애 끝에 욕볼 몸을 온전히 하였네.
멋대로 얘기하며 초야의 편안함을 좋아하고,
술을 즐기어 천성의 참됨을 나타내었네.
취하여는 양원의 밤잔치에서 춤을 추었고,
사수의 봄경치를 다니며 노래하였네.
높은 재주 지녔으나 마음은 펴지 못하고,
앞길이 굽혀지니 착함에도 이웃이 없었네.

후한의 처사 예형은 뛰어난 인물이었는데도 숨어살았고,

공자의 제자 원헌은 재덕 있었으나 가난하게 살았네.

벼와 조도 바라는대로 구하지 못하거늘,

약으로 넣은 율무를 구슬이라 오해받고 참언을 당하였네.

그리하여 오령의 무더운 고장,

삼위로 쫓겨나는 몸이 되었네.

몇년이나 복조(鵩鳥)를 만날까 하며,

홀로 기린이 나타나는 세상 안옴을 울었네.

그래도 한나라 소무보다는 먼저 나라로 돌아왔고,

황공 같은 그대가 진나라 같은 영왕(永王) 인(璘)을 어찌 섬겼으리?

한나라 목생(穆生)이 초나라 잔치에서 단술이 없다고 초나라를 떠났듯이 그대도 영왕 인을 떠나려 하였었고,

한나라 추양(鄒陽)이 양나라 옥에서 상서했듯이 그대도 옥 속에서 무죄를 밝혔으나,

이미 당시의 법을 적용하고 있으니, 누가 이 뜻을 펴 줄꼬?

나는 늙어 가을달 아래 시나 읊고,

해저무는 장강 가에 병든 몸을 일으키어 그대를 생각하네.

천자의 은혜 물결이 멀리 있음은 탓하지 말게나,

뗏목 타고 은하수로 올라가 갈 길을 물어보리라.

주해　① 寄李白(기이백)―이백(李白)에게 붙임. 《두소릉집(杜少陵集)》 권8에 〈기이십이백이십운(寄李十二白二十韻)〉이라 제(題)하고 있다. 지덕(至德) 원년(756) 이백은 반란을 일으킨 영왕(永王) 인(璘)의 군대가 단양(丹陽)에서 패하자 숙송(宿松)이란 곳으로 갔었으나 죄에 연루되어 잡혀서 심양(潯陽)의 옥에 갇히었다. 지덕 2년 송약사(宋若思)가 하남(河南)으로 가는 길에 심양을 지나다가 이백의 죄가 가벼우므로 이를 풀어주고 참모(參

謀)로 삼았다. 이때 이백의 나이 57세였다. 다음해인 건원(乾元) 원년 (758)에는 마침내 영왕 인(璘)의 사건으로 멀리 야랑(夜郎) 땅에 유배되었다. 이 시는 건원 2년 두보가 진주(秦州)에 있으면서 이백의 불우를 동정하고 지은 것이다.《두소릉집》에 '이십이백(李十二白)'이라 한 것은 그의 형제 배항(排行)이 열두 번째이기 때문이다.

② 昔年有狂客(석년유광객)—광객(狂客)이란 세속에 반하는 뜻을 지닌 사람으로 '사명광객(四明狂客)'이라 호(號)하였던 하지장(賀知章)을 가리킨다. 이백이 처음 장안(長安)에 나타났을 때 하지장은 이백을 보자 그의 선풍(仙風)을 느끼고 '적선인(謫仙人)' 곧 '이 세상으로 귀양온 신선(神仙)'이라 불렀다 한다.

③ 筆落(필락)—붓이 종이에 떨어지면. 붓을 종이에 대면. ○驚風雨(경풍우)—풍우(風雨)가 놀란 듯 일어나는 것처럼 기세 좋은 문장을 쓰는 것.

④ 汨沒(골몰)—골(汨)과 몰(沒)은 다 같이 '침(沈)'의 뜻을 지녀, 초야에 묻혀 세상에 드러나지 않음을 뜻한다. ○伸(신)—뜻을 펴는 것. 뜻을 이루는 것.

⑤ 文彩(문채)—문장의 채색과 무늬. 시문(詩文)의 아름다움. ○殊渥(수악)—특수하게 많은 은애(恩愛)를 천자로부터 받는 것.

⑥ 流傳(유전)—세상에 유행하고 전해지는 시. ○絶倫(절륜)—비길 데 없이 뛰어난 것.

⑦ 龍舟(용주)—천자가 탄 배. 용두(龍頭)가 달린 배. ○移棹晚(이도만)—노를 저어 배를 옮겨감을 더디한다. 곧 천자의 배가 이백(李白)을 기다리느라고 늦게 떠났다는 뜻. 범전정(范傳正)의 이백 묘비(墓碑)에 '현종(玄宗)이 백련지(白蓮池)로 뱃놀이를 나가셨다. 황제가 즐거이 다 노시고 이백을 불러 서(序)를 짓게 하셨다. 이때 이백은 이미 한림원(翰林苑)에서 술에 취하여 있었으므로 고장군(高將軍)에게 명하여 부축을 하게 하고 배에 올랐다' 하였는데 이때의 일을 가리킨 것이다.

⑧ 獸錦(수금)—짐승의 무늬가 짜여진 비단. ○奪袍新(탈포신)—《구당서(舊唐書)》에 '무후(武后)가 종신(從臣)들에게 시를 읊게 하였다. 동방규(東方虯)가 먼저 지으니 금포(錦袍)를 내리었다. 송지문(宋之問)이 이어 시를 바치니 더욱 잘된 것이었다. 이에 금포를 빼앗아 송지문에게 내리었다'는 애

기가 있다. 이 고사(故事)를 전용하여 '장포(長袍)를 새로이 빼앗았다'는
말은 이백이 현종으로부터 시에 대한 많은 상사(賞賜)를 받았음을 말하
는 것이다.

⑨ 深殿(심전)―천자가 계시는 궁전. 대낮에도 천자가 계시는 곳을 드나들
었다는 것은 총애가 지극하였음을 형용한 것이다.

⑩ 靑雲(청운)―푸른 구름처럼 높은 지위에 있는 고관들. ○滿後塵(만후진)―
이백 뒤의 먼지 속에 가득하였다. 곧 많은 고관들이 그의 뒤를 따랐다
는 뜻.

⑪ 乞歸(걸귀)―산야(山野)로 돌아갈 것을 청하는 것. ○優詔許(우조허)―
'좋게 여기시고 조칙을 내려 허락하셨다'는 뜻.

⑫ 遇我(우아)―'나를 만나자'. '나 두보를 대우하기를'. ○宿心親(숙심친)―
'오래 전부터 마음으로 친했던 것 같다'는 뜻.

⑬ 幽棲志(유서지)―은퇴하여 살려는 뜻.

⑭ 寵辱身(총욕신)―총애를 받다. 욕을 당하는 몸. 이백은 처음엔 현종의 총
애를 받았으나 고역사(高力士) 등의 참언(讒言)으로 욕을 보았다.

⑮ 劇談(극담)―멋대로 얘기하는 것. ○憐(련)―사랑하다. 동정하다. ○野逸
(야일)―초야에 묻혀 사는 안일함.

⑯ 天眞(천진)―하늘로부터 타고난 참된 성격.

⑰ 梁園(양원)―하남성(河南省) 변주(汴州)에 있는 한(漢)나라 양효왕(梁孝
王)의 토원(兎園). 이백에게 〈양원음(梁園吟)〉 시가 있다. 이백은 한림
(翰林)으로부터 쫓겨나 양(梁)·송(宋)·제(齊)·노(魯) 지방을 객유(客
遊)하여 시를 읊었다. 천보(天寶) 3, 4년(744·5)경의 일이다. 이때 두보
는 여러번 이백과 어울렸었다.

⑱ 泗水(사수)―산동성(山東省)에 있는 강물 이름. 공자(孔子)가 이 강물 근
처에서 가르침을 펴 유명하다.

⑲ 道屈(도굴)―이백이 펴려는 도가 굽히어 오므라든 것. ○善無鄰(선무
린)―선한 데도 이웃이 없다. 《논어(論語)》 이인(里仁)편의 '덕(德)은 외
롭지 아니하고 반드시 이웃이 있다'고 한 말을 뒤집어 표현한 것이다.

⑳ 禰衡(예형)―자(字)는 정평(正平). 후한(後漢) 사람. 어려서부터 재변(才

辯)이 있었고 기상이 강오(剛敖)하였다. 공융(孔融)이 뒤에 그는 숙질(淑質)이 정량(貞亮)하고 영재(英才)가 뛰어나다고 임금에게 천거하였다〔《後漢書》列傳〕. 예형준(禰衡俊)은 예형처럼 준수하다는 뜻.

㉑ 諸生原憲貧(제생원헌빈)－공자(孔子)의 제자 원헌(原憲)은 가난했다. 그는 자(字)가 자사(子思). 송인(宋人)으로 청정히 수절하고 가난하면서도 낙도(樂道)하였다. 이백도 원헌처럼 덕이 있으면서도 가난하게 산다는 뜻.

㉒ 稻粱(도량)－벼와 조. 식량을 가리킨다.

㉓ 薏(의)－율무. ○苡(이)－율무. ○謗(방)－훼방하다. 비난하다. ○薏苡謗何頻(의이방하빈)－옛날 후한(後漢) 때 마원(馬援, 字 文淵, 扶風 茂陵人)은 처음에 교지(交趾)에 있으면서 언제나 의이(薏苡 : 율무)를 먹었다. 그래가지고 몸을 가벼이 하고 욕망을 덜음으로써 장기(瘴氣)를 이겨냈다. 남쪽의 율무는 열매가 크다. 마원은 씨를 받으려고 군대가 돌아올 때 그 씨를 수레에 싣고 왔다. 이때 사람들은 그것을 남토(南土)의 진괴(珍怪)라 하여 권세가들이 모두 이것을 얻기를 바랐다. 마원은 이때 임금의 총애를 받고 있었으므로 아무도 건드리지 못했다. 그가 죽자 어떤 자가 상서하여 전에 수레에 싣고 왔던 것은 모두가 명주(明珠)와 문서(文犀)였다고 참언하였다. 이에 임금은 대단히 성을 내셨다 한다〔《後漢書》列傳〕. '의이방하빈'은 마원이 옛날 율무를 가지고 명주(明珠)라고 참언을 받았던 것처럼 이백도 근거없는 참언을 여러번 받았다는 뜻.

㉔ 五嶺(오령)－대유(大庾)·시안(始安)·임하(臨賀)·계양(桂陽)·게양(揭陽)의 다섯 고개로서, 복건(福建)으로부터 광동(廣東), 호남(湖南)으로부터 광서(廣西)로 들어가는 도중에 있다. 오령의 남쪽을 영남도(嶺南道)라 하였으며 양월(兩越)과 안남(安南) 지방을 가리켰다. 야랑(夜郎)은 이 영남(嶺南)에 있다.

㉕ 三危(삼위)－서쪽에 있는 산 이름.《서경(書經)》순전(舜典)에도 '삼묘(三苗)를 삼위(三危)로 쫓아냈다' 하였다. 감숙성(甘肅省) 돈황현(敦煌縣)에 있다. 혹은 같은 성(省)의 위원현(渭源縣) 또는 천수현(天水縣)에 있다느니 서장(西藏)에 있다느니 한다. 야랑(夜郎)은 귀주성(貴州省) 서경(西境)에 있었으므로 오령이나 삼위에 가까운 곳이었다.

㉖ 遭鵬鳥(조복조)―'복조를 만나다'. 복조는 상서롭지 못한 새라 하여 한(漢)나라 가의(賈誼)가 호남성(湖南省) 장사(長沙)로 귀양가서 〈복조부(鵬鳥賦)〉를 지었다. 따라서 조복조는 열습(熱濕)한 곳에서 불안한 귀양살이함을 뜻한다.

㉗ 獨泣向麒麟(독읍향기린)―《춘추공양전(春秋公羊傳)》에 '〔기린을 향하여〕 공자(孔子)가 말씀하셨다. "누구를 위하여 왔는가! 누구를 위하여 왔는가! 소매를 뒤집어 얼굴을 닦으니 눈물이 장포(長袍)를 적시었다. …… 공자님께선 나의 도(道)가 다하였노라."고 말씀하셨다'는 기록이 있다. 이백이 때를 못만나 그의 도가 행하여지지 않음을 탄식한 것이다.

㉘ 蘇武先還漢(소무선환한)―흉노(匈奴) 땅에 잡혀 있던 소무(蘇武)는 19년만에 돌아왔다. 이백의 귀양보다는 빨리 돌아온 것이라는 뜻이다. 소무에 대하여는 '오언고풍단편(五言古風短篇)'에 나온 그의 시를 참조 바람.

㉙ 黃公(황공)―하(夏)나라 때의 사호(四皓) 중의 한 사람. 진(秦)나라를 피하여 상산(商山)에 숨어살았는데, 한(漢)나라에서도 벼슬을 안하였지만 또 어찌 진나라를 섬긴 일이 있었겠느냐는 것이다. 이백이 당(唐)나라를 떠났어도 영왕(永王) 인(璘)을 따르지는 않았다는 뜻.

㉚ 楚筵辭醴(초연사례)―《한서(漢書)》열전(列傳)에 '초(楚)나라 원왕(元王) 교(交)는 자(字)가 유(游)이며 고조(高祖)의 동부소제(同父少弟)로서 글을 좋아하고 많은 재예(材藝)를 지녔다. 젊어서 노(魯)나라 목생(穆生)·신공(申公)과 함께 시를 부구백(浮丘伯)에게 배웠다. 진나라가 분서(焚書)하자 각기 헤어졌는데, 한(漢)나라가 선 지 6년만에 교(交)가 초왕(楚王)이 되었다. 원왕은 곧 목생·백생(白生)·신공을 불러 중대부(中大夫)로 삼고 4년만에 죽으니 아들 무(戊)가 왕위를 이었다. 전의 원왕은 신공 등을 존경하였고, 목생이 술을 안마시므로 잔치에는 언제나 목생을 위하여 단술〔醴〕을 준비하였다. 무왕도 즉위한 뒤 잔치엔 언제나 단술을 놓았다. 뒤에 단술 놓기를 잊자 목생은 물러나, 단술을 놓지 않았으니 이곳을 떠나겠다, 임금의 마음이 게을러졌다 하였다'고 했다. 목공이 잔치에 단술이 없다고 초나라를 떠났던 것처럼 이백도 뜻이 안맞아 조정을 물러났다는 뜻.

㉛ 梁獄上書(양옥상서)―《한서(漢書)》열전(列傳)에 '추양(鄒陽)은 제(齊)나

라 사람이다. 그는 엄기(嚴忌)·매승(枚乘) 등과 함께 오(吳)나라에 벼슬
하였다. 오왕(吳王)이 몰래 사모(邪謀)를 펴려 하자 추양은 글을 올려 간
했으나 들어주지 않았다. 이때 경제(景帝)의 아우 양(梁)나라 효왕(孝王)
은 어질어 추양은 양나라로 갔다. 양승(羊勝) 등이 그를 시기하여 효왕에
게 참소(讒訴)하니, 효왕은 노하여 그를 하옥하였다. 그리고 그를 죽이려
하였으므로 추양은 옥중에서 곧 상소하였다' 했다. 이백이 심양(潯陽)의
옥에 투옥되었던 일은 마치 추양이 양나라 옥중에서 상소하여 풀려났던
거나 같은 일이라는 뜻이다.

㉜ 老吟(노음)—늙어 시를 읊는 것. 이 구절 이하는 두보 자신을 읊은 것이다.

㉝ 病起(병기)—두보는 다질(多疾)하였는데 소강(小康)한 틈에 일어나 이백
을 강가에서 생각하는 것이다.

㉞ 恠(괴)—괴(怪)의 속자(俗字). ◦恩波隔(은파격)—임금의 은총의 물결이
닥쳐오지 않고 멀리 떨어져 있다는 뜻.

㉟ 乘槎與問津(승사여문진)—옛날 전설에 어떤 사람이 뗏목을 바다에서 타
고 하늘로 올라가 직녀(織女)와 견우(牽牛)를 만났다 한다. 그처럼 자기
도 뗏목을 타고 하늘로 올라가 이백의 운명을 물어보겠다는 뜻. 문진(問
津)은 나루터를 물어보는 것. 운명의 나루터를 알아본다는 뜻이다. 《논어
(論語)》 미자(微子)편에도 '장저(長沮)와 걸익(桀溺)이 밭을 갈고 있었다.
공자(孔子)는 그곳을 지나다 자로(子路)로 하여금 나루터를 물어보게 하
였다'는 말이 있다.

【해설】 천재이면서도 불우했던 이백(李白)의 생애에 대한 동정과 우의를 노
래한 것이 이 시이다. 구조오(仇兆鰲)는 《두소릉집주(杜少陵集注)》에서
이 시는 이백의 전기(傳記)나 같다고 하였다. 그것은 이백의 기구한 일생
이 이 시 속에 잘 담겨져 있기 때문인 것이다. 이백에 대한 동정은 한편
자신에 대한 연민의 표현도 되었을 것이다. 끝머리에 표현한 것처럼 두보
자신도 불우했던 일생을 보내며 병로(病老)한 몸으로 시와 더불어 살아
가고 있었기 때문이다. 이백에 대한 절실한 동정은 양대(兩大) 시인이 함
께 지닌 성정(性情)의 발현이라 할 것이다.

개부 가서한에게 올리는 20운의 시([1]投贈哥舒開府二十韻)

두보(杜甫)

今代[2]麒麟閣에, 何人第一功고?
　　(금대기린각　하인제일공)

君王自[3]神武하니, [4]駕馭必英雄이라.
　　(군왕자신무　가어필영웅)

開府當朝傑이니, 論兵[5]邁古風이라.
　　(개부당조걸　논병매고풍)

[6]先鋒百勝在오, [7]略地兩隅空이라.
　　(선봉백승재　약지양우공)

[8]青海無傳箭이오, [9]天山早掛弓이라.
　　(청해무전전　천산조괘궁)

[10]廉頗仍走敵하고, [11]魏絳已和戎이라.
　　(염파잉주적　위강이화융)

每惜[12]河湟棄하여, 新兼[13]節制通이라.
　　(매석하황기　신겸절제통)

智謀[14]垂睿想하니, 出入[15]冠諸公이라.
　　(지모수예상　출입관제공)

[16]日月低秦樹오, [17]乾坤繞漢宮이라.
　　(일월저진수　건곤요한궁)

胡人[18]愁逐北하고, [19]宛馬又從東이라.
　　(호인수축북　완마우종동)

受命[20]邊沙遠터니, 歸來御席同이라.
　　(수명변사원　귀래어석동)

㉑軒墀曾寵鶴이오, ㉒畋獵舊非熊이라.
　(헌지증총학　전렵구비웅)

㉓茅土加名數하고, ㉔山河誓始終이라.
　(모토가명수　산하서시종)

㉕策行遺戰伐하니, ㉖契合動昭融이라.
　(책행유전벌　계합동소융)

㉗勳業青冥上이오, ㉘交親氣概中이라.
　(훈업청명상　교친기개중)

㉙未爲珠履客하고, 已見白頭翁이라.
　(미위주리객　이견백두옹)

㉚壯節初題柱하고, 生涯似㉛轉蓬이라.
　(장절초제주　생애사전봉)

幾年㉜春草歇고? 今日㉝暮途窮이라.
　(기년춘초헐　금일모도궁)

㉞軍事留孫楚요, ㉟行間識呂蒙이라.
　(군사유손초　항간식여몽)

防身一長劍으로, 將欲倚㊱崆峒이라.
　(방신일장검　장욕의공동)

당대의 공신을 그린 기린각에선,
누가 첫째가는 공을 세웠을까?
임금님 자신이 신묘하고 무위 있으시니,
부리시는 사람은 모두가 영웅이라.
개부 가서한은 지금 조정에서 걸출한 인물이니,
군사를 논함엔 옛사람의 풍도를 앞서네.
선봉으로 나서서 백전백승을 하고,
땅을 경략함에 서북 두 모퉁이가 텅 비었네.

청해 지방엔 오랑캐들의 침입이 없어지고,
천산 지방엔 활을 모두 거둬둔 지 오래네.
옛날 염파 장군처럼 적을 모두 달아나게 하고,
진나라 위강처럼 많은 오랑캐들을 강화케 하였네.
언제나 하황 지방이 버려짐을 아깝게 여기더니,
새로이 그곳 절도사를 겸하여 길이 통하게 되었네.
뛰어난 지모엔 천자의 생각도 드리우게 하고,
조정에 드나듦에 여러 고관들 위에 섰네.
해와 달도 장안의 나무보다 낮게 비치는 듯하고,
하늘과 땅도 당나라 궁전을 감싸고 있는 듯하네.
오랑캐들은 추격을 걱정하고 북쪽으로 달아났고,
완나라는 말을 조공으로 보내오네.
천자의 명을 받고 변경 사막 땅으로 멀리 가더니,
돌아오자 천자님과 자리를 함께하게 되었네.
수레와 섬돌에 올랐던 학처럼 총애를 받고,
문왕이 사냥 나가 태공 망을 얻은 듯하네.
땅과 벼슬을 받고 제후가 되어,
산과 강물을 가리키며 끝내 함께하기 맹세하였네.
당신 계책을 행하여 전쟁을 잊게 되니,
천자와 뜻이 맞아 밝게 통하는 천자의 마음을 움직이었네.
이룬 업적은 푸른 하늘 위로 솟았고,
임금과의 친한 사귐은 기개 가운데 이루어지네.
구슬신을 신은 윗손 대접 받기도 전에,
나는 벌써 머리 흰 노인이 되었네.
장한 절의 옛날에는 대단하였는데,
생애는 마치 굴러다니는 쑥대같이 되었네.
몇년이나 객지에서 살게 되려나?

오늘은 해 저물어 갈 곳 없듯이 되었네.
군에서 진나라 손초 같은 이를 붙들어두고,
대열 사이에서 오나라 여몽 같은 이를 알아보기를.
몸을 막는 한 자루 긴 칼로,
토번을 막는 당신의 진이 있는 공동산에 의지하고프네.

주해 ① 投贈(투증)—자기의 뜻을 밝히기 위하여 보내는 것. ○哥舒開府(가서개부)—개부(開府) 가서한(哥舒翰). 개부는 관부(官府)를 열고 부하를 두는 것. 한(漢)나라 때엔 삼공(三公)만이 부(府)를 열었다. 한말(漢末)엔 장군도 부(府)를 열어 후세엔 도독(都督)도 개부라 부르게 되었다. 가서한은 당(唐)나라 때 돌궐(突厥)의 자손으로 대대로 안서(安西)에 살면서 재물을 가벼이 여기고 협기(俠氣)가 있었다. 《춘추(春秋)》를 읽고 대의를 깨달았으며, 처음엔 왕충사(王忠嗣) 밑에서 아장(衙將)을 지냈는데 전장에 나가 반단창(半段槍)을 휘두르며 용명(勇名)을 떨쳤다. 여러번 토번(吐蕃)의 군대를 깨치어, 발탁되어 농우절도부대사(隴右節度副大使), 서평군왕(西平郡王)에 봉함을 받았다. 안녹산(安祿山)이 난을 일으키자 병마원수(兵馬元帥)가 되어 난군(亂軍)을 쳤으나 병이 나 싸움에 이기지 못하고 적중(賊中)에서 죽었다. 이 시는 안녹산의 난 전에 두보가 그에게 의지코자 하여 지어 보낸 것이다.
② 麒麟閣(기린각)—한(漢)나라 선제(宣帝)가 당대의 공신들의 초상을 그리어 모아놓았던 누각.
③ 神武(신무)—신묘(神妙)하고도 무위(武威)가 있는 것.
④ 駕(가)—수레를 모는 것. ○馭(어)—말을 모는 것. 가어(駕馭)는 부하들을 통솔하는 것.
⑤ 邁(매)—능가(凌駕)하는 것. ○古風(고풍)—고인(古人)의 풍도(風度).
⑥ 先鋒百勝在(선봉백승재)—그가 선봉에 서면 백승(百勝)을 거두게 된다는 뜻.
⑦ 略地(약지)—땅을 경략(經略)하는 것. ○兩隅(양우)—북쪽과 서쪽의 양

쪽 땅 모퉁이.

⑧ 青海(청해)－지금의 청해성(青海省)에 있는 호수 이름. ○傳箭(전전)－외적의 침입을 전하는 화살. 옛날 외적이 침입하면 신호용 화살을 차례차례 쏘아 사실을 알리었다.

⑨ 天山(천산)－기련산(祁連山), 또는 백산(白山)이라고도 하며 교하현(交河縣) 북쪽 120리 되는 곳에 있다. 지금도 중국의 서역(西域)에 천산산맥(天山山脈)이 있다. ○掛弓(괘궁)－활을 쓰지 않고 걸어놓는 것. 곧 전쟁이 멈췄음을 뜻한다.

⑩ 廉頗(염파)－조(趙)나라의 양장(良將). 제(齊)나라를 쳐서 여러번 큰 공을 세웠다. ○仍(잉)－거듭. 여전히. ○走敵(주적)－적을 도망치게 하는 것.

⑪ 魏絳(위강)－진(晉)나라 제후에게 서융(西戎)과 화(和)하기를 권하여 따르게 한 지모(智謀)에 뛰어났던 사람[《左傳》襄公 4년]. 염파(廉頗)가 적을 쳐부수고 위강(魏絳)이 적을 강화케 했듯이, 가서한은 무용(武勇)과 지모에 뛰어나 많은 공을 세웠다는 뜻.

⑫ 河湟(하황)－황하(黃河)와 황수(湟水)가 합쳐지는 지방. 황하(湟河)는 청해(青海)의 동쪽 난산(亂山)으로부터 흘러 난주(蘭州)에 이르러 서남쪽으로 황하와 합쳐진다. 곧 중국의 서북방.

⑬ 節制(절제)－절제하는 관(官). 곧 절도사(節度使)를 말한다. ○通(통)－그 지방을 평정하여 길이 통하게 하는 것.

⑭ 垂睿想(수예상)－천자의 생각을 드리우게 했다. '예(睿)'는 예(叡)와 같은 자. 예상(睿想)은 '밝은 천자의 생각'. '수(垂)'는 곧 '돌보게 한다' '배려케 한다'는 뜻.

⑮ 冠(관)－첫째로 올라서는 것.

⑯ 日月低秦樹(일월저진수)－진(秦)은 장안(長安)이 진 땅에 있었으므로 장안을 가리킨다. 해와 달이 장안의 나무보다 낮게 비추는 듯하다는 것은 가서한의 공으로 당(唐)나라의 위덕이 크게 성(盛)하여졌음을 형용한 말이다.

⑰ 乾坤繞漢宮(건곤요한궁)－하늘과 땅도 한궁, 곧 당나라 궁전을 중심으로 감싸고 있는 듯하다.

⑱ 愁(수)－근심. ○逐(축)－추격(追擊). ○北(북)－동사(動詞)로서 북쪽으로

갔다는 뜻.

⑲ 宛(완)—서역(西域)에 있던 나라 이름. '대완(大宛)'이라 흔히 부른다. 《사기(史記)》 대완열전(大宛列傳)에 의하면 '대완은 흉노의 서남쪽 한(漢)나라의 정서(正西)에 있다. 한나라로부터 만리(萬里) 떨어져 있는데 좋은 말이 많다. 그 말들은 땀으로 피를 흘리며 천마(天馬)의 새끼들이라 한다' 하였다. ○從東(종동)—완(宛)나라에서 명마(名馬)를 조공(朝貢)으로 '동쪽의 당나라로 바쳐 오는 것'.

⑳ 邊沙遠(변사원)—변경 지방 사막으로 멀리 가있었다는 뜻.

㉑ 軒(헌)—수레. 임금의 수레. ○墀(지)—궁전 섬돌 위 붉은 칠을 해놓은 곳. ○軒墀曾寵鶴(헌지증총학)—수레 위나 궁전 섬돌 위뜰에 사랑을 받고 올랐던 학처럼 천자의 총애를 받았다는 뜻. 위(衛)나라 의공(懿公)이 학을 좋아하여 학 중에는 수레에 타는 것도 있었다 한다[《左傳》].

㉒ 畋獵(전렵)—사냥하는 것. ○畋獵舊非熊(전렵구비웅)—《사기(史記)》 제태공세가(齊太公世家)에 '서백(西伯 : 周文王)이 사냥을 나가려 하여 점을 치니, 잡을 것은 용(龍)도 아니요, 이(螭 : 교룡)도 아니요, 범도 아니요, 말곰도 아니요, 잡을 것은 패왕(霸王)의 보신(輔臣)일 것이라 하였다. 이에 주(周)나라 서백은 사냥을 나갔는데 과연 태공(太公)을 위수(渭水) 북쪽 기슭에서 만나 그와 얘기해 보고 크게 기뻐하며 함께 수레를 타고 돌아와 스승으로 모셨다' 하였다. 가서한이 옛날 태공이 문왕(文王)을 모셨던 것처럼 현종(玄宗)을 크게 보좌하였다는 것이 이 구절의 뜻이다.

㉓ 茅土加名數(모토가명수)—띠풀로 흙을 싼 것을 하사받고 명수(名數)를 또 받았다. 옛날 왕자(王者)는 오색의 흙을 대하여 사(社)를 만들고, 제후를 세울 때엔 각각 그의 방색(方色)의 흙을 주어 사(社)를 세우게 하였다. 그 흙은 황토(黃土)로 덮고 백모(白茅)로 쌌다[《書經》 禹貢 註]. 따라서 '띠풀로 싼 흙'을 내렸다는 것은 제후가 되어 땅을 봉함 받았다는 뜻이다. 명(名)은 작위(爵位)의 명호(名號). 수(數)는 작위에 따른 의복 등 예의격식의 정수(定數). 이 구절은 가서한이 서평군왕(西平郡王)에 봉해졌던 일을 읊은 것이다.

㉔ 山河誓始終(산하서시종)—산하(山河)를 두고 처음부터 끝까지 운명을 함

께할 것을 맹세한다. 고조(高祖)는 왕위에 오른 뒤 공신(功臣)을 봉하며 맹세하기를, '황하(黃河)가 띠처럼 되고 태산(太山)이 숫돌처럼 된다 하더라도 나라는 영원히 존속하여 이를 자손들이 계승할 것이라' 하였다. 이 구절은 군신(君臣)의 의(義)가 굳음을 뜻한다.

㉕ 策行(책행)―가서한(哥舒翰)의 계책이 시행되는 것. ○遺戰伐(유전벌)―전쟁과 정벌을 하지 않아도 되게 되었다는 뜻.

㉖ 契合(계합)―현종(玄宗)과 가서한의 뜻이 잘 맞는 것. ○動昭融(동소융)―밝게 통하여 비추는 천자의 마음이 움직여지는 것.

㉗ 勳業(훈업)―공훈(功勳)과 업적. ○青冥上(청명상)―푸른 하늘 위로 솟았다는 뜻.

㉘ 交親(교친)―현종과 가서한의 친밀한 사귐. ○氣槪(기개)―의기(義氣). 기절(氣節).

㉙ 未爲珠履客(미위주리객)―구슬신을 신은 상객이 되지 못하였다. 《사기(史記)》 열전(列傳)에 의하면 '〔초(楚)〕 춘신군(春申君)의 객(客) 3천여명이 있었는데 그 상객은 모두 주리(珠履 : 구슬신)를 신었다' 하였다. 이 구절은 두보(杜甫) 자신이 뜻을 펴지 못하고 있음을 말한 것이다.

㉚ 壯節(장절)―장한 절기(節氣), 절조. ○初題柱(초제주)―처음엔 기둥에 제(題)하였다. 한(漢)나라 사마상여(司馬相如)는 처음 성도(成都)의 승선교(昇仙橋)를 지나다 그 기둥에 제하기를 '사마(駟馬)가 끄는 수레에 타지 않고는 다시 이 다리를 지나지 않겠다' 하였다 한다〔《華陽國志》. 두보도 일찍이 출세입신(出世立身)하려는 뜻을 지니기도 하였었다는 뜻.

㉛ 轉蓬(전봉)―마른 쑥대가 바람에 불리우듯 이리저리 굴러다니는 것.

㉜ 春草歇(춘초헐)―양원제(梁元帝)의 〈약명시(藥名詩)〉에 '수자리의 나그네 항산(恒山) 아래에서, 언제나 금의환향(錦衣還鄉) 생각하네. 더욱이 춘초(春草) 헐(歇)함을 보고, 또 기러기 남쪽으로 날음을 보고서랴!'라 하였다. '헐(歇)'은 풀이 다 말라 죽는 것. 따라서 춘초헐은 돌아가고픈 마음을 지니고도 객지를 유랑하는 생활을 가리킨다.

㉝ 暮途窮(모도궁)―해가 저물어 갈 길이 궁하여졌다. 두보 자신이 노경(老境)에 궁지에 처하여 있음을 말한 것이다.

㉞ 軍事(군사)−군대를 지휘하는 일. ○留孫楚(유손초)−손초(孫楚)는 진(晉)나라 때 사람. 자(字)는 자형(子荆), 태원(太原) 중도(中都) 사람. 재조(才操)가 탁절(卓絶)하고 성질이 호쾌하여 향리(鄕里)의 존경을 받고 있다가 40여세에야 비로소 진동(鎭東) 군사(軍事)에 참(參)하였다. 뒤엔 풍익태수(馮翊太守)를 지내다 졸하였다[《晉書》列傳]. 이때 두보의 나이 42, 3세여서 자기를 나이 많아 군사에 참한 손초에 비유하며 가서한에게 채용을 바란 것이다.

㉟ 行間識呂蒙(항간식여몽)−군대의 항오(行伍) 사이에서 여몽(呂蒙)을 알아보았다. 여몽은 자부(姉夫) 정당(鄭當)을 따라 적을 쳤다. 직리(職吏)가 그를 가벼이 보니 여몽은 그 관리를 죽였다. 그리하여 교위(校尉) 원웅간(袁雄間)은 이 사실을 손책에게 보고하였다. 손책은 그를 특수한 인물로 보고 좌우에 있게 하였다 한다[《吳志》列傳].

㊱ 崆峒(공동)−지금의 감숙성(甘肅省) 평량현(平涼縣) 서쪽에 있던 산 이름. 토번(吐蕃)이 출입하는 길목에 있었으므로 '장차 공동산에 의지하고 싶다'는 것은 '가서한의 막하에 들어가 토번을 막는 일에 참여하고 싶다'는 뜻이다.

해설 40이 넘어 가서한의 막하에라도 들어가 몸을 의탁하려는 두보의 바람이 서글프기만 하다. 이때 조정엔 이임보(李林甫)·진희열(陳希烈) 같은 간신들이 들끓고 있었는데 반하여 가서한만은 홀로 재준(才俊)을 알아보고 의기(義氣)가 있었다지만, 아무래도 취직을 부탁하는 시로는 너무나 칭송이 대단한 것 같다.

　이 시대에 외이(外夷), 특히 토번(吐蕃)의 침입은 뜻있는 인사들로 하여금 분개와 우국(憂國)의 정을 지니게 하였으니, 두보도 생활보다는 조국을 위하여 토번의 침입 방어에 미력이나마 다해 보려고 이 시를 개부(開府)에게 바쳤다고도 볼 수 있겠다. 그러나 시 속에 쓰인 문구들과 아울러 생각할 때 이런 글을 바쳐야만 되도록 궁해졌던 시성(詩聖)에게 동정이 쏠린다.

위좌승에게 올림(①贈韋左丞)

두보(杜甫)

②紈袴不餓死나, ③儒冠多誤身이라.
  (환고불아사   유관다오신)

④丈人試靜聽하라, ⑤賤子請具陳이라.
  (장인시정청   천자청구진)

⑥甫昔少年日에, 早充⑦觀國賓이라.
  (보석소년일   조충관국빈)

讀書破萬卷하고, 下筆⑧如有神이라.
  (독서파만권   하필여유신)

賦⑨料揚雄敵이오, 詩看⑩子建親이라.
  (부요양웅적   시간자건친)

⑪李邕求識面하고, ⑫王翰願卜隣이라.
  (이옹구식면   왕한원복린)

自謂頗⑬挺出하여, ⑭立登要路津이라.
  (자위파정출   입등요노진)

致君堯舜上하여, 再使風俗淳이라.
  (치군요순상   재사풍속순)

此意竟⑮蕭條하니, 行歌非⑯隱淪이라.
  (차의경소조   행가비은륜)

騎驢三十載에, 旅食⑰京華春이라.
  (기려삼십재   여식경화춘)

朝⑱扣富兒門하고, 暮隨⑲肥馬塵이라.
  (조구부아문   모수비마진)

殘盃與冷^⑳炙이, 到處^㉑潛悲辛이라.
　(잔배여냉적　도처잠비신)

^㉒主上頃見徵하니, ^㉓欻然欲求伸이라.
　(주상경견징　홀연욕구신)

^㉔靑冥却垂翅요, ^㉕蹭蹬無縱鱗이라.
　(청명각수시　층등무종린)

甚愧丈人厚요, 甚知丈人眞이라.
　(심괴장인후　심지장인진)

每於百^㉖寮上에, ^㉗猥誦佳句新이라.
　(매어백료상　외송가구신)

^㉘竊效貢公喜니, 難甘^㉙原憲貧이라.
　(절효공공희　난감원헌빈)

焉能心^㉚怏怏고? ^㉛祇是走踆踆이라.
　(언능심앙앙　지시주준준)

今欲東入海요, 卽將西去^㉜秦이라.
　(금욕동입해　즉장서거진)

尙憐^㉝終南山하여, 回首淸^㉞渭濱이라.
　(상련종남산　회수청위빈)

常^㉟擬報一飯커든, 況懷辭^㊱大臣가!
　(상의보일반　황회사대신)

^㊲白鷗沒浩蕩하니, ^㊳萬里誰能馴고?
　(백구몰호탕　만리수능순)

귀족들은 굶어 죽는 일 없지만,
선비들은 몸을 그르치는 이 많네.
좌승께선 잘 들어 보십시오.
천한 제가 모두 말씀드리겠소이다.
제가 옛날 젊었던 날엔,

일찍이 장안으로 과거를 보러 갔소.
책은 만 권을 넘게 읽었으며,
붓을 들면 신이 들린 듯 글을 썼소.
부(賦)는 양웅(揚雄)에 필적할 만하고,
시는 조식(曹植)과 비슷했소.
이옹(李邕) 같은 이도 나를 만나기를 바랐고,
왕한(王翰)은 나와 이웃해서 살기를 원했소.
나 자신은 매우 뛰어나다 생각하고,
당장 중요한 벼슬자리로 뛰어오르려 했소.
임금을 요순보다 훌륭하게 모셔드리고,
다시 풍속을 순박하게 만들려 했지요.
이런 뜻이 마침내는 오므라들고 말았지만,
길 다니며 노래불러도 세상을 등진 사람은 아니오.
나귀 타고 30년,
장안의 봄을 나그네 신세로 살아왔소.
아침이면 부잣집 문을 두드리고,
저녁이면 살찐 말 뒤를 따라다녔는데,
술 찌꺼기와 식은 불고기가,
가는 곳마다 설움과 뼈아픔을 맛보게 했소.
임금님이 요새 어진 이를 구하신다기에,
문득 뜻을 펴고자 하였으나,
푸른 하늘로 날려다 날갯죽지 꺾이우고,
맥빠진 비늘없는 고기처럼 되었소.
좌승님의 두터운 뜻이 매우 부끄럽고,
좌승님의 참됨을 잘 알고 있소이다.
좌승님은 언제나 여러 관료들 위에 계시며,
외람되이도 내 새로운 좋은 시구들을 외우고 계시오.

옛날 왕길(王吉)이 공공(貢公)을 천거했듯이 천거받고 싶으니,
원헌(原憲)과 같은 가난은 견디기 어렵소.
어찌 속으로 불평만 하고 있을 수 있으리까?
그래서 오직 이곳저곳 돌아다니고만 있소.
지금 동쪽 바다로 들어가려고,
곧 서쪽으로 장안을 떠나려 하오.
그러면서도 종남산(終南山)을 못잊어,
머리 돌려 맑은 위수 가를 바라보오.
언제나 한 끼 밥의 은혜도 갚으려 하거던,
하물며 생각해 주시는데 좌승님을 떠나리까?
갈매기처럼 아득한 바다 저쪽으로 날려 하니,
만 리를 떠나려는 나를 그 누가 달랠 수 있으리까?

주해 ① 贈韋左丞(증위좌승) — 위좌승(韋左丞)은 위제(韋濟), 좌승은 벼슬 이름. 이 시는 《두소릉집(杜少陵集)》 권1에 〈봉증위좌승장22운(奉贈韋左丞丈二十二韻)〉이란 제명(題名)으로 실려 있다.

② 紈袴(환고) — 흰 비단 바지. 흰 비단 바지를 입고 있는 귀족.

③ 儒冠(유관) — 유관(儒冠)을 쓴 사람. '선비들'.

④ 丈人(장인) — 자기보다 나이 많은 사람에 대한 존칭. 친구 사이에도 쓰인다. 여기서는 위좌승을 가리킨다.

⑤ 賤子(천자) — 천한 사람. 두보 자신을 낮추어 한 말. ○具陳(구진) — 모두 진술한다. 샅샅이 말한다.

⑥ 甫(보) — 두보의 이름. ○少年(소년) — 젊었을 때. 지금 우리말로는 소년(少年)보다 청년에 가까운 뜻으로 쓰였다.

⑦ 觀國賓(관국빈) — 《역경(易經)》 관괘(觀卦) 64의 효사(爻辭)에 '나라의 빛을 보고 그것으로써 임금의 손됨이 이롭다〔觀國之光, 利用賓于王〕'고 한 데서 나온 말. 본시 나라의 빛을 본다는 것은 도성(都城)에 나가 문물의 광휘(光輝)를 구경하는 것이고, 임금의 손이 된다는 것은 현덕(賢德)한

사람으로서 임금의 대우를 받는 것이다. 여기서는 두보가 장안(長安)에
가서 과거를 보았던 일을 말한다. 그는 개원(開元) 23년(735) 24세 때 과
거를 보았으나 낙제한 일이 있다.

⑧ 如有神(여유신)－신(神)이 있는 듯하다. 곧 신묘한 작용이 있는 듯 명
  문(名文)을 쓴다는 뜻.

⑨ 料(료)－생각하다. ㅇ揚雄(양웅, 기원전 52~기원전 18)－자(字)는 자운
  (子雲). 성도(成都) 사람으로 한(漢)나라 때의 대표적인 부(賦)의 작가.

⑩ 子建(자건)－조식(曹植)의 자(字). 조식은 위(魏)나라 무제(武帝) 조조
  (曹操)의 아들이며 문제(文帝) 조비(曹丕)의 아우로서, 그 시대를 대표할
  만한 시인이었다. 전출 〈칠보시(七步詩)〉 참조.

⑪ 李邕(이옹)－당대(唐代)의 명사(名士). 자(字)는 태화(泰和)이고 양주(揚
  州) 강도(江都) 사람. 무후(武后) 때 좌습유(左拾遺), 현종(玄宗) 때엔 호
  부낭중(戶部郎中)을 거쳐 괄주자사(括州刺史)를 지낸 사람.

⑫ 王翰(왕한)－자는 자우(子羽). 병주(幷州) 진양(晉陽) 사람. 임협(任俠)
  의 사(士)로서 도주사마(道州司馬)를 지냈다. ㅇ卜隣(복린)－이웃에 주
  거를 정하는 것. 옛날엔 점을 쳐 살 곳을 정하였으므로, 주거를 정하는
  것을 '복거(卜居)'라 한다.

⑬ 挺出(정출)－뛰어난 것.

⑭ 立(립)－즉시. 바로. ㅇ要路津(요로진)－요로(要路)는 권세있는 높은 지
  위. 진(津)도 역시 요소(要所)의 뜻을 나타낸다.

⑮ 蕭條(소조)－'소삭(蕭索)'으로 된 판본도 있으며, 다 같이 일이 뜻대로 되
  지 못하여 '쓸쓸한 것'.

⑯ 隱淪(은륜)－속세로부터 숨어사는 선인(仙人). 환담(桓譚)의 〈신론(新
  論)〉에 '천하에 신인(神人)이 다섯 가지 있다. 첫째는 신선(神仙), 둘째는
  은륜(隱淪)……'이라 하였다.

⑰ 京華(경화)－서울 장안.

⑱ 扣(구)－두드리다.

⑲ 肥馬塵(비마진)－살찐 말의 먼지. 곧 '귀인들이 탄 살찐 말이 달리며 뒤에
  남기는 먼지'.

⑳ 炙(적)－고기를 굽는 것.

㉑ 潛(잠)－남몰래.

㉒ 主上(주상)－천자. ○見徵(견징)－현사(賢士)가 천자의 '부르심을 받는 것'. 천보(天寶) 6년(747) 현종(玄宗)은 천하의 일예(一藝)라도 뛰어나게 지닌 사람은 모두 불러오도록 하였다[《杜詩錢註》].

㉓ 欻然(홀연)－홀연(忽然). 갑자기. 급히. ○伸(신)－자기의 뜻을 펴는 것.

㉔ 靑冥(청명)－푸른 높은 하늘. 조정에 비유한 것. ○却垂翅(각수시)－날갯죽지를 드리우고 물러났다. 곧 푸른 하늘로 날아오르려다 방해를 받고 날갯죽지를 늘어뜨리고 내려왔다는 뜻. 천보 6년 현종은 천하의 현사(賢士)들을 널리 구했으나 재상 이임보(李林甫)는 상서성(尙書省)에 명하여 간계로 이들을 모두 물리치게 하였다. 두보도 임금의 조명(詔命)에 응하여 나아갔었으나 쫓겨나왔다[《杜詩錢註》].

㉕ 蹭蹬(층등)－앞으로 나아가지 못하고 어정거리는 것. 앞으로 나아갈 기세를 잃는 것. ○縱鱗(종린)－멋대로 헤엄쳐 다니는 물고기 비늘.

㉖ 寮(료)－동료. 요(僚)와 통하는 자.

㉗ 猥(외)－외람된 것.

㉘ 竊效(절효)－남몰래 본뜨는 것. ○貢公喜(공공희)－공공(貢公)은 한대(漢代)의 공우(貢禹). 그는 자가 소옹(少翁). 경학(經學)과 덕행으로 알려졌었는데 왕길(王吉, 字 子陽)이란 친한 친구가 있었다. 왕길이 벼슬을 하면 공우는 자기 일 못지않게 기뻐했었다 한다[《漢書》列傳]. 공공의 기쁨을 속으로 본뜨고 싶다는 것은 좌승(左丞)에게 천거를 기대하는 뜻을 나타낸다.

㉙ 原憲(원헌)－공자(孔子)의 제자. 덕이 있으면서도 가난하게 살았다.

㉚ 怏怏(앙앙)－불평하는 모양.

㉛ 祇(지)－다만. 지(只)의 뜻. ○踆踆(준준)－뛰어다니는 모양.

㉜ 秦(진)－장안은 진(秦) 땅, 지금의 섬서성(陝西省)에 있었다.

㉝ 終南山(종남산)－섬서성 서안부(西安府)에 있는 산 이름. 장안 남쪽에 있어 남산(南山)이라고도 불렀다.

㉞ 渭(위)－위수(渭水). 옛부터 '청위탁경(淸渭濁涇)'이라 일러왔다.

㉟ 擬(의)－……을 하고자 하는 것. ○報一飯(보일반)－한 끼니 밥의 은혜

도 갚는다. 조그만 은혜도 갚는다는 뜻으로 《사기(史記)》 범수전(范雎傳)
에 '일반(一飯)의 은혜도 꼭 갚는다' 하였다.

㊱ 大臣(대신)—위좌승(韋左丞)을 가리킨다.

㊲ 白鷗(백구)—갈매기. ○沒浩蕩(몰호탕)—넓은 바다 물결 저쪽으로 보이지
않게 되어 버리는 것.

㊳ 萬里(만리)—만리(萬里) 길을 멀리 떠나려는 두보 자신을 가리킨다.

(해설) 이 시는 앞에서는 자기의 재능과 포부를 얘기하고 다시 불우했던 자
기의 지난날들을 호소하고 있다. 그리고는 위좌승(韋左丞)에게 자기를 이
끌어 주기를 바라면서 여의치 않을 때에는 멀리 떠나겠다는 고별인사를
겸하고 있다.

청(淸) 양윤(楊倫)의 《두공부연보(杜工部年譜)》에 의하면 이 시는 천
보(天寶) 7년(748)에 쓰여졌고 천보 8년에는 잠시 낙양(洛陽)으로 갔다
가 다시 장안으로 돌아왔다. 앞에 나온 〈투증가서개부20운(投贈哥舒開府
二十韻)〉과 함께 아울러 읽을 때 위대한 시인 두보도 생계를 위하여 권
세가들에게 이처럼 간절한 시를 보내어 자기를 이끌어 주기를 바랐지만
아무런 효험도 없었던 것 같다.

취하여 장비서에게 드림(醉贈①張秘書)

한유(韓愈)

人皆勸我酒나, 我若耳不聞이라.
　(인개권아주　아약이불문)

今日到君家하여, ②呼酒持勸君이라.
　(금일도군가　호주지권군)

③爲此座上客과, 及余各能文이라.
　(위차좌상객　급여각능문)

君詩多④態度하여, ⑤藹藹春空雲이라.
　(군시다태도　애애춘공운)

⑥東野動驚俗하니, ⑦天葩吐奇芬이오,
　(동야동경속　천파토기분)

⑧張籍學古淡하여, ⑨軒鶴避鷄羣이라.
　(장적학고담　헌학피계군)

⑩阿買不識字나, 頗知書⑪八分이라.
　(아매불식자　파지서팔분)

詩成使之寫하니, 亦足⑫張吾軍이라.
　(시성사지사　역족장오군)

所以欲得酒는, ⑬爲文俟其醺이라.
　(소이욕득주　위문사기훈)

酒味旣冷⑭冽하고, 酒氣又⑮氤氳이라.
　(주미기냉렬　주기우인온)

性情漸浩浩하니, 諧笑方⑯云云이라.
　(성정점호호　해소방운운)

此誠得酒意니, ⑰餘外徒繽紛이라.
　(차성득주의　여외도빈분)

長安衆富兒는, ⑱盤饌羅羶葷이라.
　(장안중부아　반찬나전훈)

不解文字飮하고, 惟能醉⑲紅裙이라.
　(불해문자음　유능취홍군)

雖得⑳一餉樂이나, 有如㉑聚飛蚊이라.
　(수득일향락　유여취비문)

今我及數子는, 故無㉒薝與薰이라.
　(금아급수자　고무유여훈)

㉓險語破鬼膽이오, ㉔高詞媲皇墳이라.
 (험어파귀담   고사비황분)

至寶不㉕雕琢이오, ㉖神功謝鋤耘이라.
 (지보부조탁   신공사서운)

方今向泰平하니, ㉗元凱承華勛이라.
 (방금향태평   원개승화훈)

吾徒幸無事하니, ㉘庶以窮朝曛이라.
 (오도행무사   서이궁조훈)

사람들 모두 네게 술을 권했지만,
나는 듣지 못한 척 해왔는데,
오늘은 그대 집에 와서,
술을 청해 그대에게 술을 권하네.
이 좌상의 손님들과,
내가 모두 글을 지을 줄 알기 때문일세.
그대의 시는 정태(情態)와 법도가 많아,
자욱한 봄하늘의 구름 같고,
맹교(孟郊)는 세속(世俗)을 놀래이기 일쑤이니,
하늘의 꽃이 기이한 향기를 뿜는 것 같고,
장적(張籍)은 옛날의 담담한 풍을 배워,
높이 나는 학이 닭의 무리를 피하는 듯하네.
내 조카는 글도 제대로 모르지만,
글씨는 곧잘 쓸 줄 알아,
시가 되면 그에게 베끼도록 하니,
역시 우리 군진을 벌이기에 족하다 하겠네.
술을 얻으려 한 까닭은,
얼큰하길 기다려 글을 지으려는 걸세.

술맛은 차고도 시원하고,
술기운은 향긋이 취해 오르네.
본성과 감정이 점점 넓고 커지니,
얘기하고 웃는 소리 왁자지껄하네.
이것이야말로 술뜻을 정말로 얻은 것이니,
이밖의 다른 것은 공연히 어지러울 뿐일세.
장안의 부호 자제들은,
소반에 고기 나물로 성찬을 차려놓고,
글 지으며 술마실 줄은 모르고,
오직 붉은 치마 두른 여자들에 취하네.
비록 한창의 즐김은 얻을 수 있겠지만,
모여 나는 모기떼나 같은 걸세.
지금 나와 여러 손들은,
본시 썩은 풀과 향초가 모인 게 아니어서,
뛰어난 말은 귀신의 쓸개를 째지게 하고,
고상한 글귀는 태곳적 글에 견줄 만하네.
지극한 보배는 깎고 다듬을 필요가 없고,
신묘한 잎은 풀 뽑고 김매지 않고 이뤄진다네.
지금은 태평세월이 되어가고 있어,
많은 어진 이들이 요순 같은 어진 임금을 받들고 있네.
우리들은 다행히 아무 일도 없으니,
아침저녁으로 이런 즐거움을 추구하는 걸세.

주해 ① 張秘書(장비서)-장(張)은 성, 비서(秘書)는 벼슬 이름. 장비서는 장
철(張徹)이란 말도 있으나 확실치 않다. 《한문(韓文)》 권2에 실려 있으며,
장비서의 집에서 당시의 문인들과 술을 마시고 그에게 지어준 시이다.
② 呼酒(호주)-술을 불러. 술을 청하여. ○持勸君(지권군)-그것을 가지고

그대에게 권한다. 곧 그 술을 권한다는 뜻.

③ 爲(위) - '…… 때문'의 뜻.

④ 態度(태도) - 정태(情態)와 법도. 곧 도(度)에 벗어나지 않는 아름다운 표현.

⑤ 藹藹(애애) - 구름이 가득히 어울려 있는 모양.

⑥ 東野(동야) - 맹교(孟郊)의 자. 그는 한유(韓愈)의 제자로 이 시대의 대표적인 시인의 하나이다. 그의 시는 기삽(奇澁)하여 읽기 까다로운 것이 특징이다.

⑦ 天葩(천파) - 천화(天花), 하늘의 꽃. ○吐奇芬(토기분) - 기이한 향기를 뿜는다.

⑧ 張籍(장적) - 자가 문창(文昌). 한유의 추천으로 국자박사(國子博士)·수부원외랑주객낭중(水部員外郎主客郎中)·국자사업(國子司業) 등을 지낸 시인. 그는 특히 악부시(樂府詩)에 뛰어났다. ○古淡(고담) - 고풍(古風)과 담백한 맛.

⑨ 軒鶴(헌학) - 높이 나는 학.

⑩ 阿買(아매) - 조카를 이름. ○不識字(불식자) - '글자를 모르는 것'보다는 '글을 잘 모른다는 뜻'임.

⑪ 八分(팔분) - 서체(書體)의 일종. 어떤 서체였는지 지금은 정설이 없다.

⑫ 張吾軍(장오군) - 내 군진(軍陣)을 벌인다. 군진은 필진(筆陣)에 비유한 것.

⑬ 爲文(위문) - 글을 짓는 것. ○俟(사) - 기다리다. ○醺(훈) - 술에 얼근히 취하는 것. '글을 지음에 그 얼근히 취함을 기다린다'는 것은 '술 얼근한 뒤에 글을 짓는다'는 뜻.

⑭ 冽(열) - 매섭게 추운 것.

⑮ 氤氳(인온) - 기운이 성한 것. 여기서는 '술기운이 향긋하면서도 취해 오르는 것.'

⑯ 云云(운운) - 말이 많은 것. 왁자지껄한 것.

⑰ 餘外(여외) - 그밖에 다른 일. ○繽紛(빈분) - 난잡한 것. 어지러이 섞이는 것.

⑱ 盤(반) - 쟁반. 소반. ○饌(찬) - 반찬. ○羶(전) - 육류로 만든 술 안주. ○葷

(훈)-마늘·파·부추·생강 등 향내나는 채소를 넣어 만든 고급 채소요리.

⑲ 紅裙(홍군)-붉은 치마를 두른 여자.

⑳ 一餉(일향)-한창. 짧은 동안.

㉑ 聚飛蚊(취비문)-모여서 나는 모기떼.

㉒ 蕕(유)-고약한 냄새가 나는 풀 이름. ○薰(훈)-향기로운 냄새가 나는 풀 이름. 유여훈(蕕與薰)은 성격이나 취미, 행동이 서로 판이한 사람들에 비유된다.

㉓ 險語(험어)-험준하게 뛰어난 말. ○破鬼膽(파귀담)-'귀신의 쓸개를 깨뜨린다'. 따라서 그 말들이 사람들을 놀라게 하는 것들임은 말할 것도 없다.

㉔ 高詞(고사)-고상한 글귀. ○媲(비)-짝. 배(配). 비(比)의 뜻. ○皇墳(황분)-삼황(三皇)시대의 책. 서서(書序)에 '복희(伏羲)·신농(神農)·황제(黃帝)의 책을 《삼분(三墳)》이라 한다' 하였다. 이곳의 '분(墳)'은 이 《삼분》을 말한다.

㉕ 雕琢(조탁)-옥에 무늬를 새기고 쪼아내고 하여 다듬는 것.

㉖ 神功(신공)-신묘한 일의 결과. ○鋤(서)-호미. 김매다. ○耘(운)-김매다. 지보(至寶)나 신공(神功) 같은 훌륭한 문장은 자연스럽게 이루어진다는 뜻.

㉗ 元凱(원개)-고대의 현신(賢臣) 팔원(八元)·팔개(八凱). 고양씨(高陽氏 : 顓頊)에게 재자(才子) 8인이 있었는데 세상에선 그들을 팔개(八凱)라 하였다. 고신씨(高辛氏 : 帝嚳)에게 재자 8인이 있었는데 세상에선 그들을 팔원(八元)이라 하였다[《左傳》文公 18년]. 따라서 원개는 훌륭한 보신(輔臣)들을 말한다. ○華勛(화훈)-요(堯)임금의 호가 방훈(放勛), 순(舜)임금의 호가 중화(重華)였다[《史記》]. 화훈은 중화와 방훈이 합친 것으로 요순(堯舜)과 같은 성군(聖君)을 가리킨다.

㉘ 庶(서)-바라다. ○曛(훈)-날이 어두워지는 것. 저녁때. '궁조훈(窮朝曛)'은 아침부터 저녁까지 이러한 문자음(文字飮)의 추구를 꾸준히 해나가겠다는 뜻.

[해설] 뜻 맞는 친구들과 어울려 문자음(文字飮)을 하면서, 그 즐거움과

의의를 읊은 것이 이 시이다. 한유(韓愈)는 본시 술을 별로 좋아하지 않았다. 그러나 이처럼 뜻 맞는 친구들을 만나면 청유(淸遊)를 마다하지는 않는다. 오히려 멋없는 장안(長安) 부자들의 음연(飮宴)이 우습게 여겨진다.

염치없는 자들([1]齪齪)

한유(韓愈)

齪齪當世士는, 所憂在飢寒이라.
　(착착당세사　소우재기한)

但見賤者悲요, 不聞貴者歎이라.
　(단견천자비　불문귀자탄)

大賢[2]事業異하여, 遠抱[3]非俗觀이라.
　(대현사업이　원포비속관)

報國心皎潔이오, 念時涕[4]汎瀾이라.
　(보국심교결　염시체범란)

[5]妖姬在左右하니, 柔指發哀彈이라.
　(요희재좌우　유지발애탄)

酒肴雖日陳이나, [6]感激寧爲歡가?
　(주효수일진　감격영위환)

秋陰[7]欺白日하여, 泥[8]潦不少乾이라.
　(추음기백일　이료불소건)

河堤決東郡하니, [9]老弱隨驚湍이라.
　(하제결동군　노약수경단)

天意固[10]有屬하니, 誰能[11]詰其端고?
　(천의고유촉　수능힐기단)

願辱太守薦하여, 得充⑫諫諍官이라.
  (원욕태수천   득충간쟁관)

⑬排雲叫閶闔하고, ⑭披腹呈琅玕이라.
  (배운규창합   피복정랑간)

致君豈無術고? 自進誠獨難이라.
  (치군기무술   자진성독난)

염치없는 지금 세상 선비들은,

걱정은 굶주리고 헐벗는 데만 있네.

다만 천한 자들의 슬퍼함만을 보고,

귀한 사람들의 탄식 소린 듣지도 못하네.

크게 어진 사람은 하는 일이 달라서,

원대한 포부는 속된 견해와 다르네.

나라를 위하는 마음은 희고 깨끗하며,

시국을 생각하고 눈물만 줄줄 흘린다네.

아름다운 여자들이 양편에서,

부드러운 손가락으로 슬픈 가락을 타는데,

술과 안주가 비록 매일 벌어진다 해도,

깊이 느끼는 게 있는데 어찌 즐길 수가 있겠는가?

가을 구름이 환한 햇빛 가리어,

진흙과 빗물이 조금도 마르지 않네.

황하의 제방이 동쪽 고을에서 터지니,

노인과 아이들은 모두 놀란 여울물에 휩쓸렸네.

하늘의 뜻은 본시 목적이 있나니,

누가 그런 일을 책할 수 있으랴?

바라건대 태수님의 천거를 받아,

임금에게 간하는 관리가 되고자,

구름을 헤치고 궁전 문앞에 나가 소리치고,
배를 갈라 그 속의 옥돌을 바치고 싶네.
임금 섬김에 어찌 방법이 없을 건가?
스스로 나아감이 정말로 어려울 따름일세.

(주해) ① 齪齪(착착)－악착 같은 모양. 염치없이 자기만을 생각하는 것.
② 事業異(사업이)－종사하는 일이 보통사람들과는 다르다는 뜻.
③ 非俗觀(비속관)－속된 일반적인 생각과는 다른 관점.
④ 汎瀾(범란)－눈물이 흥건한 모양.
⑤ 妖(요)－고운. 아리따운.
⑥ 感激(감격)－나라와 시국을 생각하는 격한 감정을 갖는 것. ○寧(녕)－어찌. 의문사. ○爲歡(위환)－즐기는 것.
⑦ 欺(기)－업신여기는 것.
⑧ 潦(료)－빗물. 길바닥에 흐르는 물.
⑨ 老弱(노약)－노인과 약자(弱者). ○湍(단)－여울. 급한 여울. 이상 4구는 세상의 일이 올바로 잘 되어가지 못하고 있음을 비유한 것이다.
⑩ 有屬(유촉)－목적이 있다는 뜻.
⑪ 詰(힐)－꾸짖는 것. ○端(단)－사단(事端), 단서(端緖), 발단(發端).
⑫ 諫諍官(간쟁관)－임금에게 간(諫)하는 일을 하는 관리.
⑬ 排雲(배운)－구름을 밀치고 높이 올라가는 것. 왕정(王廷)에 나아감을 비유한 것이다. ○閶闔(창합)－본시는 천문(天門)의 뜻. 여기서는 궁문(宮門)을 가리킨다. 궁문에서 부르짖는다는 것은 임금에게 자기의 옳은 뜻을 마음껏 다 얘기함을 뜻한다.
⑭ 披腹(피복)－배를 가르는 것. ○琅玕(낭간)－옥돌의 일종. 배를 갈라 그 속의 옥돌을 바친다는 것은 자기가 품고 있던 훌륭한 경륜들을 다 아룀을 뜻한다.

(해설) 이 시는 앞에서는 속세의 일반 선비들과는 다른 훌륭한 뜻을 품고 어지러워지고 있는 나라와 시국을 걱정했고, 뒤에선 자기가 간쟁관(諫諍

官)이 되어 임금에게 자기의 훌륭한 생각을 다 아뢰어 나라를 올바로 이
끌려는 생각을 노래한 것이다. 작자의 생각은 아무리 이처럼 바르다 하더
라도 세상은 구름이 밝은 해를 가리우고 황하의 제방이 터진 듯한 시국
이어서 일종의 자탄(自歎)에 그치고 만다.

양강공에게 마치 술취한 도사 같은 모양의 돌이 있어 그것을 읊음([1]楊康功有石狀如醉道士爲賦此詩)

소식(蘇軾)

[2]楚山固多猿하니, [3]青者黠而壽라.
　　(초산고다원　청자힐이수)

化爲狂道士하여, 山谷[4]恣騰踝라.
　　(화위광도사　산곡자등유)

誤入[5]華陽洞하여, 竊飲[6]茅君酒라.
　　(오입화양동　절음모군주)

君命囚巖間하니, 巖石爲[7]械杻라.
　　(군명수암간　암석위계추)

松根[8]絡其足하고, 藤蔓[9]縛其肘라.
　　(송근낙기족　등만박기주)

蒼苔[10]眯其目이오, [11]叢棘哽其口라.
　　(창태미기목　총극경기구)

三年化爲石하니, 堅[12]瘦敵瓊玖라.
　　(삼년화위석　견수적경구)

無復[13]號雲聲이오, 空餘[14]舞杯手라.
　　(무부호운성　공여무배수)

樵夫見之笑하고, [15]抱賣易升斗라.
　(초부견지소　포매역승두)

楊公海中仙이니, 世俗焉得友오?
　(양공해중선　세속언득우)

海邊逢[16]姑射하니, 一笑微[17]俛首라.
　(해변봉고야　일소미면수)

胡不載之歸하고, [18]用此頑且醜오?
　(호부재지귀　용차완차추)

求詩紀其異하니, 本末得細剖라.
　(구시기기이　본말득세부)

吾言豈妄云고? 得之[19]亡是叟라.
　(오언기망운　득지무시수)

초 땅의 산엔 본시부터 원숭이가 많은데,
파란 놈은 약고도 오래 산다네.
그놈이 미친 도사로 화해 가지고,
산골짜기를 멋대로 뛰어다녔다네.
그러다 화양동(華陽洞)으로 잘못 들어가,
주인 모군(茅君)의 술을 훔쳐 마셨다네.
모군은 그놈을 바위 사이에 가두어두니,
암석이 바로 형틀이 되고 말았네.
솔뿌리가 그의 발에 감기고,
등나무덩굴이 그의 팔을 얽었네.
푸른 이끼는 그의 눈을 가리우고,
가시덤불은 그의 입을 막았네.
3년만에 돌로 변하니,
단단하고 강파르기 옥돌과 같이 되었네.
다시는 높이 소리치지 못하게 되었는데도,

잔들고 춤추는 손만이 남았네.
나무꾼이 그것을 보고 웃으면서,
가져다가 곡식 몇 되를 받고 팔았다네.
양공은 바닷속의 신선이니,
속된 세상에서 어찌 벗을 얻을 수 있으랴?
바닷가에서 신선을 만나니,
웃으며 고개를 약간 굽혔네.
어찌 그것을 신고 돌아오지 않고,
완고하고 추하게 행동하리?
시로써 그 기이함을 써달라기에,
본말을 자세히 파헤쳤네.
내 말이 어찌 망령되리?
이 세상에 없는 노인에게서 들은 것인데.

주해   ① 楊康功有石狀如醉道士爲賦此詩(양강공유석상여취도사위부차시)─
양강공(楊康功)에게 돌이 있는데 모양이 술 취한 도사(道士)와 같아서 이
시를 읊는다. 양강공이 누구인지는 확실치 않다.
② 楚山(초산)─초(楚) 땅의 산, 곧 중국 남부의 산.
③ 靑者(청자)─양강공(楊康功)이 갖고 있던 돌 빛깔이 파랗기 때문이다.
○黠(할)─약은 것. 똑똑한 것.
④ 恣(자)─방자하게. 멋대로. ○騰(등)─뛰는 것. ○蹂(유)─밟다. 유린하다.
⑤ 華陽洞(화양동)─도가(道家) 36동천(洞天)의 제8동으로, 모군(茅君)이 다
스리는 신선들이 산다는 고장.
⑥ 茅君(모군)─화양동을 다스리는 신선 이름.《신선전(神仙傳)》에 의하면
'대모군(大茅君)은 이름이 영(盈), 다음 아우는 이름이 고(固), 막내 아우
는 이름이 충(衷)이어서 삼모군(三茅君)이라 불렀다' 한다.
⑦ 械(계)─수갑. 형틀. ○杻(추)─수갑. ○械杻(계추)─형구(刑具)의 뜻.
⑧ 絡(락)─얽히는 것.

⑨ 縛(박)-얽어매다. ○肘(주)-팔꿈치.

⑩ 眯(미)-눈을 가리다. 눈을 어지럽히다.

⑪ 叢(총)-떨기나무. ○棘(극)-가시나무. ○哽(경)-목이 막히는 것.

⑫ 瘦(수)-여위다. 파리하다. ○瓊(경)-붉은 옥돌. ○玖(구)-검은 옥돌.

⑬ 號雲聲(호운성)-구름 위로 높이 부르짖는 소리. 원숭이의 부르짖음을 말한다.

⑭ 舞杯手(무배수)-잔을 들고 춤추는 손. 취도사(醉道士) 모양의 돌로 화한 것을 형용한 말.

⑮ 抱賣(포매)-가져다 파는 것.

⑯ 姑射(고야)-《장자(莊子)》소요유(逍遙遊)편에 '먼 고야산(姑射山)에 신인(神人)이 살고 있었는데 살갗은 빙설(冰雪)과 같고 아름답기 처녀같았다' 하였다. 여기서는 고야산에 살던 신인 같은 '신선'을 뜻한다.

⑰ 俛(면)-몸을 굽히는 것.

⑱ 用此(용차)-이차(以此). 이런 일을 가지고. 이런 일에. ○頑且醜(완차추)-완고하고도 추하게 행동하는 것.

⑲ 亡是叟(무시수)-이 세상에 있지 않은 노인. 사마상여(司馬相如)의 〈자허부(子虛賦)〉의 '자허(子虛)'·'오유선생(烏有先生)', 〈상림부(上林賦)〉의 '무시공(亡是公)'이나 같은 뜻을 지닌 것이다.

(해설) 이 시에서 초산(楚山)에 살던 푸른 원숭이가 까불다가 신선에게 붙들리어 취도사(醉道士) 모양의 돌이 되었다는 것은 소식(蘇軾)이 꾸며낸 얘기이다. 이것은 어지러운 세상 때문에 유능한 인재가 초야에 묻혀 살게 되는 모양에 비유한 것일 게다. 이런 인재가 묻힌 것같은 은사(隱士)는 나무꾼이나 속세의 사람들은 알아보지를 못한다. 양강공(楊康功)같은 훌륭한 사람이어야만 개인적으로라도 그것을 알아보고 소중히 여겨주는 것이다. 더군다나 맨 끝 구에서 사마상여(司馬相如)의 '자허(子虛)'·'오유선생(烏有先生)'·'무시공(亡是公)'이나 같은 '무시수(亡是叟)'를 인용한 것은 이 시가 단순히 묘하게 생긴 돌을 노래한 것이 아니라 시세를 풍자했음을 말해 준다.

권 4

칠언고풍단편 七言古風短篇

칠언고풍단편(七言古風短篇)

앞에서 얘기한 것처럼 칠언시는 오언시보다 발생이 늦다. 흔히 칠언고시는 한(漢) 무제(武帝) 때의 백량대연구(柏梁臺聯句)로부터 시작된다고들 하지만 확실치 않다. 칠언구는 사부(辭賦) 계통의 가요로부터 발전했을 것이다. 소리가 길고 자수가 많아 자유롭게 시구를 수식할 수 있는 것이 그 특징이다. 육조(六朝)에 들어오면서는 칠언고시(七言古詩)가 본격적으로 많이 지어졌고, 특히 당대(唐代)에서는 많은 장편이 지어져 옛날 사부의 지위를 대신할 만하게 되었다. 당대(唐代)의 절구(絶句) · 율시(律詩) 같은 근체시가 평측(平仄)에 엄하고 편폭(篇幅)에 제한이 있었던 데 비하여 칠언고시는 모든 면에서 자유로웠으므로 서사시(敍事詩) 같은 얘기를 서술하기엔 안성마춤이었다.

이 칠언고풍단편 속에는 20여구의 시들도 있지만 4구 · 8구 등의 시들도 들어 있고, 그 중에는 절구나 율시와 구별이 뚜렷하지 않은 것들도 있다. 따라서 엄밀한 뜻에서 모두가 고시(古詩)라고는 할 수가 없다.

아미산 달의 노래(①峨眉山月歌)

이백(李白)

峨眉山月②半輪秋에, 影入③平羌江水流라.
　　(아미산월반륜추　영입평강강수류)

夜發④淸溪向三峽하니, 思君不見下⑤渝州라.
(야발청계향삼협　사군불견하유주)

아미산의 조각달이 가을 하늘에 떠있는데,
그 그림자는 평강강에 비치어 강물과 함께 흐른다.
밤에 청계를 출발하여 삼협으로 향하노니,
그대를 그리면서도 만나지 못하고 유주로 내려가누나.

(주해)　① 峨眉山月歌(아미산월가)－아미산의 달노래.《이태백시집》권8에 실려
있다. 아미산은 '아미산(峨嵋山)' 또는 '아미산(蛾眉山)'이라고도 쓴다. 사
천성(四川省) 아미현 서남쪽에 있는데, 불가에선 광명산(光明山), 도가에
선 허령동천(虛靈洞天) 또는 영릉태묘천(靈陵太妙天)이라고도 부르는 명
산이다.
② 半輪(반륜)－반원의 뜻. 반륜추(半輪秋)는 반원형의 달이 가을 하늘에 떠
있다는 뜻.
③ 平羌(평강)－강물 이름. 평향강(平鄕江)이라고도 부른다. 사천성 아안현
(雅安縣) 북쪽으로부터 흘러 대도하(大渡河)와 합쳐진다. 이곳에서 제갈
량(諸葛亮)이 강족(羌族)을 물리쳤대서 평강강(平羌江)이라 부르게 되었
다 한다.
④ 淸溪(청계)－사천성 성도부(成都府) 자주(資州)의 내강현(內江縣) 동북
쪽 80리 되는 곳에 있다. ○三峽(삼협)－사천성으로부터 호북성(湖北省)
에 걸친 장강(長江)의 흐름에서 가장 험급(險急)한 세 곳. 구당협(瞿塘
峽)·무산협(巫山峽)·서릉협(西陵峽)을 말한다.
⑤ 渝州(유주)－지금의 사천성 중경부(重慶府) 치파현(治巴縣).

(해설)　아미산에 조각달이 걸려 있는 맑은 가을밤, 청계(淸溪)를 출발하여
유주(渝州)로 떠나면서 못만나고 떠나는 친우에 대한 아쉬움을 노래한
것이다. 끝 구의 사군(思君)의 친우가 아니라 아미산월(峨眉山月)을 가리
킨다고 푸는 이도 있으나 밝은 달빛 아래 벗을 생각한 것이라 봄이 좋을

듯하다.
　이 시는 아미산(峨眉山)·평강강(平羌江)·청계(淸溪)·삼협(三峽)·
유주(渝州) 등 지명이 대부분을 차지하고 있지만 어색하지 않고 유려(流
麗)한 것은 이백(李白, 701~762)의 천재를 얘기해 주는 것이라 하겠다.

산속에서 속인들에게 답함(①山中答俗人)

이백(李白)

問余何事②栖碧山고? 笑而不答心③自閑이라.
　　(문여하사서벽산　소이부답심자한)
桃花流水④窅然去하니, ⑤別有天地非人間이라.
　　(도화류수요연거　별유천지비인간)

내게 무엇하러 푸른 산에 사느냐고 묻기에,
웃으면서 대답은 하지 않았지만 내 마음은 스스로 한가롭도다.
복사 꽃잎이 떠 흐르는 물 아득히 흘러가니,
이곳은 별천지지 인간 세상이 아니로구나.

(주해)　① 山中答俗人(산중답속인)―산속에서 속인들에게 대답한다.《이태백시
　　집》권19에는 '산중문답(山中問答)'이라 제(題)하고 있다.
② 栖(서)―머물다. 살다. 서(棲)와 같은 자.
③ 自閑(자한)―스스로 한가롭다. 자연스럽게 한적하다.
④ 窅然(요연)―아득히 보이는 모양.《이태백시집》엔 '묘연(杳然)' 또 '요연
　　(窅然)'이라 되어 있는데 '아득한 모양'.
⑤ 別有天地(별유천지)―무릉도원(武陵桃源) 같은 별천지가 있다는 뜻. ○人
　　間(인간)―사람들이 사는 세상. 사회(社會).

해설   이백(李白)의 대표적인 자연시(自然詩)의 하나이다. 산중에 유거(幽居)하는 청취가 완전히 자연 속에 융합되어 있다. 이런 분위기를 이백은 언제나 지니고 있었기에 하지장(賀知章)은 그를 보자 바로 '적선인(謫仙人)'이라 불렀을 것이다. 도연명(陶淵明)의 경지와 상통되지만 더욱 선기(仙氣)를 느끼게 하는 것이 그의 특징이다.

이 시는 고풍단편(古風短篇) 속에 들어 있기는 하지만 칠언절구의 근체시이다.

산속에서의 대작([①]山中對酌)

이백(李白)

兩人對酌山花開하니, **一盃一盃復一盃**라.
　　(양인대작산화개　　일배일배부일배)
[②]**我醉欲眠君且去**하고, **明朝有意抱琴來**하라.
　　(아취욕면군차거　　명조유의포금래)

두 사람이 마주 앉아 수작(酬酌)하는데 산에는 꽃 피어 있으니,
한 잔 한 잔 또 한 잔 하게 되네.
나는 취해 자고 싶으니 그대는 돌아갔다가,
내일 아침 생각 있거든 거문고를 안고 다시 오게나.

주해   ① 山中對酌(산중대작)−산속에서 두 사람이 대작한다. 《이태백시집》 권23에는 〈산중여유인대작(山中與幽人對酌)〉이라 제(題)하고 있다. '유인(幽人)'이란 숨어서 조용히 살아가는 사람이다.

② 我醉欲眠君且去(아취욕면군차거)−《남사(南史)》 은일전(隱逸傳)에 '도잠(陶潛)은 먼저 취하면 곧 객(客)에게 말하기를, "나는 취하여 자고 싶으

니 그대는 가도 좋다.”고 했다 한다. 그의 직솔(直率)함이 이와 같았다’고
했다. 《이태백시집》에도 ‘군(君)’을 ‘경(卿)’으로 쓴 판본이 있으며 도연명
의 경계(境界)와 통하는 것이다.

(해설) 앞의 〈산중답속인(山中答俗人)〉 시나 마찬가지로 산속에 유거(幽居)
하면서 은사들과 술마시며 살아가는 청취를 노래한 것이다. 여기에선 세
상의 예의나 체면에 구애받지 않는다. 자고 싶으면 자고, 놀고 싶으면 논
다. 완전히 자유스런 산속의 낙지(樂地)가 눈에 뵈는 듯하다.

봄날의 꿈(①春夢)

잠참(岑參)

②洞房昨夜春風起하니, 遙憶③美人湘江水라.
   (동방작야춘풍기   요억미인상강수)
枕上片時春夢中에, 行盡④江南數千里라.
   (침상편시춘몽중   행진강남수천리)

그윽한 동방에 지난밤 봄바람이 이니,
임 생각은 멀리 상강 가로 달린다.
베갯머리에 잠시 봄꿈을 꾸노라면,
강남 수천 리를 두루 돌아다닌다.

(주해) ① 春夢(춘몽)―봄에 꾸는 꿈. 《잠가주시(岑嘉州詩)》권7 칠언절구 33
   수 가운데의 하나.
② 洞房(동방)―그윽한 깊은 방. 골방. 후세의 ‘화촉동방(花燭洞房)’이라 하
   여 신부의 방을 주로 가리켰다.

③ 美人(미인)—가인(佳人). 사랑하는 '임'을 가리킨다. 보통은 여자를 뜻하
  지만 남자로 보아도 좋다. ○湘江(상강)—상수(湘水). 광서성(廣西省) 흥
  안현(興安縣)에서 발원하여 동북쪽으로 흘러 호남성(湖南省)으로 들어와
  영릉현(零陵縣) 서쪽에서 소수(瀟水)와 합쳐진다. 소상(瀟湘)의 양경(兩
  景)은 쓸쓸하기로 옛부터 유명하다. 상수에는 옛부터 요(堯)임금의 딸이
  며 순(舜)임금의 비(妃)였던 아황(娥皇)과 여영(女英)이 화한 여신이 산
  다는 전설이 있다. 아름다운 여신 같은 임 생각에 상강이 떠오른 것이다.
④ 江南(강남)—임이 가있는 장강(長江) 이남 지방. 꿈에 그리운 임을 좇아
  수천리 강남 땅을 두루 다닌 것이다.

(해설)   잠참(岑參, 715~770)은 두보(杜甫)와 같은 시대의 시인으로 고적
(高適)과 함께 비장한 변새시(邊塞詩)가 많다. 이 시도 멀리 강남 땅에
가 있는 임에 대한 그리움을 춘몽(春夢)을 빌어 노래한 것이다. 이처럼
옛 시인이 동방(洞房)에서 임을 그리는 애닲은 규정(閨情)을 노래한 것
은, 작자의 향수와 그리운 사람들을 생각하는 마음을 뒤집어 표현한 것
이다.

젊은이들(①少年行)

왕유(王維)

②新豊美酒斗十千이오, ③咸陽遊俠多少年이라.
  (신풍미주두십천   함양유협다소년)

相逢④意氣爲君飮이니, ⑤繫馬高樓垂柳邊이라.
  (상봉의기위군음   계마고루수류변)

  신풍 땅의 좋은 술은 한 말에 만전(萬錢)이고,

함양의 놀이꾼들엔 젊은이들이 많다.
서로 만나면 의기로 상대 위해 술마시느라,
높은 누각 수양버들 옆에 말을 매둔다.

주해 ① 少年行(소년행)—《왕우승집(王右丞集)》권1에 실려 있는 〈소년행(少年行)〉 4수 중의 제1수. 〈소년행〉은 《악부시집(樂府詩集)》권66 잡곡가사(雜曲歌辭) 속에 들어 있는데 〈결객소년장행(結客少年場行)〉·〈소년자(少年子)〉·〈소년락(少年樂)〉 등과 함께 발랄한 젊은이들의 기개(氣槪)를 노래한 것이다. 이 악부체는 당대(唐代)에 성행하여 이백·두보를 비롯하여 많은 시인들에게 소년행 시가 있다.

② 新豊(신풍)—섬서성(陝西省) 임동현(臨潼縣) 동쪽에 있던 현명(縣名). 한(漢)나라 고조(高祖)가 장안(長安)에 도읍하였을 때 그의 아버지 태상황(太上皇)이 고향인 강소성(江蘇省) 패현(沛縣)의 풍읍(豐邑)으로 돌아가고 싶어하였으므로, 고조는 장안 근처에 새로이 풍(豐)과 비슷한 고을을 만들고 신풍(新豊)이라 이름하였다. 이곳에선 후에 명주(名酒)를 냈다. ○十千(십천)—만전(萬錢). 곧 10관문(貫文).

③ 咸陽(함양)—진(秦)나라 고도(古都)의 이름으로 당(唐)나라 장안(長安)을 가리킨다. ○遊俠(유협)—협기(俠氣)를 가지고 노는 사람.

④ 意氣(의기)—의기(意氣)를 중히 여기다. ○君(군)—만난 상대방.

⑤ 繫(계)—매다. 붙들어매다.

해설 이 시는 당대(唐代) 장안 젊은이들의 발랄한 생활을 아름답게 묘사한 것이다. 젊은이는 기개와 정의감이 있어야 하고 패기에 넘쳐야 한다. 일면 위태롭게 여겨지면서도 아름다운 젊은 사람들의 특징을 여기서 발견하게 되는 것이다.

은자를 찾아갔다가 만나지 못하고(^①尋隱者不遇)

위야(魏野)

尋^②眞悞入蓬萊島하니, ^③香風不動松花老라.
　(심진오입봉래도　향풍부동송화로)

採^④芝何處未歸來오? 白雲滿地無人掃라.
　(채지하처미귀래　백운만지무인소)

신선 찾아 봉래도로 잘못 들어가 보니,
향기만 바람없이 싱그러운데 소나무 꽃가루 진다.
지초(芝草) 캐러 어느 곳에 갔길래 아직 돌아오지 않는가?
흰 구름 땅에 가득한데 아무도 쓸지 않누나.

(주해)　① 尋隱者不遇(심은자불우)―은자(隱者)를 찾아갔다 만나지 못하다. 앞
의 오언고풍단편에 나온 가도(賈島)의 〈도사를 찾아갔다 만나지 못하고서
(訪道者不遇)〉와 거의 같은 뜻. 작자 위야(魏野, 960~1019)는 송초(宋
初)의 탈속고상(脫俗高尙)한 시인으로서, 시의(詩意) 자체에 더욱 은자적
인 냄새가 풍긴다.
② 眞(진)―진인(眞人). 곧 선인(仙人). ○悞(오)―그릇된 것. 오(誤)와 같은
뜻. ○蓬萊島(봉래도)―방장(方丈)・영주(瀛洲)와 함께 발해(渤海) 가운
데 있다는 삼신산(三神山)의 하나.
③ 香風不動(향풍부동)―바람없이 향내만이 은은히 피어오르는 것. ○松花
老(송화로)―소나무꽃이 늙어 가루가 떨어지고 있는 것.
④ 芝(지)―지초. 서초(瑞草)의 하나로 영지(靈芝)라고도 부른다. 도가(道家)
에서는 불로장생의 영초(靈草)라 하여 진중(珍重)한다.

해설 　은자(隱者)를 찾아갔던 작자의 마음가짐이 은자 못지않게 청정하다. 소나무 꽃가루가 지고 있는 향기로운 산속의 경치를 눈앞에 보는 것 같고, 흰구름이 땅 가득히 깔려 있는 선경(仙境)에선 속기(俗氣)라고는 조금도 느껴지지 않는다.

보허사(①步虛詞)

고변(高騈)

②青溪道士人不識하니, 上天下天③鶴一隻이라.
　（청계도사인불식　상천하천학일척）

④洞門深鎖碧窓寒하니, ⑤滴露研朱點周易이라.
　（동문심쇄벽창한　적로연주점주역）

청계의 도사를 사람들은 알지 못하니,
하늘로 올라갔다 내려왔다 학 한 마리이네.
동굴의 문은 깊이 잠기어 푸른 창은 추운데,
이슬방울로 붉은 먹을 갈아 《주역》 글귀에 점을 찍고 있네.

주해 　① 步虛詞(보허사)─《당시유향(唐詩遺響)》 및 《삼체시(三體詩)》에도 실려 있다. 《삼체시》의 제주(題注)에선 《이화(異花)》를 인용하여 '진사왕(陳思王 : 曹植)이 어산(漁山)에 놀러갔는데 갑자기 하늘에서 경 외는 소리가 들렸다. 그 소리가 맑고 쟁쟁하여 기특(奇特)한 정이 들어 음악을 아는 사람으로 하여금 이를 기록케 하였다. 이에 신선 소리라 하였는데 도사(道士)가 이를 본떠 〈보허사〉를 지었다' 하였다. 《악부(樂府)》 잡곡가사(雜曲歌辭)로서 도가의 곡(曲)이다.

② 青溪(청계)─신선이 사는 산 이름. 《문선(文選)》 이선(李善) 주(注)에 유중옹(庾仲雍)의 《형주기(荊州記)》를 인용 '와저현(臥沮縣)에 청계산(青溪山)

이 있고, 그 산 동쪽에 샘이 있고, 샘 곁에 도사의 정사(精舍)가 있다' 하였다.

③ 鶴一隻(학일척)－학 한 마리라는 것은 도사가 학이 되었다고 보아도 좋고 도사가 학을 타고 다니는 것이라 보아도 좋다.

④ 洞門(동문)－도사가 사는 동굴의 문. ○鎖(쇄)－자물쇠. 자물쇠로 꼭 잠그는 것. ○碧窓(벽창)－동혈(洞穴)의 창은 구멍만 뚫려 있는 것이어서 푸른 산만 보이므로 벽창(碧窓)이라 한 것이다.

⑤ 滴(적)－물방울. 물방울이 떨어지다. ○研(연)－갈다. ○朱(주)－주묵(朱墨). 붉은 먹. ○點周易(점주역)－《주역(周易)》을 읽으며 요소(要所)에 권점(圈點)을 치는 것.

[해설] 작가 고변(高騈, 821~884)은 희종(僖宗) 건부(乾符) 2년(875) 황소(黃巢)가 난을 일으키어 다음다음해엔 장안(長安)이 적의 손에 함락되고 임금이 피난갔으나 회남(淮南)에 진(鎭)하고 있으면서 싸움은 아랑곳없이 신선만을 찾았다 한다. 그러다가 사탁(師鐸)이 반란을 일으켰을 때 십도원(十道院)에 갇혔다가 죽음을 당했다. 자신이 그토록 신선에 뜻을 두고 있었으므로 〈보허사(步虛詞)〉는 경거자재(輕擧自在)한 선인(仙人)의 경지가 잘 그려져 있다.

열 그루 대나무(①十竹)

승(僧) 청순(淸順)

城中寸土如寸金하니, ②幽軒種竹只十箇라.
　　(성중촌토여촌금　유헌종죽지십개)

春風愼勿長③兒孫하여, ④穿我階前綠苔破하라.
　　(춘풍신물장아손　천아계전녹태파)

　성안의 한 치 땅은 한 치 금이나 같은 것이니,

그윽한 집 추녀 끝에 대나무를 열 그루만 심었다.
봄바람아 조심해서 죽순을 자라게 하여,
내 섬돌 앞 푸른 이끼를 뚫어 망가뜨리지 않도록 하기를!

주해 ① 十竹(십죽)－열 그루 대나무. 송(宋)나라 석혜홍(釋惠洪)이 지은 《냉
재야화(冷齋夜話)》에도 실려 있다.
② 幽軒(유헌)－그윽하게 깊숙한 곳에 숨어사는 은사(隱士)의 집을 가리킨다.
③ 兒孫(아손)－자손. 죽순(竹筍)을 자손으로 비유한 것이다.
④ 穿(천)－뚫다.

해설 승(僧) 청순(淸順, ?~1090?)은 송대(宋代) 서호(西湖)의 중으로,
왕안석(王安石)이 먼저 그의 시를 인정하였고 소식(蘇軾)도 만년엔 이
사람과 놀았다. 뜰에 대나무를 심는 것은 절조를 사랑하는 옛사람들의 풍
류였다. 그러나 도시에선 넓은 땅을 구하기 어려워 작자는 꼭 열 개의 대
를 심었다. 그리고는 봄 따뜻한 기운에 죽순이 마구 돋아나 깨끗하게 덮
인 푸른 이끼를 뚫고 나와 풍정을 깨뜨릴까 걱정한다. 모순되는 소심한
풍류가 읽는 이의 미소를 자아낸다.

삼유동에 노닐며(①遊三遊洞)

소식(蘇軾)

②凍雨霏霏半成雪하니, 遊人③屨冷蒼崖滑이라.
　　(동우비비반성설　유인구랭창애활)

不辭④携被巖底眠하니, 洞口雲深夜無月이라.
　　(불사휴피암처면　동구운심야무월)

진눈깨비가 펄펄 반은 눈이 되어 버려,

　　노니는 사람 신도 차고 푸른 바위 벼랑도 미끄럽네.
　　이불을 갖고 가 바위 밑에서 자는 것도 좋기는 한데,
　　동굴 어귀는 구름이 짙어 밤에는 달도 없네.

(주해)　① 遊三遊洞(유삼유동)－삼유동(三遊洞)에 노닐다. 《대명일통지(大明一
統志)》에 의하면 '형주부(荊州府 : 湖北省)의 삼유동은 이릉주(夷陵州)의
서북 25리에 있다. 당(唐)나라 백거이(白居易)와 그의 아우 백행간(白行
簡) 및 원진(元稹) 세 사람이 이곳에 와서 놀고 〈삼유동기(三遊洞記)〉를
지어 석벽(石壁)에 새겨놓았다. 후인이 그래서 이름을 삼유동이라 부르게
되었다. 송(宋)나라 소식(蘇軾 : 子瞻)과 아우 철(轍) 및 황정견(黃庭堅)
세 사람도 이곳에 와서 논 일이 있다' 하였다. 이 시는 《동파시집(東坡詩
集)》 권1에도 실려 있는데, 그 제주(題注)에 의하면 그의 아버지 소순(蘇
洵)과 식(軾)·철(轍)의 삼부자가 놀았었다. 삼유동은 호북성(湖北省) 의
창현(宜昌縣) 서북쪽에 있는 종유동(鍾乳洞)의 이름이다.
② 凍雨(동우)－얼음비. 곧 진눈깨비. ○霏霏(비비)－눈이 펄펄 내리는 모양.
③ 屨(구)－신. 신발. ○蒼崖(창애)－푸른 바위 벼랑. 이끼 낀 바위 언덕.
④ 携被(휴피)－이불을 가져오는 것. 덮개를 휴대하는 것.

(해설)　자연을 사랑하는 탈속한 청취를 노래한 것이다. 진눈깨비 내리는 궂
은 날씨에 이불을 갖고 가 바위 밑에서 자는, 자연으로 돌아가려는 의취
가 느껴진다.

양양 가는 길에서 한식을 만나(①襄陽路逢寒食)

장열(張說)

　去年寒食②洞庭波하니, 今年寒食襄陽路라.
　　(거년한식동정파　금년한식양양로)

不辭③著處尋山水하니, ④祗畏還家落春暮라.
(불사착처심산수   지외환가낙춘모)

지난해엔 한식을 동정호 물결 위에서 보냈는데,

올해엔 한식을 양양 가는 길에서 보내누나.

갈 곳은 아랑곳없이 산수를 찾아다니니,

다만 집에 돌아가는 날은 봄이 가버린 뒤일 것만 같네.

주해 ① 襄陽路逢寒食(양양로봉한식)−양양길에서 한식을 만나다. 양양은 호북성(湖北省) 한수(漢水) 굽이에 있는 현(縣) 이름. 한식은 동지(冬至) 뒤 105일째 되는 날. 이 날을 기해서 사흘동안 불을 안 때는 풍습이 중국엔 있어 찬 음식을 먹게 되므로 한식이라 한 것이다. 이 초봄의 절기를 객지에서 만난 감상을 적은 것이 이 시이다.

② 洞庭(동정)−동정호. 호남성(湖南省) 경계에 있는 중국 최대의 호수 이름. 작자 장열(張說)은 낙양(洛陽) 사람이니 오랫동안 멀리 남쪽 지방을 떠돌아다니었음을 알려준다.

③ 著處(착처)−도착할 곳. 갈 곳.

④ 祗(지)−다만 지(只)와 통함. ○落春暮(낙춘모)−춘모(春暮)에 떨어진다. 봄이 다 간 뒤가 된다는 뜻.

해설 고향과 집을 사랑하면서도 산수(山水)를 사랑하는 벽(癖) 때문에 계절에 아랑곳없이 객지를 돌아다니다 명절을 당하여 문득 고향을 생각한 것이다. 고향의 따뜻한 집으로 하루속히 돌아가고 싶기는 하다. 그러나 가다가는 또 아름다운 산수에 끌려 이곳저곳 들리다 보면 어느 때나 자기 집에 돌아가게 될런지 모른다. 자연을 사랑하는 정과 객지에서 느끼는 향수가 잘 그려진 시이다.

늙은 어부(①漁翁)

유종원(柳宗元)

漁翁②夜傍西巖宿하고, 曉③汲淸湘燃楚竹이라.
　(어옹야방서암숙　효급청상연초죽)

④煙消日出不見人하니, ⑤欸乃一聲山水綠이라.
　(연소일출불견인　애내일성산수록)

回看天際下中流하니, 巖上無心⑥雲相逐이라.
　(회간천제하중류　암상무심운상축)

늙은 어부는 밤이 되자 서쪽 바위에 배를 대고,
새벽엔 맑은 상수의 물을 길어 초 땅의 대로 밥을 짓네.
안개 사라지고 해뜨자 사람은 간 데 없이,
뱃노래 가락만이 푸른 산이 비친 물속에서 나네.
하늘가를 돌아보며 강물 가운데로 내려가니,
바위 위엔 무심한 구름만 연이어 흐르네.

주해 ①　漁翁(어옹)－늙은 어부.《당류선생집(唐柳先生集)》권43에 실려 있다.

②　夜傍(야방)－밤이 가까워진 저녁때. ○西巖宿(서암숙)－서쪽 바위에 배를 대고 묵는 것.

③　汲(급)－물을 긷는 것. ○淸湘(청상)－맑은 상수(湘水)의 물. ○楚竹(초죽)－남쪽 초(楚) 땅의 대나무. 초 땅엔 대나무가 많다.

④　煙(연)－연기. 여기서는 안개의 뜻으로 봄이 좋다. 밥짓던 연기로 볼 수도 있다.

⑤　欸乃(애내)－배를 저으며 부르는 노래.

⑥　雲相逐(운상축)－구름이 연이어 흘러가는 것.

(해설) 늙은 어부의 생활을 중심으로 하여 시시각각으로 옮겨가는 청신(清新)한 강물의 풍경이 그림을 보는 것처럼 신선한 인상을 준다. 이처럼 움직이는 풍경을 전체로 묶어 정적의 아름다움으로 표현한 데서 전원시인으로서의 작자의 면모를 느끼게 된다.

금릉 술집에 써놓고 떠남(①金陵酒肆留別)

이백(李白)

風吹柳花滿店香하고, ②吳姬壓酒喚客嘗이라.
  (풍취유화만점향   오희압주환객상)
金陵子弟來相送하니, 欲行不行各盡觴이라.
  (금릉자제내상송   욕행불행각진상)
請君試問東流水하라, 別意③與之誰短長가?
  (청군시문동류수   별의여지수단장)

바람이 버들꽃에 불어 가게 안이 온통 향기롭고,
오나라 미인은 술을 걸러 손님 불러 맛보라 하네.
금릉의 젊은이들이 나를 전송하러 와서,
가려다 가지도 못하고 모두 술잔을 다 비운다.
청컨대 동쪽으로 흐르는 강물에 물어보아라,
전송하는 뜻이 이것들과 어느 것이 짧고 긴가를!

(주해) ① 金陵(금릉)-강소성(江蘇省) 남경(南京)의 옛 이름. ○酒肆(주사)-술집. 이 시는《이태백시집》권15에도 실려 있다. 금릉의 술집에서 전송하러 온 사람들에게 남겨주고 떠난다는 뜻.
② 吳姬(오희)-오(吳) 땅의 미녀. 오(吳)·월(越)에선 옛부터 미인이 많이

나기로 유명하며 남경(南京)도 오 땅에 속한다. ○壓酒(압주)―술을 눌러
짜 거르는 것.
③ 與之(여지)―동류수(東流水)와 비교할 때.

해설 아름다운 봄, 오(吳) 땅 미인이 따라주는 술을 마시며 이별연을 열었
다. 첫 구에 '버들꽃에 만점(滿店)이 향기롭다'는 것은 버들꽃 솜이 날릴
무렵이면 향기가 가게에 가득 차는 좋은 계절이라는 뜻이다. 좋은 계절에
좋은 벗들을 두고 떠나기는 더욱 아쉬운 것이다.

변경 생각(①思邊)

이백(李白)

②去歲何時君別妾고? 南園綠草飛③蝴蝶이라.
　(거세하시군별첩　남원록초비호접)
今歲何時妾憶君고? 西山白雪暗④秦雲이라.
　(금세하시첩억군　서산백설암진운)
⑤玉關此去三千里니, 欲寄音書⑥那得聞고?
　(옥관차거삼천리　욕기음서나득문)

　지난해 어느 때에 당신은 나를 떠나갔는지요?
　남쪽 동산 푸른 풀 위에 나비가 날고 있었지.
　올해엔 어떤 때이길래 내가 그대를 그리고 있는가?
　서쪽 산엔 흰 눈이 쌓였고 진 땅엔 구름이 까맣게 덮여 있기 때문
이네.
　그대가 있는 옥문관은 여기서 3천 리나 떨어져 있으니,
　편지를 부치고 싶어도 어떻게 전해진단 말인가?

(주해) ① 思邊(사변)—변경을 생각함. 곧 변경에 가 있는 남편을 생각하는 것. 《이태백시집》 권25에 실려 있고 '춘원(春怨)'이라 제(題)한 판본도 있다.
② 去歲(거세)—지난해. 남편이 떠나갔을 때를 생각하는 것이다.
③ 蝴蝶(호접)—나비.
④ 秦雲(진운)—진(秦) 땅, 곧 지금의 섬서성(陝西省) 일대의 하늘을 덮은 구름.
⑤ 玉關(옥관)—옥문관(玉門關). 감숙성(甘肅省) 돈황현(燉煌縣) 서쪽에 있는 서역(西域)으로 통하는 관문. 남편은 그곳으로 수자리살러 가있다.
⑥ 那得聞(나득문)—어찌 들리어질 수가 있겠는가? 곧 소식을 전하더라도 남편에게까지 알려지지 않을 것이라는 뜻.

(해설) 중국의 옛사람들은 흔히 밖에 나가 있는 남편을 그리워하는 여인의 정을 시로 읊었다. 여인의 안타까운 그리움은 시인들에게 아름다운 슬픔을 느끼게 하였기 때문일 것이다.《시경》 소아(小雅)의 채미(采薇)를 비롯하여 고시(古詩)나 당대(唐代) 변새파(邊塞派) 시인들에게는 이러한 내용의 것이 많다. 이백에게는 〈학고사변(學古思邊)〉이라는 이 시와 비슷한 내용의 고시가 또 있다.

오야제(①烏夜啼)

이백(李白)

②黃雲城邊烏欲棲하니, 歸飛③啞啞枝上啼라.
　　(황운성변오욕서　귀비아아지상제)
機中織錦④秦川女는, 碧紗如煙隔窓語라.
　　(기중직금진천녀　벽사여연격창어)

停⑤梭悵然憶遠人하니, 獨宿孤房淚如雨라.
(정사창연억원인　독숙고방누여우)

누런 구름이 낀 성가엔 까마귀가 깃들려고,
날아 돌아와 까악까악 나뭇가지 위에서 우네.
베틀에서 비단을 짜는 여인은 남편 생각에 잠겼는데,
벽사는 연기 같은데 창 저쪽에선 말소리가 들려온다.
북 쥔 손 멈추고 창연히 멀리 있는 사람 그리며,
외로이 방에 홀로 자려니 눈물만 비오듯하네.

주해　① 烏夜啼(오야제)－까마귀가 밤에 운다. '청상곡(淸商曲)'에 속하는 악
부명으로 《이태백시집(李太白詩集)》 권3에 실려 있다. 오야제는 본시 길
사(吉事)의 전조(前兆)를 뜻하였으나 뒤에는 잠 못이루고 임을 그리는 상
사곡(相思曲)으로 변하였다.
② 黃雲(황운)－저녁 노을이 비낀 누런 구름.
③ 啞啞(아아)－까악까악. 까마귀 소리.
④ 秦川女(진천녀)－《진서(晉書)》 열녀전(列女傳)에 '두도(竇滔)의　처(妻)
소씨(蘇氏)는 이름이 혜(蕙), 자가 약란(若蘭)이고 문사(文詞)를 잘하였
다. 남편이 양양(襄陽)으로 출정하여 그의 첩을 데리고 가 오랫동안 소식
이 끊이었다. 소씨는 비단을 짰는데 회문(廻文)이 종횡(從橫) 8촌에 지은
시가 2백여언(言)이었다. 선기도(璇璣圖)라 이름붙여 하인을 내어 양양으
로 보내왔다. 남편은 그 절묘함에 감동되어 소씨를 찾아왔다' 하였다. '진
천녀'란 이 소씨를 가리키며, '회문'이란 종횡으로 아무 곳에서 읽어도 운
(韻)이 있는 시가 되는 글이다. 이것을 '회문금자시(廻文錦字詩)'라 한다.
이 시에선 '진천녀'처럼 비단을 짜며 남편을 애타게 그리워함을 뜻한다.
⑤ 梭(사)－베틀의 북.

해설　이 시도 앞의 것과 마찬가지로 멀리 떠나간 남편을 그리는 여인의
마음을 읊은 것이다. 남편은 아마 수자리살러 가있을 것이다. 이처럼 이

백에게는 변새(邊塞)와 관련된 시가 많기 때문에 호운익(胡雲翼)은 《중국문학사》에서 고적(高適)·잠참(岑參) 등과 함께 이백을 변새파 시인으로 다루고 있다.

장난삼아 새소리에 화답함([1]戲和答禽語)

황정견(黃庭堅)

南村北村雨[2]一犁하니, 新婦[3]餉姑翁哺兒라.
　　(남촌북촌우일려　신부향고옹포아)

田中啼鳥[4]自四時하니, [5]催人脫袴著新衣라.
　　(전중제조자사시　최인탈고착신의)

著新替舊亦不惡이나, 去年租重無袴著이라.
　　(착신체구역불악　거년조중무고착)

남촌이고 북촌이고 비오자 다같이 밭을 가는데,
신부는 시어머니께 밥을 권하고 시조부는 아이에게 밥을 먹인다.
밭 가운데서 우는 새는 사철 따라 다른데,
지금은 뻐꾹새가 바지 벗고 새옷 입으라 재촉한다.
새것 입고 낡은 것 바꾸는 것도 나쁘지 않지만,
지난해 세금이 많아 입을 바지가 없단다.

주해　① 戲和答禽語(희화답금어)－장난으로 새소리(말)에 화답한다. 《황산곡문집(黃山谷文集)》권4에 실려 있는 고시50수 가운데의 하나이다.

② 一犁(일려)－다같이 쟁기로 논밭을 가는 것.

③ 餉姑(향고)－시어머니에게 밥을 갖다가 권하여 먹게 하는 것. ○哺兒(포아)－아이에게 밥을 먹이는 것. 이 구절은 농촌에서 밭갈이하던 참에 밥

먹는 평화로운 풍경을 읊은 것이다.

④ 自四詩(자사시)—스스로 사계절을 안다. 사계절을 따라 다르다.

⑤ 催人脫袴著新衣(최인탈고착신의)—사람에게 재촉하여 낡은 바지를 벗고 새옷을 입으라고 한다. 황정견이 들은 새소리란 뻐꾹새, 곧 포곡(布穀)이다. 중국에선 옛날에 뻐꾹새가 '탈각포고(脫却布袴 : 텃췌푸과)', 곧 '천으로 만든 바지를 벗어 버려라'하고 운다 하였다. 이 낡은 바지를 벗어 버리라는 뻐꾹새 소리에 장난으로 화답한 것이다.

해설 제명(題名)에선 '장난'이라 하였지만 시는 장난이 아니다. 평화로운 농촌에서 뻐꾹새는 제철을 잊지 않고 찾아와 새옷을 갈아입으라는 듯한 소리로 울고 있다. 새옷이 헌옷보다 좋은 줄은 누구나 다 안다. 그러나 농민들은 1년 내내 피땀흘려 농사를 지어도 가을이면 위정자들이 세금으로 다 빼앗아가기 때문에 갈아입을 옷조차도 없다는 것이다. 위정자들은 새만도 못한가고 힐난하는 소리가 밑바닥에서 들리는 듯하다.

우림 도장군을 전송함(①送羽林陶將軍)

이백(李白)

將軍出使②擁樓船하니, 江上旌旗③拂紫煙이라.
　　(장군출사옹루선　강상정기불자연)

萬里橫戈探虎穴하고, 三盃拔劍舞④龍泉이라.
　　(만리횡과탐호혈　삼배발검무룡천)

莫道詞人無⑤膽氣하라, 臨行將贈⑥繞朝鞭이라.
　　(막도사인무담기　임행장증요조편)

　　장군께서 사신으로 나감에 누선들을 거느리니,

강 위의 정기는 자줏빛 안개 속에 펄럭인다.
만리를 창 비껴들고 호랑이굴을 뒤지고,
세 잔 술엔 칼 빼어 들고 검무를 춘다.
문인은 용기가 없다 말하지 마소,
이별을 앞두고 격려하는 채찍을 드리오.

(주해) ① 送羽林陶將軍(송우림도장군) — 우림(羽林) 도장군(陶將軍)을 보낸다. 우림은 관명(官名). 궁성을 친위(親衛)하는 금군(禁軍)을 가리킨다. 당대(唐代)엔 좌우우림군(左右羽林軍)이 있었고, 대장군·장군 등의 벼슬이 있었다. 도장군의 이름은 알 수 없다.
② 擁(옹) — 옹위하다. ○樓船(누선) — 크고 높은 배. 옹루선(擁樓船)은 많은 누선들을 거느리는 것.
③ 拂紫煙(불자연) — 자연(紫煙)은 자줏빛 안개. 불(拂)은 스친다는 것이 본 뜻이나 여기서는 안개 속에 펄럭이는 것.
④ 龍泉(용천) — 옛날 초(楚)나라에 있던 명검(名劍)의 이름.
⑤ 膽氣(담기) — 용기.
⑥ 繞朝鞭(요조편) — 《좌전(左傳)》 문공(文公) 13년에 '진백(秦伯)이 하서(河西)에서 전쟁을 하게 되었는데 위인(魏人)들은 동쪽에 있었다. 선비들을 모이게 하니 요조(繞朝)가 그에게 채찍을 주면서 당신은 진나라에 사람이 없다고 말하지 마시오하고 말하였다' 하였다. 따라서 요조편은 격려하는 뜻에서 보내는 채찍인 것이다.

(해설) 무인(武人) 친구가 출사(出使)함을 전송하는 시이다. 이백은 젊어서 칼쓰기도 배운 일이 있는 호걸이어서 무인들과도 어울리는 의기가 엿보인다. 잘 가라는 인사보다도 용기를 북돋아주는 방향으로 시를 쓰고 있음은 상대가 무신(武臣)이기 때문이다.

연꽃 따는 노래(①採蓮曲)

이백(李白)

②若耶溪傍採蓮女가, 笑隔荷花共人語라.
　　(약야계방채련녀　소격하화공인어)

日照新粧水底明하니, 風③飄香袖空中擧라.
　　(일조신장수저명　풍표향수공중거)

岸上誰家④遊冶郎고? 三三五五⑤映垂楊이라.
　　(안상수가유야랑　삼삼오오영수양)

⑥紫騮嘶入落花去하니, 見此⑦躊躇空斷腸이라.
　　(자류시입낙화거　견차주저공단장)

약야계 가의 연꽃 따는 아가씨가,
웃으며 연꽃을 사이에 두고 딴 사람과 얘기한다.
해가 새로 화장한 얼굴에 비치어 물바닥에 밝게 비춰 있고,
바람은 향기로운 소맷자락 날리어 공중으로 들어올린다.
언덕 위엔 어느 집의 풍류객인지,
서네댓 명씩 수양버들 사이로 보인다.
자색 명마가 울부짖으며 떨어지는 꽃 속으로 사라져가니,
이것을 보고 머뭇거리며 공연히 애끓는다.

주해　① 採蓮曲(채련곡)－《악부시집(樂府詩集)》권50 청상곡사(淸商曲辭) 7 강남롱(江南弄) 7곡의 하나에 양(梁)나라 간문제(簡文帝)의 〈채련곡(採蓮曲)〉 2수를 비롯한 27수가 실려 있다. 연꽃이 피었을 때 배를 띄우고 미녀들로 하여금 꽃을 따게 하고 놀며 부르던 노래이다. 《이태백시집》에는 권4에 실려 있다.

② 若耶溪(약야계)—절강성(浙江省) 회계현(會稽縣) 동남에 있으며 '야계(耶溪)'로 약칭하기도 한다. 북으로 흘러 경호(鏡湖)로 들어가는데 춘추시대 오왕(吳王) 부차(夫差)의 총희(寵姬) 서시(西施)가 이곳에서 연꽃을 땄다고 전해진다.

③ 飄(표)—바람에 날리는 것.

④ 遊冶郎(유야랑)—놀며 돌아다니는 풍류꾼. 멋쟁이.

⑤ 映(영)—비치는 것. 수양버들 사이로 번득번득 보이는 것.

⑥ 紫騮(자류)—자색을 띤 검은 털에 검은 말갈기를 지닌 좋은 말. ○嘶(시)—말이 우는 것.

⑦ 躊躇(주저)—머뭇거리는 것. '지주(蜘躕)'로 된 판본도 있으나 뜻은 같다.

(해설) 전반부는 연꽃을 따는 아가씨들의 아름다운 모습과 밝은 풍경을 그렸고, 후반에선 젊은 멋쟁이들이 말을 타고 지나가는 모습을 보고 마음 들뜨는 아가씨들의 연모가 봄경치와 함께 아름답게 그려져 있다.

맑은 강 노래(①淸江曲)

소상(蘇庠)

②屬玉雙飛水滿塘하니, ③菰蒲深處浴鴛鴦이라.
 (촉옥쌍비수만당   고포심처욕원앙)

白④蘋滿棹歸來晚하니, 秋著⑤蘆花兩岸霜이라.
 (백빈만도귀래만   추착로화양안상)

⑥扁舟繫岸依林樾하니, ⑦蕭蕭兩鬢吹華髮이라.
 (편주계안의림월   소소양빈취화발)

萬事不理醉復醒하니, ⑧長占煙波弄明月이라.
 (만사불리취부성   장점연파농명월)

촉옥새 쌍쌍이 날고 물은 연못에 가득 차니,

창포 우거진 곳에서 원앙새가 목욕하네.

흰 마름풀 노에 가득 차 돌아옴이 늦으니,

가을은 갈꽃을 피게 하여 양안은 서리가 내린 듯하네.

조각배를 언덕에 매고 숲 그물에 의지하니,

살랑살랑 양 귀밑머리에 흰머리가 날린다.

만사를 다스리지 않고 취했다 깨었다 하며,

언제까지나 안개와 물결을 점유하고 밝은 달을 희롱하네.

주해　① 淸江曲(청강곡)―맑은 강 노래.《고문진보》에선 이태백의 작품으로 취급하고 있으나 실은 송대(宋代) 소상(蘇庠, 1100 전후, 자는 養直)의 작이다.

② 屬玉(촉옥)―촉옥(鸀鳿)이라고도 쓰며 물새의 일종.《사기(史記)》사마상여전(司馬相如傳) ‘촉옥(屬玉)’의 주(注)에 ‘촉옥은 오리 비슷하면서도 크고 긴 목에 붉은 눈을 하고 자감색(紫紺色)이라’ 하였다.《사문유취(事文類聚)》후집 46에선 백로(白鷺)를 일명 촉옥이라 한다 하였다. ○塘(당)―연못.

③ 菰蒲(고포)―수초(水草)의 일종. 줄과 부들. 창포(菖蒲) 종류.

④ 蘋(빈)―마름풀. 물에 뜨는 개구리밥의 일종. 그 흰 것이 백빈(白蘋). ○棹(도)―배의 노.

⑤ 蘆(로)―갈대. ○兩岸霜(양안상)―양 기슭에 서리가 내린 듯하다는 뜻.

⑥ 扁舟(편주)―조각배.

⑦ 蕭蕭(소소)―바람이 살랑살랑 부는 모양.

⑧ 長占煙波(장점연파)―안개끼고 물결치는 이 청강(淸江)의 풍경을 오래오래 점령하겠다. ○弄明月(농명월)―밝은 달을 희롱한다. 밝은 달을 즐긴다.

해설　송(宋)나라 나대경(羅大經)의《학림옥로(鶴林玉露)》천집(天集) 5권에 “소양직(蘇養直)의 부(父) 백고(伯固)는 동파(東坡)를 좇아 놀았다. 백고에겐 ‘아모편주부운택(我暮扁舟浮雲澤)’이란 구(句)가 있다. 양직(養

直)의 '촉옥쌍비수만당(屬玉雙飛水滿塘)' 구도 소식(蘇軾)이 좋아하여 우리 집안의 양직이라 하였다. 이 시를 지을 때엔 나이 매우 어렸는데 격율(格律)이 벌써 이처럼 노창(老蒼)하였었다." 하였다.

금릉 봉황대에 올라(①登金陵鳳凰臺)

이백(李白)

鳳凰臺上鳳凰遊러니, 鳳去臺空江自流라.
  (봉황대상봉황유　봉거대공강자류)
②吳宮花草埋幽徑이오, ③晉代衣冠成古丘라.
  (오궁화초매유경　진대의관성고구)
④三山半落青天外요, ⑤二水中分白鷺洲라.
  (삼산반락청천외　이수중분백로주)
⑥總爲浮雲能蔽日하니, 長安不見使人愁라.
  (총위부운능폐일　장안불견사인수)

봉황대 위에는 봉황새가 놀더니,
봉황은 사라지고 빈 대 앞엔 강물만 흐르고 있다.
오나라 궁전의 화초는 오솔길에 묻혀 버렸고,
진나라 때의 귀인들은 낡은 언덕을 이루었다.
삼산은 푸른 하늘 밖으로 반쯤 솟아 있고,
두 강물이 백로주를 가운데 두고 갈라진다.
어떻든 뜬구름은 해를 가릴 수가 있으니,
장안은 보이지 않아 시름만 나게 한다.

주해　① 登金陵鳳凰臺(등금릉봉황대) ― 금릉(金陵)은 남경(南京)의 옛 이름.

송(宋)나라 원가중(元嘉中 : 424~453)에 왕의(王顗)가 이상한 새가 산에 모인 것을 보았는데, 그때 사람들이 봉황이라 하였다. 그래서 대(臺)를 그 자리에 세우고 봉황대라 불렀다 한다. 지금도 남경시 남쪽에 봉황대의 고지(故趾)가 있다 한다. 《이태백시집》 권21에 실려 있다.

② 吳宮(오궁)―삼국(三國)의 오(吳)나라 손권(孫權)이 만든 궁전. ○幽徑(유경)―그윽한 풀로 덮인 작은 길.

③ 晉代(진대)―동진(東晉)이 처음으로 서울을 건업(建業 : 金陵)에 옮기어 비로소 금릉이 제도(帝都)가 되었다. ○衣冠(의관)―예복에 관을 쓴 귀인들을 가리킨다. ○古丘(고구)―낡은 무덤이 이룬 언덕.

④ 三山(삼산)―강소성(江蘇省) 강녕현(江寧縣) 서남쪽에 있는 3개의 봉우리가 연이어 있는 산 이름. ○半落(반락)―위쪽은 푸른 하늘에 솟아 있고 아래쪽은 구름에 가리어 공중에 떠있는 것같은 모양.

⑤ 二水(이수)―진회하(秦淮河)의 물줄기가 금릉에서 둘로 갈리어 한 가닥은 성안으로 들어오고 한 가닥은 성밖을 감돈다. ○白鷺洲(백로주)―이수(二水)가 나뉘어지는 곳에 있는 섬 이름.

⑥ 總爲(총위)―'모두가', '어떻든'. ○浮雲(부운)―뜬구름. 간신(奸臣)에 비유한 것이다. ○蔽(폐)―가려지다. ○日(일)―천자의 성총(聖聰)에 비유한 것임.

(해설) 봉황새가 날아들던 좋은 시절은 가버리고 의연히 아름다운 산천 속에 옛날 봉황새가 날아들던 봉황대만 남아있다. 이처럼 강산은 예나 다름없지만 지금 조정에는 양국충(楊國忠)·고역사(高力士) 등의 간신배가 성총(聖聰)을 가리어 나라를 위태롭게 하고 있다. 이백도 이들 간신배 때문에 조정에서 쫓겨나 이렇게 사방을 유랑하는 몸이 되었다. 아름다운 경치를 대하니 마음 한구석엔 나라를 위한 근심이 서린다.

이른봄 왕한양에게 부침(①早春寄王漢陽)

이백(李白)

②聞道春還未相識하여, 起傍寒梅③訪消息이라.
　　(문도춘환미상식　기방한매방소식)

昨夜東風入④武陽하니, ⑤陌頭楊柳黃金色이라.
　　(작야동풍입무양　맥두양류황금색)

碧水⑥渺渺雲茫茫하니, ⑦美人不來空斷腸이라.
　　(벽수묘묘운망망　미인불래공단장)

⑧預拂靑山一片石하고, 與君連日醉⑨壺觴이라.
　　(예불청산일편석　여군연일취호상)

봄이 돌아왔다는 말을 들었으나 아직 몰라서,
일어나 찬 매화 곁으로 가 소식을 찾아본다.
어젯밤 동풍이 무창으로 불어들더니,
가두의 버드나무가 황금빛을 띠었구나.
푸른 강물은 아득하고 구름은 망망하니,
그리운 그대 오지 않아 공연히 애끓는도다.
미리 푸른 산의 한 바위를 깨끗이 떨고,
그대와 연일 술잔 들며 취하려 하고 있다.

주해　① 早春寄王漢陽(조춘기왕한양)―조춘(早春)에 한양(漢陽) 현령으로 있는 왕모(王某)에게 부친다. 왕한양이 누구인지는 알 수 없다.《이태백시집》권14에 실려 있다.
② 聞道(문도)―말하는 것을 들었다. 도(道)는 말한다는 뜻. ○未相識(미상

식)−아직 서로 알지 못한다. 봄이 정말로 돌아왔는지 확인은 못하였다
는 뜻.

③ 訪消息(방소식)−소식을 찾는다. 봄이 왔다는 소식을 확인한다.

④ 武陽(무양)−장강(長江)과 한수(漢水)가 합치는 지점에 있는 무한(武漢)
삼진(三鎭), 곧 무창(武昌)·한구(漢口)·한양(漢陽) 중의 '무창'.

⑤ 陌頭(맥두)−가두(街頭). 거리.

⑥ 渺渺(묘묘)−물이 질펀한 모양. 《이백집》엔 '호호(浩浩)'라 하였다. ○茫茫
(망망)−아득히 널리 펼쳐진 모양.

⑦ 美人(미인)−왕한양(王漢陽)을 가리킨다. 그리운 그대의 뜻.

⑧ 預(예)−미리. 미리 준비하는 것. ○拂(불)−먼지나 흙을 떨고 깨끗이 하
는 것. ○石(석)−올라앉아 술을 마실 만한 바위를 말한다.

⑨ 壺觴(호상)−술병과 술잔.

해설 이른봄 자기의 벗 왕한양(王漢陽)에게 보낸 시이다. 벗을 기다리는
참된 우정이 넘쳐흐른다. 벗이 온다는 약속도 없이 그가 오면 함께 앉아
술마시려고 미리 푸른 산의 바위를 깨끗이 하는 마음씨가 아름답다.

금릉성 서쪽 누각 달 아래 읊음(①金陵城西樓月下吟)

이백(李白)

金陵夜寂凉風發하니, 獨上高樓望②吳越이라.
　　(금릉야적량풍발　독상고루망오월)

白雲映水搖秋城하니, 白露垂珠滴秋月이라.
　　(백운영수요추성　백로수주적추월)

月下長吟久不歸하니, ③古今相接眼中稀라.
　　(월하장음구불귀　고금상접안중희)

④解道澄江淨如練하니, 令人却憶⑤謝玄暉라.
(해도징강정여련 영인각억사현휘)

금릉의 밤은 고요한데 싸늘한 바람이 일고,
홀로 높은 누각에 올라 오월 지방을 바라본다.
흰구름은 물에 비치어 가을 성과 함께 흔들리고,
흰이슬은 떨어지는 구슬처럼 가을 달빛 아래 방울지고 있다.
달 아래 길게 읊으며 오래도록 돌아가지 않으니,
고금의 잇따른 일들이 눈안에 드물게 남는다.
맑은 강물은 곱기가 비단 같다는 시구가 떠올라,
옛 시인 사조(謝朓)를 생각케 하네.

주해 ① 金陵城西樓月下吟(금릉성서루월하음)—금릉성 서쪽 누각의 달 아래 읊었다는 뜻.《이태백시집》권7에 실려 있다.
② 吳越(오월)—춘추시대 오(吳)나라와 월(越)나라가 다스리던 지방. 지금의 강소(江蘇)·안휘(安徽)·절강(浙江) 지방.
③ 古今相接(고금상접)—오·월을 중심으로 한 옛부터 지금까지의 여러 가지 일들이 잇따라 머리에 떠오른다는 뜻. ○眼中稀(안중희)—자기 눈에 차는 일들은 드물다. 자기가 기억해두고 싶을 만한 일들은 드물다는 뜻.
④ 解道(해도)—지도(知道). 이해의 뜻. '징강정여련(澄江淨如練)'은 사현휘(謝玄暉)의 '저녁에 삼산(三山)에 올라 경읍(京邑)을 바라본다'고 제(題)한 시의 1구. ○澄(징)—맑은 것. ○淨(정)—정결한 것. 깨끗한 것. ○練(련)—마전한 깨끗한 비단.
⑤ 謝玄暉(사현휘)—육조시대(六朝時代) 제(齊)나라 시인 사조(謝朓). 부록 작자약전(作者略傳) 참조.

해설 선대(先代)의 시인 중에서 이백은 사조(謝朓)를 가장 좋아하였다. 〈가을 선성(宣城)의 사조의 북루(北樓)에 오른다〉는 시에서는 '누가 생각했으리, 북루 위에서 바람을 쐬며 사공(謝公)을 그릴 줄을'이라 읊었고, 또 〈선주(宣州) 사조루(謝脁樓)에서 교서(校書) 숙운(叔雲)을 전별한다〉는 시에선 '봉래(蓬萊)의 문장은 건안(建安)의 뼈가 있고 중간의 소사(小謝)는 또 청발(淸發)하다' 하였다. 소사(小謝)는 사령운(謝靈雲)에 비하여 사조를 그렇게 부른 것이다.

이백은 이처럼 사조를 좋아했을 뿐만 아니라 또 그의 청발한 시풍을 배웠다. 아름다운 금릉의 밤, 자기가 좋아하는 달빛 아래 청발한 사조의 시를 생각한 것은 자연스런 일일 것이다. 다음의 〈동계공 유거에 제함(題東溪公幽居)〉이란 시에서도 '집이 푸른 산에 가까우니 사조와 같다' 하였다.

동계공 유거에 제함([1]題東溪公幽居)

이백(李白)

　　[2]杜陵賢人淸且廉하니, [3]東谿卜築歲將淹이라.
　　　(두릉현인청차렴　동계복축세장엄)
　　[4]宅近靑山同謝脁요, [5]門垂碧柳似陶潛이라.
　　　(댁근청산동사조　문수벽류사도잠)
　　好鳥迎春歌後院이오, 飛花[6]送酒舞前簷이라.
　　　(호조영춘가후원　비화송주무전첨)
　　客到但知留一醉하니, [7]盤中祇有水晶鹽이라.
　　　(객도단지유일취　반중지유수정염)

　　두릉에 사는 현인 청렴한데,
　　동계에 집 짓고 해가 다 가려 하네.
　　집은 푸른 산에 가까우니 옛날 사조와 같고,
　　문앞엔 푸른 버들 드리웠으니 도잠과 같네.

좋은 새는 봄을 맞아 뒤뜰에서 노래하고,
나는 꽃잎은 술을 권하듯이 처마 앞에서 춤추네.
손이 오면 다만 붙들어 한바탕 취하게 할 줄밖에 모르니,
소반 가운데엔 오직 수정 같은 소금뿐이네.

주해 ① 題東溪公幽居(제동계공유거)—동계공(東溪公) 유거(幽居)에 제한다. 동계공이 누군지 알 수 없으며, 이 시는 《이태백시집》 권25에 실려 있다.
② 杜陵(두릉)—장안(長安) 근처에 있는 한(漢) 선제(宣帝)의 능.
③ 東谿(동계)—선주(宣州) 완계(宛谿)의 다른 이름. ㅇ卜築(복축)—점을 쳐 살 곳을 정하고 집을 짓는 것. ㅇ淹(엄)—머물다. 버리다. 물에 빠지다. 여기서는 해가 다 가는 것.
④ 宅近靑山同謝朓(택근청산동사조)—사조(謝朓)의 〈동전(東田)에 노닐다〉는 시에 '또 푸른 산의 성곽을 바라본다'는 구절이 있다.
⑤ 門垂碧柳(문수벽류)—《진서(晉書)》 도연명전(陶淵明傳)에 '도잠(陶潛)의 집 문앞엔 다섯그루 버드나무가 있어, 오류선생전(五柳先生傳)을 지어 자신에 비겼다' 하였다.
⑥ 送酒(송주)—기녀 등이 술을 받들어 권하며 춤추는 것. 꽃잎을 보며 춤추는 기녀들을 연상한 것이다.
⑦ 盤(반)—술안주를 담은 그릇을 벌여놓은 쟁반, 또는 소반.

해설 유거(幽居)하는 동계공(東溪公)의 소탈한 생활을 노래한 것이다. 실은 동계공의 생활이 아니라 이백의 머리속의 이상이 바로 이러한 생활이었던 것이다. 이백도 만년엔 도교를 좋아했고 사조(謝朓)처럼 청산(靑山 : 安徽省 當塗縣 남쪽 30리)이 보이는 곳에 주거를 정하려 하였다 한다.

이옹에게 올림(①上李邕)

이백(李白)

②大鵬一日同風起하여, ③扶搖直上九萬里라.
　　(대붕일일동풍기　부요직상구만리)

假令風④歇時下來면, 猶能⑤簸却滄溟水라.
　　(가영풍헐시하래　유능파각창명수)

世人見我⑥恒殊調하고, 聞余大言皆冷笑라.
　　(세인견아항수조　문여대언개냉소)

⑦宣父猶能畏後生하니, 丈夫未可⑧輕年少라.
　　(선부유능외후생　장부미가경년소)

대붕은 어느날 바람과 함께 날아오르며,
회오리바람 타고 곧장 9만 리를 날아 올라간다.
가령 바람이 멎어 어느 때건 내려오게 된다면,
그래도 푸른 바닷물을 쳐 흐트릴 수 있다.
세상 사람들은 나를 보고 언제나 하는 짓이 다르다 하고,
내 큰소리를 듣고는 모두가 냉소를 한다.
공자께서도 후생을 두려워하실 줄 아셨으니,
대장부는 젊은이를 가벼이 여겨서는 안되네.

주해　① 上李邕(상이옹)—이옹에게 올림. 이옹은 자가 태화(泰和). 양주(揚州) 강도(江都) 사람이다. 이교(李嶠)의 추천으로 좌습유(左拾遺)가 되었고 현종(玄宗) 때엔 공부낭중(工部郎中)을 거쳐 급군(汲郡) 북해(北海)의 태수가 되어 이북해(李北海)라고도 부른다. 뒤에 재상 이임보(李林甫)가 그의 재능을 시기하여 나이 70세에 죽었다. 이 시는 《이태백시집》 권9에

실려 있다.

② 大鵬(대붕) — 《장자(莊子)》 소요유(逍遙遊)편에 보이는 북명(北冥)에 산다는 수천리 길이의 큰 새.

③ 扶搖(부요) — 아래서 위로 부는 회오리바람. 여기서는 회오리바람을 타는 것. 이것도 《장자》에 있는 말을 인용한 것임.

④ 歇(헐) — 쉬다.

⑤ 簸却(파각) — 키로 까불듯이 나래로 쳐서 바닷물을 날리는 것. ○滄溟(창명) — 푸른 바다.

⑥ 恒殊調(항수조) — 항상 행동과 취향이 다른 것.

⑦ 宣父(선부) — 공자(孔子). 《당서(唐書)》 예악지(禮樂志)에 '정관(貞觀) 11년 조칙으로 공자를 높이어 선부(宣父)라 하였다' 했다.

⑧ 輕年少(경년소) — 연소한 자기를 가벼이 여긴다.

(해설) 전반 4구는 이옹(李邕)의 위인이 큰 그릇임을 칭찬한 말이고, 후반 4구는 자기는 취향이 일반 세인(世人)들과 달라 냉소를 받고 있기는 하지만 가벼이 여기지 말고 천거해 달라는 뜻을 담은 것이다. 천거를 부탁하는 시인데도 기개를 잃지 않음은 이백의 특성이라 할 것이다.

뜰 앞 감국화를 탄식함(①歎庭前甘菊花)

두보(杜甫)

簷前甘菊②移時晚하니, ③青蘂重陽不堪摘이라.
　　(첨전감국이시만　청예중양불감적)

明日④蕭條盡醉醒하면, 殘花⑤爛熳開何益고?
　　(명일소조진취성　잔화난만개하익)

籬邊野外多衆芳하니, ⑥采擷細瑣升中堂이라.
　(이변야외다중방　채힐세쇄승중당)

念⑦茲空長大枝葉이, ⑧結根失所纏風霜이라.
　(염자공장대지엽　결근실소전풍상)

처마 앞의 감국은 옮긴 철이 늦어서,

푸른 꽃술은 중양절에도 꺾을 수가 없구나.

내일 쓸쓸히 취기가 다 깨고 나면,

나머지 꽃이 화려하게 핀들 무슨 소용 있으리?

울타리 가 들 밖엔 여러 가지 꽃들이 많으니,

가늘고 잔 것을 꺾어 대청으로 올려가네.

이놈은 공연히 가지와 잎새만 길고 커졌으니,

뿌리를 박을 곳을 잃고 풍상에 뒤얽히리라.

주해　① 歎庭前甘菊花(탄정전감국화)―뜰 앞의 감국화를 탄식한다. 이 시는
《두시(杜詩)》 권1에 실려 있다. 감국은 국화의 일종으로 진국(眞菊)·가
국(家菊)·다국(茶菊) 등으로도 부른다. 꽃이 노랗고 작으며 맛이 달고도
쌉쌀하며 향기가 짙다. 특히 항주(杭州)에서 좋은 감국이 난다.

② 移時(이시)―이식(移植)하는 때.

③ 靑蘂(청예)―푸른 꽃술. 봉오리만을 이룬 꽃술. ○重陽(중양)―중양절(重
陽節). 음력 9월 9일. 9는 양수(陽數)로 거듭되기 때문에 중양이라 한다.
옛부터 중국에선 중양절엔 등고(登高)를 하고 국화주를 마셨다. ○不堪摘
(불감적)―차마 꺾지 못한다. 차마 따지 못한다.

④ 蕭條(소조)―쓸쓸한 모양.

⑤ 爛熳(난만)―꽃이 화려하게 만발한 모양.

⑥ 采擷(채힐)―따다. 꺾다. 채취하다. ○細瑣(세쇄)―가늘고 잔 것. ○升中
堂(승중당)―국화 대신 '중당(中堂)'으로 올려가 완상(玩賞)을 받는 것'.
중당은 우리나라 대청과 같은 곳.

⑦ 茲(자)―이것. 감국(甘菊)을 가리킨다.

⑧ 結根失所(결근실소)－뿌리맺는 장소를 잃는 것. 제자리에 뿌리를 박지 못한 것. ○纏(전)－얽히다. 풍상(風霜)에 시들어 이리저리 뒤얽히는 것.

해설 감국(甘菊)을 어진 사람에게 비유한 시이다. 감국이 늦게 옮겨졌고 제자리에 뿌리박지 못하여 제때에 꽃피우지 못하듯이, 지금은 세상이 어지러워 현인(賢人)이 제때에 벼슬하여 알맞은 자리에 있지 않다. 그러므로 제대로 일을 하지 못한다. 감국이 피지 않으니 주인은 들로 나가 아무 꽃이건 가늘고 잔 것들을 마구 꺾어다 중당에 꽂아놓는다.

그처럼 임금은 소인 간신 할 것 없이 아무 사람이나 데려다 벼슬을 준다. 그래서 감국이 쓸데없이 지엽(枝葉)만 자라 종당엔 풍상에 시들어 꺾여지듯이, 현인은 공연히 많은 재능만을 지니고 초야에 파묻혀 살다 죽게 된다는 것이다. 두보의 시국에 대한 불만이 잘 나타나 있다.

가을비의 탄식(①秋雨歎)

두보(杜甫)

雨中百草秋②爛死나, 階下③決明顔色新이라.
　　(우중백초추란사　계하결명안색신)

著葉滿枝④翠羽蓋요, 開花無數黃金錢이라.
　　(착엽만지취우개　개화무수황금전)

凉風⑤蕭蕭吹汝急하니, 恐汝⑥後時難獨立이라.
　　(양풍소소취여급　공여후시난독립)

⑦堂上書生空白頭하니, 臨風⑧三嗅馨香泣이라.
　　(당상서생공백두　임풍삼후형향읍)

빗속에 모든 풀은 가을이 되어 시들어 죽었는데,

섬돌 아래 결명초는 빛깔이 새롭구나.

가지 가득히 붙은 잎새는 푸른 깃포장 같고,

무수히 핀 꽃은 황금돈만 같구나.

서늘한 바람 쌀쌀히 그대에게 세차게 불어오니,

그대가 때 늦게 홀로 버티기 어려울까 두렵네.

당상의 서생은 공연히 머리만 희었으니,

바람따라 몇번이고 향내 맡으며 우네.

주해 ① 秋雨歎(추우탄)－가을비의 탄식.《두시(杜詩)》권1에 실린 3수 가운데의 제1수이다.

② 爛(란)－무르익다. '난사(爛死)'는 마르고 썩어 죽는 것.

③ 決明(결명)－풀 이름. 눈병에 쓰이던 약초라서 결명(決明)이란 이름이 붙었다. ○顔色(안색)－결명초의 꽃 빛깔.

④ 翠羽蓋(취우개)－비취빛 깃으로 만든 수레 위 포장.

⑤ 蕭蕭(소소)－바람이 쓸쓸히 부는 모양.

⑥ 後時(후시)－때에 뒤늦게. 철 늦게.

⑦ 堂上書生(당상서생)－두보 자신을 가리킨다.

⑧ 三嗅(삼후)－세 번 냄새 맡는 것.《논어(論語)》향당(鄕黨)편에 '자로(子路)가 모이를 주니 세 번 냄새를 맡아보고 날아올랐다'는 데서 인용한 것으로, 여기서는 여러번 냄새를 맡는 것. ○馨(형)－향내가 멀리까지 나는 것.

해설 《두시(杜詩)》전겸익(錢謙益)의 주(注)에 의하면 '천보(天寶) 13년(754) 가을 장맛비가 60여일 계속되었다. 현종(玄宗)이 비가 곡식을 해칠까 걱정하고 있었는데, 양국충(楊國忠)이 벼 가운데서 잘 자란 것을 가져다 바치면서 비가 많이 오기는 하였으나 곡식을 해치지는 않았다고 아뢰었다. 이해 가을 두보는 장안(長安)의 여사(旅舍)에서 앓고 누워 있으면서 이 얘기를 듣고 이 시를 지었다' 한다. 이 시는 이처럼 간신이 들끓는 세상에서도 군자는 환난을 이기고 독립함을 노래한 것이다.

비가 많이 와서 백성들은 모두 궁지에 몰려 있다. 그러나 이런 고난

속에서도 군자는 꿋꿋이 결명초처럼 자기의 지조를 지켜나간다는 것이다. 그러나 계절은 어느 때고 바뀌듯이 시간은 흘러가고 있는 것. 자기도 군자의 행실을 본뜨려 하지만 아무런 한 일도 없이 머리만 희끗희끗하여졌다. 그러기에 거듭거듭 군자의 덕행(德行)같은 결명초의 향내를 맡으며 눈물짓는 것이다. 더구나 고난에 허덕이는 백성들과 날로 날뛰는 간신배를 어찌할 것이냐!

2월에 매화를 보고(①二月見梅)

당경(唐庚)

桃花能紅李能白하니, 春深何處②無顔色고?
　　(도화능홍이능백　춘심하처무안색)
不應尙有一枝梅하니, ③可是東君苦留客가?
　　(불응상유일지매　가시동군고류객)
④向來開處當嚴冬하니, ⑤白者未白紅未紅이라.
　　(향래개처당엄동　백자미백홍미홍)
只今已是⑥丈人行이니, 肯與⑦年少爭春風가?
　　(지금이시장인항　긍여년소쟁춘풍)

복숭아꽃은 붉고 오얏꽃은 희게 피는 것,
봄이 깊으면 어느 곳이고 아름다운 꽃이 없을소냐?
그러나 아직도 한 가지 매화꽃이 남아 있을 리 없으니,
어쩌면 봄의 신이 손을 붙들어두기 싫었단 말인가?
전에 피었을 적엔 엄동이어서,
흰 놈은 희지 못하고 붉은 놈도 붉지 못했었지.

지금은 이미 손윗자리가 되었으니,
젊은이들과 봄바람을 다투려 들겠는가?

(주해) ① 二月見梅(이월견매)—2월에 매화를 보고. 송대(宋代) 사(詞) 작가
당경(唐庚, 1071~1121, 자는 子西)이 장무진(張無盡)에게 보낸 시이다.
② 無顔色(무안색)—아름다운 꽃이 없겠느냐?
③ 可是(가시)—기시(豈是). '어찌'의 뜻. 옛글에선 '가(可)'가 '기(豈)'의 뜻으
로 흔히 쓰였다. ○東君(동군)—봄의 신(神). 음양오행설로 동은 봄에 해당
한다. ○苦留客(고류객)—손님. 곧 매화를 머물러 있게 하기가 괴로웠다.
④ 向來(향래)—전에. 전부터.
⑤ 白者(백자)—오얏꽃을 가리킴. ○紅(홍)—홍자(紅者). 복숭아꽃을 가리킴.
⑥ 丈人行(장인항)—장인(丈人)은 연장자 또는 장배(長輩)를 가리킴. 항(行)
은 배항(排行). 서열에 따른 자리.《한서(漢書)》흉노전(匈奴傳)에 '한(漢)
나라 천자는 나의 장인항(丈人行)이라'고 하였다. 따라서 장인항은 '손윗
자리', '어른의 자리'의 뜻.
⑦ 年少(연소)—장인(丈人)의 대(對)로 도리(桃李)를 가리킴.

(해설) 《낭야대취편(瑯琊代醉編)》권34엔 이 시를 싣고《묵장만록(墨莊漫
錄)》을 인용하여 '당경(唐庚) 자서(子西)가 일찍이, 도리(桃李)가 만발했
는데, 매화가 아직도 몇 가지 피어 있음을 보고 이 시를 지었다. 이때 장
무진(張無盡) 천각(天覺)이 왕명을 받아 가게 되었으므로 이 시를 보내
었다' 하였다. 복숭아꽃·오얏꽃은 소인배에, 매화를 군자에 비유하여 읊
은 것이다. 복숭아꽃·오얏꽃이 만발한 2월에 아직도 피어 있는 매화를
보고, 소인들이 들끓는 정계로 나가는 군자의 위태로운 입장을 노래한 것
이다.

수선화(①水仙花)

황정견(黃庭堅)

②凌波仙子生塵襪하니, 水上③盈盈步微月이라.
  (능파선자생진말 수상영영보미월)

是誰招此斷腸魂고? 種作④寒花寄愁絶이라.
  (시수초차단장혼 종작한화기수절)

含香⑤體素欲傾城하니, ⑥山礬是弟梅是兄이라.
  (함향체소욕경성 산반시제매시형)

坐對⑦眞成被花惱하니, 出門一笑大江橫이라.
  (좌대진성피화뇌 출문일소대강횡)

물결을 걷는 물의 여신이 먼지 같은 물방울을 버선발로 튀기며,
물 위를 살랑살랑 희미한 달빛 아래 걷는 것 같네.
이건 누가 이처럼 애끓는 혼을 불러온 건가?
심어서 겨울의 꽃을 만들어 애절한 시름을 부쳤네.
향기 머금은 흰 몸은 온 성을 기울어뜨릴 미인 같으니,
산반꽃은 아우요 매화는 형뻘이 되네.
앉아서 보고 있으려니 정말로 꽃을 어쩌는 수 없어,
문을 나가 크게 웃으며 보니 큰 강이 비껴 흐르고 있네.

주해 ① 水仙花(수선화)-《황산곡문집(黃山谷文集)》 권7에 실려 있으며,〈왕충
    도가 수선화 50지를 보내왔는데 흔연히 마음에 들어 이를 위해 시를 지
    음(王充道送水仙花五十枝, 欣然會心, 爲之作詠)〉이라 제(題)하고 있다.
  ② 凌波仙子(능파선자)-조식(曹植)의 〈낙신부(洛神賦)〉〔《文選》 권19〕에

‘물결을 타고 가벼이 걸으면 비단 버선에선 먼지가 나는 듯’하다고 낙수
(洛水)의 여신을 형용하고 있다. 따라서 능파선자는 물결을 타고 걷는 물
의 여신. ○生塵襪(생진말)−버선에서 나는 먼지처럼 수연(水煙)이 일어
나는 것.

③ 盈盈(영영)−가벼이 천천히 걷는 모양. ○步微月(보미월)−희미한 달빛
아래 걷는 것.

④ 寒花(한화)−겨울 추울 때 피는 꽃. 곧 수선화(水仙花). ○愁絶(수절)−애절
한 시름.

⑤ 體素(체소)−체질이 흰 것. ○傾城(경성)−성을 기울어뜨리는 것. 미인을
가리킴. 한무제(漢武帝) 때 이연년(李延年)의 〈미인가(美人歌)〉에 ‘한 번
돌아보면 사람의 성(城)을 기울게 하고, 다시 돌아보면 사람의 나라를 기
울게 한다’ 하였다. 이후로 경성(傾城) 또는 경국(傾國)은 절세미인의 뜻
으로 쓰였다.

⑥ 山礬(산반)−꽃 이름. 칠리향화(七里香花)·운향(芸香)·정화(掟花)·자
화(柘花)·탕화(場花) 등의 이름이 있다. 주로 중국 남부 지방 산야에 있
는 목본(木本) 식물임.

⑦ 眞成(진성)−정말 ……이 되게 하였다. ○被花惱(피화뇌)−꽃에 괴로움을
당하다. 꽃이 좋아 어쩔 줄을 모르다.

(해설) 수선화의 아름다운 모양과 수선화를 사랑하는 마음이 잘 표현되어
있다. 아름답고 고운 몸매에 추운 겨울에도 피어나는 절조를 산반(山礬)
이나 매화와 동류(同類)로 본 것이다. 특히 끝 구에서 아름다운 수선을
보고 있노라니 그 아름다움이 어쩔 수 없이 마음을 움직이어, 마음을 풀
려고 문밖으로 나가 크게 웃으며 보니 큰 강물이 비껴 유유히 흐르고 있
더라는 자연의 조그만 꽃과 큰 강물의 대비가 멋지다.

황학루에 올라(①登黃鶴樓)

최호(崔顥)

昔人已乘黃鶴去하니, 此地空餘黃鶴樓라.
(석인이승황학거 차지공여황학루)

黃鶴一去不復返하니, 白雲千載空悠悠라.
(황학일거불부반 백운천재공유유)

②晴川歷歷漢陽樹요, 春草③萋萋鸚鵡洲라.
(청천력력한양수 춘초처처앵무주)

日暮④鄕關何處是오? 烟波江上使人愁라.
(일모향관하처시 연파강상사인수)

옛사람 이미 누런 학 타고 가버리어,

이 땅에 공연히 황학루만 남았구나.

누런 학은 한번 가고 다시 돌아오지 않으니,

흰구름만 천 년 두고 헛되이 흘러갔다.

맑은 냇물 저쪽엔 한양의 나무들이 역력하고,

봄풀은 앵무주에 무성히 자라 있다.

해는 지는데 고향은 어디쯤인고?

안개 낀 강물결은 시름에 잠기게 하네.

주해 ① 登黃鶴樓(등황학루)－황학루에 오르다. 거의 모든《당시선(唐詩
選)》에 들어 있는 명시이다. 황학루는 무창(武昌)의 서남 모퉁이 황학기
(黃鶴磯)에 있다.《무창지(武昌志)》에 의하면, 옛날 신씨(辛氏)라는 술장
수가 있었는데, 몸집이 큰 남루한 몰골의 한 선비가 와서 술을 주겠느냐

물었다. 신씨는 거절하지 않고 큰 잔에 술을 따라 주었다. 이렇게 하기 반 년이 지났으나 신씨는 조금도 싫어하지 않았다. 하루는 그 선비가 술빚을 갚겠다면서 바구니의 귤껍질을 벗겨 벽에다 학을 그리니 바로 황학(黃鶴) 이 되었다. 자리에 앉은 사람이 손뼉을 치며 노래하면 학은 가락에 따라 춤을 추었다. 많은 사람들이 이 학을 보려고 모여들었으므로 10년만에 신 씨는 거부(巨富)가 되었다. 그 뒤 선비가 다시 찾아와 신씨는 무엇이든 바라는 대로 올리겠다고 하였다. 선비는 웃으며 피리를 꺼내 부니 바로 하늘에서 그렸던 학이 내려왔다. 선비는 그 학을 타고 하늘로 날아갔다. 이를 기념하려고 신씨는 누(樓)를 세우고 황학루라 이름하였다 한다.

② 晴川(청천)―맑은 하늘 아래 냇물. 이 시구로 말미암아 무창(武昌)엔 지 금도 청천각(晴川閣)이 서있다 한다. ○歷歷(역력)―하나하나 뚜렷이 잘 보이는 것. ○漢陽(한양)―호북성(湖北省) 한양부(漢陽府). 무창(武昌)과 장강(長江)을 사이에 두고 서쪽 기슭에 있다.

③ 萋萋(처처)―무성한 모양. ○鸚鵡洲(앵무주)―무창의 남쪽 강 가운데 있 다. 후한(後漢)의 황조(黃祖)가 〈앵무부(鸚鵡賦)〉의 작자인 문인 예형(禰 衡)을 이곳에서 죽였으므로 그를 기념하기 위하여 앵무주라 부르게 되 었다 한다.

④ 鄕關(향관)―고향.

해설 이백도 보고 감탄했다는 명시이다. 전반 4구는 황학루의 유래를 통 해 덧없는 인생을 노래하고 있고, 후반 4구는 이곳에서 느낀 감흥으로 아 름다운 봄 해 저무는 때 타향에서 느끼는 향수를 읊었다. 이백도 이에 필 적할 시를 지으려고 앞에 나온 〈등금릉봉황대(登金陵鳳凰臺)〉를 지었다 한다. 따라서 이백의 봉황대 시는 이 시의 운을 쓰고 시상(詩想)·시구까 지도 이를 본뜨고 있다. 송대(宋代)의 엄우(嚴羽)는 그의 《창랑시화(滄浪 詩話)》에서 '당인(唐人)의 칠율시(七律詩)는 최호(崔顥, 704?~754)의 황학루로써 첫째로 삼아야 한다'고 극찬하였다.

당구에게 드림(①贈唐衢)

한유(韓愈)

虎有②爪兮牛有角이오, **虎可③搏兮牛可觸**이라.
(호유조혜우유각 호가박혜우가촉)
奈何君獨抱奇才하고, **手把④犁鋤餓空谷**고?
(내하군독포기재 수파리서아공곡)
當今天子⑤急賢良하니, **⑥匭函朝出開明光**이라.
(당금천자급현량 궤함조출개명광)
胡不上書自⑦薦達하여, **⑧坐令四海如虞唐**고?
(호불상서자천달 좌령사해여우당)

범에게는 발톱이 있음이여! 소에게는 뿔이 있도다,
범은 발로 칠 수 있음이여! 소는 뿔로 찌를 수 있도다.
어째서 그대는 홀로 뛰어난 재능을 품고서도,
손에 쟁기와 호미 들고 텅 빈 골짜기에서 굶주리는가?
지금의 천자께선 어진 사람 구하기에 열심이시니,
조정에선 민의함(民意函)을 내어놓고 궁전을 열어 백성들의 말을 듣고 있다.
어째서 글을 올려 자신을 천거하여 쓰임으로써,
앉아서 온 세상을 요순시대처럼 만들지 않는가?

주해 ① 贈唐衢(증당구)-당구(唐衢)에게 드림. 이 시는《한창려집(韓昌黎集)》권3에 실려 있다. 당구는 한유(韓愈)를 좇아 온 사람으로 시가(詩歌)를 잘하였고 남의 문장을 읽고 감동하여 울기를 잘하였다 한다.
② 爪(조)-발톱. ○兮(혜)-구간(句間)의 조자(助字). 초사(楚辭)에 많이 쓰

였으며 접속사 '이(而)'와 같은 역할도 한다.

③ 搏(박)—발톱으로 잡으며 치는 것. ○觸(촉)—뿔로 찌르는 것.

④ 犁(리)—보습. 쟁기. ○鋤(서)—호미. ○空谷(공곡)—사람 없는 텅 빈 골짜기.

⑤ 急賢良(급현량)—현량(賢良)을 구하기에 조급하다. 열심히 어진 이를 구한다.

⑥ 匭(궤)—궤짝. ○函(함)—상자. 당(唐)나라 무후(武后)의 수공(垂拱) 2년(686)에 동(銅)으로 궤(匭)를 만들어 조당(朝堂)에 놓고, 부송(賦頌)을 바치어 벼슬하려는 사람·조정을 간하는 것·무실(無實)한 죄를 호소하는 것 등을 투서(投書)케 하였다. 지금의 민의함(民意函)과 비슷한 것. ○朝出(조출)—조정에 내어놓는 것. ○開明光(개명광)—명광(明光)은 한(漢)나라 무제(武帝)가 세운 궁전(宮殿) 이름. 여기서는 일반적인 궁전을 뜻하며 궁전을 열어 누구나 들어와 자기의 뜻을 아뢰도록 한 것.

⑦ 薦達(천달)—천거해서 상달(上達)케 하는 것. 추천하여 위에 알림으로써 벼슬을 얻는 것.

⑧ 坐(좌)—앉아서. 아무것도 하지 않고 ○虞唐(우당)—우(虞)는 순(舜)임금의 국호(國號), 당(唐)은 요(堯)임금의 국호. 따라서 요순시대를 뜻한다.

해설 중국의 옛사람들을 나라가 어지러우면 세상에 나가지 않고 숨어사는 것이 군자의 도라 여겨왔다. 그 결과 태평시대에도 벼슬 않고 세상을 등지고 사는 사람들을 존경하는 경향이 있었다. 당구(唐衢)도 재능을 갖추고 있으면서 숨어살던 현인의 하나다. 한유(韓愈)는 그에게 세상으로 나가 벼슬을 하여 나라의 정사를 올바로 이끌 것을 권하고 있다. 임금이 정치를 올바로 하려는 의욕이 있는데도 숨어산다는 것은 잘못이라 본 것이다. 호랑이가 발톱으로 싸우고 소가 뿔로 찌르듯이 세상에 나가 자기가 지닌 재능을 다하여 백성과 나라를 위해 일하라는 것이다.

고의(①古意)

한유(韓愈)

②太華峯頭玉井蓮이, 開花十丈③藕如船이라.
　(태화봉두옥정련　개화십장우여선)

冷比雪霜甘比蜜하니, 一片入口④沈痾痊이라.
　(냉비설상감비밀　일편입구침아전)

我欲求之不⑤憚遠이나, 靑壁無路難⑥夤緣이라.
　(아욕구지불탄원　청벽무로난인연)

安得長⑦梯上摘實하여, 下種⑧七澤根株連가?
　(안득장제상적실　하종칠택근주련)

태화산 봉우리 위의 옥 우물에 나는 연은,
꽃이 피면 넓이가 10장이요 뿌리는 배와 같단다.
차기는 눈서리 같고 달기는 꿀과 같아서,
한 조각만 입에 넣어도 오랜 병도 다 낫는단다.
나는 그것을 구하고자 먼 길도 꺼리지 않을 것이나,
푸른 절벽엔 길도 없어 기어오르기 어렵네.
어떻게 하면 긴 사다리 얻어 올라가 열매를 따다,
내려와 칠택에 심어 뿌리와 포기가 연잇게 할까?

주해　① 古意(고의) ─고인(古人)의 뜻. 옛날의 의취(意趣). 《한창려집(韓昌黎
　集)》 권3에 실려 있다.

② 太華(태화) ─섬서성(陝西省) 화음현(華陰縣) 남쪽에 있는 태화산. 중국의
　오악(五岳) 중의 하나로 서악(西岳)에 해당한다. 그 중봉(中峰)을 연화봉

(蓮花峰)이라 하며 봉상(峰上)에 궁(宮)이 있고 궁 앞에 못이 있는데 천엽(千葉)의 연화(蓮花)가 있다고 전해진다. ○玉井(옥정)−백옥(白玉)의 정호(井戶). 못 이름.

③ 藕(우)−연뿌리.

④ 沈痾(침아)−오랜 병. 침아(沈疴)로도 쓴다. ○痊(전)−병이 낫는 것.

⑤ 憚(탄)−꺼리는 것.

⑥ 夤緣(인연)−부여잡고 올라가는 것.

⑦ 梯(제)−사다리. ○摘(적)−따다. 꺾다.

⑧ 七澤(칠택)−옛날 초(楚)나라엔 칠택(七澤)이 있었다 한다. 지금의 호북성(湖北省) 경계에 해당할 것이다. 사마상여(司馬相如)의 〈자허부(子虛賦)〉에 '신(臣)이 듣건대 초(楚)나라엔 칠택이 있다는데 일찍이 그 하나를 보았으나 나머지는 보지 못하였다. 신이 본 바로는 모두 아주 작은 것들이며 운몽(雲夢)이라 부른다'[《文選》] 하였다. ○根株連(근주련)−뿌리와 포기가 연이어 많이 나는 것. 그러면 그것을 천하 사람들에게 먹여주고 싶다는 것이다.

(해설) 이 시에선 태화산(太華山) 꼭대기에 있다는 연꽃의 전설을 빌어, 그 얻기 어려운 연근(蓮根)을 얻어 세상 사람들의 만병을 고쳐주고 싶다는 내용의 시이다. 옛사람들은 모두 이것을 시국에 대한 풍자로 보고, 문공(文公)의 허영을 욕한 것이라든가 얻기 어려운 부귀를 탐하는 것을 꾸짖은 것이라 하였다. 그러나 연근은 먼 저쪽에 있는 한유의 이상을 상징한 것인 듯하다.

권 5

칠언고풍단편 七言古風短篇

정병조에게 드림([1]贈鄭兵曹)

한유(韓愈)

樽酒相逢十載前엔, 君爲壯夫我少年터니,
  (준주상봉십재전 군위장부아소년)

樽酒相逢十載後하니, 我爲壯夫君白首라.
  (준주상봉십재후 아위장부군백수)

我才與世[2]不相當하여, [3]戢鱗委翅無復望이라.
  (아재여세불상당 집린위시무부망)

當今賢俊皆[4]周行이어늘, 君何爲乎亦[5]遑遑고?
  (당금현준개주항 군하위호역황황)

[6]盃行到君莫停手하라, [7]破除萬事無過酒라.
  (배행도군막정수 파제만사무과주)

통술을 마시며 10년 전에 만났을 적엔,
그대는 장년 나는 청년이었는데,
통술 마시며 10년 뒤에 만나니,
나는 장년 그대는 백발이 되었구려.
내 재능은 세상과 맞지를 않아서,
비늘을 움츠리고 나래 늘어뜨린 듯 다시는 희망이 없지만,
지금은 어질고 뛰어난 이 모두 조정의 벼슬에 있거늘,
그대는 어찌하여 역시 어정대고만 있는가?
잔이 돌아 그대에게 가거든 그대는 손을 멈추지 말라,
만사를 잊어버리는 데에는 술보다 더한 것은 없나니.

주해 ① 贈鄭兵曹(증정병조) ― 정병조(鄭兵曹)에게 드림. 정병조는 정통성(鄭通誠). 장건봉(張建封)이 무녕(武寧)의 절도(節度)였을 때 정통성은 부사(副使)였고 한유(韓愈)는 그 군의 종사(從事)가 되어 술로 사귀었다. 병조는 병사(兵事)를 관장하는 관리. 이 시는 《한유문집(韓愈文集)》 권3에 실려 있다.

② 不相當(불상당) ― 서로 잘 어울리지 않는다. 서로 맞지 않는다.

③ 戢鱗(집린) ― 용이 비늘을 움츠림. 전하여 뜻을 가지고 때를 기다리는 것. ○委翅(위시) ― 새가 날갯죽지를 접는 것. ○無復望(무부망) ― 다시는 세상에 나가 벼슬하기를 바라지 못한다는 뜻.

④ 周行(주항) ― 《시경(詩經)》 주남(周南) 권이(卷耳) 시에 ‘아아 나는 사람이 그리워 저 주항(周行)에 놓는다’ 하였는데, 《모전(毛傳)》에 ‘항(行)은 열(列)이다. 군자현인을 벼슬 주어 주나라 열위(列位)에 놓으려 생각하는 것이다’ 하였고, 정현(鄭玄)의 《전(箋)》에선 ‘주(周)의 열위는 조정의 신(臣)을 말한다’ 하였다. 본시 주항은 ‘한길’ ‘대로(大路)’의 뜻이나 《모전》의 해석을 따라 여기서는 ‘조정의 벼슬자리에 놓이는 것’이란 뜻으로 쓰였다.

⑤ 遑遑(황황) ― 황급히 움직이는 모양. 갈팡질팡하는 모양.

⑥ 盃行(배행) ― 술잔이 돌아가는 것.

⑦ 破除(파제) ― 깨뜨려 없애버리는 것. 잊어버리는 것. ○無過酒(무과주) ― 술보다 더 좋은 것은 없다.

해설 앞에서는 빠른 세월의 추이에 따라 늙어가는 인생을 탄식하였고, 자기의 불우에서 시작하여 정병조(鄭兵曹)의 별수없는 벼슬을 한하며 술이나 마시고 모든 근심을 떨어버리자는 것이 이 시의 내용이다. 사람으로서 어쩔 수 없는 시간의 흐름과 세상에 영합되지 못하는 자기의 성격과 재능은 생각할수록 작자의 마음에 시름을 안겨준다. 정병조도 똑같은 시름을 지니고 있었을 것이다. 그러기에 술이나 마시자는 것이다.

화살 맞은 꿩(^①雉帶箭)

한유(韓愈)

^②原頭火燒淨兀兀하니, 野雉^③畏鷹出復沒이라.
(원두화소정올올   야치외응출부몰)

將軍欲^④以巧伏人하여, ^⑤盤馬彎弓惜不發이라.
(장군욕이교복인   반마만궁석불발)

地形漸^⑥窄觀者多하니, 雉驚弓滿^⑦勁箭加라.
(지형점책관자다   치경궁만경전가)

^⑧衝人決起百餘尺하니, ^⑨紅翎白鏃相傾斜라.
(충인결기백여척   홍령백촉상경사)

將軍仰笑軍吏賀하니, ^⑩五色離披馬前墮라.
(장군앙소군리하   오색리피마전타)

들판 저편에 불길이 일어 잡초를 깨끗이 태우니 언덕만 높다랗고,
들꿩은 매가 두려워 나왔다가는 또 숨고 한다.
장군은 교묘한 솜씨로 사람들을 감탄시키려고,
말을 돌리며 활을 당겼으나 아끼느라 쏘지 않는다.
지형은 점점 좁혀지고 구경꾼들이 많아져,
꿩이 놀라 튀어나오자 잔뜩 당긴 힘있는 화살이 날아가 박힌다.
꿩은 사람들에게 부딪치며 백여 척이나 뛰어오르더니,
붉은 깃에 흰 촉 달린 화살과 함께 기울어진다.
장군은 고개 들어 웃고 부하들이 치하드리니,
오색 깃을 흐트리며 꿩이 말 앞에 떨어진다.

주해 ① 雉帶箭(치대전)—꿩이 화살을 맞음.《한유문집(韓愈文集)》권3에 실려 있다.

② 原頭(원두)—들머리. 들판 저쪽. ○兀兀(올올)—언덕이 우뚝한 모양. '정올올(淨兀兀)'은 잡초가 불에 타 깨끗한 언덕만이 우뚝하다는 뜻.

③ 畏(외)—두려운 것. ○鷹(응)—매.

④ 以巧伏人(이교복인)—교묘한 궁술로써 사람들을 탄복케 하는 것.

⑤ 盤(반)—서리다. 감기다. 여기서는 '도는 것'. ○彎(만)—활시위에 살을 끼는 것. '만궁(彎弓)'은 시위에 살을 끼고 잡아당기는 것.

⑥ 窄(책)—좁은 것.

⑦ 勁箭(경전)—힘있는 화살. ○加(가)—들어맞는 것.

⑧ 衝人(충인)—사람들에게 부딪쳐 오는 것. ○決起(결기)—푸득 날아오르는 것.

⑨ 紅翎(홍령)—붉은색의 화살 깃. ○白鏃(백촉)—쇠로 만들어 희게 뵈는 화살촉. ○相傾斜(상경사)—함께 기우뚱해지는 것.

⑩ 五色(오색)—오색의 꿩털. ○離披(이피)—흩어지는 모양.

해설 《한유집(韓愈集)》의 제주(題注)에 의하면, 이 시는 장복야(張僕射)가 사냥나가는 데 따라갔다가 꿩잡는 광경을 노래한 것이다. 불을 놓아 꿩을 몰아내는 데서 시작하여 꿩이 화살에 맞아 떨어지기까지 그림을 보는 듯 아름답게 그 광경이 묘사되어 있다.

남릉에서의 이별 노래(①南陵敍別)

이백(李白)

②白酒初熟山中歸하니, 黃鷄③啄黍秋正肥라.
　　(백주초숙산중귀　황계탁서추정비)

呼童④烹雞酌白酒하니, 兒女⑤嬉笑牽人衣라.
　　(호동팽계작백주　아녀희소견인의)
高歌取醉欲自慰니, 起舞落日⑥爭光輝라.
　　(고가취취욕자위　기무낙일쟁광휘)
⑦游說萬乘苦不早니, ⑧著鞭跨馬涉遠道라.
　　(유세만승고부조　착편과마섭원도)
⑨會稽愚婦輕買臣하니, 余亦辭家西入⑩秦이라.
　　(회계우부경매신　여역사가서입진)
仰天大笑出門去하니, ⑪我輩豈是蓬蒿人가?
　　(앙천대소출문거　아배기시봉호인)

막걸리가 처음 익을 때 산속으로 돌아오니,
누런 닭이 기장을 쪼고 있는데 가을이 되어 마침 살쪘네.
아이 불러 닭 잡아 삶게 하고 막걸리를 마시니,
아이들은 즐거워 웃으며 내 옷자락을 잡아 끄네.
소리높여 노래하며 술 취하여 스스로를 위로하려는 것이니,
일어나 춤추며 지는 해와 얼굴은 붉은 빛을 다투네.
천자님께 내 뜻을 설득시키는 일 일찍 못하였음이 괴로우니,
채찍 치며 말에 올라 먼 길을 떠나려네.
옛날 회계 땅의 어리석은 여자도 출세 못한 남편을 버렸었
으니,
나도 역시 집을 떠나 서쪽 장안으로 가려네.
하늘을 우러러 크게 웃으며 문을 나서니,
내가 어찌 초야에 묻혀 살다 죽을 사람이겠는가?

주해　① 南陵敍別(남릉서별)－남릉(南陵)은 안휘성(安徽省) 무호현(蕪湖縣)
남쪽에 있는 지명. '서별(敍別)'은 이별을 기술한다는 뜻.《이백시집》권15
에는 〈남릉에서 자식들을 이별하고 서울로 들어간다(南陵別兒童入京)〉라

고 제(題)하고 이 시를 싣고 있다.

② 白酒(백주)—흰 술. 탁주(濁酒). ○山中歸(산중귀)—산속의 집으로 돌아
온 것.

③ 啄(탁)—새가 부리로 쪼는 것. ○黍(서)—기장. 곡식. ○秋正肥(추정비)—
때는 가을이어서 마침 살이 쪄 있다.

④ 烹(팽)—삶다.

⑤ 嬉(희)—희롱하다. ○牽(견)—끌다.

⑥ 爭光輝(쟁광휘)—얼굴이 취하여 붉어져 지는 붉은 해와 빛깔을 다투는
듯하다는 뜻.

⑦ 游說(유세)—여러 나라로 돌아다니며 자기의 포부나 의견을 임금에게 설
득시키는 것. ○萬乘(만승)—천자(天子). 승(乘)은 병거(兵車)인데 천자는
만승이었다 한다. ○苦不早(고부조)—일찍 못한 게 괴롭다는 뜻.

⑧ 著鞭(착편)—채찍을 치는 것. ○跨馬(과마)—말에 올라타는 것.

⑨ 會稽(회계)—절강성(浙江省)에 있는 고을 이름. ○買臣(매신)—주매신(朱
買臣). 한대(漢代) 사람으로 자(字)는 자옹(子翁). 회계(會稽) 사람. 무제
(武帝) 때 중대부(中大夫)가 되어 회계태수를 거쳐 승상장사(丞相長史)
까지 되었던 사람이다. 일찍이 그는 집안이 매우 가난하여 나무를 해다
팔아 호구(糊口)를 하였는데 나뭇짐을 지고 다니면서도 책을 읽었다 한
다. 그의 처는 이것을 창피하게 여기고 남편을 버리고 가버렸다. 뒤에 태
수가 되어 회계로 부임하면서 보니 전의 자기 처는 개가한 남편과 길을
정리하고 있었다. 주매신은 이들 부부를 뒷수레에 태워 태수의 관사(官
舍)로 데려왔는데 그 처는 부끄럽고 분하여 목매어 죽고 말았다[《漢書》
朱買臣傳]. 지금 이백(李白) 자신도 처의 푸대접을 받고 있는데, 주매신
이 집을 나가 출세했듯이 자기도 출세할지 모르니 집을 다시 나가겠다는
뜻이다.

⑩ 秦(진)—장안이 진(秦) 땅에 있었으므로 장안에 감을 뜻한다.

⑪ 我輩(아배)—나 같은 무리. 이백 자신을 가리킨다. ○蓬(봉)—쑥. 다북쑥.
○蒿(호)—쑥. ‘봉호인(蓬蒿人)’은 쑥대밭에 묻혀 사는 사람. 쑥대밭은 초
야를 뜻한다.

해설 유랑생활로부터 오랜만에 집에 돌아온 이백이 가족들과의 즐거운 취회(聚會)를 즐길 겨를도 없이 또다시 장안으로 떠나가는 마음을 노래한 것이다. 닭 잡아놓고 아이들을 보며 막걸리를 마시는 기쁨은 순간적인 것이다. 남편으로 떳떳치 못한 자신의 행색이 한편 부끄럽기도 하려니와, 어쩌면 자기의 경륜을 한번쯤 펼 기회가 있을지도 모른다는 기대가 다시 그의 발길을 장안으로 돌리게 하는 것이다.

달밤에 손님과 함께 살구꽃 아래에서 술마시며
(①月夜與客飮酒杏花下)

소식(蘇軾)

杏花飛簾②散餘春하고, 明月入戶尋幽人이라.
　(행화비렴여춘　명월입호심유인)
③褰衣步月踏花影하니, ④炯如流水涵靑蘋이라.
　(건의보월답화영　경여류수함청빈)
花間置酒淸香發하니, 爭⑤挽長條落香雪이라.
　(화간치주청향발　쟁만장조낙향설)
⑥山城薄酒不堪飮하니, 勸君且吸杯中月이라.
　(산성박주불감음　권군차흡배중월)
洞簫斷月明中에, 惟憂月落酒盃空이라.
　(통소성단월명중　유우월락주배공)
明朝⑦卷地春風惡이면, 但見綠葉⑧棲殘紅이라.
　(명조권지춘풍악　단견녹엽서잔홍)

　　살구꽃은 발에 날아들어 남은 봄마저 흩어버리는 듯한데,

밝은 달은 문 안으로 조용히 사는 사람을 찾아준다.

옷을 걷고 달빛 아래 거닐며 꽃그림자를 밟으니,

밝기가 흐르는 물이 푸른 마름풀을 적시고 있는 듯하다.

꽃 사이에 술자리 벌이니 맑은 향기가 발하여,

다투어 긴 가지 휘어잡으니 향기로운 꽃잎이 눈처럼 떨어진다.

이 산성의 묽은 술은 마실 만한 것이 못되니,

술잔 속의 달이나 마시라고 그대에게 권하네.

퉁소 소리도 끊이고 달빛만 밝은 속에,

달도 져서 술잔이 비일까 걱정이 되네.

내일 아침 땅을 말아올릴 듯한 봄바람이 고약하게 불면,

푸른 나뭇잎 속에 지다 남은 꽃잎들만 보이리라.

(주해) ① 月夜與客飮酒杏花下(월야여객음주행화하) ─ 달밤에 손님과 함께 살구꽃 아래에서 술마시다. 《동파시집(東坡詩集)》 권10에 실려 있다.

② 散餘春(산여춘) ─ 흩어지는 살구꽃잎과 함께 나머지 봄도 흩어지는 듯하다.

③ 褰(건) ─ 옷자락을 걷어올리는 것.

④ 炯(형) ─ 빛나다. 밝게 비치다. ○涵(함) ─ 젖다. 잠기다. ○蘋(빈) ─ 수초(水草)의 일종으로 물위에 잎새가 떠다니는 개구리밥. 마름풀.

⑤ 挽(만) ─ 끌다. 휘어잡아당기다.

⑥ 山城(산성) ─ 서주(徐州)의 성(城). 이 시는 소동파(蘇東坡)가 서주에 있을 때 손님들과 술마시며 지은 시이다. ○薄酒(박주) ─ 독하지 않은 묽은 술.

⑦ 卷地(권지) ─ 땅을 말아올린다. 바람이 세차게 부는 모양을 형용한 것이다.

⑧ 棲殘紅(서잔홍) ─ 지다 남은 붉은 꽃을 깃들어두고 있는 것. 서(棲)는 서(栖)로도 씀.

(해설) 살구꽃이 만발한 봄날, 달빛 아래 술을 마시는 동파(東坡)의 분위기는 이미 이 세상이 아닌 선계(仙界)인 듯한 느낌을 갖게 한다. 술에 취하는 것 자체보다도 술잔에 비친 달을 마신다는 풍류가 잡된 현대인의 머

리를 씻어 줄 듯하다. 소동파는 자기에게 '삼불여인(三不如人 : 남만 못한 세 가지)'이 있는데 그것은 술마시는 것, 노래하는 것, 바둑두는 것이라고 하였다.

그러나 그의 시나 사문(詞文)을 보면 술마시고 노래하는 장면이 다른 시인 못지않게 자주 나온다. 술은 마셨으되 도연명(陶淵明)이나 이백(李白)처럼 술에 취하여 천진(天眞)한 자아(自我)로 돌아가기 위한 것이 아니라 그 멋만을 즐겼던 듯하다. 그러기에 술은 남았으되 달 지는 것이 걱정되는 것이다.

인일에 두이습유에게 부침(①人日寄杜二拾遺)

고적(高適)

人日題詩寄②草堂하니, 遙③憐故人思故鄕이라.
　(인일제시기초당　요련고인사고향)

柳條④弄色不忍見이오, 梅花滿枝空斷腸이라.
　(유조농색불인견　매화만지공단장)

身在⑤南蕃無所預나, 心懷百憂復千慮라.
　(신재남번무소예　심회백우부천려)

今年人日空相憶하니, 明年人日知何處오?
　(금년인일공상억　명년인일지하처)

⑥一臥東山三十春하니, 豈知⑦書劍老風塵고?
　(일와동산삼십춘　기지서검노풍진)

⑧龍鍾還忝二千石하니, 愧爾東西南北人이라.
　(용종환첨이천석　괴이동서남북인)

정월 초이렛날 시를 지어 두보의 초당으로 보내며,

멀리 옛 친구도 고향 그리고 있을 것 애닳아하네.
버들가지는 빛깔을 희롱하는 듯하여 차마 볼 수 없고,
매화는 가지 가득히 피어 공연히 애긇게 하네.
몸은 남쪽 변경에 있어 정치에 참여하지 못하니,
마음은 백 가지 근심 천 가지 시름만 안고 있네.
올해 초이렛날엔 공연히 그리움에 잠겨 있지만,
내년 초이렛날엔 어느 곳에 있게 될런지?
고향에 숨어살기 30년,
책과 칼로 사는 선비가 세상 풍진에 늙어 버릴 줄 어찌 알았으리?
기력 잃고 오히려 2천 석의 녹을 받게 되었으니,
그대들 동서남북 모든 사람에게 부끄럽기만 하네.

주해 ① 人日寄杜二拾遺(인일기두이습유)－인일(人日)에 두이습유에게 붙인
다. '인일'은 정월 7일. 옛날엔 《동방삭점서(東方朔占書)》의 설이라 하여
연두(年頭)의 8일간을 초하루부터 계(鷄)·견(犬)·시(豕)·양(羊)·우
(牛)·마(馬)·인(人)·곡(穀)이라 이름을 붙였다. 그리고 인일에 날이 개
면 풍년이 든다 하였다[《事文類聚》前集 卷六]. 이(二)는 두보(杜甫)의
배항(排行), 습유(拾遺)는 두보가 숙종(肅宗) 때 좌습유란 벼슬을 지냈으
므로 두보를 가리킨다. 따라서 이 시는 인일에 두보에게 붙인 시이다. 《고
상시집(高常侍集)》 권5에 이 시가 실려 있다.
② 草堂(초당)－두보는 이때 사천성(四川省) 성도(成都)의 완화계(浣花溪)에
초당을 짓고 여생을 보내고 있었다.
③ 憐(련)－동정한다는 뜻. ○故人(고인)－옛 친구. 두보를 가리킴.
④ 弄色(농색)－빛깔을 농락(弄絡)하듯 하루하루 바래져가고 있는 것. ○不
忍見(불인견)－차마 보지 못한다. 중국에선 옛날 멀리 떠나는 사람을 전
별할 때 버들가지를 꺾어 주었다. 푸르러가는 버들가지를 보면 옛날 이별
하던 때가 생각나기 때문이다.
⑤ 南蕃(남번)－남쪽 변경지(邊境地). 이때 고적(高適)은 남쪽 촉주(蜀州)의

자사(刺史)로 있었다. ○無所預(무소예)—조정의 정사에 참예하는 바가
없었다.

⑥ 一臥東山(일와동산)—진(晉)나라 사안(謝安)이 처음엔 고향인 동산에 와
거(臥居)하며 세상에 나오지 않았다. 이 고사(故事)를 인용, 자기도 옛날
엔 고향에 은거하여 나오지 않았었다는 뜻. 일와는 '한번 와거하자'의 뜻.

⑦ 書劍(서검)—선비는 책과 칼을 의지하고 산다. 곧 학문과 의기로 산다는
것이다. ○老風塵(노풍진)—세상의 풍진 속에 어느덧 늙어 버렸다는 뜻.

⑧ 龍鍾(용종)—실의(失意)하여 기력을 잃고 몰골이 형편없는 것. 농종(隴
種)·농동(儱偅)·농동(儱偅)·농동(籠東)·농동(隴涷) 등으로도 쓰인다.
○忝(첨)—욕되다. 욕되게 하다. ○二千石(이천석)—군태수(郡太守)의 녹
(祿). '첨이천석(忝二千石)'은 욕되게도 2천 석의 녹을 받는 몸이 되었다
는 뜻.

해설 고적(高適, 702~765)은 2천 석의 녹을 받는 태수였으나 두보는 이
때 성도(成都) 완화초당(浣花草堂)에서 여생을 보내고 있었다. 인일(人
日)이 되면 봄기운이 짙어져 버들가지와 매화꽃은 떠나온 고향과 함께
그리운 벗들을 생각케 한다. 더욱이 작가는 지방 태수에서 조정에 참여치
못하므로 어지러워져만 가는 나라의 형편이 더욱 안타깝기만 하다. 시인
으로서는 비교적 영달하고 있던 고적에게도 이러한 시름이 있었다. 그러
기에 지나간 평생이 더욱 아쉽고 하는 일 없이 차지하고 있는 태수자리
가 백성들에게 부끄럽기만 하다.

고향을 그리는 마음에 두보에 대한 우정이 잘 일치되어 있고, 만족
못하는 지난 평생과 지금의 생활이 시인 사이의 통하는 뜻으로 느껴진
다. 두보는 이 시를 받고 고적의 생사를 모르다가 고적이 죽은 지 5년
뒤 대력(大曆) 5년(770) 정월 21일 이 시에 대한 대답으로 〈고(故) 고
촉주(高蜀州)가 인일(人日)에 부쳐준 것에 추수(追酬)한다〉는 시를 쓰
고 있다.

야랑으로 유배가며 신판관에게 드림([1]流夜郎贈辛判官)

이백(李白)

昔在長安醉[2]花柳하여, [3]五侯七貴同盃酒라.
(석재장안취화류 오후칠귀동배주)

氣[4]岸遙凌豪士前하니, 風流肯落他人後아?
(기안요릉호사전 풍류긍락타인후)

[5]夫子紅顏我少年이니, [6]章臺走馬著金鞭이라.
(부자홍안아소년 장대주마착금편)

文章獻納[7]麒麟殿이오, 歌舞[8]淹留玳瑁筵이라.
(문장헌납기린전 가무엄류대모연)

與君相謂長如此러니, 寧知[9]草動風塵起오?
(여군상위장여차 영지초동풍진기)

[10]函谷忽驚胡馬來하니, [11]秦宮桃李向誰開오?
(함곡홀경호마래 진궁도리향수개)

我愁遠謫夜郎去하니, 何日[12]金雞放赦回오?
(아수원적야랑거 하일금계방사회)

옛날 장안에선 꽃과 버들에 취해 놀며,
고관 귀족들과 술잔을 같이했었지.
의기는 높아 호걸들을 훨씬 능가하였으니,
풍류에 남보다 뒤떨어지려들었겠나?
당신은 홍안 소년, 나도 젊은이여서,
장대가에 말 달리며 금채찍을 휘둘렀었지.
글을 써서 기린전의 천자님께 바쳤고,

노래와 춤으로 대모로 장식한 잔칫자리에서 오래도록 즐겼었지.
그대와 서로 언제까지나 이러하리라 믿었었는데,
풀이 움직이며 풍진이 일어날 줄 어찌 알았으랴?
함곡관 쪽에서 갑자기 놀랍게도 안녹산의 반란군이 쳐들어오니,
장안의 복숭아와 오얏꽃은 누구를 보고 피겠는가?
내 근심은 멀리 야랑 땅으로 귀양가는 것이니,
어느 날이면 금닭 아래 사면되어 돌아올런지?

주해 ① 流夜郎贈辛判官(유야랑증신판관)─야랑(夜郎)으로 유배가며 신판관
에게 드림. '야랑'은 지금의 귀주성(貴州省) 서쪽 변두리에 있던 현(縣)
이름. 이백은 영왕(永王) 인(璘)의 반란에 연루(連累)되어 건원(乾元) 원
년(758) 야랑으로 귀양갔다. 본시 죄가 없었으므로 도중에 사면되어 돌아
오기는 하였으나, 이 시는 귀양길에 오르며 신판관에게 준 시이다. 신판관
은 누구인지 모르며, 판관은 절도사(節度使)나 관찰사(觀察使)의 속관이
었다. 《이백시집》 권11에 이 시가 들어 있다.
② 花柳(화류)─호화로운 유흥가를 말한다.
③ 五侯(오후)─한(漢)나라 하평(河平) 2년(27) 6월에 성제(成帝)는 이성(異
姓)의 제후들을 봉하였는데, 담(譚)은 평아후(平阿侯), 상(商)은 성도후
(成都侯), 입(立)은 홍양후(紅陽侯), 근(根)은 곡양후(曲陽侯), 봉시(逢時)
는 고평후(高平侯)였다. 이 다섯 사람을 같은 날 봉하였으므로 세상에선
오후라 불렀다 한다[《漢書》 元后傳]. 그밖에도 동한(東漢) 광무제(光武
帝)는 왕흥(王興)의 오자(五子)를 오후로 봉하였다. 여하튼 오후는 높은
귀족들을 가리킨다. ○七貴(칠귀)─《문선(文選)》 권10 반악(潘岳)의 서
정부(西征賦) 〈규칠귀어한정(窺七貴於漢庭)〉의 이선(李善) 주(註)에 의
하면 '여(呂)·곽(霍)·상관(上官)·조(趙)·정(丁)·부(傅)·왕(王)'의 칠
족으로 한대(漢代) 서경(西京)의 귀족들이었다. 여기서는 오후와 함께 장
안의 귀족들을 가리킨다.
④ 岸(안)─언덕. 언덕처럼 높음을 뜻한다. ○遙凌(요릉)─훨씬 능가하는 것.

⑤ 夫子(부자)−선생. 당신. ○紅顔(홍안)−소년(少年). 얼굴에 핏기가 많은 젊은이.

⑥ 章臺(장대)−본시는 장안 서남쪽에 있던 전국(戰國)시대 진궁(秦宮) 안의 대(臺). 그러나 여기서 이름을 따 궁전 앞의 호화로운 거리를 장대가(章臺街)라 불렀다. 여기서는 장안의 장대가를 뜻한다. ○著金鞭(착금편)−금채찍으로 말을 치며 달리는 것.

⑦ 麒麟殿(기린전)−천자가 있던 궁전 이름.

⑧ 淹留(엄류)−오래 머물며 즐기는 것. ○玳瑁筵(대모연)−대모(玳瑁)로 장식한 호화로운 잔칫자리. '대모'는 대모(瑇瑁)로도 쓴다.

⑨ 草動(초동)−풀이 움직인다. 반란이 일어남을 뜻함. ○風塵起(풍진기)−전쟁이 벌어짐을 뜻함.

⑩ 函谷(함곡)−관(關) 이름. 하남성(河南省) 영보현(靈寶縣)에 있던 장안을 지키는 데 필요한 요충임. ○胡馬來(호마래)−오랑캐 출신인 안녹산이 난을 일으키어 쳐들어왔음을 뜻한다.

⑪ 秦宮(진궁)−장안의 궁전. ○向誰開(향수개)−누구를 향하여 피는가? 임금이나 궁전에 살던 궁녀들은 모두 피란갔음을 뜻한다.

⑫ 金雞(금계)−《당서(唐書)》 백관지(百官志)에 의하면 중서령(中書令)이 죄인을 방면하는 날엔 그 자리에 긴 장대 위에 금빛 닭을 만들어 세워놓았었다. ○放赦回(방사회)−죄를 용서받고 방면되어 돌아오는 것.

(해설) 귀양을 떠나는 기막힌 처지에 생각나는 건 옛날의 화려했던 시절이다. 호기좋게 술 마시고 글 지으며 장안을 활개치던 때가 어제만 같은데 지금은 멀리 야랑(夜郎)으로 귀양가는 몸이 되었으니 슬프다는 말조차도 나오지 않는다. 이것은 모두 안녹산(安祿山)의 난 때문에 세상이 어지러워져 영왕(永王) 인(璘)이 반란을 일으킬 때 약간의 관계를 갖게 되었기 때문이다. 그저 언제 다시 돌아올 수 있을가 하는 것만이 그의 관심사이다.

정십팔이 내가 황학루를 부수겠다고 한 말을 시로써 꾸짖은 데 대하여 취한 뒤 대답함(①醉後答丁十八以詩譏予搥碎黃鶴樓)

이백(李白)

黃鶴高樓已搥碎하니, 黃鶴仙人無所依라.
　(황학고루이추쇄　황학선인무소의)
黃鶴上天訴上帝하니, ②却放黃鶴江南歸라.
　(황학상천소상제　각방황학강남귀)
③神明太守再雕飾하여, ④新圖粉壁還芳菲라.
　(신명태수재조식　신도분벽환방비)
⑤一州笑我爲狂客하여, 少年往往來相譏라.
　(일주소아위광객　소년왕왕내상기)
⑥君平簾下誰家子오? 云是⑦遼東丁令威라.
　(군평렴하수가자　운시료동정령위)
作詩⑧掉我驚逸興하니, ⑨白雲遶筆窓前飛라.
　(작시도아경일흥　백운요필창전비)
⑩待取明朝酒醒罷하라, 與君⑪爛熳尋春輝하리라.
　(대취명조주성파　여군란만심춘휘)

　　높은 황학루를 이미 쳐부수었으니,
　　황학 탄 선인은 의지할 곳 없어졌네.
　　황학이 하늘로 올라가 하느님께 호소하니,
　　도리어 황학을 쫓아 강남으로 돌려보냈네.

신명한 태수가 황학루를 다시 고치고 장식하니,

흰 벽에 새롭게 그린 황학이 아직도 향기롭네.

온 고을에서 나를 광객이라 비웃고,

젊은이들은 가끔 와서 항의를 하네.

선인에게 신선술을 배운 이는 어느 집 아들이오?

요동의 정령위라 말들 하네.

그가 시를 지어 나를 흔들어 뛰어난 흥취를 놀라게 하니,

흰구름 붓을 감돌며 창 앞에 날았을 게다.

내일 아침 술이 다 깨는 것을 기다리어라,

그대와 함께 꽃이 난만한 봄빛을 찾아보리라.

주해 ① 醉後答丁十八以詩譏予搥碎黃鶴樓(취후답정십팔이시기여추쇄황학
루)-술 취한 뒤에 정십팔(丁十八)이 시로써 내가 황학루를 쳐부순다 한
것을 나무람에 답한다. 정십팔의 십팔은 형제의 배항(排行)이나 그가 누
구인지 알 수 없다. ○譏(기)-나무라다. 꾸짖다. ○搥碎(추쇄)-쳐부수는
것. ○黃鶴樓(황학루)-앞에 나온 최호(崔顥)의 〈등황학루(登黃鶴樓)〉 시
참조. 무창(武昌)에 있는 누각 이름. 이백(李白)의 〈증위남릉(贈韋南陵)〉
에 '내 또한 그대 위해 황학루를 쳐부수리니, 그대 또한 날 위해 앵무주
(鸚鵡洲)를 뒤엎어라'한 것을 정십팔이 너무 광방(狂放)하다 나무라는
시를 지었던 모양이다. 그러나 정십팔의 시는 전해지지 않고 있다.《이
태백집》 권19에 이 시가 실려 있다.
② 却放(각방)-도로 놓아보내는 것.
③ 神明(신명)-신처럼 밝은 덕이 있는 것. ○雕飾(조식)-다시 조각하고 꾸
미어 수리하는 것.
④ 新圖(신도)-새로 그린 황학(黃鶴)의 그림. ○粉壁(분벽)-흰 벽. ○芳菲
(방비)-화초(花草)처럼 향기가 나는 것. 황학의 선미(鮮美)함을 형용한
것이다.
⑤ 一州(일주)-무창(武昌)의 온 고을.

⑥ 君平(군평)―한(漢)나라 엄준(嚴遵). 자가 군평(君平)이었다. 그는 사천(四川) 성도(成都)에서 점을 쳐주며 살았는데, 몇 사람에게만 점을 쳐주어 백전(百錢)을 벌어 자기가 먹고 지낼 비용만 되면 곧 가게문을 닫고 발을 내리고 노자(老子)를 가르쳤다는 선인(仙人)에 가까운 사람. ○君平簾下誰家子(군평렴하수가자)―엄준(嚴遵)의 집 발 아래에서 도가(道家) 공부를 한 이에서 어느 집 아들이 있는가? 신선 공부를 한 사람이 어느 집에 있는가?

⑦ 遼東丁令威(요동정령위)―요동 땅의 정령위. 《수신후기(搜神後記)》에 의하면 정령위는 본시 요동 사람으로 영허산(靈虛山)에 가서 도를 닦아 뒤에 학이 되어 요동으로 돌아가 성문(城門) 화표(華表)기둥 위에 앉았다. 때마침 한 젊은이가 활을 들어 그를 쏘려 하니 학은 곧 날아올라 공중을 배회하면서 '새가 되어 정령위가 집을 떠난 지 천년만에 비로소 돌아왔다. 성곽은 옛과 같으나 인민(人民)은 달라졌네. 무덤만 울퉁불퉁 남는데 어째서 신선을 배우지 않나?' 하였다. 그리고는 하늘로 높이 올라가 버렸다. 지금도 요동의 여러 정씨(丁氏)들은 그 선세(先世)에 승선한 사람이 있다고 하는데 이름만은 알지 못한다 하였다. 정십팔이 마침 정령위와 동성(同姓)이므로 정령위인 신선이 정십팔이 되어 나타난 것이라 비꼰 것이다.

⑧ 掉(도)―흔드는 것. 요동시키는 것. ○驚逸興(경일흥)―자기의 초매(超邁)한 흥취를 놀래킨다는 뜻. 자기는 뛰어난 흥취로 황학루를 부순다고 하였는데 무얼 그렇게 알지도 못하며 문제삼느냐는 것이다.

⑨ 白雲遶筆(백운요필)―흰구름이 붓을 감돈다. 백운은 선향(仙鄕)에 언제나 있는 것. 그가 시를 지을 적에는 선기(仙氣)를 띠고 있었을 것이라는 뜻. 자기를 이해는 잘 못하였으나 신선을 좋아하는 그대 마음을 이백은 알겠노라는 뜻을 나타낸다.

⑩ 待取(대취)―기다리어. ……한 뒤에. 취(取)는 조사(助詞)임.

⑪ 爛熳(난만)―꽃이 아름답게 만발한 모양.

해설 이백이 황학루를 부숴버리겠다는 것은 신선을 모르는 속세에 우뚝 서있는 그 누각이 안타까워서였다. 그러니 정말로 자기가 황학루를 쳐부수어 황학이 있을 곳이 없어 하느님께 호소한다 해도 하느님은 황학을 되돌려보낼 것이라는 것이다. 그리고 뒤에 신명(神明)한 태수가 나온다면 황학루를 다시 더 잘 지을 것이 아니냐는 것이다. 그대가 신선을 사랑하는 마음을 나는 잘 안다. 그러나 그대는 내 직의(直意)를 오해하고 있다. 지금은 술이 취하였으니 술이 깬 다음에 내일 만나보면 모든 것을 이해하게 될 거라는 것이다.

채석산의 달을 노래하여 곽공보에게 드림
(①采石月贈郭功甫)

매요신(梅堯臣)

采石月下②訪謫仙하니, ③夜披錦袍坐釣船이라.
　　(채석월하방적선　야피금포좌조선)

醉中愛月江底④懸하여, 以手弄月身⑤翻然이라.
　　(취중애월강저현　이수롱월신번연)

⑥不應暴落飢蛟涎이오, 便當⑦騎鯨上青天이라.
　　(불응폭락기교연　변당기경상청천)

⑧青山有冢人謾傳하니, ⑨却來人間知幾年고?
　　(청산유총인만전　각래인간지기년)

在昔⑩孰識汾陽王고? ⑪納官貰死義難忘이라.
　　(재석숙식분양왕　납관세사의난망)

今觀⑫郭裔奇俊郎하니, ⑬眉目眞似攻文章이라.
　　(금관곽예기준랑　미목진사공문장)

死生往復猶⑭康莊하니, ⑮樹穴探環知姓羊이라.
　　(사생왕복유강장　수혈탐환지성양)

채석산 달빛 아래 귀양온 신선을 찾아가니,

밤에 비단 장포(長袍) 입고 고깃배에 앉아 있네.

취중에 강물 밑바닥에 걸려 있는 달을 사랑하여,

손으로 달을 만지려다 몸이 풍덩 빠졌다네.

함부로 떨어져 굶주린 이무기의 침 흘리게 안했을 것이니,

곧 고래를 타고 푸른 하늘로 올라갔을 것이네.

청산에 무덤이 있어 사람들은 함부로 이백의 무덤이라 전하지만,

인간 세상에 와있은 지 몇년인지 아는가?

옛날 곽자의(郭子儀)를 누가 대열 속에서 알아냈던가?

그도 벼슬을 바치며 이백의 죽음을 사려 했으니 의리를 잊기 어려
워서였네.

지금 곽씨의 후손으로 뛰어난 그대를 보니,

이목구비가 정말로 글 잘 지을 것 같네.

죽고 삶이 왔다갔다 함이 사통팔달(四通八達)의 한길 같은 것이니,

옛날의 양호(羊祜)처럼 그대는 이백이 다시 태어난 것일 걸세.

(주해) ① 采石月贈郭功甫(채석월증곽공보) — 채석산(采石山)의 달을 노래하여
곽공보(郭功甫)에게 드림. 채석산은 안휘성(安徽省) 당도현(當塗縣)에 있
다. 채석산 아래 채석기(采石磯)에서 이백이 술 취하여 뱃놀이하다 물에
비친 달을 건지려고 물에 빠져 죽었다는 전설이 있다. 그러나 유전백(劉
全白)의 〈당한림이군갈기(唐翰林李君碣記)〉에 의하면 이백은 병으로 죽
었다 하였으니, 그것은 이백이 술과 달을 사랑한 나머지 생겨난 전설일
것이다. 곽공보(郭功甫)는 이름이 상정(祥正), 자가 공보(攻父), 당도(當
塗) 사람이다. 그의 어머니가 꿈에 이백을 보고 그를 낳았다 한다. 곽상정
은 어려서부터 시를 잘 지어 매요신(梅堯臣)은 천재가 이와 같으니 정말
로 이백의 후신(後身)일 것이라 하였다. 왕안석(王安石)도 그의 시를 탄
미하였다 한다[《東都事略》 文藝傳].
② 訪謫仙(방적선) — 세상에 귀양온 신선이라 한 이백의 유적을 찾는다.

③ 夜披錦袍坐釣船(야피금포좌조선)―이백은 채석기(采石磯)에서 '밤에 비단
   장포(長袍)를 걸치고 낚싯배에 앉아' 뱃놀이를 하다 물에 빠졌다 전한다.
④ 懸(현)―매달린 것.
⑤ 翻然(번연)―풍덩 물에 빠지는 모양.
⑥ 不應暴落(불응폭락)―이백은 적선인(謫仙人)이니 '응당 함부로 떨어지지
   는 않았을 것이라'는 뜻. ○飢(기)―굶다. ○蛟(교)―이무기. 용의 일종.
   ○涎(연)―침. 침흘리는 것. 침흘리게 하는 것.
⑦ 騎鯨上靑天(기경상청천)―이백은 물에 빠진 뒤 '고래를 타고 푸른 하늘
   로 올라갔다'고 전해진다.
⑧ 靑山(청산)―안휘성(安徽省) 당도현(當塗縣)에 있는 제(齊)나라 사조(謝
   朓)가 사랑하던 산 이름. 이백은 사조를 좋아하였고, 그 산에 이백의 무
   덤이 있다 한다. ○冢(총)―무덤. 묘. ○人謾傳(인만전)―사람들은 거짓말
   로 이백의 무덤이라 전하고 있다는 뜻.
⑨ 却來人間(각래인간)―인간 세상으로 이백의 혼이 되돌아오는 것. ○知幾
   年(지기년)―몇년이나 되었는지 아는가? 이백은 지금 곽상정으로 화신하여
   세상에 되돌아와 있는 신선인데 무슨 무덤이 있을 수 있겠느냐는 것이다.
⑩ 孰(숙)―누구. ○汾陽王(분양왕)―곽자의(郭子儀). 옛날 그가 장군이 되
   기 전에 졸병으로 대열 속에 있었는데 이백이 그의 재능을 알고 등용토록
   하였다. '옛날 곽자의를 누가 알아봤느냐?'는 것은 이백이 곽자의를 알아
   보고 출세하도록 해주었다는 뜻이다.
⑪ 納官贖死(납관세사)―이백이 영왕(永王) 인(璘)의 반란에 연루되자 곽자
   의는 공신(功臣)의 자리에 있었으나 벼슬을 반납함으로써 이백을 속죄하
   려 하였다. 그 결과 사형을 면하였다. ○義難忘(의난망)―의리를 잊기 어
   려웠기에 곽자의가 그렇게 하였다는 뜻이다.
⑫ 郭裔(곽예)―곽자의의 후손. ○奇俊郎(기준랑)―기특(奇特)히 뛰어난 사
   람. 곽상정을 가리킨다.
⑬ 眉目(미목)―눈썹과 눈. 여기서는 이목구비(耳目口鼻)를 뜻한다. ○攻文
   章(공문장)―글을 잘 짓는 것.
⑭ 康莊(강장)―《이아(爾雅)》 석궁(釋宮)에 '오달(五達)되는 것을 강(康)이

라 하고, 육달(六達)되는 것을 장(莊)이라 한다' 하였다. 곧 오통육달(五通六達) 또는 사통팔달(四通八達) 되는 대로(大路)를 뜻한다.

⑮ 樹穴探環知姓羊(수혈탐환지성양)-《수신기(搜神記)》에 의하면 '양호(羊祜)가 나이 다섯 살 때 유모(乳母)가 보니 금환(金環)을 들고 놀고 있었다. 유모는 너는 전에 이런 것이 없었는데 어디서 났느냐 물었다. 양호는 이웃 이씨(李氏) 집 동쪽 담 옆의 뽕나무 굴속에서 이것을 얻었다 했다. 이씨 집에서는 놀라 이것은 우리 죽은 아이가 잃었던 것인데 어떻게 네가 가져갔느냐 하였다. 유모가 이 얘기를 하자 이씨는 슬퍼하였고 세상 사람들은 이를 이상하게 여겼다' 하였다. 《진서(晉書)》 열전(列傳)에 의하면 '양호는 자가 숙자(叔子), 태산(泰山) 남성인(南城人)이다. 세세로 2천 석의 벼슬을 하여 양호에 이르기까지 9대가 청렴하므로 유명했다. 호가 다섯 살 때……. 무제(武帝) 때 상서좌복야(尙書左僕射)를 지내고 형주(荊州) 군사도독(軍事都督)으로서 양양(襄陽)에 진(鎭)했다. 뒤에 오(吳)나라를 칠 계략을 아뢰고 두예(杜預)를 자기 대신 천거하였다' 하였다. 이런 양호가 다섯 살 때 이웃 이씨네 뽕나무 구멍을 뒤져 금환(金環)을 얻었던 것으로 보아 이씨의 아들은 양호의 전신(前身)임을 알았다는 것이다. 그처럼 이백도 지금 곽상정으로 송대(宋代)에 환생하여 있다는 뜻이다.

(해설) 이 시는 채석산에서 작자 매요신(梅堯臣, 1002~1060)이 밝은 달을 바라보며 시선(詩仙)이라 불리운 이백의 죽음에 관한 전설을 생각하고, 풍골(風骨)이 이백을 닮은 곽상정(郭祥正)은 이백이 환생한 것 같다고 생각한 것을 시로 읊은 것이다. 이백과 곽자의(郭子儀)의 관계를 곽공보(郭功甫)에까지 연장시킨 것은 기발한 착상이 아닐 수 없다.

술잔을 들고 달에게 묻다(①把酒問月)

이백(李白)

青天有月②來幾時오? 我今停盃一問之라.
  (청천유월내기시   아금정배일문지)

人③攀明月不可得이나, 月行却與人相隨라.
  (인반명월불가득   월행각여인상수)

④皎如飛鏡臨丹闕하고, ⑤綠煙滅盡淸輝發이라.
  (교여비경임단궐   녹연멸진청휘발)

但見⑥宵從海上來니, 寧知曉向雲間沒고?
  (단견소종해상래   영지효향운간몰)

⑦玉兎擣藥秋復春하니, ⑧姮娥孤栖與誰隣가?
  (옥토도약추부춘   항아고서여수린)

今人不見古時月이라, 今月曾經照古人이라.
  (금인불견고시월   금월증경조고인)

古人今人若流水하니, 共看明月皆如此라.
  (고인금인약류수   공간명월개여차)

惟願⑨當歌對酒時에, 月光長照金⑩樽裏라.
  (유원당가대주시   월광장조금준리)

푸른 하늘에 달이 있은 지 얼마나 되었는고?
나는 지금 술잔을 멈추고 한번 물어보는 것이다.
사람이 밝은 달로 기어오를 수 없는 것이나,
달은 오히려 사람을 따라다니고 있다.
희기는 나는 거울 같은 것이 붉은 문에 비치고,

푸른 안개 다 없애고 맑은 빛을 발한다.
다만 밤이면 바다로부터 떠오르는 것을 볼 뿐이니,
새벽이면 구름 사이로 져가는 것을 어찌 알리?
옥토끼는 불사약(不死藥)을 가을이고 봄이고 찧고 있는데,
항아는 외로이 살며 누구와 이웃하고 있을까?
지금 사람은 옛적의 달을 보지 못하지만,
지금의 달은 전에도 옛사람들을 비쳤으리라.
옛사람이나 지금 사람이나 흐르는 물 같은 것이니,
다같이 밝은 달을 보고 모두 이런 것을 느꼈으리라.
오직 노래하며 술마시고 있을 때만은,
달빛이 언제나 금술통 속에 비추고 있기를 바란다.

주해 ① 把酒問月(파주문월)—술을 들며 달에게 물어본다. 《이태백시집》권 20에 실려 있다.

② 來幾時(내기시)—얼마나 되었는가? 얼마나 시간이 지났나?

③ 攀(반)—휘어잡다. 더위잡고 올라가는 것.

④ 皎(교)—흰 것. 밝은 것. ○丹闕(단궐)—붉은 문궐(門闕). 궁전이나 호화로운 집 문.

⑤ 綠煙(녹연)—녹색의 안개.

⑥ 宵(소)—밤.

⑦ 玉兎擣藥(옥토도약)—중국 고대엔 달에 옥토끼가 불사약(不死藥)을 찧고 있다는 전설이 있었다. 부현(傅玄)의 〈의천문(擬天問)〉 시에도 '월중하유(月中何有)? 옥토도약(玉兎擣藥)'이라 하였다.

⑧ 姮娥(항아)—항아(嫦娥)라고도 쓴다. 《회남자(淮南子)》 남명훈(覽冥訓)에 '예(羿)가 서왕모(西王母)에게 불사약을 얻었는데 항아가 훔쳐가지고 월궁(月宮)으로 달아났다' 하였다. 항아는 본시 예의 처였다. ○孤栖(고서)—외로이 사는 것.

⑨ 當歌(당가)—노래를 하고 있을 때.

⑩ 樽(준) ― 술통.

해설 이백은 술을 좋아하기로 유명하다. 그러나 그 술에는 낭만과 분방한 감정뿐만 아니라 세상에 대한 분만(憤懣)과 인생에 대한 감개가 숨겨져 있는 것이다. 술잔을 기울이며 또 자기가 좋아하는 밝은 달을 바라보니 자연 흥취뿐만 아니라 무상한 인생에 대한 감회가 그의 가슴을 착잡하게 했을 것이다. 저 달은 옛날부터 오늘까지 변함없이 사람들 머리 위에 빛나고 있지만 사람들은 잠시도 쉴새없이 유변(流變)되어갔던 것이다. 언제나 자기 앞에는 술잔이 있고 하늘 위에는 달이 있기를 바라지만 즐거움이 순간적이듯 사람도 순간적으로 변해 가는 것이 아니냐는 한이 가슴에 사무친다.

남목이 비바람에 뽑힌 것을 탄식함(①枏木爲風雨所拔歎)

두보(杜甫)

②倚江枏樹草堂前을, ③故老相傳二百年이라.
　　(의강남수초당전　고로상전이백년)

④誅茅卜居總爲此러니, ⑤五月髣髴聞寒蟬이라.
　　(주모복거총위차　오월방불문한선)

東南⑥飄風動地至하니, 江⑦翻石走流雲氣라.
　　(동남표풍동지지　강번석주유운기)

⑧榦排雷雨猶力爭터니, 根斷⑨泉源豈天意아?
　　(간배뢰우유력쟁　근단천원기천의)

滄波老樹性所愛니, ⑩浦上童童一靑盖라.
　　(창파로수성소애　포상동동일청개)

⑪野客頻留懼雪霜이오, 行人不過聽⑫竽籟라.
　(야객빈류구설상　행인불과청우뢰)
⑬虎倒龍顚委榛棘하니, ⑭淚痕血點垂胸臆이라.
　(호도룡전위진극　누흔혈점수흉억)
我有新詩何處吟고? 草堂自此無顏色이라.
　(아유신시하처음　초당자차무안색)

　초당 앞 강가에 남목이 서있는데,
　이곳 노인들이 2백 년 묵었다 말한다.
　띠풀을 베고 거처를 정한 것은 모두 이 나무 때문이었고,
　5월에도 흡사 가을 매미소리 들릴 때처럼 시원했다.
　그런데 동남쪽에서 땅을 움직이는 듯한 회오리바람이 불어오더니,
　강물 뒤엎고 돌을 날리며 구름을 몰아오는 태풍으로 변했다.
　남목 줄기는 벼락과 비를 피하며 힘껏 다투는 듯하였는데,
　뿌리가 샘이 솟는 땅속에서부터 끊이었으니 어찌 하늘의 뜻이었
겠는가?
　푸른 물결과 늙은 나무는 성질상 서로 사랑하여,
　물가에 푸른 수레포장처럼 덩그러니 서있었다.
　시골 사람들도 눈과 서리를 피하여 자주 그 아래 머물렀었고,
　나그네는 지나가지 않고 피리소리 같은 나무의 바람소리를 들었
었다.
　지금은 호랑이가 넘어지고 용이 뒤엎어진 것처럼 잡목 덩굴 속에
넘어져 있으니,
　피눈물자국이 가슴에 떨어져 있다.
　내가 새로 시를 짓는다 해도 앞으론 어디서 읊어야 하나?
　내 초당도 이제는 볼품없이 되었구나.

주해　① 柟木爲風雨所拔歎(남목위풍우소발탄) ─ 남(柟)은 남(楠)으로도 쓴다.

남목(柟木)은 매남자(梅柟子)·남재(柟梓)라고도 부르며, 열매는 살구 같
으나 시고 강남(江南)에 많이 나는 상록교목(常綠喬木)이다. 두보(杜甫)
집 앞에 있던 고목인 '남목이 풍우에 뽑힘을 탄식한 것'.《두시전주(杜詩
錢註)》권4에 들어 있다.

② 倚江(의강)─강에 의지하여. 강가에.

③ 故老(고로)─그 고장의 노인. '고로(古老)'로 된 판본도 있다.

④ 誅茅(주모)─띠풀을 베어내고 터를 닦는 것. ○總爲此(총위차)─'모두가
이 남목 때문이었다'는 뜻.

⑤ 五月(오월)─더운 여름을 뜻함. ○髣髴(방불)─'흡사 ……같다'는 뜻. ○聞
寒蟬(문한선)─한선(寒蟬)은 쌀쌀한 가을철 매미. '쌀쌀한 가을철 매미소
리를 들을 때처럼 나무 아래는 시원하다'는 뜻.

⑥ 飄(표)─회오리바람.

⑦ 翻(번)─뒤쳐지다. 젖혀지다. ○石走(석주)─돌을 달리게 하는 것. 돌을
굴러가게 하는 것.

⑧ 榦(간)─나무 줄기. ○排(배)─밀쳐내다. 배뢰우(排雷雨)는 벼락과 비에
항거하는 것.

⑨ 泉源(천원)─샘물의 원천이 있는 땅 깊숙한 곳.

⑩ 浦(포)─물가. ○童童(동동)─잎이 무성한 가지가 퍼져 가리고 있는 모양.
○靑盖(청개)─푸른 수레 포장.

⑪ 野客(야객)─시골 사람. ○頻(빈)─자주. ○懼(구)─두려워하다. 구설상(懼
雪霜)은 눈과 서리가 두려워 피함을 뜻한다.

⑫ 竽(우)─36개의 관(管)이 있는 생황(笙簧). 취주악기(吹奏樂器)의 일종.
○籟(뢰)─피리. 자연의 소리.

⑬ 虎倒龍顚(호도룡전)─호랑이가 넘어지고 용이 뒤엎어진 것처럼 나무가
넘어졌다는 뜻. ○委榛棘(위진극)─가얌나무 같은 잡목 떨기와 가시덤불
속에 맡겨졌다는 뜻.

⑭ 涙痕血點(누흔혈점)─눈물자국과 핏자국. 곧 피눈물자국. ○胸臆(흉억)─
가슴.

해설 이 시는 자기가 좋아하던 고목이 비바람에 뽑힘을 슬퍼한 시이다. 이 남목(枏木)과 강물을 보고 이곳에 와 초당을 지었는데 이 나무가 뽑혔으니 기막힐 일이었을 것이다.

　이 시는 상원(上元) 2년(761) 두보가 성도(成都)의 완화초당(浣花草堂)에 유거하고 있을 때 지은 시이다. 옛사람들은 흔히 이것은 두보를 돌봐주던 엄무(嚴武)의 죽음에 비유한 것이라고 해석하고 있지만 옳지 않다. 엄무는 영태(永泰) 원년(765) 4월에 죽었다.

태을진인의 연엽도에 적음(①題太乙眞人蓮葉圖)

한구(韓駒)

太乙眞人蓮葉舟로, 脫巾露髮寒②颼颼라.
　（태을진인연엽주　탈건노발한수수）

輕風爲帆浪爲③檝하니, 臥看④玉字浮中流라.
　（경풍위범랑위즙　와간옥자부중류）

中流⑤蕩漾翠綃舞하니, ⑥穩如龍驤萬斛擧라.
　（중류탕양취초무　온여용양만곡거）

不是⑦峯頭十丈花면, 世間那得葉如許오?
　（불시봉두십장화　세간나득엽여허）

⑧龍眠畵手老入神하니, ⑨尺素幻出眞天人이라.
　（용면화수로입신　척소환출진천인）

⑩恍然坐我水仙府하니, 蒼烟萬頃波⑪粼粼이라.
　（황연좌아수선부　창연만경파린린）

⑫玉堂學士今劉向이니, ⑬禁直岧嶢九天上이라.
　（옥당학사금유향　금직초요구천상）

不須對此⑭融心神이니, ⑮會植靑藜夜相訪이라.
(불수대차융심신 회식청려야상방)

태을진인이 연잎 배를 타고,

건 벗고 머리 내놓아 찬바람에 날린다.

가벼운 바람을 돛삼고 물결을 노삼고,

누워서 구슬 같은 글자 읽으며 물결 위에 떠간다.

물결 속에 출렁이니 푸른 천이 춤추듯,

안온하기 진나라 용양장군의 큰 배가 떠있는 듯,

연화봉의 10장 넓이의 꽃이 피는 연잎이 아니라면,

세상에서 이러한 잎을 어떻게 구했겠는가?

용면거사의 그림 솜씨는 늙을수록 신묘해져서,

한 자 폭의 비단 위에 진짜 천인을 옮겨놓았다.

황홀하게도 나를 물속 신선의 집에 앉은 듯이 만들어,

푸른 안개 속의 넓은 바다엔 물결만 찰랑인다.

옥당의 학사들은 지금의 유향 같은 사람들이어서,

하늘 위에 높이 솟은 궁전 속에 지켜 앉아있다.

이 그림 대하고 마음과 정신을 융화시킬 건 없으니,

유향처럼 푸른 명아주 지팡이 짚고 밤이면 찾아가리라.

주해 ① 題太乙眞人蓮葉圖(제태을진인연엽도) ─ 태을진인연엽도(太乙眞人蓮
葉圖)에 제(題)한다. 태을진인은 하늘의 최고신의 이름을 지닌 남자 선인
(仙人). 태을은 태일(太一)이라고도 하며 본시는 별 이름이었다. 《사기(史
記)》 봉선서(封禪書)에 '옛날 천자는 3년에 한번씩 태뢰(太牢)를 차려 삼
일신(三一神)을 제사지냈는데 천일(天一)·지일(地一)·태일(太一)이 그
것이라' 하였다. 《색은(索隱)》에 '송균(宋均)은 "천일·태일은 북극신(北
極神)의 별명(別名)"이라 하였고, 석씨(石氏)는 말하기를, "천일·태일은
각 한 개의 별로 자궁문(紫宮門) 밖에 서서 천황대제(天皇大帝)를 받들

어 모신다” 하였다’ 했다. 송(宋) 호자(胡仔)의 《어은총화(漁隱叢話)》에 ‘이백시(李伯時)가 태을진인이 한 커다란 연잎 속에 누워 손에 책 한 권을 들고 읽고 있는 그림을 그렸다. 소연히 물외(物外)의 생각을 갖게 하는 그림이었는데 자창(子蒼 : 韓駒, ?~1135)이 그 위에 시를 제(題)하였다. 시의 뜻이 절묘하여 정말로 잘 이 그림을 다 읊은 것이었다’ 하였는데 이 시를 두고 한 말이다.

② 颸颸(수수)―바람이 쏴 부는 모양.

③ 檝(즙)―배의 노.

④ 玉字(옥자)―옥 같은 글씨로 쓰인 책.

⑤ 蕩漾(탕양)―물결이 찰랑거리는 모양. ○翠綃舞(취초무)―부드러운 연잎이 ‘비취빛 엷은 비단이 춤추듯이 물에 떠있다’는 뜻.

⑥ 穩(온)―안정. 또는 안온(安穩)의 뜻. ○龍驤(용양)―진(晉)나라의 용양장군(龍驤將軍) 왕준(王濬). 그는 날마다 큰 군함을 만들어 가지고 오(吳)나라를 쳤다. ○斛(곡)―도량(度量)의 단위. 10두(斗)가 1곡(斛)이었다. 만곡(萬斛)은 많은 용량(容量)이 있는 커다란 배를 뜻한다.

⑦ 峯頭十丈花(봉두십장화)―앞에 나온 한유(韓愈)의 〈고의(古意)〉 권4 시에 ‘태화산(太華山) 봉우리 옥정(玉井)의 연은 꽃이 피면 10장이나 되고 뿌리는 배와 같다’ 하였다.

⑧ 龍眠(용면)―이공린(李公麟, 字 伯時)의 호(號). 그는 송(宋)나라 원우연간(元祐年間)에 등제(登第)하였고, 그림과 초서(草書)로 유명했다. 원부연간(元符年間)에 은퇴하여 용면산장(龍眠山莊)의 그림을 그리고 스스로 용면거사(龍眠居士)라 불렀다 한다. 곧 〈태을진인연엽도(太乙眞人蓮葉圖)〉의 작자인 것이다.

⑨ 尺素(척소)―한 자 넓이의 흰 비단.

⑩ 恍然(황연)―황홀하게. ○水仙府(수선부)―물속 선인(仙人)들의 궁전.

⑪ 粦粦(인린)―물속에서 깨끗한 돌이 반짝이는 모양. 잔물결이 반짝이는 모양.

⑫ 玉堂學士(옥당학사)―한림학사(翰林學士). 한(漢)나라 때엔 옥당서(玉堂署)라 불렀으나 후세에 한림원(翰林院)으로 고쳐 부르게 되었다. ○劉向

(유향)―자는 자정(子政), 본명은 갱생(更生). 한(漢)나라 선제(宣帝)·원제(元帝)·성제(成帝) 때 벼슬하여 광록대부(光祿大夫)가 되었고, 조명으로 조정의 비부(秘府)의 책들을 교정(校正) 정리하였다. 또《홍범오행전(洪範五行傳)》도 지었다[《漢書》列傳].

⑬ 禁直(금직)―금중(禁中). 곧 궁중에서 당직하는 것. ○岧嶢(초요)―산이 높은 모양.

⑭ 融心神(융심신)―마음과 정신을 융회(融會)시키는 것.

⑮ 會(회)―틀림없이. 꼭. ○植靑藜(식청려)―푸른 명아주 지팡이를 세우는 것. 옛날 한(漢)나라 성제(成帝) 말에 유향(劉向)은 천록각(天祿閣)에서 책을 교정하고 있었다. 온 정성을 다하여 일하고 있으려니까 갑자기 한 노인이 밖에 누런 옷을 입고 푸른 명아주 지팡이를 세우고 찾아왔다. 노인은 지팡이 끝을 불어 연기를 내며 '오행홍범(五行洪範)'의 글을 유향에게 가르쳤다. 유향은 노인의 한마디도 잊을세라 바지와 띠를 찢어 거기에 그의 말을 기록하였다. 새벽이 되자 노인은 떠나갔는데 이름을 물으니 태을(太乙)의 정(精)이라 하였다. 유향은 그의 아들 유흠(劉歆)까지 이 태을선(太乙仙)의 술(術)을 받아 학문이 1세(世)에 떨쳤다. ○靑藜(청려)― 푸른 명아주.

해설 이백시(李伯時)가 그린 연잎을 타고 누워 태을진인(太乙眞人)이 책을 읽는 모습의 그림을 읊은 것이다. 마치 눈앞에 그 그림을 보고 있는 듯한 선명한 인상을 독자들에게 안겨준다. 태을진인은 옛날 유향(劉向)에게 '오행홍범(五行洪範)'을 가르친 신선이다. 유향이 지은《홍범오행전(洪範五行傳)》이 너무나 훌륭하여 이런 전설이 생겼을 것이다. 여하튼 이백시의 이 그림을 보고 있노라면 지금도 태을진인이 학문하는 사람들에게 푸른 명아주 지팡이를 짚고 찾아와 학술을 전수해 줄 것만 같다는 것이다.

강가에서 슬퍼함(①哀江頭)

두보(杜甫)

②少陵野老吞聲哭하며, 春日③潛行曲江曲이라.
　　(소릉야로탄성곡　춘일잠행곡강곡)

江頭宮殿④鎖千門하니, 細柳新蒲爲誰綠고?
　　(강두궁전쇄천문　세류신포위수록)

憶昔⑤霓旌下南苑엔, 苑中萬物生顏色이라.
　　(억석예정하남원　원중만물생안색)

⑥昭陽殿裏第一人이, 同輦隨君侍君側이라.
　　(소양전리제일인　동련수군시군측)

輦前⑦才人帶弓箭하고, 白馬⑧嚼齧黃金勒이라.
　　(연전재인대궁전　백마작설황금륵)

⑨翻身向天仰射雲하니, 一箭正墜雙飛翼이라.
　　(번신향천앙사운　일전정추쌍비익)

⑩明眸皓齒今何在오? ⑪血汚遊魂歸不得이라.
　　(명모호치금하재　혈오유혼귀부득)

清渭東流⑫劍閣深하니, ⑬去住彼此無消息이라.
　　(청위동류검각심　거주피차무소식)

人生有情淚⑭沾臆하니, 江水江花豈終極고?
　　(인생유정누첨억　강수강화기종극)

黃昏⑮胡騎塵滿城하니, 欲往⑯城南忘南北이라.
　　(황혼호기진만성　욕왕성남망남북)

　　소릉 땅의 촌 늙은이가 소리를 삼키며 통곡하면서,

봄날 곡강의 물굽이를 남몰래 걷고 있다.

강가 궁전엔 모든 문들이 잠겨 있으니,

가는 버들가지나 싱싱한 창포는 누굴 위하여 푸르른가?

옛날 천자님의 깃발이 남쪽 동산에 납시었을 적엔,

동산의 만물들도 빛깔이 생생했었지.

한나라 소양전의 미인 조비연(趙飛燕) 같다는 양귀비가,

임금님따라 같은 수레 타고 임금 곁에서 시중했었지.

수레 앞엔 여관(女官)들이 활과 화살 들고 있고,

흰 말은 황금 재갈을 물고 있었지.

몸을 젖히며 하늘을 향하여 구름 높이 활을 쏘니,

한 대에 바로 두 마리 나는 새를 맞혀 떨구었지.

그러나 아름다운 그이는 지금 어디 있는가?

피 묻은 거리귀신 되어 돌아오지도 못하고 있다.

맑은 위수는 동으로 흐르는데 촉 땅의 검각관은 깊으니,

가버리자 피차 소식도 없다.

사람은 정이 있어 눈물이 앞가슴을 적시는데,

강물과 강꽃이야 어찌 다함이 있겠는가?

황혼에 오랑캐 기마병이 일으키는 먼지가 성에 가득 찼으니,

성 남쪽으로 가려면서 남북조차 잊는다.

주해 ① 哀江頭(애강두)―강가에서 슬퍼하다. 두보가 좋아하던 북주(北周)
유신(庾信)이 망한 나라의 고향을 생각하고 슬퍼한 〈애강남(哀江南)〉부
(賦)에서 제명(題名)을 본뜬 것이다. 《두보시집(杜甫詩集)》 권4에 실려
있다.

② 少陵野老(소릉야로)―소릉(少陵)은 지금의 섬서성(陝西省) 장안현(長安
縣) 동남쪽에 있는 지명. 한(漢)나라 선제(宣帝)가 묻힌 두릉(杜陵)보다
약간 작아 소릉이라 부르는데 허후(許后)의 능이 있다. 두보의 집이 이
능 서쪽에 있어 스스로 ‘두릉포의(杜陵布衣)’니 ‘소릉야로(少陵野老)’라

불렀다.

③ 潛行(잠행)―남몰래 가는 것. ○曲江(곡강)―장안(長安) 주작가(朱雀街)
   동쪽에 흐르는 강물 이름. 꾸불꾸불 흐른다고 해서 '곡강(曲江)'이란 이름
   이 붙었다. ○曲(곡)―물굽이.

④ 鎖(쇄)―자물쇠로 잠그는 것. ○千門(천문)―많은 모든 문.

⑤ 霓(예)―무지개. 예정(霓旌)은 천자의 정기(旌旗). 오색의 새깃으로 장식
   한 무지갯빛 깃발. ○南苑(남원)―곡강방(曲江坊)의 남쪽에 있던 동산
   이름.

⑥ 昭陽殿(소양전)―한(漢)나라 궁전 이름. ○第一人(제일인)―첫째가는 미
   인. 조비연(趙飛燕)을 가리킨다. 여기서는 한(漢)나라의 조비연 같은 미인
   양귀비(楊貴妃)를 말한다.

⑦ 才人(재인)―당대(唐代)의 여관(女官) 이름.

⑧ 嚼(작)―입으로 씹다. ○齧(설)―입으로 물다. 씹다. ○勒(륵)―재갈.

⑨ 翻身(번신)―몸을 뒤로 젖히는 것.

⑩ 明眸皓齒(명모호치)―밝은 눈동자와 흰 이. 밝은 눈동자와 흰 이는 미인
   의 특징으로서 양귀비를 가리킨다.

⑪ 血汚遊魂(혈오유혼)―피에 더럽혀진 떠다니는 혼. 양귀비는 촉(蜀) 땅으
   로 현종(玄宗)을 따라 안녹산(安祿山)의 난을 피하여 가는 길에 마외파
   (馬嵬坡)에 이르러 노한 군사들에게 처참한 죽음을 당하였다. 이곳의 혼
   은 양귀비의 죽은 혼을 뜻한다.

⑫ 劍閣(검각)―검문관(劍門關)이라고도 하며, 지금의 사천성(四川省) 검각
   현 북쪽 대소검산(大小劍山)의 사이에 있다. 한중(漢中)에서 촉으로 들어
   가는 중요 관문이며 바위를 깎고 사다리로 길을 만들어 사람이 겨우 다니는
   험한 요충이다.

⑬ 去住(거주)―현종은 떠나가고 양귀비의 혼은 머물러 있음을 뜻한다.

⑭ 沾(첨)―적시다. 젖다. ○臆(억)―가슴.

⑮ 胡騎(호기)―오랑캐의 기병(騎兵). 안녹산의 기병을 뜻한다.

⑯ 城南(성남)―두보의 집이 장안 성남(城南)에 있었다.

해설 이 시는 뒤에 나올 백거이(白居易)의 〈장한가(長恨歌)〉와 함께 양귀비를 노래한 대표적인 명시이다. 그러나 백거이가 양귀비의 평생을 이야기식으로 노래한 데 비하여, 두보는 반란군에게 짓밟힌 장안에 남아 황폐한 남원(南苑)을 바라보며 평화로웠던 지난날과 아름다웠던 양귀비의 영화를 생각하며 통곡한 것이다. 양귀비의 불행은 개인보다도 당(唐)나라 전체의 불행을 절실히 대변하고 있는 것이기에 슬픔이 통절한 것이다.

사정 잔칫자리에서([1]燕思亭)

마존(馬存)

[2]李白騎鯨飛上天하니, [3]江南風月閑多年이라.
　　(이백기경비상천　강남풍월한다년)

縱有高亭與美酒나, 何人一斗詩百篇고?
　　(종유고정여미주　하인일두시백편)

主人定是[4]金龜老니, 未到亭中名已好라.
　　(주인정시금귀로　미도정중명이호)

紫蟹肥時晚稻香이오, 黃鷄啄處秋風早라.
　　(자해비시만도향　황계탁처추풍조)

我憶[5]金鑾殿上人이, 醉著[6]宮錦烏角巾이라.
　　(아억금란전상인　취착궁금오각건)

[7]巨靈劈山洪河竭이오, 長鯨吸海[8]萬壑貧이라.
　　(거령벽산홍하갈　장경흡해만학빈)

如傾[9]元氣入胸腹하니, 須臾[10]百媚生陽春이라.
　　(여경원기입흉복　수유백미생양춘)

[11]讀書不必破萬卷이니, 筆下自有鬼與神이라.
　　(독서불필파만권　필하자유귀여신)

我⑫曹本是狂吟客이나, 寄語溪山⑬莫相憶가?
(아조본시광음객 기어계산막상억)

他年須使⑭襄陽兒로, 再唱⑮銅鞮滿街陌이라.
(타년수사양양아 재창동제만가맥)

이백이 고래타고 하늘로 날아 올라가니,

강남의 풍월은 한산한 지 여러해 지났네.

비록 높은 정자와 좋은 술이 있다 하더라도,

누가 술 한 말에 시 백 편씩 지어내랴?

주인은 필시 금거북을 술로 바꾼 하지장 같은 노인일 것이니,

정자에 이르기도 전에 명성이 이미 훌륭함을 알았네.

자줏빛 게가 살찌고 늦은 벼가 싱그럽게 익어가며,

누런 닭은 모이를 쪼는데 가을바람 벌써 이네.

옛날 금란전 위에서 이백은,

취하여 비단 장포(長袍)에 검은 두건 썼었지.

위대한 신령이 산을 쪼개고 큰 강물을 말리며,

큰 고래가 바닷물을 들이켜 온 계곡물까지 말리는 듯하였지.

원기(元氣)를 기울이어 그의 가슴과 배에 부어넣었듯이,

잠깐 사이에 아름다운 글이 따뜻한 봄처럼 흘러나왔네.

책은 꼭 두보처럼 만 권을 넘겨 읽을 건 없으니,

붓을 들면 자연히 귀신들린 듯 글을 썼네.

나 같은 무리는 본시가 멋대로 시나 읊으며 지내는 사람이나,

시냇물과 산에게 말하노니 그대들을 생각 않겠는가?

언젠가는 양양의 젊은이들로 하여금,

다시 술 취한 나를 두고 온 거리에서 동제가(銅鞮歌)를 노래하게

하리라.

주해 ① 燕思亭(연사정)－사정(思亭)에서 잔치하다. 사정이 어디 있는지는

알 수 없다. 송(宋) 진사도(陳師道)에게 〈사정기(思亭記)〉[《고문진보》後
集 수록]가 있으나 그것은 서주(徐州)의 견씨(甄氏) 자손이 부모를 기념
하여 세운 것이니 이곳의 사정은 아닌 듯하다. 연사정 전체가 정자 이름
이라 보는 이도 있다.

② 李白騎鯨飛上天(이백기경비상천)—이백은 채석기(采石磯)에서 뱃놀이하
다 물에 비친 달을 건지려고 취중에 물로 뛰어들어 익사했는데, 뒤에 고
래를 타고 하늘로 올라갔다는 전설이 있다[앞 매요신의 〈채석산의 달을
노래하여 곽공보에게 드림(采石月贈郭功甫)〉 시 참조].

③ 江南風月閑多年(강남풍월한다년)—강남의 풍월을 읊는 이가 없어져 오랫
동안 바람과 달이 한산했었다는 뜻.

④ 金龜老(금귀로)—이백이 하지장(賀知章)을 처음 만났을 때 하지장은 이
백을 적선인(謫仙人)이라 부르고 금귀(金龜)로써 술을 바꾸어 마시며 즐
거움을 다하였다[앞의 권1 李白의 〈對酒憶賀監 二首〉 참조].

⑤ 金鑾殿(금란전)—당나라 궁전 이름. 일찍이 당(唐) 현종은 이백을 금란전
으로 불러 만나보고 양귀비와 함께 백련지(白蓮池)에서 뱃놀이를 하였다.
이때 현종은 이백에게 시를 지으라 하였다. 그러나 그는 취하여 있으므로
고역사(高力士)로 하여금 이백을 부축하여 배에 오르도록 하고 시를 보자
궁포(宮袍)를 벗어 하사하였다 한다. 따라서 '금란전상인(金鑾殿上人)'은
현종의 사랑을 받던 이백을 가리킨다.

⑥ 宮錦(궁금)—궁중(宮中) 양식의 비단으로 만든 장포(長袍). ○烏角巾(오
각건)—은거하는 야인(野人)이 쓰는 검은 두건. 이 구절은 득의한 이백의
방약무인(傍若無人)한 태도를 읊은 것이다.

⑦ 巨靈(거령)—큰 신령(神靈). ○劈山(벽산)—산을 쪼개는 것. ○洪河(홍
하)—큰 강물. 이 구절은 이백의 기세를 읊은 것이다.

⑧ 萬壑貧(만학빈)—온 골짜기 냇물이 빈약해진다. 이것은 이백의 위대한 역
량을 비유한 것이다.

⑨ 元氣(원기)—만물생성의 근원이 되는 기(氣).

⑩ 百媚(백미)—온갖 아름다움. 갖가지 아름다운 글.

⑪ 讀書不必破萬卷(독서불필파만권)—앞에 나온 두보의 〈위좌승에게 올림

(贈韋左丞)〉 시의 '독서파만권(讀書破萬卷),   하필여유신(下筆如有神)'이
란 말을 뒤집어 쓴 것이다.

⑫ 曹(조)－무리. 여러 사람들.

⑬ 莫相憶(막상억)－'생각하지 않겠는가?', 반어(反語)로 보아야 전후 문맥이
잘 통한다.

⑭ 襄陽兒(양양아)－양양(襄陽)의 젊은이들. 양양은 호북성(湖北省)에 있는
고을 이름. 이백은 〈양양가〉에서 '저녁해는 현산(峴山) 서쪽으로 지려
하는데, 거꾸로 두건을 쓰고 꽃그늘 아래 비틀거린다. 양양의 아이들이
다 함께 손뼉을 치며 거리를 막고 다투어 백동제(白銅鞮)를 노래한다.
곁사람이 무얼 보고 웃느냐 물으니 산옹(山翁)이 취하여 진흙같아 우스
워 죽겠단다' 하였다. 이곳의 산옹은 진(晉)나라 산간(山簡, 자는 季倫)
을 말한다.

⑮ 銅鞮(동제)－앞에 나온 〈백동제(白銅鞮)〉 가(歌). 백동제(白銅蹄)로도 쓰
며 양양 지방의 민요. 《옥대신영(玉臺新詠)》엔 〈양양백동제가(襄陽白銅鞮
歌)〉가 실려 있다.

해설 사정(思亭)이란 정자에서 술을 마시며 작자 마존(馬存, ?~1096)이
이백의 문재(文才)를 동경한 노래이다. 강남의 풍경은 이백이 죽은 뒤로는
오랫동안 아무도 노래부르는 이 없이 한산하다. 지금 자기는 사정에서 옛
날의 하지장(賀知章) 같은 주인의 술을 대접받고 있지만 그 친구인 자기
는 이백 같은 시재가 없다. 이백의 기세와 천재는 이 세상에 비길 데 없
이 위대한 것이다.

다만 자기도 이백의 근처에 갈 수 있는 게 있다면 술 취하여 아이들의
웃음 속에 아무런 거리낌없이 거리를 누비는 것이라는 것이다. 이백을 흠
모하는 정이 광객(狂客)다운 필치로 잘 표현된 시라 하겠다.

우미인초(①虞美人草)

증공(曾鞏)

②鴻門玉斗紛如雪하니, ③十萬降兵夜流血이라.
　　(홍문옥두분여설　십만항병야류혈)

④咸陽宮殿三月紅하니, ⑤霸業已隨煙燼滅이라.
　　(함양궁전삼월홍　패업이수연신멸)

⑥剛强必死仁義王이니, ⑦陰陵失道非天亡이라.
　　(강강필사인의왕　음릉실도비천망)

英雄本學萬人敵이니, 何用⑧屑屑悲紅粧고?
　　(영웅본학만인적　하용설설비홍장)

三軍散盡旌旗倒하니, ⑨玉帳佳人坐中老라.
　　(삼군산진정기도　옥장가인좌중로)

⑩香魂夜逐劒光飛하니, 靑血化爲⑪原上草라.
　　(향혼야축검광비　청혈화위원상초)

芳心寂寞寄寒枝하니, ⑫舊曲聞來似斂眉라.
　　(방심적막기한지　구곡문래사렴미)

哀怨徘徊愁不語하니, 恰如⑬初聽楚歌時라.
　　(애원배회수불어　흡여초청초가시)

⑭滔滔逝水流今古하니, 漢楚興亡⑮兩丘土라.
　　(도도서수유금고　한초흥망양구토)

當年遺事久成空하니, ⑯慷慨樽前爲誰舞오?
　　(당년유사구성공　강개준전위수무)

　　홍문에서 범증(范增)이 옥구기를 눈 흩어지듯 부쉈고,
　　진나라의 10만 명 항복한 군사들을 죽여 밤에 피를 흘렸다.

함양의 궁전이 석 달이나 붉게 타오르니,

패업은 이미 이 연기를 따라 타버린 셈이었다.

인정없이 강한 자는 반드시 죽고 어질고 의로운 이가 임금되니,

음릉에서 길 잃은 건 하늘의 뜻 아니라 스스로 망친 것이다.

영웅은 본시 만인을 적대하는 법을 배운 것이어늘,

어찌하여 구질구질하게 여인을 두고 슬퍼하는가?

삼군은 다 흩어지고 군기는 넘어지니,

구슬장막 속의 미인은 앉은 채로 수심에 늙은 듯하였다.

향기로운 혼이 밤중에 칼빛을 좇아 날아가니,

푸른 피가 변하여 들 위의 풀이 되었단다.

향기로운 마음을 쓸쓸히 싸늘한 가지에 붙이니,

옛 가락이 들려오면 흡사 눈썹을 찌푸리는 듯하다.

슬픔과 원망 속에 왔다갔다하며 말없이 근심하는 듯,

마치 옛날 초나라 노래를 듣던 때 모습 같다.

도도히 흘러가는 물은 예나 지금이나 똑같이 흘러가니,

한나라는 흥하고 초나라는 망했지만 지금은 모두 흙둔덕뿐.

지난 옛일들은 공허하게 된 지 오래이니,

맥없이 술통 앞에 선 모습으로 누굴 위해 춤추는가?

주해 ① 虞美人草(우미인초) - 앵속과에 속하는 식물 이름. 1년 또는 2년생의 초본으로 높이 1, 2척(尺). 경엽(莖葉)엔 털이 있고 잎은 호생(互生)한다. 초여름에 꽃이 피는데 자(紫)·홍(紅)·백(白)의 예쁜 꽃이 핀다. '여춘화(麗春花)'라 부르기도 한다. 우미인은 본시 초왕(楚王) 항우(項羽)의 애희(愛姬)이다. 한(漢)나라 고조(高祖) 유방(劉邦)에게 패하여 항우가 오강(烏江)에서 죽을 때 우미인은 전날 밤 자결하였다. 그의 무덤 위에 피어났다 하여 이 꽃을 우미인초라 부르게 되었다 한다. 《사기(史記)》 항우본기(項羽本紀)에 '항왕(項王)의 군대는 해하(垓下 : 安徽省 靈璧縣 동남)에 진쳤는데, 병력도 적고 군량도 다하였다. 한군(漢軍)과 제후(諸侯)

들의 군사는 이를 몇겹으로 포위하였다. 밤에 한군이 있는 사면에서 모두
초(楚)나라 노래를 함을 듣고 항왕은 크게 놀라 "한나라가 이미 초나라
를 모두 얻었구나. 어찌 초인(楚人)이 이렇게 많은가?" 하였다. 항왕은
곧 밤중에 일어나 장중(帳中)에서 술을 마셨다. 이름이 우(虞)라는 미인
이 있었는데 언제나 사랑하여 데리고 다녔다. 이름이 추(騅)라는 준마(駿
馬)가 있었는데 언제나 이를 타고 다녔다. 이에 항왕은 슬프게 노래하며
스스로 시를 지어 "힘은 산을 뽑을 만하고 기운은 세상을 덮을 만한데,
때가 이롭지 않아 추도 나아가지 않네. 추가 나아가지 않으니 어떡하면
좋은가? 우여 우여! 어떡하면 되는가?"고 하였다. 몇 차례 노래를 하니
미인이 이에 화(和)하였다. 항왕이 눈물을 몇 줄기 흘리니 신하들은 감히
올려다보지도 못하였다'고 항우의 최후를 서술하고 있다. 우미인은 그날
밤에 자결하고 항우는 이튿날 죽는다. 《어은총화(漁隱叢話)》에는 이 시를
송(宋)나라 허언국(許彦國)의 작이라 하고 《냉재총화(冷齋叢話)》에선 증
공(曾鞏, 자는 子固)의 아우 포(布 : 子宣)의 부인 위씨(魏氏)의 작이라
했다.

② 鴻門(홍문)—섬서성(陝西省) 동현(潼縣) 동쪽의 지명. ○玉斗(옥두)—옥
으로 만든 술을 뜨는 구기. ○鴻門玉斗紛如雪(홍문옥두분여설)—한(漢)나
라 유방과 초(楚)나라 항우가 진(秦)나라를 쳐부수고 천하를 다투기 시작
할 때 홍문(鴻門)에서 만났다. 항우는 찾아온 유방을 술대접했는데 이때
항우의 참모 범증(范增)은 유방을 죽여버리라고 여러번 암시를 하였으나
듣지 않았다. 범증은 다시 항장(項莊)에게 칼춤을 추다 그를 찌르게 하였
으나 항백(項伯)이 방해하여 뜻을 이루지 못하였다. 이를 알고 한나라 장
수 번쾌(樊噲)가 들어가 법석을 떠는 사이에 유방은 변소가는 체 빠져나
와 도망쳤다. 그리고 장량(張良)을 시켜 항우에겐 백벽(白璧) 한 쌍, 범증
에겐 옥두(玉斗) 한 쌍을 보냈다. 범증은 유방을 놓친 것을 알고 화가 나
서 옥두를 칼로 쳐부숴 버렸다. 이 구절은 유방을 죽이지 못하여 화를 내
며 범증이 옥두를 부쉈던 일을 읊은 것이다. 그리고 이것이 초나라가 천
하를 통일 못한 첫째 원인의 하나로 본 것이다.

③ 十萬降兵夜流血(십만항병야유혈)—《사기(史記)》 항우본기에 '초나라 군

사는 밤중에 공격하여 진(秦)나라 항병 20여만을 신안성(新安城) 남쪽에
서 땅속에 묻어 버렸다' 하였다. 이런 잔인한 행동 때문에 초나라는 마침
내 망하게 되었음을 암시한다.

④ 咸陽(함양)—진(秦)나라 수도(首都). 섬서성 장안현. ○三月紅(삼월홍)—
《사기》에 의하면 항우가 군사를 이끌고 함양(咸陽)으로 들어가 진나라의
강왕(降王) 자영(子嬰)을 죽이고 궁전을 불살라 버렸는데 석달을 두고 탔
다 한다.

⑤ 覇業(패업)—제후의 우두머리가 되는 일. 천하통일 사업. ○燼(신)—불타
다 남은 끄트머리.

⑥ 剛强(강강)—인정없이 억세기만 한 것.

⑦ 陰陵失道(음릉실도)—《사기》 항우본기에 '〔항우가 8백인을 거느리고 해
하(垓下)의 포위를 뚫었다〕 새벽에 한군(漢軍)은 그것을 알고 기장(騎將)
관영(灌嬰)으로 하여금 5천기(騎)로 이를 추격케 하였다. 항왕(項王)은
회수(淮水)를 건너…… 음릉(陰陵) 땅〔安徽省 鳳陽府 定遠縣 서북〕에서
길을 잃었다. 한 농부에게 물으니, 농부는 거짓으로 왼편으로 가라 하였
다. 왼편으로 가자 곧 큰 못 가운데 이르렀다. 그리하여 한군이 따라오게
되었다' 했다. 이 결과 항우는 최후를 맞게 된다.

⑧ 屑屑(설설)—불안한 모양. 행동이 구질구질한 모양. ○紅粧(홍장)—붉은 화
장을 한 미인.

⑨ 玉帳(옥장)—구슬장막. 장군의 장막.

⑩ 香魂(향혼)—우미인의 혼. ○夜逐劍光飛(야축검광비)—밤에 칼빛을 좇아
날아갔다. 곧 칼로 자결하여 그의 혼이 날아가 버렸다는 뜻.

⑪ 原上草(원상초)—들판의 풀. 우미인초를 가리킨다.

⑫ 舊曲(구곡)—옛날의 곡(曲). 항우가 사면초가(四面楚歌)를 듣고 불렀던
〈해하가(垓下歌)〉〔주해① 참조〕를 가리킨다. ○似斂眉(사렴미)—눈쌀을
찌푸리는 것 같다. 곧 슬퍼하는 모습을 형용한 것이다.

⑬ 初(초)—옛날. ○楚歌(초가)—해하(垓下)에서 한군(漢軍)에 포위되어 사면
에서 들려오던 초가(楚歌)를 말한다.

⑭ 滔滔(도도)—물이 성(盛)하게 흐르는 형용.

⑮ 兩丘土(양구토)—이겼던 한나라 유방이나 졌던 초나라 항우가 지금은 둘 다 모두 무덤 속의 흙이 되어 버렸다는 뜻.

⑯ 慷慨(강개)—시름으로 맥이 없는 모양. ㅇ樽前爲誰舞(준전위수무)—술그 릇 앞에서 옛날 우미인이 춤추던 것 같은 모습으로 우미인초가 바람에 나 부끼고는 있지만 그것은 누구를 위하여 추는 춤이냐의 뜻.

[해설] 이 편은 우미인(虞美人)이 죽어 변했다는 우미인초를 두고 항우가 강하면서도 도망가지 않으면 안되었던 일과 우미인의 최후를 노래하고, 지금은 옛날의 양웅상쟁(兩雄相爭)은 흔적도 없어진 허무함을 노래한 것 이다. 바람 앞에 춤추듯 하늘거리는 우미인초의 모습에서 자연의 섭리 앞 에 연약한 사람들의 모습을 보는 것 같다. 알고보면 사람이란 이처럼 연 약한 것인데도 짧은 일생을 아귀다툼 속에 흔히 보내는 것이다.

　작자인　송(宋)나라　증공(曾鞏, 1019~1083)은 '당송팔대가(唐宋八大 家)' 중의 한 사람이며, 특히 사필(史筆)에 뛰어나 이러한 사적을 시제 (詩題)로 잘 소화시킨 것이다.

젊은이를 풍자함(①刺少年)

이하(李賀)

青②驄馬肥金鞍光하니, ③龍腦入縷羅衣香이라.
　(청총마비금안광　용뇌입루나의향)

美人④狎坐飛瓊觴하니, 貧人喚云天上郎이라.
　(미인압좌비경상　빈인환운천상랑)

別起高樓連⑤碧篠하고, ⑥絲曳紅鱗出深沼라.
　(별기고루연벽소　사예홍린출심소)

有時半醉百花前하고, 背把⑦金丸落飛鳥라.
　(유시반취백화전　배파금환낙비조)

自説生來未爲客이오, 一身美妾過三百이라.
（자설생래미위객 일신미첩과삼백）

豈知⑧戚地種田家에, 官税頻催沒人織고?
（기지촉지종전가 관세빈최몰인직）

⑨長金積玉誇豪毅하니, 毎⑩揖閑人多意氣라.
（장금적옥과호의 매읍한인다의기）

生來不讀半行書하고, 只把黃金買身貴라.
（생래부독반행서 지파황금매신귀）

少年安得長少年고? ⑪海波尚變爲桑田인데.
（소년안득장소년 해파상변위상전）

⑫枯榮遞傳急如箭하니, 天公豈肯爲君⑬偏고?
（고영체전급여전 천공기긍위군편）

莫道⑭韶華鎮長在하라, 白頭面⑮皺專相待라.
（막도소화진장재 백두면추전상대）

청백색 말은 살찌고 금안장은 빛나는데,
용뇌향 먹인 실로 짠 비단옷은 향기롭다.
미인이 친하게 바싹 앉아 옥잔을 날리듯 돌리니,
가난한 사람들은 하늘 위의 도련님이라 부른다.
다른 곳엔 또 높은 누각이 푸른 대밭 옆에 서있고,
낚싯줄에 끌려 붉은 고기가 깊은 못에서 나온다.
어떤 때는 얼근히 뭇 꽃 앞에서 취하고,
등 뒤에 금탄환 쥐고 나는 새를 떨군다.
스스로 말하기를 자기는 태어난 뒤로 나그네가 되어본 적이 없고,
한 몸이 거느린 아름다운 첩은 3백을 넘는단다.
땅을 파며 농사짓는 집 사정이야 어찌 알리?
관가에선 세금 재촉이 잦고 남이 짠 천을 빼앗아간다.
금을 늘이고 옥을 쌓아놓고 부호임을 자랑하며,

언제나 한가한 자들과 인사하고 지내는 의기만 높다.

평생에 반줄 글도 읽지 않고,

다만 황금으로 몸을 귀하게 썼다.

젊음이 어찌 언제까지나 젊음일 수 있으랴?

물결 이는 바다조차도 뽕나무밭이 되는 것을.

시들고 꽃피며 바뀌어 돌아감이 빠르기 화살 같거늘,

하느님이 어찌 그대들만 보아줄까 보냐?

아름다운 꽃이 언제까지나 간다고 생각지 마라,

흰머리와 얼굴의 주름이 머지않아 기다리고 있는 것이다.

주해 ① 刺少年(자소년)―젊은이를 풍자함.《이하가시편(李賀歌詩編)》집외시
(集外詩)엔 '조소년(嘲少年 : 少年을 비웃음)'이라 되어 있다.

② 驄(총)―청백색 털을 가진 말. 총이말.

③ 龍腦(용뇌)―미얀마산(産) 장뇌(樟腦)의 일종. 용뇌수(龍腦樹)에서 취한
결정체의 향(香). ○入縷(입루)―향을 실에 먹이는 것.

④ 狎(압)―친한 것. 친근의 뜻. ○飛瓊觴(비경상)―옥잔을 날린다. 곧 날렵
하게 술을 부어 권하는 모양을 형용한 것이다.

⑤ 碧(벽)―푸른 것. ○篠(소)―가는 대의 일종.

⑥ 絲曳紅鱗(사예홍린)―실에 붉은 비늘의 고기가 끌려온다. 붉은 고기를 낚
아 올리는 것.

⑦ 金丸(금환)―금으로 만든 탄환(彈丸). 탄환은 새를 잡는 데 쓰는 탄궁(彈
弓)의 알. 탄환을 금으로 만들었다는 것은 호화를 다한 놀이를 뜻한다.

⑧ 斸(촉)―도끼로 찍는 것. '착'으로도 읽으며 '촉지(斸地)'는 땅을 파는 것.
'착지(斲地)'로 된 판본(版本)도 있다. ○種田家(종전가)―농가(農家).

⑨ 長金(장금)―금을 늘이는 것. ○誇豪毅(과호의)―호기있고 굳셈을 자랑
하는 것. 부호(富豪)임을 뽐내는 것.

⑩ 揖(읍)―읍하다. 서로 인사하며 사귀는 것을 뜻한다.

⑪ 海波尙變爲桑田(해파상변위상전)―바닷물결도 오히려 변하여 뽕밭이 된

다. 《열선전(列仙傳)》에 '마고(麻姑)가 왕방평(王方平 : 仙人)에게 말하기를, "만나 사귄 이래로 동해(東海)가 세 번 변하여 뽕밭이 됨을 보았다."' 고 했다. 여기에서 세상의 무상(無常)한 변화를 '상전벽해(桑田碧海)'로 흔히 비유한다.

⑫ 枯榮遞傳(고영체전) — 마르고 무성하게 자라 꽃핌이 서로 바뀌어지며 연속된다. 곧 세월의 흐름을 말하는 것이다.

⑬ 偏(편) — 한쪽으로 치우치는 것.

⑭ 韶(소) — 아름다운 것. 봄.

⑮ 皺(추) — 주름. 주름잡히다.

(해설)　부잣집 집안의 젊은이들은 화려한 차림으로 미인과 술로 나날을 즐긴다. 그리고 틈만 있으면 낚시질이나 새잡이로 소일한다. 평생에 어려운 일이라곤 당해 본 일도 없어 농가의 어려운 사정같은 것은 더욱이 아랑곳없다. 책이란 반줄도 읽은 일 없이 돈으로 귀족 행세를 한다. 그러나 사람이란 늙어가고 있는 것이다. 얼마 안 있으면 그대 머리는 희어지고 얼굴엔 주름이 잡힐 것이다. 따라서 짧은 인생을 호화롭게 사는 것도 좋지만 좀더 뜻있는 삶을 찾아야 할 것이란 것이다.

　이 시는 앞에 나온 〈소년행(少年行)〉과 같은 악부체의 작품이다. 다만 풍자하는 뜻이 좀더 강한 것이 그 특징이라 할 것이다.

여산(①驪山)

소식(蘇軾)

②君門如天深幾重고? 君王如③帝坐法宮이라.
　(군문여천심기중　군왕여제좌법궁)

人生難處是④安穩이니, ⑤何爲來此驪山中고?
　(인생난처시안온　하위래차여산중)

⑥複道凌雲接金闕하고, ⑦樓觀隱煙橫翠空이라.
　(복도릉운접금궐　누관은연횡취공)

林深霧暗迷⑧八駿한데, 朝東暮西勞⑨六龍이라.
　(임심무암미팔준　조동모서노육룡)

六龍西幸⑩峨眉棧하니, 悲風便入⑪華淸院이라.
　(육룡서행아미잔　비풍변입화청원)

⑫霓裳蕭散羽衣空하니, ⑬麋鹿來遊猿鶴怨이라.
　(예상소산우의공　미록래유원학원)

我上⑭朝元春半老하니, 滿地落花無人掃라.
　(아상조원춘반로　만지락화무인소)

⑮羯鼓樓高掛夕陽하고, ⑯長生殿古生靑草라.
　(갈고루고괘석양　장생전고생청초)

可憐⑰吳楚兩醯鷄는, ⑱築臺未就已堪悲라.
　(가련오초양혜계　축대미취이감비)

⑲長楊五柞漢幸免이오, ⑳江都樓成隋自迷라.
　(장양오작한행면　강도루성수자미)

㉑由來流連多喪德이니, ㉒宴安鴆毒因奢惑이라.
　(유래류련다상덕　연안짐독인사혹)

㉓三風十愆古所戒니, 不必驪山可亡國이라.
　(삼풍십건고소계　불필여산가망국)

임금의 궁문은 하늘처럼 몇겹의 깊이인가?
임금은 하느님처럼 징전(正殿)에 앉아계시다.
사람이 나서 지내기 어려운 것은 안온한 생활이거늘,
무엇 때문에 이 여산 가운데로 왔던가?
복도는 구름 위로 올라가 금장식한 궐문에 닿아 있고,
누각은 노을에 가리워져 푸른 하늘 위에 비껴 있다.
숲은 깊고 안개 자욱하며 수레 끄는 여덟 필 준마를 미혹케 하는데,

아침엔 동쪽 저녁엔 서쪽으로 여섯 필 용마(龍馬)를 괴롭힌다.
여섯 필 용마가 끄는 어가가 서쪽 아미산 사다리길로 납시니,
슬픈 바람이 곧 여산의 화청원으로 불어든다.
예상우의곡(霓裳羽衣曲)도 쓸쓸히 흩어져 공허하게 되니,
고라니와 사슴이 놀러오고 원숭이와 학이 슬피 운다.
조원각(朝元閣)에 올라 보니 봄도 반쯤 가버렸는데,
땅 가득히 떨어진 꽃은 쓰는 이도 없구나.
갈고루는 높이 솟아 저녁해가 걸려 있고,
장생전은 낡아빠져 푸른 풀이 자랐구나.
가련한 오나라와 초나라 임금은 모두가 하루살이같이,
누대를 다 이루지도 못하고 이미 슬픔만 자아낸다.
장양궁과 오작궁을 지은 한나라 무제는 다행히 멸망을 면했으나,
강도에 미루(迷樓)를 지어 수나라는 자신이 미혹당했다.
옛부터 끝없이 즐긴 사람은 모두 나라를 잃었으니,
잔치에 편히 삶은 독을 먹는 것과 같아 사치에 현혹되기 때문이다.
세 가지 바람과 열 가지 허물은 옛부터 훈계한 것이니,
반드시 여산으로서만 나라를 망치게 되는 것은 아니다.

주해 ① 驪山(여산)―섬서성(陝西省) 임동현(臨潼縣) 동남쪽, 남전현(藍田縣)의 남전산(藍田山)과 연해 있는 산 이름. 산 밑에 온천이 있는데 일찍이 진시황(秦始皇)이 이 산에 이르는 각도(閣道)를 만들었고, 당(唐) 현종(玄宗)이 자주 다녔으며, 특히 화청궁(華淸宮)에서 양귀비(楊貴妃)에게 사욕(賜浴)함으로써 유명하다.
② 君門(군문)―임금의 궁성의 문.
③ 帝(제)―천제(天帝). 하느님. ○法宮(법궁)―법령을 내리는 궁전의 정전(正殿).
④ 安穩(안온)―편안히 아무것도 않고 놀며 살아가는 것.
⑤ 何爲來此驪山中(하위래차여산중)―어째서 이 여산 가운데로 와서 안온

(安穩)함을 추구하느라 임금들은 나라를 망치었느냐는 뜻.

⑥ 複道(복도)─누각(樓閣)을 통함에 상하 두 길이 있어 이를 '복도(複道)' 또는 '복도(復道)'라 한다. 진(秦)나라 시황제는 여산에 이르는 각도(閣道)를 만들었다. ○金闕(금궐)─금으로 장식한 궐문(闕門). 궐은 문전 좌우에 있는 누관(樓觀)을 뜻한다.

⑦ 樓觀(누관)─높은 누각과 멀리 바라볼 수 있는 고관(高館). ○隱煙(은연)─누관 아랫부분이 연기 같은 노을 속에 숨겨져 있는 것.

⑧ 八駿(팔준)─여덟 필의 준마(駿馬). 옛날 주나라 목왕(穆王)이 서유(西游)를 할 때 수레를 여덟 마리 준마가 끌었다 한다[《穆天子傳》].

⑨ 六龍(육룡)─천자(天子)의 수레를 끄는 여섯 마리의 준마. 《주례(周禮)》 하관(夏官) 수인(廋人)에 '마(馬) 8척(尺) 이상을 용(龍)이라 한다'고 했다.

⑩ 峨眉(아미)─'아미(峨嵋)'로도 쓰며 사천성(四川省) 아미현(峨嵋縣)에 있는 산 이름. ○棧(잔)─사다리. 험한 곳을 오르기 위해 놓은 사다리길. 잔도(棧道). 여기서는 안녹산의 난 때 현종(玄宗)이 사천성으로 피란갔던 일을 뜻한다.

⑪ 華淸院(화청원)─화청궁(華淸宮). 《당서(唐書)》 지리지(地理志)에 '태종(太宗) 정관(貞觀) 18년 어탕(御湯)을 영건(營建)하고 탕천궁(湯泉宮)이라 하였는데, 고종(高宗)의 함형(咸亨) 2년엔 온천궁(溫泉宮), 현종의 천보(天寶) 6년엔 화청궁이라 이름을 고쳤다'고 했다. 현종은 이곳에서 양귀비에게 사욕(賜浴)하고 해마다 함께 행행(幸行)하였다.

⑫ 霓裳(예상)─예상우의곡(霓裳羽衣曲). 현종이 꿈에 달나라에 가서 선녀들이 악성(樂聲)에 맞추어 춤추는 곡을 듣고 작곡하였다는 곡(曲) 이름. 그 춤은 예상우의무라 한다. ○蕭散(소산)─쓸쓸히 흩어지는 것.

⑬ 麋(미)─고라니.

⑭ 朝元(조원)─여산(驪山)의 화청궁(華淸宮) 안에 있던 각(閣) 이름. 《당서(唐書)》 지리지에 의하면 화청궁 안에 요광전(瑤光殿)·비상전(飛霜殿)·구룡전(九龍殿)·의춘정(宜春亭)·조원각(朝元閣)·장생전(長生殿)·갈고루(羯鼓樓)·중명각(重明閣)·방풍각(芳風閣) 등이 있었다.

⑮ 羯鼓樓(갈고루)─여산에 있던 누(樓) 이름[앞 주해⑭ 참조].

⑯ 長生殿(장생전)—여산에 있던 전(殿) 이름〔前同〕.

⑰ 吳楚兩醯鷄(오초량혜계)—오(吳)나라와 초(楚)나라 임금은 양편 다 혜계(醯鷄)와 같다. '혜계'는 초나 술항아리에 생기는 하루살이 같은 날짐승. 혜계와 같다는 것은 무지무견식(無知無見識)함을 뜻한다. 초나라 영왕(靈王)은 장화대(章華臺)를 짓고, 오왕(吳王) 부차(夫差)는 고소대(姑蘇臺)를 짓다가 나라를 망친 것을 가리킨다.

⑱ 築臺未就(축대미취)—오초(吳楚) 두 나라의 왕은 대를 다 짓기도 전에 망했음을 뜻한다.

⑲ 長楊(장양)—한(漢) 무제(武帝)가 지은 궁(宮) 이름. 섬서성 서안부(西安府) 동남쪽에 있었다. ○五柞(오작)—한 무제가 지은 궁 이름. 섬서성 부풍현(扶風縣)에 있던 이궁(離宮).

⑳ 江都樓成(강도루성)—수(隋)나라 양제(煬帝)는 큰 운하를 파고 강도(江都)의 놀이를 일삼았으며, 그 옆에 사람들이 한번 들어가면 찾아나오기 힘든 미루(迷樓)를 지었다. 미루는 지금의 강소성(江蘇省) 강도현(江都縣) 서쪽에 있었다 한다.

㉑ 由來(유래)—옛부터. ○流連(유련)—놀이에 한없이 빠져 있는 것.

㉒ 宴安鴆毒(연안짐독)—잔치하며 편히 놀기만 하는 것은 짐새의 독과 같다는 뜻. 짐새는 독조(毒鳥)의 일종. 《좌전(左傳)》 민공(閔公) 원년에 '연안(宴安)함은 짐독과 같다. 좋아해선 안된다'고 하였다.

㉓ 三風十愆(삼풍십건)—세 가지 풍조와 열 가지 허물. 《서경(書經)》 이훈(伊訓)편에 '감히 언제나 궁에서 춤추고 집에서 술 취해 노래하는 것을 무당바람〔巫風〕이라 하고, 감히 재물이나 여색을 좇고 놀이와 사냥을 일삼는 것을 지나친 바람〔淫風〕이라 하고, 감히 성인의 말을 업신여기고 충직(忠直)에 거슬리며 늙고 덕있는 사람을 멀리하고 악동들과 친하게 지내는 것을 어지러운 바람〔亂風〕이라 한다'고 하였다. 이 무풍(巫風)·음풍(淫風)·난풍(亂風)이 삼풍이다. 십건(十愆)도 이곳에 보이는데 무풍의 노래와 춤, 음풍의 재물·여색·놀이·사냥, 난풍의 성인(聖人)의 말을 업신여김·충직(忠直)을 거슬림·늙고 덕있는 이를 멀리함·악동과 친히 지냄의 이상 열 가지를 말한다.

해설 이 시는 여산(驪山)의 화려했던 옛날을 생각하고, 옛부터 임금들은 놀이와 토건(土建)으로 나라를 망친 사람이 많았음을 읊고 있다. 그 속에 현종(玄宗)과 양귀비(楊貴妃)의 화려했던 생활과 안녹산의 난으로 말미암아 단번에 무너진 영화가 점철되어 있어 더욱 감동이 깊다.

은하수(①明河篇)

송지문(宋之問)

八月凉風天氣②晶하니, 萬里無雲河漢明이라.
　　(팔월량풍천기정　만리무운하한명)

昏見南樓淸且淺하고, 曉落西山③縱復橫이라.
　　(혼견남루청차천　효락서산종부횡)

洛陽城闕天中起하니, ④長河夜夜千門裏라.
　　(낙양성궐천중기　장하야야천문리)

⑤複道連甍共蔽虧하니, ⑥畫堂瓊戶特相宜라.
　　(복도련맹공폐휴　화당경호특상의)

⑦雲母帳前初汎濫이오, ⑧水精簾外轉逶迤라.
　　(운모장전초범람　수정렴외전위이)

⑨倬彼昭回如練白하고, 復出東城接南⑩陌이라.
　　(탁피소회여련백　부출동성접남맥)

⑪南北征人去不歸하니, 誰家今夜⑫擣寒衣오?
　　(남북정인거불귀　수가금야도한의)

⑬鴛鴦機上疎螢度요, ⑭烏鵲橋邊一雁飛라.
　　(원앙기상소형도　오작교변일안비)

雁飛螢度愁難歇하니, 坐見明河漸微沒이라.
　　(안비형도수난헐　좌견명하점미몰)

已能⑮舒卷任浮雲하니, 不惜光輝讓流月이라.
　(이능서권임부운　불석광휘양류월)

明河可望不可親하니, 願得⑯乘槎一問津이라.
　(명하가망불가친　원득승사일문진)

更將織女⑰支機石하여, 還訪⑱成都賣卜人이라.
　(갱장직녀지기석　환방성도매복인)

8월 서늘한 바람에 하늘도 맑은데,
만리 저쪽까지 구름 없어 은하수만 밝다.
저녁에 남쪽 누각 위에 나타나면 맑고 얕게 보이고,
새벽엔 서산으로 떨어지는데 세로 흐르던 것이 가로놓인다.
낙양의 성궐은 하늘 가운데 솟아 있으니,
은하수는 밤마다 모든 문 가운데서 보인다.
복도와 연이은 지붕 대마루에 언제나 일부가 가려 있지만,
화려한 집 옥문과는 특히 잘 어울린다.
운모 장막 앞에 처음엔 넘쳐흐르는 듯 보이다가,
수정발 밖에 더욱 아득히 흘러간다.
뚜렷이 저 두루 밝게 비추는 은하수는 흰 비단 같고,
다시 동쪽 성을 나가 남쪽 길 끝까지 연이어 갔다.
남북으로 길 떠난 사람은 가서는 돌아오지 않으니,
뉘 집에서 오늘 밤엔 겨울옷 다듬이소리 들리나?
원앙새 무늬 천을 짜는 베틀 위엔 가끔 반딧불이 넘어가고,
오작교 다리 가엔 외기러기 날아간다.
기러기 날고 반딧불이 넘어가도 시름은 가시기 어려워,
앉아서 은하수가 점점 희미하게 사라져가는 것을 바라본다.
이미 펴고 말리고 함을 뜬구름에 맡겼으니,
밝은 빛을 흐르는 달에게 빼앗김이 아깝지도 않다.

은하수는 바라보기만 했지 친할 수가 없으니,
뗏목 타고 옛사람처럼 한번 나루터 찾아가기 원하네.
그리곤 직녀가 베틀 받치던 돌을 가져다가,
다시 성도의 점치는 사람 찾아가리라.

〔주해〕 ① 明河篇(명하편)－은하수를 노래한 시.《당문수(唐文粹)》권17,《당시기사(唐詩紀事)》권11에도 이 시가 실려 있다. 여기엔 '무후(武后) 때엔 문재(文才)가 있는 젊은이를 북문학사(北門學士)에 임명하였다. 송지문(宋之問, 656?~712)도 북문학사가 되고자 하였으나 무후가 허락하지 않았다. 송지문에겐 구과(口過 : 입병으로 인한 口臭)가 있기 때문이었다. 마침내 송지문은 명하편(明河篇)을 지어 자신의 처지를 비유하였다. 명하(明河)는 무후에 비유한 것이며 스스로 사랑받지 못함을 슬퍼한 것이다'란 내용의 주(注)가 모두 달려 있다.

② 晶(정)－맑은 것. 맑게 빛나는 것.

③ 縱復橫(종부횡)－세로 흐르던 것이 다시 가로 흐르는 모양으로 되었다.

④ 長河(장하)－은하수. ○千門裏(천문리)－천문(千門)은 낙양(洛陽)의 모든 문. 그 문들 속으로 은하수가 비치고 있다는 뜻.

⑤ 複道(복도)－누각에 연결된 이중의 복도[前見]. ○甍(맹)－지붕 대마루. ○蔽虧(폐휴)－가리워져 이그러졌다. 일부는 가리워져 전형(全形)이 보이지 않는 것.

⑥ 畫堂(화당)－채색을 한 전당. ○瓊戶(경호)－아름다운 옥으로 장식된 문.

⑦ 雲母帳(운모장)－운모로 장식한 장막. ○汎灎(범람)－큰물이 넘쳐흐르는 것.

⑧ 水精(수정)－수정(水晶). ○簾(렴)－발. ○轉(전)－갈수록. 더욱. ○逶迤(위이)－멀리 비껴 흐르고 있는 모양.

⑨ 倬(탁)－큰 것. 밝은 모양. ○昭回(소회)－밝게 도는 것.《시경》대아(大雅) 운한(雲漢) 시에 '뚜렷한 저 은하수는 하늘에 밝게 돌고 있다[倬彼雲漢, 昭回于天]'란 구절을 인용한 것이다. ○練白(연백)－흰 비단. 연(練)은 비단을 마전하여 희게 한 것.

⑩ 陌(맥)-저자. 거리. 시가.

⑪ 南北(남북)-《당문수(唐文粹)》엔 '남맥(南陌)'으로 되어 있다. ○征人(정인)-길가는 나그네.

⑫ 擣(도)-다듬이질하는 것.

⑬ 鴛鴦機(원앙기)-원앙새 무늬를 넣어 짜는 베틀. ○疎(소)-성근 것. 드문드문한 것. ○螢(형)-반딧불이. ○度(도)-건너다. 도(渡)의 뜻.

⑭ 烏鵲橋(오작교)-까마귀와 까치가 놓은 다리. 견우(牽牛)와 직녀(織女)는 은하수를 사이에 두고 서로 사랑하면서 1년에 한번 7월 7일 칠석(七夕)날 밤에 만나는데, 까마귀와 까치들이 은하수에 올라가 다리를 놓아준다는 전설이 있다[《風俗通》].

⑮ 舒(서)-펴다. ○卷(권)-말다.

⑯ 乘槎一問津(승사일문진)-장화(張華)의 《박물지(博物志)》에 다음과 같은 얘기가 있다. '옛말에 은하는 바다와 통한다 했다. 근세 바닷가에 사는 사람이 있었는데 해마다 8월에 뗏목을 띄우니 일정한 기간에 갔다 왔다. 기지(奇志)를 지닌 사람이 있어 높은 각(閣)을 뗏목 위에 세우고 많은 양식을 준비하여 뗏목을 타고 떠났다. 10여일까지는 별이나 해, 달을 보았으나 그 뒤로는 아득히 밤낮을 알지 못하고 10여일을 가서 한 곳에 닿았다. 성곽의 모양이 보이고 집들이 매우 장엄하였다. 멀리 궁중을 보니 베짜는 여자들이 많았고, 한 남자가 소를 끌고 물가에 와 풀을 먹였다. 소를 몰던 사람이 놀라서 어디서 여길 왔는가 물었다. 그 사람은 온 뜻을 모두 얘기했다. 그리고 여기는 어디인가 물었다. 그는 대답하기를, "돌아가 촉군(蜀郡)의 엄군평(嚴君平)을 찾아가 물으면 알 것이다." 하였다. 마침내 언덕엔 오르지 않고 제때에 돌아왔다. 뒤에 촉(蜀) 땅에 가 군평에게 물으니, 그는 모년(某年) 월일(月日)에 객성(客星)이 견우좌(牽牛座)를 범하였다 했다. 연월을 따져보니 바로 이 사람이 은하수에 갔던 때였다.'

⑰ 支機石(지기석)-베틀을 받치던 돌. 《집림(集林)》에 '어떤 사람이 은하수의 근원을 찾아갔는데 부인이 비단을 빨고 있는 것을 보았다. 여기가 어디냐고 물으니 이곳이 은하수라 하였다. 그리고 한 돌을 주기에 가져와 엄군평(嚴君平)에게 물으니, 군평은 이것은 직녀(織女)의 지기석(支機石)

이다 하였다'고 했다.
⑱ 成都賣卜人(성도매복인)—성도의 점쟁이. 엄군평을 가리킨다.

해설 가을밤 은하수를 바라보며 뿌옇게 푸른 하늘에 빛나는 은하수를 노래한 것이다. 여기에 은하수를 사이에 두고 애틋한 사랑을 불태우고 있는 견우(牽牛)와 직녀(織女)의 전설이 아름다운 가을하늘을 환상으로 이끈다. 그리고 옛사람이 뗏목을 타고 은하수에 갔었다는데 자기도 그처럼 하늘에 올라가 자기의 운명을 알아보고 싶다는 것이다. 앞의 두보(杜甫)의 〈기이백(寄李白)〉 시에서 '천자의 은혜의 물결이 멀리 있음을 이상히 여기지 말라. 뗏목 타고 올라가 나루터를 물어주리라'고 한 것도 이와 비슷한 착상이다.
  이 시를 무후(武后)가 자기를 북문학사(北門學士)로 안해 준 데서 지어 바친 것이라고 하지만, 은하수를 무후에 비겼다기보다는 그대로 아름다운 은하수와 그 은하수를 보고 펼쳐지는 자기의 상념을 노래한 것이라 봄이 더욱 좋을 것 같다.

마애비에 적음(①題磨崖碑)

황정견(黃庭堅)

春風吹船著②浯溪하니, 扶③藜上讀中興碑라.
　　(춘풍취선착오계　부려상독중흥비)
平生半世看④墨本이나, ⑤摩挲石刻鬢如絲라.
　　(평생반세간묵본　마사석각빈여사)
明皇不作⑥苞桑計하여, ⑦顚倒四海由祿兒라.
　　(명황부작포상계　전도사해유록아)
⑧九廟不守乘輿西하니, 萬官⑨奔竄鳥擇栖라.
　　(구묘불수승여서　만관분찬조택서)

⑩撫軍監國太子事니, 何乃遽取⑪大物爲오?
　　(무군감국태자사　하내취취대물위)

事有至難⑫天幸耳니, 上皇⑬踽踽還京師라.
　　(사유지난천행이　상황국척환경사)

内⑭間張后色可否요, 外間⑮李父頤指揮라.
　　(내간장후색가부　외간리부이지휘)

⑯南内凄凉幾苟活이오, ⑰高將軍去事尤危라.
　　(남내처량기구활　고장군거사우위)

⑱臣結春陵二三策이오, 臣甫⑲杜鵑再拜詩라.
　　(신결용릉이삼책　신보두견재배시)

安知忠臣痛至骨고? 後世但賞⑳瓊琚詞라.
　　(안지충신통지골　후세단상경거사)

同來㉑野僧六七輩요, 亦有文士相追隨라.
　　(동래야승육칠배　역유문사상추수)

㉒斷崖蒼蘚對立久하니, ㉓涷雨爲洗前朝悲라.
　　(단애창선대입구　동우위세전조비)

　　봄바람이 배에 불어 오계에 도착하니,
　　명아주 지팡이 짚고 올라가 중흥비를 읽는다.
　　평생 반세기 동안 탁본을 보아오긴 하였으나,
　　돌에 새긴 글을 어루만지는 지금은 귀밑머리 희었구나.
　　현종은 백성들을 편히 살 계책을 세우지 않아,
　　안녹산이란 녀석에게 온 세상이 뒤집히었네.
　　종묘를 지키지 못하고 수레 타고 서쪽으로 가니,
　　모든 관리들은 새가 둥지 찾아가듯 다투어 도망갔네.
　　군사 거느리고 나라 지킴은 태자의 일이거늘
　　어찌하여 곧 큰 자리를 취하였을까?
　　일은 지극히 어려웠으나 하늘이 다행히 돌보셨으니,

상황이 된 현종은 종종걸음으로 경사로 돌아왔네.

안으로는 장후가 얼굴빛으로 가부를 결정하여 이간당하고,

밖으로는 이보국(李輔國)의 손짓따라 이간당하였네.

상황이 계신 남내는 처량하여 거의 구차히 살아가듯하고,

고장군이 떠나자 일은 더욱 위태로웠네.

신하 원결(元結)은 용릉행(舂陵行) 등 2, 3편에서 백성들의 괴로
움을 읊었고,

신하 두보(杜甫)는 두견행(杜鵑行)이란 임금에게 재배하는 시를
읊었네.

충신들의 아픔이 뼈에까지 이르렀음을 어찌 알리?

후세엔 다만 구슬 같은 글을 감상할 뿐이네.

나와 함께 온 중 6, 7명이 있고,

또 몇몇 문사들이 함께 따라왔네.

절벽 푸른 이끼 덮힌 비문을 한참 대하고 섰노라니,

지난 조정의 슬픔을 씻어주듯 소나기가 내리네.

(주해) ① 題磨崖碑(제마애비) ─ 마애비에 제(題)함. 마애비는 안녹산의 난 뒤
    촉(蜀) 땅으로 피난갔던 현종(玄宗)이 경사(京師)로 돌아오자 원결(元結)
    이 오계(浯溪)의 절벽을 다듬고 그 위에 송문(頌文)을 새겨놓은 것임.
    이 시는 황정견이 60세 때 숭녕(崇寧) 3년(1104) 3월 오계를 찾아갔을
    때 지은 것이다. 《황산곡문집(黃山谷文集)》 권8엔 〈서마애비후(書磨崖碑
    後)〉라는 제목 아래 실려 있다.
② 浯溪(오계) ─ 호남성(湖南省) 기양현(祁陽縣) 서남쪽에 있는 냇물 이름.
    원결(元結)은 이곳의 경치를 사랑하여 이곳에 집을 짓고 살았고, 그의 마
    애비(磨崖碑)도 이곳에 있다.
③ 藜(려) ─ 명아주. 명아주 대로 만든 지팡이. ○中興碑(중흥비) ─ 당(唐)나라
    의 중흥을 기린 비문(碑文).
④ 墨本(묵본) ─ 먹칠로 찍어낸 탁본(拓本).

⑤ 摩挲(마사)―손으로 어루만지다. 어루만지며 읽고 감상하는 것.

⑥ 苞桑計(포상계)―포상(苞桑)은 떨기로 난 뽕나무. 《역경(易經)》비괘(否卦) 구오효사(九五爻辭)에 '망하리라, 망하리라. 포상(苞桑)에 이어라'고 하였다. 공영달(孔穎達)의 《소(疏)》에 '포(苞)는 뿌리이다. 무른 물건은 뽕나무 포본(苞本)에 이으면 곧 튼튼하다'고 하였다. 포상은 떨기로 자란 뽕나무. 뽕나무에 뿌리가 많다는 것은 백성들이 편히 삶에도 비유된다. 따라서 '포상계(苞桑計)'는 백성들을 편히 살게 할 튼튼한 계책.

⑦ 顚倒四海(전도사해)―세상이 홀렁 뒤집히는 것. 안녹산의 난에 세상이 뒤집힌 것. ○祿兒(녹아)―안녹산이란 녀석.

⑧ 九廟(구묘)―《예기(禮記)》왕제(王制)에 '천자의 묘(廟)는 칠(七)'이라 했으나 당(唐)나라 개원(開元) 연간엔 구묘(九廟)로 하였다. 따라서 천자의 종묘(宗廟), 곧 사직과 같은 뜻. ○乘輿西(승여서)―현종(玄宗)이 서쪽 촉 땅으로 피란한 것을 가리킨다.

⑨ 奔竄(분찬)―뛰어 도망가는 것. ○栖(서)―깃들다.

⑩ 撫軍監國(무군감국)―옛부터 태자는 임금이 떠나면 조정을 지키고 지킬 이가 있으면 따랐는데, 임금을 따라가며 군사를 거느리는 것을 무군(撫軍), 나라를 지키고 있는 것을 감국(監國)이라 한다.

⑪ 大物(대물)―큰 물건. 왕위(王位)를 가리킨다. 이 구절은 태자였던 숙종(肅宗)이 현종의 명 없이 왕위에 올랐음을 꼬집은 것이다.

⑫ 天幸(천행)―하늘이 다행히 돌보시어 난군(亂軍)이 평정되었다는 뜻. ○耳(이)―조사(助詞). '이(爾)'로 된 판본도 있다.

⑬ 踘踖(국척)―국(踘)은 몸을 굽히는 것, 척(踖)은 조심조심 걷는 것.

⑭ 間(간)―상황(上皇)이 된 현종을 숙종이나 신하들과 이간시키는 것. ○張后(장후)―숙종의 왕후. 총애를 믿고 정사에도 간섭하고 이보국(李輔國)과 공모하여 권세를 멋대로 하였다. 뒤에 태자를 밀치고 월왕(越王) 계(係)를 세우려다 실패하여 서인(庶人)으로 밀려났다. ○色(색)―안색(顔色).

⑮ 李父(이부)―이보국(李輔國). 천한 자리로부터 임금의 총애를 의지하여 나라의 권세를 멋대로 하는 자리에까지 올랐던 사람. 대종(代宗)이 즉위하여 그를 사공(司空)으로 삼고 '상부(尙父)'라 존경하였으나 그의 세력이

임금을 능가한 데서 죽음을 당하였다. ㅇ頤指揮(이지휘)－턱으로 지시하는 것.

⑯ 南內(남내)－당(唐)나라 장안(長安)엔 서내(西內：皇城)·동내(東內：大明宮)·남내(南內：興慶宮)의 삼내(三內)가 있었는데, 상황이 된 현종이 이곳에서 만년을 보냈다.

⑰ 高將軍(고장군)－고역사(高力士)를 가리킴. 현종의 총신이었는데 이보국에게 밀려났다.

⑱ 臣結(신결)－신하 원결(元結, 719~772). 원결은 안녹산의 난으로 어지러워진 시국을 반영하는 시를 많이 쓴 시인임. ㅇ春陵(용릉)－〈용릉행(春陵行)〉. ㅇ二三策(이삼책)－〈용릉행〉을 비롯한 시국을 읊은 2, 3편의 시.

⑲ 杜鵑(두견)－〈두견행(杜鵑行)〉. 금수들도 촉제(蜀帝)의 혼(魂)이 화하여 된 것이라는 두견새에 대하여는 존경을 표시하는데, 사람으로서 천자를 존경하지 않는 것은 새만도 못하다고 세상의 인심을 한탄한 내용의 시. ㅇ再拜詩(재배시)－천자에게 재배하며 존경하는 충성을 나타낸 시.

⑳ 瓊琚詞(경거사)－구슬같이 아름다운 문사(文詞).

㉑ 野僧(야승)－여행하며 돌아다니는 중.

㉒ 斷崖(단애)－깎아세운 듯한 절벽. ㅇ蒼蘚(창선)－푸른 이끼에 덮힌 비문(碑文).

㉓ 涷(동)－소나기.

해설 절벽에 새겨놓은 원결(元結)의 비문을 읽고 느낀 감상을 쓴 것이 이 시이다. 안녹산의 난을 통하여 무너졌던 현종(玄宗)의 영화와, 부왕(父王)의 명령없이 즉위한 용렬한 숙종(肅宗) 밑에 돌아와 처량한 여생을 보낸 현종의 생애가 인상적으로 읊어져 있다. 이런 어지러운 시국에 올바른 우국지심을 가졌던 사람이란 바로 문인인 원결이나 두보 같은 사람들이었다는 것이다. 세상 사람들은 문인들의 위대한 사상은 젖혀놓고 그들의 아름다운 글만을 감상하기가 일쑤라는 것이다.

괵국부인야유도(①虢國夫人夜遊圖)

소식(蘇軾)

佳人自②鞚玉花驄하니, ③翩如驚燕踏飛龍이라.
  (가인자공옥화총 편여경연답비룡)

金鞭爭道④寶釵落하니, 何人先入⑤明光宮고?
  (금편쟁도보차락 하인선입명광궁)

宮中⑥羯鼓催花柳하니, ⑦玉奴絃索花奴手라.
  (궁중갈고최화류 옥노현삭화노수)

坐中⑧八姨眞貴人이니, 走馬來看不動塵이라.
  (좌중팔이진귀인 주마래간부동진)

⑨明眸皓齒誰復見고? 只有⑩丹靑餘淚痕이라.
  (명모호치수부견 지유단청여루흔)

人間⑪俯仰成今古하니, ⑫吳公臺下雷塘路라.
  (인간부앙성금고 오공대하뇌당로)

當時亦笑⑬張麗華가, 不知門外⑭韓擒虎라.
  (당시역소장려화 부지문외한금호)

미인이 스스로 옥화마의 고삐를 잡으니,
날렵하기 놀란 제비 같고 용마가 날듯 달리네.
금채찍으로 길을 다투다 옥비녀 떨어뜨리니,
어느 사람이 먼저 명광궁에 들어갈고?
궁중에선 갈고가 꽃과 버들을 재촉하니,
옥노가 비파 치고 화노가 갈고 치는 소리네.
좌중에선 여덟째 분이 정말로 귀인이니,

말을 달려와서 뵙는데 티끌조차 날리지 않네.
밝은 눈 흰 이를 누가 다시 보리?
오직 단청 그림 속에만 눈물자국이 남아 있네.
세상은 잠깐 사이에 지금이 옛날 되는 것이니,
오공대 아래도 뇌당로가 되었네.
옛날 진후주(陳後主)가 장여화에 빠져,
문밖에 한금호 장군이 와있는 줄 알지도 못한 걸 웃었었지.

주해 ① 虢國夫人夜遊圖(괵국부인야유도)−괵국부인이 밤에 노는 그림. 괵국
부인은 양귀비(楊貴妃) 언니 중의 하나로 현종의 총행(寵幸)을 가장 많이
받았다 한다. 이 그림의 작자는 누구인지 알 수 없다.
② 鞚(공)−말굴레. '자공(自鞚)'은 스스로 말굴레에 매인 고삐를 잡고 말을
모는 것. ㅇ玉花驄(옥화총)−흰 바탕에 얼룩이 진 말. 현종이 타던 명마
(名馬) 이름.
③ 翩(편)−펄펄 나는 것. ㅇ踏飛龍(답비룡)−나는 용을 타고 달리는 듯하다.
④ 寶釵(보차)−보석으로 장식된 비녀.
⑤ 明光宮(명광궁)−한(漢)나라의 궁전 이름. 미앙궁(未央宮) 서쪽에 있었고,
금옥으로 발을 장식하여 밤낮으로 환했다 한다[《三秦記》]. 여기서는 현종
이 있던 궁을 가리킨다.
⑥ 羯鼓(갈고)−갈(羯)나라에서 들어온 북으로, 통 모양에 양편을 다 치므로
'양장고(兩杖鼓)'라고도 불렀다. 현종이 좋아했던 악기의 하나이다.
⑦ 玉奴(옥노)−양귀비의 이름이 옥환(玉環)이어서 그를 옥노라 애칭했다.
양귀비는 비파(琵琶)를 잘하여 '현삭(絃索)'은 그가 비파줄을 뜯는 소리임을
뜻한다. ㅇ花奴(화노)−여양왕(汝陽王) 진(璡)의 어릴 적 이름. 그는 특히
갈고를 잘 쳐서 현종이 좋아하였다.
⑧ 八姨(팔이)−여자들 자매 중의 여덟째. 괵국부인을 가리킨다.
⑨ 明眸皓齒(명모호치)−밝은 눈과 흰 이. 미인인 괵국부인을 가리킨다.
⑩ 丹靑(단청)−단청으로 그린 그림.
⑪ 俯仰(부앙)−고개를 숙였다 드는 짧은 사이.

⑫ 吳公臺下雷塘路(오공대하뇌당로) − 오공대(吳公臺)는 강소성(江蘇省) 강도현(江都縣) 동북 10리 되는 곳에 있었으며, 그 밑에 수(隋)나라 양제(煬帝)가 묻히었다. 당(唐)나라는 강남을 평정하자 곧 뇌당(雷塘)에 개장(改葬)하였다. 오공대(吳公臺) 아래에 묻혔던 수 양제가 뇌당에 개장되었음을 뜻하며, 세상이 역사의 흐름에 따라 바뀌고 있음을 읊은 것이다.

⑬ 張麗華(장려화) − 남조(南朝) 진후주(陳後主)의 비(妃). 모습이 아름답고 머리카락이 7척이나 길었으며 영리해서 후주는 늘 그를 무릎 위에 올려 앉혀놓고 정사를 보았다 한다. 그러다가 수군(隋軍)에게 패멸되어 후주와 함께 죽음을 당하였다. 이 구절은 옛날 진후주가 장여화에게 빠졌었음을 비웃었다는 것이다.

⑭ 韓擒虎(한금호) − 자는 자통(子通), 문무재(文武才)를 겸한 수(隋)나라 장군. 특히 진(陳)나라를 쳐부수어 큰 공을 세웠다.

[해설] 현종(玄宗)이 가장 총행(寵幸)했다는 괵국부인의 그림을 본 감상을 노래한 것이다. 그 그림은 길 위에 비녀도 떨어뜨리며 옥화마(玉花馬)를 달리는 날렵하고도 아름다운 괵국부인이 그려진 그림이다. 현종은 이처럼 미인들에게 둘러싸여 놀이로 세월을 보내다가 결국 잠깐 사이에 안녹산(安祿山)의 난에 의해 망하고 말았다.

그때엔 진후주(陳後主)가 장여화(張麗華)에게 빠져 밖에 수(隋)나라 한금호(韓擒虎) 장군이 쳐들어왔음도 몰랐던 것을 비웃었는데 그보다 나을 게 무엇 있느냐는 것이다.

권 6

칠언고풍장편 七言古風長篇

칠언고풍장편(七言古風長篇)

　　칠언고시의 장편은 특히 당초(唐初)부터 성행하여 〈제경편(帝京篇)〉이나 〈장안고의(長安古意)〉 같은 서사적인 장편이 나타나 한위(漢魏)의 부(賦)를 대신하는 위치를 차지하게 되었다. 그러므로 칠언장시엔 특히 서술적인 내용을 노래한 것들이 많다. 초당(初唐) 장약허(張若虛)의 〈춘강화월야(春江花月夜)〉나 송지문(宋之問)의 〈유소사(有所思)〉처럼 악부의 제명(題名)을 빌어 전기적(傳奇的)인 애기를 서술한 것도 있지만, 백낙천(白樂天)의 〈비파행(琵琶行)〉이나 〈장한가(長恨歌)〉 같은 순전한 서사시도 있다.

　　그러나 오언고시의 장단(長短)이 편의적인 분류였던 것처럼 이 칠언의 장단 구분도 엄격한 기준이 있는 것은 아니다. 장편 속의 악부류 가사는 칠언단편과 아무런 구별도 없는 것들이다.

유소사(①有所思)

송지문(宋之問)

洛陽城東桃李花는, 飛來飛去落誰家오?
　　(낙양성동도리화　비래비거낙수가)
②幽閨兒女惜顏色하여, 坐見落花長歎息이라.
　　(유규아녀석안색　좌견락화장탄식)
今年花落顏色改하니, 明年花開復誰在오?
　　(금년화락안색개　명년화개부수재)

已見③松柏摧爲薪하고, 更聞④桑田變成海라.
 (이견송백최위신   갱문상전변성해)

古人無復洛城東이오, 今人還對落花風이라.
 (고인무부낙성동   금인환대낙화풍)

年年歲歲花相似나, 歲歲年年人不同이라.
 (연년세세화상사   세세년년인부동)

寄言全盛紅顔子하나니, 須憐半死白頭翁하라.
 (기언전성홍안자   수련반사백두옹)

此翁白頭眞可憐이니, 伊昔紅顔美少年이라.
 (차옹백두진가련   이석홍안미소년)

⑤公子王孫芳樹下에, 淸歌妙舞落花前이라.
 (공자왕손방수하   청가묘무낙화전)

⑥光祿池臺文錦綉요, ⑦將軍樓閣畵神仙이라.
 (광록지대문금수   장군루각화신선)

一朝臥病無相識하니, ⑧三春行樂在誰邊고?
 (일조와병무상식   삼춘행락재수변)

⑨婉轉蛾眉能幾時오? 須臾⑩鶴髮亂如絲라.
 (완전아미능기시   수유학발난여사)

但看古來歌舞地에, 惟有黃昏⑪鳥雀飛라.
 (단간고래가무지   유유황혼조작비)

낙양성 동쪽의 복숭아와 오얏꽃은,
이리저리 날리며 떨어지고 있는 것은 누구의 집인가?
깊은 규방의 아가씨는 얼굴빛을 아끼어,
앉아서 떨어지는 꽃을 보며 길게 탄식한다.
올해 꽃이 지면 얼굴빛은 또 바뀔 것이니,
내년 꽃이 필 적에 다시 누가 그대로 있게 될런지?
이미 소나무와 잣나무도 잘리어 땔감이 됨을 보았고,

또 뽕나무밭이 변하여 바다가 되었다는 말도 들었다.

옛사람은 낙양성 동쪽으로 다시 찾아오지 못하는데,

지금 사람은 또한 꽃을 떨어뜨리는 바람을 대하고 있다.

해마다 꽃은 비슷하게 다시 피지만,

해마다 사람들은 달라지고 있다.

아주 왕성한 얼굴 붉은 젊은이에게 말하나니,

반은 죽은 머리 흰 노인을 동정해야 하느니라.

이 노인의 흰머리는 정말로 가엾은 것이니,

그도 옛날엔 얼굴 붉은 미소년이었단다.

공자나 왕손들은 향기로운 나무 아래에서,

맑은 노래와 묘한 춤을 지는 꽃 앞에 즐기고 있다.

화려한 못과 누대는 비단 무늬로 장식되었고,

권세가의 누각에는 신선의 그림이 그려져 있다.

하루아침에 병들어 누우면 알아주는 이 하나 없으니,

한 봄의 즐김은 어느 곳에 가 있는가?

아리따운 미인도 얼마나 갈 수가 있는가?

얼마 안 가 흰머리가 실처럼 어지러이 날 것이다.

옛부터 노래하고 춤추며 즐기던 고장에도,

오직 황혼에 새들만이 날고 있는 것이 보인다.

(주해) ① 有所思(유소사)―한대(漢代) 악부 요가(鐃歌) 18곡 가운데의 하나. 본시는 그리운 사람이 멀리 있음을 노래한 것이다. 여기서는 '봄에 생각하는 바 곧 인생무상을 느끼고 노래한 것'이란 뜻. 《당시유향(唐詩遺響)》이나 《당시선(唐詩選)》 등엔 〈대비백두옹(代悲白頭翁)〉이라 제하고 유희이(劉希夷)의 작이라 하였다. 유씨(劉氏)의 작으로 봄이 옳을 것이다[해설 참조].

② 幽閨(유규)―그윽한 규방. 여인들이 거처하는 깊은 방. ○兒女(아녀)―'여아(女兒)'로 된 판본도 있다.

③ 松柏摧爲薪(송백최위신)－소나무와 잣나무도 잘리어 땔나무가 된다. 만고
  불변이란 송백도 결국은 땔나무가 되고 마는데 사람이야 말해 무엇하겠
  느냐는 것이다.

④ 桑田變成海(상전변성해)－뽕밭이 변하여 바다가 된다. 역시 이 세상엔
  영원불변이란 있기 어렵다는 뜻이다. 《신선전(神仙傳)》에 '동해(東海)가
  세 번 변하여 뽕밭이 됨을 보았다'고 한 데서 성어(成語)가 된 말이다.

⑤ 公子王孫(공자왕손)－귀족들.

⑥ 光祿池臺(광록지대)－《한서(漢書)》 원후전(元后傳)에 '상(上 : 成帝)이 미
  행(微行)하여 나가 곡양후(曲陽侯 : 광록대부였던 王根, 五侯 중의 한 사
  람)의 집을 들렀는데 원중(園中)의 토산(土山)이며 수전(水殿)이 백호전
  (白虎殿)과 비슷함을 발견했다' 하였다. 옛날 광록대부 왕근의 집 정원 같
  은 화려한 지대(池臺)를 가리킨다.

⑦ 將軍樓閣(장군루각)－《후한서(後漢書)》 양기전(梁冀傳)에 의하면 그의
  집은 동칠(銅漆)과 조각으로 장식하고 대각(臺閣)엔 운기(雲氣) 선령(仙
  靈)을 그렸었다. 양기는 동한(東漢)의 순제(順帝) 양황후(梁皇后)의 오빠
  로 자는 백거(伯車), 발호장군(跋扈將軍)이라 불리웠으며 호사(豪奢)와
  전횡(專橫)으로 유명했다. 이렇게 호사를 극하며 오래 살려는 염원에서
  신선을 그려 붙였지만 모두 죽어갔음을 뜻한다.

⑧ 三春(삼춘)－석달 동안의 한 봄.

⑨ 婉轉(완전)－아리따운 것. 예쁜 것. ○蛾眉(아미)－나방의 촉수 같은 가
  는 눈썹을 가진 미인.

⑩ 鶴髮(학발)－학같이 흰 머리.

⑪ 鳥雀(조작)－새와 참새.

(해설) 떨어지는 꽃들을 바라보며 무상한 인생을 아름답게 노래하고 있다.
아무리 사람들이 사치를 다하고 마음껏 놀아보아야 결국은 모두 죽어갈
몸, 죽고 나면 허무한 것이 인생이라는 것이다.
  특히 이중에서도 '연년세세화상사(年年歲歲花相似), 세세연년인부동(歲
歲年年人不同)'이란 구절은 명구로 알려졌다. 《당재자전(唐才子傳)》에

의하면 이 시를 유희이(劉希夷)가 지었는데 장인뻘되는 송지문(宋之問)
이 그 구절을 보고 감탄하여 그 구절을 자기에게 달라고 하였다. 유희이
가 그 구절을 양보하지 않자 송지문은 자기 사위인 그를 흙포대로 눌러
압살(壓殺)해 버렸다 한다. 이때 유희이의 나이는 30세도 채 안된 젊은이
였다. 이 시는 흡사 유희이가 자기의 운명을 미리 노래한 듯하다고들 말
하여 온다.

여지에 관한 탄식(①荔枝歎)

소식(蘇軾)

②十里一置飛塵灰하고, ③五里一堠兵火催라.
　　(십리일치비진회　오리일후병화최)

④顚坑仆谷相枕藉하니, 知是荔枝⑤龍眼來라.
　　(전갱부곡상침자　지시려지용안래)

飛車⑥跨山鶻橫海하니, 風枝露葉如新採라.
　　(비거과산골횡해　풍지로엽여신채)

⑦宮中美人一破顏하니, 驚塵⑧濺血流千載라.
　　(궁중미인일파안　경진천혈유천재)

⑨永元荔枝來交州하니, ⑩天寶歲貢取之涪라.
　　(영원려지내교주　천보세공취지부)

至今欲食⑪林甫肉이나, 無人⑫擧觴酹伯游라.
　　(지금욕식임보육　무인거상뇌백유)

我願天公憐⑬赤子하여, 莫生⑭尤物爲瘡痏하라.
　　(아원천공연적자　막생우물위창유)

雨順風調百穀⑮登하여, 民不飢寒爲⑯上瑞라.
　　(우순풍조백곡등　민불기한위상서)

君不見[17]武夷溪邊粟粒芽아, [18]前丁後蔡相籠加라.
　(군불견무이계변속립아　전정후채상롱가)

[19]爭新買寵各出意하니, 今年[20]鬪品充官茶라.
　(쟁신매총각출의　금년투품충관다)

吾君所乏豈此物가? 致養口體[21]何陋邪오?
　(오군소핍기차물　치양구체하루야)

[22]洛陽相君忠孝家나, 可憐亦進[23]姚黃花라.
　(낙양상군충효가　가련역진요황화)

10리마다 역을 두어 먼지 날리며 달리게 하고,

5리마다 푯말 세우고 횃불로써 달리기를 재촉했다.

구덩이에 떨어지고 골짜기에 넘어져 서로 포개진 시체는,

바로 여지와 용안육을 가져오기 위해서였다.

나는 듯한 수레로 산을 넘고 매같이 빠른 배로 바다를 건너니,

가지에 부는 바람이며 잎새의 이슬이 새로 따온 듯하여,

궁중의 미인은 이를 보고 한번 웃었지만,

놀란 먼지와 뿌린 피는 천년을 두고 흐르고 있다.

후한 화제(和帝) 때의 여지는 교주로부터 왔고,

당나라 현종 때엔 해마다 공물로써 부주(涪州)로부터 바쳐왔다.

지금도 사람들은 여지를 나르게 한 재상 이임보(李林甫)의 고기를 먹겠다지만,

아무도 여지를 바치는 폐해를 막은 당백유(唐伯游)의 혼에 술잔을 올리는 이 없다.

바라건대 하느님은 백성들을 가엾게 여기시어,

특수한 물건을 내시어 백성들을 괴롭히지 마시기를!

비 순조롭고 바람 알맞아 모든 곡식 잘 여물고,

백성들이 굶주리고 헐벗지 않는 것이 가장 좋은 상서인 것을.

그대는 보지 못했는가, 무이산 시냇가의 좁쌀 같은 차싹을!
앞에선 정위(丁謂), 뒤에선 채양(蔡襄)이 연이어 뜯어다 끓였지.
새로운 것을 다투고 좋은 것을 사는 데에 각자 마음을 써서,
올해도 품질을 겨루어 조정에 바치는 차가 되었다.
우리 임금께서 부족한 것이야 어찌 이런 물건이겠는가?
입과 몸만을 기르게 함은 얼마나 비루한 짓인가?
낙양의 재상 전유연(錢惟演)의 충효로 이름난 집안에서도,
가련하게도 요황(姚黃)이란 모란꽃을 바친단다.

주해　① 荔枝歎(여지탄)－여지에 관한 탄식. 여지는 남쪽에 나는 과일 이름.
진(晉) 혜함(嵇含)의 《남방초목상(南方草木狀)》에 의하면, '여지나무는 높
이 5, 6장(丈), 계수(桂樹)와 같은 상록수. 푸른 꽃에 붉은 열매가 달걀 크
기만한 것이 달린다. 씨는 황흑색(黃黑色)이고 살은 흰 기름 같으며 달고
도 물이 많다' 하였다. 한대(漢代)부터 제왕(帝王)들은 먼 남쪽에서 역마
(驛馬)를 달려 장안으로 신선한 여지를 가져오게 하였다.
② 十里一置(십리일치)－《후한서》 화제기(和帝紀)에 '옛부터 남해(南海)의 용
안(龍眼)과 여지를 바쳐왔다. 10리엔 1치(置), 5리엔 1후(堠)가 있었는데
험한 길을 달리어 죽는 자가 길에 널렸다' 하였다. 치(置)는 '역(驛)'의 뜻.
말을 준비하여 두었다가 지친 말과 교대하여 달리도록 하였다.
③ 五里一堠(오리일후)－후(堠)는 이정표와 같은 것. 그곳에 또 횃불을 올
리어 달리는 말을 재촉토록 하였다. ○兵火(병화)－후(堠)의 횃불.
④ 顚坑(전갱)－말타고 달리다 흙구덩이에 넘어져 죽는 것. ○仆谷(부곡)－
골짜기 속으로 넘어져 떨어지는 것. ○相枕藉(상침자)－죽은 시체가 서
로 베고 깔리고 하며 포개져 있는 것.
⑤ 龍眼(용안)－여지(荔枝)와 비슷한 과일 이름. 역시 남쪽에서 나는 상록교
목(常綠喬木)에 달리는 맛있는 과일. 포도송이처럼 한 송이에 살구만한
과일들이 잔뜩 달린다.
⑥ 跨(과)－넘다. 올라타다. ○鶻(골)－매.

⑦ 宮中美人(궁중미인)−양귀비(楊貴妃)를 가리킨다. ○破顏(파안)−웃는 것.

⑧ 濺(천)−물이 튀는 것. ○流千載(유천재)−천년 뒤까지도 그 피해가 전하여 흐르고 있다는 뜻.

⑨ 永元(영원)−후한(後漢) 화제(和帝)의 연호(89~104). ○交州(교주)−교지(交趾) 지방. 지금의 베트남 지방.

⑩ 天寶(천보)−당(唐) 현종의 연호(742~755). ○歲貢(세공)−해마다 바치는 공물. ○涪(부)−부주(涪州). 지금의 사천성(四川省) 중경(重慶) 부릉진(涪陵鎭).

⑪ 林甫(임보)−이임보(李林甫). 현종 때의 재상. 여지를 남쪽에서 가져오는 것을 막지 못했다고 해서 그의 고기를 먹겠다는 것이다.

⑫ 擧觴(거상)−술잔을 드는 것. ○酹(뢰)−술을 부으며 제사지내는 것. ○伯游(백유)−후한(後漢) 화제(和帝) 때의 당강(唐羌)의 자(字). 임무(臨武)의 장(長)을 지내며 남쪽으로 여지를 가져오는 폐해를 상소하여 그를 그만두게 하였다 한다.

⑬ 赤子(적자)−갓난아기. 하느님과 대(對)가 되어 백성들을 가리킨다.

⑭ 尤物(우물)−특출한 물건. 여지처럼 귀하면서도 특히 맛있는 것. ○瘡痏(창유)−부스럼과 흠집. 백성들을 피폐케 하는 것.

⑮ 登(등)−풍등(豐登). 곡식이 잘 여무는 것.

⑯ 上瑞(상서)−가장 좋은 서징(瑞徵).

⑰ 武夷(무이)−산 이름. 복건성(福建省) 숭안현(崇安縣) 남쪽에 있으며, 골짜기가 많아 청계구곡(淸溪九曲)이란 이름이 있고 '무이차(武夷茶)'란 명차를 낸다. ○粟粒芽(속립아)−좁쌀 같은 눈. 곧 차 잎사귀의 새싹을 형용한 말.

⑱ 前丁後蔡(전정후채)−《사문유취(事文類聚)》 속집(續集) 권11에 '건주(建州)의 대소용단(大小龍團 : 茶名)은 정진공(丁晉公)에서 시작하여 채군모(蔡君謨)에 의하여 완성되었다'고 하였다. 전정(前丁)은 곧 송대(宋代) 정진공으로 처음으로 '용봉단(龍鳳團)'을 만들었고, 후채(後蔡)는 조금 뒤의 채군모(蔡君謨)로서 '소룡단차(小龍團茶)'를 만들었다. 이것들은 임금들이 매우 좋아하여 조정에 바쳐졌었으므로, 여지를 바치던 민폐에 비유한 것이다. ○籠加(농가)−차를 만드는 부롱(焙籠)을 가하였다. 곧 차를 만들어

내었다는 뜻.

⑲ 爭新(쟁신)-새로움을 다투는 것. ○買寵(매총)-총애를 사려들다. 곧 좋은 차를 바치며 아부하려드는 것. ○出意(출의)-마음을 쓰는 것. 성의를 다하는 것.

⑳ 鬪品(투품)-품질의 우열을 다투는 것. ○官茶(관다)-관에서 조정에 바치는 차.

㉑ 何陋邪(하루야)-얼마나 비루한 짓이냐!

㉒ 洛陽相君(낙양상군)-주(註)에 '전유연(錢惟演)을 말한다' 하였다. 전유연은 자가 사성(師聖)으로, 준재(俊才)가 있었고 양억(楊億)·유균(劉筠) 등과 문명(文名)을 날렸다. 송나라 함평(咸平) 연간(995~1003)에 지제고 한림학사(知制誥翰林學士)가 되었고 뒤에 추밀(樞密)이 되었다. 《동파시집(東坡詩集)》에는 '낙양에서 꽃을 바치는 것은 전유연에서 비롯되었다' 했다.

㉓ 姚黃(요황)-모란의 일종. 구양수(歐陽修)의 《낙양모란기(洛陽牧丹記)》에 '요황은 천엽(千葉)의 황화(黃花)로서 요씨(姚氏)라는 백성 집안에서 나왔다' 했고, 낙양에서도 몇 송이가 필 뿐이었는데 그 꽃을 대바구니에 담아 말을 번갈아 달려 조정에 바쳤다 한다.

(해설) 이 시는 제왕(帝王)들이 여지나 용안(龍眼)같은 희귀한 물건을 먹기 위하여 얼마나 백성들을 괴롭혔는가 노래한 것이다. 후한(後漢)의 화제(和帝)에서 비롯되어 당(唐)나라 현종은 특히 양귀비를 위하여 여지를 가져오게 하였다. 《양태진외전(楊太眞外傳)》 같은 책에는 여지와 관계된 양귀비의 얘기가 적지않은 편폭을 차지하고 있다. 이 여지를 수송하기 위하여 얼마나 많은 사람들의 피땀이 희생되었는지 모른다. 이런 쓸데없는 물건을 좋아하는 임금도 나쁘지만 이를 갖다 바치도록 버려두는 재상이나 신하들도 나쁘다.

옛날만 이런 일이 있었던 게 아니다. 물건은 다르지만 지금도 명차와 명화(名花)를 조정에 바치어 임금의 환심을 사려는 자들이 있다. 여지만큼 백성들을 희생시키지는 않는지 모르지만 결국 비슷한 짓들이다. 정치는 백성들을 위하는 것이라야 한다.

정혜원의 해당화(①定惠院海棠)

소식(蘇軾)

②江城地瘴蕃草木하니, 只有名花苦幽獨이라.
  (강성지장번초목   지유명화고유독)

③嫣然一笑竹籬間하니, 桃李④漫山總麄俗이라.
  (언연일소죽리간   도리만산총추속)

也知⑤造物有深意하여, 故遣⑥佳人在空谷이라.
  (야지조물유심의   고견가인재공곡)

自然富貴出天姿니, 不待金盤⑦薦華屋이라.
  (자연부귀출천자   부대금반천화옥)

⑧朱唇得酒暈生臉하고, ⑨翠袖卷紗紅映肉이라.
  (주순득주운생검   취수권사홍영육)

林深霧暗曉光遲하니, 日暖風輕⑩春睡足이라.
  (임심무암효광지   일난풍경춘수족)

雨中有淚亦悽慘이오, 月下無人更⑪清淑이라.
  (우중유루역처참   월하무인갱청숙)

⑫先生食飽無一事하여, 散步逍遙自⑬捫腹이라.
  (선생식포무일사   산보소요자문복)

不問人家與僧舍하고, ⑭拄杖敲門看脩竹이라.
  (불문인가여승사   주장고문간수죽)

忽逢⑮絶艷照衰朽하고, 歎息無言⑯揩病目이라.
  (홀봉절염조쇠후   탄식무언개병목)

⑰陋邦何處得此花오? 無乃好事移⑱西蜀가?
　(누방하처득차화　무내호사이서촉)

寸根千里不易到니, ⑲銜子飛來定鴻鵠이라.
　(촌근천리불이도　함자비래정홍혹)

⑳天涯流落俱可念이니, 爲飮一樽歌此曲이라.
　(천애류락구가념　위음일준가차곡)

明朝酒醒還獨來면, ㉑雪落紛紛那忍觸고?
　(명조주성환독래　설락분분나인촉)

강성 땅엔 습기가 많아 초목이 무성한데,
오직 한 그루 명화가 그윽히 외로움을 견디며 있다.
방긋 웃듯 대나무 울 사이에 피어 있는 모습은,
산 가득히 피어 있는 복숭아나 오얏꽃은 성글고 속되다 생각케 한다.
또 조물주께서도 깊은 뜻이 있어,
미인을 조용한 골짜기로 보내셨음을 알겠다.
자연스러운 부귀한 모습은 하늘이 낸 모양 같으니,
금쟁반에 담아 화려한 집에 바치지 않아도 귀하게만 보인다.
붉은 입술에 술을 대어 볼이 달아오른 듯,
푸른 소매깃 말리어 붉은 빛이 살에 비추이듯.
숲이 깊고 안개는 짙어 새벽빛 더디니,
햇빛 따스하고 바람 가벼워 봄잠 실컷 자고 난 미인 같다.
빗속에 눈물 있으니 또 처참하게 보이기도 하고,
달빛 아래 아무도 없으니 더욱 맑고 깨끗하다.
선생은 배부르게 먹고 아무 할 일도 없어서,
문을 나서 거닐며 자기 배를 문지른다.
그러다 여염집이나 절을 상관치 않고,
짚었던 지팡이로 문 두드리고 들어가 긴 대를 구경한다.

454   고문진보 전집(前集)

갑자기 절세의 아름다운 꽃이 늙고 쇠한 자신을 대하자,
말없이 탄식하며 병든 눈을 닦는다.
시골 어느 곳에서 이 꽃을 얻었을까?
호사가(好事家)가 서촉(西蜀) 땅으로부터 옮겨온 게 아닐까?
한 치 나무뿌리를 천리길 옮겨오기 쉽지 않으니,
틀림없이 기러기나 고니가 씨를 물고 날아와 심은 걸 게다.
하늘가 멀리로 떠나왔으니 우리는 서로 동정할 처지라서,
한 잔 술을 마시며 이 노래를 부르네.
내일 아침 술이 깨어 또 혼자 올 적엔,
펄펄 내리는 눈처럼 꽃잎이 지리니 어찌 손이나 대볼 수 있으랴?

주해 ① 定惠院海棠(정혜원해당)–'정혜원의 해당화'를 읊은 시.《분류동파선
생시(分類東坡先生詩)》에는 '우거(寓居)인 정혜원의 동쪽은 잡화들로 산
에 가득한데 해당화가 한 그루 있으나 그 고장 사람들은 귀함을 모른다'
고 자서(自序)하고 있다. 정혜원은 호북성(湖北省) 황주(黃州)에 있는 절
이름. 소식(蘇軾)은 원풍(元豐) 3년(1080) 2월 초 사일등(死一等)을 감하
여 그것으로 유배되었었다.
② 江城(강성)–호북성 황주를 가리킴. 장강(長江) 연안에 있으므로 강성(江
城)이라 한 것이다. ○瘴(장)–열습(熱濕)으로 병에 잘 걸리게 하는 기운.
보통 장기(瘴氣)라 부른다. ○蕃(번)–번성한 것.
③ 嫣然(언연)–방긋 웃는 모습.
④ 漫山(만산)–산에 가득히 퍼져 있는 것. ○麤(추)–추(麤). 조(粗)와 통하는
글자. 성글다. 조잡하다.
⑤ 造物(조물)–만물을 창조한 분. 조물주.
⑥ 佳人(가인)–해당화를 가리킨 말임.
⑦ 薦華屋(천화옥)–화려한 집에 들인다.
⑧ 朱唇(주순)–붉은 입술. 해당화의 꽃잎에 비유한 것이다. ○暈(운)–해나
달의 무리. 볼이 붉게 상기되는 것.

⑨ 翠袖(취수)—비취빛 옷소매.

⑩ 春睡足(춘수족)—실컷 자고 난 미인의 모습에 해당화를 비유한 것이다. 《당서(唐書)》 양비전(楊妃傳)에 '명황(明皇)이 일찍이 태진비(太眞妃)를 불렀다. ……비(妃)는 술에 곯아떨어졌다가 방금 일어났다. 명황은 이건 바로 해당화인데 잠이 족하지 못하구나고 말씀하셨다'란 기사가 있으니, 양귀비의 전고(典故)를 인용한 것이다.

⑪ 清淑(청숙)—여인이 밝고 깨끗한 것.

⑫ 先生(선생)—소식(蘇軾) 자신을 가리킨다.

⑬ 捫腹(문복)—배를 문지르는 것.

⑭ 拄(주)—버티다. 짚다. 주장(拄杖)은 지팡이를 짚는 것. ○敲(고)—두드리다.

⑮ 絶艶(절염)—굉장히 아름다운 것. 해당화를 가리킨다. ○衰朽(쇠후)—쇠하고 썩어진 것. 늙은 자기 자신을 가리킨다.

⑯ 揩(개)—문지르다. 훔쳐 닦다.

⑰ 陋邦(누방)—더러운 고장. 해당화 같은 귀한 꽃이 자라기에 적합치 못한 시골.

⑱ 西蜀(서촉)—서쪽 촉(蜀) 땅. 지금의 사천성(四川省). 그곳엔 해당화가 많다고 한다.

⑲ 銜子飛來(함자비래)—씨를 물고 날아오다. ○定鴻鵠(정홍혹)—틀림없이 큰 기러기[鴻]나 고니[鵠]일 것이다.

⑳ 天涯(천애)—하늘가. 먼 타향. ○流落(유락)—유랑하다 떨어져 사는 것. ○俱(구)—해당화와 작자 자신 모두.

㉑ 雪落紛紛(설락분분)—꽃잎이 눈이 날리듯 펄펄 떨어지다.

(해설) 해당(海棠)은 장미과의 낙엽아교목(落葉亞喬木)으로 꽃은 봉오리 적엔 주적색(朱赤色), 피면 외면은 반홍(半紅), 내면은 분홍색이다.

  소동파(蘇東坡)는 이 꽃을 미인에 비유하면서 그 속화(俗花)와 다른 청절한 풍모를 노래하여, 한편 늙은 몸으로 이 강성(江城)에 유배된 자신의 처참한 모습을 부각시키고 있다. 해당은 자기의 고향 서촉(西蜀)에나

나는 거지 이런 '누방(陋邦)'에 나는 것은 아니다. 그처럼 자기도 이렇게 잘못되어 이 황주(黃州) 땅에 와있다는 것이다. 구성·함의(含義)·묘사(描寫)가 모두 뛰어난 좋은 작품이다.

도연명사진도([1]陶淵明寫眞圖)

사과(謝薖)

淵明歸去[2]潯陽曲하니, 杖[3]藜蒲鞵巾一幅이라.
　　(연명귀거심양곡　장려포혜건일폭)
陰陰老樹[4]囀黃鸝요, 艶艶東籬[5]粲霜菊이라.
　　(음음로수전황리　염염동리찬상국)
世紛無盡[6]過眼空하니, [7]生事不豊隨意足이라.
　　(세분무진과안공　생사불풍수의족)
[8]廟堂之姿老蓬蓽하니, [9]環堵蕭條僅容膝이라.
　　(묘당지자노봉필　환도소조근용슬)
[10]大兒頑鈍懶詩書하고, 小兒[11]嬌癡愛梨栗이라.
　　(대아완둔라시서　소아교치애이율)
老妻日暮[12]荷鋤歸하니, 欣然一笑共[13]蝸室이라.
　　(노처일모하서귀　흔연일소공와실)
哦詩未遣[14]愁肝腎하여, 醉裏呼兒供紙筆이라.
　　(아시미견수간신　취리호아공지필)
時時得句[15]輒寫之하니, 五言平淡用[16]一律이라.
　　(시시득구첩사지　오언평담용일률)
田家酒熟夜打門하니, 頭上自有[17]漉酒巾이라.
　　(전가주숙야타문　두상자유록주건)

[18]老農時問桑麻長하고, [19]提壺挈榼來相親이라.
　(노농시문상마장　제호설합내상친)
一樽[20]徑醉北窓臥하여, [21]蕭然自謂羲皇人이라.
　(일준경취북창와　소연자위희황인)
[22]此公聞道窮亦樂하여, 容貌不枯似丹[23]渥이라.
　(차공문도궁역락　용모불고사단악)
儒林紛紛隨[24]溷濁하니, 山林高義久寂寞이라.
　(유림분분수혼탁　산림고의구적막)
假令[25]九原今可作이면, 擧公[26]籃輿也不惡이라.
　(가령구원금가작　거공람여야불오)

도연명이 심양(潯陽)의 고향 마을로 돌아가니,
명아주 지팡이에 부들신 신고 한 폭의 건을 썼네.
그늘 짙은 고목에선 꾀꼬리가 날아다니며 울고,
아름다운 동쪽 울엔 서리맞은 국화가 곱기만 하네.
세상은 끝없이 어지럽지만 눈앞을 지나가 아무것도 남지 않고,
생업은 풍족하지 않으나 자기 뜻 따라 만족하게 사네.
조정에서 큰 벼슬할 풍채로 초라한 초가에서 늙으니,
흙벽 둘린 집안은 썰렁한데 겨우 몸을 담을 정도네.
큰아들은 우둔해서 글 읽기를 게을리하고,
작은아들은 멍청해서 배와 밤이나 좋아하네.
해지자 늙은 처가 호미 메고 돌아오니,
한바탕 기쁜 웃음으로 조그만 방이 떠나가네.
시를 읊어도 뱃속의 시름 다 쫓아내지 못하여,
취한 속에 아이를 불러 종이와 붓을 가져오게 하네.
때때로 시구를 얻으면 그때마다 그것을 베끼는데,
다섯 구의 평담(平淡)한 같은 조의 시일세.

농사짓는 자기 집에 술 익었다고 밤에 문 두드리고 들어오니,
머리 위엔 본시 술거르는 건이 얹혀 있네.
늙은 농부는 이때 뽕나무와 삼이 잘 자랐는가 물으며,
술병과 술통 들고 찾아와 친밀하게 얘기하네.
한 통 술에 곧장 취하여 북녘 창 아래 누워서,
시원스럽게 스스로 태곳적 사람이라 일컫네.
이분은 올바른 도(道)를 알아 궁해도 즐거워서,
용모는 파리하지 않고 붉은 물들인 듯하네.
선비들은 어지러이 더러운 길을 쫓아가니,
산속의 높은 뜻은 오랫동안 듣지도 못하게 되었네.
만약 구원(九原)의 무덤으로부터 지금 재생시킬 수 있다면,
공의 수레를 메게 된다 하더라도 싫어하지 않겠네.

(주해) ① 陶淵明寫眞圖(도연명사진도)―진(晉)나라 도연명의 초상화를 읊은 시. 사진(寫眞)이란, 사람의 모습과 행동을 진실대로 그리어 그의 성격도 엿보이도록 그린 것을 말한다. 작자 사과(謝薖, ?~1133)는 송대(宋代) 강서파(江西派) 시인에 속하는 사람이며, 도연명이 송대에 있어서도 계속 문인들의 추앙을 받았음을 알 수 있다.

② 潯陽(심양)―지금의 강서성(江西省) 구강현(九江縣) 서남쪽에 있던 고을 이름. 심양의 채상(柴桑)이 도연명의 고향이다. 곡(曲)은 모퉁이. 외진 마을. 도연명은 팽택(彭澤)의 현령이 되었다가(405년) 80여일만에 그만두고 고향으로 돌아왔다.

③ 藜(려)―명아주. 흔히 명아주대로 지팡이를 만들었다. ○蒲(포)―부들. 창포. ○鞵(혜)―짚신. '포혜(蒲鞵)'는 부들잎으로 만든 짚신.

④ 囀(전)―새가 지저귀는 것. ○黃鸝(황리)―꾀꼬리.

⑤ 粲(찬)―선명한 것. 찬란한 것. 도연명의 〈음주(飲酒)〉 시에도 '채국동리하(採菊東籬下), 유연견남산(悠然見南山)'이라 읊었다.

⑥ 過眼空(과안공)―눈앞을 지나가면 아무것도 아닌 '공(空)'이 된다. 마음

에 거리낌없는 모양을 말한다.

⑦ 生事(생사)-살아나가는 일. 생업(生業). ㅇ隨意足(수의족)-자기 뜻대로 행동하고 만족하는 것.

⑧ 廟堂之姿(묘당지자)-조정에서 국정을 요리할 풍채와 재능. ㅇ蓬蓽(봉필)-'봉호필문(蓬戶蓽門)'. 곧 가난하고 형편없는 초가(草家)를 말한다. '봉호(蓬戶)'는 쑥대로 짠 문. '필문(蓽門)'은 '필문(篳門)'으로 씀이 옳으며 대로 짠 문, 또는 사립문.

⑨ 環堵(환도)-담이 빙 둘린 집안을 가리킴. ㅇ蕭條(소조)-쓸쓸한 모양. ㅇ僅容膝(근용슬)-겨우 무릎이 용납된다. 겨우 몸을 둘만한 여유가 있음을 말한다.

⑩ 大兒(대아)-도연명은 〈책자(責子)〉 시에서 '아서이이팔(阿舒已二八), 나타고무필(懶惰故無匹)'이라 읊었다.

⑪ 嬌癡(교치)-투정이나 부리며 어리석은 것. 도연명의 〈책자〉에도 '통자(通子)는 아홉살이 다 되었는데도 다만 배〔梨〕와 밤〔栗〕만을 찾는다' 하였다.

⑫ 荷鋤歸(하서귀)-호미 메고 돌아오다. 도연명의 〈귀원전거(歸園田居)〉 시에도 '대월하서귀(帶月荷鋤歸)'라 읊었다.

⑬ 蝸(와)-달팽이. '와실(蝸室)'은 달팽이 껍질처럼 겨우 운신이나 할 조그만 방.

⑭ 愁(수)-근심. 걱정. ㅇ肝腎(간신)-간장과 신장. 마음속을 말한다.

⑮ 輒(첩)-문득. 곧.

⑯ 一律(일률)-똑같은 율조(律調).

⑰ 漉(록)-술을 거르다. 도연명의 〈음주(飮酒)〉 시에 '만약 또 통쾌히 마시지 않으면, 머리 위의 건(巾)을 공연히 배반하게 되리라'고 읊었다.

⑱ 老農(노농)-도연명의 〈귀원전거(歸園田居)〉 시에도 '상견(相見)하면 잡언(雜言)없이 다만 상마(桑麻)가 자람을 얘기한다' 하였다.

⑲ 提(제)-들다. ㅇ壺(호)-술병. ㅇ挈(설)-끌어당기다. 여기서는 '제(提)'와 동의(同意). ㅇ榼(합)-주기(酒器)의 일종.

⑳ 徑醉(경취)-곧장, 바로 취하는 것.

㉑ 蕭然(소연)-깨끗한 모양. ㅇ羲皇(희황)-복희(伏羲) 황제. 희황인(羲皇

人)은 곧 태곳적 사람. 이백(李白)의 〈희증정율양(戲贈鄭溧陽)〉 시에도 '청풍(淸風)이 불어오는 북창(北窓) 아래서 스스로 희황인이라 말한다' 하였다.

㉒ 此公(차공)—도연명. ◦聞道(문도)—올바른 도리를 들어 아는 것.

㉓ 渥(악)—젖다. 《시경》 진풍(秦風) 종남편(終南篇)에 '안여단악(顔如丹渥)'이라 했다.

㉔ 溷(혼)—더러운 것. 지저분한 것. ◦濁(탁)—흐린 것. 탁한 것.

㉕ 九原(구원)—지금의 산서성(山西省) 강현(絳縣) 북경(北境)에 있는 지명으로, 춘추시대 진(晉)나라 경대부(卿大夫)들의 무덤이 있던 곳. 후세엔 뜻이 인신(引伸)되어 '구천(九泉 : 저승)'의 뜻으로도 쓰였다. 구원금가작(九原今可作)은 '저승에서 도연명 같은 고사(高士)를 살아 일어나게 할 수 있다면'의 뜻.

㉖ 籃輿(남여)—대로 짜 만든 수레.

(해설) 이 시는 도연명의 시 가운데서 그의 성격을 대변할만한 명구들을 따라 인용함으로써 그의 사람됨을 잘 그려내고 있다. 더욱이 평담하면서도 진솔한 도연명의 모습을 눈에 보듯 잘 묘사하고 있다. 그리고 끝 구에서 보인 도연명에 대한 경앙은 그가 중국 시단에 오래도록 미친 위대한 영향을 짐작케 할 것이다. 연명의 사진이라기보다는 그의 덕풍을 기린 찬(讚) 비슷한 성격을 띠고 있는 것도 그 때문일 것이다.

도원도(①桃源圖)

한유(韓愈)

神仙有無何②渺茫고? 桃源之說誠③荒唐이라.
　(신선유무하묘망　도원지설성황당)

流水④盤廻山百轉하니, ⑤生綃數幅垂中堂이라.
　(유수반회산백전　생초수폭수중당)

⑥武陵太守好事者니, ⑦題封遠寄南宮下라.
　(무릉태수호사자　제봉원기남궁하)

⑧南宮先生忻得之하니, ⑨波濤入筆驅文辭라.
　(남궁선생흔득지　파도입필구문사)

文工畫妙各⑩臻極하니, ⑪異境恍惚移於斯라.
　(문공화묘각진극　이경황홀이어사)

⑫架巖鑿谷開宮室하니, ⑬接屋連墻千萬日이라.
　(가암착곡개궁실　접옥련장천만일)

⑭嬴顚劉蹶了不聞하고, ⑮地坼天分非所恤이라.
　(영전류궐요불문　지탁천분비소휼)

種桃處處惟開花하니, 川原遠近⑯蒸紅霞라.
　(종도처처유개화　천원원근증홍하)

初來猶自念鄕邑터니, 歲久此地還成家라.
　(초래유자염향읍　세구차지환성가)

漁舟之子來何所오? ⑰物色相猜更問語라.
　(어주지자내하소　물색상시갱문어)

⑱大蛇中斷喪前王이오, ⑲群馬南渡開新主라.
　(대사중단상전왕　군마남도개신주)

聽終辭絶共⑳悽然하니, 自説經今六百年이라.
　(청종사절공처연　자설경금육백년)

當時萬事皆眼見하니, 不知幾許猶流傳이라.
　(당시만사개안견　부지기허유류전)

爭持牛酒來相㉑饋하니, ㉒禮數不同樽俎異라.
　(쟁지우주내상궤　예수부동준조이)

月明^㉓伴宿玉堂空하니, 骨冷魂淸無夢寐라.
(월명반숙옥당공   골랭혼청무몽매)

夜半^㉔金鷄啁哳鳴하니, ^㉕火輪飛出客心驚이라.
(야반금계조찰명   화륜비출객심경)

^㉖人間有累不可住하니, ^㉗依然離別難爲情이라.
(인간유루불가주   의연리별난위정)

船開棹進一回顧하니, 萬里^㉘蒼茫煙水暮라.
(선개도진일회원   만리창망연수모)

世俗寧知僞與眞고? 至今傳者武陵人이라.
(세속녕지위여진   지금전자무릉인)

신선이 있고 없음은 어찌 알 수 있겠는가?

도원(桃源) 얘기는 정말로 터무니없는 것 같다.

흐르는 물은 굽이치며 갖가지 산 모양을 드러내니,

비단에 그린 여러 폭을 대청에 걸어놓은 것일세.

무릉(武陵)의 태수는 호사가(好事家)여서,

이 그림의 제목을 써 봉해가지고 멀리 상서성(尙書省)으로 부쳐
왔다.

상서성의 낭중(郎中)은 이를 받고 기뻐서,

그림의 물결이 붓대에 오른 듯 붓을 놀려 시를 지었다.

글도 좋고 그림도 묘하여 모두 극치에 이르렀으니,

딴 세상이 황홀하게 이곳으로 옮겨온 듯하다.

바위에 나무 걸치고 골짜기를 파내고 집을 지었으니,

지붕을 맞대고 담을 맞이어 수만 일을 지내왔다.

영(嬴)씨인 진(秦)나라가 망하고 유(劉)씨네 한(漢)나라도 망했음
을 전혀 모르고,

땅이 쪼개지고 하늘이 갈라지는 것 같은 삼국(三國)의 다툼도 격

정이 되지 않는다.

복숭아를 곳곳에 심어 꽃만이 한창이니,

냇물이고 들이고 멀리서부터 가까이까지 붉은 노을에 싸인 듯하다.

처음 이곳으로 온 분들은 그래도 고향을 생각했는데,

오랜 세월이 흐르자 이곳이 또 집이 되었다.

고깃배의 어부는 어느 곳에서 왔는가?

아래위를 훑어보며 의심스러워 또 말 물어본다.

한나라 고조(高祖)는 큰 뱀을 두 동강이 내는 상조(祥兆)를 보고 진나라를 멸망시켰고,

한나라 말년에 삼국을 거쳐 진(晉)나라에 와 사마(司馬)씨의 여러 임금이 장강(長江)을 건너 남쪽으로 와 동진(東晉)을 새로 세웠단다.

이 말을 다 듣고 말도 끊이자 모두가 슬픈 빛을 띠우며,

자신들은 지금까지 6백 년을 여기서 지냈다고 말한다.

옛날의 모든 일은 모두 눈으로 보았지만,

얼마나 그것들이 지금까지 전해지고 있는지 모르겠단다.

서로 다투어 쇠고기와 술을 가져다 대접하는데,

예법도 술상 차리는 법도 지금과는 다른 진(秦)나라 식일세.

달밝은 밤 그들을 따라 숙소에 드니 옥으로 장식한 집은 허전하여,

뼈도 오싹해지고 정신도 맑아져 꿈도 잠도 못 이룬다.

밤중에 금빛 수탉이 꼬끼오 하고 우니,

불바퀴 같은 햇살이 솟아나와 나그네의 마음 놀래인다.

세상에 걸리는 일이 있어 머무르지 못하고,

의연히 이곳을 이별하려니 마음 서글퍼진다.

배를 내고 노 저으며 뒤를 돌아다보니,

만리 저쪽은 아득히 안개 속에 감감해졌다.

세상에서야 어찌 그것이 거짓인지 정말인지 알 수 있으랴?

지금껏 이 애기를 전한 이는 무릉의 어부뿐인 것을.

주해 ① 桃源圖(도원도)-도원(桃源)의 그림을 노래한 것. 도원이란 도연명의 〈도화원기(桃花源記)〉에 나오는 이상향(理想鄕). 연명에게는 도원시(桃源詩)도 있는데, 무릉(武陵) 땅의 어부가 우연한 기회에 산중에서 그 고장에 가 보았다 한다. 한유(韓愈) 이외에도 왕안석(王安石)·소식(蘇軾) 등 문인들이 이 이상향을 시로 많이 읊었다.《한창려집(韓昌黎集)》 권3에 실려 있다.

② 渺茫(묘망)-'묘망(眇芒)'으로도 쓰며, 아득해서 잘 알 수 없는 것.

③ 荒唐(황당)-터무니없이 큰말. 근거없는 큰소리.

④ 盤廻(반회)-물이 굽이도는 것. ○山百轉(산백전)-산의 모양이 여러 가지로 변전하는 것.

⑤ 生綃(생초)-비단의 일종.

⑥ 武陵(무릉)-호남성(湖南省) 상덕부(常德府)에 있던 군(郡) 이름.《한집점감(韓集點勘)》엔 무릉태수(武陵太守)는 바로 두상(竇常)이라 하였다.

⑦ 題封(제봉)-그림에 제(題)를 써놓고 봉하는 것. ○南宮(남궁)-《한서(漢書)》에 '한상서백궁(漢尙書百宮)의 부(府)를 세우고 남궁(南宮)이라 불렀다' 했으니 '상서성(尙書省)'을 가리킨다.

⑧ 南宮先生(남궁선생)-《한집점감(韓集點勘)》에 의하면 상서성(尙書省)의 우부낭중(虞部郎中) 노정(盧汀)을 가리킨다 하였다. ○忻(흔)-기쁜 것.

⑨ 波濤(파도)-그림 속의 물결. ○驅文辭(구문사)-붓으로 글[詩]을 기세 좋게 써내는 것.

⑩ 臻極(진극)-극치에 이르는 것.

⑪ 異境(이경)-이 세상이 아닌 다른 세상 경치.

⑫ 架巖(가암)-바위에 나무를 걸치고 지붕을 만드는 것. ○鑿(착)-깎음.

⑬ 接屋(접옥)-지붕이 잇대어 있는 것. ○連墻(연장)-담이 쭉 연이어 있는 것.

⑭ 嬴(영)-진(秦)나라 황실의 성(姓). ○顚(전)-엎어지다. 멸망의 뜻. ○劉(유)-한(漢)나라 황실의 성(姓). ○蹶(궐)-쓰러지다. 역시 멸망의 뜻. ○了不聞(요불문)-전혀 그런 일을 듣지 못하는 것.

⑮ 地坼天分(지탁천분)-땅이 갈라지고 하늘이 쪼개지는 듯한 한말(漢末) 삼국(三國 : 한·위·진의 亂)의 다툼을 가리킨다. ○坼(탁)-터지다. 갈라지다.

⑯ 蒸紅霞(증홍하)―붉은 노을이 서리어 있는 것.

⑰ 物色(물색)―얼굴을 이리저리 살펴보는 것. ○猜(시)―의심하다. 시기하다.

⑱ 大蛇中斷(대사중단)―한(漢)나라가 일어난 서조(瑞兆)를 말한다.《한서》
고제기(高帝紀)에 '고조(高祖)는 정장(亭長)으로서 고을의 죄수들을 여산
(驪山)으로 호송하였다. ……고조는 술에 취하여 밤에 못가를 지나갔는데
한 사람을 앞서가게 하였다. 앞서가던 자가 되돌아와 앞에 큰 뱀이 길을
막고 있으니 되돌아갑시다고 아뢰었다. 고조는 취하여 장사(壯士)가 가는
데 무엇을 두려워하겠는가하며 앞으로 나아가 칼을 뽑아 뱀을 쳐 잘랐다.
뱀은 마침내 두 동강이가 나서 길을 내고 몇 리 가다 취하여 누웠다. 뒤
따라오던 사람들이 오다 뱀이 있던 곳에 이르니 한 할멈이 밤에 곡(哭)을
하고 있었다. 사람들은 왜 곡을 하느냐고 물었다. 할멈은 "어느 사람이 내
아들을 죽였으므로 곡하고 있소."하고 대답했다. "할멈의 아드님은 어쩌다
가 죽음을 당했는가?" "내 아들은 백제(白帝)의 아들인데 뱀으로 화하여
길을 막고 있었소. 지금 적제(赤帝)의 아들이 그를 베었으므로 곡하는 거
요." 사람들은 할멈이 허황되다고 매를 치려 하였는데 갑자기 할멈은 보
이지 않았다. 뒤에 오던 사람들이 오자 고조는 깨어났다. 뒤에 오던 사람
들이 고조에게 이 얘기를 하니 고조는 이에 마음속으로 기뻐하며 자부하
였다' 했다. ○喪(상)―망함. 전왕(前王)은 진(秦)나라 임금을 가리킨다.

⑲ 群馬南渡(군마남도)―많은 사마씨(司馬氏)의 아들들, 곧 진(晉)나라의 오
왕(五王)이 함께 장강(長江)을 건너 남쪽으로 갔다. 오마(五馬)란 낭야왕
(瑯琊王)・서양왕(西陽王)・여남왕(汝南王)・남돈왕(南頓王)・팽성왕(彭
城王)으로 모두가 사마씨의 왕이었다. 그중 낭야왕 사마예(司馬睿)가 천
자가 되었다. ○新主(신주)―동진(東晉)의 새로운 왕조의 천자.

⑳ 悽然(처연)―슬퍼하는 모양.

㉑ 饋(궤)―음식을 대접하는 것.

㉒ 禮數(예수)―예의법도. ○樽俎(준조)―술상에 차려놓은 술그릇과 안주그
릇. 예법과 술상 차린 법이 다르다는 것은 옛날 진(秦)나라의 법식을 따
랐음을 뜻한다.

㉓ 伴宿(반숙)―데리고 가 묵게 하는 것.

㉔ 金鷄(금계)―금빛나는 닭. ○啁哳(조찰)―새 우는 소리. 곧 닭 우는 소리.

㉕ 火輪(화륜)―불바퀴 같은 둥근 해.

㉖ 人間有累(인간유루)―사람들이 사는 사회의 가족·친지 같은 관계에 매어 있음을 말한다. 따라서 어부는 선경(仙境) 도원에 와있기는 하지만 여러 가지 인간관계 때문에 집생각이 나 그곳에 머물지 못하고 다시 속세로 돌아가는 것이다.

㉗ 依然(의연)―미련이 끊이지 않는 모양.

㉘ 蒼茫(창망)―검푸르게 아득한 것. ○煙(연)―안개 같은 것.

〔해설〕 도연명의 〈도화원기(桃花源記)〉는 다음과 같은 내용의 것이다.

'진(晉)나라 태원(太元 : 孝武帝의 年號, 376~396) 연간에 무릉(武陵) 땅에 고기잡이를 업으로 삼고 있는 사람이 있었다. 어느 날 냇물을 따라가다가 길을 얼마나 갔는지 모를 적에 갑자기 복숭아 꽃나무 숲에 다다랐다. 냇물을 끼고 양편 기슭 수백보 되는 땅에 다른 나무는 한 그루도 없고 방초(芳草)만 선미(鮮美)하고 떨어지는 꽃잎이 어지러웠다. 어부는 매우 이상히 여기고 다시 안으로 가며 그 숲을 조사하려 했다. 숲이 다하자 물 근원을 이루는 하나의 산이 있었다. 그 산에 조그만 굴이 있었는데 흡사 빛이 있는 듯하여 곧 배를 버리고 굴로 들어갔다.

처음엔 매우 좁아서 겨우 사람이 지나갈 만하였으나 다시 수십보를 가자 훤히 틔었다. 땅이 넓고 집들이 또렷한데 양전(良田)과 미지(美池)에 상죽(桑竹)들이 자라있고 길들이 사방으로 통하고 닭과 개소리가 들렸다. 그곳에서 왕래하며 농사짓는 사람들의 입은 옷은 모두가 딴 세상 사람 같았고, 노인들과 아이들은 모두 편히 즐겁게 지내고 있었다. 그들은 어부를 보자 곧 크게 놀라며 어디서 왔는가 물었다. 사실대로 대답하자 곧 집으로 청해다가 닭을 잡고 음식을 장만하여 술상을 내었다.

마을에선 이 사람 얘기를 듣고 모두 와서 물었다. 그들 자신은 선세(先世)에 진(秦)나라 때의 난을 피하여 처자(妻子)와 고을 사람들을 거느리고 이 절경(絶境)으로 와서는 다시는 나가지 않아 마침내 외인(外人)들과 멀어진 것이라 말하였다. 지금은 어떤 세상이냐고도 물었는데 그들은 한(漢)나라가 있었다는 것도 몰랐으니 위진(魏晉)은 말할 것도 없었다. 이 사람이 모든 것을 얘기하자 듣던 사람들은 모두 탄식하며 슬퍼했다. 다른 사람들도 모두 그를 자기 집으로 청해다가 술과 음식을 대접했다. 며칠을 머물다가 떠나왔는데, 그곳 사람들은 외인(外人)들에게 얘기할 게 못된다고 하였다.

　나와서는 그의 배를 찾아 곧 온 길로 돌아오며 곳곳에 표를 해놓았다. 군(郡)에 이르러 태수를 뵙고 이런 사실을 얘기했다. 태수는 곧 사람을 내어 그를 앞세워 전에 표해놓은 것을 따라 갔으나 마침내는 길을 잃고 말았다. 남양(南陽)의 유자기(劉子驥)는 고상한 선비이다. 이 얘기를 듣고 흔연히 가려 했으나 이루지 못하고 곧 병으로 죽으니 뒤로는 마침내 그곳을 찾는 사람도 없게 되었다.'

　이 〈도화원기〉를 읽고 그린 상상도를 보고 한유(韓愈)가 읊은 것이 이 시이다.

왕정국 소장의 왕진경이 그린 연강첩장도에 적다

(①書王定國所藏煙江疊嶂圖王晉卿畵)

소식(蘇軾)

江上愁心②千疊山이, 浮空③積翠如雲煙이라.
　　(강상수심천첩산　부공적취여운연)

山耶雲耶遠莫知러니, 煙空雲散山依然이라.
　　(산야운야원막지　연공운산산의연)

但見兩崖④蒼蒼暗하니, 絶谷中有⑤百道飛來泉이라.
　　(단견양애창창암　절곡중유백도비래천)

⑥縈林絡石隱復見하니, 下赴谷口爲奔川이라.
　　(영임락석은부현　하부곡구위분천)

川平山開⑦林麓斷하니, 小橋野店依山前이라.
　　(천평산개임록단　소교야점의산전)

行人⑧稍度橋木外하고, 漁舟一葉⑨江吞天이라.
　　(행인초도교목외　어주일엽강탄천)

⑩使君何從得此本고? ⑪點檢毫末分淸姸이라.
　　(사군하종득차본　점검호말분청연)

不知人間何處有오? 此境徑欲往置⑫二頃田이라.
　　(부지인간하처유　차경경욕왕치이경전)

君不見⑬武昌樊口幽絶處아? ⑭東坡先生留五年이라.
　　(군불견무창번구유절처　동파선생유오년)

春風搖江⑮天漠漠하고, ⑯暮雲捲雨山娟娟이라.
　　(춘풍요강천막막　모운권우산연연)

⑰丹楓翻鴉伴水宿하니, ⑱長松落雪驚醉眠이라.
　　(단풍번아반수숙　장송락설경취면)

⑲桃花流水在人世하니, ⑳武陵豈必皆神仙가?
　　(도화류수재인세　무릉기필개신선)

江山㉑淸空我塵土하니, 雖有去路尋㉒無緣이라.
　　(강산청공아진토　수유거로심무연)

還君此畫三嘆息하니, 山中故人應有㉓招我歸來篇이라.
　　(환군차화삼탄식　산중고인응유초아귀래편)

　　강가엔 수심을 자아내는 천 겹의 산이,
　　하늘로 푸르게 솟은 것이 구름이나 연기 같네.
　　산인지 구름인지 멀어서 알 수 없고,
　　안개 걷히고 구름 흩어져도 산은 그대로이네.
　　다만 양편의 절벽은 짙푸르러 어둡게 보이고,
　　깎아내린 듯한 골짜기엔 무수한 갈래로 날아내리는 샘물이 있네.
　　숲을 감돌고 바위를 감싸며 숨었다간 다시 보이고 하다,

아래 골짜기 어귀로 가선 여울물을 이루네.

그리고 냇물은 평평하고 산은 열리어 숲도 끊인 곳에,

조그만 다리와 시골 주막이 산가에 붙어 있네.

행인이 몇 사람 다리 저쪽으로 건너가고,

나뭇잎 같은 고깃배 떠있는 강물엔 하늘빛이 잠겨 있네.

사군(使君)은 어디서 이 그림을 얻었을까?

붓끝으로 자세히 맑고 아름다운 경치 그려놓았네.

세상 어느 곳에 이런 경치가 있는지?

이런 곳이라면 바로 가서 이경(二頃)의 밭을 마련하고 살리라.

그대는 무창(武昌) 번구(樊口)의 깊숙하고 조용한 곳을 못보았는가?

이 동파(東坡) 선생은 5년이나 머문 일이 있지.

봄에는 바람이 강물결 일으키어 하늘은 자욱하고,

여름엔 저녁 구름이 비를 거둬 산빛은 곱기만 하네.

가을엔 단풍 속에 날던 까마귀가 물가 숙소로 와 함께 머물고,

겨울엔 높은 소나무에서 눈 떨어지는 소리가 술 취한 잠을 깨우네.

복숭아꽃 피고 물 흐르는 선경(仙境)이 세상에 있으니,

무릉(武陵)에만 어찌 반드시 신선이 살까?

강물과 산은 맑고 조용한데 나는 먼지와 티끌에 더럽혀져 있으니,

비록 가고자 하는 길 있다 해도 찾을 수가 없구나.

그대에게 이 그림을 돌려보내며 나는 여러번 탄식했으니,

산속의 친구들은 나를 전원으로 돌아오라고 부르는 시를 짓고 있겠지.

주해 ① 書王定國所藏煙江疊嶂圖王晉卿畫(서왕정국소장연강첩장도왕진경화)—왕정국(王定國)이 가지고 있는 왕진경(王晉卿)이 그린 〈연강첩장도(煙江疊嶂圖)〉에 쓴다는 제목. 왕정국은 이름이 공(鞏, 定國은 字)이며 소식(蘇軾)을 따라 놀았다. 소식이 죄에 얽히자 공(鞏)도 빈주(賓州)로

몇년 귀양갔던 일이 있다[《宋史》]. 〈연강첩장도〉는 '안개 긴 강과 여러 겹의 산봉우리 그림'. 왕진경은 왕선(王詵). 역시 동파(東坡)를 따라 놀았으며 그림을 잘 그리어 소동파에게는 그의 그림에 제서(題書)한 시가 많다. 이 시는 《분류동파선생시(分類東坡先生詩)》 권12에도 들어 있다.

② 千疊(천첩)－여러겹. 《고문진보》에는 '삼첩(三疊)'으로 되어 있으나 그의 시집을 따라 삼(三)을 '천(千)'으로 고쳤다.

③ 積翠(적취)－푸른빛을 쌓아올린 듯한 산을 말함.

④ 蒼蒼(창창)－초목이 무성하여 검푸른 모양.

⑤ 百道(백도)－여러 갈래. 여러 가닥.

⑥ 縈(영)－얽히다. ○絡(락)－감기다. 얽히다.

⑦ 林麓(임록)－산기슭의 숲.

⑧ 稍(초)－적은 것.

⑨ 江呑天(강탄천)－강물이 하늘을 삼킨 듯, 물속에 하늘빛이 잠겨 있는 것.

⑩ 使君(사군)－자사(刺史)나 태수에 대한 경칭. 왕정국을 가리킨다.

⑪ 點檢(점검)－하나하나 자세히 따지는 것. ○毫末(호말)－붓끝. ○分淸姸(분청연)－맑고 곱게 가리어 그려놓은 것.

⑫ 二頃田(이경전)－2경(頃)의 밭. 경(頃)은 넓이의 단위로 백묘(百畝)가 1경이다.

⑬ 武昌(무창)－소식이 귀양가 있던 황주(黃州)에 가까운 지명. 지금의 호북성(湖北省) 무창부. ○樊口(번구)－지금의 호남성(湖南省) 악성현(鄂城縣) 서북쪽 번수(樊水)가 장강(長江)으로 들어가는 어귀의 지명. 소식에게 〈번산기(樊山記)〉가 있다. ○幽絶處(유절처)－조용하고 깊숙한 곳.

⑭ 東坡先生留五年(동파선생유오년)－원풍(元豐) 4년(1081)에 소식은 황주로 귀양가 동파라는 곳에 거처를 정하고 동파거사라 자호(自號)하였는데, 그곳에 5년 머물러 있었다. 무창과 번구는 황주 근처에 있다.

⑮ 天漠漠(천막막)－하늘이 엷은 안개로 흐려서 자욱한 것.

⑯ 暮雲捲雨(모운권우)－저녁 구름이 비를 걷는다. 여름의 하늘 경치를 말함. ○娟娟(연연)－아름다운 모양.

⑰ 丹楓翻鴉(단풍번아)－단풍나무 사이에 날아다니는 까마귀. 가을 경치를

말함.

⑱ 長松落雪(장송락설)―긴 소나무에 눈이 내린 것.

⑲ 桃花流水(도화류수)―도연명의 〈도화원기(桃花源記)〉에 나오는 '도원'의 경치. 이백(李白)의 〈산중답속인(山中答俗人)〉 시에서도 '도화유수묘연거(桃花流水窅然去), 별유천지비인간(別有天地非人間)'이라 하였다.

⑳ 武陵(무릉)―호남성 상덕현(常德縣)의 지명. 도원의 전설이 있는 고장. 흔히 '무릉도원'이라 한다.

㉑ 淸空(청공)―맑고 깨끗한 것.

㉒ 無緣(무연)―방법이 없는 것.

㉓ 招我歸來篇(초아귀래편)―나를 돌아와 은거하라 부르는 시편(詩篇). 도연명의 〈귀거래사(歸去來辭)〉, 좌사(左思)의 〈초은시(招隱詩)〉에서 표현을 빌은 것임.

(해설) 이 시는 왕진경(王晉卿)의 아름다운 산수화를 보면서 선경(仙境) 같은 그 경치를 눈앞에 보는 듯 잘 묘사한 것이다. 그리고 그 아름다운 경치를 현실적인 자기 처지에 연결지어 청정한 은거에의 동경을 나타낸 데 더욱 아취를 느끼게 된다. 황주(黃州)에서의 괴로운 귀양살이는 자연히 속세를 초월한 깨끗한 생활을 그리게 하였을 것이다.

노동에게 부침(①寄盧仝)

한유(韓愈)

②玉川先生洛城裏에, 破屋數間而已矣라.
　　(옥천선생낙성리　파옥수간이이의)

③一奴長鬚不裹頭요, ④一婢赤脚老無齒라.
　　(일노장수불과두　일비적각노무치)

⑤辛勤奉養十餘人하니, 上有慈親下妻子라.
(신근봉양십여인   상유자친하처자)

先生⑥結髮憎俗徒하여, 閉門不出⑦動一紀라.
(선생결발증속도   폐문불출동일기)

至今鄰僧乞米送하니, ⑧僕忝縣尹能不耻아?
(지령린승걸미송   복첨현윤능불치)

⑨俸錢供給公私餘로, ⑩時致薄少助祭祀라.
(봉전공급공사여   시치박소조제사)

勸⑪叅留守謁大尹하니, 言語⑫纔及輒掩耳라.
(권참유수알대윤   언어재급첩엄이)

⑬水北山人得名聲하니, 去年去作⑭幕下士라.
(수북산인득명성   거년거작막하사)

⑮水南山人又繼往하니, 鞍馬僕從塞閭里라.
(수남산인우계왕   안마복종색여리)

⑯少室山人索價高하여, 兩以⑰諫官徵不起라.
(소실산인색가고   양이간관징불기)

⑱彼皆刺口論世事하니, 有力未免⑲遭驅使라.
(피개자구논세사   유력미면조구사)

先生事業不可量이니, 惟用⑳法律自繩己라.
(선생사업불가양   유용법률자승기)

㉑春秋三傳束高閣하고, 獨抱㉒遺經究終始라.
(춘추삼전속고각   독포유경구종시)

往年㉓弄筆嘲同異하고, ㉔怪在辭驚衆謗不已라.
(왕년농필조동이   괴사경중방불이)

近來自說尋㉕坦途하니, 猶上虛空㉖跨騄駬라.
(근래자설심탄도   유상허공과녹이)

去歲生兒名添丁하니, 意令與國充㉗耘耔라.
(거세생아명첨정   의령여국충운자)

國家^㉘丁口連四海하니, 豈無農夫親^㉙未耟오?
(국가정구련사해   기무농부친뢰사)

先生抱才終大用이나, 宰相未許終不仕라.
(선생포재종대용   재상미허종불사)

假如不在^㉚陳力列이나, ^㉛立言垂範亦足恃라.
(가여부재진역렬   입언수범역족시)

^㉜苗裔當蒙十世宥니, 豈謂^㉝貽厥無基址오?
(묘예당몽십세유   기위이궐무기지)

故知忠孝出天性하니, ^㉞潔身亂倫安足擬아?
(고지충효출천성   결신란륜안족의)

昨夜^㉟長鬚來下狀하니, ^㊱隔墻惡少惡難似라.
(작야장수내하상   격장악소악난사)

每騎^㊲屋山下窺瞰하니, ^㊳渾舍驚怕走折趾라.
(매기옥산하규감   혼사경파주절지)

憑依^㊴婚媾欺官吏하니, 不信令行能禁止라.
(빙의혼구기관리   불신영행능금지)

先生受屈未曾語하니, 忽此來告良有以라.
(선생수굴미증어   홀차내고량유이)

嗟我身爲^㊵赤縣尹하니, ^㊶操權不用欲何俟오?
(차아신위적현윤   조권불용욕하사)

立召^㊷賊曹呼五百하여, 盡取^㊸鼠輩尸諸市라.
(입소적조호오백   진취서배시제시)

先生又遣長鬚來하여, 如此處置非所喜라.
(선생우견장수래   여차처치비소희)

況又時當^㊹長養節하니, 都邑未可猛政理라.
(황우시당장양절   도읍미가맹정리)

先生固是余所畏니, [45]度量不敢窮涯涘라.
　(선생고시여소외　도량불감궁애사)

[46]放縱是誰之過歟오? [47]效尤戮僕愧前史라.
　(방종시수지과여　효우육복괴전사)

買羊[48]沽酒謝不敏하니, 偶逢明月耀桃李라.
　(매양고주사불민　우봉명월요도리)

先生有意許降臨이면, 更遣長鬚致[49]雙鯉하라.
　(선생유의허강림　갱견장수치쌍리)

　옥천 선생은 낙양성 안에,
　낡은 집 몇칸뿐이네.
　하나 있는 하인은 긴 수염에 머리도 동이지 않았고,
　하나 있는 하녀는 맨발에 늙어서 이도 다 빠졌네.
　간신히 수고하여 10여인을 봉양하는데,
　위로는 자애로운 어버이에 아래론 처자가 있네.
　선생은 머리를 매어 어른이 되자 속된 무리들을 미워하여,
　문 닫고 세상에 나가지 않은 지 어느덧 12년이 된다네.
　가엾게 여긴 스님이 쌀을 빌어다 보내주는 지경에 이르게 하였으니,
　나는 욕되이 현윤(縣尹) 자리에 앉아 부끄럽지 않을 수 있으랴?
　월급으로 주는 돈을 공사(公私)에 쓰고 남기어,
　때때로 조금이라도 보내어 제사를 돕게 하였네.
　어떤 이가 선생께 유수(留守)를 찾아뵙고 대윤(大尹)을 만나 보라 권하니,
권하니,
　말을 듣자마자 바로 귀를 가리더라네.
　낙수(洛水) 북쪽의 산인(山人) 석홍(石洪)은 명성이 자자했는데,
　지난해엔 장군 막하(幕下)의 벼슬아치가 되었고,
　낙수 남쪽의 산인 온조(溫造)도 그를 따라 가니,

타고 가는 말과 하인들로 마을이 막힐 지경이었다네.
소실산(少室山)에 숨어살던 이발(李渤)은 요구하는 값이 많아서,
두 번이나 간관(諫官)으로 불렀으나 움직이지 않았다네.
그들은 모두 풍자하는 말투로 세상일을 논하지만,
능력있어 부림당함을 면하지 못하였네.
선생께서 하시는 일은 헤아릴 수 없이 고상하니,
오직 성인의 법도를 따라 스스로 자기를 바로잡네.
춘추(春秋)의 삼가(三家) 전(傳)은 다 꿰뚫어 다시 볼 필요없어
높은 누각 위에 묶어두고,
홀로 성인께서 남긴 경서를 안고 처음부터 끝까지 연구하네.
옛날엔 글을 지어 친구 마이(馬異)에게 자기 이름 동(同)과 뜻이
반대임을 희롱하고,
월식(月蝕) 시에선 괴상한 말로 사람들을 놀라게 했으나 욕하는
소리는 끊이지 않았네.
근래엔 스스로 평탄한 길을 찾는다고 말하는데,
마치 하늘을 용마타고 나는 듯 거침없네.
지난해엔 아들을 낳아 첨정(添丁)이라 이름지었는데,
그로 하여금 나라 위해 농사짓는 장정에 충당케 하려는 뜻이었네.
나라의 장정수는 온 세상을 연이을만치 많으니,
어찌 친히 쟁기를 잡을 농부가 없을손가?
선생은 재능을 지녔으니 마침내는 크게 쓰일 것이나,
재상 자리가 주어지지 않으면 끝내 벼슬하지 않으리라.
비록 힘을 다해 나랏일하는 자리에는 있지 않으나,
바른 말하고 본받을 행동 하심은 사람들이 의지하기에 족하네.
후손들은 마땅히 선생 덕분에 10대 자손까지 죄를 지어도 용서받
을 것이니,
어찌 그가 자손들에게 터전을 마련하지 않았다 말하랴?

옛부터 충성과 효도는 천성(天性)적인 것이라 알고 있었거니와,
자기 한 몸을 깨끗이 하려고 인륜(人倫)을 어지럽히는 무리야 어
찌 그에게 비길 수 있으랴?
어젯밤에 긴 수염난 하인 시켜 편지를 보내왔는데,
담 넘어 악동(惡童)의 악한 짓이 말할 수도 없단다.
언제나 지붕 용마루 타고앉아 아래를 내려다보아,
온 집안이 놀라고 두려워 달아나다 발가락을 삐는 형편이고,
인척(姻戚) 관계를 빙자하여 관리들을 속이니,
법령이 행하여져 그의 행동을 막으리라 믿지도 않는 놈이라네.
선생께서 굴욕을 당하시면서도 애기하는 일이 없었는데,
갑자기 이에 알려온 것은 정말 까닭이 있을 걸세.
아아, 내 몸은 낙양의 현윤(縣尹)이 되었으니,
권력을 쥐고 쓰지 않는다면 무엇을 하겠는가?
바로 형방(刑房)을 불러 나쁜 놈들을 잡아다,
쥐새끼 같은 무리들을 처형하여 저자에 효수(梟首)했네.
선생은 또 긴 수염난 하인을 보내와,
이러한 처치는 좋아하는 바가 아니라 하네.
하물며 또 계절은 만물이 자라나는 봄이니,
고을을 사나운 정치로 다스려서는 안된다는 것이네.
선생은 본시부터 내가 두려워하는 분이니,
마음의 넓은 도량은 바다 저편을 바라보는 듯하네.
멋대로 처형했음은 누구의 잘못인가?
잘못을 본받아 그들을 죽였으니 옛날 사관(史官)이 부끄럽네.
양고기 사고 술 받아가지고 가서 어리석음을 사과하고 싶은데,
마침 밝은 달이 떠서 복숭아와 오얏꽃을 비추고 있네.
선생께서 마음 내키시어 왕림하시기를 허락하신다면,
다시 긴 수염난 하인 시켜 편지를 보내십시오.

주해 ① 寄盧仝(기노동)−노동(盧仝)에게 붙임. 노동은 《신당서(新唐書)》 열전(列傳)엔 한유(韓愈)의 뒤에 전기가 있다. ‘작자약전’을 참조할 것. 《한창려집(韓昌黎集)》 권5에 시가 실려 있다. 한유가 낙양령(洛陽令)을 지내고 있을 때의 작이다.

② 玉川先生(옥천선생)−노동은 ‘옥천자(玉川子)’라 자호(自號)하였다.

③ 一奴(일노)−한 하인. ○長鬚(장수)−긴 수염이 난 것. ○裹頭(과두)−옛날 중국의 성인이 된 남자는 머리를 묶고 비단으로 쌌다.

④ 一婢(일비)−한 하녀.

⑤ 辛勤(신근)−고생하고 애쓰는 것.

⑥ 結髮(결발)−옛날에 남자들은 20세가 되면 성인의 표시로 머리를 묶어 매었다.

⑦ 動(동)−어느덧. 걸핏하는 사이에. ○一紀(일기)−세성(歲星)의 일주(一周)로서 12년.

⑧ 僕(복)−한유 자신. ○添(첨)−욕됨.

⑨ 俸錢(봉전)−봉급으로 받는 돈.

⑩ 時致(시치)−때때로 보내주었다는 뜻.

⑪ 叅留守(참유수)−낙양의 유수(留守) 장관을 가서 뵙다. 이때 유수는 정여경(鄭余慶)이었다. ○謁大尹(알대윤)−하남군(河南郡)의 장관인 대윤을 찾아뵙다. 이때는 이소(李素)가 소윤(小尹)으로서 대윤 벼슬을 겸하고 있었다.

⑫ 纔(재)−겨우. ○輒(첩)−문득. ○掩(엄)−가리다.

⑬ 水北山人(수북산인)−낙수(洛水) 북쪽 기슭에 있던 은자. 석홍(石洪)을 가리킨다.

⑭ 幕下士(막하사)−장군(將軍 : 節度使)의 본진 막하에서 벼슬하는 사람.

⑮ 水南山人(수남산인)−낙수 남쪽 기슭에 있던 은자. 온조(溫造, 字는 敬輿)를 가리킨다.

⑯ 少室山人(소실산인)−숭산(嵩山)의 서봉(西峰) 소실산에 은거하던 사람. 이발(李渤)을 가리킨다.

⑰ 諫官(간관)−천자에게 잘못을 간하는 관리. 습유(拾遺)의 벼슬이 이에 해

당한다.

⑱ 彼(피)-그들.   수북산인(水北山人)·수남산인(水南山人)·소실산인(少室山人) 같은 사람들. ○刺口(자구)-입으로 풍자하는 것.

⑲ 遭驅使(조구사)-부림을 당하는 것.

⑳ 法律(법률)-성인의 올바른 율법. ○繩(승)-새끼. 줄. 먹줄로 나무를 바르게 깎을 수 있게 하듯 자기의 몸가짐을 바로잡는 것.

㉑ 春秋三傳(춘추삼전)-공자(孔子)가 저술한 《춘추》에 대한 삼가(三家)의 해설. 좌구명(左丘明)의 《좌씨전(左氏傳)》, 공양고(公羊高)의 《공양전(公羊傳)》, 곡량적(穀梁赤)의 《곡량전(穀梁傳)》의 세 가지. ○束高閣(속고각)-묶어 높은 누각에 둔다. 《춘추삼전(春秋三傳)》에 통달했기 때문에 다시는 책을 볼 필요가 없게 된 것이다.

㉒ 遺經(유경)-성인이 남겨놓은 경서.

㉓ 弄筆嘲同異(농필조동이)-농필(弄筆)은 장난삼아 글을 짓는 것. 《당재자전(唐才子傳)》 권5에도 '마이(馬異)는 목주(睦州) 사람이다. ……부성(賦性)이 괴삽(怪澀)하고 풍골(風骨)이 능릉(稜稜)했으나 고척(枯瘠)을 면치 못하였다. 노동(盧仝)은 이 말을 듣고 매우 자기 뜻에 맞아 교우를 바랐다. 마침내 동이(同異)의 논을 세워 시로써 증답(贈答)하였다(仝은 同과 같은 자)' 했다. 곧 자기 이름이 '동(仝[同])'이고 그의 이름이 '이(異)'임에 착안하여 시를 지은 것이다.

㉔ 恠(괴)-'괴(怪)'의 속자(俗字). 괴사경중(恠辭驚衆)은 그의 〈월식(月蝕)〉 시의 괴이한 문구들이 사람들을 놀라게 하였다는 뜻. ○謗(방)-비방하다. 헐뜯다.

㉕ 坦(탄)-평탄한 것.

㉖ 跨(과)-걸터앉다. 올라타다. ○騄駬(녹이)-《열자(列子)》엔 '녹이(綠耳)'로 쓰고 있다. 주(周)나라 목왕(穆王)의 수레를 끌고 다닌 팔준마(八駿馬) 가운데의 하나.

㉗ 耘(운)-밭의 김을 매는 것. ○耔(자)-북돋는 것.

㉘ 丁口(정구)-장정(壯丁)의 인구.

㉙ 耒(뢰)-쟁기. ○耜(사)-보습.

㉚ 陳力列(진역렬)－힘을 다해 나랏일을 하는 관위(官位)의 열(列).

㉛ 立言(입언)－후세에까지 교훈이 될 만한 말을 하는 것. ○垂範(수범)－
딴 사람들이 본받을 만한 행동을 하는 것.

㉜ 苗裔(묘예)－후예(後裔). 후손. ○宥(유)－죄를 용서하는 것.

㉝ 貽(이)－업적을 남겨놓는 것. ○厥(궐)－그것. ○址(지)－터.

㉞ 潔身亂倫(결신란륜)－자기 한 몸을 깨끗이하기 위하여 인륜을 어지럽히
는 것. ○擬(의)－비기다.

㉟ 長鬚(장수)－수염이 긴 하인.

㊱ 隔墻(격장)－담 넘어. 이웃집. ○惡少(악소)－고약한 젊은이.

㊲ 屋山(옥산)－지붕 대마루. ○窺(규)－엿보다. ○瞰(감)－굽어보다. 내다보다.

㊳ 渾舍(혼사)－온 집안. ○折趾(절지)－발가락을 삐는 것.

㊴ 婚媾(혼구)－인척(姻戚) 관계를 말함.

㊵ 赤縣(적현)－당대(唐代)엔 현을 7등급으로 나누었다. 《방여기요(方輿紀
要)》 주성형세(州城形勢) 당하(唐下)에 ‘뭇 천하의 현은 1천5백70유삼(有
三)’이라 하였는데 ‘경도(京都)를 다스리는 곳을 적현(赤縣)이라 하고, 통
할하는 곳을 기현(畿縣)이라 하고, 그 나머지는 망(望), 긴(緊)이라 하는
데 각각 상·중·하로 삼분되어 모두 7등으로 나뉘어진다’ 하였다. 낙양
(洛陽)은 동도(東都)이므로 적현이라 한 것이다.

㊶ 操(조)－잡다. 쥐다.

㊷ 賊曹(적조)－형(刑)을 다스리는 관명(官名). 두우(杜佑)의 《통전(通典)》
직관전(職官典)에 의하면 수화(水火)·도적(盜賊)·사송(詞訟)·죄법(罪
法)을 다스린다 하였다. ○五百(오백)－형을 집행하는 관리. 위소(韋昭)
의 《변석명(辨釋名)》에 ‘오백(五百)은 본시 오맥(伍陌)이라 썼는데, 오
(伍)는 당(當)의 뜻이고 맥(陌)은 도(道)의 뜻이다. 사람들로 하여금 인도
하여 길 가운데로 오게 하여 구제(驅除)하는 것이다. 금속(今俗)에선 행
장인(行杖人)을 오백이라 한다’ 하였다.

㊸ 鼠輩(서배)－쥐새끼 같은 무리. 악소(惡少)들을 가리킨다. ○尸諸市(시
제시)－죄인을 죽이어 시체를 저잣거리에 내걸어 구경시키는 것.

㊹ 長養節(장양절)－만물을 자라게 하고 길러주는 계절. 곧 봄철.

㊺ 度量(도량)－마음의 넓이. ○涯涘(애사)－바다 저쪽 가. 끝.

㊻ 放縱(방종)－멋대로 행동하는 것. 여기서는 멋대로 처형한 것.

㊼ 效尤(효우)－잘못을 본받는 것. 악소(惡少)를 처형하면서 악소의 행동처럼 난폭한 방법으로 처형한 것. ○戮僕(육복)－천한 자, 곧 악소들을 죽인 것. ○愧前史(괴전사)－전대 사관(史官)에게 부끄럽다. 전사(前史)는 특히 좌구명(左丘明)을 가리킨다.《좌전(左傳)》양공(襄公) 3년에 '진후(晉侯)의 아우 양간(楊干)이 행렬을 곡량(曲梁)에서 어지럽혔다. 위강(魏絳)은 그의 복(僕 : 楊干의 부하. 하인)을 죽였다〔戮〕. 진후는 노하여 양설적(羊舌赤)에게 말하기를, "……양간이 죽음을 당한 거나 무엇이 그 욕됨이 다르랴. 반드시 위강을 죽여야 한다." 하였다. 위강은 이에 글을 복인(僕人)에게 주고 칼 아래 복(伏)하려 하였다. 그 글에 "……교훈을 이루지 못하고 무기를 잡게 되었습니다. ……" 하였다' 했다.

㊽ 沽(고)－물건을 사는 것.

㊾ 雙鯉(쌍리)－편지를 말한다. 한대(漢代) 악부상(樂府上)〔前出〕에 '내게 쌍리어(雙鯉魚 : 두 마리 잉어)를 보냈는데, 아이 불러 잉어를 삶으니 그 속에 비단에 쓴 편지가 있었다' 했다. 잉어 배 속에 편지가 있었다는 데서 후에는 쌍리가 '편지'의 뜻으로 쓰이게 되었다.

[해설] 《당시기사(唐詩紀事)》에도 '노동(盧仝)은 동도(東都)에 있었다. 한퇴지(韓退之)는 하남(河南)의 영(令)이 되었는데 노동의 시를 좋아하여 두터이 그를 예우하였다. 그는 스스로 옥천자(玉川子)라 호하고 일찍이 월식(月蝕)의 시를 지어 원화(元和)의 붕당(朋黨)을 기절(譏切)하였다' 했다. 이 시를 보더라도 한유가 노동에게 굉장히 경도하고 있음을 알 수 있다. 노동은 박학하고 뛰어난 문재를 지녔지만 명리에 담박하여 가난하게 은거하고 있었다. 그를 경애하는 작자의 충심이 잘 표현된 시이다.

이백시의 그림(①李伯時畵圖)

형거실(邢居實)

長安城頭烏欲棲하니, 長安道上行人稀라.
　　(장안성두오욕서　장안도상행인희)

浮雲卷盡暮天碧하니, 但有明月流淸輝라.
　　(부운권진모천벽　단유명월유청휘)

②君獨騎驢向何處오? 頭上倒著③白接䍦라.
　　(군독기려향하처　두상도착백접리)

長吟搔首望明月하니, 不學④山翁醉似泥라.
　　(장음소수망명월　불학산옹취사니)

到得城中燈火⑤鬧하니, 小兒拍手⑥攔街笑라.
　　(도득성중등화뇨　소아박수난가소)

道傍觀者那得知오? 相逢疑是⑦商山皓라.
　　(도방관자나득지　상봉의시상산호)

⑧龍眠居士畵無比하니, 搖毫弄筆長風起라.
　　(용면거사화무비　요호롱필장풍기)

酒酣閉目望窮途하니, 紙上⑨軒昂無乃似오?
　　(주감폐목망궁도　지상헌앙무내사)

君不學長安遊俠誇年少아? ⑩臂鷹挾彈章臺道라.
　　(군불학장안유협과년소　비응협탄장대도)

君不能⑪提携長劍取靈武아? 指揮猛士驅⑫貔虎라.
　　(군불능제휴장검취영무　지휘맹사구비호)

胡爲脚踏⑬梁宋塵하고, 終日⑭飄飄無定所오?
　　(호위각답량송진　종일표표무정소)

⑮武陵桃源春欲暮하니, 白水靑山起烟霧라.
　(무릉도원춘욕모　백수청산기연무)

竹杖⑯芒鞋歸去來하니, 頭巾好掛三花樹라.
　(죽장망혜귀거래　두건호괘삼화수)

장안 성마루에 까마귀가 깃들려 하니,

장안 길 위에는 행인이 뜸해졌다.

뜬 구름 다 걷히어 지녁 하늘은 푸르른데,

다만 밝은 달이 맑은 빛을 발하고 있다.

그대는 홀로 나귀 타고 어디로 가는가?

머리 위에 거꾸로 흰 두건(頭巾)을 쓰고 있다.

길게 읊조리고 머리 긁으며 밝은 달을 바라보니,

은자(隱者)를 배우지 않아도 녹초되게 취했다.

성안에 이르자 등불이 요란하니,

아이들은 손뼉치며 거리를 막고 웃는다.

길가에서 보는 사람들이야 어찌 알겠는가?

만나면 옛날 상산(商山)에 숨어살던 이가 아닌가 한다.

용면거사는 그림 솜씨 견줄 데 없이 훌륭하니,

붓을 들고 움직이어 바람을 일으키듯 그려간다.

술 취하여 눈 감고 궁한 길을 바라보는,

종이 위의 의기 높은 모양이 비슷하지 아니한가?

그대는 장안에 노니는 뽐내는 젊은이들을 배우지 않는가?

팔에는 매 얹고 탄궁(彈弓)을 끼고 큰 거리를 다닌다.

그대는 긴 칼을 차고 무공을 세우지 못하는가?

사나운 군사들을 지휘하고 날랜 군사들을 부린다.

어찌하여 발 아래 양송(梁宋) 땅의 먼지만 밟고 다니며,

하루종일 이리저리 정처없이 떠다니는가?

　무릉도원(武陵桃源) 같은 이 고장에 봄도 저물어 가니,

　맑은 물 푸른 산엔 안개만 서린다.

　대지팡이에 짚신 신고 전원으로 돌아가니,

　두건을 세 꽃나무에 걸기가 좋다.

주해　① 李伯時畵圖(이백시화도)－이백시의 그림을 읊은 것. 제주(題註)에
의하면 '황산곡(黃山谷)의 아우 황지명(黃知命)은 백삼(白衫)을 입고 나
귀 타고 길가에서 머리를 흔들면서 노래를 하였는데, 진이상(陳履常)이
지팡이 짚고 자루를 끼고 그 뒤를 따랐다. 온 장안이 크게 놀랐는데, 이백
시(李伯時)는 그 그림을 그리고 형돈부(邢敦夫, 1100 전후)는 또 장가(長
歌)를 지었다' 하였다. 이백시는 이름이 공린(公麟, 字는 伯時)이며, 서주
인(舒州人)으로 박학하고 시문도 잘했지만 특히 그림으로 이름을 떨쳤다.
만년엔 용면산장(龍眠山莊)에 거하며 용면산인(龍眠山人)이라 자호(自號)
하고 용면산장도를 그렸다.

② 君(군)－황지명(黃知命)을 가리킴.

③ 白接䍦(백접리)－이(䍦)는 '이(䍦)'로도 쓰며 두건의 일종.《진서(晉書)》
산간전(山簡傳)에 '간(簡)은 언제나 나가 놀 때엔 대개 못가로 갔고 술을
마시고 취하였다. 아이들은 노래하기를, "산공(山公)은 어디로 가나? 고양
지(高陽池)로 가는 거지. 밤낮으로 수레를 거꾸로 타는데, 술 취하여 알지
못하지. 때때로 말도 타는데, 백접리를 거꾸로 쓰고 있네."'라 하였다. 그
건(巾)은 백로(白鷺)의 깃으로 장식한 것이라 한다.

④ 山翁(산옹)－산간(山簡)을 가리킨다. ○醉似泥(취사니)－몸도 못가눌 정
도로 취한 것.

⑤ 鬧(뇨)－시끄러운 것.

⑥ 攔(란)－막다.

⑦ 商山皓(상산호)－상산사호(商山四皓). 진말(秦末)에 난을 피하여 상산에
숨었던 동원공(東園公)·녹리선생(甪里先生)·기리계(綺里季)·하황공(夏
黃公)의 네 사람. 모두 80여세로 머리와 수염이 희어 '사호(四皓)'라 하
였다.

⑧ 龍眠居士(용면거사) — 이백시의 호(號).

⑨ 軒昂(헌앙) — 의기가 높은 모양.

⑩ 臂(비) — 팔. ○鷹(응) — 매. ○挾(협) — 끼다. 양편에 끼는 것. ○彈(탄) — 새를 잡는 데 쓰던 탄궁(彈弓)과 탄환. ○章臺道(장대도) — 장대(章臺)는 전국(戰國)시대 진(秦)나라 궁전 안의 대 이름. 지금의 섬서성(陝西省) 장안현(長安縣) 고성(故城)의 서남쪽 모퉁이에 있었다. 이 대 앞길이 장대도인데 가장 화려했던 곳이다.

⑪ 提(제) — 들다. 올리다. ○携(휴) — 들어주다. ○靈武(영무) — 무공(武功)의 뜻.

⑫ 貔(비) — 사나운 짐승의 이름으로, 비휴(貔貅)라 하여 용맹스런 군사에 흔히 비유되었다.

⑬ 梁宋(양송) — 양(梁)은 섬서성, 송(宋)은 하남성(河南省)에 있던 나라 이름. 따라서 섬서·하남 지방을 가리킨다.

⑭ 飄飄(표표) — 바람에 날리는 모양.

⑮ 武陵桃源(무릉도원) — 선경(仙境)처럼 아름다운 고장을 말한다.

⑯ 芒鞋(망혜) — 짚신.

(해설) 이백시(李伯時)가 그린 황지명(黃知命)의 초속불기(超俗不羈)한 모양의 그림을 보고 읊은 것이 이 시이다. 세상에 아무런 거리낌도 없이 행동하며 살아가는 주인공의 모습이 은연중에 선풍(仙風)을 느끼게 한다. 무지한 아이들이나 길가는 사람들은 기이한 행색을 보고 웃지만, 그에게는 남 못지않은 재모(才貌)가 갖추어져 있는 것이다. 남들처럼 뽐내며 놀거나 공명(功名)을 추구하지 않고 세상을 호유(豪遊)하는 뜻을 속인들이야 알 까닭이 없다.

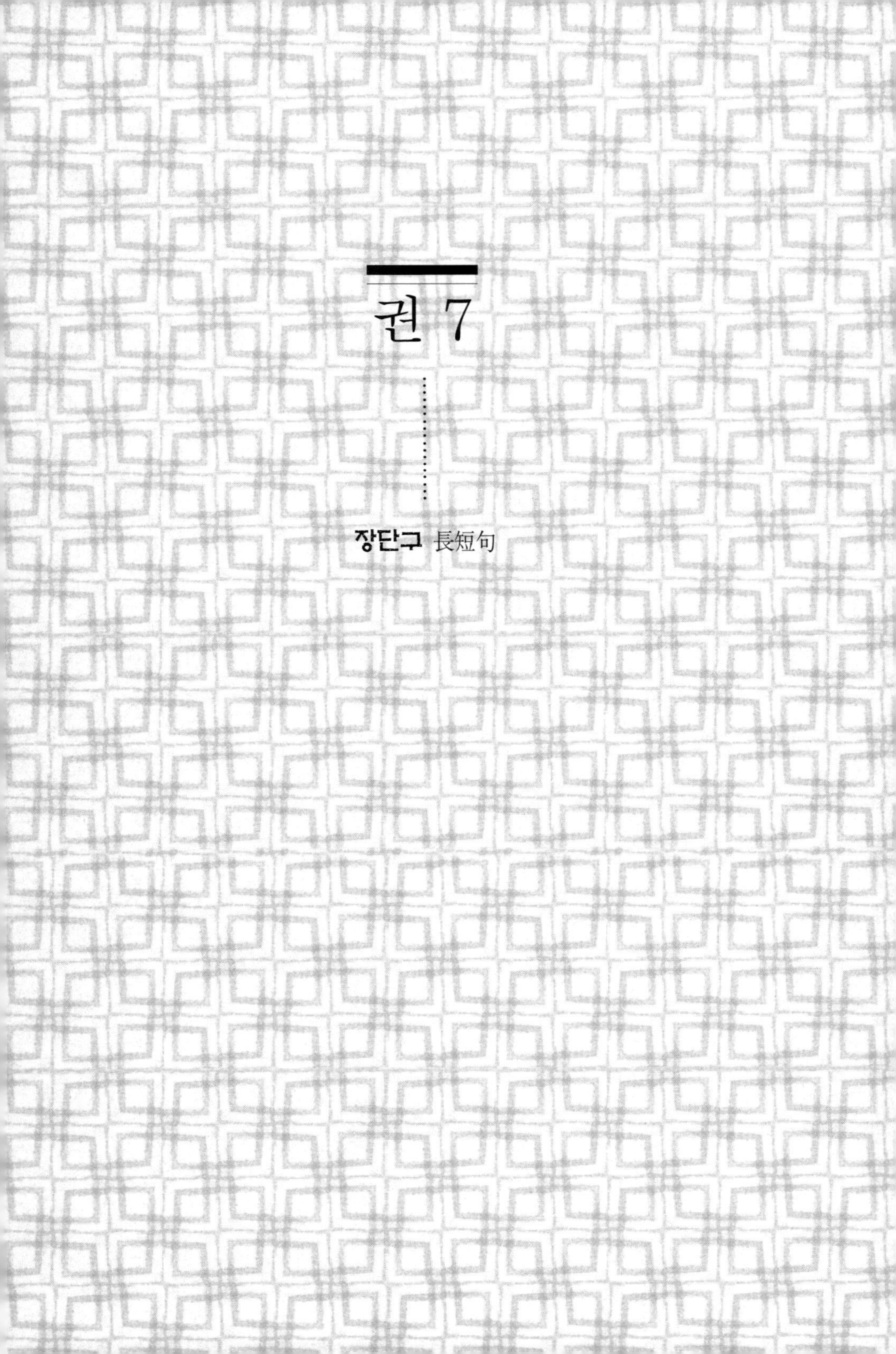

권 7

장단구 長短句

장단구(長短句)

한 편의 시 속에 긴 구절과 짧은 구절이 섞여 있는 작품들을 말한다. 장단구는 1자부터 9자 또는 10자에 이르는 구절들로 이루어지는데, 변화가 많아 격정의 표현 등에 효과가 많다. 옛날의 《시경(詩經)》이나 《초사(楚辭)》에도 이러한 장단구가 보이지만 한위대(漢魏代)의 '악부시' 가운데에도 성행하였다. 이백(李白) 같은 작가들이 이 장단구를 많이 응용한 것은 구절의 변화가 그의 개성과 합치되었기 때문이다.

그러나 이곳의 '장단구'에는 3, 5, 7언 한 수 이외에 5, 7언에 6언을 섞거나 7언을 기조로 하여 5언 또는 7언 이상의 구를 혼용한 것들이다. 또 한 가지 주의할 것은 당송대(唐宋代)의 '사(詞)'를 '장단구'라고도 흔히 불렀는데, 이곳의 장단구와 혼동해서는 안된다.

장진주([1]將進酒)

이백(李白)

君不見黃河之水天上來아? 奔流到海不復廻라.
　　(군불견황하지수천상래　분류도해불복회)
又不見[2]高堂明鏡悲白髮가? 朝如[3]青絲暮如雪이라.
　　(우불견고당명경비백발　조여청사모여설)
人生得意須盡歡이니, 莫把金樽空對月하라.
　　(인생득의수진환　막파금준공대월)

天生我④材必有用이니, 千金散盡還復來라.
　　(천생아재필유용　천금산진환부래)

⑤烹羔宰牛且爲樂이니, ⑥會須一飮三百杯라.
　　(팽고재우차위락　회수일음삼백배)

⑦岑夫子, 丹丘生아,
　　(잠부자　단구생)

與君歌一曲하니, 請君爲我側耳聽하라.
　　(여군가일곡　청군위아측이청)

⑧鍾鼎玉帛不足貴요, 但願長醉不願醒이라.
　　(종정옥백부족귀　단원장취불원성)

古來賢⑨達皆寂寞하되, 惟有飮者留其名이라.
　　(고래현달개적막　유유음자유기명)

⑩陳王昔日宴平樂엔, ⑪斗酒十千恣歡謔이라.
　　(진왕석일연평락　두주십천자환학)

主人何爲言少錢고? ⑫且須沽酒對君酌하리라.
　　(주인하위언소전　차수고주대군작)

⑬五花馬, 千金裘를
　　(오화마　천금구)

呼兒將出換美酒하여, 與爾同⑭銷萬古愁라.
　　(호아장출환미주　여이동소만고수)

　　그대는 황하 물이 하늘로부터 흘러내리는 것을 보지 못하는가,
여울져 흘러 바다에 이르면 되돌아오지 못한다.
　　또 높다란 대청에서 밝은 거울 대하고 자기의 흰머리 슬퍼하는 모습 보지 못했는가?
　　아침에는 검푸른 실 같더니 저녁엔 눈과 같이 희었다.
　　사람이 태어나 뜻을 얻었을 적엔 반드시 기쁨을 다해야 하는 것이니,
금술잔 들고서 공연히 달만 바라보고 있지 말아라.

하늘이 나 같은 인재를 내셨으니 반드시 쓰일 곳 있을 것이며,

많은 돈은 다 써버려도 또다시 돌아오는 것.

염소 삶고 소를 잡아 또한 즐기려 하노니,

틀림없이 한번 마신다면 3백 잔은 들어야지.

잠(岑)선생, 그리고 단구(丹丘)군!

그대들 위하여 한 곡조 뽑을 테니,

청컨대 그대들은 귀를 기울이고 들어주오.

'훌륭한 음악 좋은 음식에 옥이나 비단도 귀할 것 없고,

다만 언제나 취하여 깨지 않기 바랄 뿐.

옛날부터 현명하고 출세한 이들은 자취도 없지만,

오직 술마신 사람들만이 그의 이름을 남기고 있네.'

진(陳) 사왕(思王)이 옛날 평락관(平樂觀)에서 잔치할 적엔,

한 말에 만금(萬金)가는 좋은 술을 멋대로 즐겼다네.

주인은 어째서 돈이 적다고 말하오?

어떻든 술을 받아다 그대와 마셔야겠네.

내 오색마(五色馬)와 천금나가는 갖옷을,

아이 불러 내어주고 좋은 술 바꿔오게 하여,

그대와 더불어 함께 인생의 영원한 시름을 없애리라.

주해 ① 將進酒(장진주)─한대(漢代) 악부 단편요가(短篇鐃歌) 22곡 중의
하나. 제명(題名)은 '술을 드리려 한다'는 뜻. 따라서 짧고 시름많은 인생,
술이라도 마시며 즐기자는 내용이다. 《이백시집(李白詩集)》 권3에도 들어
있다.

② 高堂(고당)─높고 넓은 당(堂).

③ 青絲(청사)─푸른 실. 여기서는 검푸른 윤기있는 머리에 비유한 말.

④ 材(재)─인재. 재질.

⑤ 烹羔(팽고)─염소를 삶다. 염소고기로 요리를 만드는 것. ○宰(재)─잡다.

⑥ 會須(회수)─반드시. '회(會)'는 '필(必)'의 뜻을 나타냄.

⑦ 岑夫子(잠부자)—본서(本書) 주(註)에는 잠훈(岑勛)이라 하였으나, 두보(杜甫)와 많이 창화한 같은 시대의 시인 잠참(岑參)일 가능성이 더 많다. ○丹丘生(단구생)—원단구(元丹丘). 이백과 회음(會飮)한 사람.

⑧ 鍾(종)—여기서는 훌륭한 음악을 뜻함. ○鼎(정)—솥. 여기서는 좋은 음식을 뜻함.

⑨ 達(달)—출세한 사람, 만물에 통달한 달인, 또는 성인(聖人)으로 보아도 좋다. ○寂寞(적막)—본뜻은 쓸쓸한 것. 여기서는 이름도 전해지지 않고 흔적도 없어졌음을 가리킴.

⑩ 陳王(진왕)—진사왕(陳思王). 조조(曹操)의 셋째 아들 조식(曹植). 뒤에 진왕에 봉해졌고, 시(諡)를 사왕(思王)이라 하였다. ○平樂(평락)—관(觀) 이름. 지금의 하남성(河南省) 낙양현 서쪽에 있었다.

⑪ 斗酒十千(두주십천)—'십천(十千)'은 만(萬)으로, 두주십천은 한 말에 만전(萬錢)이 나가는 좋은 술. ○恣歡謔(자환학)—멋대로 즐기며 놀았다는 뜻.

⑫ 且須(차수)—또한, 반드시의 뜻.

⑬ 五花馬(오화마)—오색의 잡모(雜毛)를 지닌 좋은 말. ○千金裘(천금구)—천금의 값이 나가는 좋은 갖옷.

⑭ 銷(소)—녹이다. ○萬古愁(만고수)—만고로부터 인생이 지니고 있었던 시름. 병(病)·사(死) 등 사람들의 숙명적인 불행에 대한 시름.

(해설) 내용은 인생은 짧으니 언제건 술이나 마시며 즐겨야 한다는 간단한 것이다. 그러나 비동(飛動)하는 것 같은 표현과 웅대한 황하 물이 여울져 흘러내리는 듯한 기세는 이백의 시가 아니면 맛볼 수 없는 특징이다. 인생의 숙명·생명의 애석에 대한 정은 사람들이면 누구나 느끼는 것이리라. 그러나 이러한 시름을 분방종횡(奔放縱橫)하게 표현하여 읽는 이의 마음을 후련케 해주는 시는 드물 것이다.

장진주(將進酒)

이하(李賀)

①琉璃鍾琥珀濃하고, ②小槽酒滴眞珠紅이라.
  (유리종호박농 소조주적진주홍)

③烹龍炮鳳玉脂泣하고, ④羅幃綉幕圍香風이라.
  (팽룡포봉옥지읍 나위수막위향풍)

吹⑤龍笛, 擊鼉鼓하니, ⑥皓齒歌, 細腰舞라.
  (취룡적 격타고 호치가 세요무)

況是靑春日將暮에, 桃花亂落如紅雨라.
  (황시청춘일장모 도화란락여홍우)

勸君終日⑦酩酊醉하라. 酒不到⑧劉伶墳上土니라.
  (권군종일명정취 주부도유령분상토)

유리 술잔에 호박빛 술은 짙고,
작은 통에서 흐르는 술은 진주처럼 윤기있고 붉네.
고기 삶고 닭 구우니 구슬 같은 기름 이글거리고,
비단에 수놓은 장막엔 향기로운 바람이 싸여 있네.
용적(龍笛) 불고 타고(鼉鼓) 치니,
미인이 노래하고 가는 허리 춤을 추네.
더욱이 한 봄 해는 저물어 가는데,
복사꽃잎 어지러이 붉은 비 오듯 떨어지네.
그대에게 권하노니 하루종일 얼큰히 취하게,
술은 술꾼 무덤 위 흙에까지 쫓아가는 것은 아니니.

주해 ① 琉璃(유리)–'유리(瑠璃)', '유리(流離)'로도 쓰며 청색의 투명한 보

　　옥(寶玉). 유리종(瑠璃鍾)은 이런 유리로 만든 큰 술잔. ○琥珀(호박)—송
　　지(松脂)가 땅에 들어가 천년 묵어 되었다는 보옥. 호박농(琥珀濃)은 짙
　　은 술이 황갈색의 호박빛이라는 뜻.
② 小槽(소조)—조그만 나무 술통. ○滴(적)—방울져 떨어지는 것. ○眞珠紅
　　(진주홍)—술이 진주처럼 맑은 윤이 나면서도 붉다는 뜻.
③ 烹龍炮鳳(팽룡포봉)—용을 삶고 봉새를 굽는다. 좋은 안주를 마련하는
　　것. 용(龍)은 짐승, 봉(鳳)은 닭을 가리킨다. ○玉脂泣(옥지읍)—구슬 같
　　은 기름이 운다. 기름이 이글거림을 뜻한다.
④ 羅幃(나위)—비단 장막. ○繡幕(수막)—수놓은 장막.
⑤ 龍笛(용적)—용의 소리를 내는 저. ○鼉(타)—악어 타. '타고(鼉鼓)'는 악
　　어 가죽으로 만든 북.
⑥ 皓齒(호치)—흰 이. 미인의 한 가지 요건으로 미인을 나타냄. ○細腰(세
　　요)—가는 허리. 미녀.
⑦ 酩酊(명정)—술이 얼근히 취한 것.
⑧ 劉伶(유령)—진(晉)나라 때 죽림칠현 중의 대표적인 인물. 언제나 술병을
　　차고 다니며 뒤에 하인으로 하여금 삽을 메고 따라다니게 하고 '죽으면
　　그대로 나를 묻어라' 하였다 한다. 자신의 형해(形骸)를 잊고 술을 마셨
　　고 〈주덕송(酒德頌)〉을 지었다.

（해설）　시의 대의는 이백(李白)의 〈장진주(將進酒)〉나 같다. 아름다운 봄날,
좋은 술그릇에 미주(美酒)를 미인들의 가무를 즐기며 마시고 있다. 이런
것이 인생의 가장 큰 낙이라는 것이다. 사람은 죽으면 그만이니 마음껏
마시며 즐기란다. 호화로운 자리에서 술을 마시는 서술이 대부분인데도
이백의 시보다 더 감상만 느껴짐은 작자들의 개성의 차이 때문일 것이다.

원단구가 무산이 그려진 병풍 앞에 앉아있는 것을 보고
(①觀元丹丘坐巫山屛風)

이백(李白)

昔遊②三峽見巫山이러니, 見畵巫山宛相似라.
  (석유삼협견무산   견화무산완상사)

疑是天邊③十二峰이, 飛入君家彩屛裏라.
  (의시천변십이봉   비입군가채병리)

寒松④蕭瑟如有聲하고, ⑤陽臺微茫如有情이라.
  (한송소슬여유성   양대미망여유정)

錦⑥衾瑤席何寂寂고? 楚王神女⑦徒盈盈이라.
  (금금요석하적적   초왕신녀도영영)

高丘咫尺如千里요, 翠屛丹崖⑧粲如綺라.
  (고구지척여천리   취병단애찬여기)

蒼蒼遠樹圍⑨荊門하고, ⑩歷歷行舟汎巴水라.
  (창창원수위형문   역력행주범파수)

水石⑪潺湲萬壑分하니, 煙光草色俱⑫氤氳이라.
  (수석잔원만학분   연광초색구온분)

溪花笑日何時發이며, 江客聽猿幾歲聞고?
  (계화소일하시발   강객청원기세문)

使人對此心⑬緬邈하니, 疑入嵩丘⑭夢綵雲이라.
  (사인대차심면막   의입숭구몽채운)

옛날 삼협(三峽)을 노닐다 무산(巫山)을 보았었는데,
무산의 그림 보니 완연히 비슷하다.

하늘가에 솟은 열두 봉우리가,

그대의 집 색칠한 병풍 속으로 날아든 게 아닌가 싶다.

차가운 소나무에선 씽씽 바람소리 나는 듯하고,

양대(陽臺)는 희미한데 다정하게 보이네.

비단 이불과 옥돌 자리는 얼마나 쓸쓸한가?

초(楚)나라 임금과 신녀(神女)는 공연히 아리땁기만 하구나.

높은 봉우리도 그림에선 한 자 못되지만 천리로 보이고,

푸른 병풍 같은 산에 붉은 벼랑이 비단처럼 곱다.

검푸른 먼 나무들이 형문산(荊門山)을 둘러싸고,

뚜렷하게 흐르는 배는 파수(巴水)에 떠있다.

바위 사이의 물 철철 많은 골짜기에 갈리어 흐르고,

안개빛 풀 빛깔 한데 어울려 자욱하다.

시냇가 꽃은 해를 향해 웃고 있는데 언제부터 핀 것일까?

강가 나그네가 듣는 원숭이 소리는 어느 해부터 들리는 것인가?

이 그림 대하고 있으려니 마음 아득해져,

숭산으로 들어가 채색의 구름을 꿈꾸고 있는 듯 착각케 한다.

주해 ① 觀元丹丘坐巫山屛風(관원단구좌무산병풍)－원단구(元丹丘)가 무산(巫山)을 그린 병풍 앞에 앉아 있는 것을 봄. 원단구는 앞의 〈장진주(將進酒)〉 시에 나왔던 단구생(丹丘生). 이태백의 〈원단구의 노래〉에 '원단구는 신선을 좋아하여, 아침엔 영천(潁川)의 청류(淸流)를 마시고 저녁엔 숭잠(嵩岑)의 자연(紫烟)으로 돌아온다' 하였다. 무산은 사천성(四川省) 무산현 동남쪽에 있는 산 이름. 무산엔 12봉이 있고, 그 중 신녀봉(神女峰) 아래엔 신녀묘가 있다. 송옥(宋玉)의 〈고당부(高唐賦)〉 서(序)에 초나라 양왕(襄王)이 송옥과 운몽(雲夢)에 놀러갔었는데 송옥이 '옛날 선왕(先王)께서 고당(高唐)에 놀러나가셨습니다. 꿈에 신녀(神女)들이 잠자리를 함께 자청(自請)하고는 떠날 때 스스로 무산 남쪽 기슭에 산다 하였습니다'고 말했다 했다. 이러한 신녀들이 산다는 무산을 그린 병풍 앞에 앉

은 선골(仙骨)인 원단구를 본 느낌을 읊은 것이 이 시이다.

② 三峽(삼협)-장강(長江) 상류 사천(四川)·호북(湖北) 두 성의 7백리 사이에 있는 구당협(瞿塘峽)·무협(巫峽)·서릉협(西陵峽)의 삼협으로 급류로 유명하다. 그밖에 무협·서릉·귀협(歸峽) 또는 서릉·명월(明月)·황우(黃牛)를 삼협이라 치는 이도 있다.

③ 十二峰(십이봉)-무산에 있는 망하(望霞)·취병(翠屛)·조운(朝雲)·송만(松巒)·집선(集仙)·취학(聚鶴)·정단(淨壇)·상승(上昇)·기운(起雲)·비봉(飛鳳)·등룡(登龍)·취천(聚泉)의 열두 봉우리.

④ 蕭瑟(소슬)-바람이 나뭇가지 사이에 소리내며 부는 모양.

⑤ 陽臺(양대)-송옥(宋玉)의 〈고당부(高唐賦)〉 서(序)에 '옛날 초(楚)나라 양왕(襄王)이 송옥과 운몽의 대(臺)에 노닐며 고당(高唐)의 관(觀)을 구경하였다. 그 위에 운기(雲氣)가 있어 높이 올라가 갑자기 모양을 바꾸었는데 잠깐 사이에 변화무궁하였다. 임금이 옥(玉)에게 물었다. "이건 무슨 기(氣)인가?" 옥이 대답하였다. "이른바 조운(朝雲)이라는 것입니다." "어째서 조운이라는 거요?" "옛날 선왕(先王)께서 고당에 노셨는데 고단하셔서 낮잠을 주무셨습니다. 꿈에 한 부인이 나타나, 저는 무산의 여자인데 고당의 손이 되었습니다. 임금께서 납신다는 말을 듣고 잠자리를 모시고자 하옵니다 하고 말하였습니다. 임금님께선 잠자리를 함께하셨는데 떠나면서, 저는 무산의 남쪽 기슭 고구(高丘)의 산허리에 있는데, 아침엔 떠다니는 구름이 되고 저녁엔 비가 되어 내립니다. 아침이고 저녁이고 양대(陽臺) 아래 있습니다 하였습니다. 아침 저녁에 그곳을 보니 말과 같았습니다. 그리하여 묘(廟)를 세우고 조운이라 호(號)하였습니다." 하였다. 무산현 북쪽에 양운대(陽雲臺)의 유지(遺址)가 있다 한다. ○微茫(미망)-아득하고 희미한 것.

⑥ 衾(금)-이불. ○瑤席(요석)-옥돌로 장식된 자리.

⑦ 徒(도)-공연히. 소용없이. ○盈盈(영영)-아리따운 형용. 고시19수의 제2수에도 '영영루상녀(盈盈樓上女)'라 하였다.

⑧ 粲(찬)-고운 것. ○綺(기)-비단.

⑨ 荊門(형문)-호북성(湖北省) 의도현(宜都縣) 서북쪽 장강(長江)의 절험처에 있는 산 이름.

⑩ 歷歷(역력)−뚜렷한 모양. ○汎(범)−뜨다. ○巴水(파수)−사천성(四川省)
   파주(巴州)에 있는 강물 이름.
⑪ 潺湲(잔원)−물이 콸콸 흐르는 모양. ○壑(학)−골짜기.
⑫ 氳氛(온분)−기운이나 연기가 자욱한 모양.
⑬ 緬邈(면막)−아득하고 먼 것. 장원(長遠)의 뜻.
⑭ 夢綵雲(몽채운)−채색 구름을 꿈꾼다. 아침에는 구름이 된다는 무산의 신
   녀를 연상한 말일 것이다.

해설 무산의 그림을 그린 병풍 앞에 선풍(仙風)을 지닌 그의 친구 원단구
(元丹丘)가 앉아 있어 낭만적인 상상이 더욱 멋지게 전개된 듯하다. 장강
(長江)을 낀 절험(絶險)이 점철되는 무산의 그림 자체도 아름답지만, 이 산
과 함께 전해지는 초(楚)나라 양왕(襄王)과 신녀(神女) 사이의 전설이 더욱
선기(仙氣)를 짙게 한다. 송옥의 〈고당부(高唐賦)〉에 연유하여 후세까지도
'무산'이니 '운우(雲雨)'로써 남녀관계를 표현한다. 속세의 명리를 초월한 이
들도 이처럼 이해관계를 초월한 남녀관계는 동경의 대상이었을 게다.

삼오칠언(①三五七言)

이백(李白)

秋風淸, 秋月明한데,
　　(추풍청　추월명)
落葉聚還散이오, 寒②鴉栖復驚이라.
　　(낙엽취환산　한아서부경)
相思相見知何日고? 此日此夜③難爲情이라.
　　(상사상견지하일　차일차야난위정)

　　가을바람 맑고 가을달 밝은데,

낙엽은 모였다가 또 흩어지고,

쌀쌀한 까마귀는 깃들었다가 또 놀라 푸덕인다.

그립기만 한데 만날 날은 어느 날이 될런지?

허구한 이 날 이 밤은 정 가누기도 어렵구나!

(주해) ① 三五七言(삼오칠언) — '삼언(三言) · 오언(五言) · 칠언(七言)의 구절로
이루어진 시'라는 뜻.《이백시집(李白詩集)》권25에 들어 있다.

② 鴉(아) — 까마귀. ㅇ栖(서) — 깃들다.

③ 難爲情(난위정) — 정을 가누기 어렵다. 마음이 괴로워진다.

(해설) 달 밝은 가을밤, 떨어지는 나뭇잎을 보며 멀리 떠나간 임을 그리는
시이다. 구절의 장단에 변화가 있고, 시정이 또 그 형식과 잘 어울려 짧
기는 하지만 그리운 임을 멀리 둔 연인의 정이 아름답게 잘 그려져 있다.

양왕이 놀았다는 서하산의 맹씨의 도원에 올라
(^①登梁王栖霞山孟氏桃園中)

이백(李白)

碧草已滿地하고, **柳與梅爭春**이라.
　(벽초이만지　유여매쟁춘)

^②**謝公自有東山妓**하니, **金屛笑坐如花人**이라.
　(사공자유동산기　금병소좌여화인)

今日非昨日이오, **明日還復來**라.
　(금일비작일　명일환부래)

白髮對綠酒하니, ^③**强歌心已摧**라.
　(백발대록주　강가심이최)

君不見梁王池上月가? 昔照梁王樽酒中터니,
　(군불견량왕지상월　석조양왕준주중)

梁王已去明月在하여, ④黃鸝愁醉啼春風이라.
　(양왕이거명월재　황리수취제춘풍)

分明⑤感激眼前事하니, 莫惜醉臥桃園東하라.
　(분명감격안전사 막석취와도원동)

　파란 풀 이미 땅에 가득하고,

　버들과 매화가 봄을 다투네.

　옛날 진(晉)나라 사안석(謝安石)에겐 동산(東山)에 언제나 기녀
(妓女)가 있었으니,

　금병풍 앞에 웃으며 앉아 있는 모습 꽃과 같았네.

　그러나 오늘은 어제가 아니고,

　내일이 또다시 올 것일세.

　흰머리로 파란 술을 대하고서,

　억지로 노래 불러 보지만 마음은 벌써 무너지는 듯하네.

　그대는 양(梁) 효왕(孝王) 어원(御園)의 못 위에 비친 달을 보지
못했는가?

　옛날엔 양 효왕 술잔 속에 비추고 있더니,

　양 효왕은 이미 가버렸어도 밝은 달은 그대로 있어,

　꾀꼬리도 시름 속에 취하여 봄바람 속에 울고 있네.

　뚜렷이 눈앞에 무상한 인생을 보며 격정을 느끼고 있으니,

　취하여 도원(桃園) 동쪽에 눕는 것을 아끼지 말게나.

（주해）　① 登梁王栖霞山孟氏桃園中(등양왕서하산맹씨도원중)─양왕(梁王)이
　놀았다는 서하산(栖霞山)의 맹씨(孟氏)의 도원(桃園) 가운데 오르다. 양
　왕은 한(漢)나라 문제(文帝)의 차자(次子) 양(梁) 효왕(孝王) 무(武). 두
　태후(竇太后)가 그의 어머니이고 문제 12년(기원전 168)에 양왕이 되었

다. 시(諡)를 효왕이라 한다. 서하산은 산동성(山東省) 연주부(兗州府) 단현(單縣) 동쪽 4리에 있는 산 이름. 맹씨는 이름이 무엇인지 알 수 없다.《이태백시집》권20에는〈휴기등양왕서하산맹씨도원중(携妓登梁王棲霞山孟氏桃園中)〉이라 제하고 있다.

② 謝公(사공)－진(晉)나라 때의 명사(名士)로 이름은 안(安), 자는 안석(安石). 회계(會稽) 땅의 동산(東山)에 숨어 성색(聲色)으로 나날을 즐겼다. 동산은 지금의 절강성(浙江省) 임안현(臨安縣) 서쪽에 있다.

③ 强歌(강가)－억지로 노래하는 것. ○摧(최)－꺾다. 여기서는 가슴이 무너지는 것.

④ 黃鸝(황리)－꾀꼬리.

⑤ 感激(감격)－격정을 느끼는 것. ○眼前事(안전사)－눈앞에 보고 있는 무상한 인생사.

(해설) 이 시 이외에도 이백(李白)에겐〈양원음(梁園吟)〉이 있어 화려했던 양왕(梁王)의 생활도 지금은 자취도 없어졌다는 데서 인생의 무상함을 절감하는 노래를 읊고 있다. 또〈동산음(東山吟)〉이 있어 사안(謝安)의 기녀를 데리고 성색(聲色)을 즐기던 동산에도 고분(古墳)과 황초(荒草)만 우거져 있다는 감개를 노래하고 있다. 모두 속절없는 인생을 통탄한 비슷한 내용의 시다. 인생이 속절없대서 이백은 술을 마셨지만 술을 마셔도 인생은 여전히 속절없는 것이다.

귀한 분들이 들르심(①高軒過)

이하(李賀)

②華裾織翠青如葱하고, ③金環壓轡搖玲瓏이라.
　(화거직취청여총　금환압비요령롱)

馬蹄[4]隱耳聲隆隆하고, 入門下馬[5]氣如虹하니,
(마제은이성륭륭   입문하마기여홍)

云是東京才子文章[6]鉅公이라.
(운시동경재자문장거공)

[7]二十八宿羅心胸하니, [8]元精炯炯貫當中이라.
(이십팔수나심흉   원정형형관당중)

殿前作賦[9]聲摩空하니, [10]筆補造化天無功이라.
(전전작부성마공   필보조화천무공)

[11]厖眉書客感秋蓬하니, 誰知死草生[12]華風고?
(방미서객감추봉   수지사초생화풍)

我今[13]垂翅附冥鴻하니, 他日不羞[14]蛇作龍이라.
(아금수시부명홍   타일불수사작룡)

화려한 옷자락은 비취무늬로 짜서 푸르기 파와 같고,
금고리가 고삐에 묵직히 매달려 흔들리며 쟁그렁거리네.
말발굽은 귀에 울리도록 소리가 덜커덕덜커덕하고,
문에 들어와 말에서 내리니 높은 의기 무지개 같은데,
낙양의 이름있는 재자(才子)인 문장대가라고들 말하네.
28수(宿) 하늘의 모든 별이 가슴에 벌여 있고,
만물의 근원되는 정기가 번쩍번쩍 그 가운데를 꿰뚫고 있는 듯.
어전에서 부(賦)를 지어 명성이 하늘에 닿을 듯하고,
그 붓은 자연의 조화를 보충하여 하늘은 공로가 없는 듯 보이네.
눈썹이 희끗희끗한 서생은 가을 쑥대 같은 신세를 느끼고 있으니,
죽은 풀에도 꽃피울 바람이 불어올 줄이야 누가 알리?
나는 지금 나래 드리우고 있지만 하늘 높이 날 기러기이니,
뒷날 뱀이 용되듯 출세한대도 부끄럽지 않으리라.

주해   ① 高軒過(고헌과)─높은 수레가 찾아오다. 높은 수레는 귀한 신분의 사

람을 가리킴. ○軒(헌)-수레. ○過(과)-들리는 것.《이하가시편(李賀歌詩篇)》권4에 실려 있는데, 한유(韓愈)와 황보식(皇甫湜)이 지나다 이하에게 들렀었는데, 그때 지은 시라 한다. 한유와 황보식은 어린 이하가 지은 이 시를 보고 크게 탄복하였다 한다〔《太平廣記》권202 憐才〕.

② 華裾(화거)-화려한 옷자락. ○織翠(직취)-취색(翠色)으로 짜낸 것. ○葱(총)-파.

③ 金環(금환)-금으로 만든 고리. 말재갈 양편에 달려 고삐가 연결되어 있다. ○轡(비)-고삐. ○玲瓏(영롱)-구슬이 댕그렁거리는 모양. 또는 구슬이 반짝이는 모양.

④ 隱耳(은이)-귀에 은은히 들린다. '은이(殷耳)' 또는 '은은(隱隱)'으로 된 판본들도 있다. ○隆隆(융륭)-우레소리가 요란한 모양. 말이 달리는 요란한 소리.

⑤ 氣如虹(기여홍)-뛰어난 기상이 무지개처럼 드높고 곱게 보인다는 뜻.

⑥ 鉅公(거공)-대가(大家).

⑦ 二十八宿(이십팔수)-하늘에는 모두 28개의 성수(星宿)가 있다. 따라서 28수는 하늘의 모든 성좌를 가리킨다. ○羅(라)-벌이다. 나열의 뜻.

⑧ 元精(원정)-만물의 근원이 되는 정기(精氣). ○炯(형)-빛나다. ○貫(관)-꿰다.

⑨ 聲摩空(성마공)-명성은 창공(蒼空)을 어루만진다. 명성이 하늘에 닿는다는 뜻.

⑩ 筆(필)-문필. 문장. ○造化(조화)-우주자연의 창조와 변화. ○天無功(천무공)-하늘은 공로가 없는 듯하다. 하늘의 조화가 그의 문장 앞엔 무색하다는 뜻.

⑪ 厖眉(방미)-방(厖)은 잡(雜)의 뜻이 있어 방미(厖眉)는 '흑백의 모색(毛色)이 섞인 눈썹'. 늙었음을 뜻한다.《한무고사(漢武故事)》에 '안사(顔駟)는 어느 곳 사람인지 모른다. 한(漢) 문제(文帝) 때에 낭(郎)이 되었고, 무제(武帝)가 일찍이 수레를 타고 낭서(郎署)를 지나다 사(駟)의 방미(厖眉) 호발(皓髮 : 白髮)을 보고 물었다. "노인은 언제 낭이 되었소? 어찌 그렇게도 늙으셨소?" 그는 대답했다. "신은 문제 때 낭이 되어 삼세불우

(三世不遇)하여 낭서에서 늙었습니다.” 임금은 그를 뽑아 회계도위(會稽都尉)에 임명했다’ 하였다. 지금은 자기도 불우하지만 방미였던 안사처럼 출세할 날이 있을 것임을 뜻한다. ○蓬(봉)―다북쑥. 감추봉(感秋蓬)은 가을의 쑥대처럼 된 자신의 처지를 느낀다는 뜻.

⑫ 華風(화풍)―꽃을 피우는 봄바람. 화풍(華風)은 출세를 뜻한다.

⑬ 垂翅(수시)―날갯죽지를 드리우고 있다. 출세 못하고 하위(下位)에 있음을 뜻한다. 앞에 나온 두보(杜甫)의 〈증위좌승(贈韋左丞)〉 시에도 ‘청명각수시(靑冥却垂翅)’란 구절이 있다. ○附冥鴻(부명홍)―청명(靑冥)의 큰 기러기 같은 자질이 있다는 뜻. 《태평광기(太平廣記)》엔 ‘부명홍(負冥鴻)’이라 되어 있으니 ‘푸른 하늘의 큰 기러기처럼 뜻을 펴지 못하고 있다’는 뜻으로 보아도 좋다.

⑭ 蛇作龍(사작룡)―뱀이 용이 된다. 하위에 있던 자기가 출세함을 말한다.

[해설] 이 시는 《태평광기(太平廣記)》에 의하면 이하(李賀)의 소년시절 작품이다. 당대의 명사인 한유(韓愈)와 황보식(皇甫湜)이 자기 집에 왔을 때 읊은 시로 자기의 포부를 표명한 것이다. 젊은 사람인 그가 출세 못한 노서생에 자신을 비유하는 것같은 점은 재미가 있다.

유소사(①有所思)

노동(盧仝)

當時我醉美人家하니, 美人顔色②嬌如花라.
　　(당시아취미인가   미인안색교여화)

今日美人棄我去하니, ③靑樓④珠箔天之涯라.
　　(금일미인기아거   청루주박천지애)

⑤娟娟⑥姮娥月이, ⑦三五二八盈又缺이라.
　(연연항아월　삼오이팔영우결)

⑧翠眉⑨蟬鬢生別離하니, 一望不見心斷絶이라.
　(취미선빈생별리　일망불견심단절)

心斷絶, 幾千里오?
　(심단절　기천리)

夢中醉臥⑩巫山雲하니, 覺來淚滴⑪湘江水라.
　(몽중취와무산운　각래루적상강수)

湘江兩岸花木深하니, 美人不見愁人心이라.
　(상강양안화목심　미인불견수인심)

含愁更奏⑫綠綺琴하니, 調高絃絶無⑬知音이라.
　(함수갱주녹기금　조고현절무지음)

美人兮美人이여! 不知爲⑭暮雨兮爲朝雲이라.
　(미인혜미인　부지위모우혜위조운)

相思一夜梅花發하니, 忽到窓前疑是君이라.
　(상사일야매화발　홀도창전의시군)

　옛날에 내가 고운 임 집에서 술취했었는데,
　고운 임 얼굴 아리땁기 꽃과 같았네.
　오늘엔 고운 임 날 버리고 떠나서,
　구슬발 쳐진 임의 집은 하늘 저쪽 가처럼 되었네.
　아름다운 선녀가 산다는 달은,
　15일, 16일 지나며 찼다가는 이지러지기 거듭하는데,
　푸른 눈썹 검은 머리의 그 임과 생이별하여,
　바라보아도 보이지 않기만 하니 애간장 끊이네.
　애간장 끊이는데, 몇 천리나 떨어져 있는가?
　꿈속에 취해 누워 무산(巫山) 신녀(神女) 만난 듯 즐기다가,
　깨어나선 눈물을 상강(湘江) 물에 뿌리는데,

상강 양편 언덕엔 꽃나무만 무성하고,
고운 임 뵈지 않아 내 마음 시름겹네.
시름에 겨워 다시 임 울리던 거문고 타는데,
높은 가락으로 줄 끊어질 듯한데도 곡조 알아주는 이 없네!
고운 임이여, 고운 임이여!
무산 신녀처럼 저녁엔 비가 되고 아침엔 구름되어 날 생각하는가?
그리운 한밤 지나자 매화가 되어,
갑자기 창앞에 보이니 임 아닌가 여겨지네.

주해 ① 有所思(유소사)—한대(漢代) 악부인 요가(鐃歌) 18곡 중의 하나로, 멀리 떨어져 있는 임을 그리워하는 노래임. 《옥천자시집(玉川子詩集)》 권 2, 《당문수(唐文粹)》 권15 하 등에도 실려 있다.

② 嬌(교)—아리따움.

③ 靑樓(청루)—푸른 칠을 한 호가(豪家)의 누각. 또는 미인이 살고 있는 화려한 누각. 또 기원(妓院)을 청루(靑樓)라고도 불렀다.

④ 珠箔(주박)—구슬을 꿰어 만든 아름다운 발[簾].

⑤ 娟娟(연연)—예쁜 모양. 고운 모양.

⑥ 姮娥(항아)—항아(嫦娥)라고도 하며, 본시 옛 활의 명인인 예(羿)의 처였는데, 남편이 서왕모(西王母)에게서 얻은 불사약을 훔쳐 달로 도망해 선녀가 되었다 한다[《淮南子》覽冥訓].

⑦ 三五二八(삼오이팔)—‘삼오(三五)’는 만월인 15일, ‘이팔(二八)’은 달이 기울기 시작하는 16일을 뜻한다.

⑧ 翠眉(취미)—비취색 깃털처럼 아름다운 눈썹.

⑨ 蟬鬢(선빈)—매미 빛깔의 검은 머리. 취미(翠眉)와 함께 미인을 대표함.

⑩ 巫山(무산)—사천성(四川省) 무산현(巫山縣)에 있는 산 이름. 옛날 초(楚)나라 임금이 고당(高唐)에 놀러가 낮잠을 자다 꿈에 무산(巫山)의 신녀(神女)들과 말로 형언할 수 없는 재미를 보았다. 이들은 떠날 때 자기들은 무산 기슭에 ‘아침이면 구름이 되어 떠있다[朝雲] 저녁이면 비가 되

어 내리는[暮雨] 존재'라 말했다 한다[宋玉 〈高唐賦〉]. 이 뒤로 무산과
운우(雲雨)는 남녀관계를 상징하는 말로 흔히 쓰이게 되었다.

⑪ 湘江(상강)—호남성(湖南省)에 흐르는 강물 이름. 상수(湘水)라고도 하며
소수(瀟水)와 합쳐 동정호(洞庭湖)로 흘러든다. 옛날 순(舜)이 남쪽을 순
수(巡狩)하다 창오(蒼梧)에서 죽었는데, 그 부인 아황(娥皇)과 여영(女英)
은 남편을 기다리다 그곳에서 죽어 상수의 여신이 되었고, 이들이 흘린
눈물이 대나무에 떨어져 유명한 소상반죽(瀟湘斑竹)이 되었다 한다.

⑫ 綠綺琴(녹기금)—한(漢)대 사마상여(司馬相如)의 거문고 이름[傅玄 〈琴
賦〉 序]. 사마상여는 젊어서 성도(成都)의 부호 탁왕손(卓王孫)의 집 연
회에 가서 금(琴)의 연주로 과부가 된 탁씨의 외동딸 탁문군(卓文君)을
꾀어내어 도망친 일이 있다[《史記》 列傳].

⑬ 知音(지음)—음악을 이해해 주는 사람. 옛날 백아(伯牙)가 거문고를 타면
친구 종자기(鍾子期)는 그 소리를 듣고 타는 이의 뜻을 완전히 알았다. 종
자기가 죽자 백아는 거문고를 부숴버리고 다시는 타지 않았다 한다[《呂氏
春秋》 권14].

⑭ 暮雨(모우)—저녁비. 조운(朝雲)과 함께 앞의 주해 ⑩ 참조.

[해설] 멀리 떨어진 임을 그리는 시이다. 그러나 옛 중국 학자들은 모두 이
를 '멀리 숨어 나타나지 않는 나라를 위해 일할 현명한 사람을 생각하는
시'라 둘러대었다. 그러나 옛 한대(漢代)의 악부가 그러하듯 임 그리움을
노래하는 것으로 봄이 훨씬 자연스럽다.

가는 길이 험난함(①行路難)

장곡(②張轂)

③湘東行人長歎息하니, 十年離家歸未得이라.
　(상동행인장탄식　십년리가귀미득)

④敝裘羸馬苦難行이오, ⑤僮僕盡飢少筋力이라.
   (폐구리마고난행   동복진기소근력)

君不見⑥牀頭黃金盡이면, 壯士無顔色가?
   (군불견상두황금진   장사무안색)

龍⑦蟠泥中未有雲이면, 不能生彼昇天翼이라.
   (용반니중미유운   불능생피승천익)

상수(湘水) 동쪽을 가는 행인 긴 한숨 짓노니,
10년 집 떠난 채 돌아가지 못하고 있네.
해진 갖옷에 여윈 말이라 길 가기 어렵기만 하고,
하인들도 모두 굶주리어 근력이 거의 없네.
그대는 보지 못했는가, 머리맡에 황금 없어지면,
장사도 얼굴빛을 잃는다는 것을!
용도 진흙 속에 서려있은 채 구름 타지 못하면,
저 하늘에 오를 나래가 생길 수 없는 것일세.

주해   ① 行路難(행로난)—본시 한대(漢代)의 가요 이름. '가는 길이 험난하
   다'는 뜻으로 흔히 세로(世路)의 어려움과 이별비상(離別悲傷)의 뜻을 담
   는다.

② 張轂(장곡)—《악부시집(樂府詩集)》·《당문수(唐文粹)》 등에 의하면 장적(張
   籍, 768~830?) [뒤의 작자 약전 참조]이 옳은 듯하며, 이 시는 그의 《장
   사업시집(張司業詩集)》 권1에도 실려 있다.

③ 湘東(상동)—상수(湘水) 동쪽. 호남성(湖南省) 동부를 가리킴[앞 詩 주해
   ⑪ 참조].

④ 敝裘(폐구)—해진 갖옷. ㅇ羸馬(이마)—여윈 말. ㅇ苦(고)—여기선 '매우'
   의 뜻.

⑤ 僮僕(동복)—부리는 아이와 하인들. ㅇ筋力(근력)—몸의 힘. 체력.

⑥ 牀頭(상두)—침대머리. 머리맡.

⑦ 蟠(반) — 서리다.

(해설) 여기서는 집 떠난 지 오래된 나그네의 어려운 여행을 노래하며, 그 나그네를 은근히 때를 못만나 출세 못한 선비〔작자 자신?〕에 비유하고 있다. ‘머리맡에 황금이 없어진 장사’란 《전국책(戰國策)》권3에 보이는 전국시대 소진(蘇秦)이 처음에 진왕(秦王)에게 유세하다 실패했을 당시의 상황과 비슷하다. 뒤에 6국(國)의 상인(相印)을 한몸에 찬 소진에게 자신을 은근히 비유하고 있다고 봄이 옳을 것이다.

요월정(①邀月亭)

마존(馬存)

亭上②十分綠醑酒요, 盤中③一筯黃金鷄라.
　　(정상십분녹서주　반중일저황금계)

④滄溟東角邀姮娥하니, ⑤氷輪碾上青琉璃라.
　　(창명동각요항아　빙륜년상청류리)

天風洒掃浮雲沒하니, 千巖萬壑⑥瓊瑤窟이라.
　　(천풍쇄소부운몰　천암만학경요굴)

⑦桂花飛影入盞來하여, 傾下胸中照清骨이라.
　　(계화비영입잔래　경하흉중조청골)

⑧玉免擣藥與誰餐고? 且與豪客⑨留朱顏이라.
　　(옥토도약여수찬　차여호객유주안)

朱顏如可留면, 恩重如丘山이라.
　　(주안여가류　은중여구산)

爲君殺却⑩蝦蟆精이니, 腰間老劍⑪光芒寒이라.
　　(위군살각하마정　요간로검광망한)

擧酒勸明月하니, 聽我歌聲發하라.
　(거주권명월　청아가성발)

照見古人多少愁러니, 更與今人照離別이라.
　(조견고인다소수　갱여금인조리별)

⑫我曹自是高陽徒니, ⑬肯學群兒嘆圓缺가?
　(아조자시고양도　긍학군아탄원결)

정자 위엔 철철 넘치는 좋은 술 있고,

쟁반 속엔 한 덩이 황금닭 안주 있구나.

푸른 바다 동쪽 모퉁이에서 달을 맞으니,

얼음 바퀴가 돌며 파란 유리 위로 오르는 듯.

하늘에 부는 바람이 물뿌리고 쓸어가 뜬 구름도 사라지니,

많은 바위와 여러 골짜기가 옥동굴 속 같기만 하네.

달 속 계수나무 꽃은 빛을 날려 잔 속으로 들어와,

잔 기울여 가슴속으로 부으면 맑은 뼈까지 비추는 듯하네.

옥토끼는 약을 빻아 누구에게 먹이려는 것일까?

그걸 우리 호걸스런 사람들에게 주면 젊은 얼굴 오래 간직하련만,

젊은 얼굴 간직될 수만 있다면,

그 중한 은혜 산 언덕 같겠지.

그대 위해 월식(月蝕)을 생기게 한다는 두꺼비 요정 죽여버릴까,

허리에 찬 오래된 칼빛 싸늘하네.

술잔 들어 밝은 달에게 권하노니,

내 노랫소리 일거든 잘 들어다오.

옛사람들의 온갖 시름 비추어 보고도,

다시 지금 사람들의 이별하는 자리 비추고 있네.

우리들은 스스로 호쾌한 술꾼이라 자처하거늘,

아이들처럼 달이 찼다 기우는 것을 탄식하려들겠는가?

(주해) ① 邀月亭(요월정)—'달맞이 정자'의 뜻. 그 정자가 어디에 있었는지는 알 길이 없다.

② 十分(십분)—많은 것. 가득한 것. ○綠醑酒(녹서주)—녹색 빛이 나는 좋은 술 이름.

③ 一筯(일저)—저(筯)는 저(箸)로도 쓰며, 한 젓가락. 여기서는 한 덩어리를 가리킴.

④ 滄溟(창명)—푸른 넓은 바다. ○姮娥(항아)—달에 산다는 선녀 이름〔앞 盧仝의 〈有所思〉 시 주해 참조〕. 여기서는 달을 대표함.

⑤ 氷輪(빙륜)—얼음 수레바퀴. 맑은 달을 가리킴. ○碾上(연상)—수레바퀴가 땅에 마찰하면서 굴러 올라오는 것. ○靑琉璃(청유리)—파란 유리. 하늘을 가리킴.

⑥ 瓊瑤窟(경요굴)—경(瓊)과 요(瑤)는 옥돌 이름. 옥돌로 만든 땅굴.

⑦ 桂花(계화)—계수나무 꽃. 달 속에는 계수나무가 있다는 전설이 있다〔《酉陽雜俎》〕.

⑧ 玉兔擣藥(옥토도약)—옥토끼가 약을 빻다.

⑨ 留朱顔(유주안)—붉은 혈기 좋은 얼굴이 머물러 있게 한다. 늙지 않게 하는 것.

⑩ 蝦蟆精(하마정)—하마(蝦蟆)는 두꺼비. 두꺼비의 정(精)이 달을 갉아먹어 월식(月蝕)이 생긴다는 전설이 있다〔《事文類聚》前集 月部〕.

⑪ 光芒寒(광망한)—칼날 빛이 싸늘하다. 칼날이 예리하게 빛남을 형용한 말.

⑫ 我曹(아조)—우리들. ○高陽徒(고양도)—고양(高陽)은 하남성(河南省)의 옛 고을 이름. 그곳엔 호방한 술꾼들이 많아, 굉장한 술꾼을 가리키는 말로 쓰임〔《史記》酈食其傳〕.

⑬ 肯學(긍학)—배우려들겠는가? 흉내내려 하겠는가?

(해설) 달 아래 술 마시는 청일한 흥취를 노래한 시. 이백(李白)의 〈파주문월(把酒問月)〉 시를 생각케 하는데 작가인 마존(馬存, ?~1096)은 스스로 이백을 매우 흠모하던 사람이었다〔앞 권5 馬存 〈燕思亭〉 시 참조〕.

긴 회수의 노래(①長淮謠)

마존(馬存)

長淮之水靑如②苔하니, 行人但覺心眼開라.
　(장회지수청여태　행인단각심안개)

③湘江豈無水오?
　(상강기무수)

魚腹④忠魂埋니, 但見愁雲結雨猿聲哀라.
　(어복충혼매　단견수운결우원성애)

⑤浙江豈無水오?
　(절강기무수)

⑥鴟革漂胥骸니, 但見潮頭怒氣如山來라.
　(치혁표서해　단견조두로기여산래)

孤臣詞客到江上하여, 何以⑦寬心懷리오?
　(고신사객도강상　하이관심회)

長淮之水⑧遠楚流하고, 先生家住淮上頭라.
　(장회지수요초류　선생가주회상두)

⑨黃金萬斛浴明月하니, ⑩碧玉一片含淸秋라.
　(황금만곡욕명월　벽옥일편함청추)

⑪酒花入面歌一聲하니, 淮上百物無閑愁라.
　(주화입면가일성　회상백물무한수)

긴 회수의 물은 푸르기 이끼빛이니,
나그네는 다만 마음과 눈이 열려짐을 느끼네.
상강에도 어찌 물이야 없었겠는가?

물고기 배 속에 굴원(屈原)의 충성스런 혼 묻혔으니,

오직 시름 엉킨 구름에 빗물 서리고 원숭이 소리 슬픈 것만이 느껴졌던 게지.

절강에도 어찌 물이야 없었겠나?

말가죽 포대 속에 오자서(伍子胥)의 시체 담겨 떠다녔으니,

오직 파도치는 물결 위에 그의 노기가 산더미처럼 실려오는 것만이 보였던 게지.

외로이 밀려난 신하나 시인들은 이 강가에 와서,

무엇으로 그들의 심회를 풀어야 할까?

긴 회수의 물은 초나라를 감돌아 흐르고,

우리집은 바로 회수 가에 있는데,

황금빛으로 넘치는 물이 밝은 달 목욕시키니,

푸른 옥 같은 한 조각 하늘엔 맑은 가을 품고 있네.

술기운 꽃 피듯 얼굴에 물들자 노래 한 곡조 뽑으니,

회수 가의 모든 물건들이 공연한 시름 없애 주네.

주해 ① 長淮謠(장회요)―긴 회수(淮水)의 노래. 회수는 하남성(河南省) 동백산(桐柏山)에서 시작되어, 안휘(安徽)·강소(江蘇) 두 성(省)의 북부를 거쳐 동쪽으로 바다에 흘러들던 강물 이름. 몇 번 흐름이 바뀐 끝에 지금은 강소성 회음현(淮陰縣)에서 동쪽 바다로 흘러들고 있다.

② 苔(태)―이끼.

③ 湘江(상강)―앞 노동(盧仝)의 〈유소사(有所思)〉 시 주해 ⑪ 참조.

④ 忠魂埋(충혼매)―옛날 굴원(屈原)〔《楚辭》의 작자〕이 충신이면서도 쫓겨나 강남을 돌아다니다 상강(湘江)의 하류인 멱라수(汨羅水)에 투신 자살했던 것을 뜻함.

⑤ 浙江(절강)―절강(浙江)·곡강(曲江)·지강(之江) 등으로도 불렸으며, 북쪽의 신안강(新安江)과 남쪽의 난계(蘭溪)가 건덕현(建德縣) 근방에서 합쳐 북쪽으로 흐르는 것을 절강이라 한다. 동려현(桐廬縣)을 거쳐 동계(桐

溪)와 합쳐 동강(桐江)이라고도 부르고, 부양현(富陽縣)을 거치면서는 부춘강(富春江)이라고도 부르고, 소산현(蕭山縣)에선 전청강(錢淸江)이 합류되어 동북으로 흘러 항주(杭州) 동남쪽에 이르는데, 이를 전당강(錢塘江)이라고도 부른다. 그리고 다시 동북으로 흘러 바다에 들어가는데, 그곳의 해조(海潮)가 장관을 이룬다 한다. 절강성이란 성(省) 이름은 이 강물에 연유한다.

⑥ 鴟革(치혁)−치이혁(鴟夷革)이라고도 하며, 말가죽을 뜻한다. ○漂胥骸(표서해)−오자서(伍子胥)의 시체가 떠다니다. 오(吳)나라에 큰 공을 세운 오자서는 결국 참언으로 말미암아 오왕에게 죽음을 당하고, 말가죽에 시체를 담아 절강에 버려지는 신세가 된다〔《史記》 伍子胥傳〕.

⑦ 寬心懷(관심회)−심회를 넓히다. 심회를 풀다.

⑧ 遶(요)−감돌다. 둘리다.

⑨ 黃金萬斛(황금만곡)−1곡(斛)은 10두(斗). 달빛으로 황금빛이 된 큰 물을 가리킴.

⑩ 碧玉(벽옥)−푸른 옥. 하늘을 가리킴.

⑪ 酒花(주화)−술꽃. 술기운이 오르는 것을 가리킴.

[해설] 회수(淮水) 가에서 달 아래 술과 노래로 즐기는 뜻을 노래한 시. 상강(湘江)이나 절강(浙江)처럼 애절한 느낌없이 자연 속에 묻힐 수 있는 곳임을 강조하기 위하여 굴원(屈原)과 오자서(伍子胥)의 고사를 인용하고 있다.

초상화 그려준 하수재에게 드림(①贈寫眞何秀才)

소식(蘇軾)

君不見②潞州別駕眼如電가? 左手挂弓③橫捼箭이라.
　(군불견노주별가안여전　좌수괘궁횡연전)

又不見雪中騎驢④孟浩然가? ⑤皺眉吟詩肩聳山이라.
   (우불견설중기려맹호연　추미음시견용산)

饑寒富貴兩安在오? 空有遺像留人間이라.
   (기한부귀양안재　공유유상유인간)

此身常⑥擬同外物하여, 浮雲變化無⑦蹤跡이라.
   (차신상의동외물　부운변화무종적)

問君何苦寫我眞고하니, 君言好之⑧聊自適이라.
   (문군하고사아진　군언호지요자적)

⑨黃冠野服山家容이니, 意欲置我山巖中이라.
   (황관야복산가용　의욕치아산암중)

⑩勳名將相今何恨고? 往寫⑪襃公與鄂公하라.
   (훈명장상금하한　왕사포공여악공)

　그대는 보지 못했는가, 당(唐)나라 노주별가(潞州別駕) 벼슬했던
현종(玄宗)이 눈을 번개처럼 뜨고,
　왼손에 활 걸고 화살 옆으로 메우고 있는 초상화를?
　또 보지 못했는가, 눈 속에 나귀 탄 맹호연(孟浩然)이,
　눈썹 찌푸린 채 시 읊을 적에 마른 양 어깨 산처럼 솟아 있는 초
상화를?
　굶주리고 헐벗은 사람이나 부귀를 누린 사람이나 모두 어디에 있
는가?
　공연히 초상화 그리어 세상에 남겼을 따름이지.
　이 몸은 늘 밖의 만물과 동화(同化)하여,
　뜬 구름 변화하듯 종적이 없고자 하네.
　그대에게 어찌하여 내 초상을 그리려 하는가 물었을 제,
　그대는 그 짓이 좋아서 잠시 스스로 즐기는 것이라 말하였네.
　누런 관에 야인(野人)의 옷 입은 산골 사람 모습으로 그렸으니,

나를 산 바위 속에 두어 숨어살게 하려는 뜻인 듯.

공훈과 명성 세운 장수나 재상이야 지금 무엇을 한하겠나?

가서 포공(褒公) 단지현(段志玄)이나 악공(鄂公) 위지경덕(尉遲
敬德) 같은 이들 초상이나 그리게!

주해 ① 贈寫眞何秀才(증사진하수재)―초상화 그린 하수재(何秀才)에게 드림.
하수재는 이름이 충(充)이며 고소(姑蘇) 사람으로, 초상화의 명인(名人)
이었다[元 夏文彦 《圖繪寶鑑》]. 《분류동파시(分類東坡詩)》 권11 서화(書
畵) 상(上)에도 이 시가 실려 있음.

② 潞州別駕(노주별가)―노주는 지금의 산서성(山西省) 장치현(長治縣), 별
가는 주자사(州刺史)의 부관(副官). 당(唐) 현종(玄宗 : 李隆基, 713~755
재위)은 왕위에 오르기 전에 이 벼슬에 있었다.

③ 橫撚箭(횡연전)―옆으로 비껴 화살을 잡다. 여기에선 현종의 〈수렵도(狩
獵圖)〉를 가리킨 것임.

④ 孟浩然(맹호연)―689~740, 성당시대(盛唐時代)의 대표적인 자연시인.
왕유(王維)와 쌍벽을 이루었다. 여기의 초상은 그의 〈부명도중봉설(赴命
途中逢雪)〉 시를 주제로 한 것인 듯하다.

⑤ 皺(추)―주름지다. 추미(皺眉)는 눈썹을 찌푸리는 것. ○肩聳山(견용산)―
여위어 양 어깨가 산처럼 솟아 뵈는 것.

⑥ 擬(의)―~에 비기다. ~하고자 하다. ○同外物(동외물)―자기 밖의 모든
물건과 동화하다.

⑦ 蹤跡(종적)―발자취.

⑧ 聊自適(요자적)―잠시 스스로 즐기다.

⑨ 黃冠(황관)―누런 관. 《예기(禮記)》 교특생(郊特牲)에 '야부(野夫)는 황관
(黃冠)을 쓰다'라고 하였다. ○山家容(산가용)―산사람 모습. 시골 사람 모양.

⑩ 勳名將相(훈명장상)―나라에 큰 공훈을 세워 명성이 자자한 장수와 재상.

⑪ 褒公(포공)―당(唐) 태종(太宗) 때의 장수로 용명(勇名)을 떨친 단지현
(段志玄). 뒤에 포국공(褒國公)에 봉해졌다. ○鄂公(악공)―당 태종 때의
명장(名將) 위지경덕(尉遲敬德). 뒤에 악국공(鄂國公)에 봉해졌다. 당 태

종은 이 두 사람을 비롯한 공신 24인의 초상화를 그려 능연각(凌烟閣)에
모셨다.

해설   초상화에 대한 노래이면서도 거시적인 작자 소식(蘇軾)의 인생관이
잘 나타나 있다. 그리고 자기 초상화를 그려준 화가를 은근히 능연각(凌烟
閣) 초상을 그렸던 염립본(閻立本)에 비겨 고마운 뜻을 나타내고도 있다.

박박주([1]薄薄酒)

소식(蘇軾)

薄薄酒, [2]勝茶湯이오,
   (박박주   승다탕)

[3]粗粗布, 勝無裳하며, 醜妻惡妾勝空房이라.
   (조조포   승무상   추처악첩승공방)

[4]五更待漏靴滿霜이, 不如三伏日高睡足北窓凉이오.
   (오경대루화만상   불여삼복일고수족북창량)

[5]珠襦玉匣萬人祖送歸北邙이,
   (주유옥갑만인조송귀북망)

不如[6]懸鶉百結獨坐負朝陽이라.
   (불여현순백결독좌부조양)

生前富貴死後文章이나, 百年[7]瞬息萬世忙이라.
   (생전부귀사후문장   백년순식만세망)

[8]夷齊盜跖俱亡羊하니,
   (이제도척구망양)

不如眼前一醉是非憂樂都兩忘이라.
   (불여안전일취시비우락도량망)

맑고 맑은 술도 끓인 차보단 낫고,

거칠고 거친 마포(麻布)라도 치마없는 것보단 나으며,

추한 처와 악한 첩이라도 빈 방에 홀로 사는 것보단 낫다.

새벽에 조정에 나가 조회 시각 기다리노라면 신발에 서리 가득 차는 벼슬살이는,

한여름 해가 높이 치솟도록 충분히 자고 북창의 시원함 즐기는 야인(野人) 생활만 못하지.

옥으로 만든 옷 입혀 관 속에 넣어져 많은 사람 장송(葬送) 받으며 북망산으로 돌아가게 되는 것은,

너덜너덜하고 누덕누덕 기운 옷 입고 홀로 앉아 아침 햇빛 등에 받으며 사는 것만 못하지.

생전에 부귀 누리려 하고 사후엔 문장 남기려 하나,

백년도 눈 깜박하고 한 번 숨쉴 동안이고 만세도 바삐 지나가 버리는 거네.

어질다는 백이(伯夷) 숙제(叔齊)나 강도인 도척(盜跖)이 다같이 없어졌으니,

눈앞에 당장 한번 취하여 옳고 그름과 시름 즐거움을 모두 다 잊는 것만 못하지.

（주해） ① 薄薄酒(박박주)－맑고 맑은 술. 작자의 이 시 서문에 따르면 조명숙(趙明叔)이란 사람이 가난하면서도 술을 좋아해 취하면 '박박주승다탕(薄薄酒勝茶湯), 추추부승공방(醜醜婦勝空房)'이란 말을 입버릇처럼 했는데, 그럴싸하게 느껴져 악부체(樂府體)로 그 뜻을 살려 지었다 했다. 《분류동파시(分類東坡詩)》 권13에도 실려 있는데, 이것은 두 수 중의 전편이다.

② 勝茶湯(승다탕)－차 끓인 물보다 낫다.

③ 粗粗布(조조포)－거칠고 거친 마포(麻布).

④ 五更待漏(오경대루)－5경(更)은 새벽 시간, 대루(待漏)는 옛날 대신(大臣)들이 조회(朝會)에 참석하기 위하여 조정에 나와 조회 시간을 기다리

던 것을 뜻함. 당(唐)나라 때엔 대루원(待漏院)을 두어 새벽에 조신들이 모이도록 하기도 했었다. 누(漏)는 누각(漏刻)으로 물시계가 가리키는 시각을 뜻한다.

⑤ 珠襦玉匣(주유옥갑)―주유(珠襦)는 구슬을 황금 실로 엮어 만든 저고리, 옥갑(玉匣)은 옥조각을 황금실로 엮어 만든 하의(下衣)로 모두 시의(屍衣)이며, 갑옷 같은 형상이었다〔《漢書》董賢傳 顔師古 註〕. 최근 하남성 장사(長沙) 마왕퇴(馬王堆)에서 출토된 '금루옥의(金縷玉衣)' 같은 것인 듯하다. ○祖送(조송)―조(祖)는 길의 신〔道祖神〕에게 지내는 제사. 여기서는 장례 때 제사를 지내고 상여를 장지로 보냄을 뜻한다. ○北邙(북망)―하남성(河南省) 낙양현(洛陽縣) 동북쪽에 있는 산 이름. 동한(東漢) 이래로 당(唐)·송(宋)에 걸쳐 명신(名臣)들의 묘가 많았다. 때문에 후세에는 사람이 죽어 가는 곳을 대표하게 되었다.

⑥ 懸鶉(현순)―매달아놓은 메추라기. 옷이 해져 너절너절한 것에 비유한 말. 《순자(荀子)》 대략(大略)편에 '자하(子夏)는 가난해서 옷이 현순(懸鶉) 같았다'는 말이 보인다. ○百結(백결)―옷을 누덕누덕 기운 것.

⑦ 瞬息(순식)―한 번 눈 깜짝하고, 한 번 숨쉬는 동안.

⑧ 夷齊(이제)―백이(伯夷)와 숙제(叔齊). 은말(殷末) 고죽군(孤竹君)의 아들 형제. 임금 자리를 형제가 서로 사양했고, 다시 은(殷)이 망한 뒤에는 주(周)나라 곡식을 안먹겠다고 수양산(首陽山)에 숨어살다 굶어 죽었다 한다. 청렴고결(淸廉高潔)한 인물의 대표로 들고 있다. ○盜跖(도척)―춘추시대 진(秦)나라의 유명한 도둑 이름. ○俱亡羊(구망양)―모두가 양을 잃다. 《장자(莊子)》 변무(騈拇)편에 장(臧)과 각(殼) 두 사람이 양을 치다가, 장은 책 읽는 데 정신이 팔렸고, 각은 노름에 정신이 팔려 모두 양을 잃었다는 얘기를 하며, 이것은 백이와 도척이 서로 한 일은 다르지만 모두 사람의 본성(本性)을 해쳐 삶을 망친 점에서는 같다는 결론에 비유하고 있다.

[해설] 어려운 세상에선 맑은 술이라도 마시고 지저분한 일은 잊고 사는 게 상책이라는 것이다. 이는 도연명(陶淵明)의 시정(詩情)을 계승한 것

이다. 표현에 있어서도 도연명의 〈화유채상(和劉柴桑)〉 시의 '약녀수비남(弱女雖非男), 위정양승무(慰情良勝無)', 〈영빈사(詠貧士)〉 시의 '처려세운모(淒厲歲云暮), 옹갈폭전헌(擁褐曝前軒)', 〈의고(擬古)〉 시의 '상여환북망(相與還北邙)', 〈오류선생전(五柳先生傳)〉의 '단갈천결(短褐穿結)' 등 비슷한 표현이 많으니, 소식이 그에게 얼마나 경도되었나를 알 수 있다.

나와 같은 해 진사가 된 어잠령의 야옹정

(①於潛令丁同年野翁亭)

소식(蘇軾)

②山翁不出山하고, 溪翁長在溪라.
　　(산옹불출산　계옹장재계)

不如野翁來往溪山間하여, 上友③麋鹿下鳧鷖라.
　　(불여야옹내왕계산간　상우미록하부예)

問翁何所樂하여, 三年不去④煩推擠오?
　　(문옹하소락　삼년불거번추제)

翁言此間亦有樂하니, 非⑤絲非竹非蛾眉라.
　　(옹언차간역유락　비사비죽비아미)

山人醉後⑥鐵冠落하고, 溪女笑時⑦銀櫛低라.
　　(산인취후철관락　계녀소시은즐저)

我來觀政問風謠하니, 皆云⑧吠犬足生氂라.
　　(아래관정문풍요　개운폐견족생리)

但恐此翁一旦捨此去하여, 長使山人⑨索寞溪女啼라.
　　(단공차옹일단사차거　장사산인삭막계녀제)

산옹(山翁)은 산을 나가지 않고,

계옹(溪翁)은 늘 골짜기에 있으나,

야옹(野翁)이 골짜기와 산 사이를 내왕하면서,

위로는 고라니·사슴 벗하고 아래로는 오리·갈매기 벗함만은 못

하지.

야옹에게 묻노니 즐기는 게 무엇이길래,

3년 넘어도 떠나지 않아 번거로이 밀쳐내도록 만드는가?

야옹 말하기를 이곳에도 즐거움이 있는데,

현악기도 아니요 관악기도 아니며 아름다운 여자도 아니라네.

산사람은 취한 뒤엔 철관(鐵冠)을 떨어뜨리기도 하고,

골짜기 여인은 웃을 때면 머리의 은빗이 흘러내릴 정도라네.

내 여기 와 정적(政績)을 살피고 민요에 대하여 물으니,

모두 말하기를 짖는 개도 뛰어다닐 일 없어 발 밑에 긴 털 자랐단다.

오직 걱정은 이 야옹이 어느 날이건 이곳 버리고 떠나면,

오래도록 산사람 쓸쓸해하고 골짜기 여인 울게 할 것일세.

주해 ① 於潛令刁同年野翁亭(어잠령조동년야옹정)—어잠(於潛)은 절강성(浙江
省) 항주부(杭州府)에 있던 현 이름, 영(令)은 현령, 조(刁)는 그곳 현령
이었던 조숙(刁璹), 동년(同年)은 나이가 같은 사람 또는 같은 해에 과거
에 급제한 사람을 가리킴. 야옹정(野翁亭)은 현령이 세운 정자 이름. 실제
로는 정자보다도 그것을 세운 현령의 사람됨을 칭송하고 있다.

② 山翁(산옹)—산에 사는 영감. 따라서 계옹(溪翁)은 산골짜기에 사는 영감.
《분류동파시(分類東坡詩)》 권9에도 실려 있다.

③ 麋(미)—고라니. ○鹿(록)—사슴. ○鳧(부)—오리. ○鷖(예)—갈매기.

④ 煩推擠(번추제)—번거로이 밀어 옮기다. 애써 딴 고을로 전임시켜야만 한다.

⑤ 絲(사)—현(絃). 현악기. 금(琴) 같은 것. ○竹(죽)—관악기. 적(笛) 같은 것.
○蛾眉(아미)—나방 눈썹. 나방의 촉수같이 가늘고 예쁜 눈썹. 미녀를 대표함.

⑥ 鐵冠(철관)—법관(法冠). 철로 관주(冠柱)를 만들었기 때문에 그렇게 부

르며, 도사들이 흔히 썼다.

⑦ 銀櫛(은즐)-은으로 만든 머리빗. 어잠(於潛) 지방 여자들은 흔히 은으로 만든 한 자 길이의 큰 빗을 머리에 꽂았다 한다[本文 註].

⑧ 吠(폐)-짖다. ○足生氂(족생리)-'이(氂)'는 긴 잡털. 옛날 잠희(岑熙)가 위군태수(魏郡太守)가 되어 정치를 잘하여 무사태평(無事太平)했으므로 개도 놀라 뛰어다닐 일이 없어 발아래 긴 잡털이 났었다 한다[《後漢書》 列傳].

⑨ 索寞(삭막)-외롭고 쓸쓸한 것. 적막한 것.

(해설) 이 시는 야옹정(野翁亭)을 세운 현령 조씨(刁氏)의 소탈한 성품과 깨끗한 다스림을 칭송한 것이다. 소식(蘇軾)은 39세 때 항주도판(杭州 道判)으로 있다 밀주지사(密州知事)로 옮겨앉으며, 어잠현(於潛縣)에 들러 이 시를 지었는데, 이와 함께 〈녹균헌(綠筠軒)〉[권2에 보임], 〈어잠녀 (於潛女)〉 두 시도 지었다.

태항로(①太行路)

백거이(白居易)

太行之路能②摧車나, 若此君心是③坦途요.
　　(태항지로능최거　약차군심시탄도)

④巫峽之水能覆舟나, 若比君心是安流라.
　　(무협지수능복주　약비군심시안류)

君心⑤好惡苦不常하여, ⑥好生毛髮惡生瘡이라.
　　(군심호오고불상　호생모발오생창)

與君⑦結髮未五載에, 豈期⑧牛女爲參商고?
　　(여군결발미오재　기기우녀위삼상)

古稱⑨色衰相棄背라도, 當時美人猶怨悔어든,
  (고칭색쇠상기배 당시미인유원회)

何況如今⑩鸞鏡中에, 妾顏未改君心改오?
  (하황여금란경 첩안미개군심개)

爲君⑪熏衣裳이나, 君聞⑫蘭麝不馨香이오,
  (위군훈의상 군문란사불형향)

爲君盛⑬容飾이나, 君看⑭珠翠無顏色이라.
  (위군성용식 군간주취무안색)

行路難은 難⑮重陳하니, 人生莫作婦人身하라.
  (행로난 난중진 인생막작부인신)

百年苦樂由他人이라.
  (백년고락유타인)

行路難은 難於山險於水하니, 不獨人間夫與妻요.
  (행로난 난어산험어수 부독인간부여처)

近代君臣亦如此라.
  (근대군신역여차)

君不見左⑯納言右納史아? 朝承恩暮賜死라.
  (군불견좌납언우납사 조승은모사사)

行路難이 不在水不在山하고, ⑰祇在人情反覆間이라.
  (행로난 부재수부재산 지재인정반복간)

  태항산의 길은 수레 부숴뜨릴 정도로 험하다고 하나,
  만약 임의 마음에 비긴다면 평탄한 길인 셈이오.
  무협(巫峽)의 물은 배를 뒤엎을 정도로 세차게 흐른다 하나,
  만약 임의 마음에 비긴다면 평온한 흐름인 셈이네.
  임의 마음은 좋아하고 싫어함이 매우 일정치 않아서,
  좋아할 적에는 머리털을 나게 하지만 싫어할 적에는 종기를 나게
한다네.

522   고문진보 전집(前集)

임과 결혼한 지 5년도 되지 못했는데,
견우 직녀 같은 사이가 영영 못만나는 삼성(參星)과 상성(商星)처럼 될 줄 어이 알았으리?
옛날에 말하기를 얼굴빛 시들면 버림받고 등지게 된다 하여,
전날의 미인들은 원망하고 후회하였거늘,
하물며 지금 난새 새겨진 거울 가운데 비치는,
내 얼굴빛 변하지도 않았는데 임의 마음 변한 것을 어이하리?
임 위해 옷에 향기 쐬어 주어도,
임은 난향(蘭香)과 사향(麝香) 냄새 맡고도 향기롭지 않다 하고,
임 위해 치장을 성대히 해도,
임은 진주와 비취를 보고도 좋아하는 빛 없네.
가는 길 험난함은 거듭 얘기하기도 어려우니,
사람으로 태어날 제 여자 몸이 되지 마라!
백년의 고생과 즐거움이 딴 사람에게 달려 있게 된다네.
가는 길 험난함은 산보다 험난하고 물보다 험악하니,
세상의 부부 사이만이 그런 게 아니다.
근래의 임금과 신하 사이도 그러하다네.
그대는 보지 못하는가, 왼편의 대신 납언(納言)과 오른편의 대신 내사(內史)가,
아침에는 은총을 받다가 저녁에는 죽음이 내려지는 것을?
가는 길의 험난함은 물 때문이 아니고 산 때문도 아니고,
오직 사람의 정이 제쳐졌다 뒤엎어졌다 하는 때문이라네.

주해 ① 太行路(태항로)—태항산(太行山)의 길. 태항산은 하남성(河南省) 제원현(濟源縣)에서 시작하여 북쪽 산서성(山西省)까지 뻗어, 동북쪽으로 진성(晉城)·평순(平順)·노성(潞城)·석양(昔陽) 등 현(縣)을 거쳐 다시 하남성으로 들어와 휘현(輝縣)·무안(武安) 등 현을 거쳐 하북성(河北省)

정형현(井陘縣)·획록현(獲鹿縣)에까지 뻗친 산을 가리킴. 지금의 태악산맥(太岳山脈)의 지부(支阜)이며, 그 일부가 태항산맥이다. 이 시는《백씨장경집(白氏長慶集)》권3 신악부(新樂府) 50수 중의 제10수임.

② 摧車(최거)—수레를 부숴뜨리다.

③ 坦途(탄도)—평탄한 길.

④ 巫峽(무협)—장강(長江) 상류인 사천성(四川省)의 급류로 유명한 삼협(三峽) 중의 하나. 삼협은 무협(巫峽)과 명월협(明月峽)·광택협(廣澤峽)임. ○覆舟(복주)—배를 뒤엎다.

⑤ 好惡(호오)—좋아하는 것과 싫어하는 것. ○苦不常(고불상)—매우 일정치 않은 것. 고(苦)는 강조를 나타냄.

⑥ 好生毛髮(호생모발)—좋아하여 머리털을 나게 하다. 무슨 뜻인지 분명치 않으나 ‘싫어하여 종기를 나게 한다’는 반대 뜻일 것이니 몸을 아름답게, 또는 튼튼하게 해준다는 뜻일 것이다. 한(漢) 장형(張衡)은〈서경부(西京賦)〉[《文選》]에서 ‘소호생모우(所好生毛羽), 소오생창유(所惡生瘡痏)’라 하였는데 같은 뜻이다. 이선주(李善註)에서 ‘모우(毛羽)는 비양(飛揚)의 뜻’이라 했는데, 역시 적합한 해석은 못된다. ○瘡(창)—종기. 부스럼.

⑦ 結髮(결발)—남녀가 결혼을 할 때 댕기머리를 틀어올려 쪽을 찌는 것. 뒤에 결혼을 대신하는 말로도 쓰이게 되었다.

⑧ 牛女(우녀)—견우(牽牛)와 직녀(織女). 칠석 때 만나는 두 별로, 다정한 남녀를 뜻한다. ○參商(삼상)—삼성(參星)과 상성(商星). 서쪽에 삼성이 나타날 적에는 동쪽의 상성이 들어가고, 반대로 상성이 나타날 적에는 삼성이 들어가, 영영 서로 못 만나는 사이를 상징한다.

⑨ 色衰(색쇠)—얼굴빛이 시들다. 미색이 쇠하다. ○棄背(기배)—버리고 등지다.

⑩ 鸞鏡(난경)—봉황의 일종인 난새가 조각된 거울. 옛날 거울에는 뒷면에 흔히 난새가 조각되어 있다.

⑪ 熏(훈)—향을 피워 향내를 쐬는 것.

⑫ 蘭麝(난사)—난향(蘭香)과 사향(麝香). ○馨香(형향)—향내가 나다. 향기롭다.

⑬ 容飾(용식)-화장하고 치장하는 것.

⑭ 珠翠(주취)-진주와 비취. 또는 구슬과 비취새 깃장식.

⑮ 重陳(중진)-거듭 진술하다. 거듭 말하다.

⑯ 納言(납언)-옛날 벼슬 이름. 임금에게 신하들의 의견을 전하는 한편 임금의 조명을 내리는 일을 관장했음〔《書經》舜典〕. ○納史(납사)-《주례(周禮)》에 내사(內史)·외사(外史)·좌사(左史)·우사(右史)는 있으나 납사란 말은 아무 데에도 보이지 않는다. 내사의 잘못인 듯. 내사는 임금의 정령(政令)과 조칙 등을 쓰던 궁중서기관이었다.

⑰ 秪(지)-다만. 오직. 지(只)와 같음. ○反覆(반복)-젖혀졌다 뒤엎어졌다 하는 것.

해설   부부 사이의 갈등과 어려움을 노래하면서, 결론을 임금과 신하의 관계로 유도하고 있다. 백거이(白居易, 772~846)는 정치를 풍자하여 올바른 길을 깨우쳐주려는 뜻에서 '신악부'라는 여러 수의 사회시를 썼다.

칠덕무(①七德舞)

백거이(白居易)

七德舞七德歌는, 傳自②武德至元和라.
　(칠덕무칠덕가　전자무덕지원화)

元和③小臣白居易는,
　(원화소신백거이)

觀舞聽歌知樂意하여, 曲終④稽首陳其事라.
　(관무청가지악의　곡종계수진기사)

⑤太宗十八擧義兵하여, ⑥白旄黃鉞定兩京이라.
　(태종십팔거의병　백모황월정양경)

[7]擒充戮竇四海淸하니, 二十有四功業成이오,
　　(금충륙두사해청　이십유사공업성)

二十有九卽帝位하고, 三十有五致太平이라.
　　(이십유구즉제위　삼십유오치태평)

功成[8]理定何神速고? 速在[9]推心置人腹이라.
　　(공성리정하신속　속재추심치인복)

亡卒遺骸[10]散帛收하고, 飢人賣子[11]分金贖이라.
　　(망졸유해산백수　기인매자분금속)

[12]魏徵夢見天子泣하고, [13]張謹哀聞辰日哭이라.
　　(위징몽견천자읍　장근애문진일곡)

[14]怨女三千放出宮하고, 死囚四百[15]來歸獄이라.
　　(원녀삼천방출궁　사수사백내귀옥)

[16]剪鬚燒藥賜功臣하니, [17]李勣嗚咽思殺身이라.
　　(전수소약사공신　이적오열사살신)

[18]含血吮瘡撫戰士하니, [19]思摩奮呼乞效死라.
　　(함혈연창무전사　사마분호걸효사)

則知不獨善戰善[20]乘時요, 以心感人人心歸라.
　　(즉지부독선전선승시　이심감인인심귀)

爾來一百九十載에, 天下至今歌舞之라.
　　(이래일백구십재　천하지금가무지)

歌七德舞七德하니, [21]聖人有作垂無極이라.
　　(가칠덕무칠덕　성인유작수무극)

豈徒[22]耀神武며, 豈徒[23]誇聖文이리오?
　　(기도요신무 기도과성문)

太宗意在[24]陳王業이니, 王業艱難示子孫이라.
　　(태종의재진왕업　왕업간난시자손)

　　칠덕무와 칠덕가는,

고조(高祖)의 무덕(武德) 연간부터 전하여져 지금의 원화(元和) 연간에 이르렀네.

원화 연간의 작은 신하인 백거이는,

그 춤을 보고 노래를 듣고서 음악의 뜻 알게 되어,

곡 끝나자 머리 조아리고 그 일을 진술하네.

태종(太宗)께선 18세 때에 의로운 군사 일으키어,

흰 쇠꼬리 깃발과 황금 도끼 들고서 장안(長安)과 낙양(洛陽) 평정하셨네.

왕세충(王世充) 사로잡고 두건덕(竇建德)을 잡아죽여 온 세상 깨끗해지니,

24세에는 나라 평정하는 일 완성시켰고,

29세에는 황제 자리에 오르셨고,

35세에는 태평성대 이룩하셨네.

공업(功業)의 완성과 다스림의 안정이 얼마나 신속했던고?

그 신속함은 자기 진심을 미루어 남의 뱃속에 넣어주셨기 때문이네.

죽은 병졸들의 유해는 비단을 나누어 주며 거둬 주었고,

굶주린 사람이 자식을 팔자 황금을 나눠 주어 되찾게 하셨네.

재상 위징(魏徵)이 병나자 문병을 하시고 꿈에 그를 만난 뒤 죽자 천자의 몸으로 통곡을 하셨고,

장공근(張公謹)이 죽었다는 통지가 있자 진일(辰日)에도 통곡하셨다네.

원망에 찬 궁녀 3천 명을 놓아주어 궁전에서 내보냈고,

사형수 4백 명을 집으로 돌려보냈으되 형기(刑期)에는 모두 옥으로 돌아왔었네.

공신 이적(李勣)이 병이 나자 자신의 수염 잘라 태워 약을 만들어 내려주니,

이적은 흐느끼며 몸을 바쳐 은혜에 보답할 것을 다짐하였네.

전쟁터에선 이사마(李思摩)란 장수의 상처 피를 빨아주고 군사들을 위로하니,

이사마는 감격에 흥분하여 소리치며 죽음으로 보답할 것을 맹세하였네.

그러니 오직 전쟁을 잘하고 시기를 잘 탔을 뿐만이 아니라,

진심으로 사람들 감동시켜 사람들의 마음이 따라주었음을 알게 되네.

그 뒤로 190년,

온 천하는 지금까지 그 일을 노래하고 춤추고 있네.

칠덕을 노래하고 칠덕을 춤추는데,

성인께서 지으신 것이라 영원토록 드리워 전하는 것일세.

어찌 다만 귀신 같은 무위(武威)만을 빛내고,

어찌 다만 성인 같은 문덕(文德)만을 뽐내려 함이겠는가?

태종(太宗)의 뜻은 왕업을 진술함에 있는 것이니,

왕업의 어렵고 힘듦을 자손들에게 보여주시려는 것일세.

주해   ① 七德舞(칠덕무)—일곱 가지 덕을 기리는 춤. 당 태종 이세민(李世民)이 진왕(秦王)이었을 때 유무주(劉武周)를 쳐부수고 〈진왕파진악(秦王破陣樂)〉을 지어 연회 때마다 이를 연주하였는데 정관(貞觀) 7년(633)에 신하들로 하여금 가사를 다시 짓게 하고 칠덕무라 불렀다[《唐書》禮樂志]. 이 시는 《백씨장경집(白氏長慶集)》 권3에 실린 신악부 50수 중의 하나로, 작가 스스로 제하(題下)에 '난을 다스리고 왕업을 편 것을 찬미함'이라 자서(自序)하고 있다.

② 武德(무덕)—당 고조(高祖) 이연(李淵)의 연호(618~626). ○元和(원화)—당 헌종(憲宗) 이순(李純)의 연호(806~820). 작자 백거이가 살고 있던 시기.

③ 小臣(소신)—작은 신하. 당 태종의 업적을 노래하기 때문에 자기를 낮추어 부른 것임.

④ 稽首(계수)—머리를 땅에 조아리다. 돈수(頓首)라고도 함.

⑤ 太宗十八(태종십팔)-태종이 18세 때. 이연(李淵)은 수공제(隋恭帝)의 의녕(義寧) 원년, 이세민(李世民)이 18세 때 당왕(唐王)이라 자칭하고 황제가 되었다.

⑥ 白旄(백모)-흰 쇠꼬리를 깃대 위에 매단 것. 군의 지휘권을 상징했다. ○黃鉞(황월)-황금 도끼.《서경(書經)》목서(牧誓)에는 주무왕(周武王)이 은(殷)나라 주왕(紂王)을 칠 때 '왼손으로는 황금 도끼를 짚고 오른손으론 흰 쇠꼬리 깃발을 들고 지휘했다' 하였다. ○兩京(양경)-서경(西京) 장안(長安)과 동경(東京) 낙양(洛陽)의 두 서울.

⑦ 擒充戮竇(금충륙두)-왕세충(王世充)을 사로잡고 두건덕(竇建德)을 잡아 죽이다. 왕세충은 수(隋)의 장수였으나 모반하여 공제(恭帝)를 잡아가두고 정나라 황제라 자칭했다. 두건덕도 요동(遼東) 정벌의 장수노릇을 하다 모반하여 스스로 하왕(夏王)이 되었다. 무덕(武德) 2년에 왕세충이 공제를 폐세(廢世)하자 진왕(秦王)이었던 이세민이 그를 쳤는데, 왕세충의 요청으로 두건덕이 30만 대군을 이끌고 구원하러 왔었다. 진왕은 이들을 모두 쳐부수고 사로잡아 장안으로 끌고와 참하였다[《新唐書》列傳].

⑧ 理定(이정)-다스림이 안정되다. 정치가 안정되다.

⑨ 推心置人腹(추심치인복)-자기의 진심을 밀어다가 사람들 뱃속에 넣어 놓다. 곧 진심으로 사람들을 감동시켜 성심으로 따르게 하는 것.

⑩ 散帛收(산백수)-비단을 나누어 주면서 거두어 장사지내게 하다[죽은 병졸들의 버려진 유해를].

⑪ 分金贖(분금속)-금을 나누어 주어 되찾아오게 하였다[팔았던 자식들을].

⑫ 魏徵(위징)-자는 현성(玄成). 당 태종 때에 상서우승(尙書右丞) 겸 간대부(諫大夫)란 벼슬을 지냈다. 뒤에 그가 병이 나자 친히 문병까지 하였고, 그날 밤에는 태종이 꿈에 위징을 만났는데, 다음날 아침 그가 죽자 태종은 통곡을 하였다 한다[本書 註,《新唐書》列傳].

⑬ 張謹(장근)-장공근(張公謹), 자는 홍신(弘愼). 공로로 좌무후장군(左武侯將軍)이 되고 정원군공(定遠郡公)에 봉해졌다 다시 추국후(鄒國侯)로 봉해졌으며, 양주(襄州)의 도독이 되어 곧은 정치로 명성을 날렸다. 49세에 죽었다. ○辰日哭(진일곡)-장공근(張公謹)이 죽자 마침 진일(辰日)이

라 곁의 사람들이 옛부터 진일에는 곡하지 않는 법이라고 말렸으나, 태종
은 임금이 신하가 죽었는데 어떻게 진일이라고 곡을 안할 수가 있겠느냐
고 하면서 곡을 하였다 한다.

⑭ 怨女(원녀)―궁녀들을 가리킴. 궁녀들은 외로이 궁중에 갇혀 사는 것을
원망하는 이가 많았으므로 그렇게 표현함. 태종은 즉위하자마자(627) 궁
녀 3천여명을 돌려보내 주었다.

⑮ 來歸獄(내귀옥)―와서 옥으로 돌아가다. 태종 6년(632)에 왕은 사형수
390명을 놓아주어 집으로 돌아가 있도록 하였는데, 다음해 가을 형기가
되자 모두 스스로 돌아와 옥으로 들어갔다. 태종은 그들의 신의를 가상
히 여기어 모두 죄를 사면하여 주었다.

⑯ 剪鬚燒藥(전수소약)―당나라 공신인 이적(李勣)이 갑자기 병이 났을 때
의원이 사람의 수염을 태워 그 재를 약으로 써야겠다고 하자, 바로 태종
은 자기 수염을 잘라 태워 약으로 쓰게 하였다 한다〔《新唐書》列傳〕.

⑰ 李勣(이적)―본시 수말(隋末)에 도적의 무리에 가담했었으나 무덕(武德)
2년에 당나라로 귀순하여 많은 공을 세워, 태종이 이씨 성을 내렸고 여주
총관(黎州總官)에 명하고 내국공(萊國公)에 봉하였다. 뒤에 더 많은 공을
세워 병주대도독부(幷州大都督府) 장사(長史)가 되었고, 고종(高宗) 때에
는 동중서문하(同中書門下)가 되어 기밀을 참장(參掌)하였으며, 86세
(669)에 죽었다〔《新唐書》列傳〕.

⑱ 含血吮瘡(함혈연창)―피를 입에 물고 상처를 빨다. 정관(貞觀) 18년(644)
태종이 고구려를 정벌할 때 우위대장군(右衛大將軍) 이사마(李思摩)가
독시(毒矢)에 맞자 태종이 직접 상처에 입을 대고 피와 함께 독기를 빨아
내었다. 이 말을 듣고 전 장병들이 감격의 눈물을 흘렸다 한다. ○撫戰士
(무전사)―전사들을 위로하고 달래다.

⑲ 思摩(사마)―이사마(李思摩). 본시 돌궐족(突厥族) 사람. 당 고조(高祖)
때 귀순하여 태종 때에 회화군왕(懷化郡王)에 봉해졌다. 그 뒤에 고구려
정벌에 따라나섰다〔《唐書》突厥傳〕. ○乞效死(걸효사)―죽음으로 보답할
수 있게 해달라고 청원하다. 죽음으로 보답할 것을 맹세하다.

⑳ 乘時(승시)―시기를 타다. 때를 잘 이용하다.

㉑ 聖人有作(성인유작)－성인께서 지으심 있어. 태종이 칠덕무(七德舞)를 만
든 것을 뜻함. ○垂無極(수무극)－무궁하게 드리워지게 하다. 영원히 전하
여져 본받게 하다.

㉒ 耀神武(요신무)－귀신 같은 무위를 빛내다. 귀신 같은 무재(武才)를 과시
하다.

㉓ 誇聖文(과성문)－성인 같은 문덕(文德)을 뽐내다.

㉔ 陳王業(진왕업)－왕업을 진술하다. 왕이 올바로 나라 다스리는 일에 대하여
말하다.

해설   칠덕무(七德舞)는 태종이 지은 당(唐) 제국의 위업을 상징하는 가무
이다. 작자 백거이(白居易)도 이 가무에 감동되어 태종의 위대한 업적을
노래하며, 조국 당나라의 무궁한 발전을 기리고 있는 것이다.

마애비 뒤에 부침(①磨崖碑後)

장뢰(張耒)

②玉環妖血無人掃하고, ③漁陽馬厭長安草라.
　　(옥환요혈무인소　어양마염장안초)

④潼關戰骨高於山하고, 萬里君王⑤蜀中老라.
　　(동관전골고어산　만리군왕촉중로)

⑥金戈鐵馬從西來하니, ⑦郭公凜凜英雄才라.
　　(금과철마종서래　곽공름름영웅재)

擧旗爲風⑧偃爲雨하니, ⑨洒掃九廟無塵埃라.
　　(거기위풍언위우　쇄소구묘무진애)

元功高名誰與紀오? ⑩風雅不繼騷人死라.
　　(원공고명수여기　풍아불계소인사)

⑪水部胸中星斗文이오, ⑫太師筆下龍蛇字라.
(수부흉중성두문   태사필하룡사자)

天遣⑬二子傳將來하니, 高山十丈⑭磨蒼崖라.
(천견이자전장래   고산십장마창애)

誰持此碑入我室고? 使我一見⑮昏眸開라.
(수지차비입아실   사아일견혼모개)

⑯百年廢興增歎慨하니, 當時⑰數子今安在오?
(백년폐흥증탄개   당시수자금안재)

君不見荒凉⑱浯水棄不收아? 時有遊人打碑賣라.
(군불견황량오수기불수   시유유인타비매)

양귀비(楊貴妃)의 요사스런 피는 쓸어 깨끗이 하는 사람 없고,
안녹산(安祿山) 부대의 말들은 장안(長安)의 풀을 실컷 먹었네.
동관(潼關) 지방엔 싸우다 죽은 사람 뼈가 산보다 높이 쌓였고,
만리 피난길 떠난 임금은 촉(蜀) 땅에서 늙었네.
황금창 들고 쇠갑옷 입힌 말탄 군사 서쪽으로부터 왔으니,
곽자의(郭子儀) 장군의 늠름한 영웅 재질로 이끄는 군대였네.
깃발을 들면 바람 일고 깃발 누이면 비 내리어,
마침내 온 궁묘(宮廟)를 깨끗이 물 뿌리고 쓸어 티끌없이 안정시켰네.
그 으뜸가는 공로와 높은 명성 누가 기록해야 하는가?
《시경(詩經)》을 지은 사람들도 없어졌고 《초사(楚辭)》를 지은 사람도 죽어 버린 것을!
수부랑(水部郎) 원결(元結)의 가슴속에는 별자리와 북두칠성 무늬 같은 글재주 있고,
태자태사(太子太師) 안진경(顔眞卿)의 붓 아래엔 용이나 뱀처럼 살아있는 듯한 글씨 이루어졌네.
하느님이 이 두 분 보내어 일을 기록하여 전하도록 하셔서,

높은 산의 열 길 높이 푸른 절벽 갈고서 이를 새기게 되었었네.

누가 이 비문(碑文) 탁본(拓本)을 갖고 내 방에 왔던고?

나는 한번 보자 어둡던 눈이 열려지는 듯하였네.

그 뒤 수백년의 흥망을 보고는 거듭 한숨만 짓노니,

옛날의 그분들은 지금 어디에 있는가?

그대는 보지 못하는가, 황량한 오수(浯水)의 흐름은 거둬들여지지는 않고 버려지고만 있는 것을?

가끔 놀러다니는 사람 중에 비문을 탁본하여 팔아먹는 사람만이 있다네.

주해 ① 磨崖碑後(마애비후)—마애비(磨崖碑) 뒤에 부침. 마애비는 호남성(湖南省) 기양현(祁陽縣) 서남쪽에 있는 오계(浯溪)〔북으로 흘러 湘水로 들어감〕가의 절벽 바위를 갈고, 당(唐)대의 원결(元結)이 지어 새겨놓은 〈대당중흥송(大唐中興頌)〉〔《고문진보》後集 참조〕을 가리킨다.《장우사문집(張右史文集)》권8에는 〈독중흥송비(讀中興頌碑)〉라는 제하에 이 시가 실려 있다. 앞 권5에는 작자 장뢰(張耒, 1054~1114)의 친구인 황정견(黃庭堅)이 지은 〈제마애비(題磨崖碑)〉란 시가 있다. 황정견의 시와 혼동하여 제목이 이렇게 된 듯도 하며, 다시 첫머리에 제(題) 또는 서(書)자가 하나 더 붙는 게 옳을 듯하다.

② 玉環(옥환)—당(唐) 현종(玄宗)의 비(妃) 양귀비(楊貴妃)의 어렸을 적 이름. 본시 현종의 아들 수왕(壽王)의 비로 책정했으나 현종이 미모에 혹하여 차지해 총애를 하였음. 안녹산(安祿山)이 난을 일으키자 현종은 양귀비를 데리고 촉(蜀) 땅으로 피난을 떠났는데 마외파(馬嵬坡)에 이르러 군인들이 나라를 망친 근본을 없애야 한다고 주장하여, 그의 사촌오빠 양국충(楊國忠)과 함께 죽음을 당했음. 임금을 미혹시키어 나라의 정치를 어지럽혔다 하여 그의 피를 '요혈(妖血 : 요사스런 피)'이라 표현한 것임. 그가 죽은 뒤 시체는 그대로 버려져 '그의 피를 쓸어 깨끗이 하는 사람 없다'고 표현한 것임.

③ 漁陽馬(어양마)—안녹산 군대의 말. 어양(漁陽)은 하북성(河北省) 계현

(薊縣)·평곡현(平谷縣) 일대의 땅. 안녹산은 평로(平盧)·범양(范陽)·하동(河東) 삼진(三鎭)의 절도사였는데, 어양은 범양에 속하는 땅이며, 현종의 천보(天寶) 14년(755)에 그곳을 중심으로 10여만의 군사로써 반란을 일으켰다. ○厭(염)─실컷 먹다. 반군이 장안을 유린한 것을 뜻함.

④ 潼關(동관)─섬서성(陝西省) 화음현(華陰縣)에 있는 관문. 안녹산이 난을 일으켜 천하를 휩쓸 기세로 낙양(洛陽)까지 점령하자 고려(高麗) 출신 고선지(高仙芝)는 봉상청(封常淸)과 함께 동관에서 반군을 막아 장안은 한때 무사했다. 그러나 환관 변영성(邊令誠)의 참언으로 이들이 죽음을 당하고, 대신 가서한(哥舒翰)이 20만의 대군을 모아 싸우다가 동관에서 크게 패했다(756).

⑤ 蜀中老(촉중로)─촉 땅 가운데서 늙다. 촉은 지금의 사천성 지방. 현종은 멀리 촉의 성도(成都)로 피란와서 임금자리도 내놓고 근심 때문에 늙은 세월을 보냈다.

⑥ 金戈鐵馬(금과철마)─금으로 장식한 창을 들고 쇠갑옷을 입힌 말. 무위를 갖춘 군대를 뜻함.

⑦ 郭公(곽공)─당나라 곽자의(郭子儀) 장군. 현종에서 덕종(德宗)에 이르는 4대의 임금을 섬겼고, 안녹산의 난을 평정한 공으로 분양왕(汾陽王)이 되었다. ○凜凜(늠름)─남에게 경외를 느끼게 하는 모양.

⑧ 偃(언)─누이다.

⑨ 洒掃九廟(쇄소구묘)─구묘(九廟)를 물 뿌리고 쓸어내듯 청정케 하다. 구묘는 천자의 궁전 안에 있는 아홉 개의 묘당으로, 온 조정과 나라 안을 상징한다.

⑩ 風雅不繼(풍아불계)─《시경》의 국풍(國風)·소아(小雅)·대아(大雅)를 지은 시인들이 계승되지 않다. 그런 시인들이 없어지다. ○騷人(소인)─《초사(楚辭)》의 이소(離騷)를 지은 굴원(屈原) 같은 작가.

⑪ 水部(수부)─원결(元結)이 지낸 벼슬 이름. 진량구혁(津梁溝洫)과 주즙조운(舟楫漕運)의 일을 관장했다. ○星斗文(성두문)─하늘의 별자리와 북두칠성처럼 찬란한 문조(文藻). 〈대당중흥송(大唐中興頌)〉을 지은 글재주를 가리킴.

⑫ 太師(태사)—당나라의 명필 안진경(顔眞卿)은 태자태사(太子太師) 벼슬을 지냈으므로, 그를 이른다. 〈대당중흥송〉은 절벽 바위에 안진경이 글씨를 써서 새긴 것이다. ○龍蛇字(용사자)—용이나 뱀처럼 살아 움직이는 듯한 글씨.

⑬ 二子(이자)—원결(元結)과 안진경(顔眞卿).

⑭ 磨蒼崖(마창애)—푸른 절벽을 갈다. 절벽을 다듬고 〈대당중흥송〉을 새긴 것을 뜻함.

⑮ 昏眸開(혼모개)—어두운 눈동자가 열리다. 눈이 환히 트이다.

⑯ 百年廢興(백년폐흥)—당(唐) 이후 수백년 동안 나라가 망하고 흥한 역사. ○增歎慨(증탄개)—거듭 한숨짓게 하다. 탄식을 더하게 하다.

⑰ 數子(수자)—곽자의·원결·안진경 같은 사람들.

⑱ 浯水(오수)—오계(浯溪)의 물. 〈대당중흥송〉은 오수 가 절벽에 새겨졌다.

(해설) 원결(元結)은 〈대당중흥송(大唐中興頌)〉을 다음과 같은 구절로 끝맺고 있다.

　'상강(湘江)의 동서쪽, 오계(浯溪)의 한가운데에, 바위 절벽 하늘로 솟아 있어, 갈 수도 있고 조각할 수도 있는데, 이 송문(頌文)을 새겼으니, 몇 천만년 가리라.'

그러나 이미 작자 장뢰(張耒)의 시대에 와서는 '황량한 오수(浯水)의 물은 거둬들여지지는 않고 버려지기만 하고, 가끔 놀러다니는 사람 중에 비문을 탁본하여 팔아먹는 사람만이 있게 되었다'는 상황이 된 것이다. 당(唐)을 중흥시킨 곽자의(郭子儀) 장군의 공훈도, 이를 노래한 원결(元結)의 명문도, 이를 쓴 천하의 명필 안진경(顔眞卿)의 글씨도 높다란 바위 위에 크게 새겨놓아도 시간의 흐름 앞에는 영원할 수 없다는 것이다.

술을 권하며 이별을 아쉬워 함(①勸酒惜別)

장영(張詠)

春日②遲遲輾空碧하고, 綠楊紅杏描春色이라.
　　(춘일지지전공벽　녹양홍행묘춘색)

人生年少不再來니, 莫把靑春③枉拋擲하라.
　　(인생년소부재래　막파청춘왕포척)

思之不可令人驚이니, 中有萬恨千愁④幷이라.
　　(사지불가영인경　중유만한천수병)

今日就花始⑤暢飮하니, 坐中行客⑥酸離情이라.
　　(금일취화시창음　좌중행객산리정)

我欲爲君舞長劍이나, 劍歌⑦苦悲人苦厭이라.
　　(아욕위군무장검　검가고비인고염)

我欲爲君彈⑧瑤琴하나, ⑨淳風死去無回心이라.
　　(아욕위군탄요금　순풍사거무회심)

不如轉海爲飮花爲⑩幄이니, ⑪赢取靑春片時樂이라.
　　(불여전해위음화위악　영취청춘편시락)

明朝⑫疋馬嘶春風하면, 洛陽花發⑬臙脂紅이라.
　　(명조필마시춘풍　낙양화발연지홍)

車馳馬走⑭狂似沸하고, 家家帳幕臨晴空이라.
　　(거치마주광사비　가가장막림청공)

天子聖明君正少하니, 勿恨功名苦不早하라.
　　(천자성명군정소　물한공명고부조)

富貴有時來니, ⑮偸閑强歡笑하고,
　　(부귀유시래　투한강환소)

莫與離憂⑯買生老하라.
（막여리우매생로）

봄 해 더디게 하늘의 푸르름 속을 굴러가고,
파란 버들가지와 빨간 살구꽃은 봄빛 그려내네.
인간의 젊은 나이 다시 오지 않는 법이니,
한 봄 헛되이 내버리지 말아라.
그런 것 생각하고 사람들을 놀라게 하여도 안될 것이니,
마음속에는 만의 한과 천의 시름이 함께 있기 때문이네.
오늘 꽃 찾아가 비로소 마음껏 술 마시는데,
좌중에 떠나갈 손님 있어 이별의 정으로 마음 시큰해지네.
내 그대 위해 긴 칼 춤추고자 하나,
칼노래 매우 슬퍼 사람들 몹시 거북할 듯하네.
내 그대 위해 옥 장식한 거문고를 타고자 하나,
순박한 가락 죽어 버려 돌이킬 마음 없네.
차라리 바다를 돌려 술삼아 마시며 꽃을 장막삼고,
한 봄을 손에 잡고 잠깐 동안이라도 즐김이 좋으리라.
내일 아침 말 타고 봄바람 속에 울부짖으며 달려가면,
낙양에 꽃 피어 연짓빛으로 붉으리라.
수레 달리고 말 뛰고 하며 소란스럽기 물끓듯하고,
집집마다 장막이 맑은 하늘 향해 쳐져 있으리라.
천자께선 성인답고 명철하신데 그대는 마침 젊으니,
공명 빨리 이루지 못함을 조바심하며 한하지 말아라.
부귀는 찾아오는 때가 있는 것이니,
한가한 때 찾아 억지로라도 즐기고 웃고 하고,
이별의 시름 때문에 거저 늙는 짓 하지 말게나.

주해 ① 勸酒惜別(권주석별)−술을 권하며 이별을 애석히 여김. 작자인 북송(北宋) 장영(張詠, 946~1015. 자는 復之)의 《괴애시초(乖崖詩鈔)》[《宋詩鈔》]에도 실려 있음.

② 遲遲(지지)−더디게 움직이는 모양. ○輾空碧(전공벽)−하늘의 푸르름 속을 굴러가다.

③ 枉抛擲(왕포척)−헛되이 내던지다. 공연히 내버리다.

④ 幷(병)−어울려 있다. 함께 있다.

⑤ 暢飮(창음)−통쾌하게 술을 마시다. 마음껏 마시다.

⑥ 酸離情(산리정)−이별의 정으로 시큰둥해지다. 이별의 정 때문에 슬퍼지다.

⑦ 苦(고)−매우.

⑧ 瑤琴(요금)−옥으로 장식한 금.

⑨ 淳風(순풍)−순박한 가락. 풍(風)은 가락 또는 노래의 뜻. 당(唐)나라 사람 이순풍(李淳風)으로 보는 이도 있으나, 그는 거문고와 관계없는 인물이니 잘못일 것임.

⑩ 幄(악)−장막. 텐트

⑪ 贏取(영취)−손에 넣다.

⑫ 疋馬(필마)−한 필의 말. 떠나갈 사람이 타고 갈 말을 가리킴. ○嘶(시)−말이 울다.

⑬ 臙脂(연지)−여자들이 얼굴에 바르던 붉은색 화장품.

⑭ 狂似沸(광사비)−광란이 물끓듯하다. 혼란이 물끓는 것 같다.

⑮ 偸閑(투한)−바쁜 중에도 한가한 시간을 내는 것.

⑯ 買生老(매생로)−사서 생짜로 늙게 하다. 거저 늙는 짓을 하다.

해설 세상의 걱정 근심이나 입신출세 같은 것에 너무 얽매이지 말고 되도록 술 마시며 즐겨야 한다는 게 이 시의 주제이다. 제목에는 '석별(惜別)'이란 말이 붙어 있지만 이별 자체를 아쉬워하는 뜻은 별로 두드러지지 않는다.

고의([1]古意)

석관휴(釋貫休)

常思李太白이, 仙筆[2]驅造化라.
　(상사이태백　선필구조화)

玄宗致之[3]七寶牀하니, 虎殿龍樓[4]無不可라.
　(현종치지칠보상　호전용루무불가)

一朝[5]力士脫靴後에, [6]玉上靑蠅生一箇라.
　(일조력사탈화후　옥상청승생일개)

[7]紫皇案前五色麟이, 忽然[8]掣斷黃金鎖라.
　(자황안전오색린　홀연체단황금쇄)

[9]五湖大浪如銀山한데, 滿船載酒[10]槌鼓過라.
　(오호대낭여은산　만선재주추고과)

[11]賀老成異物하니, [12]顚狂誰敢和오?
　(하로성이물　전광수감화)

寧知[13]江邊墳이, 不是猶醉臥를?
　(영지강변분　불시유취와)

늘 생각컨대 이태백은,
신선 같은 필치로 조화를 부렸지.
현종이 그에게 칠보로 장식된 걸상을 권했는데,
호랑이 조각 있는 궁전하며 용 새긴 누각도 그에겐 어울리지 않을
것이 없었지.
어느 날 고역사(高力士)로 하여금 신발을 벗기게 한 뒤로는,
그의 원한으로 구슬 위에 쉬파리 한 마리 앉은 꼴 되었지.

하느님 책상 앞에 매여 있던 오색의 기린(麒麟)이,

갑자기 황금 쇠사슬 끊고 달아나듯 그는 조정을 떠났었네.

여러 호수의 큰 물결은 은산(銀山)처럼 사나운데,

배 가득히 술 싣고 북 두드리며 지났다네.

그의 친구 하지장(賀知章)도 죽어버렸으니,

그의 광기(狂氣) 누가 감히 화해 주리?

어찌 알랴, 강가 그의 무덤이,

취하여 누운 거와 같지 않다는 것을?

주해 ① 古意(고의)−옛마음. 옛날을 생각함. 관휴(貫休, 832~912)의 《선월집(禪月集)》권2에는 고의(古意) 9수 중 제8수로 〈상사이백(常思李白)〉이란 제하(題下)에 이 시가 들어 있다.

② 驅造化(구조화)−조화를 부리다. 조물주의 창조 같은 변화 많은 것을 창작해 내다.

③ 七寶牀(칠보상)−칠보로 장식한 걸상. 현종(玄宗)이 이백(李白)의 문명(文名)을 듣고 그를 불렀을 때 칠보로 장식된 걸상을 권하고, 음식도 친히 권하였다 한다[李陽冰 《太白集》序].

④ 無不可(무불가)−안될 것이 없다. 모두 다 잘 어울리는 풍채였다는 뜻.

⑤ 力士(역사)−고역사(高力士). 당(唐)나라 환관(宦官)으로 현종의 총애로 표기대장군(驃騎大將軍)이란 벼슬까지 받았었다. 이백은 현종 앞에서 술에 취하자 고역사를 불러 자기 신을 벗기도록 명하였다. 고역사가 이 원한으로 이백을 양귀비(楊貴妃)에게 모함하여 결국 그는 조정에서 쫓겨나게 된다[《新唐書》 李白傳].

⑥ 玉上靑蠅(옥상청승)−구슬 위에 앉은 쉬파리. 결백한 사람을 참해하는 간신에 비유한 말. 여기서는 고역사의 모함을 뜻함.

⑦ 紫皇(자황)−하느님. 천제(天帝). 하늘엔 자미원(紫微垣)이 있고 그 별자리 가운데에 하느님 자리가 있다고 해서 자황이라고도 부름. ○五色麟(오색린)−오색의 털을 지닌 기린. 여기서는 이백에 비김.

⑧ 掣斷(체단)―잡아 끊다. ㅇ鎖(쇄)―쇠사슬.

⑨ 五湖(오호)―남쪽의 다섯 개의 큰 호수. 태호(太湖)와 그 근처 네 호수를 가리킨다는 이도 있다.

⑩ 槌鼓(추고)―북을 치다. 북을 두드리다.

⑪ 賀老(하로)―이백의 친구 하지장(賀知章). 그는 이백을 처음 만나자마자 적선인(謫仙人 : 귀양온 신선)이라 불렀다 한다[앞 권1, 李白의 〈對酒憶賀監〉 시 참조]. ㅇ成異物(성이물)―다른 물건이 되다. 죽은 것을 뜻함.

⑫ 顚狂(전광)―멋대로 광기(狂氣)를 부리는 것.

⑬ 江邊墳(강변분)―강가의 무덤. 이백은 채석기(采石磯)에서 뱃놀이하다 술에 취하여 물속의 달을 건지려다 물에 빠져 죽었다고도 한다. 따라서 그의 무덤은 채석강 가에 있다 한다[本書 註].

 세상일에 초탈하여 시를 쓰고 달과 술을 사랑하며 멋대로 산 이백을 흠모하는 작자의 정이 잘 드러나 있는 시다. 작자의 〈고의(古意)〉 제7수는 〈상사사령운(常思謝靈運)〉이다. 관휴(貫休)는 중으로서 이백과 함께 진(晉)・송(宋)대의 산수시인(山水詩人) 사령운(謝靈運)을 몹시 좋아했던 듯하다.

촉도난(①蜀道難)

이백(李白)

②噫噓戱, 危乎高哉여,
　　(희허희　위호고재)

蜀道之難은, 難於上靑天이라.
　　(촉도지난　난어상청천)

③蠶叢及魚鳧는, 開國何④茫然고?
　(잠총급어부　개국하망연)

爾來四萬八千歲에, 不與⑤秦塞通人烟이라.
　(이래사만팔천세　불여진새통인연)

西當⑥太白有鳥道하니, 可以橫絶⑦峨嵋巓이라.
　(서당태백유조도　가이횡절아미전)

⑧地崩山摧壯士死하니, 然後⑨天梯石棧相勾連이라.
　(지붕산최장사사　연후천제석잔상구련)

上有⑩六龍回日之高標하고, 下有⑪衝波逆折之回川이라.
　(상유육룡회일지고표　하유충파역절지회천)

⑫黃鶴之飛尚不能過요, ⑬猿猱欲度愁攀緣이라.
　(황학지비상불능과　원노욕도수반연)

⑭靑泥何盤盤고? 百步九折⑮縈巖巒이라.
　(청니하반반　백보구절영암만)

⑯捫參歷井仰脅息하고, 以手⑰拊膺坐長歎이라.
　(문삼력정앙협식　이수부응좌장탄)

問君西遊何時還고? 畏途⑱巉巖不可攀이오.
　(문군서유하시환　외도참암불가반)

但見悲鳥號古木하고, 雄飛從雌⑲遠林間하여,
　(단견비조호고목　웅비종자요림간)

又聞⑳子規啼夜月愁空山이라.
　(우문자규제야월수공산)

蜀道之難은 難於上靑天하니,
　(촉도지난　난어상청천)

使人聽此㉑凋朱顔이라.
　(사인청차조주안)

連峯去天不盈尺이오, 枯松㉒倒掛倚絶壁이라.
　(연봉거천불영척　고송도괘의절벽)

[23]飛湍瀑流爭喧豗요, [24]砯崖轉石萬壑雷라.
　　(비단폭류쟁훤회　빙애전석만학뢰)

其險也如此하니, 嗟爾遠道之人이여,
　　(기험야여차　차이원도지인)

[25]胡爲乎來哉오?
　　(호위호래재)

[26]劍閣崢嶸而崔嵬하여, 一夫當關萬夫莫開니,
　　(검각쟁영이최외　일부당관만부막개)

所守或匪親이면, 化爲[27]狼與豺라.
　　(소수혹비친　화위랑여시)

朝避猛虎요, 夕避長蛇니,
　　(조피맹호　석피장사)

[28]磨牙吮血하고, 殺人如麻라.
　　(마아연혈　살인여마)

[29]錦城雖云樂이나, 不如早還家라.
　　(금성수운락　불여조환가)

蜀道之難은 難於上靑天하니,
　　(촉도지난　난어상청천)

[30]側身西望長咨嗟라.
　　(측신서망장자차)

　　아아, 참 위험하고도 높도다,
　　촉(蜀)으로 통하는 길의 험난함은,
　　푸른 하늘에 오르는 것보다도 어렵도다!
　　잠총과 어부 같은 임금이,
　　이 땅에 나라를 연 게 얼마나 아득한 옛날이었던가?
　　그 뒤로 4만 8천년,

진(秦)나라 요새와도 사람들의 왕래가 없었다.

서쪽으로 태백산(太白山) 향하여 새나 다닐 길이 나 있어서,

아미산(峨嵋山) 꼭대기를 가로지를 수 있게 되어 있다.

이 길 내느라 땅 무너지고 산 부서져서 많은 장사들이 죽었는데,

그러고 나서야 공중에 걸친 사다리와 바위 쪼아 만든 길로 서로 이어지게 된 거라네.

위로는 해를 끄는 여섯 마리 용도 돌아가야 하는 높은 표적 같은 봉우리 있고,

아래로는 물결이 부딪치어 거꾸로 굽이치는 꾸불꾸불한 냇물이 있네.

황학(黃鶴)이 난다 해도 넘어갈 수가 없고,

원숭이들이 건너려 하더라도 부여잡고 의지할 것을 걱정하리라.

청니령(靑泥嶺)은 어찌나 꾸불꾸불한지,

백 발자국에 아홉 번 꺾이며 바위 뿌리 감돌아야 하니,

삼성(參星)을 만지고 정성(井星)을 스쳐가며 우러러 숨을 죽이고,

손으로 가슴을 치며 앉아서 긴 한숨 뿜게 되네.

그대에게 묻노니, 서쪽 촉(蜀) 땅엘 갔다가 언제 돌아오겠는가?

두려운 길과 높은 바위는 부여잡을 곳도 없네.

다만 슬픈 새들 고목에서 울고,

수컷이 날면 암컷 뒤좇으며 숲 사이를 맴도는 게 보이고,

또 두견새 밤달 보고 울며 텅 빈 산 걱정하는 소리만이 들리네.

촉으로 통하는 길의 험난함은,

푸른 하늘에 오르는 것보다도 어려우니,

사람들은 이런 말 들으면 혈기 좋은 붉은 얼굴 시들게 되네.

연이은 봉우리들은 하늘과의 거리가 한 자도 못될 듯하고,

말라 죽은 소나무 넘어져 절벽에 걸쳐 있네.

날아 떨어지는 여울물과 사나운 흐름은 시끄럽게 울리고,

절벽에 부딪치고 돌을 굴리는 물은 여러 골짜기에 우레소리만 같네.

그 험난함이 이와 같거늘,

아아, 그대 먼 길을 온 사람이여!

무엇 때문에 여길 왔는가?

검각(劍閣) 우뚝우뚝 높이 솟아 있어,

한 사람이 관문(關門) 막으면 만 사람으로도 열 수가 없으니,

그곳 지키는 사람이 친한 이가 아니라면,

이리나 승냥이 같은 존재가 되어 버리네.

아침이면 사나운 호랑이 피해야 하고 저녁이면 긴 뱀 피해야만 하니,

이를 갈며 피를 빨고,

사람 죽이기를 삼대 쓰러뜨리듯 하기 때문이네.

성도(成都) 비록 즐겁다지만,

일찍이 집으로 돌아감만 못할 걸세.

촉으로 통하는 길의 험난함은,

푸른 하늘에 오르는 것보다도 어려우니,

몸을 기울이며 서쪽 바라보고 긴 한숨 짓게 되네.

주해　① 蜀道難(촉도난) ─ 장안(長安)에서 촉(蜀)으로 가는 길의 험난함. 촉은 지금의 사천성(四川省) 지방. 이는 옛 악부의 제명(題名)이며, 앞에 나온 〈행로난(行路難)〉, 〈태항로(太行路)〉와 비슷한 성질의 노래로서, 촉도(蜀道)의 험난함을 노래하면서 세로(世路)와 인심의 험난함도 아울러 풍자하는 게 보통이다. 촉군(蜀郡)의 절도사 엄무(嚴武)의 횡포가 심하여 그곳에 살던 시인 방관(房琯)과 두보(杜甫)가 위해를 받을까 하여 이 시를 지은 것이라고도 한다〔《新唐書》〕. 《이태백시(李太白詩)》 권3 악부 중에도 들어있다.

② 噫嘘嚱(희허희) ─ 감탄사, 특히 촉(蜀)에서 많이 쓰는 감탄사라 한다.

③ 蠶叢及魚鳧(잠총급어부) ─ 잠총과 어부. 모두 촉나라를 연 임금의 이름〔揚雄, 《蜀國本紀》〕. 잠총의 아들이 어부라고도 한다〔《成都記》〕.

④ 茫然(망연)―아득한 모양. 시대가 오래된 모양.

⑤ 秦塞(진새)―진나라 요새. 곧 장안으로 가는 길목에 있는 진나라 변경의
  요새. ○人烟(인연)―인호(人戶)와 연화(烟火). 사람들과 그들의 생활.

⑥ 太白(태백)―산 이름. 태일산(太一山)·태을산(太乙山)·종남산(終南山)
  으로도 불리우며, 섬서성 미현(郿縣) 남쪽에 있는 진령산맥(秦嶺山脈)의
  최고봉. 1년 내내 흰눈을 이고 있어 태백이란 이름이 생겨났다. ○鳥道
  (조도)―새나 다닐 수 있을 듯한 높고 험한 곳에 가늘게 나있는 길.

⑦ 峨嵋(아미)―산 이름. 사천성 아미현(峨眉縣) 서남쪽에 있으며, 두 봉우리
  가 나란히 고운 눈썹 모양으로 솟아 있어 붙여진 이름[앞 권4 〈峨眉山月
  歌〉 참조].

⑧ 地崩山摧(지붕산최)―땅이 무너지고 산이 허물어지다. 촉왕본기(蜀王本
  紀)에 '하느님이 촉왕(蜀王)을 위하여 산을 옮길 만한 다섯 명의 역사(力
  士)를 낳게 해주었다. 진왕(秦王)이 촉왕에게 미녀를 바치자, 다섯 역사를
  보내어 미녀를 데려오도록 하였다. 도중에 큰 뱀을 만났는데 산 동굴 속
  으로 도망하여 역사들이 함께 뱀꼬리를 잡아당기자 산이 무너져 이들 역
  사와 미녀가 모두 깔려 죽고, 이들이 바위로 변하였다 한다' 하였다. 또 본
  서주(本書註)에는 진왕(秦王)이 쇠로 만든 금똥을 눈다는 소를 가져오기
  위하여 촉나라 역사(力士) 다섯 명이 길을 낸 것을 가리킨다고도 하였다.

⑨ 天梯石棧(천제석잔)―공중에 걸쳐 있는 사다리와 절벽에 돌을 깎고 발판
  과 손잡이를 부착한 길[사다리길]. ○勾連(구련)―걸리어 이어져 있는 것.

⑩ 六龍回日(육룡회일)―옛 전설에 해는 여섯 마리 용이 끄는 수레에 싣고 희
  화(羲和)가 몰고 가는 것이라 하였다[《淮南子》]. 여기서는 산봉우리가 너
  무 높아 해를 싣고 가는 여섯 마리 용도 그 봉우리를 돌아간다는 뜻. ○高標
  (고표)―높은 표적. 그곳의 최고봉을 가리킴. 산 이름이라 보기도 한다.

⑪ 衝波逆折(충파역절)―물결이 맞부딪치어 거꾸로 굽이치는 것.

⑫ 黃鶴(황학)―누런 학. 옛날 신선이 타고 선계(仙界)로 날아갔다는 학임
  [앞 권4 崔顥의 〈登黃鶴樓〉 참조].

⑬ 猿猱(원노)―원숭이. 노(猱)는 긴팔원숭이. ○攀緣(반연)―부여잡고 의지
  하다.

⑭ 靑泥何盤盤(청니하반반)－청니령은 얼마나 꾸불꾸불한가. 청니령은 섬서성(陝西省) 약양현(略陽縣)에 있는데, 높은 절벽을 끼고 있고 비와 구름이 많아 길 가는 사람들은 진흙 때문에도 애먹는다 한다[《元和郡縣志》]. 반반(盤盤)은 꾸불꾸불 서리는 모양.

⑮ 縈巖巒(영암만)－바위 봉우리를 감돌다.

⑯ 捫參歷井(문삼력정)－삼성(參星)을 만지고 정성(井星)을 스쳐 지나간다. 삼성은 촉(蜀)의 분야, 정성은 진(秦)의 분야에 속하는 별이라 한다[本書註]. ○脅息(협식)－숨을 몰아쉬다. 숨을 죽이다.

⑰ 拊膺(부응)－가슴을 두드리다. 놀란 마음을 진정시키려는 동작임.

⑱ 巉巖(참암)－바위가 높고 험한 것.

⑲ 遶(요)－맴돌다. 감기다.

⑳ 子規(자규)－두견(杜鵑). 촉나라 어부(魚鳧)의 후손인 망제(望帝) 두우(杜宇)가 뒤에 임금 자리를 공이 큰 재상 개명(開明)에게 물려주고 서산(西山)에 숨었는데, 두견새가 되었다 한다[《華陽國志》].

㉑ 凋朱顔(조주안)－붉은 얼굴이 시들다. 붉은 얼굴이란 혈기 좋은 젊은이의 얼굴을 가리킴.

㉒ 倒掛(도괘)－넘어져 걸리다.

㉓ 飛湍(비단)－나는 듯이 높은 곳에서 흘러 떨어지는 여울물. ○喧豗(훤회)－떠들썩하게 서로 부딪치다. 시끄럽게 울리다.

㉔ 砯崖(빙애)－절벽에 물이 부딪치며 소리를 내는 것. ○萬壑雷(만학뢰)－온 골짜기에서 우레소리가 나다.

㉕ 胡爲乎(호위호)－어찌하여. 무엇 때문에. 하위(何爲).

㉖ 劍閣(검각)－사천성 검각현(劍閣縣) 북쪽에 있는 대검산(大劍山)과 소검산(小劍山) 사이에 만들어 놓은 잔도(棧道) 이름. 검문관(劍門關)이라고도 하며 제갈량(諸葛亮)이 촉(蜀)의 재상으로 있을 때 만들었다 한다[《華陽國志》]. ○崢嶸而崔嵬(쟁영이최외)－쟁영(崢嶸)은 산이 높은 모양. 최외(崔嵬)는 산이 우뚝 솟은 모양.

㉗ 狼與豺(낭여시)－이리와 승냥이. 사람들을 해치는 적도에 비유함.

㉘ 磨牙吮血(마아연혈)－이를 갈고 피를 빨다. 호랑이나 긴 뱀의 사나운 몸

짓을 형용한 말.

㉙ 錦城(금성)—사천성의 성도인 성도(成都)의 옛 이름. 금관성(錦官城)이라고도 했다.

㉚ 側身(측신)—몸을 기울이다. ○咨嗟(자차)—한숨 쉬다.

해설 이 시는 기세좋고 분방한 필치로, 민간의 전설 등을 원용하며 촉도(蜀道)의 험준함을 노래한 이백(李白)의 낭만주의적 시풍을 대표할 만한 작품이다. 다만 시의 주제에 대하여는 옛부터 학자들 사이에 의견이 여러 가지였다. 촉군(蜀郡)의 절도사 엄무(嚴武)를 규탄하는 뜻이 담겼느니〔《新唐書》〕, 안녹산(安祿山)의 난 때 현종(玄宗)이 촉으로 피란갔던 일을 풍자한 것이라느니〔《李太白詩》 권3 蕭士贇 注〕 하나, 첨영(詹鍈)의 《이백시문계년(李白詩文系年)》에 의하면 천보(天寶) 3년(744) 이전의 작품이니 모두 적절하지 못하다.

다만 끝머리에 '일찍이 집으로 돌아감만 못하다'고 노래하고 있으니, 촉도(蜀道)의 험난함에 깃들어 사로(仕路)의 어려움이나 인생행로의 어려움도 비유하고 있다 보는 게 좋을 것이다.

여산고(①廬山高)

구양수(歐陽修)

廬山高哉幾千②仞兮여, ③根盤幾百里오?
　　(여산고재기천인혜　근반기백리)

④截然屹立乎長江하여, 長江西來走其下하고,
　　(절연흘립호장강　장강서래주기하)

是爲⑤揚瀾左里兮여, 洪濤巨浪이,
　　(시위양란좌리혜　홍도거랑)

日夕相⑥舂撞이라.
  (일석상용당)

雲消風止水鏡淨하여, 泊舟登岸而遠望兮하니,
  (운소풍지수경정　박주등안이원망혜)

上⑦摩靑蒼以晻靄요, 下壓⑧后土之鴻厖이라.
  (상마청창이엄애　하압후토지홍방)

試往⑨造乎其間兮여, 攀緣⑩石磴窺空谾하니,
  (시왕조호기간혜　반연석등규공항)

千巖萬壑⑪響松檜요, ⑫懸崖巨石飛流淙이라.
  (천암만학향송회　현애거석비류종)

水聲⑬聒聒亂人耳하니, 六月飛雪⑭灑石矼이라.
  (수성괄괄란인이　유월비설쇄석강)

⑮仙翁釋子亦往往而逢兮여, 吾嘗惡其⑯學幻而言哤이라.
  (선옹석자역왕왕이봉혜　오상오기학환이언방)

但見⑰丹霞翠壁遠近映樓閣이오, 晨鍾暮鼓⑱杳靄羅旛幢이라.
  (단견단하취벽원근영루각　신종모고묘애라번당)

幽花野草不知其名兮여, 風吹霧濕香澗谷하고,
  (유화야초부지기명혜　풍취무습향간곡)

時有白鶴飛來雙이라.
  (시유백학비래쌍)

幽尋遠去不可極하니, 便欲絶世⑲遺紛厖이라.
  (유심원거불가극　변욕절세유분방)

羨君買田築室老其下하니, ⑳揷秧盈疇兮釀酒盈缸이라.
  (선군매전축실로기하　삽앙영주혜양주영항)

欲令㉑浮嵐暖翠千萬狀으로, 坐臥常對乎㉒軒窓이라.
  (욕령부람애취천만상　좌와상대호헌창)

君懷㉓磊砢有至寶하니, 世俗不辨㉔珉與玒이라.
  (군회뢰가유지보　세속불변민여강)

㉕策名爲吏二十載에, ㉖靑衫白首困一邦이라.
(책명위리이십재　청삼백수곤일방)

寵榮聲利不可以㉗苟屈兮여,
(총영성리불가이구굴혜)

自非㉘靑雲白石有深趣면, 其意㉙矹硉何由降고?
(자비청운백석유심취　기의올률하유강)

丈夫壯節似君少하니, 嗟我欲說安得㉚巨筆如長杠고?
(장부장절사군소　차아욕설안득거필여장강)

여산의 높음이여, 몇 천 길이나 되는가?

서린 산기슭은 몇 백 리에 걸쳐 있는가?

우뚝히 장강(長江) 옆에 솟아 있어,

장강은 서쪽으로부터 흘러와 그 밑을 지나고 있고,

그래서 물결 이는 팽려호(彭蠡湖)도 이루고 있는데,

큰 파도와 거센 물결이 밤낮으로 서로 부딪치고 있네.

구름 걷히고 바람 잦아 물이 거울처럼 맑아,

배를 대고 언덕에 올라 멀리 여산 바라보니,

위로는 푸른 하늘 까마득한 곳 만지고 있고,

아래로는 크고 두터운 대지(大地)를 짓누르고 있네.

시험삼아 가서 그곳에 이르러,

바위 비탈길 부여잡고 올라 텅 빈 골짜기 들여다보니,

수많은 바위와 계곡에는 소나무 전나무에 부는 바람소리 울리고,

높은 절벽과 큰 바위에는 날듯 흘러 떨어지는 물소리 울리네.

물소리 시끄럽게 사람의 귀 어지럽히는데,

한여름에 날려 흩어지는 눈 같은 물보라가 돌 징검다리 위에 뿌려지네.

늙은 도사와 중들도 가끔 만나게 되지만,

나는 일찍부터 그들의 학문이 환상적이고 말이 잡되어 싫어했네.

다만 보이는 건 붉은 노을과 푸른 절벽이 멀고 가까운 사원(寺院) 누각에 비추이는 것이요,

아침 종소리 저녁 북소리와 희미한 안개 속에 깃발이 줄지어 있네.

으슥한 곳에 핀 꽃과 들풀 그 이름은 알 수 없지만,

바람에 불리며 안개에 젖어 골짜기에 향기를 풍기고,

때때로 흰 학이 짝지어 날아오네.

그윽한 곳 찾아 멀리 가보아도 끝가는 데 없으니,

이젠 세상 관계 끊고 어지러운 일들 버리고 싶네.

부러운 건 그대가 밭 사고 집 짓고 여산 아래에서 늙음 보내는 것이니,

심어놓은 벼 이랑에 가득하고 빚어놓은 술 독에 가득하네.

그대는 떠다니는 산 기운과 엷은 푸른빛의 갖가지 모양들을,

앉으나 눕거나 문과 창으로 언제나 대할 수 있게 하려는 뜻이었지.

그대 생각 특출하여 지극한 보배 지니게 된 것이니,

속세에서는 돌과 옥을 분별치 못하는 거네.

관리에 임명된 지 20년이 넘었는데,

푸른 짧은 옷에 흰머리로 늙어 이 고장에 곤궁히 지내고 있네.

총애와 영예와 명성과 이익도 그대를 구차히 굽힐 수 없었으니,

스스로 푸른 구름 흰 돌에 깊은 취미가 없다면,

그의 뜻의 비범함이 어디에서 내려왔겠는가?

대장부의 큰 절조라 해도 그대 같은 이는 적을 것이니,

아아, 내 그대에 관해 쓰려 하나 어찌 긴 깃대 같은 큰 붓을 구할 수가 있겠는가?

주해 ① 盧山高(여산고) ― 여산은 높다. 여산은 강서성(江西省) 구강현(九江縣)에 있는 산 이름. 《구양문충공집(歐陽文忠公集)》 권5에도 실려 있는

데, 〈같은 해 진사(進士)가 된 유중윤(劉中允)이 남강(南康)으로 돌아갈
때의 증시(贈詩)〉라 제하고 있다. 유중윤은 이름이 환(渙), 자는 응지(凝
之)이며, 그의 높은 절조를 여산에 비겨 노래한 것이다. 남강은 여산 아래
고을 이름이며, 그곳 낙성저(落星渚)에 유환(劉渙)이 숨어살았다 한다.

② 仞(인)—길이의 단위. 1인(仞)은 한 길로 옛 여덟 자.

③ 根盤(근반)—산기슭이 서리어 있는 것.

④ 截然(절연)—산이 깎아지르듯 높은 모양. ○屹立(흘립)—우뚝 서있는 것.

⑤ 揚瀾左里(양란좌리)—물결 이는 좌리호. 좌리는 좌려(左蠡)라고도 하며,
강서성 도창현(都昌縣) 서북쪽의 파양호(鄱陽湖) 북쪽을 가리킴. 그 곁에
좌려산(左蠡山)이 있는데 팽려호(彭蠡湖 : 곧 鄱陽湖) 왼편에 있어서 붙
여진 이름이며, 그 아래가 좌리(左里)임〔《辭海》〕. 혹 양란(揚瀾)과 좌리
가 여산 밑의 파양호 북쪽에 있는 두 심연(深淵)의 이름이며, 바람이 없
어도 물결이 이는 곳이라고도 한다.

⑥ 舂撞(용당)—찧고 부딪치다. 이리저리 부딪치다.

⑦ 摩靑蒼(마청창)—푸르름을 만지다. 창(蒼)은 소(霄)로 된 판본도 있으니
‘푸른 하늘을 만지다’로 해석함이 옳을 것이다. ○晻靄(엄애)—아득하고
가물가물한 모양.

⑧ 后土(후토)—땅. 대지. ○鴻厖(홍방)—크고 두터운 것.

⑨ 造(조)—이르다. 도착하다. ‘기간(其間)’은 여산을 가리킴.

⑩ 石磴(석등)—바위 비탈길. 산비탈길. ○空谾(공항)—텅 빈 골짜기.

⑪ 響松檜(향송회)—소나무・전나무에 부는 바람소리가 울리다.

⑫ 懸崖(현애)—높은 절벽. ○淙(종)—물소리. 물소리를 내다.

⑬ 聒聒(괄괄)—요란한 모양.

⑭ 灑石矼(쇄석강)—돌 징검다리 위에 뿌려지다. 강(矼)은 징검다리.

⑮ 仙翁釋子(선옹석자)—늙은 도사와 중. 도사는 신선을 추구하기 때문에 선
옹(仙翁)이라 하였다.

⑯ 學幻而言哤(학환이언방)—학문이 비현실적인 환상적인 것이고 말이 잡된
것. 방(哤)은 말이 야비하고 잡된 것.

⑰ 丹霞翠壁(단하취벽)—붉은 노을과 푸른 절벽.

⑱ 杳靄(묘애)—엷은 안개에 가리어 희미한 것. ○羅旛幢(나번당)—깃대가

벌여져 있는 것. 깃발이 줄지어 있는 것.

⑲ 遺紛厖(유분방)—어지럽고 잡된 것들을 버리다.

⑳ 揷秧盈疇(삽앙영주)—벼를 심어놓은 것이 이랑에 가득하다. 벼가 논에 가득히 자라 있음을 형용한 말. ○釀酒盈缸(양주영항)—술 빚어놓은 것이 항아리에 가득하다.

㉑ 浮嵐暖翠(부람애취)—떠다니는 산기운과 엷은 푸른빛. 안개 서린 깊은 산 경치를 형용한 말.

㉒ 軒窓(헌창)—문과 창.

㉓ 磊砢(뇌가)—본시는 돌무더기의 모양. 여기서는 특출한 모양.

㉔ 珉與玎(민여강)—돌과 옥. 민(珉)은 돌 중에 아름다운 것. 강(玎)은 옥의 이름.

㉕ 策名(책명)—벼슬에 임명되는 것. 옛날에는 신하로서 대쪽[策]에 임명받은 사람의 이름이 쓰여졌다.

㉖ 靑衫白首(청삼백수)—청삼(靑衫)은 옛날 천한 사람들이 입던 푸른 짧은 저고리, 백수(白首)는 흰 머리로 늙은 것. ○困一邦(곤일방)—한 고장에서 곤궁히 지내다. 유환(劉渙)이 여산 아래 사는 것이 세상의 눈으로 보면 곤궁하게 지내는 것으로 보인다.

㉗ 苟屈(구굴)—구차하게 굽히다.

㉘ 靑雲白石(청운백석)—푸른 구름과 흰 돌. 여산의 산수 경치를 뜻함.

㉙ 矹硉(올률)—본시는 돌 절벽이 위태롭게 보이는 모양. 여기서는 비범한 것. 빼어난 것을 뜻함.

㉚ 巨筆如長杠(거필여장강)—긴 깃대 같은 큰 붓. 여기서는 특출한 문필력을 뜻함.

(해설) 이 시는 옛부터 송대(宋代)의 명시로 평판이 자자했던 작품이다. 여산(廬山)은 광산(匡山)·광려(匡廬) 등으로도 불리우며, 삼면이 물이요 첩첩한 계곡에는 명승이 많아, '여산의 진면목을 알 수 없다'고 옛부터 찬탄해온 명산이다. 작자는 그러한 여산의 웅장함을 묘사하고 나서, 벼슬을 집어치우고 그곳에 숨어사는 친구 유환(劉渙)의 절조를 그 산에 비기며 칭송하고 있다. 문장도 여산만큼이나 특출함을 누구나 쉽게 느낄 수 있는 시이다.

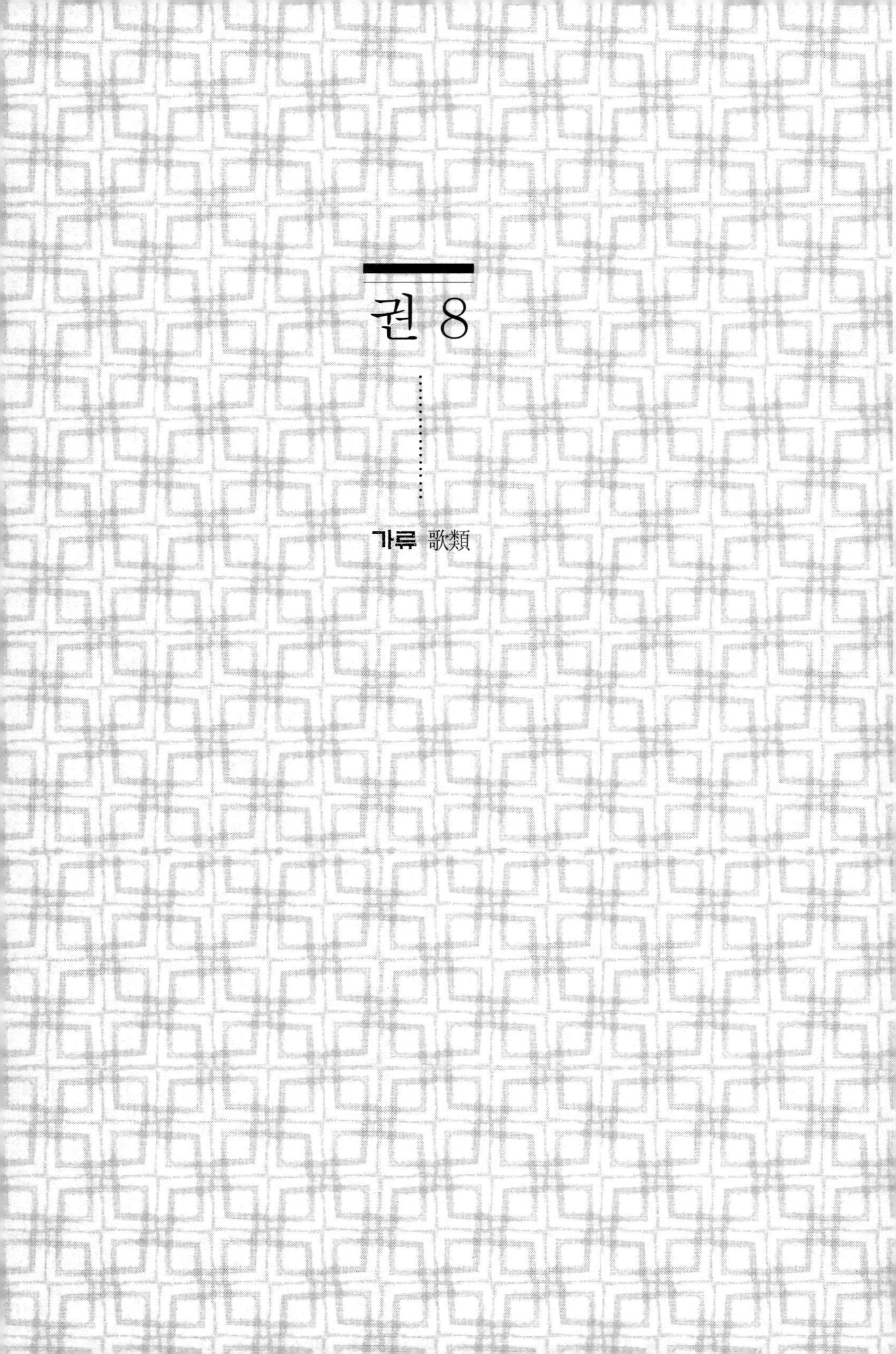

권 8
가류 歌類

가류(歌類)

　가(歌)는 악부시에서 나온 고시(古詩)의 일체(一體)이다. 《문체명변(文體明辯)》 악부에서는 '악부에 제목을 붙일 때 명칭이 일정치 않은데, 대체로 금곡(琴曲) 이외에 감정에 따라 길게 늘여 말하고, 잡되면서 일정한 법칙이 없는 것을 가(歌)라 한다' 하였다. 본시 가는 노래할 수 있는 시였으나 후세 시인들의 작품은 반드시 그렇지도 않다.

대풍가([1]大風歌)

한(漢) 고조(高祖)

[2]**大風起兮雲飛揚**이러니, [3]**威加海內兮歸故鄕**이로다.
　(대풍기혜운비양　위가해내혜귀고향)

安得猛士兮守四方고?
　(안득맹사혜수사방)

큰바람 일고 구름 날리는 어지러운 세상을,
위력을 온 천하에 떨쳐 평정하고 고향으로 돌아왔네.
어찌하면 용맹스런 사나이를 구하여 사방을 지킬가?

주해　① 大風歌(대풍가)－한(漢) 고조(高祖) 유방(劉邦)이 그의 12년(기원전 195) 경포(黥布)를 치고 돌아가는 길에 자기 고향인 패(沛)를 지나다가 고향 부로(父老)와 젊은이들을 불러 잔치하며 부른 노래라 한다. 그가 이 노래를 스스로 축(筑)을 치며 부르자 패의 젊은이 120명이 이에 화창하였다 한다[《史記》 高祖本紀 第八]. 보통 중국문학사에서는 이러한 시체(詩體)를 '초가(楚歌)'라 부른다. 《문선(文選)》에선 〈한고조가(漢高祖歌)〉라 제(題)하였음.

② 大風(대풍)─큰바람. 구름과 함께 군웅(群雄)이 서로 다투던 어지러운 세상을 상징함. 다만 '큰바람'은 자기, '구름'은 다른 사람들에게 비유한 것이라 한 이도 있다[李周翰 注].

③ 威加海內(위가해내)─온 천하에 위력을 가하여 혼란을 평정하다.

(해설) 천하를 얻고 고향에 돌아온 영웅의 기개가 잘 표현된 시이다.

양양가(①襄陽歌)

이백(李白)

落日欲沒②峴山西에, 倒著③接䍦花下迷하니,
    (낙일욕몰현산서   도착접리화하미)

襄陽小兒齊拍手하고, ④攔街爭唱⑤白銅鍉라.
    (양양소아제박수   난가쟁창백동시)

傍人借問笑何事오? ⑥笑殺⑦山翁⑧醉似泥라.
    (방인차문소하사   소쇄산옹취사니)

⑨鸕鶿酌⑩鸚鵡杯로, 百年三萬六千日에,
    (노자작앵무배   백년삼만육천일)

一日須傾三百杯라.
    (일일수경삼백배)

遙看⑪漢水⑫鴨頭綠하니, 恰似葡萄初⑬醱醅라.
    (요간한수압두록   흡사포도초발배)

此江若變作春酒면, ⑭壘麴便築⑮糟丘臺라.
　　(차강약변작춘주　누국변축조구대)

千金駿馬喚⑯小妾하여, 笑坐⑰雕鞍歌⑱落梅라.
　　(천금준마환소첩　소좌조안가락매)

車傍⑲側掛一壺酒하고, ⑳鳳笙龍管㉑行相催라.
　　(거방측괘일호주　봉생룡관행상최)

㉒咸陽市上㉓嘆黃犬하니, 何如月下傾㉔金罍오?
　　(함양시상탄황견　하여월하경금뢰)

君不見晉朝羊公一片石가? ㉕龜頭剝落生㉖莓苔라.
　　(군불견진조양공일편석　귀두박락생매태)

淚亦不能爲之墮요, 心亦不能爲之哀라.
　　(누역불능위지타　심역불능위지애)

清風明月不用一錢買요, ㉗玉山自倒非人推라.
　　(청풍명월불용일전매　옥산자도비인퇴)

㉘舒州杓㉙力士鐺이어, 李白與爾同死生이라.
　　(서주표역사당　이백여이동사생)

㉚襄王雲雨今安在오? 江水東流猿夜聲이라.
　　(양왕운우금안재　강수동류원야성)

　지는 해 현산 서쪽으로 넘어가려 할 제,
　진(晉)나라 산간(山簡)이 두건 거꾸로 쓰고 꽃가지 밑에서 비틀거
리니,
　양양 아이들은 모두 손뼉을 치며,
　길거리 막고 다투어 백동시(白銅鍉)를 노래했네.
　곁의 사람이 아이들에게 무슨 일로 웃고 있느냐 물으니,
　산간 노인이 진흙처럼 취해 있어 몹시 웃고 있다네.
　더펄새처럼 잔질을 앵무새 잔으로 하여,
　백년 3만 6천일 동안,

매일 반드시 3백 잔의 술은 기울여야지.

멀리 한수(漢水)가 오리 머리 빛처럼 푸르른데,

마치 포도주가 처음 익어 고이기 시작한 듯하네.

이 강물이 만약 봄술로 변해 준다면,

쌓이는 누룩으로 술지게미 언덕 누대(樓臺)를 쌓으리라.

천금의 준마를 보내어 내 첩을 불러오면,

웃으며 조각한 안장에 앉아 낙매(落梅)의 노래 부르리라.

수레 곁에는 비스듬히 한 병 술 달려 있고,

봉황새 조각한 생황(笙簧)과 용무늬 새긴 적(笛)은 가면서도 늘 술마시기 재촉하리라.

진(秦)나라 이사(李斯)도 함양(咸陽)에서 처형당할 때 누런 개 데리고 사냥하지 못하게 됨 탄식했다 하니,

달빛 아래 금술잔이나 기울이는 게 어떻겠는가?

그대는 보지 못하는가, 진(晉)나라 양공(羊公)의 한 조각 비석을?

조각한 거북 머리 깨어져 떨어지고 이끼만 잔뜩 나있네.

타루비(墮淚碑)라 하지만 이젠 눈물도 이 때문에 떨어뜨릴 수 없게 되고,

마음도 이 때문에 슬퍼할 수 없게 되었네.

맑은 바람과 밝은 달은 한푼의 돈이라도 써서 살 필요가 없으니,

진(晉)나라 혜강(嵇康)은 그 속에서 술 취하여 옥의 산이 스스로 무너지듯 하였지 남이 밀어 넘어뜨린 게 아니었네.

서주(舒州) 술국자와 역사(力士) 술양푼이여!

이백(李白)은 그대들과 사생(死生)을 함께하리라!

양왕(襄王)이 즐긴 운우(雲雨)의 재미야 지금 어디에 있겠는가?

강물은 동쪽으로 쉬지 않고 흐르고 원숭이들만이 밤에 슬퍼 울고 있는 것을!

주해 ① 襄陽歌(양양가)－양양의 노래. 옛 악부 곡명을 딴 것임.《이태백시(李太白詩)》권7 가음(歌吟)에도 실려 있다. 양양은 호북성(湖北省) 양양현으로 고적(古蹟)이 많은 곳임.

② 峴山(현산)－호북성 양양현 남쪽에 있으며 현목산(峴目山)이라고도 부른다. 진(晉)나라 양호(羊祜)가 양양에 도독으로 와 여기에서 술마시고 놀았다. 양호가 죽자 후인이 산 위에 비석을 세웠는데, 많은 사람들이 보고 눈물을 흘리어 타루비(墮淚碑)라 부르기도 하였다 한다.

③ 接䍦(접리)－두건의 일종. 이(䍦)는 이(䍦)로도 쓰며, 백접리(白接䍦)라고도 불렀다. 진(晋)나라 산간(山簡, 자는 季倫)은 세상이 어지러운 때 양양을 다스리며 늘 습씨(習氏)네 고양지(高陽池) 가에서 술에 대취하여 두건[接䍦]을 거꾸로 쓴 채 백마를 타고 다녔다 한다[《晉書》山簡傳].

④ 攔街(난가)－길거리를 가로막다.

⑤ 白銅鍉(백동시)－양(梁) 무제(武帝)가 지었다는 옛 악곡 이름. 시(鍉)는 제(蹄)가 잘못 전해진 것이며, 무제가 의병을 일으키어 양주(揚州) 지방을 평정한 기념으로 지은 것임[《隋書》樂志]. 백동시는 백동제(白銅鞮)·답동제(踏銅蹄)라고도 함. 양양에서의 송별을 노래한 주제의 것이 많음[《玉臺新詠》에 두 首가 실려 있음].

⑥ 笑殺(소쇄)－매우 우습다. 쇄(殺)는 동사 밑에 붙어 강조를 나타내며, 쇄(煞)로도 씀.

⑦ 山翁(산옹)－진나라 산간(山簡)을 가리킴[앞 주해 ③ 참조].

⑧ 醉似泥(취사니)－진흙처럼 취하다. 몸을 가누지 못할 정도로 취한 것을 형용하는 말. 물에서 사는 이충(泥蟲)이 물을 벗어나기만 하면 진흙처럼 되는 데서 나온 말이라 한다.

⑨ 鸕鶿酌(노자작)－더펄새처럼 잔질하여 술마시다. 더펄새는 가마우지라고도 부르는 물새의 일종. 물속으로 머리를 들이밀어 물고기를 잘 잡는다. 더펄새가 연방 물고기를 잡으려고 고개를 물속에 들이밀듯이 계속 술잔을 기울임을 뜻함. 작(酌)을 작(杓)으로 쓰고, 더펄새의 긴 목을 조각한 술국자로 해석하기도 한다.

⑩ 鸚鵡杯(앵무배)－앵무새 모양으로 조각하여 만든 술잔.

⑪ 漢水(한수)—양양의 동쪽을 흘러 장강(長江)으로 합쳐지는 강물 이름. 장강의 가장 큰 지류임.

⑫ 鴨頭綠(압두록)—오리 머리 빛의 푸른색.

⑬ 醱醅(발배)—술이 익어 고이는 것.

⑭ 壘麴(누국)—쌓이는 누룩. 누룩을 쌓아.

⑮ 糟丘臺(조구대)—술지게미를 언덕처럼 쌓아놓고 그 위에 만든 누대(樓臺).

⑯ 小妾(소첩)—작은첩. 자기의 첩을 가리킴.

⑰ 雕鞍(조안)—조각으로 장식한 말안장. 좋은 말안장.

⑱ 落梅(낙매)—본시 악부의 적(笛) 곡명. '낙매화(落梅花)' 또는 '매화락(梅花落)'이 본 이름이며, 이별을 슬퍼하는 게 주제였다.

⑲ 側掛(측괘)—비스듬히 걸어놓다.

⑳ 鳳笙龍管(봉생룡관)—봉황을 조각한 생황(笙簧)과 용을 조각한 적(笛).

㉑ 行相催(행상최)—가면서 서로 술마실 것을 재촉하다. 계속 술을 권하는 것을 뜻함.

㉒ 咸陽(함양)—섬서성 장안 서북쪽에 있는 도시. 진(秦)나라 때는 효공(孝公) 이후 이곳을 도읍으로 썼었다.

㉓ 嘆黃犬(탄황견)—진시황(秦始皇)의 승상 이사(李斯)는 함양(咸陽)에서 처형당하기에 앞서 '어찌하면 다시 누런 개를 끌고 동문(東門)으로 나가 사냥을 할 수 있겠는가?'고 탄식하였다 한다[《史記》 李斯列傳].

㉔ 金罍(금뢰)—금술잔. 뇌(罍)는 구름과 번개의 모양을 조각하고 황금으로 장식한 술잔이라 한다[《시경》 周南 卷耳 毛傳].

㉕ 龜頭(귀두)—거북 모양으로 조각한 비석 받침돌의 거북 머리.

㉖ 莓苔(매태)—이끼 종류.

㉗ 玉山自倒(옥산자도)—옥의 산이 스스로 무너지듯 하다. 죽림칠현(竹林七賢) 중의 한 사람인 진(晉)나라 혜강(嵇康)은 늘 술에 취하여 옥산이 무너지듯 몸이 무너졌다 한다[《世說新語》 容止].

㉘ 舒州杓(서주작)—서주(舒州)에서 나는 술국자. 《당서(唐書)》 지리지(地理志)에 의하면 서주 동안군(同安郡)에서는 좋은 주기(酒器)와 철기(鐵器)를 생산하였다.

㉙ 力士鐺(역사당)−역사를 조각한 술양푼. 당(鐺)은 술을 데우는 데 쓰던 일종의 솥 종류임.

㉚ 襄王雲雨(양왕운우)−초(楚)나라 양왕(襄王)이 송옥(宋玉)에게서 들은 무산(巫山) 신녀(神女)와의 즐김. 송옥의 〈고당부(高唐賦)〉에 송옥이 양왕에게 옛날 회왕(懷王)이 무산에 놀러나왔다 꿈에 신녀와 기막힌 재미를 본 이야기를 하는데, 헤어질 때 여자들에게 정체가 무엇이냐 물으니 '아침엔 비가 되어 내리다가 저녁엔 구름이 되어 떠있는 존재'라 대답했다 한다.

[해설] 세월은 흘러 옛사람은 가고 없다. 지금도 '강물은 쉬지 않고 동쪽으로 흐르고, 원숭이가 밤이면 슬피 울 듯 사람들에게는 시름이 끝없다.' 옛부터 그래도 뜻있는 일을 하여 이름을 전하는 사람이란 계속 술마신 이들밖에 없다. 그러니 자신도 매일 술이나 벗하고 아무런 뉘우침없이 살다 가겠다는 것이다. 이백(李白)의 낭만적인 경향을 잘 드러낸 시이다. 그에게는 또 오언(五言)으로 된 〈양양곡(襄陽曲)〉 4수(首)가 있는데 주제는 이 시와 일치한다.

음중팔선가(①飮中八僊歌)

두보(杜甫)

②知章騎馬似乘船하고, ③眼花落井水底眠이라.
   (지장기마사승선   안화낙정수저면)

④汝陽三斗始⑤朝天하고, 道逢⑥麴車口流⑦涎하며,
   (여양삼두시조천   도봉국거구류연)

恨不移封向⑧酒泉이라.
   (한불이봉향주천)

⑨左相日興費萬錢하고, 飮如⑩長鯨吸百川하며,
(좌상일흥비만전　음여장경흡백천)

⑪銜盃樂聖⑫稱世賢이라.
(함배락성칭세현)

⑬宗之⑭瀟灑美少年으로, 擧⑮觴白眼望靑天하니,
(종지소쇄미소년　거상백안망청천)

⑯皎如⑰玉樹臨風前이라.
(교여옥수림풍전)

⑱蘇晉⑲長齋⑳繡佛前에, 醉中往往愛㉑逃禪이라.
(소진장재수불전　취중왕왕애도선)

李白一斗詩百篇하고, 長安市上酒家眠이오.
(이백일두시백편　장안시상주가면)

㉒天子呼來不上船하고, 自稱臣是酒中仙이라.
(천자호래불상선　자칭신시주중선)

㉓張旭三盃草聖傳하니, 脫帽露頂王公前하고,
(장욱삼배초성전　탈모노정왕공전)

揮毫落紙如雲烟이라.
(휘호락지여운연)

㉔焦遂五斗㉕方卓然하고, 高談雄辯驚㉖四筵이라.
(초수오두방탁연　고담웅변경사연)

하지장(賀知章)은 술 취해 말 탄 것이 배 탄 것 같고,
눈이 어지러워 샘물에 떨어져도 물바닥에서 잔다네.
여왕(汝王) 이진(李璡)은 세말 술 마시고서야 비로소 조정(朝廷)
에 나갔고,
길에서 누룩 실은 수레만 만나도 침흘렸으며,
술샘 있다는 주천(酒泉)에 옮겨 봉해지지 않음을 한한다네.
좌상(左相) 이적지(李適之)는 하루에 흥이 나면 잔치에 만전(萬

錢)이나 썼고,

술 마시기를 큰 고래가 많은 강물 들이키듯 하였으며,

잔 물고 청주(淸酒)〔聖〕 즐기며 세상의 현인(賢人)이라 일컫는다네.

최종지(崔宗之)는 말쑥한 미소년인데,

잔 들고 흰 눈으로 푸른 하늘 바라보면,

깨끗하기 옥나무가 바람맞고 서있는 듯하다네.

소진(蘇晉)은 수불(繡佛) 앞에서 오랜 재계(齋戒)를 했는데,

취중에는 가끔 좌선(坐禪)하다 도망쳐 나오기를 잘했다네.

이백(李白)은 술 한 말 마시면 시 백 편을 썼고,

장안(長安) 시장의 술집에서 잠자기 일쑤였으며,

천자가 오라고 불러도 배에 오를 수 없을 정도로 취하여,

스스로 일컫기를 신(臣)은 술 속의 신선이라 하였다네.

장욱(張旭)은 석 잔 술 마시고 글씨 써 초서(草書)의 성인(聖人)
으로 전해지는데,

모자를 벗고 왕이나 귀족 앞에서도 맨머리를 보였고,

휘두르는 붓 종이 위에 대면 구름과 연기가 흘러가듯 초서가 쓰였
다네.

초수(焦遂)는 다섯 말 술은 마셔야 비로소 오연해졌고,

고상한 얘기와 웅변으로 연석(宴席)에 있는 사람들을 놀라게 했
다네.

주해 ① 飮中八僊歌(음중팔선가)—술 마시는 여덟 신선의 노래. 당(唐) 현종
대(玄宗代 : 713~755)의 유명한 술꾼 여덟 명을 노래한 시. 선(僊)은 선
(仙)과 같은 자.《두소릉집(杜少陵集)》권2에도 실려 있음.

② 知章(지장)—하지장(賀知章 : 677~744). 자는 계진(季眞). 태상박사(太
常博士)·비서감(秘書監) 등의 벼슬을 지냈고, 사명광객(四明狂客) 또는
비서외감(秘書外監)이라 호함. 자유로이 거침없는 생활을 하여 유명하
며, 이백(李白)을 처음 만나자 '적선인(謫仙人 : 귀양온 신선)'이라 불렀

다 한다 [《唐書》 列傳]. 앞 권1 이백의 〈대주억하감(對酒憶賀監)〉 시 참조.

③ 眼花(안화) ― 눈이 어지러워지다. 화(花)는 어지럽다. 어른거린다는 뜻.

④ 汝陽(여양) ― 현종의 형의 맏아들인 이진(李璡). 여양군왕(汝陽郡王)에 봉해졌으며, 하지장(賀知章) · 저정회(褚庭晦) 등과 시주(詩酒)의 사귐을 가짐.

⑤ 朝天(조천) ― 조정에 천자를 뵈러 가는 것.

⑥ 麴車(국거) ― 누룩을 실은 수레.

⑦ 涎(연) ― 침.

⑧ 酒泉(주천) ― 감숙성(甘肅省)의 주천군(酒泉郡). 그곳에 술맛이 나는 샘물이 났다 한다[《漢書》 地理志].

⑨ 左相(좌상) ― 좌승상(左丞相) 이적지(李適之). 그는 손님 대접하기를 좋아하고 술 한 말을 마셔도 어지러워지지 않았다 한다.

⑩ 長鯨(장경) ― 긴 고래. 큰 고래.

⑪ 銜盃樂聖(함배락성) ― 잔을 입에 물고 청주를 즐기다. 위(魏)나라 선우보(鮮于輔)가 손님들에게 술을 권할 때 '청주를 성(聖), 탁주를 현(賢)'이라 했다는 데서[《魏志》], 성(聖)은 청주를 뜻하는 한편 뒤의 현(賢)과 대조가 된다.

⑫ 稱世賢(칭세현) ― 세상의 현인이라 일컫다. 단 많은 학자들이 세(世)는 피(避)의 잘못이며, 이적지(李適之)가 벼슬을 그만두며 읊은 시에 '현(賢 : 左丞相 벼슬과 탁주를 겸하여 뜻함)을 피하며 이제 승상직을 그만두었으니, 성(聖 : 청주)을 즐기며 잔이나 입에 물리라[避賢初罷相, 樂聖且銜盃]'라 읊은 구절[《舊唐書》 列傳]을 인용한 것이므로, 탁주는 피하고 마시지 않을 것을 선언했다는 뜻으로 풀이하고 있다[《樂注》 · 《詳註》 등].

⑬ 宗之(종지) ― 제국공(齊國公) 최일용(崔日用)의 아들로 글을 통해 이백 · 두보를 사귀었다[《唐書》 崔日用傳].

⑭ 瀟灑(소쇄) ― 깨끗하고 말쑥한 모양.

⑮ 觴(상) ― 잔.

⑯ 皎(교) ― 흰 것. 깨끗하고 밝은 것.

⑰ 玉樹(옥수) ― 옥나무. 옛부터 빼어나고 고귀한 사람에게 비유하였다.

⑱ 蘇晉(소진)−소향(蘇珦)의 아들. 글을 잘 지었고 중서사인(中書舍人)·여주자사(汝州刺史)·태자좌서자(太子左庶子) 등의 벼슬을 지냈다〔《唐書》蘇珦傳〕.

⑲ 長齋(장재)−오랜 기간 재계를 하는 것.

⑳ 繡佛(수불)−수놓은 부처. 소진(蘇晉)은 호승(胡僧) 혜징(慧澄)에게서 수놓은 미륵불(彌勒佛)을 하나 얻어 소중히 간직하여, '이 부처는 미즙(米汁 : 술을 뜻함)을 좋아하여 꼭 내 성미와 맞으니, 이 부처를 섬길 것이다. 다른 부처는 좋아하지 않는다'고 했다 한다〔本書 註〕.

㉑ 逃禪(도선)−좌선하던 자리로부터 도망치는 것〔仇兆鰲의 《詳注》〕. 세속으로 피하여 도망하여 좌선하는 것으로 풀이하기도 하나〔《集註》 등〕 잘못임.

㉒ 天子呼來(천자호래)−천자가 오라고 부르다. 현종이 백련지(白蓮池)에서 뱃놀이를 하다 글을 짓게 하기 위하여 이백을 불렀다. 그러나 이백은 이미 술에 취해 있어 고역사(高力士)의 부축을 받고서야 겨우 배에 올랐다 한다〔范傳正 李白新墓碑〕.

㉓ 張旭(장욱)−자는 백고(伯高). 당(唐)대 초서(草書)의 명인. 늘 술에 취해 미친 듯 뛰어다니다 글씨를 썼는데, 간혹 머리에 먹을 묻혀 글씨를 써서 장전(張顚)이라 부르기도 하였다〔《新唐書》 李白傳〕. 또 공손태낭(公孫太娘)의 칼춤에서 글씨의 신기를 터득했다고도 한다.

㉔ 焦遂(초수)−보통 때는 말더듬이라서 손님과 말 한마디 주고받지 않지만, 술에 취하고 나면 말이 거침없이 나왔었다 한다〔《唐史拾遺》〕.

㉕ 方卓然(방탁연)−비로소 오연(傲然)해지다. '탁연'은 스스로 자신있고 빼어난 듯한 모양, 의젓한 모양.

㉖ 四筵(사연)−연석(宴席) 사방의 사람들.

해설 여덟 명의 현종시대의 술꾼을 노래한 시인데, 어떤 사람은 2구 또는 3구로 읊고 어떤 사람은 4구로 읊고 있다. 이백(李白, 701~762)만이 4구인 것은 두보(杜甫, 712~770)가 그를 가장 존경한 때문인 듯도 하다. 그리고 압운(押韻)을 면(眠)자와 천(天)자는 두 번이나 사용하고 있고 전

(前)자는 세 번이나 쓰고 있어 득특한 시체(詩體)라 하겠다. 어떻든 명리(名利)를 초월하고 속진(俗塵)을 벗어나 산 이 여덟 술꾼들의 개성이 잘 표현되어 있다. '이백일두시백편(李白一斗詩百篇)'은 이백의 시와 술의 경지를 표현한 명구로 후세에까지도 계속 인용되고 있다.

취시가(①醉時歌)

두보(杜甫)

諸公②袞袞登③臺省이나, ④廣文先生官獨冷이오,
   (제공곤곤등대성　광문선생관독랭)

⑤甲第紛紛⑥厭粱肉이나, 廣文先生飯不足이라.
   (갑제분분염량육　광문선생반부족)

先生有道出⑦羲皇하고, 先生有才過⑧屈宋이라.
   (선생유도출희황　선생유재과굴송)

德尊一代常⑨坎軻하니, 名垂萬古知何用고?
   (덕존일대상감가　명수만고지하용)

⑩杜陵野老人更⑪嗤하니, ⑫被褐短窄⑬鬢如絲라.
   (두릉야로인갱치　피갈단착빈여사)

日⑭糴⑮太倉五升米하고, 時赴⑯鄭老⑰同襟期라.
   (일적태창오승미　시부정로동금기)

得錢卽相⑱覓하여, 沽酒不復疑라.
   (득전즉상멱　고주불복의)

⑲忘形⑳到爾汝하니, 痛飲眞吾師라.
   (망형도이여　통음진오사)

淸夜㉑沈沈動春酌하니, 燈前細雨㉒簷花落이라.
   (청야침침동춘작　등전세우첨화락)

但覺高歌^㉓有鬼神하니, 焉知餓死^㉔塡溝壑고?
　(단각고가유귀신　언지아사전구학)

^㉕相如逸才親滌器요, ^㉖子雲識字終投閣이라.
　(상여일재친척기　자운지자종투각)

先生早賦^㉗歸去來니, 石田茅屋荒蒼苔라.
　(선생조부귀거래　석전모옥황창태)

儒術於我何有哉오? ^㉘孔丘盜蹠俱塵埃라.
　(유술어아하유재　공구도척구진애)

不須聞此意^㉙慘慘이니, 生前相遇且銜盃라.
　(불수문차의참참　생전상우차함배)

여러 고관들 연이어 관청으로 오르고 있으나,
정광문(鄭廣文) 선생은 벼슬자리 홀로 싸늘하고,
훌륭한 저택들 즐비한 속에 좋은 음식과 고기에 싫증내고 있으나,
정광문 선생은 먹을 밥도 모자란다네.
선생의 지닌 도(道)는 복희씨(伏羲氏)에게서 나온 순박한 것이고,
선생의 지닌 재주는 굴원(屈原)·송옥(宋玉)보다 뛰어나네.
덕망은 일대에 높아도 늘 불운하기만 하니,
영원히 명성 전해진다 해도 무슨 소용 있는지 알겠는가?
두릉(杜陵)의 촌 늙은이 나는 사람들이 더욱 비웃으니,
거친 베옷은 짧고 좁은 위에 머리는 명주실 같다네.
매일 나라 창고에서 닷 되 쌀 사들여 살면서,
가끔 정(鄭)영감에게 가서 같은 흉회(胸懷)를 기약한다네.
돈이 생기면 곧 서로 찾아가,
술 받아 마시며 주저하는 일 없네.
형식 모두 잊고 너나하는 사이 되었는데,
통쾌하게 술마시는 건 정말 나의 스승일세.

맑은 밤은 깊어가는데 봄술잔 연이어 마시며,

등불 속에 가랑비 내리어 지붕 추녀에선 꽃잎 지듯 물방울 떨어지네.

다만 소리 높여 노래부르며 도와줄 귀신 있는 듯이 느껴지니,

굶어 죽어 도랑이나 골짜기 메우게 될 일 어이 아랑곳하랴?

한(漢) 사마상여(司馬相如)는 빼어난 재주 지니고도 술집 그릇 친히 씻은 일 있고,

한(漢) 양웅(揚雄)은 글자 안 덕에 끝내 교서각(校書閣) 위에서 투신(投身)하였다네.

선생은 일찍이 귀거래(歸去來) 읊으며 고향으로 돌아가야 할 것이니,

돌 많은 밭과 초가집이 푸른 이끼로 황폐하여지고 있다네.

유학(儒學)이 우리에게 무슨 소용 있겠는가?

공자(孔子)나 도척(盜跖)이 다같이 흙먼지 되고 만 것을.

이 말 듣고 마음 슬퍼할 필요는 없으니,

생전에 서로 만나면 또 술잔이나 함께 기울이세나!

주해　① 醉時歌(취시가)—취했을 때의 노래. 《두소릉집(杜少陵集)》 권3에 실려 있는데 '광문관(廣文館) 학사(學士) 정건(鄭虔)에게 드림'이란 자주(自注)가 달려 있다. 정건은 현종(玄宗) 때 개설되었던 광문관 박사로 있었다. 광문관은 개원 25년(737) 그를 위해 개설했으나 곧 폐지되었다. 앞 권1 두보(杜甫)의 〈희간정광문겸정소사업(戲簡鄭廣文兼呈蘇司業)〉 시 참조 바람.

② 袞袞(곤곤)—큰 물이 흐르는 모양. 번다(繁多)한 모양.

③ 臺省(대성)—대(臺)는 어사대(御史臺)·난대(蘭臺) 등, 성(省)은 상서성(尙書省)·중서성(中書省)·문하성(門下省) 등의 중요한 관청들.

④ 廣文先生(광문선생)—정건(鄭虔)을 가리킴. 광문관 박사를 지냈다 해서 흔히 정광문(鄭廣文)이라고도 불렀다 함.

⑤ 甲第紛紛(갑제분분)—1급의 훌륭한 저택이 많은 것. 분분(紛紛)은 많은

모양.

⑥ 厭粱肉(염량육)—좋은 음식과 고기에 싫증나다. 본시 양(粱)은 기장으로 좋은 곡식으로 지은 밥을 가리킴.

⑦ 羲皇(희황)—복희(伏羲) 황제. 옛 복희씨의 순진소박한 치도(治道)를 가리킴.

⑧ 屈宋(굴송)—전국(戰國)시대 초(楚)나라의 굴원(屈原)과 송옥(宋玉).《초사(楚辭)》의 작가로 알려져 있음.

⑨ 坎軻(감가)—때를 잘못 만난 것. 불운한 것. 뜻을 잃은 것. 감가(轗軻)·감람(坎壈)으로도 씀.

⑩ 杜陵野老(두릉야로)—두릉의 촌 늙은이. 두릉은 섬서성 장안현(長安縣) 동남쪽에 있는 지명으로 낙유원(樂遊原)이라고도 하며, 한(漢) 선제(宣帝)의 능이 있는데, 두보는 그 서쪽에 살면서 스스로 두릉포의(杜陵布衣)·소릉야로(少陵野老)·두릉야로 등으로 불렀고, 남들은 그를 두소릉(杜少陵)이라고도 하였다.

⑪ 嗤(치)—비웃다. 빈정거리다.

⑫ 被褐短窄(피갈단착)—입은 거친 베옷은 짧고 좁다. ‘갈(褐)’은 거친 베옷.

⑬ 鬢如絲(빈여사)—머리는 명주실 같다. 머리가 희어졌음을 뜻함.

⑭ 糴(적)—곡식을 사들이는 것.

⑮ 太倉(태창)—나라의 쌀 창고.

⑯ 鄭老(정로)—정노인. 정건(鄭虔)을 가리킴.

⑰ 同襟期(동금기)—같은 흉회(胸懷)를 기약하다. 같은 마음을 갖기로 다짐하며 사귀다.

⑱ 覓(멱)—찾다. 찾아가다.

⑲ 忘形(망형)—육체를 잊다. 형식이나 예의 같은 것을 잊다.

⑳ 到爾汝(도이여)—너나하는 사이가 되다. 허물없는 사이가 되다.

㉑ 沈沈(침침)—밤이 깊어가는 모양.

㉒ 簷花落(첨화락)—지붕 추녀에서 물방울이 등불에 비추어 꽃잎이 떨어지듯 하다. 반대로 앞의 가랑비[細雨]를 꽃잎이 지는 것에 비유한 걸로 보는 이도 있다.

㉓ 有鬼神(유귀신)－자기를 도와줄 귀신이 있다고 생각하다. 《모시서(毛詩序)》에서 음악은 '천지를 움직이고 귀신을 감동시킨다'고 한 말을 근거로 한 구절인 듯하다.

㉔ 塡溝壑(전구학)－도랑과 골짜기를 메우다. 굶어 죽어 시체가 도랑과 골짜기에 버려진다는 표현은 옛부터 많이 써 왔음〔《左傳》昭公 13년,《荀子》榮辱편 등〕.

㉕ 相如(상여)－한(漢)대 부(賦)의 대표적 작가인 사마상여(司馬相如). 그는 젊어서 성도(成都)의 부잣집 과부인 탁문군(卓文君)을 유혹하여 함께 도망쳤으나 먹고 살 길이 없어 다시 돌아와 대폿집을 내고 부부가 술장사를 한 일이 있는데, 그때 사마상여는 짧은 앞치마를 걸치고 그릇을 씻었다〔《漢書》司馬相如傳〕.

㉖ 子雲(자운)－한(漢)대 부(賦) 작가인 양웅(揚雄)의 자. 그는 왕망(王莽) 때 병풍(瓶豊)의 상공(上公)이 되었는데, 왕망은 스스로 왕이 된 뒤 풍(豊) 부자를 죽이고 유분(劉棻)을 멀리 귀양보내고 그들과 관계되는 자들도 모두 잡아 죽이려 하였다. 이때 양웅은 천록각(天祿閣)에서 책을 정리하고 있었는데, 마침 옥리가 그를 데려가려고 오자 다급하여 천록각(天祿閣)에서 뛰어내려 거의 죽을 지경으로 다쳤다. 본시 왕망은 양웅을 무고한 사람이라 생각했었으나 그는 유분에게 글을 가르친 일이 있어 지레 겁을 먹고 뛰어내렸던 것이다.

㉗ 歸去來(귀거래)－진(晉)나라 도연명(陶淵明)은 팽택령(彭澤令)이란 벼슬을 하다 〈귀거래사〉를 읊으며 벼슬을 내던지고 고향으로 돌아와 전원에 묻혀 살았다.

㉘ 孔丘盜蹠(공구도척)－성인(聖人) 공자(孔子)와 강도로 이름난 도척. 척(蹠)은 척(跖)으로도 씀.

㉙ 慘慘(참참)－슬퍼하는 모양. 실의한 모양.

해설) 정건(鄭虔)이란 친구의 불우함을 동정하면서 아울러 자신의 불평과 분만(憤懣)의 정을 잘 드러낸 시이다. 두보는 유학을 반대하는 입장에서 공자(孔子)를 도척(盜跖)과 같게 본 것이 아니며, 정말로 덕망이나 공명은 허무한 것이니 술이나 마시는 게 좋다고 노래한 것도 아니다. 그는 굴원(屈原)이나 송옥(宋玉) 같은 문인들의 불우를 한탄하고, 사마상여(司馬相如)나 양웅(揚雄) 같은 재사(才士)들의 곤경(困境)을 슬퍼하고 있는 것이다.

서경의 두 아들 노래(①徐卿二子歌)

두보(杜甫)

君不見徐卿二子②生絶奇아, 感應吉夢③相追隨라.
　　(군불견서경이자생절기　감응길몽상추수)

孔子④釋氏親抱送하니, 並是天上⑤麒麟兒라.
　　(공자석씨친포송　병시천상기린아)

大兒九齡⑥色淸澈하고, ⑦秋水爲神⑧玉爲骨이라.
　　(대아구령색청철　추수위신옥위골)

小兒五歲⑨氣食牛하니, 滿堂賓客皆⑩回頭라.
　　(소아오세기식우　만당빈객개회두)

吾知徐公⑪百不憂하니, 積善⑫袞袞生公侯라.
　　(오지서공백불우　적선곤곤생공후)

丈夫生兒有如此二雛者면, 名位豈肯卑微休아?
　　(장부생아유여차이추자　명위기긍비미휴)

　그대는 보지 못했는가, 서경(徐卿)의 두 아들이 뛰어나게 잘난 것을?
　길한 꿈에 감응하여 연이어 태어났다네.
　공자와 부처님이 친히 안아다 준 꿈 꾸고 낳았다니,

모두 하늘 위의 기린아일세.

큰아이는 아홉 살인데 피부색 맑고 깨끗하고,

가을물처럼 맑은 정신에 옥처럼 깨끗한 뼈 지녔네.

작은아이는 다섯 살인데 호랑이나 표범처럼 소 잡아먹을 기개이니,

집안 가득한 손님들이 모두 머리 돌려 보며 감탄하네.

내 서공(徐公)은 모든 일에 걱정없음을 아노니,

많은 선행 쌓아서 공후(公侯)감 낳은 걸세.

대장부 아들 낳되 이 두 어린애들 같기만 하다면야,

명성과 지위 어찌 낮고 보잘것없는 데서 그칠 수가 있겠는가?

주해　① 徐卿二子歌(서경이자가)―서경의 두 아들 노래. 서경이 누구인지는 확실치 않다.

② 生絶奇(생절기)―매우 기특하게 잘났다. 뛰어나게 잘났다는 뜻.

③ 相追隨(상추수)―서로 연이어 태어나다.

④ 釋氏(석씨)―석가모니. 부처님.

⑤ 麒麟兒(기린아)―기린처럼 용모와 재주가 빼어난 아이. 옛날 서릉(徐陵)이 어렸을 때 어떤 중이 보고 '천상(天上)의 석기린(石麒麟)이라'고 찬탄했다 한다[《陳書》]. 서릉은 《옥대신영(玉臺新詠)》의 편자이며, 서경(徐卿)과 동성(同姓)이다.

⑥ 色淸澈(색청철)―피부색이 맑고 깨끗한 것.

⑦ 秋水爲神(추수위신)―가을물로 정신을 삼다. 가을물처럼 맑은 정신을 지니다.

⑧ 玉爲骨(옥위골)―옥으로 뼈를 삼다. 옥처럼 깨끗한 뼈를 지니다.

⑨ 氣食牛(기식우)―기개가 소를 잡아먹을 듯하다. 《시자(尸子)》에 '호랑이나 표범 새끼는 몸에 무늬도 이루어지지 않았을 적에도 이미 소를 잡아먹을 기개를 지니고 있다' 하였다.

⑩ 回頭(회두)―머리를 돌려 바라보다. 머리를 돌려 보면서 찬탄하다.

⑪ 百不憂(백불우)―모든 일에 걱정없다.

⑫ 袞袞(곤곤) — 번다(繁多)한 모양.

해설 서씨(徐氏) 집안의 훌륭한 두 아들을 칭송한 시. 아무래도 그집 잔치에 축시로 지어준 듯, 별로 뛰어난 작품이라 보기는 어렵다.

장난삼아 왕재가 그린 산수화에 적은 시(①戲題王宰畵山水歌)

두보(杜甫)

十日畵一水하고, 五日畵一石이라.
　　(십일화일수　오일화일석)

②能事不受相③促迫하니, 王宰始肯留④眞跡이라.
　　(능사불수상촉박　왕재시긍유진적)

壯哉⑤崑崙⑥方壺圖여! 挂君高堂之素壁이라.
　　(장재곤륜방호도　괘군고당지소벽)

⑦巴陵洞庭日本東이오, ⑧赤岸水與銀河通이라.
　　(파릉동정일본동　적안수여은하통)

中有雲氣隨飛龍이오, 舟人漁子入⑨浦漵하고,
　　(중유운기수비룡　주인어자입포서)

山木盡⑩亞洪濤風이라.
　　(산목진아홍도풍)

尤工遠勢⑪古莫比하니, ⑫咫尺應須論萬里라.
　　(우공원세고막비　지척응수논만리)

⑬焉得⑭幷州快剪刀하여, 剪取⑮吳松半江水오?
　　(언득병주쾌전도　전취오송반강수)

열흘에 한 강물 그리고,

닷새 걸려 한 개의 바위 그리네.

일에 능란한 사람은 남의 재촉 받지 않아야 하니,

왕재도 비로소 여기에 진실한 붓자국을 남겨두려 한 걸세.

웅장하도다 곤륜방호도여!

그대의 넓은 대청 흰 벽에 이것이 걸리게 되었구려!

파릉과 동정호로부터 일본 동쪽에까지 연해 있고,

적안(赤岸)의 물은 은하수로 통해 있는 듯하구려!

가운데에는 구름 기운이 나는 용 따르고 있는데!

뱃사람과 어부는 포구로 배를 넣고 있고,

산의 나무는 모두 큰 물결 이는 바람에 옆으로 나부끼고 있네.

더욱이 잘 그린 것은 먼 곳의 형세로 옛분들에도 따를 이가 없을 것이니,

지척의 너비를 두고 만 리를 논해야만 하네.

어찌하면 병주의 잘 드는 가위 구하여,

오송강(吳松江) 그린 부분 반쪽이라도 도려내어 가질 수 있을까?

주해 ① 戱題王宰畵山水歌(희제왕재화산수가)―왕재가 그린 산수화에 희제(戱題)한 노래. 왕재는 촉(蜀 : 四川省) 사람으로 빼어나게 산수를 잘 그린 명인〔張彦遠 《名畵記》〕. 《두소릉집(杜少陵集)》엔 권9에 실림.

② 能事(능사)―일에 능란한 사람.

③ 促迫(촉박)―재촉하다.

④ 眞跡(진적)―참된 필적.

⑤ 崑崙(곤륜)―중국 서쪽에 있는 산 이름. 신선이 그곳에 살았다 한다. 지금 곤륜산맥 중의 어느 봉우리일 것이다.

⑥ 方壺(방호)―동해(東海) 가운데 있다는 삼신산(三神山) 중의 하나. 방장(方丈)・봉래(蓬萊)・영주(瀛州)가 삼신산인데, 방장을 방호(方壺)라고도 부른다〔《拾遺記》〕.

⑦ 巴陵洞庭(파릉동정)-파릉(巴陵)은 호남성 악주부(岳州府)의 현(縣) 이름. 파릉 왼편에 중국에서 가장 넓은 동정호가 있다.

⑧ 赤岸(적안)-산 이름. 강소성(江蘇省) 육합현(六合縣) 동남쪽에 있으며, 장강(長江) 어귀로서 큰 물결로 유명한 곳[郭璞 江賦 : 鼓洪濤於赤岸].

⑨ 浦漵(포서)-포구. 서(漵)도 포구의 뜻.

⑩ 亞(아)-낮게 처지다. 바람에 나뭇가지가 옆으로 누운 것.

⑪ 古莫比(고막비)-옛날 사람 중에도 견줄 만한 이가 없다.

⑫ 咫尺(지척)-극히 짧은 거리. 지(咫)는 옛날의 8촌(寸).

⑬ 焉得(언득)-어찌하면 ……을 얻겠는가?

⑭ 幷州快剪刀(병주쾌전도)-병주(幷州)에서 나는 잘 드는 가위. 병주는 지금의 산서성(山西省) 태원현(太原縣).

⑮ 吳松(오송)-강소성(江蘇省) 경계에 있는 강물 이름. 오강(吳江)·송강(松江)·오송강(吳淞江)·남강(南江)·송릉강(淞陵江)·소주하(蘇州河) 등 별명이 많다. 옛날 삭정(索靖)이 고개지(顧愷之)의 그림을 보고 좋아하며 '병주의 잘 드는 가위를 갖고 오지 않은 게 한이로다. 송강(松江)의 반폭 문련(紋練)을 도려가고 싶구나'하고 말했다는 고사[本書 注]를 인용한 것이다.

(해설) 왕재(王宰)의 산수화를 칭송한 시인데, 그 그림 자체가 너무 비현실적인 것이어서 시까지도 실감이 별로 일지 않는다. 산은 중국 서북쪽의 곤륜산(崑崙山)으로부터 동해 가운데의 방호(方壺)까지 그려져 있고, 물은 동정호(洞庭湖)로부터 일본의 동쪽에 이르는 곳까지 그려져 있다니 너무나 중국적이다.

초가집이 가을바람에 무너진 노래([1]茅屋爲秋風所破歌)

두보(杜甫)

八月[2]秋高風怒號하여, 卷我屋上三重茅라.
  (팔월추고풍노호   권아옥상삼중모)

茅飛渡江[3]洒江郊하니, 高者[4]掛罥長林[5]梢하고,
  (모비도강쇄강교   고자괘견장림소)

下者[6]飄轉沈[7]塘坳라.
  (하자표전침당요)

南村群童[8]欺我老無力하고, [9]忍能對面爲盜賊하여,
  (남촌군동기아노무력   인능대면위도적)

公然抱茅入竹去나, [10]脣燋口燥呼不得이라.
  (공연포모입죽거   순초구조호부득)

歸來[11]倚杖自歎息하니, [12]俄頃風定雲黑色이라.
  (귀래의장자탄식   아경풍정운흑색)

秋天[13]漠漠[14]向昏黑하니, [15]布衾多年冷似鐵이오,
  (추천막막향혼흑   포금다년냉사철)

[16]嬌兒惡臥踏裏裂이라.
  (교아악와답리열)

[17]床床屋漏無乾處하고, [18]雨脚如麻未斷絶이라.
  (상상옥루무건처   우각여마미단절)

自經[19]喪亂少睡眠하니, 長夜沾濕何由[20]徹고?
  (자경상란소수면   장야첨습하유철)

安得[21]廣廈千萬間하여, [22]大庇天下寒士俱歡顔고?
  (안득광하천만간   대비천하한사구환안)

風雨不動安如山이라.
　(풍우부동안여산)

鳴呼, 何時眼前[23]突兀見此屋고? 吾廬獨破受凍死亦足이라.
　(오호　하시안전돌올견차옥　오려독파수동사역족)

8월 한가을에 바람 사납게 불어,
우리집 지붕의 세 겹 이엉을 말아올렸네.
이엉은 강 건너로 날아가 강가에 뿌려지니,
높게는 높은 숲 나뭇가지 위에 걸리고,
낮게는 빙글빙글 돌면서 웅덩이로 가라앉았네.
남쪽 마을 아이놈들은 내가 늙어 힘없음을 업신여기고,
뻔뻔스럽게도 보는 앞에서 도둑질하여,
공공연히 이엉 안고 대 숲속으로 사라지는데,
입술 타고 입 말라서 소리도 치지 못하네.
돌아와 지팡이에 기대 서서 스스로를 탄식하노라니,
조금 뒤엔 바람 자고 구름은 까만 빛으로 변해가네.
가을하늘 아득히 해 저물어 어두워가는데,
솜이불 여러 해 되어 차갑기 쇠와 같고,
버릇없는 아이들 험한 잠버릇으로 발길질에 찢어져 있네.
잠자리마다 지붕 새어 마른 곳이란 없는데,
삼대 같은 빗발은 끊이지 않고 있네.
난리를 겪은 뒤로는 잠이 적어졌으니,
젖어 축축한 긴 밤을 어이 지샐고?
어이하면 넓은 집 천만 칸짜리를 구하여,
천하의 빈한한 선비들을 모두 가려주어 함께 기쁜 얼굴 지을까?
그집 비바람에도 움직이지 않고 안정됨이 산과 같으리라.
아아! 언제면 눈앞에 우뚝히 그런 집이 나타날까?

내 움막만이 무너져 얼어 죽게 된다 하더라도 만족하리라.

주해　① 茅屋爲秋風所破歌(모옥위추풍소파가) — 초가집이 가을바람으로 무너진 노래. 두보(杜甫)는 건원(乾元) 2년(759) 성도(成都)로 가서 완화계(浣花溪) 가에 완화초당(浣花草堂)을 짓고 살았는데, 그때의 경험을 노래한 것. 《두소릉집(杜少陵集)》권10에도 실려 있음.

② 秋高(추고) — 가을하늘이 높다. 가을이 한창이다.

③ 洒江郊(쇄강교) — 강가 들판에 뿌려지다.

④ 掛罥(괘견) — 걸리다. '괘(掛)'는 괘(挂), '견(罥)'은 견(罥)으로도 쓰며, 모두 걸린다는 뜻.

⑤ 梢(소) — 나뭇가지 끝.

⑥ 飄轉(표전) — 바람에 날리며 빙빙 도는 것.

⑦ 塘坳(당요) — 웅덩이와 움푹한 곳.

⑧ 欺(기) — 속이다. 업신여기다.

⑨ 忍(인) — 차마. 뻔뻔스럽게.

⑩ 脣燋(순초) — 입술이 타다.

⑪ 倚杖(의장) — 지팡이에 의지하다.

⑫ 俄頃(아경) — 조금 있다가. 얼마 안되어.

⑬ 漠漠(막막) — 구름이 자욱한 모양. 흐릿한 모양.

⑭ 向昏黑(향혼흑) — 저녁이 가까워지며 어두워지다.

⑮ 布衾(포금) — 목면이나 마포로 만든 이불.

⑯ 嬌兒(교아) — 버릇없는 아이들.

⑰ 床床(상상) — 침대마다. 잠자리마다.

⑱ 雨脚如麻(우각여마) — 빗발이 삼대 같다. 비가 삼밭의 빽빽한 삼대처럼 굵게 많이 내림을 형용한 말.

⑲ 喪亂(상란) — 난리. 안녹산(安祿山)의 난을 가리킴.

⑳ 徹(철) — 밤을 새다. 지새다.

㉑ 廣廈(광하) — 넓은 집.

㉒ 大庇(대비) — 크게 가리다. 모두를 가려주다.

㉓ 突兀(돌올)-우뚝히 솟은 모양. 하늘 위로 솟은 모양.

[해설] 두보의 인간애가 잘 드러난 시이다. 그는 자기의 불행 속에서도 이 세상의 또다른 사람들의 불행을 생각하며, 자기 한 몸보다도 천하의 빈한한 모든 선비를 위하고자 하고 있는 것이다. 문학은 빼어난 수사(修辭)에 이런 위대한 정신이 담겨 있을 때 모든 사람들이 공감하며 대가(大家)로 받들게 되는 것이다.

성상께서 친히 공사들 시험보는 것을 구경하는 노래

(①觀聖上親試貢士歌)

왕우칭(王禹偁)

②天王出震③寰宇淸하니, ④奎星燦燦昭文明이라.
   (천왕출진환우청   규성찬찬소문명)

詔令郡國⑤貢多士하고, 大張一網⑥羅群英이라.
   (조령군국공다사   대장일망나군영)

聖情⑦孜孜終不倦이오, 日斜猶⑧御金鑾殿이라.
   (성정자자종불권   일사유어금란전)

宮柳低垂三月煙이오, 爐香飛入⑨千人硯이라.
   (궁류저수삼월연   노향비입천인연)

麻衣皎皎光如雪하니, 一一⑩重瞳親鑑別이라.
   (마의교교광여설   일일중동친감별)

⑪孤寒得路荷君恩하니, 聚首皆言盡臣節이라.
   (고한득로하군은   취수개언진신절)

⑫小臣蹤迹本塵泥나, 登科曾⑬賦御前題라.
   (소신종적본진니   등과증부어전제)

屈指方經五六載에, 如今已上[14]青雲梯라.
（굴지방경오륙재　여금이상청운제）

位列[15]諫官無一語하니, 自愧將何報明主라.
（위열간관무일어　자괴장하보명주）

[16]應制非才但淚垂하니, 强作狂歌歌舜禹라.
（응제비재단루수　강작광가가순우）

천자(天子) 동쪽 진역(震域)에서 나오셔서 온 천하 맑아지니,
문장을 나타내는 규성(奎星) 찬란하게 문명(文明)을 밝혀주네.
군국(郡國)에 조명 내리어 많은 선비를 골라 올리게 하고,
그물 크게 쳐놓고 여러 뛰어난 인재들 모아들이네.
성상(聖上)의 마음 부지런하셔서 끝내 지치지 아니하시니,
해 기울었는데도 아직 금란전(金鑾殿)에 납셔 계시네.
궁전의 버들 낮게 드리운 곳에 3월 안개 서리었고,
향로의 향기는 여러 선비들 벼루물로 날아드네.
선비들 삼베옷 새하얗게 눈처럼 빛나는네,
일일이 성안(聖眼)으로 친히 그들 능력 감별하네.
외롭고 빈한한 선비 제 길 찾아 임금의 은혜 입게 되니,
머리 모아 모두 말하기를 신하로서의 절의 다하겠다네.
이 소신(小臣)의 경력도 본시는 먼지나 진흙 같았는데,
과거에 급제하여 일찍이 어전(御前)에서 과제(課題)에 따라 시 지
었다네.
손꼽아보니 이제 막 5, 6년이 지났는데,
지금은 이미 푸른 구름 위로 오르는 사다리 위에 올라 있네.
벼슬자리는 간관(諫官)에 끼어 있으면서도 한마디 옳은 말 아뢰
지 못하고 있으니,
무엇으로 밝으신 임금께 보답할는지 스스로 부끄럽기만 하네.

천자의 명에 따라 글 지을 재주 못되어 오직 눈물만 흘리며,
억지로 광가(狂歌) 지어 순(舜)·우(禹) 같은 임금님 노래하네.

주해 ① 觀聖上親試貢士歌(관성상친시공사가)—성상께서 친히 공사(貢士)들의 시험보는 것을 구경하는 노래. 공사는 각 지방 시험에 합격한 선비. 송(宋)대에는 각 지방의 해시(解試)나 상서성(尙書省) 예부(禮部)의 성시(省試)에 합격한 뒤 전시(殿試)를 보는 게 보통이었다. 《예기(禮記)》 사의(射義)에 '제후들은 매년 천자에게 공사(貢士 : 뛰어난 인물을 골라 바치는 것)했다' 하였는데, 후세 과거에서도 그 뜻을 살려 공사란 말을 그대로 썼다. 이는 송 태종(太宗)이 친히 공사들을 시험보면서 조명으로 짓게 한 시이며, 왕우칭(王禹偁)의 《소휵집(小畜集)》 권12에 실려 있음.

② 天王出震(천왕출진)—천왕(天王)이 진역(震域)에서 나오다. 《역경(易經)》 설괘전(說卦傳)에 '제(帝)가 진(震)에서 나오다'라고 하였는데, 진(震)은 동방(東方)에 해당하고 철에 있어서는 봄이어서 만물의 발생을 주관한다. 제(帝)란 하늘의 주재자로서 만물을 생성하는 분이다. 그래서 '진(震)에서 나오다' 하였는데, 만물도 이에 따라 나오게 됨을 뜻한다는 것이다. 이것은 또 송(宋) 태조 조광윤(趙匡胤)이 중국의 동쪽 지방인 탁군(涿郡 : 河北) 출신이었고, 태종(太宗)은 태조의 아우(이름은 匡義)로 창업을 계승하여 완성시켰음에 비유한다.

③ 寰宇(환우)—우주. 천하.

④ 奎星(규성)—28수 중의 하나로, 문장을 주관하는 별 이름〔《孝經》 援神契〕. 송 태조 건덕(乾德) 5년(967)에 다섯 별이 규성 자리에 모였다 한다 (《綱鑑》). 물론 그것은 천하태평과 문화의 발전을 상징하는 것이다.

⑤ 貢多士(공다사)—많은 재사(才士)들을 뽑아 올리게 하다.

⑥ 羅群英(나군영)—여러 뛰어난 인물들을 망라(網羅)하여 모으다. 나(羅)는 그물을 쳐서 고기 같은 것을 많이 잡아올리는 것.

⑦ 孜孜(자자)—부지런히 힘쓰는 모양.

⑧ 御金鑾殿(어금란전)—금란전에 출어(出御)하다. 금란전은 변경(汴京)에

있던 궁전 이름(《宋史》地理志). 한림학사(翰林學士)들이 일하던 곳임.

⑨ 千人硯(천인연) – 천 사람들의 벼루. 전시(殿試)를 보는 공사(貢士)들이 답안을 쓰려고 먹을 갈아놓은 벼루.

⑩ 重瞳(중동) – 겹으로 된 눈동자. 천자의 눈. 천자로서의 식별력을 뜻한다. 옛날 순(舜)이 중동(重瞳)이었고, 항우(項羽)도 중동이었다는 기록〔《史記》項羽傳贊〕에서 나온 말.

⑪ 孤寒得路(고한득로) – 외롭고 빈한한 사람이 제 길〔출세할 길〕을 찾다.

⑫ 小臣蹤迹(소신종적) – 소신의 발자취. 자신의 경력을 뜻함.

⑬ 賦御前題(부어전제) – 천자 앞에서 천자가 내린 제목에 따라 시를 읊다. 이 시를 과제에 따라 짓고 있음을 뜻함.

⑭ 靑雲梯(청운제) – 푸른 구름 위로 오르는 사다리. 푸른 구름은 궁중의 높은 벼슬자리를 뜻함.

⑮ 諫官(간관) – 임금에게 올바른 의견을 아뢰는 직책을 지닌 벼슬. 이때 왕우칭(王禹偁)은 좌사간지제고(左司諫知制誥)란 벼슬자리에 있었다〔《宋史》本傳〕.

⑯ 應制(응제) – 제명(制命)에 응하다. 천자의 명을 좇아 글을 짓는 것.

(해설) 왕우칭(王禹偁, 954~1001)은 송초(宋初)의 문인으로 낮은 벼슬을 하면서도 올바른 말을 많이 한 절조 굳은 인물이었다. 태종(太宗)이 전시(殿試)를 보는 광경을 읊으면서 태평을 구가(謳歌)하고 있다.

산수화 노래(①畵山水歌)

오융(吳融)

良工善得②丹靑理하여, ③輒向④茅茨畵山水라.
　(양공선득단청리　첩향모자화산수)

⑤地角移來方寸間이오, 天涯寫在筆鋒裏라.
  (지각이래방촌간   천애사재필봉리)

日不落兮⑥月長生하고, 雲片片兮水⑦冷冷이라.
  (일불락혜월장생   운편편혜수랭랭)

經年蝴蝶飛不去요, 累歲桃花結不成이라.
  (경년호접비불거   누세도화결불성)

一片石數株松이, 遠又淡近又濃이라.
  (일편석수주송   원우담근우농)

不出門庭三五步하여, 觀盡江山千萬重이라.
  (불출문정삼오보   관진강산천만중)

  훌륭한 화공 그림의 이치 잘 터득하고,
  항상 초가지붕 밑에서 산수를 그리네.
  땅 한 모퉁이를 한 치 사방 넓이 안으로 옮겨놓기도 하고,
  하늘 저 끝까지의 경치가 붓끝 아래 그려지네.
  해는 지지 않은 채 달은 언제나 동녘에 떠있고,
  구름은 조각조각이요 강물은 싸늘하네.
  한 해가 지나도 나비는 날아가 버리지 않고,
  여러 해가 되어도 복사꽃은 핀 채 열매 맺지 않네.
  한 조각 바위와 몇 그루 소나무는,
  멀리 엷게 있기도 하고 가까이 진하게 있기도 하네.
  문이나 마당을 몇 발자국 나가지도 않고,
  천만겹 강산을 다 구경하게 되누나.

주해 ① 畵山水歌(화산수가) - 산수 그림의 노래. 오융(吳融, 850~901)의 《당
  영가시(唐英歌詩)》3권 속에는 이 시가 들어 있지 않다.
  ② 丹靑理(단청리) - 단청을 칠하는 이치. 그림의 이치.
  ③ 輒(첩) - 문득 번번히. 매양.

④ 茅茨(모자)—초가지붕. 모(茅)는 이엉. 자(茨)는 이엉으로 지붕을 덮는 것.
⑤ 地角(지각)—땅의 한 모서리. 대지의 한 모퉁이.
⑥ 月長生(월장생)—달은 늘 떠있다.
⑦ 冷冷(냉랭)—싸늘한 모양. 물이 소리내며 흐르는 모양.

해설　작자가 산수화를 보고 느낌을 노래한 것. 별로 뛰어난 시는 못되나 자연을 사랑하는 작자의 마음이 잘 나타나 있다.

짧은 등잔대 노래(①短檠歌)

한유(韓愈)

長檠八尺空自長이오, 短檠二尺便且光이라.
　　(장경팔척공자장　단경이척편차광)
②黃簾綠幕朱戶閉요, 風露氣入秋堂凉이라.
　　(황렴록막주호폐　풍로기입추당량)
裁衣寄遠淚眼暗하니, ③搔頭④頻挑移近床이라.
　　(재의기원누안암　소두빈도이근상)
太學儒生⑤東魯客이, 二十辭家來⑥射策이라.
　　(태학유생동로객　이십사가내사책)
夜書細字⑦綴語言하니, 兩目⑧眵昏頭雪白이라.
　　(야서세자철어언　양목치혼두설백)
此時⑨提挈當案前하니, 看書到曉那能眠고?
　　(차시제설당안전　간서도효나능면)
一朝富貴⑩還自恣하니, 長檠高張照⑪珠翠라.
　　(일조부귀환자자　장경고장조주취)

吁嗟世事無不然하니, ⑫墻角君看短檠棄하라.
(우차세사무불연 장각군간단경기)

여덟 자 긴 등잔대는 공연히 길기만 하고,
두 자 길이 짧은 등잔대가 편하고도 밝네.
노란 발 푸른 장막 쳐진 붉은 문은 닫혀 있는데,
이슬 머금은 바람기운 불어들어와 가을 방안 썰렁하네.
옷 말라 지어 멀리 떠난 이에게 부치려니 눈물이 눈 흐리게 하고,
머리 긁으며 자주 심지 돋우면서 침상 가까이로 옮겨 오네.
태학의 유생은 동쪽 노(魯)나라에서 온 나그네인데,
스무 살에 집 떠나 과거보러 왔다네.
밤이면 가는 글자 쓰면서 글을 짓느라,
두 눈은 눈꼽 끼어 어두워지고 머리는 눈처럼 희어졌네.
이 시각에도 책 들고 책상 앞에 앉았으니,
새벽까지 책 보자면 어이 잠잘 수나 있겠는가?
하루아침에 부귀 누리게 되면 또한 자기 멋대로 살게 되어,
긴 등잔대 높이 올려 진주와 비취 장식한 여자를 비추게 하네.
아아! 세상일 그렇지 않은 게 없으니,
그대는 저 담 모퉁이에 버려진 짧은 등잔대를 보게나.

주해 ① 短檠歌(단경가) - 짧은 등잔대 노래. 《한퇴지문집(韓退之文集)》 권5
에는 〈단등경가(短燈檠歌)〉란 제하(題下)에 실려 있다.
② 黃簾綠幕(황렴록막) - 노란 발과 푸른 장막. 여자가 사는 방의 발과 장막을
가리킨다.
③ 搔頭(소두) - 머리를 긁다. 사람이 초조할 때 하는 동작. 《시경》 패풍(邶風)
정녀(靜女) 시에 '사랑하면서도 나타나지 않으니, 머리 긁으며 서성인다[愛
而不見, 搔頭蜘躕]' 하였다.
④ 頻挑(빈도) - 자주 등불 심지를 돋우다.

⑤ 東魯(동로) - 동쪽 노나라 지방. 공자가 살던 곡부(曲阜)가 있는 고장.

⑥ 射策(사책) - 지방의 공사(貢士)들이 조정에서 과거를 볼 때, 제목이 적힌 대쪽[策]을 뽑은 뒤 거기에 대한 논문을 지었던 일을 가리킴.

⑦ 綴語言(철어언) - 말을 엮어 글을 짓다. 논문 쓰는 연습을 하는 것.

⑧ 眵昏(치혼) - 눈꼽이 끼고 눈이 어두워지는 것.

⑨ 提挈(제설) - 책을 받쳐드는 것.

⑩ 還自恣(환자자) - 다시 자기 멋대로 행동하게 되다.

⑪ 珠翠(주취) - 진주와 비취. 진주와 비취로 장식한 여인들을 가리킴.

⑫ 墻角(장각) - 담 모퉁이.

(해설) 이 시는 등잔대를 빌어 인생의 무상함을 노래하고 있다. 먼저 집에서는 짧은 등잔대 앞에 눈물을 머금고 멀리 떠난 임의 옷을 짓는 여인의 모습을 노래하고, 다시 짧은 등잔대 앞에 과거보러 집 떠나와 밤새워 책 읽는 유생(儒生)을 노래하고 있다.

그런데 이 유생이 일단 과거에 급제하여 출세하게 되면 짧은 등잔대는 버리고 긴 등잔대 밑에서 아름다운 여인들과 즐거운 삶을 살게 된다는 것이다. 짧은 등잔대와 함께 불우했던 지난날이나 자기를 위해 애쓴 부인의 공은 까맣게 잊어버리는 게 보통이라는 것이다.

호호가(①浩浩歌)

마존(馬存)

浩浩歌여, 天地萬物如吾何오?
  (호호가   천지만물여오하)

②用之③解帶食④太倉이오, 不用⑤拂枕⑥歸山阿라.
  (용지해대식태창   불용불침귀산아)

君不見[7]渭川漁父[8]一竿竹과, [9]莘野耕叟數畝禾아?
　(군불견위천어부일간죽　신야경수수묘화)

喜來起作[10]商家霖이오, 怒後便[11]把周王戈라.
　(희래기작상가림　노후변파주왕과)

又不見[12]子陵橫足加帝腹가? 帝不敢動豈敢[13]訶오?
　(우불견자릉횡족가제복　제불감동기감가)

皇天[14]爲忙逼하여, 星宿[15]相擊摩라.
　(황천위망핍　성수상격마)

可憐[16]相府癡니, 邀請[17]先經過라.
　(가련상부치　요청선경과)

浩浩歌여, 天地萬物如吾何오?
　(호호가　천지만물여오하)

屈原枉死[18]汨羅水요, [19]夷齊空餓[20]西山坡라.
　(굴원왕사멱라수　이제공아서산파)

丈夫[21]举举不可[22]羈니, 有身何用[23]自滅磨오?
　(장부락락불가기　유신하용자멸마)

吾觀聖賢心하니, 自樂豈有他오?
　(오관성현심　자락기유타)

[24]蒼生如命窮이면, 吾道成[25]蹉跎라.
　(창생여명궁　오도성차타)

[26]直須爲[27]吊天下人이니, 何必[28]嫌恨[29]傷丘軻오?
　(직수위조천하인　하필혐한상구가)

浩浩歌여, 天地萬物如吾何오?
　(호호가　천지만물여오하)

[30]玉堂金馬在何處오? [31]雲山石室高[32]嵯峨라.
　(옥당금마재하처　운산석실고차아)

低頭欲耕地雖少나, 仰面[33]長嘯[34]天何多오?
　(저두욕경지수소　앙면장소천하다)

請君醉我一斗酒하라. **紅光入面春風和**라.
(청군취아일두주 홍광입면춘풍화)

넓고 큰 기분으로 노래하자!

천지 만물이 나를 어찌할 수가 있는가?

나를 써주면 허리띠 풀고 천한 옷 갈아입고 나라 곡식 먹을
게고,

써주지 않으면 베개 밀쳐버리고 일어나 산속으로 돌아가 살지.

그대는 보지 못했는가, 위수(渭水)의 어부 여상(呂尙)이 낚싯대
하나 들고 때를 기다리던 일과,

유신(有莘)의 들에서 밭 갈던 노인 이윤(伊尹)이 몇 마지기 벼 기
르며 때 기다리던 일을?

이윤은 기뻐하며 와서 떨치고 일어나 상(商)나라의 단비가 되었고,

여상은 상나라 폭정에 성이 나자 곧 주(周) 무왕(武王)의 창을 잡
고 싸웠네.

또 엄광(嚴光)이 광무제(光武帝)와 함께 자라 다리를 뻗쳐 황제
배 위에 올려놓았던 일을 보지 못했는가?

황제는 감히 움직이지도 않았으니 어찌 또 꾸짖었겠는가?

하느님은 이 때문에 당황하여,

별과 별자리가 서로 부딪치며 스쳐가게 하였다네.

가련한 재상 후패(侯覇)는 멍청해서,

엄광을 몰라보고 먼저 찾아와 달라고 요청했었지.

넓고 큰 기분으로 노래하자!

천지 만물이 나를 어찌할 수가 있겠는가?

굴원(屈原)은 헛되이 멱라수에 몸 던져 죽었고,

백이(伯夷)와 숙제(叔齊)는 공연히 서산(西山) 언덕에서 굶어 죽
었네.

대장부 뜻 뛰어나되 매인 데가 있어서는 안되니,

몸을 건사하는 데 어찌 스스로를 망치게 하겠는가?

내 성현들의 마음 보건대,

스스로 즐기는 것말고 어찌 또 딴 것이 있는가?

많은 사람 가운데 나서 운명이 궁지에 놓이게 되면,

내 올바른 길도 어긋나게 되는 것.

바로 모름지기 천하 사람들을 동정해야 할 것이니,

어찌 그것을 원망하며 공자(孔子)와 맹자(孟子)를 욕할 필요 있겠는가?

넓고 큰 기분으로 노래하자!

천지 만물이 나를 어찌할 수가 있겠는가?

옥당(玉堂)이나 금마문(金馬門)이 어디에 있다더냐?

구름 낀 산의 바위 동굴은 또 너무나 높다랗게 있구나!

머리 숙여 밭 갈려 하니 땅은 비록 적기는 하나,

얼굴 들어 긴 휘파람 불면 하늘은 얼마나 넓고 끝없는가?

그대는 나를 한 말 술로 취하게 하여 주게나.

붉은 술기운 얼굴에 오르면 봄바람과 조화되리라.

주해 ① 浩浩歌(호호가)—넓고 큰 기분으로 노래하자. 호호(浩浩)는 《맹자(孟子)》의 호연지기(浩然之氣)에서 나온 말로, 세상일에 거리낌없는 넓고 큰 기분으로 노래한다는 뜻.

② 用(용)—써주다. 등용하다. 임용하다.

③ 解帶(해대)—띠를 풀다. 옷의 띠를 풀어 평민의 옷을 벗고 관복으로 갈아입음을 뜻한다.

④ 太倉(태창)—나라의 창고. 나라 창고의 곡식. 봉록을 뜻한다.

⑤ 拂枕(불침)—베개를 밀쳐버리다. 베개를 밀쳐버리고 일어남을 뜻한다.

⑥ 歸山阿(귀산아)—산 언덕으로 돌아가다. 산속으로 들어가 숨어사는 것을 뜻함.

⑦ 渭川漁父(위천어부)―태공망(太公望) 여상(呂尙 : 성이 姜씨라 姜太公이라고도 부름)이 위수(渭水)에서 낚시질을 하고 있었는데, 주(周) 문왕(文王)이 사냥을 가다 그를 만나 얘기를 해보고는 크게 기뻐하며 당장 스승으로 모셨다 한다. 여상의 보좌로 주나라는 천하를 통일한다〔《史記》齊太公世家〕.

⑧ 一竿竹(일간죽)―한 개의 대나무 막대. 낚싯대를 뜻함.

⑨ 莘野耕叟(신야경수)―유신(有莘 : 河南省에 있던 나라 이름)의 들에서 밭 갈던 영감. 본시 이윤(伊尹)은 유신의 들판에서 농사를 지으며 요순(堯舜)의 도를 즐기고 있었는데, 상(商)나라 탕(湯)임금이 그를 등용하여 재상으로 삼아 천하를 얻는 데 큰 힘이 되었다〔《孟子》萬章〕.

⑩ 商家霖(상가림)―상나라 왕조에 단비 같은 존재가 되다. 이윤의 재상으로서의 역할을 뜻함. 본시 《서경(書經)》 열명(說命)편에서 은(殷)나라 고종(高宗)이 부열(傅說)을 발견하여 재상으로 삼은 뒤 '만약 나라에 큰 가뭄이 들면 그대로서 임우(霖雨)를 삼으리라'고 한 데서 나온 말. 본시 임우는 오래 내리는 비, 큰비임.

⑪ 把周王戈(파주왕과)―주왕(周王)의 창을 잡다. 여상(呂尙)이 주(周)나라 재상으로 무왕(武王)을 도와 은나라 주왕(紂王)을 친 일을 가리킴.

⑫ 子陵(자릉)―후한(後漢) 엄광(嚴光)의 자. 어려서 광무제(光武帝)와 함께 놀고 공부하였으며, 광무제가 제위에 오른 뒤 숨어사는 그를 찾아 궁중으로 불러들여 함께 지냈다. 이때 함께 자다 엄광이 자기 발을 황제의 배 위에 올려놓았다 한다. 그에게 간의대부(諫議大夫) 벼슬을 내렸으나 끝내 사양하고 부춘산(富春山)으로 들어가 숨어살았다〔《後漢書》本傳〕.

⑬ 訶(가)―꾸짖다.

⑭ 爲忙逼(위망핍)―그 때문에 바삐 허둥대다. 엄광이 광무제의 배 위에 발을 올려놓자 이것이 하늘의 성좌(星座)에도 영향을 미치어 객성(客星)이 제좌(帝座)를 심히 범했었다 한다〔《後漢書》本傳〕. 이 갑작스런 별자리의 변화 때문에 하느님이 허둥대었다는 것이다.

⑮ 相擊摩(상격마)―서로 부딪치며 스쳐가다. 객성(客星)이 제좌(帝座)를 범했던 일을 형용한 말.

⑯ 相府癡(상부치)─그때 재상이었던 후패(侯霸)는 바보였다.

⑰ 先經過(선경과)─먼저 찾아오도록 하다. 이때 사도(司徒)였던 후패는 엄광과 전부터 잘 아는 사이였는데, 만나고자 하여 자기는 바쁘니 찾아와 달라고 불렀으나, 엄광은 인의(仁義)를 바탕으로 정치나 잘하라는 교훈만 전하고 오지 않았다 한다[本書 注].

⑱ 汨羅水(멱라수)─초(楚)나라 굴원(屈原)은 충신이었는데도 회왕(懷王)과 양왕(襄王)에게 참언으로 거듭 쫓겨나 강호(江湖)를 유랑하며 〈초사(楚辭)〉를 읊조리다가 분만(憤懣)을 이길 길이 없어 멱라수에 몸을 던져 죽었다 한다[《史記》列傳].

⑲ 夷齊(이제)─백이(伯夷)와 숙제(叔齊). 이들은 고죽군(孤竹君)의 아들로, 주(周) 무왕이 은(殷)나라를 쳐부수자 두 임금을 섬길 수 없다 하고 수양산(首陽山)으로 들어가 고비를 뜯어먹고 살다 굶어 죽었다 한다[《史記》列傳].

⑳ 西山(서산)─수양산(首陽山). 산서성(山西省) 영제현(永濟縣), 하북성(河北省) 노룡현(盧龍縣), 하남성(河南省) 언사현(偃師縣), 감숙성(甘肅省) 농서현(隴西縣) 등 이 산의 위치는 책에 따라 설이 구구하다.

㉑ 犖犖(낙락)─우뚝히 뛰어난 모양[《說文》]. 분명한 모양[《史記》注].

㉒ 覊(기)─말머리에 매는 가죽끈. 매다. 매이다.

㉓ 自滅磨(자멸마)─스스로를 망치게 하는 것. 스스로 마멸되게 하는 것.

㉔ 蒼生(창생)─많은 사람들. 창(蒼)은 초목이 많이 우거진 것. 따라서 많은 초목 같은 사람들.

㉕ 蹉跎(차타)─발을 헛딛는 것. 넘어지는 것. 실패하는 것.

㉖ 直須(직수)─오직 ……해야만 한다. 직(直)은 지(只)와 통함.

㉗ 吊(조)─조문하다. 위로하다.

㉘ 嫌恨(혐한)─싫어하고 한하다. 미워하고 원망하다.

㉙ 傷丘軻(상구가)─상(傷)은 해치는 것. 욕하는 것. 구(丘)는 공구(孔丘), 공자의 이름. 가(軻)는 맹가(孟軻), 맹자의 이름.

㉚ 玉堂金馬(옥당금마)─옥당(玉堂)은 한림원(翰林院)의 별칭. 한대(漢代)에 시중(侍中)으로 옥당서(玉堂署)가 있어 생긴 말. 금마(金馬)는 금마문(金

馬門). 한대 환서(宦署)의 문으로 옆에 동마(銅馬)가 있어 그렇게 불렀다. 모두 황제를 가까이서 받드는 요직을 뜻함.

㉛ 雲山石室(운산석실)―구름낀 산의 바위 동굴. 은사(隱士)가 사는 곳을 가리킴.

㉜ 嵯峨(차아)―산이 높은 모양.

㉝ 長嘯(장소)―길게 휘파람불다.

㉞ 天何多(천하다)―하늘은 얼마나 많은가. 여기서는 하늘이 끝없이 넓은 것을 뜻함.

해설 외물(外物)에 대한 아무런 거리낌도 없이 호연(浩然)히 살아가려는 작자의 뜻을 노래한 시이다. 당국에서 써주면 일하고 써주지 않으면 산속에 묻혀 살면서 천지의 조화와 일체가 되겠다는 것이다. 끝머리에서 노래한 술마시는 뜻에서는 도연명(陶淵明)이나 이백(李白)의 기상을 느끼게 한다.

칠석가(①七夕歌)

장뢰(張耒)

人間一葉梧桐②飄하니, ③蓐收行秋④回斗杓라.
　　(인간일엽오동표　욕수행추회두표)

⑤神官召集⑥役靈鵲하여, 直渡銀河橫作橋라.
　　(신관소집역령작　직도은하횡작교)

河東美人⑦天帝子이, ⑧機杼年年勞玉指하여,
　　(하동미인천제자　기저년년노옥지)

織成雲霧⑨紫綃衣하니, 辛苦無歡⑩容不理라.
　　(직성운무자초의　신고무환용불리)

帝憐獨居無與娛하여, 河西嫁與⑪牽牛夫라.
　(제련독거무여오　하서가여견우부)

自從嫁後廢⑫織紝하고, ⑬綠鬢雲鬟朝暮⑭梳라.
　(자종가후폐직임　녹빈운환조모소)

貪歡⑮不歸天帝怒하여, 責歸⑯却踏來時路하고,
　(탐환불귀천제노　책귀각답내시로)

但令一歲一相見하여, 七月七日橋邊渡라.
　(단령일세일상견　칠월칠일교변도)

別多會少知奈何오? 却憶從前歡愛多라.
　(별다회소지내하　각억종전환애다)

⑰匆匆萬事說不盡이나, ⑱玉龍已駕隨⑲羲和라.
　(총총만사설부진　옥룡이가수희화)

河邊⑳靈官催曉發하니, 令嚴不肯輕離別이라.
　(하변령관최효발　영엄불긍경리별)

便將淚作雨㉑滂沱하니, 淚痕有盡愁無歇이라.
　(변장루작우방타　누흔유진수무헐)

我言織女君莫歎하라, 天地無窮㉒會相見이라.
　(아언직녀군막탄　천지무궁회상견)

猶勝㉓嫦娥不嫁人하고, 夜夜孤眠㉔廣寒殿이라.
　(유승항아불가인　야야고면광한전)

　인간 세상에 오동나무 한 잎새 날아 떨어지니,
　가을의 신(神) 욕수(蓐收)는 가을철 되도록 북두칠성의 자루 돌려
놓았네.
　신관(神官)들은 신령스런 까치를 모아 부리어,
　은하수를 곧장 건너 가로지르는 다리를 만든다네.
　은하수 동쪽에 미인인 하느님의 딸 있었는데,
　베틀 위에서 북으로 해마다 옥 같은 손가락 수고롭혀,

구름과 안개 같은 자줏빛 비단 옷감 짜내느라,

괴롭기만 하고 즐거움은 없어 얼굴도 치장하지 않았다네.

하느님은 홀로 지내며 함께 즐길 이 없음을 가엾게 여기시어,

은하수 서쪽의 남자 견우에게 시집을 보냈다네.

시집을 간 뒤로는 베 짜는 일 집어치우고,

검고 구름 같은 머리만 아침저녁으로 빗었다네.

즐김만 탐하고 돌아올 줄 모르자 하느님 노하시어,

죄를 물어 다시 오던 길 따라 은하수 동쪽으로 돌아가게 하고,

오직 1년에 한 번만 만나도록 하여,

7월 칠석이면 은하수 다리를 건너게 되었다네.

이별의 날은 많은데 만나는 날은 적으니 어찌하면 좋은가?

도리어 종전에 사랑의 즐거움 많았던 것만 생각하네.

서둘러도 만 가지 일 다 얘기하지 못하는데,

옥룡(玉龍)은 이미 해 실은 수레 끌고 희화 모는 대로 나타났네.

은하수 가의 신령 관원은 새벽이 되었다고 출발을 재촉하는데,

명령 엄하다 해도 이들은 이별을 가벼이 하려들지 않네.

그때 눈물 흘리는 게 비처럼 쏟아지는데,

눈물자국은 다할 날 있다 해도 이 시름 없어지지 않을 거라네.

내 직녀에게 말하나니 그대는 탄식 말게,

천지는 무궁하니 꼭 만나게 될 것이라.

달의 선녀 항아가 시집을 가지 않고,

밤마다 광한전에서 외롭게 자고 있는 것보단 낫지 않으냐?

(주해) ① 七夕歌(칠석가)―칠석날 노래. 견우직녀의 전설을 노래한 시. 장뢰
(張耒)의 《장우사문집(張右史文集)》 권5에 들어 있음.

② 飄(표)―바람에 날리다. 날려 떨어지다.

③ 蓐收(욕수)―가을의 신(神) 이름[《禮記》 月令].

④ 回斗杓(회두표)—북두칠성의 자루를 돌리다. 두표(斗杓)는 두병(斗柄)이라고도 하며 북두칠성의 자루같이 생긴 꼬리처럼 늘어선 세 개의 별. 두표는 정월엔 인(寅), 2월엔 묘(卯)를 가리키며 돌아가 7월에는 신(申)의 방향을 가리킨다 한다.

⑤ 神官(신관)—하늘 신(神)의 관리.

⑥ 役靈鵲(역령작)—신령스런 까치를 부리다.

⑦ 天帝子(천제자)—하느님의 딸. 직녀성(織女星)을 가리킴.

⑧ 機杼(기저)—베틀과 북.

⑨ 紫綃衣(자초의)—자줏빛 비단 옷감.

⑩ 容不理(용불리)—얼굴을 다듬지 않다. 얼굴을 치장하지 않다.

⑪ 牽牛夫(견우부)—남자 견우. 견우성.

⑫ 織絍(직임)—베 짜는 일. 임(絍)도 직(織)과 같이 짜는 것.

⑬ 綠鬢雲鬟(녹빈운환)—흑녹색의 머리와 구름 같은 머리.

⑭ 梳(소)—빗. 빗질하다.

⑮ 不歸(불귀)—돌아오지 않다. 여기서는 귀녕(歸寧)하지 않다의 뜻. '귀녕'은 시집간 여자가 친정 부모를 찾아뵙는 것.

⑯ 却踏來時路(각답래시로)—다시 오던 때의 길을 밟고 돌아가게 하다. 다시 옛날의 은하수 동쪽으로 돌려보낸 것을 뜻함.

⑰ 匆匆(총총)—총총(忽忽)으로도 쓰며, 마음이 바쁜 것. 서두르는 것.

⑱ 玉龍(옥룡)—옥 같은 용. 해는 여섯 마리의 용이 끄는 수레에 실려 운행되며, 그 수레를 희화(羲和)가 몬다 한다〔《淮南子》注, 洪興祖《楚辭補注》離騷注 引〕.

⑲ 羲和(희화)—해를 운행케 하는 신. 일어(日御)〔王逸《楚辭章句》〕.

⑳ 靈官(영관)—신령한 관리. 앞의 신관(神官)과 비슷함.

㉑ 滂沱(방타)—비가 쏟아지는 것.

㉒ 會(회)—꼭. 반드시.

㉓ 嫦娥(항아)—항아(姮娥)라고도 하며, 본시 예(羿)의 처인데 남편이 구한 불사약을 훔쳐 가지고 달로 달아나 살고 있다 한다〔《淮南子》覽冥訓, 《後漢書》天文志〕.

㉔ 廣寒殿(광한전) — 달 속에 있다는 전각(殿閣) 이름〔《天寶遺事》〕.

해설　7월 칠석의 견우(牽牛)와 직녀(織女) 전설을 노래한 시. 칠석의 이 애절한 사랑 얘기는《형초세시기(荊楚歲時記)》등에 기록되어 있는 것인데, 우리나라나 일본에까지도 크게 영향을 주었다. 긴 이별이 아쉽고 슬프기는 하지만 사랑할 사람조차 없는 달나라의 쓸쓸한 항아(嫦娥)보다는 너 직녀가 훨씬 낫다는 이 시의 끝맺음은 작자의 다감(多感)을 느끼게 한다.

차 노래(①茶歌)

노동(盧仝)

日高②丈五睡正濃이러니, ③軍將扣門④驚周公이라.
　　(일고장오수정농　군장구문경주공)

口傳⑤諫議送書信하니, 白絹斜封⑥三道印이라.
　　(구전간의송서신　백견사봉삼도인)

開緘⑦宛見諫議面하고, ⑧首閱⑨月團三百片이라.
　　(개함완현간의면　수열월단삼백편)

聞道⑩新年入山裏하여, ⑪蟄蟲驚動春風起하니,
　　(문도신년입산리　칩충경동춘풍기)

天子須嘗⑫陽羨茶요, 百草不敢先開花라.
　　(천자수상양선차　백초불감선개화)

⑬仁風暗結⑭珠蓓蕾하니, 先春抽出黃金芽라.
　　(인풍암결주배뢰　선춘추출황금아)

⑮摘鮮焙芳⑯旋封裏하니, 至精至好且不奢라.
　　(적선배방선봉과　지정지호차불사)

⑰至尊之餘合王公이어늘, 何事便到⑱山人家오?
　　(지존지여합왕공　하사변도산인가)

⑲柴門反關無俗客하고, ⑳紗帽籠頭自煎喫이라.
　　(시문반관무속객　사모롱두자전끽)

㉑碧雲引風吹不斷하고, ㉒白花浮光凝碗面이라.
　　(벽운인풍취부단　백화부광응완면)

一碗喉吻潤이오, 二碗破孤悶이라.
　　(일완후문윤　이완파고민)

三碗㉓搜枯腸하여, 惟有文字五千卷이라.
　　(삼완수고장　유유문자오천권)

四碗發輕汗하여, 平生不平事를,
　　(사완발경한　평생불평사)

盡向毛孔散이라.
　　(진향모공산)

五碗肌骨淸이오, 六碗㉔通仙靈이라.
　　(오완기골청　육완통선령)

七碗㉕喫不得하니, 也唯覺㉖兩腋㉗習習淸風生이라.
　　(칠완끽부득　야유각양액습습청풍생)

㉘蓬萊山在何處오? ㉙玉川子乘此淸風㉚欲歸去라.
　　(봉래산재하처　옥천자승차청풍욕귀거)

山上群仙㉛司下土나, 地位淸高隔風雨하니,
　　(산상군선사하토　지위청고격풍우)

㉜安得知百萬億蒼生이, ㉝命墮巓崖受辛苦오?
　　(안득지백만억창생　명타전애수신고)

便從諫議問蒼生이면, ㉞到頭合得㉟蘇息否아?
　　(변종간의문창생　도두합득소식부)

　　해는 한 발이나 높이 떴으되 잠에 마침 푹 빠져 있는데,

군(軍)의 장교가 와 문 두드리어 주공(周公)의 꿈을 놀라 깨게 하네.
말하기를 간의(諫議)께서 편지를 보내왔다는데,
흰 비단으로 비스듬히 봉하고 세 개의 도장 찍었네.
봉함 열자 완연히 간의의 얼굴 보는 듯하고,
먼저 달처럼 둥근 3백 편(片)의 차(茶)가 눈에 띄네.
듣건대 새해 기운이 산속으로 들어가서,
동면하던 벌레 놀라 움직이게 하고 봄바람 일으키니,
천자께서는 반드시 양선(陽羨)의 차를 맛보셔야 할 것이니,
모든 풀이 감히 차에 앞서 꽃 피우지 못하는 거지.
어진 바람이 슬며시 구슬 같은 꽃봉오리 맺게 하니,
봄에 앞서 차는 황금의 싹을 내미네.
그 신선한 싹 따서 향기롭게 구워낸 다음 곧 싸서 봉하니,
지극히 정성되고 지극히 훌륭하지만 사치스럽지는 않네.
천자께서 드신 나머지 차는 왕공(王公)들에게나 합당한 것인데,
어쩐 일로 이 산속에 사는 사람 집에 오게 되었는가?
사립문 닫아놓아 속된 손님이란 없고,
사모(紗帽)로 머리 감싸고 스스로 차 끓여 마시네.
푸른 구름 같은 차 김은 바람을 끌어들여 끊임없이 불고,
흰 꽃 같은 차 거품은 빛을 띠우며 찻잔 표면에 엉기네.
첫째 잔은 목과 입술 적셔주고,
둘째 잔은 외로운 시름 깨쳐주고,
셋째 잔은 메마른 창자를 헤쳐 주어,
그 배 속엔 5천 권의 책 읽은 지식만 남게 되네.
넷째 잔은 가벼운 땀 나게 하여,
평생의 불평스러운 일들을,
모두 털구멍 통해 흩어져 나가게 한다네.
다섯째 잔은 살갗과 뼈 맑게 해주고,

여섯째 잔은 신선(神仙) 신령(神靈)에 통하게 해주네.

일곱째 잔은 마실 것도 없으니,

문득 양편 겨드랑이에 나래가 나 맑은 바람 일으키며 등선(登仙)함을 깨닫게 되네.

봉래산은 어디에 있는고?

나 옥천자(玉川子)는 이 맑은 바람 타고 돌아가고자 하네.

봉래산 위의 여러 신선들이 이 아래 땅을 다스리지만,

그들 자리가 맑고 높아 세상의 비바람으로부터 떨어져 있으니 억만 창생(蒼生)들이,

그들 운명을 높은 벼랑 위로부터 떨어뜨리어 고통을 받고 있는 줄 어찌 알리?

그러니 간의에게 창생들에 대하여 물어본다면,

마침내 그들이 되살아나게 될 수 있을 게 아닐까?

주해 ① 茶歌(다가)―차 노래. 본시 제하(題下)에 '맹간의간(孟諫議簡)이 차를 보내준 것에 감사함[謝孟諫議簡惠茶]'이란 주(註)가 달려 있다. 간의대부 맹간(孟簡)이 차를 보내준 데 감사한 뜻을 표하며 지은 차에 관한 시로, 《옥천자시집(玉川子詩集)》 권2에 〈주필사맹간의신차(走筆謝孟諫議新茶)〉란 제하(題下)에 이 시가 실려 있다.

② 丈五(장오)―1장(丈) 5척(尺). 해가 하늘에 높이 솟은 거리를 나타냄.

③ 軍將(군장)―군의 장교. 맹간의 수하 사람임.

④ 驚周公(경주공)―좋은 꿈을 놀라 깨우다. 《논어(論語)》 술이(述而)편에 '나는 다시는 주공(周公)을 꿈에 보지 못하고 있다[吾不復夢見周公]'라고 한 공자의 말에서 주공을 끌어낸 것이다.

⑤ 諫議(간의)―간의대부로 맹간의 벼슬. 천자를 시종하며 규간(規諫)하는 중요한 벼슬자리임.

⑥ 三道印(삼도인)―3개의 도장을 찍은 것인 듯[봉하기 위하여].

⑦ 宛見(완현)―완연히 드러나다. 완연히 보는 듯하다.

⑧ 首閱(수열)―먼저 보게 되다. 맨 먼저 눈에 띄는 것.

⑨ 月團(월단)―차를 달처럼 둥글게 뭉쳐 놓은 것.

⑩ 新年(신년)―새해. 새해 기운. 봄기운을 가리킴.

⑪ 蟄蟲(칩충)―동면하는 벌레.

⑫ 陽羨茶(양선차)―양선(陽羨)에서 나는 차. 양선은 강소성(江蘇省) 의흥현 (宜興縣) 남쪽의 옛 현(縣) 이름. 좋은 차의 산지로 알려져 있다.

⑬ 仁風(인풍)―어진 바람. 만물을 소생케 하는 봄바람을 가리킴.

⑭ 珠蓓蕾(주배뢰)―구슬 같은 꽃봉오리.

⑮ 摘鮮焙芳(적선배방)―신선한 싹을 따서 향기롭게 불에 구워 말리다.

⑯ 旋封裹(선봉과)―바로 싸서 봉하다.

⑰ 至尊(지존)―지극히 존귀한 분. 천자를 가리킴.

⑱ 山人(산인)―산에 사는 사람. 작자 자신〔盧仝〕을 가리킴.

⑲ 柴門(시문)―싸리문. 사립문.

⑳ 紗帽籠頭(사모롱두)―엷은 비단 모자로 머리를 감싸다. 사모를 쓰다.

㉑ 碧雲(벽운)―푸른 구름. 끓는 차 김을 형용한 말.

㉒ 白花(백화)―흰 꽃. 끓는 차 거품을 형용한 말.

㉓ 搜枯腸(수고장)―메마른 창자를 구석구석 헤쳐주다. 가난한 선비인 자기 의 메마른 창자를 모두 헤쳐 깨끗이 해주는 것.

㉔ 通仙靈(통선령)―신선과 신령에 통하다. 신선과 신령의 경지에 이르게 하다.

㉕ 喫不得(끽부득)―마실 필요가 없다. '마실 수 없다'가 아님.

㉖ 兩腋(양액)―양편 겨드랑이.

㉗ 習習(습습)―바람소리. 나래짓하는 소리.

㉘ 蓬萊山(봉래산)―동쪽 바닷속에 있다는 신선이 사는 삼신산(三神山) 중 의 하나. 영주(瀛洲)·방장(方丈)을 합쳐 삼신산이라 한다.

㉙ 玉川子(옥천자)―작자 노동(盧仝)의 호임.

㉚ 欲歸去(욕귀거)―돌아가고자 한다. 봉래산(蓬萊山)으로 가고자 함을 뜻함.

㉛ 司下土(사하토)―아래 땅을 관장하다. 아래 땅이란 속인들이 사는 세상.

㉜ 安得知(안득지)―어찌 알 수 있으리?

㉝ 命墮顚崖(명타전애)―운명에 의하여 높은 절벽으로부터 떨어지다. 고난을

겨고 있음을 뜻함.
㉞ 到頭(도두)－끝에 가서는. 결국. 마침내.
㉟ 蘇息(소식)－되살아나다. 소생하다.

해설 차와 차의 효과를 읊다가 결국은 차를 보내준 맹간(孟簡)이 간의대부(諫議大夫)란 벼슬자리를 잘 지키고 있음을 칭송하고 있다. 시의 구성이나 형식면에서도 나무랄 데 없으며 내용은 청아한 풍취를 담고 있다고 할 수 있다.

창포가(①菖蒲歌)

사방득(謝枋得)

有石②奇峭天琢成이오, 有草③天天冬夏靑이라.
　　(유석기초천탁성　유초요요동하청)

人言菖蒲非一種이니, ④上品九節⑤通仙靈이라.
　　(인언창포비일종　상품구절통선령)

異根不帶塵埃氣하고, ⑥孤操愛結⑦泉石盟이라.
　　(이근부대진애기　고조애결천석맹)

⑧明窓淨几有⑨宿契라, 花林⑩草砌⑪無交情이라.
　　(명창정궤유숙계　화림초체무교정)

夜深不嫌淸露重하고, 晨光疑有白雲生이라.
　　(야심불혐청로중　신광의유백운생)

⑫嫩如⑬秦時童女登⑭蓬瀛에, 手携⑮綠玉杖徐行이라.
　　(눈여진시동녀등봉영　수휴녹옥장서행)

瘦如⑯天台山上賢聖僧이, ⑰休糧絶粒孤鶴形이오,
　　(수여천태산상현성승　휴량절립고학형)

⑱勁如五百義士從⑲田橫에, 英氣⑳凜凜㉑摩靑冥이오,
　　(경여오백의사종전횡　영기름름마청명)

淸如三千弟子立㉒孔庭에, ㉓回琴點瑟㉔天機鳴이라.
　　(청여삼천제자입공정　회금점슬천기명)

堂前不入㉕紅粉意요, 席上嘗聽詩書聲이라.
　　(당전불입홍분의　석상상청시서성)

㉖恠在石篠簜皆㉗充貢이니, 此物㉘舜廊當共登이라.
　　(괴석조탕개충공　차물순랑당공등)

㉙神農知已入㉚本草나, ㉛靈均蔽賢㉜遺騷經이라.
　　(신농지이입본초　영균폐현유소경)

幽人㉝耽翫發仙興하고, ㉞方士服餌延㉟脩齡이라.
　　(유인탐완발선흥　방사복이연수령)

㊱綵鸞紫鳳㊲琪花苑이오, ㊳赤虯玉麟㊴芙蓉城이라.
　　(채란자봉기화원　적규옥린부용성)

上界眞人好淸淨하니, 見此㊵靈苗當大驚이라.
　　(상계진인호청정　견차령묘당대경)

我欲携之朝㊶太淸하니, 瑤草不敢專芳馨이라.
　　(아욕휴지조태청　요초불감전방형)

㊷玉皇一笑留香案하고, ㊸錫與有道者長生이라.
　　(옥황일소유향안　석여유도자장생)

人間千花萬草儘㊹榮艶이나, 未必敢與此草爭高名이라.
　　(인간천화만초진영염　미필감여차초쟁고명)

기이하게 솟아난 돌 있는데 하늘이 쪼아 만들어 놓은 것이요,
싱싱한 풀 있는데 겨울이고 여름이고 푸르르네.
사람들이 말하기를 창포는 한 가지만이 아니라 하며,
상급의 것은 줄기 한 치 사이에 아홉 마디 있고 신선에 통달케 한
다네.

특이한 뿌리는 먼지나 티끌 기운 띠지 않고,
　외로이 지키는 절조는 샘과 돌 곁에 자랄 약속 맺기 좋아한다네.
　밝은 창 앞 깨끗한 책상과는 옛부터 인연이 있으나,
　꽃 피는 숲속이나 풀 우거지는 섬돌 가에는 가까이할 정 없다네.
　밤 깊어 맑은 이슬 되어 내리는 것 싫어하지 않고,
　아침햇살 비치면 흰 구름 피어나는 듯 느껴진다네.
　부드럽기는 진시황(秦始皇) 때 숫처녀가 봉래(蓬萊)·영주(瀛洲)
오를 적에,
　손에 녹옥(綠玉) 지팡이 들고 천천히 걸어가는 듯하네.
　마르기는 천태산(天台山) 위의 성현(聖賢) 같은 스님이,
　곡기(穀氣) 끊고 살아가는 외로운 학 형상일세.
　힘 있기는 5백 명의 의사(義士)들이 제(齊)나라 전횡(田橫)을 따
를 적에,
　영기(英氣) 늠름하여 푸른 하늘에 닿을 듯할 적 같네.
　맑기는 3천 명의 제자들이 공자님 집 뜰에 서있을 적에,
　안회(顔回)의 금(琴)과 증점(曾點)의 슬(瑟)이 천리(天理)를 따라
자연스럽게 울리는 듯하네.
　창포가 있는 집 앞에는 여자의 붉은 연지와 흰 분 기미가 묻어들
지 않고,
　창포 있는 자리에선 《시경(詩經)》《서경(書經)》 읽는 소리 들리
는 게 보통이네.
　괴상한 돌과 가는 대 굵은 대로 모두 공물(貢物)에 충당되었으니,
　이 석창포(石菖蒲)도 순(舜)임금 궁정엔 당연히 공물로 함께 올랐
었으리라.
　신농(神農)은 이를 잘 알아 일찍이 《본초(本草)》 속에 넣었으나,
　굴원(屈原)은 현명함이 가리워져 이소(離騷)에서 읊는 것을 빠뜨
렸네.

숨어사는 사람이 석창포에 빠져 즐기게 되면 신선의 흥취를 발하
게 되고,

방사(方士)들이 이를 복용하면 길게 수명 연장시킨다네.

석창포는 여러 채색의 난(鸞)새와 자줏빛 봉(鳳)새가 노는 기화요
초(琪花瑤草)의 정원 같기도 하고,

붉은 규룡(虬龍)과 옥 기린(麒麟)이 노는 부용성(芙蓉城) 같기도
하네.

하늘 위 세상의 선인(仙人)들은 맑고 깨끗함 좋아하니,

이 신령스런 석창포 싹 본다면 당연히 크게 놀라리라.

나는 이를 갖고 태청궁(太淸宮)을 찾아가려 하노니,

요초(瑤草)란 향기로운 향기를 자기 혼자 가질 수는 없기 때문이네.

옥황상제(玉皇上帝)께서 웃으시며 향기로운 책상 위에 두었다가,

올바른 도 닦은 이에게 내려주어 불로장생케 하리라.

인간세상의 천가지 만가지 화초 아무리 아름답고 곱다 해도,

반드시 감히 이 풀과는 고상한 이름을 다투지는 못하리라.

주해 ① 菖蒲歌(창포가) ─ 창포 노래. 창포는 물가에 나는 풀로 이창포(泥菖
蒲)・수창포(水菖蒲)・석창포(石菖蒲) 등 여러 가지가 있는데, 여기서 읊
고 있는 것은 석창포임. 석창포는 수석(水石) 사이에 자라는 명품(名品)
임〔李時珍《本草綱目》〕.

② 奇峭(기초) ─ 기이하게 솟아난 것. 초(峭)는 산이나 바위가 솟아 있는 것.
석창포 곁의 돌과 바위를 형용한 말임.

③ 夭夭(요요) ─ 싱싱한 모양〔《시경》周南 桃夭〕.

④ 上品九節(상품구절) ─ 상급의 품종은 줄기 한 치 사이에 아홉 개의 마디
가 있다. 진(晉) 혜함(嵇含)의 《남방초목상(南方草木狀)》에 ‘창포는 번우
(番禺 : 廣東省 縣 이름) 동쪽에 계곡 물이 있는데 그곳에서 난다. 모두
한 치에 아홉 개의 마디가 있다. 안기생(安期生)이 이를 복용하여 신선이
되어 가버리고, 옥신발만을 남겼다 한다’ 하였다.

⑤ 通仙靈(통선령)－신선과 신령에게로 통하게 하다. 신선이 되게 하다.

⑥ 孤操(고조)－외로운 절조, 고고한 지조(志操).

⑦ 泉石盟(천석맹)－샘물과 돌과 맹약(盟約)을 맺다. 석창포가 물과 돌 옆에 잘 자람을 뜻함.

⑧ 明窓淨几(명창정궤)－밝은 창 앞의 깨끗한 책상.

⑨ 宿契(숙계)－오래된 약속. 오래된 인연.

⑩ 草砌(초체)－풀 우거진 섬돌.

⑪ 無交情(무교정)－사귈 정이 없다. 가까이하고픈 심정이 없다.

⑫ 嫩(눈)－부드러운 것. 여리고 싱싱한 것.

⑬ 秦時童女(진시동녀)－진나라 때의 숫처녀. 진시황(秦始皇)은 동해(東海) 가운데 삼신산이 있다는 말을 믿고 서불(徐市)로 하여금 동남동녀(童男童女) 수천 명을 데리고 가서 불로초를 구해오도록 하였다[始皇三六年,《史記》始皇本記].

⑭ 蓬瀛(봉영)－봉래(蓬萊)와 영주(瀛洲). 방장(方丈)과 함께 삼신산의 이름.

⑮ 綠玉(녹옥)－녹주석(綠柱石), 또는 녹보석(綠寶石)이라고도 하는 옥돌 이름.

⑯ 天台山(천태산)－절강성(浙江省) 천태현(天台縣) 북쪽에 있는 험하고 높은 산. 한(漢)나라 때 유신(劉晨)과 원조(阮肇)가 약초를 캐러 갔다가 그곳에서 선인(仙人)을 만났다 하며, 수(隋)나라 지자대사(智者大師)는 그곳에서 수양을 하여 천태종(天台宗)이란 불교의 일파(一派)를 열었다.

⑰ 休糧絶粒(휴량절립)－양식을 멀리하고 곡식을 끊다, 곧 곡기를 끊는 것.

⑱ 勁(경)－굳센 것. 힘센 것.

⑲ 田横(전횡)－진(秦)나라 말엽 제(齊)나라 임금 전영(田榮)의 아우. 항우(項羽)와 유방(劉邦)을 상대로 싸우며 제나라를 지탱하다 제왕(齊王)이 됨. 한(漢)나라가 초(楚)를 멸하자 전횡은 부하 5백여 명을 이끌고 바다 속 섬으로 들어가, 한고조(漢高祖)가 불러도 응하지 않다가 마침내는 모두 자살하였다 한다.

⑳ 凜凜(늠름)－싸늘한 모양. 위엄 있고 대단한 모양.

㉑ 摩靑冥(마청명)－푸른 하늘을 어루만지다. 푸른 하늘에 닿다.

㉒ 孔庭(공정)－공자의 집 마당.

㉓ 回琴點瑟(회금점슬)―공자의 제자인 안회(顏回)가 타는 금(琴)과 증점(曾點)이 타는 슬(瑟).《논어(論語)》선진(先進)편에 증점이 슬을 타는 얘기가 보이나, 안회가 금을 타는 얘기는《장자(莊子)》에 보일 뿐이다.

㉔ 天機鳴(천기명)―하늘의 이치가 움직임대로 울리다.

㉕ 紅粉意(홍분의)―붉은 연지와 흰 분을 바른 여자의 기미(氣味).

㉖ 怪石篠簜(괴석조탕)―청주(青州)에서 나는 옥 비슷한 특이한 돌과 양주(揚州)에서 나는 가는 대[화살대]와 굵은 대. 괴(怪)는 괴(怪)와 같은 자임.

㉗ 充貢(충공)―공물(貢物)에 충당되다. 공물은 각 지방에서 조정에 바치던 그곳의 특산물.

㉘ 舜廊(순랑)―옛 순임금의 궁전. 낭(廊)은 궁전의 곁채를 가리킴.

㉙ 神農(신농)―태곳적 삼황(三皇) 중의 한 사람. 처음으로 모든 풀을 맛보고 의약(醫藥)을 마련했다 한다[《史記》三皇本紀].

㉚ 本草(본초)―신농(神農)이 지었다는《본초경(本草經)》3권. 약재에 관한 가장 오래된 책이라 한다[李時珍《本草綱目》].

㉛ 靈均(영균)―《초사(楚辭)》이소(離騷)의 작자인 굴원(屈原)의 자[離騷].

㉜ 遺騷經(유소경)―이소(離騷)에서는 언급을 빠뜨리다. 소경(騷經)은 이소경(離騷經)의 생략. 굴원은 이소에서 모든 향초를 동원하여 성인군자에 비유했는데, 창포는 한번도 인용하지 않았다.

㉝ 耽翫(탐완)―지나치게 좋아하며 즐기는 것.

㉞ 方士(방사)―방술(方術), 곧 선도(仙道)를 닦는 사람.

㉟ 脩齡(수령)―긴 수명. 장수(長壽).

㊱ 綵鸞紫鳳(채란자봉)―채색의 난새[봉황새의 일종]와 자줏빛 봉새. 창포꽃의 아름다움을 비유한 것.

㊲ 琪花苑(기화원)―기화요초(琪花瑤草)가 가득한 정원.

㊳ 赤虬玉麟(적규옥린)―붉은 규룡(虬龍)과 옥빛 기린(麒麟). 창포의 줄기와 뿌리의 아름다움을 비유한 것.

㊴ 芙蓉城(부용성)―연꽃이 많은 신선이 산다는 성 이름[胡微之《芙蓉城傳》].

㊵ 靈苗(영묘)―신령스런 풀 싹. 석창포를 가리킴.

㊶ 太淸(태청)—도가(道家)의 삼청경(三淸境) 중의 하나인 태청궁(太淸宮 : 《抱朴子》 雜應).

㊷ 玉皇(옥황)—여러 신선을 다스리는 옥황상제.

㊸ 錫(석)—주는 것. 사(賜)와 같은 뜻.

㊹ 榮艷(영염)—꽃 피고 고운 것.

[해설] 여기에서 읊은 석창포는 '겨울이나 여름이나 푸르다' 했으니 남방 식물임에 틀림없고, 언제나 수석(水石) 곁에 자라는 난(蘭) 비슷한 풀인 듯하다. 석창포의 특성이나 빼어난 모습이 잘 묘사된 시이다.

석고가 (①石鼓歌)

한유(韓愈)

②張生手持石鼓文하고, 勸我試作石鼓歌라.
    (장생수지석고문   권아시작석고가)

③少陵無人④謫仙死하니, 才薄將奈石鼓何오?
    (소릉무인적선사   재박장내석고하)

⑤周綱陵遲四海沸하니, ⑥宣王憤起⑦揮天戈라.
    (주강릉지사해비   선왕분기휘천과)

大開⑧明堂受朝賀하니, 諸侯⑨劍珮鳴相磨라.
    (대개명당수조하   제후검패명상마)

⑩蒐于⑪岐陽⑫騁雄俊하니, 萬里禽獸皆⑬遮羅라.
    (수우기양빙웅준   만리금수개차라)

⑭鐫功勒成告萬世코자, ⑮鑿石作鼓⑯隳嵯峨라.
    (전공륵성고만세   착석작고휴차아)

從臣才藝咸第一이어늘, ⑰簡選譔刻留⑱山阿라.
　　(종신재예함제일　간선선각유산아)

⑲雨淋日炙野火燒로되, 鬼物守護⑳煩撝訶라.
　　(우림일자야화소　귀물수호번휘가)

公從何處得㉑紙本고? 毫髮盡備㉒無差訛라.
　　(공종하처득지본　호발진비무차와)

辭嚴義密讀難曉요, 字體不類㉓隷與蝌라.
　　(사엄의밀독난효　자체불류예여과)

年深豈免有㉔缺畫고? 快劍㉕斫斷生㉖蛟鼉라.
　　(연심기면유결획　쾌검작단생교타)

㉗鸞翔鳳翥衆仙下하고, ㉘珊瑚碧樹交枝柯며,
　　(난상봉저중선하　산호벽수교지가)

㉙金繩鐵索㉚鏁紐壯이오, ㉛古鼎躍水㉜龍騰梭라.
　　(금승철삭쇄뉴장　고정약수용등사)

陋儒編㉝詩不收入하니, ㉞二雅㉟褊迫無㊱委蛇라.
　　(누유편시불수입　이아편박무위사)

孔子西行㊲不到秦하니, ㊳掎摭星宿遺㊴羲娥라.
　　(공자서행부도진　기척성수유희아)

嗟余好古生苦晚하여, 對此涕淚㊵雙滂沱라.
　　(차여호고생고만　대차체루쌍방타)

憶昔初蒙㊶博士徵하니, 其年始改稱㊷元和라.
　　(억석초몽박사징　기년시개칭원화)

故人從軍在㊸右輔하여, 爲我㊹量度㊺掘臼科라.
　　(고인종군재우보　위아양탁굴구과)

濯冠沐浴告㊻祭酒하되, 如此至寶存豈多오?
　　(탁관목욕고좨주　여차지보존기다)

㊼氈包席裹可㊽立致니, 十鼓只載數駱駝라.
　　(전포석과가립치　십고지재수낙타)

⁴⁹薦諸大廟比⁵⁰郜鼎이면, ⁵¹光價豈止百倍過오?
(천저태묘비고정 광가기지백배과)

聖恩若許留太學이면, 諸生講解⁵²得切磋라.
(성은약허유태학 제생강해득절차)

⁵³觀經鴻都尚⁵⁴塡咽하니, 坐見擧國⁵⁵來奔波라.
(관경홍도상전열 좌견거국내분파)

⁵⁶剜苔剔蘚⁵⁷露節角하고, 安置⁵⁸妥帖平不頗라.
(완태척선노절각 안치타첩평불파)

⁵⁹大廈深簷與盖覆이면, 經歷久遠⁶⁰期無他라.
(대하심첨여개복 경력구원기무타)

中朝大官⁶¹老於事어늘, ⁶²詎肯感激徒⁶³媕婀오?
(중조대관로어사 거긍감격도암아)

牧童⁶⁴敲火牛⁶⁵礪角하니, 誰復著手爲⁶⁶摩挲오?
(목동고화우여각 수부착수위마사)

⁶⁷日銷月鑠就埋沒하니, 六年西顧空⁶⁸吟哦라.
(일소월삭취매몰 육년서고공음아)

⁶⁹羲之俗書⁷⁰趁姿媚하여, ⁷¹數紙尚可博白鵝어늘,
(희지속서진자미 수지상가박백아)

繼周⁷²八代爭戰罷로되, 無人收拾⁷³理則那오?
(계주팔대쟁전파 무인수습이즉나)

方今太平日無事하니, ⁷⁴柄用儒術⁷⁵崇丘軻라.
(방금태평일무사 병용유술숭구가)

安能以此⁷⁶上論列고? 願借辯口如⁷⁷懸河라.
(안능이차상론열 원차변구여현하)

石鼓之歌止於此하니, 嗚呼吾意其⁷⁸蹉跎아!
(석고지가지어차 오호오의기차타)

　장생(張生)이 손에 석고문 들고 와서,

내게 석고의 노래 지어보도록 권하네.

두보(杜甫)는 가고 없고 이백(李白)도 죽었으니,

재주 천박한데 석고를 어이 노래할 수 있을까?

주(周)나라 기강 무너져 온 세상 물끓듯 소란해지니,

선왕(宣王)은 분발하여 일어나 하늘을 대신하여 창 휘둘러 중흥 이룩하였네.

궁전의 명당(明堂) 활짝 열고 조하(朝賀)를 받게 되니,

모인 제후(諸侯)들의 칼과 패옥(佩玉)이 울리고 서로 부딪치고 하였네.

선왕이 기산(岐山) 남쪽 기슭으로 사냥을 나가 빼어난 인재들 말 달리게 하니,

만 리 사방의 새 짐승들이 모두 걸리어 잡혔네.

그 중흥의 공을 새기고 이룬 공로 조각하여 만세토록 알리고자,

돌을 쪼아 북모양 만들기 위하여 솟아오른 바위 무너뜨렸네.

시종하는 신하들 재주와 학문 모두 천하제일이었으나,

그 중 뛰어난 사람 골라 뽑아 글을 석고에 새기어 산 언덕에 두도록 하였다네.

오랜 세월 비에 젖고 햇볕에 타고 들불에 그을렸어도,

귀신들이 수호하여 번거로이 해치는 자를 물리치고 꾸짖어준 듯.

장공(張公)은 어디에서 이 탁본(拓本)을 얻었는지,

새겨진 글씨 머리 터럭 같은 자획까지도 어긋남없이 갖추었네.

문장이 엄정(嚴正)하고 뜻은 세밀하여 읽어도 이해하기 어렵고,

글씨체는 예서(隸書)나 과두문자(蝌蚪文字)와도 비슷하지 않네.

세월 오래되었는데 어찌 자획이 떨어져나가지 않을 수 있으랴?

잘 드는 칼로 산 교룡(蛟龍)과 악어를 잘라낸 듯하네.

난새 날고 봉황새 날아오르며 여러 신선들 내려오는 듯하고,

산호와 벽옥 나뭇가지들이 엇섞여 무성한 듯도 하며,

금줄과 쇠사슬을 얽어 매어놓은 듯 웅장하기도 하고,

오래된 솥이 물속에 뛰어들고 용이 베틀 북처럼 뛰어노는 듯도 하네.

고루한 선비 《시경(詩經)》을 편찬하며 석고문 끼어넣지 아니하니,

대아(大雅)·소아(小雅)도 편협하여 여유가 없는 듯이 보이네.

공자는 서쪽으로는 진(秦)나라에까지 가지 못하였으니,

별자리 같은 시들은 주위모으면서도 해와 달 같은 석고문은 빠뜨렸었네.

아아! 나는 옛것을 좋아하나 태어난 게 매우 늦어,

석고문 대하니 눈물만 양 눈에서 비오듯하네.

생각컨대 옛날 처음으로 국자학(國子學) 박사(博士)로 부름받은 것은,

그해 처음으로 연호(年號)를 원화(元和)라 고쳤을 때였네.

잘 아는 이가 종군하여 우부풍(右扶風)에 있어서,

나를 위해 재고 헤아리어 석고를 놓아둘 절구통 같은 구덩이를 파주었네.

목욕하고 관 빨아 쓴 뒤 국자좨주(國子祭酒)에게 고하기를,

이와 같은 지극한 보물이 어찌 많이 있겠습니까?

담요로 싸고 자리로 싸서 나른다면 곧 가져올 수 있으니,

열 개의 석고래야 오직 몇 마리 낙타에 싣기만 하면 됩니다.

조정의 태묘(大廟)에 들여놓고 옛 고(郜)나라의 큰 솥과 비교한다면,

그 빛이나 값이 어이 백 배를 넘는 데만 그치겠습니까?

성은(聖恩)으로 만약 태학(太學)에 보관하도록 허락된다면,

제생(諸生)에게 강의하여 학문을 갈고 닦을 수 있게 될 것입니다.

한(漢)나라 때 태학 문밖에 세운 석경(石經)을 보려고도 사람들이 잔뜩 모여들었었으니,

온 나라 사람들이 밀물처럼 몰려올 것은 빤한 일입니다.

석고의 이끼를 깎고 후벼내어 글씨 마디와 모 드러나게 하고,

든든하게 잘 놓아 평평히 기울어짐 없도록 할 것입니다.

그리고 큰 집의 깊은 처마로 석고를 덮고 가려 준다면,

오랜 세월 지나도록 아무 탈 없게 될 것입니다.

조정의 대관들은 일하는 데 익숙할 것이어늘,

어이하여 감격만 하고 공연히 우물쭈물하고만 있을까?

목동들은 석고를 쳐 불을 일으키고 소는 거기에 뿔을 비비고 있으니,

누가 다시 손을 대어 소중히 어루만질까?

나날이 지워지고 다달이 녹아서 묻혀 없어져 가고 있으니,

6년 동안 서쪽 바라보며 공연히 소리내어 한숨만 짓고 있네.

왕희지(王羲之)의 속된 글씨를 두고도 모양이 아름다워서,

몇 장의 글씨로 흰 거위와 바꿀 수가 있었거늘,

주(周)나라를 이어 8대의 왕조가 이어져 오면서 전쟁이 그쳤을 적 많았으되,

아무도 석고를 수습하는 이 없었으니 그 이유가 무엇일까?

지금은 태평하여 매일 아무 일도 없으니,

유술(儒術)을 높이 받들고 공자와 맹자를 존중하네.

어찌하면 이 일을 가지고 조정의 논의에 부칠 수 있을까?

그때엔 황하 물 쏟아져 내리듯하는 구변을 빌고 싶네.

석고의 노래 여기에서 끝내니,

아아! 내 뜻 무너지는 듯하네.

주해 ① 石鼓歌(석고가)—석고의 노래. 《창려선생집(昌黎先生集)》 권5에 실려 있음. 석고는 돌로 만든 북 모양의 것으로 직경이 석자가 넘었고, 도합 열 개가 섬서성 부풍현(扶風縣) 서북쪽에 있었다. 당(唐)나라 때 봉상부(鳳翔府)의 공자묘(孔子廟)로 옮겨졌다. 지금은 북경(北京)의 청(淸)대 국자감(國子監) 자리에 있다. 거기에 새겨져 있는 글은 학자에 따라 주(周)나라 초기 것이라느니 선왕(宣王) 때 것이라느니 또는 진(秦)나라 때

것이라느니 의견이 분분하다. 또 당 이전에는 석고에 관한 기록이 전혀 없다. 당대에 와서 위응물(韋應物)과 한유(韓愈)의 〈석고가〉를 통하여 유명해졌고, 석고문은 《고문원(古文苑)》에 실려 있다.

② 張生(장생)－한유(韓愈) 문하의 시인 장적(張籍)을 가리킨다 한다.

③ 少陵(소릉)－두보(杜甫)를 가리킴. 두보는 장안현(長安縣) 두릉(杜陵 : 漢 宣帝의 陵) 동남쪽 소릉(少陵 : 許后의 陵) 서쪽에 살며, 두릉포의(杜陵布衣)니 소릉야로(少陵野老)라 자호(自號)하여 흔히 두소릉(杜少陵)이라고도 불렀다.

④ 謫仙(적선)－이백(李白)을 가리킴. 하지장(賀知章)이 이백을 처음 만나보고는 '적선인(謫仙人 : 귀양 내려온 신선 같은 사람)'이라 찬탄했다 한다〔《唐書》 李白傳〕.

⑤ 周綱陵遲(주강능지)－주나라의 기강이 무너지다. 능지(陵遲)는 무너지는 것. 쇠하는 것.

⑥ 宣王(선왕)－주나라 임금, 기원전 827~782 재위. 서주(西周)의 끝에서 두번째 임금으로, 유왕(幽王)의 아버지이며 여왕(厲王)의 아들로 한때 중흥을 꾀하였던 임금. 선왕 때의 태사주(太史籀)가 주서(籀書)라는 자체(字體)를 발명했는데〔許愼 《說文》 敍〕, 석고문의 글씨가 주서라 여겨졌다.

⑦ 揮天戈(휘천과)－하늘의 창을 휘두르다. 선왕이 서융(西戎)·험윤(玁狁)·형만(荊蠻)·회이(淮夷)·서융(徐戎) 등을 토벌하여 주나라를 중흥시켰던 일을 가리킴.

⑧ 明堂(명당)－옛날 천자가 제후들이 내조(來朝)하면 맞던 곳으로 천자의 태묘(太廟)였다〔《禮記》 明堂位 疏〕.

⑨ 劍珮(검패)－허리에 찬 칼과 패옥(佩玉).

⑩ 蒐(수)－봄사냥.

⑪ 岐陽(기양)－기산(岐山)의 남쪽 기슭. 석고가 있던 섬서성 부풍현(扶風縣) 서북쪽. 석고에는 임금이 사냥하는 모습을 읊은 글이 새겨져 있다.

⑫ 騁雄俊(빙웅준)－영웅과 준걸들을 말달리게 하다. 뛰어난 인물들을 말달리며 사냥하게 하다.

⑬ 遮羅(차라)－길이 막히어 그물에 걸리다. 걸리어 잡히다.

⑭ 鐫功勒成(전공륵성)－공을 새기고 성과를 새겨놓다. 이룬 공을 석고에 새기다.

⑮ 鑿石作鼓(착석작고)－돌을 쪼아 북 모양을 만들다.

⑯ 隳嵯峨(휴차아)－높은 바위산을 무너뜨리다. 차아(嵯峨)는 산이 높은 모양.

⑰ 簡選譔刻(간선선각)－가장 재주있는 사람을 골라 뽑아 글을 지어 새기게 하다. 간선(簡選)은 골라 뽑는 것. 선(譔)은 글을 짓는 것.

⑱ 山阿(산아)－산 언덕. 기산(岐山)의 남쪽 기슭을 가리킴.

⑲ 雨淋日炙(우림일자)－비에 젖고, 햇볕에 구워지다.

⑳ 煩撝訶(번휘가)－번거로이 손 휘두르고 꾸짖다. 해치려는 자들을 번거로 이 손을 휘둘러 몰아내고 꾸짖어 쫓아버리다.

㉑ 紙本(지본)－탁본(拓本).

㉒ 無差訛(무차와)－그릇되고 거짓됨이 없다. 석고문의 본 글씨와 어긋남이 전혀 없는 것.

㉓ 隸與蝌(예여과)－예서(隸書)와 과두문자(蝌蚪文字). 예서는 진시황 때 정 막(程邈)이 만든 자체로 한(漢)대에 통용되었고, 과두(蝌蚪)는 올챙이로 옛날에는 올챙이 모양 자획의 과두문자도 있었다[《尙書》序].

㉔ 缺畫(결획)－자획이 없어진 것. 자획이 마멸된 것.

㉕ 斫斷(작단)－찍어 자르는 것. 잘라내는 것.

㉖ 蛟鼉(교타)－교룡과 악어. 교(蛟)는 용의 일종.

㉗ 鸞翔鳳翥(난상봉저)－난새가 날고 봉황새가 날아오르다.

㉘ 珊瑚碧樹(산호벽수)－산호와 벽옥(碧玉)나무. 벽옥나무는 곤륜산(崑崙山) 에 있다 한다[《淮南子》].

㉙ 金繩鐵索(금승철삭)－금줄과 쇠사슬.

㉚ 鏁紐壯(쇄뉴장)－얽어매고 묶고 한 듯 웅장하다.

㉛ 古鼎躍水(고정약수)－오래된 솥이 물에 뛰어들다. 한(漢)나라 때 솥은 분 수(汾水) 남쪽[山西省]에서 얻었다는 말[本書 注]에서 나온 말. 자획의 기세가 격렬함을 형용한 것임.

㉜ 龍騰梭(용등사)－용이 베틀 북처럼 뛰어놀다. 이는 진(晉)나라 대장군 도 간(陶侃)이 뇌택(雷澤 : 山東省)에서 고기를 잡다 한 개의 북을 건졌는데,

용으로 변하여 날아갔다[本書 注]는 전설에서 인용한 표현. 역시 자획의 기세가 격렬함을 형용한 말.

㉝ 詩(시)-《시경》을 말함.

㉞ 二雅(이아)-《시경》의 소아(小雅)와 대아(大雅). 대체로 궁중의 아악(雅樂) 비슷한 성격의 노래들이다.

㉟ 褊迫(편박)-좁게 몰리다.

㊱ 委蛇(위사)-본시 위이(逶迤)와 통하여 '위이'로 읽는 게 옳으며, 여유있는 모습으로 걷는 것. 여기서는 여유있는 것.

㊲ 不到秦(부도진)-공자는 평생에 여러 나라를 주유(周遊)하였으나 석고가 있는 진(秦)나라[陝西省]에는 간 일이 없었다.

㊳ 搞摭(기척)-끌어모으다. 주워모으다.

㊴ 羲娥(희아)-해와 달. 희(羲)는 해의 신 희화(羲和), 아(娥)는 달의 선녀 항아(姮娥)임.

㊵ 雙滂沱(쌍방타)-쌍으로 비오듯 흐르다. 두 눈에서 비오듯 눈물이 흐르다.

㊶ 博士徵(박사징)-국자학박사(國子學博士)로 소명(召命)을 받다. 한유(韓愈)는 원화(元和) 원년(806)에 국자학 박사가 되었다.

㊷ 元和(원화)-당 헌종(憲宗)의 연호, 806~820.

㊸ 右輔(우보)-우부풍(右扶風)의 벼슬. 경조(京兆)・좌풍익(左馮翊)・우부풍(右扶風)을 삼보(三輔)라 불렀다. 곧 석고가 있던 섬서성 기양(岐陽)에 벼슬하는 친구가 있었다.

㊹ 量度(양탁)-재고 헤아리다.

㊺ 掘臼科(굴구과)-절구 같은 구덩이를 파다. 석고를 안치하기 위한 구덩이임.

㊻ 祭酒(좨주)-국자학 좨주(祭酒). 동한(東漢)에서 박사 중 가장 뛰어나고 권위있는 사람을 골라 좨주로 임명한 데서 유래하며, 국자학의 장로(長老)임.

㊼ 氈包席裹(전포석과)-석고를 담요로 싸고 자리로 싸다.

㊽ 立致(입치)-즉시 가져오다.

㊾ 薦諸大廟(천저태묘)-태묘에 바치다. 태묘에 들여놓다. 태묘는 선조를 제

사지내는 묘당(廟堂).

㊿ 郜鼎(고정)−고(郜)나라의 큰 솥. 송(宋)나라에서 뇌물로 고나라의 큰 솥을
노(魯)나라 환공(桓公)에게 보내주어, 환공은 그것을 태묘에 들여놓았던
일이 있다〔《左傳》 桓公二年〕.

(51) 光價(광가)−빛과 값.

(52) 得切磋(득절차)−절차탁마(切磋琢磨)할 수 있게 되다. 학문을 닦을 수 있
게 되다.

(53) 觀經鴻都(관경홍도)−홍도(鴻都)는 후한(後漢) 때 태학(太學)의 문 이름.
후한 영제(靈帝)의 희평(熹平) 4년(175) 봄에 제유(諸儒)로 하여금 오경
(五經)의 글을 바로잡게 하고 그것을 돌에 새기어 태학 문밖에 세워놓았
었다. 따라서 홍도문 밖에 세워놓은 석경을 보기 위해 모여드는 것.

㊿ 塡咽(전열)−사람들이 꽉 막히도록 잔뜩 모여드는 것.

�155 來奔波(내분파)−물밀듯이 몰려오는 것.

�156 剜苔剔蘚(완태척선)−이끼를 깎아내고 후벼내는 것. 태(苔)와 선(蘚)은
모두 이끼의 한 종류.

�157 露節角(노절각)−글자 획의 마디와 모가 드러나게 하는 것.

�158 妥帖(타첩)−잘 놓여 안정되는 것.

�159 大廈深簷(대하심첨)−큰 집의 깊은 처마.

�160 期無他(기무타)−아무 탈 없게 되도록 하다.

�161 老於事(노어사)−일에 노성(老成)하다. 일에 익숙하다.

�162 詎(거)−어찌.

�163 媕婀(암아)−결단을 못내리고 우물쭈물하는 것.

�164 敲火(고화)−석고를 돌이나 쇠로 쳐서 불을 일으키는 것.

�165 礪角(여각)−뿔을 비벼 갈다.

�166 摩挲(마사)−소중히 여겨 어루만지는 것.

�167 日銷月鑠(일소월삭)−날로 녹아 없어지고 다달이 녹아 없어지다. 글씨가
나날이 지워지고 다달이 녹아 없어지는 것.

�168 吟哦(음아)−소리내어 탄식하는 것.

�169 羲之(희지)−진(晉)나라 왕희지(王羲之). 서도(書道)의 천재로 〈난정집

서(蘭亭集序)〉 등을 남김.

⑩ 趁姿媚(진자미)—아름다운 모양을 좇다. 모양의 아름다움을 추구하다.

⑪ 數紙(수지)—몇 장의 글씨 쓴 종이. 왕희지는 거위를 무척 좋아했었는데 산음(山陰 : 會稽山 북쪽)의 한 도사(道士)가 좋은 거위를 기르고 있었다. 왕희지는 그걸 보고 매우 좋아하여 《도덕경(道德經)》을 베껴 주고 대신 그 거위를 얻어온 일이 있었다 한다[本書 注].

⑫ 八代(팔대)—주(周) 이후의 진(秦)·한(漢)·진(晉)·송(宋)·제(齊)·양(梁)·진(陳)·수(隋)의 여덟 왕조.

⑬ 理則那(이즉나)—까닭은 무엇인가? 나(那)는 하(何)의 뜻.

⑭ 柄用(병용)—존중하여 쓰다.

⑮ 崇丘軻(숭구가)—공자와 맹자를 존중하다. 구가(丘軻)는 공구(孔丘)와 맹가(孟軻).

⑯ 上論列(상론렬)—위로 여럿이 논의케 하다. 조정에 올리어 정사와 함께 논의케 하다.

⑰ 懸河(현하)—황하물이 쏟아져 내리는 것. 웅변 잘하는 것에 비유한 말[《晉書》郭象傳].

⑱ 蹉跎(차타)—넘어지다. 뜻대로 되지 않고 실패하는 것.

해설 석고(石鼓)는 주(周)나라의 것이 아니라 후세의 위작일 것이다. 그러나 이 시에서는 옛것을 아끼고 사랑하는 한유(韓愈)의 마음이 잘 나타나 있다. 그는 이를 주 선왕(宣王) 때의 것으로 믿고 이 석고문이 《시경(詩經)》 속에 들어가지 못하였음을 애석히 여기고 있다. 《고문원(古文苑)》에 실린 석고문에는 '아거기공(我車旣攻), 아마기동(我馬旣同)'과 같이 《시경》 소아(小雅) 거공(車攻)편의 구절과 완전히 같은 것조차도 들어 있다.

후석고가 (①後石鼓歌)

소식(蘇軾)

冬十二月歲②辛丑에, 我初從政③見魯叟라.
(동십이월세신축   아초종정현로수)

舊聞石鼓今見之하니, 文字④鬱律蛟蛇走라.
(구문석고금견지   문자울률교사주)

細觀初以⑤指畫肚하고, 欲讀嗟如⑥箝在口라.
(세관초이지획두   욕독차여겸재구)

⑦韓公好古生已遲어늘, 我今況又百年後아?
(한공호고생이지   아금황우백년후)

⑧强尋偏旁推點畫하니, 時得一二遺八九라.
(강심편방추점획   시득일이유팔구)

⑨我車旣攻馬亦同하고, ⑩其魚維鱮貫之柳라.
(아거기공마역동   기어유서관지유)

⑪古器縱橫猶識鼎하고, 衆星⑫錯落僅名斗라.
(고기종횡유식정   중성착락근명두)

模糊半已似⑬瘢胝하고, 詰曲猶能辨⑭跟肘라.
(모호반이사반지   힐곡유능변근주)

⑮娟娟缺月隱雲霧요, ⑯濯濯嘉禾⑰秀稂莠라.
(연연결월은운무   탁탁가화수랑유)

⑱漂流百戰偶然存하니, 獨立千載誰與友오?
(표류백전우연존   독립천재수여우)

上追⑲軒頡⑳相唯諾이오, 下㉑挹氷斯同㉒觳觫라.
(상추헌힐상유락   하읍빙사동구누)

憶昔周宣歌[23]鴻鴈하니, 當時[24]籒史變[25]蝌蚪라.
　　(억석주선가홍안　당시주사변과두)

厭亂人方思聖賢이러니, [26]中興天爲生[27]耆耇라.
　　(염란인방사성현　중흥천위생기구)

東征[28]徐虜[29]鬪唬虎요, 北伐[30]犬戎[31]隨指嗾라.
　　(동정서로함효호　북벌견융수지주)

[32]象胥[33]雜遝貢狼鹿이오, [34]方召[35]聯翩賜[36]圭卣라.
　　(상서잡답공랑록　방소연편사규유)

遂因[37]鼛鼓思將帥하니, 豈爲[38]考擊煩[39]矇瞍아?
　　(수인비고사장수　기위고격번몽수)

何人作頌比[40]崧高오? 萬古斯文齊[41]岣嶁라.
　　(하인작송비숭고　만고사문제구루)

勳勞至大不[42]矜伐하니, 文武未遠猶忠厚라.
　　(훈로지대불긍벌　문무미원유충후)

欲尋年代無[43]甲乙하니, 豈有文字記誰某오?
　　(욕심년대무갑을　기유문자기수모)

自從周衰[44]更七國하고, 竟使秦人有[45]九有라.
　　(자종주쇠경칠국　경사진인유구유)

[46]掃除詩書誦法律이오, 投棄[47]俎豆陳[48]鞭杻라.
　　(소제시서송법률　투기조두진편추)

當年何人佐[49]祖龍고? [50]上蔡公子牽黃狗라.
　　(당년하인좌조룡　상채공자견황구)

[51]登山刻石頌功烈하니, 後者無繼前無偶라.
　　(등산각석송공열　후자무계전무우)

皆云皇帝巡四國하여, [52]烹滅彊暴救[53]黔首라.
　　(개운황제순사국　팽멸강포구검수)

[54]六經旣已[55]委灰塵하니, 此鼓亦當隨[56]擊掊라.
　　(육경기이위회진　차고역당수격부)

傳聞[57]九鼎[58]淪泗上하고, 欲使萬夫沈水取라.
　(전문구정윤사상　욕사만부침수취)

暴君縱欲窮人力이나, 神物義不[59]汚秦垢라.
　(폭군종욕궁인력　신물의불오진구)

是時石鼓何處遊오? [60]無乃天工令鬼守아?
　(시시석고하처유　무내천공영귀수)

興亡百變物自閑하니, 富貴一朝名不朽라.
　(흥망백변물자한　부귀일조명불후)

細思物理坐歎息하니, 人生安得如汝壽오?
　(세사물리좌탄식　인생안득여여수)

　신축년(1061) 겨울 섣달에,

　나는 처음으로 정치에 종사하여 봉상현(鳳翔縣) 공묘(孔廟)에 참
배했네.

　옛적부터 석고 얘기 듣다가 지금 그걸 보니,

　그 문자 꾸불꾸불하여 교룡(蛟龍)이나 뱀이 달리는 듯하네.

　자세히 보며 처음엔 손가락으로 배 위에 써보면서,

　읽어보려 하였으나 한스럽게도 입에 재갈을 물린 듯하네.

　한유(韓愈)는 옛것을 좋아하여 태어난 게 늦음을 한탄하였거늘,

　나는 지금 더욱이 다시 백 년이나 뒤졌음을 어이하랴?

　억지로 편방을 찾아보고 점획을 미루어보니,

　열 자 중 한두 자는 알아보아도 8, 9자는 몰라보겠네.

　'내 수레 탄탄하고 말도 잘 갖추어졌다'는 말과,

　'물고기는 서어가 잡히는데 버들가지로 꿴다'는 말만 알겠네.

　옛날 그릇이 이리저리 놓인 속에 솥만을 알아보고,

　많은 별들 어지러운 중에 북두칠성 이름만 아는 것 같네.

　석고 글씨 흐릿해져 태반이 이미 흉터나 딱정이 같고,

꾸불꾸불한 중에 사람 몸에서 발뒤꿈치와 팔꿈치 겨우 분별할 수
있는 것 같네.

그러나 아름다운 조각달이 구름과 안개에 가리워 있는 듯,

싱싱한 좋은 곡식 싹이 잡풀 위로 솟아있는 듯하네.

수백 번의 전쟁 속에 떠돌아다니다가도 이 석고 우연히 남게 되었
으니,

천 년을 두고 홀로 우뚝 서서 누구와 벗할 것인가?

위로 헌원씨(軒轅氏)나 창힐(蒼頡)을 좇아 올라가 견주어 보니
서로 맞먹을 정도이고,

아래로 당(唐)대 이양빙(李陽氷)이나 진(秦)나라 이사(李斯)의 소
전(小篆)을 살펴보니 새 새끼와 젖먹이 같네.

옛날 주(周) 선왕(宣王) 때 홍안(鴻鴈)을 노래했던 일 생각나니,

그때 사주(史籀)가 과두문자(蝌蚪文字)를 변화시켜 대전(大篆)을
만들었다네.

혼란이 싫어 사람들이 막 성인(聖人)·현인(賢人)의 출현을 생각
할 때,

중흥 위해 하늘은 노신(老臣)들 내어 돕게 했네.

동쪽으로 서(徐)나라의 반역자들 정벌할 제 포효하는 호랑이 성내
듯하였다.

북쪽으로 견융(犬戎)을 정벌하여 손가락질하며 시키는 대로 따르
게 하였네.

상서(象胥)에게는 사방의 오랑캐들 잔뜩 사방에서 모여들며 이리
와 사슴 따위를 공물로 가져왔고,

남만(南蠻)을 정복한 날렵한 방숙(方叔)과 소호(召虎)에게는 옥
술잔과 검은 기장술 한 통 내리셨네.

그리고 마침내 비고(鼙鼓)는 좋은 장수 생각케 한다 하여 석고(石
鼓) 만들었으니,

어찌 치고 두드리며 장님 악공들 번거롭게 하기 위해서였겠나?

어떤 사람이 송가(頌歌) 지어 석고에 새겨놓아 《시경(詩經)》 대아(大雅) 숭고(崧高)에 비기게 하였는가?

만고의 이 글은 구루산(岣嶁山)의 우왕비(禹王碑)와 같게 되었네.

선왕(宣王)의 공로는 지극히 크지만 뽐내고 자랑하지는 아니하였으니,

문왕(文王)·무왕(武王)으로부터 멀지 않은 시대라 아직도 충후(忠厚)했던 때문이리라.

연대를 찾아보려 해도 갑을(甲乙) 간지의 기록 없으니,

어찌 누가 지었음을 기록한 문자가 있겠는가?

주(周)나라가 쇠한 뒤로 칠웅(七雄)이 대립하던 시대 지나,

마침내 진(秦)나라 사람들로 하여금 구주(九州)를 차지하게 하였네.

진시황(秦始皇)은 《시경》·《서경》을 없애버리고 법률이나 외우게 하였고,

제기(祭器)는 내버리고 채찍과 형틀만 늘어놓게 하였네.

그때 어떤 사람이 시황제를 보좌하였던가?

상채(上蔡)의 공자(公子) 이사(李斯)인데 사형당할 적에는 누런 개 끌고 사냥이나 하고 싶다며 울었다네.

시황제는 산에 올라 바위에 글 새겨 큰 공로 칭송하였으니,

뒤에도 진(秦)을 이을 나라 없고 전에도 이와 같은 공로는 없다 했었네.

바위 글에는 모두 말하기를 '황제는 사방의 나라 순수(巡狩)하시어, 강폭한 자들을 삶아 죽여 없애고 백성들 구해준다' 하였었네.

육경(六經)은 이미 분서(焚書)로 재와 먼지 되어 버려졌으니,

이 석고도 마땅히 쳐부숴져야만 했으리라.

시황제는 하우(夏禹)의 구정(九鼎)이 사수(泗水) 가에 빠졌다는 말 전해 듣고,

1만 명의 장정들을 동원하여 물속에 들어가 찾게 하였다네.

폭군이 자기 욕망대로 백성의 힘을 다 짜보았지만,

신물(神物)인 구정(九鼎)은 의리 지켜 나타나지 않음으로써 진나라 때로 더럽혀지지 않았다네.

이때 석고는 어느 곳에 피하여 있었던가?

하늘의 조화로 귀신으로 지키게 했던 것은 아닐까?

나라는 흥하고 망하며 백 번 변하였으되 이 물건 스스로 한적하니,

부귀는 하루아침이나 이름은 영원히 식지 않는 것일세.

만물의 이치 자세히 생각하며 앉아서 탄식하노니,

사람으로 나서 어찌하면 그대처럼 영원히 살 수 있겠는가?

주해 ① 後石鼓歌(후석고가)─뒤에 다시 노래한 석고가. 한유(韓愈)의 〈석고가〉 뒤에 다시 지었으므로 후(後)자를 붙인 것임. 《분류동파시(分類東坡詩)》권2 고적류(古跡類)에 봉상팔관(鳳翔八觀) 여덟 가지를 읊은 시가 실려 있는데 그 첫째가 〈석고가〉이다.

② 辛丑(신축)─송(宋) 인종(仁宗)의 가우(嘉祐) 6년(1061), 소식은 26세 되던 이 해에 제과(制科)에 3등으로 합격하여 대리평사첨서(大理評事簽書)란 벼슬을 받고 겨울에 봉상(鳳翔)으로 부임, 12월에 〈봉상팔관(鳳翔八觀)〉 시를 지었다[《東坡年譜》].

③ 見魯叟(현로수)─노나라의 장로(長老)를 뵙다. 노나라의 장로란 노나라[山東省] 곡부(曲阜) 출신의 공자(孔子)를 가리키며, 봉상의 공자묘(孔子廟)를 참배한 것을 가리킨다. 이때 석고는 그 공자묘에 있었다.

④ 鬱律(울률)─험하고 꾸불꾸불한 모양[《文選》 西都賦 注].

⑤ 指畫肚(지획두)─손가락으로 배에 글씨를 쓰다. 당초(唐初)의 초서(草書)·행서(行書)의 명인이었던 우세남(虞世南)이 글씨를 배울 때 늘 이불 밑에서도 손가락으로 배 위에 글씨를 썼다 한다[本書 注].

⑥ 箝在口(겸재구)─재갈을 입에 물리다. 읽지 못함을 형용한 말.

⑦ 韓公(한공)─한유(韓愈)를 가리킴. 앞 〈석고가〉에서 그는 '아아! 나는 옛

것 좋아하면서도 태어난 게 매우 늦네[嗟余好古生苦晚]'라고 읊었다.

⑧ 强尋偏旁(강심편방)−억지로 석고의 글자의 편방을 찾아보다. 편(偏)은 한자의 오른편 글자, 방(旁)은 한자의 왼편 글자임.

⑨ 我車旣攻(아거기공)−내 수레 튼튼하다. 공(攻)은 견고한 것[《毛傳》]. 석고문에서 '아거기공(我車旣攻), 아마역동(我馬亦同)'이란 구절은 알아볼 수 있었음을 뜻함[蘇軾 自注].

⑩ 其魚維鱮(기어유서)−물고기는 서어이다. 석고문 중, '잡히는 고기 무엇이었나? 서어와 잉어지. 무엇으로 꿰었던가? 버들가지로였지[其魚維何? 維鱮維鯉. 何以貫之? 維楊與柳]'란 구절은 알아볼 수 있었음을 뜻한다[蘇軾 自注].

⑪ 古器縱橫(고기종횡)−옛날 그릇들이 이리저리 많이 놓여져 있는 것.

⑫ 錯落(착락)−어지러이 뒤섞여 있는 것.

⑬ 瘢胝(반지)−흉터와 딱정이. 지(胝)는 흉터가 굳어 딱정이가 생긴 것.

⑭ 跟肘(근주)−발뒤꿈치와 팔꿈치.

⑮ 娟娟(연연)−고운 모양. 아름다운 모양.

⑯ 濯濯(탁탁)−살찌고 윤택한 모양. 싱싱하게 잘 자란 모양.

⑰ 秀稂莠(수랑유)−가라지풀 같은 잡초 위로 빼어나게 자라다. 낭유(稂莠)는 모두 벼 비슷한 가라지풀의 일종.

⑱ 漂流(표류)−떠서 흘러다니는 것.

⑲ 軒頡(헌힐)−헌(軒)은 헌원씨(軒轅氏), 힐(頡)은 옛날 한자를 처음으로 만들었다는 창힐(蒼頡).

⑳ 相唯諾(상유락)−서로 대등하게 응대하는 것. 유(唯)와 낙(諾)은 모두 '네' '그렇소'하는 대답으로 서로 대등한 위치에서 응대함을 뜻함.

㉑ 挹氷斯(읍빙사)−당(唐)나라 때 이양빙(李陽氷)과 진(秦)나라 때 이사(李斯)를 들어보다. 읍(挹)은 주워들다, 취하다의 뜻. 이양빙은 소전(小篆)의 명가(名家)이며 이사는 소전을 만들었던 사람.

㉒ 鷇毄(구누)−구(鷇)는 어린 새 새끼, 누(毄)는 젖먹이.

㉓ 鴻鴈(홍안)−기러기. 《시경》 소아(小雅)의 편명. 모시서(毛詩序)에 백성들이 주(周) 선왕(宣王)의 공덕을 칭송한 시라 하였다.

㉔ 籀史(주사)－주(周) 선왕 때의 태사주(太史籀). 대전(大篆：籀書)이란 서
체를 만들었다 한다. 그러나 근래 왕국유(王國維)는 주(籀)는 독(讀)의
뜻, 곧 '글을 읽는다'는 뜻으로 사관(史官)의 이름이 아니라고 주장하였다
(〈史籀篇疏證〉).

㉕ 蝌蚪(과두)－올챙이. 여기서는 과두문자(蝌蚪文字)로 자획이 올챙이같이
생긴 옛날 서체의 일종.

㉖ 中興(중흥)－쇠해가는 나라를 중간에 다시 흥성케 하는 것.

㉗ 耆耉(기구)－노인. 여기서는 천자를 보좌할 노성(老成)한 정치가를 뜻함.

㉘ 徐虜(서로)－서(徐)나라의 적. 서나라의 반역자들. 서나라는 백익(伯益)
의 후손으로 주(周) 초부터 왕을 참칭하였고, 목왕(穆王) 때 멸망되었다
가 다시 자국(子國)으로 봉해졌다. 안휘성(安徽省) 사현(泗縣) 북쪽에 있
었다.

㉙ 闞虓虎(함효호)－포효하는 호랑이처럼 성내다. 함(闞)은 호랑이가 성내는
모양. 효(虓)는 호랑이가 소리지르는 것.

㉚ 犬戎(견융)－서쪽 오랑캐 이름. 견이(犬夷)·견이(畎夷)·조이(晁夷) 등
으로도 불렸고, 섬서성 봉상부(鳳翔府) 북쪽에 있었다.

㉛ 隨指嗾(수지주)－손가락질하고 시키는 대로 따르게 되다.

㉜ 象胥(상서)－사방 오랑캐들의 국사(國使)를 관장하고 임금의 말을 설명하
여 전해주는 일을 관장하여 이들을 화친케 하고, 입조(入朝)하면 그들의
예를 이끌어 주고 말을 통역하던 관리〔《周禮》秋官〕. 곧 통역관.

㉝ 雜遝(잡답)－뒤섞여 많은 사람들이 몰려오는 것.

㉞ 方召(방소)－방숙(方叔)과 소호(召虎). 주(周) 선왕 때 남만(南蠻)을 정
벌했던 훌륭한 신하들임.

㉟ 聯翩(연편)－새가 나는 모양. 날렵한 모양. 여기서는 말을 타고 날렵하게
활동하는 것.

㊱ 圭卣(규유)－옥술잔과 검은 기장술 한 통. 《시경》 대아(大雅) 강한(江漢)
시에서 선왕(宣王)이 소호(召虎)에게 '그대에게 옥술잔과 검은 기장 술 한
통을 내리노라〔釐爾圭瓚, 秬鬯一卣〕'고 한 데서 따온 말. 규(圭)는 규찬
(圭瓚)으로 옥술잔, 유(卣)는 술통인데, 검은 기장술〔秬鬯〕 한 통〔卣〕을 가

리킴.

㊲ 鼙鼓(비고)—옛날 쓰이던 작은 북의 일종. 여기의 석고는 비고의 모양을 따서 만들었다.

㊳ 考擊(고격)—두드리고 치는 것.

㊴ 矇瞍(몽수)—장님. 몽(矇)은 판수이며, 옛날에는 장님들이 주로 음악을 전공했음. 악관(樂官)을 가리킨다.

㊵ 崧高(숭고)—《시경》 대아(大雅)의 편명. 윤길보(尹吉甫)가 선왕의 공덕을 기린 시라 한다[《毛傳》].

㊶ 岣嶁(구루)—호남성 형산현(衡山縣) 북쪽에 있는 산 이름으로, 형산의 주봉(主峯)을 가리킴. 여기에서는 거기에 있는 구루비(岣嶁碑)를 가리키며, 그것은 하(夏)나라 우(禹)임금이 치수(治水)를 할 때 써서 새겨놓은 것이라 하여 신우비(神禹碑)라고도 부른다. 모두 70여자로 전서(篆書)도 과두문(蝌蚪文)도 아니며, 명(明)나라 양신(楊愼)이 이를 해석한 일이 있다.

㊷ 矜伐(긍벌)—뽐내고 자랑하는 것.

㊸ 甲乙(갑을)—간지(干支)로 표시한 연대를 가리킴.

㊹ 更七國(경칠국)—전국칠웅(戰國七雄)이 대립하던 시대를 지나다. 7국은 진(秦)·초(楚)·한(韓)·조(趙)·연(燕)·위(魏)·제(齊). 경(更)은 지나는 것.

㊺ 九有(구유)—구주(九州). 천하를 가리킴.

㊻ 掃除詩書(소제시서)—《시경》·《서경》을 쓸어 없애다. 진시황의 분서갱유(焚書坑儒)의 성격을 가리킴.

㊼ 俎豆(조두)—제기. 조(俎)는 고기 같은 것을 담는 그릇, 두(豆)는 소금에 절인 고기 같은 것을 담는 굽이 높은 그릇.

㊽ 鞭杻(편추)—채찍과 형구(刑具). 추(杻)는 본시 수계(手械)로 손을 구속하는 형구.

㊾ 祖龍(조룡)—진시황을 가리킴. 시황(始皇) 36년 가을에 사자가 밤에 화음(華陰) 평서도(平舒道)를 지나는데, 어떤 사람이 사자를 가로막고 '올해에 조룡(祖龍)이 죽는다' 말하였는데, 다음해 7월에 시황이 죽었다[《史記》 秦本紀]. 《집해(集解)》에 '조(祖)는 시(始)의 뜻이고, 용(龍)은 임금을 상

징하므로, 조룡은 시황을 뜻한다' 하였다.

㊿ 上蔡公子(상채공자)―진시황의 승상이었던 이사(李斯)를 가리킴. 이사는
상채(上蔡) 사람. 이세 2년에 이사는 함양(咸陽)에서 요참(腰斬)당했는데,
사형 직전에 아들을 보고 '너와 함께 누런 개를 끌고 상채 동문(東門) 밖
을 나가 사냥을 하고 싶지만 어찌 될 수 있겠느냐?'고 하면서 부자가 통
곡했다 한다〔《史記》李斯傳〕.

㉛ 登山刻石(등산각석)―진시황 28년에 동쪽 군현을 순행하다 추역산(鄒嶧
山 : 山東省 鄒縣 동남쪽 嶧山)에 올라 돌에 진(秦)의 공덕을 새겨 세워
놓았고, 남쪽 낭야산(琅琊山 : 山東省 諸城縣 동남 바닷가)에도 올라 송
덕비를 세웠다〔《史記》始皇本紀〕.

㉜ 烹滅彊暴(팽멸강포)―강하고 난폭한 자들을 삶아 죽여 없애다.

㉝ 黔首(검수)―평민들. 관을 못써서 검은 머리를 드러내고 있어 그렇게 부
른다고 하고, 평민은 검은 두건을 썼기 때문이라고도 한다. 진나라 때부터
백성을 그렇게 불렀다〔《史記》秦本紀〕.

㉞ 六經(육경)―유가의 기본 경전으로 역(易)·서(書)·시(詩)·예(禮)·악
(樂)·춘추(春秋)의 여섯 가지. 악경(樂經)은 전하지 않으므로 뒤에는 흔
히 오경(五經)을 일컫게 되었다.

㉟ 委灰塵(위회진)―재와 먼지 되어 버려지다. 분서(焚書)를 당했음을 뜻한다.

㊱ 擊掊(격부)―쳐서 깨버리는 것.

㊲ 九鼎(구정)―우(禹)임금이 구목(九牧 : 九州의 長官)의 쇠를 모아들여 구
주(九州)를 상징하는 아홉 개의 솥을 만들어, 국권을 상징하게 하였다. 우
(禹)는 형산(荊山) 아래에서 이를 주조하여 국도(國都 : 山西省 夏縣)에
두었고, 은(殷) 탕왕(湯王)은 상읍(商邑)에 두었고, 주(周)나라는 낙읍(洛
邑)에 두었다 한다. 현왕(顯王) 때에 진(秦)나라가 주를 공격하여 구정(九
鼎)을 빼앗았는데 그때 하나는 사수(泗水)에 빠뜨렸다 하고 나머지 팔정
(八鼎)도 행방을 알 수 없게 되었다. 시황 26년에 천여명을 동원하여 사
수에 빠진 솥을 찾았다〔《漢書》郊祀志·《史記》秦本紀 등〕.

㊳ 淪(륜)―물속에 빠지다. 가라앉다.

㊴ 汙秦垢(오진구)―진(秦)나라 때에 더럽혀지다. 진나라의 무도한 손에 들

어가 욕을 보다.
⑥ 無乃(무내)－곧 ……한 것은 아닐까? 바로 ……했던 것은 아닐까?

(해설) 한유(韓愈)의 〈석고가(石鼓歌)〉에 뒤이어 다시 지은 시이다. 소식(蘇軾)도 한유와 같이 석고가 서주(西周) 때의 것임을 의심치 않고 있다. 중국인으로서의 선입견 때문인 듯하다. 여하튼 석고의 인상과 그 공덕을 읊은 소식의 문장은 뛰어나다.

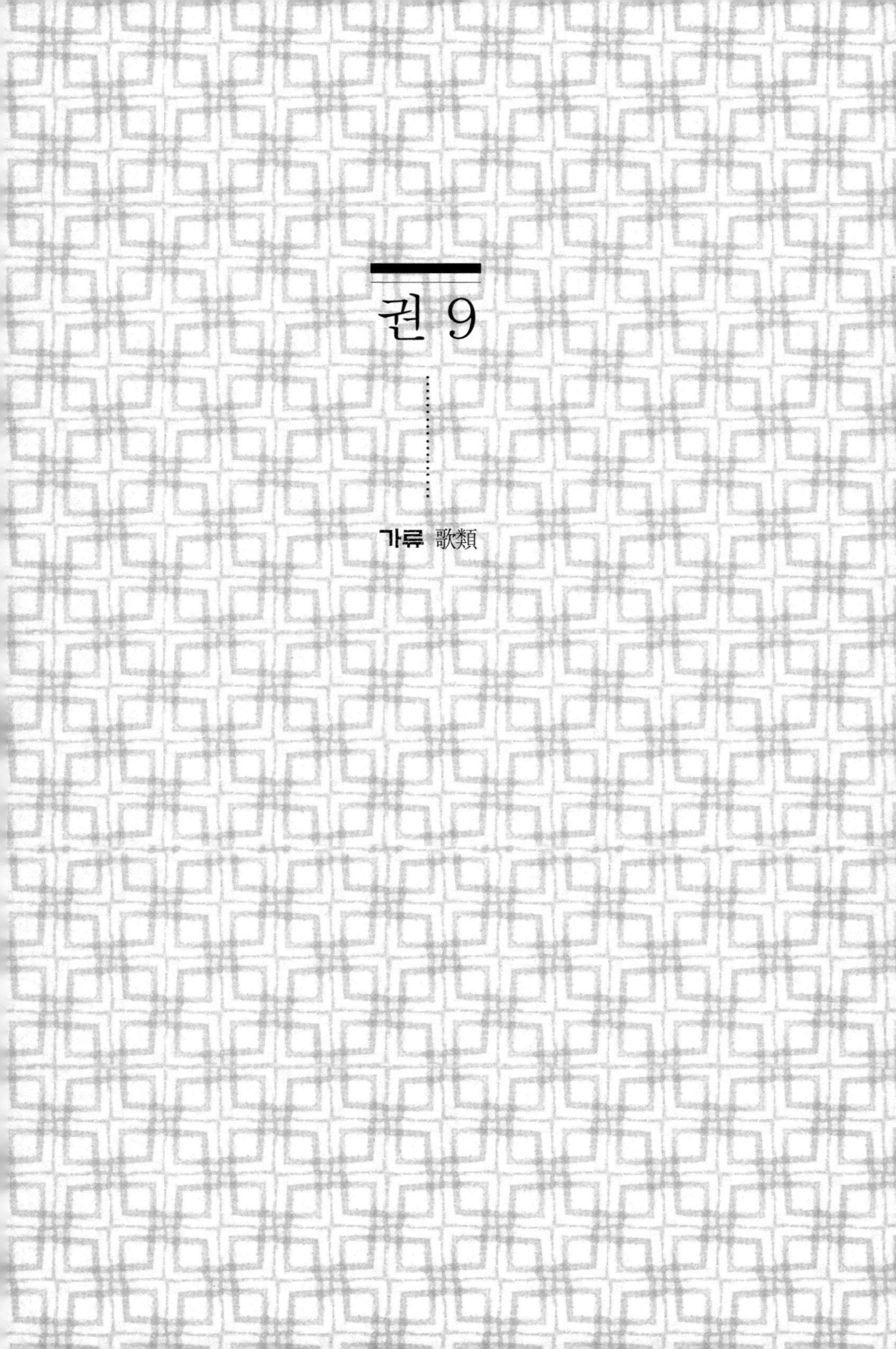

권 9

가류 歌類

화경가, 장난삼아 지음(①戲作花卿歌)

두보(杜甫)

②成都猛將有花卿하니, 學語小兒知姓名이라.
　　(성도맹장유화경　학어소아지성명)

勇如③快鶻④風火生하니, 見賊唯多身始輕이라.
　　(용여쾌골풍화생　견적유다신시경)

⑤緜州副使⑥著柘黃하니, 我卿掃除卽日平이라.
　　(면주부사착자황　아경소제즉일평)

子璋⑦髑髏血⑧模糊한대, ⑨手提擲還⑩崔大夫라.
　　(자장촉루혈모호　수제척환최대부)

⑪李侯重有此節度하니, 人道我卿絶世無라.
　　(이후중유차절도　인도아경절세무)

旣稱絶世無天子아? 何不喚取守⑫東都오?
　　(기칭절세무천자　하불환취수동도)

　　성도(成都)의 맹장으로 화경(花卿)이란 분 있었으니,
　　말 배우기 시작하는 어린애도 그의 이름 안다네.
　　용감하기 날쌘 매처럼 바람과 불 일구며 달리니,
　　보이는 적 많을수록 몸 비로소 가벼워진다네.
　　면주부사(緜州副使) 단자장(段子璋)이 모반하여 누런 천자 옷 입
으니,
　　우리 화경이 쓸어없애어 즉일로 평정되었네.
　　단자장의 해골과 뼈에는 피 홍건히 묻어 있는데,
　　손으로 들어 내던지고 성도윤(成都尹) 최광원(崔光遠)에게로 되

돌아왔다네.

　　이환(李奐)은 다시 동천절도사(東川節度使) 자리로 되돌아갔으니,

　　사람들 말하기를 우리 화경은 세상에 다시없는 장수라네.

　　세상에 다시없는 장수라 일컬어지는데 천자는 아니 계신가?

　　어찌하여 그를 불러 동도(東都)를 빼앗아 지키게 하지 않는가?

주해　① 戱作花卿歌(희작화경가)―장난삼아 지은 화경(花卿)의 노래. 화경은 본명이 화경정(花敬定)이며, 한때 성도윤(成都尹) 최광원(崔光遠) 밑의 장수로 면주(緜州)에서 반란을 일으켰던 단자장(段子璋)을 평정하여 용명을 날렸다. 《두시경전(杜詩鏡銓)》 권8에도 들어 있다.

② 成都(성도)―촉(蜀 : 四川省)의 성도(省都).

③ 快鶻(쾌골)―날쌘 매. 빠른 매.

④ 風火生(풍화생)―바람과 불을 일으키며 달리다. 양(梁)나라 조경종(曹景宗)이 용처럼 빠른 말을 타고 달렸는데, 귀 뒤에서는 바람이 일고 코끝에서는 불이 이는 것 같았다 한다〔《南史》〕.

⑤ 緜州(면주)―지금의 사천성 면양현(綿陽縣).

⑥ 著柘黃(착자황)―산뽕나무〔柘〕 즙으로 누렇게 물들여 만든 천자의 옷을 입다. 당(唐) 숙종(肅宗)의 상원(上元) 2년(761) 4월에 재주자사(梓州刺使) 겸 면주부사(緜州副使)였던 단자장(段子璋)이 반란을 일으켰던 것을 가리킴.

⑦ 髑髏(촉루)―죽은 사람의 해골과 뼈.

⑧ 糢糊(모호)―분간하기 어려운 모양. 많이 묻어 있는 모양.

⑨ 手提擲還(수제척환)―손으로 들어 내던지고 돌아오다.

⑩ 崔大夫(최대부)―성도윤(成都尹) 최광원을 가리킴.

⑪ 李侯(이후)―단자장이 반란을 일으켰을 당시 동천절도사(東川節度使)였던 이환(李奐). 단자장은 반란을 일으키자 곧 이환을 습격하여 면주를 차지하고 양왕(梁王)이라 자칭하였는데, 이때 이환은 성도로 도망쳐 있다가 화경이 반란을 평정하자 다시 절도사 자리로 되돌아갔다.

⑫ 東都(동도)―낙양(洛陽). 단자장이 반란을 일으켰던 상원 2년에 안녹산(安祿山)의 부하인 사사명(史思明)을 그 아들 사조의(史朝義)가 죽이고

대신 자립하여 동도(東都)를 차지하고 있었다. 안사(安史)의 난이 그때까지도 완전히 평정되지 못하고 있었던 것이다.

해설 희작(戱作)이라 그런지 문장은 두보(杜甫)의 시로서는 별로 빼어난 게 못된다. 그러나 시성(詩聖)으로서의 애국의 정이 뜨겁게 느껴지는 작품이다.

이존사의 소나무 병풍에 적은 노래(①題李尊師松樹障子歌)

두보(杜甫)

老夫淸晨②梳白頭러니, ③玄都道士來相訪이라.
(노부청신소백두　현도도사내상방)

握髮呼兒④延入戶하니, 手提新畵靑松障이라.
(악발호아연입호　수제신화청송장)

障子松林⑤靜杳冥하니, ⑥憑軒忽若⑦無丹靑이라.
(장자송림정묘명　빙헌홀약무단청)

陰崖却承⑧霜雪幹하고, ⑨偃盖反走⑩虬龍形이라.
(음애각승상설간　언개반주규룡형)

老夫平生好奇古하여, 對此興與精靈聚라.
(노부평생호기고　대차흥여정령취)

已知仙客意相親이오, 更覺良工⑪心獨苦라.
(이지선객의상친　갱각량공심독고)

松下⑫丈人⑬巾屨同하니, ⑭偶坐似是⑮商山翁이라.
(송하장인건구동　우좌사시상산옹)

悵望聊歌⑯紫芝曲하니, 時危⑰慘淡來悲風이라.
(창망료가자지곡　시위참담내비풍)

이 늙은이 이른 아침에 흰머리 빗고 있는데,

현도도사(玄都道士)가 찾아왔다네.

머리 움켜쥔 채 아이 불러 마중해 들이게 하니,

손에 새그림 들고 있는데 푸른 소나무 그린 병풍일세.

병풍 소나무 숲 고요하고 아득한데,

툇마루에 기대어 바라보니 문득 단청으로 그린 게 아닌 듯하네.

그늘진 절벽 도리어 서리와 눈에 시달린 나무줄기 받들고 있고,

누워 덮으며 반대로 뻗은 가지 규룡(虬龍)의 형상일세.

이 늙은이 평생 동안 기이하고 오래된 것 좋아하여 왔으니,

이를 대함에 흥취와 정령(精靈) 모여드네.

이미 신선 같은 손님 뜻 서로 통해 친해졌음 알겠고,

더욱이 훌륭한 화공 마음고생 홀로 하였음 깨닫게 되네.

소나무 밑의 노인은 두건과 신도 본인과 같으니,

나란히 앉아 있는 게 흡사 상산(商山)의 노인들 같네.

처연히 바라보며 자지곡(紫芝曲) 불러보니,

시국 위태로워 슬프고 쓸쓸하게도 슬픈 바람 실려오네.

주해 ① 題李尊師松樹障子歌(제이존사송수장자가)—이존사(李尊師)의 소나무 병풍에 제시(題詩)하는 노래. 이존사는 당(唐) 현종(玄宗) 때의 도사(道士), 장자(障子)는 가리개 또는 병풍.《두시경전(杜詩鏡銓)》에는 권4에 실려 있음.

② 梳(소)—빗. 빗질하다.

③ 玄都道士(현도도사)—당나라 장안(長安) 주작가(朱雀街)에 있던 현도관(玄都觀)〔《唐會要》〕의 도사.

④ 延入戶(연입호)—마중하여 문 안으로 들어오게 하다.

⑤ 靜杳冥(정묘명)—고요하고 아득한 것. 묘명(杳冥)은 멀고 아득한 모양.

⑥ 憑軒(빙헌)—툇마루에 기대다. 헌(軒)은 툇마루.

⑦ 無丹靑(무단청)—단청이 없어지다. 곧 그린 것이 아니라 진짜 소나무처럼

느껴짐을 뜻한다.

⑧ 霜雪幹(상설간)－서리와 눈맞으며 여러 해 묵은 소나무 줄기.

⑨ 偃盖反走(언개반주)－소나무 가지가 옆으로 누워 뻗으며 덮어 반대편으로 자란 것.

⑩ 虬龍(규룡)－뿔 없는 용.

⑪ 心獨苦(심독고)－마음 홀로 괴롭히다. 화가로서 좋은 작품을 창작하기 위하여 많은 마음을 쓰며 애썼을 거라는 뜻.

⑫ 丈人(장인)－노인.

⑬ 巾屨(건구)－두건과 신발.

⑭ 偶坐(우좌)－짝지어 앉다. 그림 속의 노인과 그림 그린 사람이 나란히 앉는 것.

⑮ 商山翁(상산옹)－상산의 노인. 상산사호(商山四皓)를 가리킴. 상산은 섬서성 상현(商縣) 동남쪽에 있는 산. 진(秦)나라 말엽 동원공(東園公)·녹리선생(角里先生)·기리계(綺里季)·하황공(夏黃公)의 네 사람이 난리를 피하여 이 산속에 숨어 살았는데, 모두 80세를 넘어 수염과 머리가 희어 상산사호라 불렀다. 호(皓)는 머리 흰 노인의 뜻.

⑯ 紫芝曲(자지곡)－옛 악부의 금곡가사로 〈자지가(紫芝歌)〉라고도 부름. 한(漢) 고조(高祖)가 상산사호를 불렀으나 이들은 세상에 나가지 않고 〈자지가〉를 지어 불렀다 한다. 자지(紫芝)는 영지(靈芝)로 선약(仙藥)의 하나이다.

⑰ 慘淡(참담)－처참하고 무색(無色)한 모양. 슬프고 쓸쓸한 모양.

해설 이 작품도 두시(杜詩)로서는 빼어난 작품이라 할 수는 없다. 다만 '더욱이 훌륭한 화공, 마음고생 홀로 하였음 깨닫게 되네〔更覺良工心獨苦〕'라고 읊은 것은, 시작(詩作)에 심혈을 기울이던 두보만이 체득했던 경지인지도 모른다.

장난삼아 위언이 그린 쌍송도를 노래함([1]戲韋偃爲雙松圖歌)

두보(杜甫)

天下幾人畫古松고? [2]畢宏已老韋偃少라.
　(천하기인화고송　필굉이노위언소)

[3]絶筆[4]長風起纖末하니, 滿堂[5]動色嗟神妙라.
　(절필장풍기섬말　만당동색차신묘)

兩株[6]慘裂苔蘚皮하고, [7]屈鐵交錯廻高枝라.
　(양주참렬태선피　굴철교착회고지)

[8]白摧朽骨龍虎死요, [9]黑入太陰雷雨垂라.
　(백최후골용호사　흑입태음뇌우수)

松根胡僧[10]憩寂寞하니, [11]厖眉皓首[12]無住著이라.
　(송근호승게적막　방미호수무주착)

[13]偏袒右肩[14]露雙脚하고, 葉裏松子僧前落이라.
　(편단우견노쌍각　엽리송자승전락)

[15]韋侯韋侯數相見이라.
　(위후위후삭상견)

我有一匹好[16]東絹하니, 重之不減[17]錦繡段이라.
　(아유일필호동견　중지불감금수단)

已令[18]拂拭光[19]凌亂하니, 請公放筆[20]爲直榦이라.
　(이령불식광릉란　청공방필위직간)

천하에 몇 사람이나 노송을 잘 그렸던고?
필굉(畢宏)은 이미 늙었으되 위언(韋偃)은 젊다네.

빼어난 필력에 멀리서 불어오는 바람은 가지끝 솔잎을 일으켜 세우고,

방안 가득한 사람들 감동한 빛 띠우며 신묘함을 감탄하네.

두 그루 소나무의 이끼 덮힌 껍질은 처참히 갈라져 있고,

굽은 쇠 뒤엉키듯 높은 가지 서려 있네.

흰 곳은 용과 호랑이 죽어 썩은 뼈가 부숴져 있는 듯하고,

검은 곳은 태음(太陰)의 세계로 들어가 뇌우(雷雨)가 드리우고 있는 듯하네.

소나무 뿌리에는 호승(胡僧)이 잠잠히 쉬고 있는데,

흰털 섞인 눈썹에 흰머리로 아무런 집착도 없는 듯하네.

오른편 어깻살 드러내고 두 발도 맨발인데,

솔잎 속의 솔방울이 스님 앞에도 떨어져 있네.

위(韋)선생, 위선생, 우리는 자주 만났지?

내게는 한 필의 좋은 동견(東絹)이 있는데,

소중하기 수놓은 비단만 못지않은 걸세.

이미 잘 털고 닦아놓아 빛도 요란한데,

청컨대 선생께서 붓 대어 곧은 줄기의 소나무 그려 주시구려.

주해　① 戱韋偃爲雙松圖歌(희위언위쌍송도가) - 장난삼아 위언(韋偃)의 쌍송도 그림을 노래함. 위언은 촉(蜀) 땅의 명화가(名畫家)로 소감(少監) 벼슬을 지냈다. 산수와 죽수(竹樹)·인물을 잘 그렸고, 필법에 힘이 있어 특히 송석(松石)에 뛰어났었다. 《명화기(名畫記)》엔 이름을 구(鷗)로 쓰고 있고, 《당서(唐書)》 예문지(藝文志)엔 구란자(鷗鸞子)로 쓰고 있다. 《두시경전(杜詩鏡銓)》엔 권7에 실려 있다.

② 畢宏(필굉) - 현종(玄宗)의 천보(天寶) 연간(742~755)에 어사(御史) 벼슬을 지냈고, 노송을 잘 그려 유명했다.

③ 絶筆(절필) - 여기서는 절세의 필력. 세상에 다시없이 빼어난 필력.

④ 長風起纖末(장풍기섬말) - 멀리서 불어오는 바람이 가지 끝의 터럭 같은

부분을 일으켜 세우는 것까지도 그리는 것. 장풍(長風)은 멀리서 불어오는 바람. 거센 바람. 한(漢) 마융(馬融)이 〈장적부(長笛賦)〉에서 '맑은 바람에 호응할 적에는 가지 끝의 미세한 잎을 나부끼게 한다[其應淸風也, 纖末舊梢]'고 한 표현을 빌린 것임.

⑤ 動色(동색)—감동한 얼굴빛을 짓다. 얼굴빛이 변하다.

⑥ 慘裂苔蘚皮(참렬태선피)—이끼 긴 껍질이 처참하게 갈라져 있다. 참렬(慘裂)은 흔히 매우 추운 것을 형용하는 말로 쓰이나, 본시 땅이 얼어 갈라진 형용에서 온 말임.

⑦ 屈鐵交錯(굴철교착)—굽은 쇠가 엇섞이다. 늙은 소나무 가지가 꾸불꾸불 엇갈려 있는 모양을 형용한 말.

⑧ 白摧朽骨(백최후골)—노송 그림의 흰 부분은 썩은 뼈가 부숴져 있는 모양이라는 뜻.

⑨ 黑入太陰(흑입태음)—노송 그림의 검은 부분은 태음(太陰)의 세계로 들어간 듯하다는 뜻. 태음은 북쪽 끝 세계로 태양(太陽)의 반대임[《史記》索隱].

⑩ 憩寂寞(게적막)—잠잠히 쉬고 있다. 적막하게 쉬고 있다.

⑪ 厖眉皓首(방미호수)—흰털 검은털이 엇섞인 눈썹과 흰머리.

⑫ 無住著(무주착)—집착하는 데가 없는 것. 불가어(佛家語)로 무주무착(無住無著)의 준말. 마음을 매어둔 곳도 없고 붙여둔 곳도 없는 것[《楞嚴經》].

⑬ 偏袒(편단)—한쪽 팔을 드러내 놓는 것. 특히 불도(佛徒)들이 가사(袈裟)를 입을 때 오른편 어깨와 팔을 드러내 놓는 것.

⑭ 露雙脚(노쌍각)—두 다리를 맨살로 드러내 놓는 것.

⑮ 韋侯(위후)—위언(韋偃)을 가리키는 말.

⑯ 東絹(동견)—동천(東川 : 四川省의 동부) 능주(陵州)의 명산인 아계견(鵝溪絹) [《唐志》].

⑰ 錦繡段(금수단)—단(段)은 단(緞)으로도 쓰며 수놓은 좋은 비단. 한(漢) 장형(張衡)의 사수시(四愁詩)에 '임이 내게 금수단(錦繡段)을 선물했다[美人贈我錦繡段]'고 읊고 있다.

⑱ 拂拭(불식)—털고 문질러놓다. 털고 닦아놓다.

⑲ 凌亂(능란)―요란한 것.

⑳ 爲直幹(위직간)―줄기가 곧은 소나무를 그려라. 위언은 늘 줄기가 꾸불꾸 불한 노송만을 그렸으므로 두보(杜甫)는 장난삼아 줄기가 곧은 소나무를 그려 보라고 읊은 거라 한다〔杜臆 註〕.

(해설) 이것도 역시 노송 그림에 제시(題詩)한 작품이다. 노송의 꾸불꾸불 용틀임하며 자란 모양이, 잘 묘사되어 있다. 특히 '흰 곳은 용과 호랑이 죽어 썩은 뼈가 부숴져 있는 듯하고, 검은 곳은 태음(太陰)의 세계로 들어가 뇌우(雷雨)가 드리우고 있는 듯하다'는 그림의 백흑(白黑)의 대조는 두보 아니면 묘사할 수 없는 조구(造句)의 경지라 할 것이다.

유소부가 그린 산수 병풍의 노래(①劉少府畫山水障歌)

두보(杜甫)

②堂上不合生楓樹어늘, ③怪底江山起煙霧라.
　　(당상불합생풍수　괴저강산기연무)

聞君掃却④赤縣圖하고, 乘興遣畵⑤滄洲趣라.
　　(문군소각적현도　승흥견화창주취)

畵師亦無數나, 好手不可遇라.
　　(화사역무수　호수불가우)

對此融心神하니, 知君重⑥毫素라.
　　(대차융심신　지군중호소)

豈但⑦祁岳與⑧鄭虔고? 筆跡遠過⑨楊契丹이라.
　　(기단기악여정건　필적원과양거란)

得非⑩玄圃裂이면, 無乃⑪瀟湘翻고?
　　(득비현포렬　무내소상번)

⑫悄然坐我⑬天姥下하니, 耳邊已似聞淸猿이라.
(초연좌아천모하　이변이사문청원)

反思前夜風雨急하니, 乃是⑭蒲城鬼神入이라.
(반사전야풍우급　내시포성귀신입)

⑮元氣⑯淋漓障猶濕하니, ⑰眞宰上訴天應泣이라.
(원기림리장유습　진재상소천응읍)

野亭春還雜花遠하고, 漁翁⑱暝踏孤舟立이라.
(야정춘환잡화원　어옹명답고주립)

⑲滄浪水深⑳靑溟闊하고, ㉑欹岸側島㉒秋毫末이라.
(창랑수심청명활　의안측도추호말)

不見㉓湘妃鼓瑟時나, 至今㉔斑竹臨江活이라.
(불견상비고슬시　지금반죽임강활)

㉕劉侯㉖天機精하고, 愛畫入骨髓라.
(유후천기정　애화입골수)

自有兩兒郎하니, ㉗揮灑亦莫比라.
(자유양아랑　휘쇄역막비)

大兒聰明到하여, 能添老樹㉘巓崖裏요,
(대아총명도　능첨로수전애리)

小兒㉙心孔開하여, 貌得山僧及童子라.
(소아심공개　모득산승급동자)

㉚若耶溪, ㉛雲門寺여, 吾獨胡爲在㉜泥滓오?
(약야계　운문사　오독호위재니재)

㉝靑鞋布韈從此始라.
(청혜포말종차시)

대청 안엔 단풍나무 자랄 수 없는 것이어늘,
괴상하게도 대청 안 강과 산에 안개 피어오르네.
들건대 그대는 적현(赤縣)의 그림 쓸어 없애고,

흥이 나는 대로 다시 산수의 흥취를 그렸다 하네.
화가는 무수히 있다 하나,
잘 그리는 이는 만날 수 없었는데,
이 그림 대하자 마음과 정신 녹는 듯하니,
그대 붓과 종이 소중히 다룸을 알겠네.
어찌 기악(祁岳)과 정건(鄭虔)에 그치겠는가?
붓솜씨 양거란(楊契丹)보다 훨씬 뛰어나네.
곤륜산(崑崙山)의 현포(玄圃)를 잘라다 놓은 게 아니라면,
곧 소수(瀟水)와 상수(湘水)가 굽이치고 있는 게 아닐까?
고요히 내가 천모산(天姥山) 아래 앉아 있었을 때처럼,
귓전에 이미 맑은 원숭이 소리 들리는 듯하네.
어젯밤 비바람 세찼던 것 돌이켜 생각하니,
바로 포성(蒲城)의 귀신이 들어와 있는 듯하고,
천지의 기운 촉촉하여 병풍조차도 젖어 있는 듯하니,
조물주가 상소하여 하느님께서 눈물 흘렸기 때문이리라.
들판 정자에 봄 돌아왔으나 여러 가지 꽃필 때 아직 멀었고,
늙은 어부 어둠을 밟고 외로운 배 위에 서있네.
파란 강물은 깊고 푸른 바다 넓은데,
언덕 가까이 곁의 섬은 가는 터럭까지도 그려져 있으니,
상비(湘妃)가 슬(瑟)을 탈 적 일은 보지 못하였으되,
지금도 반죽(斑竹)은 강물 가에 자라 있네.
유소부(劉少府)는 자연의 이치에 정통하고,
그림 좋아하는 것이 골수에 박혔네.
그 자신에게 두 아들 있는데,
붓 휘두르는 솜씨 역시 비길 데가 없다네.
큰아들 총명이 지극하여,
산꼭대기와 절벽에 늙은 나무 덧붙여 그려 넣을 수 있고,

작은아들 마음의 창이 열리어,

산승(山僧)과 동자의 모습을 잘 그리네.

약야계(若耶溪) 있고 운문사(雲門寺) 있는데,

나만 어찌하여 진흙 먼지 속에 있는가?

짚신에 버선 신고 이제부터 숨어살리라.

주해 ① 劉少府畵山水障歌(유소부화산수장가)—유소부가 그린 산수 병풍 노
래. 유소부는 봉선위(奉先尉) 벼슬을 지낸 유단(劉單). 동주(同州) 포성
(蒲城：지금의 大荔縣 서쪽)을 개원(開元) 연간에 봉선이라 고쳤다.
《두시경전(杜詩鏡銓)》권3엔 〈봉선유소부신화산수장가(奉先劉少府新畵山
水障歌)〉란 제하(題下)에 실려 있다.

② 堂上(당상)—집안 대청 위. 산수 병풍을 대청 안에 갖다놓고 보는 것이다.

③ 怪底(괴저)—이상한 것은. 괴이하게도. 저(底)는 어조사.

④ 赤縣圖(적현도)—유소부(劉少府)가 그렸던 봉선현(奉先縣)의 산수화. 적
현이란 본시 경도(京都)에서 직접 다스리는 현(縣)을 부르는 말임.

⑤ 滄洲(창주)—물이 있는 고장으로 흔히 산수가 어울린 은자(隱者)가 지
내는 곳을 가리킨다.

⑥ 毫素(호소)—붓과 종이.

⑦ 祁岳(기악)—당(唐)대의 화가. 주경현(朱景玄)의 《당조명화록(唐朝名畵
錄)》에도 이름만 보임.

⑧ 鄭虔(정건)—역시 산수화로 이름이 났던 당(唐)대 화가.

⑨ 楊契丹(양거란)—수(隋)대의 화가로 상의동(上儀同)·벼슬을 지냄〔張彦遠
《名畵記》〕.

⑩ 玄圃(현포)—곤륜산(崑崙山) 위에 있는 신선들이 산다는 곳. 현포(縣圃)
로도 씀.

⑪ 瀟湘(소상)—소수(瀟水)와 상수(湘水). 호남성에 흐르는 강물로 영릉현
(零陵縣)에서 두 개가 합쳐져 동정호(洞庭湖)로 흘러들어간다.

⑫ 悄然(초연)—고요한 모양.

⑬ 天姥(천모)—절강성 신창현(新昌縣) 동쪽에 있는 산 이름. 두보(杜甫)는

자신이 옛날 그 산 아래에서 놀았던 일을 회상하고 있는 것이다.

⑭ 蒲城(포성)—봉선현(奉先縣)의 옛 이름.

⑮ 元氣(원기)—천지창조의 기운. 천지의 근원이 되는 기운. 여기서는 대기 (大氣) 정도로 보아도 된다.

⑯ 淋漓(임리)—물이 질퍽한 모양. 촉촉한 모양. 보슬비가 내리는 모양. 지난 밤 비에 병풍에 습기가 차있는 것을 이렇게 노래한 것이다.

⑰ 眞宰(진재)—진실한 천지의 주재자. 조물주.

⑱ 暝踏(명답)—어둠을 밟다. 어둠 속에 서있는 것.

⑲ 滄浪(창랑)—물이 파란 것. 고유명사로 장강(長江)의 지류인 한수(漢水) 의 일부를 뜻하기도 함.

⑳ 靑溟闊(청명활)—푸른 바다는 넓다.

㉑ 欹岸(의안)—물가 언덕에 기대다. 언덕 가까이에 있는 것. 의(欹)는 의 (倚)와 통함.

㉒ 秋毫末(추호말)—가는 터럭 끝. 여기서는 미세한 것까지도 잘 그려져 있음을 뜻함.

㉓ 湘妃(상비)—순(舜)임금의 비(妃)인 아황(娥皇)과 여영(女英). 순이 남쪽을 순수(巡狩)하다 창오(蒼梧)에서 죽자 두 비는 상수(湘水) 가에서 기다리다 죽어 상수의 신(神)이 되었다 한다. 이 구절은 《초사(楚辭)》의 '사상 령고슬혜(使湘靈鼓瑟兮)'라 읊은 표현을 원용한 것이다.

㉔ 斑竹(반죽)—순(舜)이 죽은 뒤 아황과 여영이 흘린 눈물이 대나무에 떨어져 얼룩져 반죽이 되었다 한다. 따라서 반죽은 상비죽(湘妃竹)이라고도 부르며, 특히 소상반죽(瀟湘斑竹)은 유명하다.

㉕ 劉侯(유후)—유소부(劉少府) 단(單)을 가리킴.

㉖ 天機(천기)—하늘의 빌미. 하늘의 움직이는 이치. 자연의 원리.

㉗ 揮灑(휘쇄)—거침없이 먹 묻힌 붓을 휘두르는 것. 글씨를 능숙한 솜씨로 쓰거나 그림을 능숙하게 그리는 모양.

㉘ 巓崖(전애)—산꼭대기와 절벽. 높은 절벽.

㉙ 心孔(심공)—마음의 창. 심안(心眼).

㉚ 若耶溪(약야계)—절강성 소흥현(紹興縣) 남쪽에 있는 약야산(若耶山) 아

래 계곡 이름. 계곡물이 경호(鏡湖)로 흘러들며 옛날 서시(西施)가 완사
(浣紗)한 곳으로도 유명하다.

㉛ 雲門寺(운문사)—약야산에 있는 절 이름[《南史》]. 모두 두보가 숨어살고
싶은 경치가 아름다운 곳으로, 그림을 보고 그곳을 생각하고 있는 것이다.

㉜ 泥滓(이재)—진흙 찌꺼기. 흙먼지.

㉝ 靑鞋布韤(청혜포말)—청혜는 짚신, 포말은 마포(麻布)로 간단히 만든 버
선. 모두 의관을 벗어던지고 은자(隱者)의 옷차림을 하고 아름다운 산수
속에 숨어사는 것을 뜻함.

해설   제화시(題畫詩)로서는 독특한 의경(意境) 묘사에 성공하고 있는 작
품이다. 앞에서는 화가의 뛰어난 재주를 읊고, 다시 그의 산수화의 빼어
난 경치를 과거의 자기 경험과 기특한 상상을 엇섞어 읊고 있다. 이 부분
에서 특히 두보의 시성(詩聖)다운 면모가 드러나고 있다. 그리고는 화가
의 두 아들의 화재(畫才)까지 곁들여 칭찬하며, 자신의 산수에 대한 애정
을 읊음으로써 작품을 끝맺고 있다.

이조의 팔분소전을 노래함(①李潮八分小篆歌)

두보(杜甫)

②蒼頡③鳥跡旣④茫昧하니, 字體變化如浮雲이라.
　　(창힐조적기망매　자체변화여부운)

⑤陳倉石鼓又已⑥訛나, ⑦大小二篆生八分이라.
　　(진창석고우이와　대소이전생팔분)

秦有⑧李斯漢⑨蔡邕하고, ⑩中間作者⑪寂不聞이라.
　　(진유이사한채옹　중간작자적불문)

⑫嶧山之碑野火焚하니, ⑬棗木傳刻⑭肥失眞이라.
　　(역산지비야화분　조목전각비실진)

⑮苦縣光和尚⑯骨立하니, 書貴⑰瘦硬方通神이라.
　　(고현광화상골립　서귀수경방통신)

惜哉李蔡不復得이나, 吾甥李潮⑱下筆親이라.
　　(석재리채불부득　오생리조하필친)

尚書⑲韓擇木이오, 騎曹⑳蔡有隣이라.
　　(상서한택목　기조채유린)

開元已來㉑數八分하니, 潮也奄有二子成三人이라.
　　(개원이래수팔분　조야엄유이자성삼인)

況潮小篆㉒逼秦相하여, 快劍長戟㉓森相向이라.
　　(황조소전핍진상　쾌검장극삼상향)

八分一字㉔直百金하니, 蛟龍㉕盤拏肉㉖屈强이라.
　　(팔분일자치백금　교룡반나육굴강)

㉗吳郡張顚誇草書나, 草書非古空雄壯이라.
　　(오군장전과초서　초서비고공웅장)

豈如吾甥不㉘流宕고? 丞相中郎㉙丈人行이라.
　　(기여오생불류탕　승상중랑장인항)

㉚巴東逢李潮하니, 逾月求我歌라.
　　(파동봉이조　유월구아가)

我今衰老才力在薄하니, 潮乎潮乎奈汝何오?
　　(아금쇠로재력재박　조호조호내여하)

　　창힐(蒼頡)이 새 발자국 보고 만든 글자 이미 어떤 건지 모르게
되었으니,
　　자체(字體)의 변화는 뜬 구름처럼 알 수 없네.
　　진창(陳倉)의 석고(石鼓) 또 이미 변해 버렸으나,

대전(大篆)과 소전(小篆)이 팔분서(八分書)를 낳게 했네.

진(秦)나라에는 이사(李斯)가 있었고 한(漢)나라에는 채옹(蔡邕)이 있었으나,

그밖의 작가들에 대하여는 아무것도 전하지 않네.

시황(始皇)의 역산비(嶧山碑)도 들불에 타버리니,

대추나무에 옮겨 새긴 게 전한다지만 자획 굵어져 진짜와 다른 것일세.

고현(苦縣)엔 한(漢)대에 세운 노자비(老子碑) 아직 우뚝 서있는데,

글씨란 여위면서도 힘있게 씀이 귀중한데 그래야만 신통하게 된다네.

애석하게도 이사와 채옹 다시 나올 수 없으나,

내 생질 이조(李潮)의 글씨 그들에게 가깝고,

또 상서(尙書) 한택목(韓擇木)과,

병조참군(兵曹參軍) 채유린(蔡有隣)이 있네.

개원(開元) 이래로 몇 명의 팔분서 쓰는 이 있는데,

이조에겐 밑에 두 아들 있으니 합치면 세 사람일세.

더욱이 이조의 소전(小篆)은 진상(秦相) 이사에 가까워서,

예리한 칼과 긴 창이 삼엄하게 마주 보고 있는 듯하네.

팔분서 한 자는 백금(百金)의 값이 나가니,

교룡(蛟龍)이 틀임을 하여 근육이 억세보이는 것 같네.

오군(吳郡)의 장전(張顚)이 초서(草書)로 뽐내고 있지만,

초서는 옛것 아니고 부질없이 웅장하기만 한 것일세.

어찌 내 생질이 멋대로 굴지 않음만 하랴?

이사나 채옹 같은 노성(老成)한 경지에 이르러 있네.

파동(巴東)에서 이조를 만나,

한 달 넘도록 내게 노래 지어줄 것을 요청하네.

나는 지금 노쇠하고 재주와 능력도 없으니,

이조여! 이조여! 그대를 어이 노래한단 말인가?

주해 ① 李潮八分小篆歌(이조팔분소전가)―이조(李潮)의 팔분소전 글씨를 노래함. 이조는 소전을 잘 쓴 사람으로 두보(杜甫)의 생질. 당(唐) 혜의사(慧義寺)의 미륵상비(彌勒象碑)가 그의 글씨라 한다〔《金石錄》〕. 팔분은 팔분서로 소전체를 발전시킨 자체로 예서(隷書)에 더욱 가까워진 것이다. 《두시경전(杜詩鏡銓)》에는 권15에 이 시가 실려 있다.

② 蒼頡(창힐)―황제(黃帝)의 사관(史官)으로 한자를 처음 만든 사람으로 전해지고 있다.

③ 鳥跡(조적)―새 발자국. 창힐은 새 발자국을 보고 힌트를 얻어 한자를 만들었다 한다〔衛恒《書勢》〕.

④ 茫昧(망매)―아득하고 어두워서 알 수가 없는 것.

⑤ 陳倉石鼓(진창석고)―앞 권8 한유(韓愈)의 〈석고가(石鼓歌)〉에 나오는 석고. 진창은 섬서성 보계현(寶雞縣) 동쪽의 지명. 본시 석고가 그곳에 흩어져 있었다.

⑥ 訛(와)―잘못 전해지다. 와전(訛傳)되다.

⑦ 大小二篆(대소이전)―대전(大篆)과 소전(小篆). 대전은 주서(籀書)라고도 하며 주(周) 선왕(宣王) 태사주(太史籀)가 만들었다는 자체이고, 소전은 진(秦) 승상(丞相) 이사(李斯)가 자체를 통일하기 위하여 만든 것이다. 팔분서는 이전의 한자를 근거로 만들어낸 것이므로, ‘대전과 소전이 팔분서를 낳게 했다’고 한 것이다.

⑧ 李斯(이사)―진시황의 승상으로 군현제(郡縣制)를 실시케 하고 금서령(禁書令)을 내리게 하였고, 소전(小篆)을 만들어 한자의 자체를 통일한 사람.

⑨ 蔡邕(채옹)―후한(後漢) 사람으로 자는 백개(伯喈), 뒤에 중랑장(中郞將) 벼슬을 지냈다. 그는 팔분(八分)과 비백(飛白)이 입신의 경지였고, 대소전(大小篆)과 예서(隷書)도 입묘(入妙)의 경지로 썼다는〔張懷瓘《書斷》〕 서예의 명인이다.

⑩ 中間(중간)―이사와 채옹 사이뿐만 아니라 채옹과 두보의 시대 사이까지

도 뜻한다.

⑪ 寂不聞(적불문)─잠잠히 아무 소리도 들리지 않는다. 아무도 이름을 남긴 이가 없음을 뜻한다.

⑫ 嶧山之碑(역산지비)─진시황이 동쪽 군현을 순수(巡狩)하다 산동성(山東省) 추현(鄒縣)에 있는 역산(嶧山)에 올라가 세운 진(秦)나라 송덕비. 이사의 소전(小篆)으로 쓰인 것이다.

⑬ 棗木傳刻(조목전각)─대추나무에 전하여 새기다. 역대로 많은 사람들이 '역산비'의 탁본을 요구하여 그 고을 사람들은 탁본을 만들어 올리느라 괴로움을 당하였다. 이에 고을 사람들이 장작을 비 위에 쌓아놓고 불을 질러 태워버려 다시는 모탁(摹拓)을 할 수 없게 만들었다. 그러나 뒤에 여러 사람들이 새로 비문을 새겨 전하여 여러 가지 별본(別本)이 전한다. 당(唐)대에는 대추나무에 모각(摹刻)한 비문도 있었던 듯하다.

⑭ 肥失眞(비실진)─자획이 굵어져 진짜와 다르게 되다.

⑮ 苦縣光和(고현광화)─고현(苦縣)의 후한(後漢) 영제(靈帝) 광화(光和) 연간(178~183)에 세운 노자비(老子碑)로 채옹(蔡邕)의 글과 글씨로 새겨졌다 한다[《金石錄》]. 그러나 고현의 노자비는 환제(桓帝)의 연희(延熹) 8년(165)에 변소(邊韶)가 만든 것이라 하니[洪适 《隷釋》], 두보가 읊은 것은 다른 비인지도 모른다. 고현은 하남성 녹읍현(鹿邑縣) 동쪽의 옛 땅 이름으로, 노자(老子)의 고향이다[《史記》 老子傳].

⑯ 骨立(골립)─우뚝히 서있는 것. 여윈 모습으로 있는 것.

⑰ 瘦硬(수경)─글씨 획이 여윈 듯하면서도 굳센 것.

⑱ 下筆親(하필친)─글씨 솜씨가 이사와 채옹에 가깝다는 뜻.

⑲ 韓擇木(한택목)─공부상서(工部尙書) 벼슬을 지냈고 예서와 팔분서에 뛰어났었다[《宣和書譜》].

⑳ 蔡有隣(채유린)─채옹의 18대손(孫)이며, 벼슬은 우위솔부병조참군(右衛率府兵曹參軍)을 지냈고[杜甫는 騎曹라 약칭함] 팔분서에 뛰어났었다[《書史會要》].

㉑ 數八分(수팔분)─수명의 팔분서 쓰는 이가 있었다는 뜻.

㉒ 逼秦相(핍진상)─진(秦) 승상 이사의 소전 수준에 가깝다는 뜻.

㉓ 森相向(삼상향)－삼엄하게 서로 마주보고 있다.

㉔ 直百金(치백금)－백금의 값이 나간다. 치(直)는 치(値)와 통함.

㉕ 盤拏(반나)－〔용 같은 것이〕 서리다. 틀임을 하다.

㉖ 屈强(굴강)－억세다. 강하다.

㉗ 吳郡張顚(오군장전)－오군에 사는 장전. 오군은 지금의 강소성 소주(蘇州).

㉘ 流宕(유탕)－멋대로 행동하는 것. 방탕하게 구는 것.

㉙ 丈人行(장인항)－나이가 선배인 사람. 노성(老成)한 경지의 사람. 장인
   (丈人)은 노인, 항(行)은 등급을 뜻함.

㉚ 巴東(파동)－후한(後漢) 때 파군(巴郡：四川省 동부)을 셋으로 나누어
   삼파(三巴)라 하였는데, 삼파 중의 한 군(郡).

(해설) 두보(杜甫)가 자기 생질 이조(李潮)의 팔분서(八分書)를 칭송한 시.
이조의 팔분서에 관한 명성은 두보의 이 시를 통하여 지금까지 전해진
다. 두보는 이조를 이사(李斯)·채옹(蔡邕) 이래의 소전(小篆)의 대가로
크게 내세우고 있다. 대시인(大詩人)의 글이 후세에 끼치는 영향은 실로
크다.

천육 표기의 노래(①天育驃騎歌)

두보(杜甫)

吾聞②天子之馬走千里하니, 今之畫圖無乃是아?
　　(오문천자지마주천리　금지화도무내시)
是何③意態雄且傑고? ④駿尾⑤蕭梢朔風起라.
　　(시하의태웅차걸　준미소소삭풍기)
毛爲⑥綠縹兩耳黃이오, 眼有⑦紫焰⑧雙瞳方이라.
　　(모위녹표양이황　안유자염쌍동방)

⑨矯矯龍性合變化하고, ⑩卓立天骨⑪森開張이라.
(교교룡성합변화   탁립천골삼개장)

⑫伊昔太僕⑬張景順이, ⑭監牧⑮攻駒⑯閱淸峻이라.
(이석태복장경순   감목공구열청준)

遂令⑰太奴守天育하고, 別養⑱驥子⑲憐神俊이라.
(수령태노수천육   별양기자련신준)

⑳當時四十萬匹馬나, 張公歎其㉑材盡下라.
(당시사십만필마   장공탄기재진하)

故獨㉒寫眞傳世人하니, 見之㉓座右㉔久更新이라.
(고독사진전세인   견지좌우구갱신)

年多物化㉕空形影하니, 嗚呼健步無由騁이라.
(연다물화공형영   오호건보무유빙)

如今豈無㉖騕褭與㉗驊騮리오? 時無㉘王良㉙伯樂㉚死卽休라.
(여금기무요뇨여화류   시무왕량백락사즉휴)

내가 듣건대 천자의 말은 하루 천 리를 달린다 했는데,

지금 이 그림이 바로 그것이 아니겠는가?

그 얼마나 모습이 웅장하고 걸출한가?

말꼬리에선 낙엽진 나뭇가지 끝처럼 찬 바람 일고 있네.

털은 녹옥색인데 두 귀는 노랗고,

눈에선 자줏빛 불꽃 일고 두 눈동자는 모났네.

빼어난 용 같은 성질은 변화에 적합하고,

우뚝한 타고난 뼈는 삼엄하게 벌려져 있네.

옛날에 태복(太僕) 장경순(張景順)이,

말 기르고 길들이어 맑게 빼어난 것들 골라,

마침내 태노(太奴)로 하여금 마구간 지키게 하고,

달리 좋은 말 새끼 기르게 한 것은 그 신통하고 빼어남 사랑해서

였다.

그 당시 40만 마리의 말 있었으나,

장경순은 그 재질 모두 하급인 것 탄식하였네.

그래서 다만 실물 그림으로 세상 사람들에게 전한 것인데,

자리 옆에 걸린 그림 보니 오래되어도 더욱 새롭게 느껴지네.

여러 해 되면 만물 변화하는 것인데 공연히 겉모양만 있으니,

아아! 힘찬 발길로 달리게 할 길 없구나!

지금도 어찌 요뇨(騕裛) 같은 신마(神馬)와 화류(驊騮) 같은 날랜 말 없겠는가?

세상에 말 잘 모는 왕량(王良)이나 말 잘 보는 백락(伯樂) 없어 그대로 죽어갈 따름이지.

주해 ① 天育驃騎歌(천육표기가) ─ 천육(天育)의 나는 듯 달리는 말 그림 노래. 천육은 천자의 마구간 이름. 표기(驃騎)는 나는 듯 달리는 좋은 말. 다만 여기서는 말 그림을 노래한 것이다. 《두시경전(杜詩鏡銓)》에는 권2에 이 시가 실려 있다.

② 天子之馬(천자지마) ─《목천자전(穆天子傳)》에 '천자의 말이 주천리(走千里)한다'고 말하고 있다.

③ 意態(의태) ─ 자태. 모습.

④ 駿尾(준미) ─ 준마의 꼬리. 말꼬리.

⑤ 蕭梢(소소) ─ 낙엽진 나뭇가지 끝. 한(漢)대의 〈천마곡(天馬曲)〉에 '꼬리에는 낙엽진 나뭇가지 끝처럼 찬 바람 인다〔尾蕭梢兮朔風起〕' 하였다.

⑥ 綠縹(녹표) ─ 녹색 옥빛. 표(縹)는 청백색(靑白色). 곧 옥색.

⑦ 紫焰(자염) ─ 자주색 불꽃.

⑧ 雙瞳方(쌍동방) ─ 두 눈동자는 모가 지다. 모두 준마의 외모적 특징임〔《相馬經》〕.

⑨ 矯矯(교교) ─ 용감한 모양. 높이 솟아 있는 모양. 여기서는 빼어난 모양.

⑩ 卓立天骨(탁립천골) ─ 우뚝한 타고난 뼈. 탁립(卓立)은 우뚝히 솟은 모양.

천골(天骨)은 천연의 뼈.

⑪ 森開張(삼개장)—삼엄하게 벌려져 있는 것.

⑫ 伊昔(이석)—옛날에. 이(伊)는 어조사.

⑬ 張景順(장경순)—당(唐) 현종(玄宗) 때 태복소경(太僕少卿) 겸 진주도독 감목도부사(秦州都督監牧都副使)로 나라의 말을 키우는 일을 관장했던 사람. 개원(開元) 원년(713) 24만 마리의 말을 기르기 시작하여 13년에는 43만 마리가 되게 하였다 한다[張說《開元十三年隴右監牧頌德碑》序].

⑭ 監牧(감목)—말을 잘 먹여 기르고 번식시키고 하는 것.

⑮ 攻駒(공구)—차고 물고 하는 사나운 말을 거세(去勢)하거나 하여 잘 길들이는 것[《周禮》夏官].

⑯ 閱淸峻(열청준)—청신하게 빼어난 말들을 고르는 것. 열(閱)은 고른다는 뜻.

⑰ 太奴(태노)—노복(奴僕) 중의 가장 장대한 자를 뜻하며, 여기서는 말을 쳤던 고려(高麗) 출신의 왕모중(王毛仲)을 가리킨다[《杜詩錢注》].

⑱ 驥子(기자)—천리마의 새끼.

⑲ 憐神俊(연신준)—신통하고 빼어남을 사랑하다. 신준(神俊)은 신통하고 빼어난 것.

⑳ 當時(당시)—현종(玄宗)의 개원(開元) 13년(725).

㉑ 材盡下(재진하)—재질이 모두 하급이다. 말의 수는 많았으나 뛰어난 좋은 말은 거의 없었다는 뜻.

㉒ 寫眞(사진)—천리마의 실물을 그리는 것.

㉓ 座右(좌우)—자리 오른쪽. 앉은자리 옆.

㉔ 久更新(구갱신)—오래될수록 더욱 새롭게 느껴지다.

㉕ 空形影(공형영)—공연히 형체와 그림자만 있다. 부질없이 그림으로만 남아 있는 것을 뜻함.

㉖ 騕褭(요뇨)—하루 1만 5천리 달린다는 신마(神馬) 이름[《瑞應圖》].

㉗ 驊騮(화류)—옛날 조보(造父)가 도림(桃林)의 야생마 중에서 얻어 주목왕(周穆王)에게 바친 말 가운데 하나로, 하루 3만리를 달렸다[《水經》注].

㉘ 王良(왕량)—춘추시대의 유명한 말몰이 이름[《淮南子》覽冥訓].

㉙ 伯樂(백락) — 옛날에 말을 잘 보았던 사람 이름〔《韓詩外傳》〕.

㉚ 死卽休(사즉휴) — 죽으면 곧 그만이 된다. 천리마도 말을 잘 다루고 알아보는 이가 없어 그대로 살다 죽으면 그만이 된다는 뜻.

해설 두보(杜甫)는 이밖에도 〈방병조호마(房兵曹胡馬)〉·〈고도호총마행(高都護驄馬行)〉·〈총마행(驄馬行)〉·〈수마행(瘦馬行)〉·〈병마(病馬)〉·〈제벽상위언마가(題壁上韋偃馬歌)〉·〈백마(白馬)〉 등 말을 노래한 작품이 많고, 또 〈화응(畫鷹)〉·〈의골행(義鶻行)〉·〈화작행(畫鵲行)〉·〈강초공화각응가(姜楚公畫角鷹歌)〉 등 독수리나 매를 읊은 시도 여러 편 있다. 작자가 달리는 천리마나 하늘을 가르는 독수리의 웅자(雄姿)의 신준(神俊)함을 좋아했기 때문일 것이다. 한편 이런 빼어난 동물이나 새를 은근히 자신에게 비유한 때문인지도 모른다.

강남에서 천보 연간의 악공을 만난 노래
(①江南遇天寶樂叟歌)

백거이(白居易)

②白頭病叟泣且言하되, ③祿山未亂入④梨園이라.
(백두병수읍차언 녹산미란입이원)

能彈琵琶和⑤法曲하여, 多在⑥華淸隨至尊이라.
(능탄비파화법곡 다재화청수지존)

是時天下太平久하여, 年年十月坐⑦朝元이라.
(시시천하태평구 연년시월좌조원)

千官起居⑧環佩合이오, 萬國會同車馬奔이라.
(천관기거환패합 만국회동거마분)

⑨金鈿照耀⑩石甕寺하고, ⑪蘭麝薰煮⑫溫湯源이라.
(금전조요석옹사   난사훈자온탕원)

⑬貴妃⑭宛轉侍君側이러니, 體弱不勝珠翠繁이라.
(귀비완전시군측   체약불승주취번)

冬雪⑮飄颻⑯錦袍暖이오, 春風⑰蕩漾⑱霓裳翻이라.
(동설표요금포난   춘풍탕양예상번)

歡娛未足⑲燕寇至하니, ⑳弓勁馬肥㉑胡語喧이라.
(환오미족연구지   궁경마비호어훤)

㉒邠土人遷避夷狄하니, ㉓鼎湖龍去哭㉔軒轅이라.
(빈토인천피이적   정호용거곡헌원)

從此㉕漂淪到南土하여, 萬人死盡一身存이라.
(종차표륜도남토   만인사진일신존)

秋風江上浪無際한대, 暮雨舟中酒一罇이라.
(추풍강상낭무제   모우주중주일준)

㉖涸魚久失風波勢요, 枯草曾㉗霑雨露恩이라.
(학어구실풍파세   고초증점우로은)

我自㉘秦來君莫問하라, ㉙驪山㉚渭水如荒村이라.
(아자진래군막문   여산위수여황촌)

㉛新豐樹老㉜籠明月하고, ㉝長生殿暗㉞鎖黃昏이라.
(신풍수로농명월   장생전암쇄황혼)

紅葉紛紛盖㉟欹瓦오, 綠苔重重㊱封壞垣이라.
(홍엽분분개의와   녹태중중봉괴원)

惟有㊲中官作宮使하여, 每年㊳寒食一開門이라.
(유유중관작궁사   매년한식일개문)

머리 희고 병든 영감이 울면서 이렇게 말하데나.
안녹산(安祿山)이 난을 일으키기 전에 이원(梨園)에 들어갔는데,
비파(琵琶)를 잘 타고 법곡(法曲)을 익히어,

늘 화청궁(華淸宮)에서 천자 모셨었네.
이때 천하는 오랫동안 태평하여,
해마다 10월이면 조원각(朝元閣)에서 잔치 벌였는데,
여러 관리들 앉았다 일어섰다 하면 패옥(佩玉)들 서로 마주쳤고,
만국의 사절들 모이느라 수레와 말 분주했었네.
여인들의 금비녀 석옹사(石甕寺)에 번쩍거리고,
난향(蘭香)과 사향(麝香) 온천 증기에 섞여 퍼졌네.
양귀비(楊貴妃) 날렵하게 임금 곁에서 시중하는데,
몸은 가냘퍼서 진주와 비취의 번거로움 이기지 못하였네.
겨울눈이 휘날릴 적엔 비단옷 따스하게 입었고,
봄바람 살랑이면 얇은 비단옷 펄럭이게 하였네.
즐김에 물릴 줄 모르는 판에 안녹산 반군 쳐들어왔는데,
강한 활에 살찐 말 탄 오랑캐 말 세상에 시끄러웠네.
장안 땅 사람들 딴 곳으로 오랑캐 피하여 떠났으니,
정호(鼎湖)에서 만든 솥 용 타고 신선되어 가버리어 황제(黃帝)
우셨던 꼴이었네.
이로부터 떠돌아다니다 남녘 땅에 이르렀는데,
만인이 모두 죽었으되 이 한 몸은 살아 남았네.
가을바람 부는 강가엔 물결 끝없이 이는데,
비내리는 저녁 배 안엔 술 한 통 있네.
물 마른 연못 고기가 바람 불고 물결이는 형세 잃은 지 오래된 형
국인데,
이 마른 풀 같은 자도 일찍이 비 이슬 같은 천자의 은혜 입은 적
있다오.
내가 장안 쪽에서 왔다고 그곳 소식 묻지 마소,
여산(驪山)과 위수(渭水) 근처 황폐한 마을처럼 되었다오.
신풍(新豐)의 나무 늙어 밝은 달 가리고,

장생전(長生殿)은 어둑어둑 황혼이 깃들어 있으며,
붉은 나뭇잎 어지러이 이그러진 기왓장 덮고 있고,
파란 이끼 잔뜩 무너진 담을 뒤덮고 있다오.
오직 내시(內侍)가 궁성지기 되어,
매년 한식(寒食)날에 한 번씩 문을 연다 하오.

주해 ① 江南遇天寶樂叟歌(강남우천보악수가)−강남 땅에서 천보 연간
(742~755)의 악공이었던 영감을 만났던 노래. 이 시도 뒤의 〈장한가(長
恨歌)〉나 마찬가지로 안녹산(安祿山)의 난이 일어나기 직전 당(唐) 현종
(玄宗) 때의 영화를 노래하며, 영고성쇠(榮枯盛衰)의 무상함을 되새겨
보게 한다.
② 白頭病叟(백두병수)−흰머리에 병든 영감. 현종 때 악공이었던 영감임.
③ 祿山(녹산)−안녹산. 당(唐)대 영주(營州) 유성(柳城)의 호인(胡人)으로,
현종 때에 평로(平盧)·범양(范陽)·하동(河東) 삼진(三鎭)의 절도사가
되었다. 그는 현종의 양귀비를 만나 양자(養子)가 된 뒤로, 그녀를 못잊는
데다가 우상(右相)이었던 양국충(楊國忠)과 뜻이 어긋나 755년에 마침내
반란을 일으켰다. 스스로 웅무황제(雄武皇帝)라 부르고 국호를 연(燕)이
라 하고 장안을 함락시켜 현종은 촉(蜀)으로 피난갔었으나, 몇 해 뒤에
아들 안경서(安慶緖)와 이저아(李豬兒)에게 시해(弑害)를 당했다.
④ 梨園(이원)−현종 때 영인(伶人)들을 기르던 곳. 현종은 음악 애호가여서
이원에서 수백명의 남녀 악공을 양성하고 이원제자(梨園弟子)라 불렀다.
⑤ 法曲(법곡)−본시 도관(道觀)에서 연주되던 악곡 이름. 수(隋)대부터 시
작되었고, 그 음악이 맑고 우아했으며 여러 가지 악기를 합주했다. 현종은
특히 법곡을 좋아하여 이원(梨園)에서 많은 전문가를 길렀다[《唐書》禮
樂志].
⑥ 華淸(화청)−궁(宮) 이름. 섬서성 임동현(臨潼縣) 남쪽 여산(驪山) 위에
있었다. 그곳에 온천이 있어, 태종(太宗) 때 탕천궁(湯泉宮)을 지었는데,
현종이 온천궁(溫泉宮)·화청궁(華淸宮)으로 이름을 고치고 자주 갔다.
⑦ 朝元(조원)−여산에 있는 각(閣) 이름. 천보(天寶) 7년(748)에 현종이 조

원각에 놀러가 이름을 강성각(降聖閣)이라 고쳤다.

⑧ 環佩(환패)―패옥(佩玉). 옛날 사람들이 허리에 차던 옥으로 만든 장식.

⑨ 金鈿(금전)―금비녀. 화려한 치장을 한 여인들을 가리킴.

⑩ 石甕寺(석옹사)―화청궁 곁에 있던 절 이름. 왕건(王建)에게 〈제석옹사(題石甕寺)〉 시가 있다.

⑪ 蘭麝薰煮(난사훈자)―난향(蘭香)과 사향(麝香)이 온천의 수증기와 함께 섞여 퍼지는 것.

⑫ 溫湯(온탕)―온천.

⑬ 貴妃(귀비)―양귀비. 소자(小字)는 옥환(玉環). 본시 현종의 18자 수왕(壽王) 모(瑁)의 비(妃)로 들어왔으나 현종이 보고 마음에 들어 태진(太眞)이란 호를 내리고 귀비(貴妃)로 책봉한 뒤 총애를 다했다. 안녹산의 난 때 군인들 손에 죽었다. 다음의 〈장한가〉 참고 바람.

⑭ 宛轉(완전)―날렵하게 움직이는 것.

⑮ 飄飖(표요)―이리저리 흩날리는 모양.

⑯ 錦袍(금포)―비단옷. 포(袍)는 두루마기 같은 긴 겉옷.

⑰ 蕩漾(탕양)―물이 출렁이는 모양. 여기서는 봄바람이 살랑거리는 모양.

⑱ 霓裳翻(예상번)―얇은 비단옷을 펄럭이다. 현종이 도사(道士)의 술법으로 달나라에 가서 선녀들이 흰 비단으로 만든 예의(霓衣)를 입고 넓은 뜰에서 춤을 추는 것을 보았는데, 그 악곡 이름을 예상우의(霓裳羽衣)라 한다는 것이었다. 현종은 돌아와 악공을 불러 그 음조를 따라 〈예상우의곡(霓裳羽衣曲)〉을 작곡했다[《樂府詩集》]. 양귀비는 또 예상우의무(霓裳羽衣舞)를 익히어 잘 추었다. 따라서 이 구절은 현종이 양귀비의 예상우의무를 즐겼던 일도 암시한다.

⑲ 燕寇(연구)―연(燕) 땅의 도둑. 안녹산은 연 땅인 어양(漁陽 : 河北省 薊縣·平谷縣 일대)에서 반란을 일으켰으므로, 안녹산의 반군을 가리킴.

⑳ 弓勁馬肥(궁경마비)―활은 강하고 말은 살찌다. 안녹산 반군의 군비와 무장이 대단한 것을 형용한 말.

㉑ 胡語喧(호어훤)―오랑캐 말이 시끄럽다. 오랑캐 출신 안녹산의 반군이 장안 땅을 점령하여 자기 세상처럼 떠들어댐을 뜻한다.

㉒ 邠土(빈토)—빈 땅. 빈(邠)은 빈(豳)과 통하며, 장안이 있는 섬서성 순읍현 (栒邑縣) 서쪽 땅. 빈(豳)은 주(周)나라 선조 공유(公劉)가 세운 나라 이름.

㉓ 鼎湖(정호)—하남성 문향현(閿鄕縣) 남쪽 형산(荊山) 아래의 지명. 옛날 황제(黃帝)가 그곳에서 솥[鼎]을 만들었는데, 그 솥이 신선이 되어 용을 타고 날아가 버렸다 한다[《史記》 封禪書].

㉔ 軒轅(헌원)—황제(黃帝)의 이름. 헌원이란 곳 언덕에 살아 이름과 호(號)로 삼았다고도 하고[《史記》 索隱], 헌면(軒冕)의 복식을 만들었대서 붙인 이름이라고도 한다[《漢書》 古今人表 張晏 註].

㉕ 漂淪(표륜)—표류. 물에 떠다니는 것.

㉖ 涸魚(학어)—물이 마른 웅덩이의 물고기. 뒤의 고초(枯草)와 함께 자신에 비유한 말.

㉗ 霑(점)—젖다. 비나 이슬을 맞다.

㉘ 秦(진)—장안이 있는 지금의 섬서성 지방.

㉙ 驪山(여산)—섬서성 임동현(臨潼縣) 동남쪽에 있는 산 이름. 그 산 아래 온천이 있어 현종은 화청궁(華淸宮)을 지었고, 양귀비가 그곳에서 목욕하여 유명하다.

㉚ 渭水(위수)—섬서성 보계현(寶雞縣)과 함양(咸陽)·장안 옆을 흘러 고릉현(高陵縣)에서 경수(涇水)와 합쳐지고 다시 조읍현(朝邑縣)에서 낙수(洛水)와 합쳐 황하로 들어간다. 장안을 출입하는 사람들이 모두 건너 당(唐)제국의 영화를 직접 볼 수 있던 곳이다.

㉛ 新豐(신풍)—한(漢) 고조(高祖)가 장안에 도읍한 뒤 자기 고향 풍(豐)을 생각하며 본떠서 세운 도시. 섬서성 임동현(臨潼縣) 동북쪽 신풍진(新豐鎭).

㉜ 籠明月(농명월)—밝은 달을 대바구니에 넣다. 달을 가리다.

㉝ 長生殿(장생전)—당(唐)대 장안의 궁전 이름[뒤의 〈長恨歌〉 참조].

㉞ 鎖(쇄)—자물쇠로 채우다. 여기서는 황혼이 자욱히 깃들어 있는 것.

㉟ 欹瓦(의와)—일그러진 기와.

㊱ 封(봉)—꽉 덮혀 있는 것.

㊲ 中官(중관)—환관. 내시.

㊳ 寒食(한식)—동지(冬至) 뒤 105일 되는 날. 죽은 이를 추모하는 날이라,

현종을 추모하는 뜻을 여기서는 나타냄.

해설 당(唐) 현종 때의 악공이었던 영감의 말을 빌어 당 제국의 옛날의 영화와 함께 지금의 장안의 황폐한 모양과 자신의 몰락을 노래하고 있다. 백거이(白居易)는 이처럼 나라와 개인의 영고성쇠를 써냄으로써 위정자들의 각성을 바랐을 것이다. 그 스스로 친구 원진(元稹)에게 주는 편지[與元九書]에서 자신은 세상을 올바로 깨우치기 위하여 시를 쓴다고 선언하고 있고, 또 그러한 뜻을 노골적으로 드러낸 시들을 수십 편이나 쓰고 있기 때문이다.

장한가 (①長恨歌)

백거이(白居易)

②漢皇重色思③傾國하되, ④御宇多年求不得이라.
　　(한황중색사경국　어우다년구부득)

⑤楊家有女初長成하니, 養在深閨人未識이라.
　　(양가유녀초장성　양재심규인미식)

天生麗質難自棄니, ⑥一朝選在君王側이라.
　　(천생려질난자기　일조선재군왕측)

回頭一笑⑦百媚生하니, ⑧六宮⑨粉黛無顏色이라.
　　(회두일소백미생　육궁분대무안색)

春寒賜浴⑩華淸池러니, 溫泉水滑洗⑪凝脂라.
　　(춘한사욕화청지　온천수활세응지)

侍兒扶起嬌無力하니, 始是新承恩澤時라.
　　(시아부기교무력　시시신승은택시)

雲鬢花顔金⑫步搖요, 芙蓉帳暖度春宵라.
(운빈화안금보요 부용장난도춘소)

春宵苦短日高起하니, 從此君王不早朝라.
(춘소고단일고기 종차군왕부조조)

承歡侍宴無閑暇하여, 春從春遊夜專夜라.
(승환시연무한가 춘종춘유야전야)

後宮佳麗三千人이나, 三千寵愛在一身이라.
(후궁가려삼천인 삼천총애재일신)

⑬金屋粧成嬌侍夜하니, 玉樓宴罷醉和春이라.
(금옥장성교시야 옥루연파취화춘)

姉妹弟兄皆⑭列土하니, ⑮可憐光彩生門戶라.
(자매제형개열토 가련광채생문호)

遂令天下父母心으로, 不重生男重生女라.
(수령천하부모심 부중생남중생녀)

⑯驪宮高處入靑雲하고, 仙樂風飄處處聞이라.
(여궁고처입청운 선악풍표처처문)

緩歌慢舞凝絲竹하고, 盡日君王看不足이라.
(완가만무응사죽 진일군왕간부족)

⑰漁陽⑱鼙鼓動地來하여, 驚破⑲霓裳羽衣曲이라.
(어양비고동지래 경파예상우의곡)

⑳九重城闕煙塵生하고, 千乘萬騎㉑西南行이라.
(구중성궐연진생 천승만기서남행)

㉒翠華搖搖行復止하니, 西出都門百餘里라.
(취화요요행부지 서출도문백여리)

㉓六軍不發無奈何하여, ㉔宛轉蛾眉馬前死라.
(육군불발무내하 완전아미마전사)

㉕花鈿㉖委地無人收하고, ㉗翠翹㉘金雀㉙玉搔頭라.
  (화전위지무인수 취교금작옥소두)

君王掩面救不得하여, 回首血淚相和流라.
  (군왕엄면구부득 회수혈루상화류)

黃埃散漫風蕭索한대, ㉚雲棧㉛縈紆登㉜劍閣이라.
  (황애산만풍소삭 운잔영우등검각)

㉝峨嵋山下少人行하고, 旌旗無光日色薄이라.
  (아미산하소인행 정기무광일색박)

蜀江水碧蜀山靑하니, 聖主朝朝暮暮情이라.
  (촉강수벽촉산청 성주조조모모정)

行宮見月傷心色이오, ㉞夜雨聞鈴腸斷聲이라.
  (행궁견월상심색 야우문령장단성)

㉟天旋地轉㊱回龍馭러니, 到此躊躇不能去라.
  (천선지전회룡어 도차주저불능거)

㊲馬嵬坡下泥土中에, 不見玉顏空死處라.
  (마외파하니토중 불견옥안공사처)

君臣相顧盡霑衣하니, 東望都門㊳信馬歸라.
  (군신상고진점의 동망도문신마귀)

歸來池苑皆依舊하니, ㊴太液芙蓉㊵未央柳라.
  (귀래지원개의구 태액부용미앙류)

芙蓉如面柳如眉하니, 對此如何不淚垂오?
  (부용여면유여미 대차여하불루수)

春風桃李花開夜요, 秋雨梧桐葉落時라.
  (춘풍도리화개야 추우오동엽락시)

㊶西宮㊷南苑多秋草하고, 落葉滿階紅不掃라.
  (서궁남원다추초 낙엽만계홍불소)

[43]梨園弟子白髮新이오, [44]椒房阿監[45]靑娥老라.
(이원제자백발신   초방아감청아로)

夕殿螢飛思[46]悄然하여, 孤燈[47]挑盡未成眠이라.
(석전형비사초연   고등도진미성면)

遲遲[48]更鼓初長夜요, [49]耿耿星河欲曙天이라.
(지지경고초장야   경경성하욕서천)

[50]鴛鴦瓦冷[51]霜華重하고, 翡翠衾寒誰與共고?
(원앙와랭상화중   비취금한수여공)

悠悠生死別經年이나, 魂魄不曾來入夢이라.
(유유생사별경년   혼백부증내입몽)

[52]臨邛道士[53]鴻都客이, 能以精神致魂魄이라.
(임공도사홍도객   능이정신치혼백)

爲感君王[54]展轉思하여, 遂敎方士[55]殷勤覓이라.
(위감군왕전전사   수교방사은근멱)

排風馭氣奔如電하고, 升天入地求之徧이라.
(배풍어기분여전   승천입지구지편)

上窮[56]碧落下[57]黃泉이라, 兩處茫茫皆不見이라.
(상궁벽낙하황천   양처망망개불견)

忽聞海上有仙山하니, 山在虛無[58]縹緲間이라.
(홀문해상유선산   산재허무표묘간)

樓殿玲瓏五雲起하고, 其中[59]綽約多仙子라.
(누전영롱오운기   기중작약다선자)

中有一人字太眞이오, 雪膚花貌[60]參差是라.
(중유일인자태진   설부화모참치시)

金闕[61]西廂[62]叩玉扃하고, 轉敎[63]小玉報[64]雙成이라.
(금궐서상고옥경   전교소옥보쌍성)

聞道漢家天子使하고, ⑥⑤九華帳裏夢魂驚이라.
　(문도한가천자사　구화장리몽혼경)

⑥⑥攬衣推枕起徘徊할새, ⑥⑦珠箔銀屏⑥⑧邐迤開라.
　(남의추침기배회　주박은병이이개)

雲鬢半偏新睡覺이오, ⑥⑨花冠不整下堂來라.
　(운빈반편신수교　화관부정하당래)

風吹仙袂⑦⑩飄飄擧하니, 猶似⑦⑪霓裳羽衣舞라.
　(풍취선메표표거　유사예상우의무)

玉容寂寞淚⑦⑫闌干하니, 梨花一枝春帶雨라.
　(옥용적막누란간　이화일지춘대우)

含情⑦⑬凝睇謝君王하되, 一別⑦⑭音容兩⑦⑮渺茫이라.
　(함정응체사군왕　일별음용양묘망)

⑦⑥昭陽殿裏恩愛絶이오, ⑦⑦蓬萊宮中日月長이라.
　(소양전리은애절　봉래궁중일월장)

回頭下望⑦⑧人寰處로되, 不見長安見塵霧라.
　(회두하망인환처　불견장안견진무)

唯將舊物表深情하여, ⑦⑨鈿合金釵寄將去라.
　(유장구물표심정　전합금차기장거)

釵留一股合一扇하니, 釵擘黃金合分鈿이라.
　(차류일고합일선　차벽황금합분전)

但令心似金鈿堅이면, 天上人間會相見이라.
　(단령심사금전견　천상인간회상견)

臨別殷勤重寄詞하니, 詞中有誓兩心知라.
　(임별은근중기사　사중유서양심지)

七月七日⑧⑩長生殿에, 夜半無人私語時라.
　(칠월칠일장생전　야반무인사어시)

在天願作⑧¹比翼鳥요, 在地願爲⑧²連理枝라.
(재천원작비익조   재지원위연리지)

天長地久有時盡이나, 此恨綿綿無絶期라.
(천장지구유시진   차한면면무절기)

당나라 임금 여색 중히 여기어 뛰어난 미인 생각하였으나,
천하를 다스린 지 여러 해 되도록 구하지 못하고 있었네.
양(楊)씨 집안에 딸 막 장성하였는데,
깊은 규방에서 자라 아무도 알지 못하였네.
하늘이 낸 고운 자질은 스스로 버리기 어려운 것이니,
하루아침에 뽑히어 임금 곁에 있게 되었네.
머리 돌려 한번 웃으면 갖가지 아리따움 피어나니,
여섯 궁전의 곱게 단장한 후궁들 얼굴빛 잃게 되었네.

봄날씨 쌀쌀한 때 화청지(華淸池)에 목욕케 하였는데,
온천 물은 매끄럽게 엉긴 기름 같은 살갗 씻겼네.
시중하는 아이 부축해 일으켜도 아리땁게 힘 없었으니,
처음으로 천자의 은총 받든 때였네.
구름 같은 머리에 꽃 같은 얼굴 황금 머리장식으로,
부용 수놓인 따뜻한 장막 안에 봄밤을 보냈는데,
봄밤 너무나 짧아 해 어느덧 높이 뜨니,
이로부터 임금은 아침 조회 보시지 않았네.
기꺼움 받들어 잔치 시중하기에 한가한 틈 없어,
봄이면 봄따라 놀고 밤이면 밤을 함께하였네.

후궁엔 아름다운 여자 3천 명인데,
3천 명의 총애를 한몸에 모았네.
황금방에서 화장하고는 아리땁게 밤시중 들고,

옥누각의 잔치 파하면 취하여 봄처럼 화합하였네.
형제자매들까지도 모두 땅을 봉해 받으니,
아름다운 광채가 집안을 빛나게 하여,
마침내 세상 부모들 마음으로 하여금,
아들 낳는 것 중히 여기지 않고 딸 낳는 것 중히 여기게 하였네.
여산(驪山) 별궁(別宮) 높은 꼭대기는 푸른 구름 위로 솟았고,
신선의 음악 바람에 실리어 곳곳에 들렸네.
느린 곡조의 노래와 조용한 춤에 현악기 관악기 소리 곁들이고,
종일토록 임금은 만족할 줄 모르고 쳐다보았네.

갑자기 어양(漁陽) 땅에 반란군 일어나 북소리 땅 울리도록 치며
몰려와,
임금 즐기던 예상우의곡 가락을 놀라 깨어지게 하였네.
구중궁궐에 연기와 먼지 일어나고,
수천의 수레와 수만의 기병 호위하는 임금 행렬은 서남쪽으로 피
란길 나섰네.
비취깃 장식한 깃대 세운 임금 행렬 가다가는 다시 멎었으니,
도성문 서쪽으로 나와 백여 리 되는 곳이었네.
온 군사들 나아가지 않고 나라 망친 책임 추궁하니 어쩌는 수 없이,
아름다운 양귀비는 군사들 말 앞에서 죽었네.
꽃비녀 땅에 떨어져도 거두는 사람 없었고,
비취 장식 금 머리꽂이 옥 머리장식이 모두 버려졌네.
임금도 얼굴 가린 채 구해내지 못하여,
머리 돌릴 적엔 피눈물이 함께 섞여 흘렀다네.

누런 먼지 자욱하고 바람 쓸쓸한데,
높은 사다리길 꾸불꾸불 사천(四川) 가는 검각(劍閣)을 올라갔네.
아미산(峨嵋山) 아래엔 다니는 사람 적고,

깃발들은 빛 잃고 햇빛도 엷었네.
촉(蜀) 땅 강물 푸르고 촉 땅 산도 파란데,
임금님은 아침이나 저녁이나 양귀비 그리는 정이었네.
피란 땅 궁전에서 보는 달은 마음아프게 하는 빛이었고,
밤비 속에 듣는 말방울 소리는 창자 저미는 소리였네.

하늘 돌고 땅 굴러 세상 바뀌자 수레 돌려 돌아오는데,
양귀비 죽은 곳에 이르러는 머뭇머뭇 떠나지를 못하였네.
마외파(馬嵬坡) 아래 진흙 속에,
옥 같은 얼굴 뵈지 않고 부질없이 죽은 곳만 있네.
임금과 신하들 서로 돌아보며 모두 옷깃만 적시며,
동녘 도읍 문 향해 말에 몸 맡긴 채 돌아왔네.
돌아와 보니 못과 정원 모두 옛과 같아,
태액(太液) 못 연꽃이며 미앙궁(未央宮) 버드나무 여전했네.
연꽃은 그리운 이 얼굴 같고 버들잎은 눈썹 같으니,
이를 보고 어이 눈물 아니 흘리리?

봄바람에 복숭아꽃 오얏꽃 핀 밤이나,
가을비에 오동잎 지는 때면 그리움 더욱 사무쳤네.
상황(上皇)되어 사는 서궁과 남원에는 가을풀만 무성하고,
낙엽이 섬돌 가득히 떨어져 붉어도 쓸지 않았네.
이원(梨園)의 악공들도 흰 머리 돋았고,
황후의 궁전 궁녀들의 젊던 모습도 이젠 늙었네.
저녁 궁전에 반딧불이 날면 그리움 더욱 처연해져서,
외로운 등불 심지 다 타도록 돋우며 잠 못 이루네.
느릿느릿 시각 알리는 북소리는 긴 밤의 시작 알리고,
훤한 은하수는 새벽 하늘에 걸려 있네.
암키와 수키왓장 싸늘한데 서릿발 짙고,

비취새 수놓인 이불 찬데 누구와 더불어 자야 하나?
아득히 삶과 죽음의 이별 해를 넘기게 되어도,
혼백조차도 한번 꿈에 나타나 주지 않았네.

임공 땅의 도사 홍도객이란 사람은,
정신으로 혼백을 부를 수 있다 하네.
상황(上皇)께서 잠 못 이루고 뒤척이는 사랑에 감동하여,
마침내 도사로 하여금 정성껏 찾아보게 하였네.
바람을 밀치고 기운을 몰고 번개처럼 달리어,
하늘로 올라가고 땅속으로 들어가고 하여 두루 찾았네.
위로는 하늘끝 아래로는 황천까지 다 뒤졌으나,
어느 곳에도 아득히 전혀 보이지 않았네.
문득 바닷속에 신선들 사는 산이 있는데,
산은 허무하고 까마득한 거리에 있다는 말 들었네.
누각과 궁전 영롱하고 오색 구름 이는데,
그 속에 아리따운 선녀들 많다고 하네.

그 속에 한 사람 있는데 자(字)는 태진(太眞)이고,
눈 같은 살갗 꽃 같은 모습이 거의 비슷하다 하네.
금장식한 문 달린 서쪽 행랑채로 가서 옥문 빗장 두드리고,
하녀 소옥(小玉)에게 말하게 하니 다시 하녀 쌍성(雙成)에게 알리네.
당나라 천자의 사신이 왔다는 말 듣고,
화려한 장막 안에서 꿈꾸던 혼령이 놀랐네.
옷자락 끌어올리며 베개 밀치고 일어나 서성거리는데,
구슬발 은병풍이 한 겹 한 겹 열려지네.
구름 같은 머리 기울어져 잠자다 방금 깬 모습이요,
꽃 머리장식 매만지지도 않은 채 대청을 내려왔네.
바람에 불리어 선의(仙衣) 소맷자락 펄럭펄럭 날리니,

마치 예상우의무를 추는 듯하네.
옥 같은 얼굴 쓸쓸히 눈물 줄줄 흐르니,
배꽃 한 가지가 봄비에 젖는 듯하네.

정을 머금고 응시하는 눈으로 임금님께 감사드리며 말하였네.
한번 성상을 이별하자 서로 까마득하게 되었으니,
소양전(昭陽殿)에서 받던 은총은 끊어지고,
신선 사는 궁중 안은 세월만이 길답니다.
머리 돌려 아래쪽 사람들 사는 고장 바라보아도,
장안(長安)은 보이지 않고 먼지와 안개만 자욱하답니다.
다만 옛 물건으로 깊은 정 표시하고자 하여,
자개 상자와 금비녀를 보내드리고자 합니다.
비녀는 한 가닥 남기고 상자는 한 쪽 남겼으니,
비녀의 황금 쪼개지고 상자의 자개 깨어졌지만,
오직 마음만 금이나 자개처럼 굳게 가져 준다면,
하늘 위나 이 세상에서 반드시 만나게 될 것입니다.

떠나올 때 은근히 거듭 말을 전하는데,
말 가운데 맹세 있어 두 마음만이 안다네.
7월 칠석날 장생전에서,
밤중 아무도 없는 곳에서 속삭일 때.
하늘에선 나래 붙은 두 마리 새 되고,
땅에선 가지 붙은 두 나무 되자 하였다네.
하늘 영원하고 땅은 오래 간다 해도 다하는 때 있을 것이나,
이 한만은 끊임없어 다할 날 없으리라.

주해 ① 長恨歌(장한가)—긴 한을 노래함. 당(唐) 현종(玄宗)의 양귀비(楊貴
妃)에 대한 사랑을 노래한 시. 이 시에 이어 진홍(陳鴻)의 《장한가전(長

恨歌傳)》이 나왔고, 원(元)대 잡극(雜劇)의 대표작의 하나로 백박(白樸)
의 《오동우(梧桐雨)》, 명(明)대 전기(傳奇)로 도륭(屠隆)의 《채호기(彩毫
記)》, 청(淸)대 전기의 대표작으로 홍승(洪昇)의 《장생전(長生殿)》이란
대작을 나오게 하였다. 백거이(白居易) 시의 대표작일 뿐만 아니라 장편시
로서는 당시(唐詩)를 대표한다고도 할 것이다. 《백씨장경집(白氏長慶集)》
권12에 실림.

② 漢皇(한황)─한(漢)나라 황제. 본시 한(漢) 무제(武帝)를 뜻하나 여기서는
당 현종을 가리킨다. 뒤의 경국(傾國)이란 고사(故事) 인용으로 한황(漢
皇)이란 말을 썼다.

③ 傾國(경국)─나라를 기울어뜨릴 만한 미인. 한(漢) 무제(武帝) 때 이연년
(李延年)이 임금에게 자기 누이〔李夫人〕를 추천하며 '북방에 미인 있으
니 세상에 다시없이 빼어났네. 한번 돌아보면 성을 기울게 하고 또 돌아
보면 나라를 기울게 한다네〔北方有佳人, 絶世而獨立. 一顧傾人城, 再顧
傾人國〕'라고 노래부른 데서 나온 말〔《漢書》 外戚傳〕.

④ 御宇(어우)─온 천하를 다스리다.

⑤ 楊家(양가)─양(楊)씨 집안. 양귀비는 본시 촉주(蜀州) 사호(司戶) 양현
황(楊玄璜)의 딸로, 어렸을 때 숙부인 양현규(楊玄珪)의 집에서 자랐으며,
소명(小名)은 옥환(玉環)이었다.

⑥ 一朝(일조)─하루아침. 양귀비는 개원(開元) 23년(735) 현종의 아들 수왕
(壽王 : 李瑁)의 비(妃)로 책봉되었으나, 현종이 보고 반하여 28년(740)에
양귀비를 도사(道士)로 만들어 태진(太眞)이라 개명하고 태진궁(太眞宮)
에 머물게 하다가 천보(天寶) 4년(745)에 귀비(貴妃)로 책봉하고 총애를
극진히 하였다.

⑦ 百媚(백미)─온갖 아리따움. 여러 가지 아름다운 모양.

⑧ 六宮(육궁)─왕의 후비들이 지내는 궁전〔《周禮》 天官 鄭司農 註〕.

⑨ 粉黛(분대)─흰 분과 검은 눈썹 그리는 화장품. 여기서는 곱게 화장한 여
자들을 가리킴.

⑩ 華淸池(화청지)─여산(驪山)에 있는 온천 이름. 온천궁(溫泉宮)을 천보 6
년(747)에 화청궁(華淸宮)이라 개명하고, 온천지(溫泉池)도 화청지라 불

렀다.

⑪ 凝脂(응지)－엉긴 기름. 살갗이 매끄럽고 부드러운 것에 비유한 말.《시
　경》 위풍(衛風) 석인(碩人)에 보임.

⑫ 步搖(보요)－머리장식의 일종. 금은으로 꽃가지 모양으로 만들고 주옥(珠
　玉)을 매달아, 머리에 꽂고 걸으면 흔들리어 보요라 불렀다.

⑬ 金屋(금옥)－화려한 방. 한(漢) 무제(武帝)가 젊어서 '아름다운 여자를
　구하면 금옥에 지내게 하겠다'고 말한 데서〔《漢武故事》〕 나온 말.

⑭ 列土(열토)－땅을 쪼개 받다. 양귀비가 총애를 받은 뒤로 그의 언니들은
　한국부인(韓國夫人)·괵국부인(虢國夫人)·진국부인(秦國夫人)으로　봉해
　졌고,　백숙형제(伯叔兄弟)인　양섬관(楊銛官)은　홍려경(鴻臚卿),　양기관
　(楊錡官)은 시어사(侍御史), 양쇠(楊釗)는 국충(國忠)이란 이름을 하사받
　고 우승상(右丞相) 자리에 올랐다. 그래서 형제자매가 모두 땅을 봉해 받
　았다고 한 것이다.

⑮ 可憐(가련)－아름다운. 가애(可愛)와 같은 뜻.

⑯ 驪宮(여궁)－여산(驪山)의 궁전. 현종은 늘 양귀비와 이곳에서 즐겼다.

⑰ 漁陽(어양)－지금의 하북성 계현(薊縣)·평곡현(平谷縣) 일대의 땅 이름.
　천보(天寶) 원년(742) 하북도(河北道)의 계주(薊州)를 어양군(漁陽郡)이
　라 고쳤는데, 그때 평로(平盧)·범양(范陽)·하동(河東) 삼진(三鎭)의 절
　도사였던 안녹산(安祿山)의 관할 지역이었고, 안녹산은 여기에서 반군을
　일으켰다.

⑱ 鼙鼓(비고)－옛날 군대에서 쓰던 작은 북 이름.

⑲ 霓裳羽衣曲(예상우의곡)－현종이 달나라 선녀의 악무(樂舞)을 본떠서 작
　곡했다는 악곡 이름. 양귀비는 예상우의무(霓裳羽衣舞)를 잘 추었다 한다.

⑳ 九重城闕(구중성궐)－여기서는 구중궁궐이 있는 장안을 가리킴.

㉑ 西南行(서남행)－서남쪽으로 떠나가다. 안녹산의 반군이 쳐들어오자 현종
　이 양국충(楊國忠)의 건의에 따라 촉(蜀：四川省)으로 피란갔던 것을 가
　리킴.

㉒ 翠華(취화)－임금의 의장(儀仗)의 하나로 비취새 깃털로 장식한 깃대.

㉓ 六軍不發(육군불발)－온 군대가 나가지 않았다. 육군(六軍)의 군은 군부

대의 단위로 만 2천5백명. 옛날 천자에게는 육군이 있었다. 이때 현종의
피란길은 장군 진현례(陳玄禮)가 호위하였는데, 도중에 군인들이 나라를
망친 장본인들을 먼저 처결할 것을 주장하고 나아가지 않았다. 이에 현종
은 부득이 양국충을 먼저 죽이고 양귀비도 자진(自盡)케 하였다 한다.

㉔ 宛轉蛾眉(완전아미)—아름다운 미인. 완(宛)은 완(婉)으로도 쓰며, 아미
(蛾眉)는 나방 수염 같은 눈썹으로 미인을 뜻하고, 여기서는 양귀비를
가리킨다.

㉕ 花鈿(화전)—꽃비녀. 전(鈿)도 머리장식의 일종. 비녀 비슷한 물건.

㉖ 委地(위지)—땅에 버려지다.

㉗ 翠翹(취교)—비취새 긴 깃털 모양의 머리장식.

㉘ 金雀(금작)—봉황(鳳凰) 모양의 금으로 만든 머리장식.

㉙ 玉搔頭(옥소두)—옥으로 만든 머리장식. 비녀처럼 생김.

㉚ 雲棧(운잔)—구름 속으로 솟아오른 사다리길. 잔(棧)은 잔도(棧道). 사다
리길.

㉛ 縈紆(영우)—감도는 모양. 꾸불꾸불 올라간 것.

㉜ 劍閣(검각)—사천성 검각현(劍閣縣) 북쪽 대소(大小) 검산(劍山) 사이에
있는 잔도(棧道). 검문관(劍門關)이라고도 부름.

㉝ 峨嵋山(아미산)—사천성 아미현(蛾眉縣) 서남쪽에 있는 산 이름. 멀리서
보면 두 봉우리가 미인의 눈썹처럼 보인다 한다. 미(嵋)는 미(眉)로도 씀.

㉞ 夜雨聞鈴(야우문령)—밤에 빗속에서 말방울 소리를 듣다. 현종은 사천성
으로 가는 잔도(棧道)를 오르며 빗속에 방울 소리를 듣고 양귀비 생각이
간절하여 우림령(雨霖鈴)이란 곡을 지었다〔《明皇別錄》〕.

㉟ 天旋地轉(천선지전)—하늘이 돌고 땅이 구르다. 세상이 바뀌어 곽자의(郭
子儀)·이광필(李光弼) 등이 반군을 평정하고 당조(唐朝)를 회복시킨 것
을 가리킴.

㊱ 回龍馭(회룡어)—천자의 수레를 돌리다. 피란을 끝내고 장안으로 되돌아
감을 뜻함.

㊲ 馬嵬坡(마외파)—장안 도문(都門)을 나서서 백여리 되는 곳에 있는 지명.
이곳에서 양귀비와 양국충이 죽었다.

㊳ 信馬(신마)－말에 맡기다. 말 하는대로 몸을 맡기다.
㊴ 太液(태액)－궁중의 연못 이름. 장안 동북쪽 대명궁(大明宮) 함량전(含涼殿) 뒤쪽에 있었고, 가운데 태액정(太液亭)이 있었다.
㊵ 未央(미앙)－본시 한(漢)대 궁(宮) 이름. 장안현 서북쪽에 있었고, 당(唐)대에도 있었다.
㊶ 西宮(서궁)－궁성의 서내(西內)로 태극궁(太極宮)이 있었다. 숙종(肅宗)은 상황(上皇)이 된 현종을 정치에 관여치 못하게 하려는 뜻에서 서궁에 머물게 했다[《新唐書》 宦者傳].
㊷ 南苑(남원)－궁성의 남내(南內). 흥경궁(興慶宮)이 있었다. 현종은 상황이 된 뒤 흥경궁에 있다 서내(西內)로 옮겼다[《新唐書》 地理志].
㊸ 梨園弟子(이원제자)－이원(梨園)의 악공들. 현종은 수백명의 남녀 악공을 모아 이원에서 음악을 익히게 하였고, 그곳 악공들을 이원제자라 불렀다.
㊹ 椒房阿監(초방아감)－황후가 지내는 방에서 시중하던 궁녀. 황후의 방은 산초(山椒)를 흙에 개어 벽에 발라 보온(保溫)을 하는 한편 향내로 사기(邪氣)를 쫓아 초방(椒房)이라 불렀고, 아감(阿監)은 당(唐)대에는 6, 7품의 여관(女官) 칭호였다.
㊺ 靑娥(청아)－젊은 미녀. 본시 푸른 아미(蛾眉)의 뜻으로 백발(白髮)과 대가 됨.
㊻ 悄然(초연)－시름되는 모양, 처연한 것.
㊼ 挑盡(도진)－등불 심지를 다 돋우어 태우는 것.
㊽ 更鼓(경고)－시각을 알리는 북.
㊾ 耿耿(경경)－환한 모양. 밝은 모양.
㊿ 鴛鴦瓦(원앙와)－기와가 하나는 젖혀지고 하나는 엎어지는 암키와와 수키와가 받쳐져 이어지므로 원앙와라는 이름이 생겨났다.
(51) 霜華(상화)－서릿발.
(52) 臨邛道士(임공도사)－임공 땅의 도사. 임공은 사천성 공래현(邛崍縣).
(53) 鴻都客(홍도객)－홍도에 객거(客居)하는 사람. 홍도는 낙양(洛陽) 북궁문(北宮門) 이름. 임공의 도사가 홍도문(鴻都門) 앞에 와 머물고 있었던 것이다.

㉟ 展轉(전전)-이리 뒤척 저리 뒤척 잠 못 이루는 것. 《시경》 주남(周南) 관저(關雎) 시에 '전전반측(輾轉反側)'이라 한 데서 나온 말. 전(展)과 전(輾)은 통함.

㊺ 殷勤(은근)-정성을 다해. 열심히. 은근(慇懃)으로도 씀.

㊻ 碧落(벽락)-푸른 하늘. 도가어(道家語)임.

㊼ 黃泉(황천)-땅속. 저승.

㊽ 縹緲(표묘)-높고 먼 모양. 까마득한 것.

㊾ 綽約(작약)-아름다운 모양.

㉖ 參差(참치)-비슷한 것. 큰 차이 없는 것. 본시는 들쭉날쭉한 모양.

㉑ 西廂(서상)-서쪽 행랑채.

㉒ 叩玉扃(고옥경)-옥문 빗장을 두드리다.

㉓ 小玉(소옥)-본시 오왕(吳王) 부차(夫差)의 딸 이름. 여기서는 양귀비의 하녀.

㉔ 雙成(쌍성)-본시는 서왕모(西王母)의 시녀〔《漢武內傳》〕. 여기서는 선계(仙界)에 있는 양귀비의 시녀.

㉕ 九華帳(구화장)-극히 화려한 장막. 구(九)는 많은 것을 뜻하며, 옛날에 기물이나 궁실을 꽃무늬로 장식한 것을 구화(九華)라 불렀다.

㉖ 攬衣(남의)-옷자락을 끌어올리다. 급히 옷을 걸치고 옷자락을 손으로 잡은 채 행동하는 것.

㉗ 珠箔銀屛(주박은병)-구슬을 꿰어서 만든 발과 은으로 장식한 병풍.

㉘ 邐迤(이이)-옆으로 연이어지는 것. 하나하나 계속 움직이는 것.

㉙ 花冠(화관)-꽃장식이 붙어 있는 여자들의 머리장식.

㉚ 飄飄(표표)-바람에 날리는 모양.

㉛ 霓裳羽衣舞(예상우의무)-양귀비가 생전에 현종 앞에서 잘 추던 춤.

㉜ 闌干(난간)-눈물을 줄줄 흘리는 모양.

㉝ 凝睇(응체)-응시. 한곳만을 보는 것.

㉞ 音容(음용)-목소리와 얼굴. 여기서는 현종의 목소리와 얼굴임.

㉟ 渺茫(묘망)-까마득한 모양. 멀고 희미한 모양.

㊱ 昭陽殿(소양전)-본시 한(漢)나라 궁전 이름. 성제(成帝) 때 조비연(趙飛

燕)의 여동생이 살던 궁전. 여기서는 당(唐)대 양귀비가 살던 궁전을 가
리키는 말로 쓰임.

⑦ 蓬萊宮(봉래궁)―신선이 사는 봉래(蓬萊)의 궁전.

⑱ 人寰處(인환처)―사람들이 사는 고장.

⑲ 鈿合金釵(전합금차)―자개 상자와 금비녀. 합(合)은 상자, 갑. 합(盒)과
통함.

⑳ 長生殿(장생전)―당(唐)나라 궁전 이름. 화청궁(華淸宮)에 현종이 지었
음[《唐會要》].

㉑ 比翼鳥(비익조)―두 마리 새의 나래 한 쪽이 붙어 언제나 나란히 날아다
닌다는 새[《史記》 封禪書].

㉒ 連理枝(연리지)―두 나무의 가지가 하나로 달라붙어 자라는 나무[《晉
書》 元帝紀]. 이(理)는 나무의 결을 가리킴.

(해설) 이 시는 현종과 양귀비의 아름답고도 슬픈 사랑 얘기를 노래한 것이
다. 현종의 뜨거운 사랑은 많은 사람들의 심금(心襟)을 울리어 글을 읽는
수많은 사람들이 이 시를 외웠다. 현종과 양귀비를 주제로 한 시로는 두
보(杜甫)의 〈애강두(哀江頭)〉[앞 권5]가 있다. 백거이(白居易)는 〈애강
두〉를 염두에 두고 이 시를 지었을 것이나, 사람들에게는 이 〈장한가〉가
더욱 널리 읽혔다. 같은 시대의 원진(元稹)의 〈연창궁사(連昌宮詞)〉와
뒤의 정우(鄭嵎)의 〈진양문시(津陽門詩)〉 등도 현종과 양귀비의 일을 노
래한 것이나 〈장한가〉의 성가(聲價)에 비하면 발끝에 머무를 정도이다.
　다시 산문으로 이 얘기를 쓴 것으로는 〈장한가전(長恨歌傳)〉 이외에도
〈양태진외전(楊太眞外傳)〉·〈개원천보유사(開元天寶遺事)〉 등이 있다. 그
러나 현종과 양귀비의 사랑은 이 〈장한가〉를 통하여 사람들 가슴에 아름
다움과 신비스러움을 못박았다.

육가(①六歌)

문천상(文天祥)

有妻有妻②出糟糠하니, 自少③結髮④不下堂이라.
　　(유처유처출조강　자소결발불하당)

亂離中道逢⑤虎狼하여, ⑥鳳飛翩翩失其凰이라.
　　(난리중도봉호랑　봉비편편실기황)

將⑦雛一二去何方고? 豈料國破家亦亡가?
　　(장추일이거하방　기요국파가역망)

不忍舍君⑧羅襦裳하니, 天長地久⑨終茫茫이오,
　　(불인사군나유상　천장지구종망망)

⑩牛女夜夜遙相望이라.
　　(우녀야야요상망)

嗚呼一歌兮⑪歌正長하여, 悲風北來起彷徨이라.
　　(오호일가혜가정장　비풍북래기방황)

有妹有妹家⑫流離하여, 良人去後携諸兒라.
　　(유매유매가류리　양인거후휴제아)

北風吹沙塞草⑬凄한대, ⑭窮猿慘淡將安歸오?
　　(북풍취사새초처　궁원참담장안귀)

去年⑮哭母⑯南海湄하여, 三男一女同⑰歔欷나,
　　(거년곡모남해미　삼남일녀동허희)

惟汝不在割我肌라.
　　(유여부재할아기)

汝家⑱零落母不知하니, 母知豈有瞑目時아?
　　(여가영락모부지　모지기유명목시)

嗚呼再歌兮歌[19]孔悲하니, [20]鶺鴒在原我何爲오?
(오호재가혜가공비　척령재원아하위)

有女有女[21]婉淸揚하니, 大者[22]學帖[23]臨鍾王이오,
(유녀유녀완청양　대자학첩임종왕)

小者讀字聲[24]琅琅이라.
(소자독자성랑랑)

朔風吹衣白日黃한대, [25]一雙白璧[26]委道傍이라.
(삭풍취의백일황　일쌍백벽위도방)

[27]鴈兒[28]啄啄秋無粱하고, [29]隨母北首[30]誰人將고?
(안아탁탁추무량　수모북수수인장)

嗚呼三歌兮歌愈傷하니, [31]非爲兒女淚[32]淋浪이라.
(오호삼가혜가유상　비위아녀누림랑)

有子有子風骨殊하여, [33]釋氏抱送徐卿雛하니,
(유자유자풍골수　석씨포송서경추)

四月八日[34]摩尼珠라.
(사월팔일마니주)

[35]榴花[36]犀錢[37]絡繡襦하고, [38]蘭湯百沸[39]香似酥러니,
(유화서전낙수유　난탕백비향사수)

[40]欻隨飛電[41]飄泥途라.
(홀수비전표니도)

汝兄十三[42]騎鯨魚하고, 汝今三歲[43]知在無라.
(여형십삼기경어　여금삼세지재무)

嗚呼四歌兮[44]歌以吁하고, 燈前[45]老我明月孤라.
(오호사가혜가이우　등전로아명월고)

[46]有妾有妾今何如오? 大者手將小[47]蟾蜍오,
(유첩유첩금하여　대자수장소섬여)

次者親抱⑱汗血駒라.
(차자친포한혈구)

晨粧⑲靚服臨⑳西湖면, ㉑英英鴈落㉒飄瓊琚하여,
(신장정복임서호 영영안락표경거)

風花飛墜㉓鳥鳴呼하고, ㉔金莖㉕沆瀣浮㉖汚渠라.
(풍화비추조오호 금경항해부오거)

㉗天摧地裂㉘龍鳳殂하니, 美人塵土何代無오?
(천최지렬용봉조 미인진토하대무)

嗚呼五歌兮歌㉙鬱紆하여, 爲爾㉚遡風立㉛斯須라.
(오호오가혜가울우 위이소풍입사수)

我生我生何㉜不辰고? ㉝孤根不識㉞桃李春이라.
(아생아생하불신 고근불식도리춘)

天寒日短重愁人하고, 北風隨我㉟鐵馬塵이라.
(천한일단중수인 북풍수아철마진)

初憐骨肉㊱鍾奇禍러니, 而今骨肉重憐我라.
(초련골육종기화 이금골육중련아)

㊲汝在空令㊳嬰我懷니, 我死誰當收我骸오?
(여재공령영아회 아사수당수아해)

人生百年㊴何醜好오? ㊵黃粱得喪㊶俱草草라.
(인생백년하추호 황량득상구초초)

嗚呼六歌兮勿復道하라, ㊷出門一笑天地老라.
(오호육가혜물부도 출문일소천지로)

처가 처가 있는데 지게미와 겨 먹으며 함께 살면서,
나이 어려 결혼한 이래 떨어진 적 없었네.
난리중에 길에서 호랑이 이리 같은 놈들 만나,
봉(鳳)새가 펄펄 날아가다 황(凰)새 잃은 꼴 되었네.

병아리 한두 마리 같은 새끼까지 데리고 어디로 갔는가?
나라 깨어지고 집안도 망할 줄이야 어이 알았으리?
차마 당신의 비단 치마 저고리 입은 모습 어이 떨쳐 버리랴?
하늘 영원하고 땅 변함없는데 우리 인연 끝내 아득해져,
견우와 직녀처럼 밤마다 멀리 서로 바라보게 되었네.
아아! 첫번째 노래부르니 노랫소리는 길어,
슬픈 바람 북쪽으로부터 불어 와 일어나 서성이게 하네.

누이동생 누이동생 있는데 집안 흩어져,
남편 떠난 뒤 여러 아이를 데리고 지냈네.
북풍은 모래 날리고 변경의 풀 싸늘한데,
궁해진 원숭이처럼 비참한 꼴 되었으니 어디로 돌아가야 할 건가?
지난해 남해(南海) 가에서 어머님 여의어,
우리 3남 1녀가 함께 흐느껴 울었는데,
오직 당신 없어 내 살갗을 째는 듯 마음아팠네.
당신 집안 몰락한 것 어머님께선 아시지 못하셨으니,
어머님 아셨다면 어찌 눈감으실 수 있었겠는가?
아아! 두 번째 노래부르니 노래 매우 슬픈데,
할미새 호들갑 떨듯 형제는 어려움 서로 돕는다 했는데 나는 무엇
을 했는가?

딸이 딸이 있는데 아름다운 눈과 넓은 이마 지닌 위에,
큰놈은 서첩(書帖)으로 글씨 배우느라 종요(鍾繇)와 왕희지(王羲
之) 글씨 익혔고,
작은놈은 글씨 읽느라 소리 낭랑했네.
북풍 옷자락 날리고 먼지로 밝은 해도 누런데,
한 쌍의 백옥 같은 딸 길가에 버렸네.
기러기 새끼 먹이 쪼으려 하나 가을인데도 곡식 없는 꼴이요,

어미따라 북쪽으로 향하고 있을 터인데 누가 보살펴 줄 건가?
아아! 세 번째 노래부르니 노래 더욱 가슴아프이,
아녀자가 아닌데도 눈물 줄줄 흐르네.

아들이 아들이 있는데 풍모가 빼어나서,
부처님이 안아다 주었다는 당(唐)나라 서(徐)씨 집안 아들 같았으니,
4월 초파일날 얻은 보주(寶珠)였네.
석류꽃 장식과 외뿔소 뿔로 만든 동전을 수놓은 저고리에 매달아
주었고,
난향(蘭香) 섞은 물 여러번 끓여 몸 씻기면 향기롭기 우유 기름
같았는데,
갑자기 나는 번개따라 진흙길로 날아가 버렸네.
네 형은 열세 살에 죽어버렸고,
너는 지금 세 살일 터인데 눈앞에 없네.
아아! 네 번째 노래부르니 노래 반 한숨 반이요,
등불 앞의 나를 더 늙게 하는 밝은 달 외롭게 떠있네.

첩이 첩이 있는데 지금은 어떻게 되었는가?
큰첩은 손에 작은 두꺼비 같은 아들 이끌고,
다음 첩은 친히 천리마 망아지 같은 아들 안고 있었네.
아침에 화장하고 깨끗한 옷 입고 서호(西湖)로 나가면,
아름답기가 기러기 내려앉은 듯하고 패옥(佩玉) 바람에 움직이어,
바람에 꽃잎 날아 떨어질 때 새들 지저귀는 듯하고,
금경화(金莖花) 이슬 머금은 채 연못이나 운하에 떠있는 듯하
였네.
하늘 무너지고 땅 찢어지는 듯한 일 있어 용과 봉황새 모두 죽었
으니,
미인이 먼지흙 되는 일이야 어느 시대건 없었던가?

아아! 다섯 번째 노래부르니 노래에 시름 서리어,
그대들 때문에 바람맞으며 한동안 서있네.

내 삶 내 삶은 어이 때를 못 만났나?
외로운 풀뿌리처럼 복숭아꽃 오얏꽃 피는 봄 모르네.
날씨 차고 낮은 짧아 더욱 시름 안겨주고,
북풍은 나를 따라 적 병마(兵馬)의 먼지 일으키고 있네.
처음에는 내 골육들 엄청난 재난 만난 것 가엾게 여겼는데,
지금은 골육들이 더욱 나를 가엾게 여기게 되었네.
그대들 살아 있어 공연히 내게 근심만 얽히게 하는데,
나 죽으면 누가 내 해골 거두어 줄 건가?
인생 백년 동안에 무엇이 좋고 나쁜 건가?
꿈 같은 속에 얻고 잃는 것이 모두 덧없는 것인 것을.
아아! 여섯 번째 노래부르니 다시 다른 말 하지 마라,
문을 나서서 한번 웃으면 하늘과 땅도 늙을 것을.

주해 ① 六歌(육가)—여섯 가지 노래. 후한(後漢) 장형(張衡)의 〈사수시(四愁詩)〉, 당(唐)나라 두보(杜甫)의 〈동곡칠가(同谷七歌)〉 등 이와 비슷한 구조의 노래들이 있다. 이 시는 송(宋)나라 말엽에 승상(丞相) 문천상(文天祥, 1236~1282)이 망해가는 나라의 광복을 위하여 복주(福州)에서 경염제(景炎帝)를 세우고 원(元)나라 군대와 싸우다 자기 가족도 모두 잃고, 상흥(祥興) 원년(1278)에는 자신도 원병(元兵)에게 잡히어 다음해 북쪽으로 끌려가다가 지었다 한다. 자기 가족과 자신의 불운을 슬퍼한 애국시인의 한숨 같은 작품이다.
② 出糟糠(출조강)—지게미와 겨를 먹고 살아왔다. 곧 처는 자신과 온갖 고난을 함께하여 왔다는 뜻.
③ 結髮(결발)—머리를 묶다. 본디는 성인이 됨을 뜻하나, 결혼을 뜻하기도 한다.
④ 不下堂(불하당)—대청에서 내려보내지 않다. 집안에서 쫓아내지 않는다는

뜻. '조강지처불하당(糟糠之妻不下堂)'이란 말이 있다[《後漢書》宋弘傳].

⑤ 虎狼(호랑)―호랑이와 이리. 원(元)나라 군대를 가리킴.

⑥ 鳳飛翩翩(봉비편편)―봉새가 필펄 날아가다. 봉(鳳)은 수놈으로 자기, 황(凰)은 암놈으로 자기 처를 가리킨다. 문천상은 공제(恭帝)의 덕우(德祐) 2년(1276)에 경염제(景炎帝)를 모시고 우상(右相)이 되어 나라의 회복을 꾀하다 공갱(空坑)의 싸움에 패하여 부인 구양씨(歐陽氏)와 아들 불생(佛生)·환생(還生), 딸 유낭(柳娘), 첩(妾) 황씨(黃氏)·안씨(顏氏) 등이 모두 원군에게 잡혀가 잃고, 자신과 맏아들 도생(道生)만이 애산(厓山)으로 도망쳤다.

⑦ 雛(추)―병아리. 새 새끼. 자기 처와 함께 원군에게 잡혀간 아들딸들을 가리킴.

⑧ 羅襦裳(나유상)―비단 저고리와 치마. 여기서는 비단 치마 저고리 입은 처의 모습을 가리킨다.

⑨ 終茫茫(종망망)―처와 자기의 인연 또는 관계가 '끝내는 아득해져 버렸다'는 뜻.

⑩ 牛女(우녀)―견우성(牽牛星)과 직녀성(織女星). 1년에 7월 칠석날 저녁에 한 번만 만난다는 부부.

⑪ 歌正長(가정장)―노래의 여운이 슬프므로 길어진다는 뜻.

⑫ 流離(유리)―흩어져 가버린다.

⑬ 凄(처)―싸늘하다. 차다.

⑭ 窮猿(궁원)―궁지에 빠진 원숭이. 누이동생에 비유함.

⑮ 哭母(곡모)―어머니의 죽음을 곡하다. 어머니는 제위국부인(齊魏國夫人) 증씨(曾氏). 상흥(祥興) 원년(1278)에 죽었다.

⑯ 南海湄(남해미)―남해 가. 이해 문천상은 단종(端宗 : 景炎帝)이 죽자 아우 병(昺)을 옹립하고 광동성(廣東省) 혜주(惠州)·뇌주(雷州) 등지에서 싸웠고 왕은 남해 속의 애산(崖山)으로 옮아갔으니, 남해 가란 혜주·뇌주 근처일 것이다.

⑰ 歔欷(허희)―흐느껴 울다.

⑱ 零落(영락)―몰락하다.

⑲ 孔(공)-매우. 심히.

⑳ 鶺鴒在原(척령재원)-할미새가 들에 날고 있다. 이는 《시경》소아(小雅) 상체(常棣) 시의 구절로 '형제급난(兄弟急難)'이란 구절이 이어진다. 척령(鶺鴒)은 할미새로 호들갑을 떨며 날아다니는데, 형제간에는 어려움이 생기면 할미새처럼 행동하며 어려움을 서로 도와야 한다는 뜻이다.

㉑ 婉淸揚(완청양)-완(婉)은 아름다운 것, 청(淸)은 눈이 맑은 것, 양(揚)은 이마가 넓은 것[《毛傳》].《시경》정풍(鄭風) 야유만초(野有蔓草) 시에 '유미일인(有美一人), 청양완혜(淸揚婉兮)'라 한 데서 나온 말로 여자의 아름다움을 형용한 것이다.

㉒ 學帖(학첩)-서첩(書帖)을 가지고 붓글씨를 공부하는 것.

㉓ 臨鍾王(임종왕)-위(魏)나라 종요(鍾繇)와 진(晉) 왕희지(王羲之)의 글씨를 임모(臨摹)하다.

㉔ 琅琅(낭랑)-옥이 부딪쳐 나는 소리. 소리가 맑고 깨끗한 것을 형용하는 말.

㉕ 一雙白璧(일쌍백벽)-한 쌍의 흰 옥. 두 딸을 가리킴.

㉖ 委道傍(위도방)-길가에 버리다. 전란 속에 길에서 원군(元軍)에게 잡혀 간 것을 뜻함.

㉗ 鴈兒(안아)-기러기 새끼. 두 딸을 가리킴.

㉘ 啄啄(탁탁)-여러번 쪼아먹으려 하는 것.

㉙ 隨母北首(수모북수)-어미따라 북쪽으로 향하다. 어머니와 딸이 모두 원병(元兵)에게 잡혀갔음.

㉚ 誰人將(수인장)-어떤 사람이 보살펴줄까.

㉛ 非爲兒女(비위아녀)-아녀자가 아닌데도.

㉜ 淋浪(임랑)-눈물을 줄줄 흘리는 것.

㉝ 釋氏抱送徐卿雛(석씨포송서경추)-부처님이 서경(徐卿)의 아이들 같은 아들들을 안아다 주었다. 이는 두보(杜甫)가 〈서경이자가(徐卿二子歌)〉에서 '군불견서경이자생절기(君不見徐卿二子生絶奇), 감응길몽상추수(感應吉夢相追隨). 공자석씨친포송(孔子釋氏親抱送), 병시천상기린아(並是天上麒麟兒)'라 한 데서 인용한 표현임.

㉞ 摩尼珠(마니주)-불가(佛家)에서 쓰는 말로 보주(寶珠). 말니(末尼)라고

도 쓴다. 흐린 물에 던지면 물이 맑아진다고도 했다[《涅槃經》].

㉟ 榴花(유화)－석류꽃. 조화(造花)로 장식물이었던 듯하다.

㊱ 犀錢(서전)－외뿔소 뿔로 만든 동전 모양의 장식품.

㊲ 絡繡襦(낙수유)－수놓은 저고리에 매달아 주다.

㊳ 蘭湯(난탕)－난향(蘭香)을 섞어 끓인 물.

㊴ 香似酥(향사수)－목욕을 시키면 몸의 '향기가 우유 기름 같다'는 뜻. 수(酥)는 우유나 양젖으로 만든 향기롭고 깨끗한 음료.

㊵ 欻(훌)－갑자기. 홀연히.

㊶ 飄泥途(표니도)－진흙길로 날아가다. 역시 원병(元兵)에게 잡혀간 것을 가리킴.

㊷ 騎鯨魚(기경어)－고래를 타다. 죽어 하늘나라에 가는 것을 뜻함. 송(宋) 매요신(梅堯臣)이 이백(李白)을 노래한 〈채석월(采石月)〉 시에서 '곧 고래를 타고 푸른 하늘에 올라갔어야만 했다[便當騎鯨上靑天]'하고 이백이 물에 빠져 죽은 것을 애석히 여긴 데서 나온 말.

㊸ 知在無(지재무)－현재는 없다. 지금은 죽고 없다.

㊹ 歌以吁(가이우)－노래하며 한숨쉬다. 노래 반 한숨 반이다.

㊺ 老我(노아)－나를 늙게 하다. 밝은 달은 외로이 자기 시름을 더해 주어 '나를 더 늙게 한다'는 뜻.

㊻ 有妾(유첩)－첩이 있다. 문천상에게는 황씨(黃氏)·안씨(顔氏)의 두 첩이 있었는데 모두 원병(元兵)에게 잡혀갔다.

㊼ 蟾蜍(섬여)－두꺼비. 예(羿)가 서왕모(西王母)에게서 얻어온 불사약을 항아(姮娥)가 훔쳐가지고 달로 가서 섬여가 되었다고도 한다[《後漢書》 天文志]. 따라서 달의 신선(神仙)으로 빼어난 아이에 비유함.

㊽ 汗血駒(한혈구)－피 같은 땀을 흘리는 망아지. 한(漢)대 이광리(李廣利) 장군이 서역 대완왕(大宛王)의 목을 베고 얻어왔다는 천리마가 한혈마(汗血馬)임[《漢書》 武帝紀].

㊾ 靚服(정복)－깨끗한 옷을 입다.

㊿ 西湖(서호)－절강성 항주(杭州)에 있는 유명한 호수.

(51) 英英(영영)－빼어나게 멋진 것. 빼어나게 아름다운 것[《南史》 陸慧曉傳].

(52) 飄瓊琚(표경거)－패옥(佩玉)이 바람에 날려 움직이며 소리를 내는 것.
(53) 鳥嗚呼(조오호)－새들이 지저귀다. 패옥이 짤랑거리는 소리에 비유한 듯하다.
(54) 金莖(금경)－창랑주(滄浪洲)에 핀다는 꽃 이름. 꽃이 나비처럼 바람에 움직이어 여자들이 따서 머리장식으로 썼다 한다[《杜陽雜編》].
(55) 沆瀣(항해)－맑은 이슬. 밤중에 맑은 이슬을 맞는 것.
(56) 汙渠(오거)－연못과 운하. 웅덩이와 도랑.
(57) 天摧地裂(천최지렬)－하늘이 무너지고 땅은 찢어지다. 원병(元兵)에게 온 세상이 짓밟힘을 뜻함.
(58) 龍鳳殂(용봉조)－용과 봉이 죽다. 두 첩의 죽음을 가리킴.
(59) 鬱紆(울우)－시름이 서리다.
(60) 遡風(소풍)－바람을 맞받다.
(61) 斯須(사수)－한동안. 잠깐 동안.
(62) 不辰(불신)－때를 잘 타고나지 못하다. 시국을 잘 만나지 못하다.
(63) 孤根(고근)－외로운 풀이나 나무뿌리. 외로운 자기를 가리킴.
(64) 桃李春(도리춘)－복숭아꽃·오얏꽃이 피는 봄. 가족이 단란하게 지내는 것을 뜻함.
(65) 鐵馬塵(철마진)－군마(軍馬)가 일으키는 먼지. 원(元)나라 기병(騎兵)이 일으키는 먼지.
(66) 鍾奇禍(종기화)－특별한 재난이 모이다. 심한 재난을 여러 가지 당하는 것.
(67) 汝在(여재)－가족들이 죽지 않고 원병(元兵)에게 잡혀 있는 것.
(68) 嬰我懷(영아회)－내 근심스런 생각만 얽히게 하다.
(69) 何醜好(하추호)－무엇이 나쁜 것이고 좋은 것인가?
(70) 黃粱得喪(황량득상)－황량(黃粱)은 황량몽(黃粱夢)으로, 노생(盧生)이 한단(邯鄲)의 여관에서 주인이 황량(黃粱 : 기장)으로 밥을 짓는 동안, 꿈에 예쁜 여자에게 장가들고 출세하여 부귀를 누렸다 한다[唐 李泌《沈中記》]. 한단몽(邯鄲夢)이라고도 하며, 인생의 덧없음에 비유한다. 득상(得喪)은 얻고 잃는 것. 성공하고 실패하는 것.
(71) 俱草草(구초초)－모두가 형편없다. 모두 덧없다.

㉒ 出門一笑(출문일소)-문을 나서서 한번 웃다. 어찌할 수 없는 인생을 탄
  식하는 행위임.

(해설) 망해가는 송(宋)나라를 바로잡기 위하여 원(元)나라 군대와 끝까지
싸웠던 애국시인 문천상(文天祥)의 고난이 잘 드러난 시이다. 나라를 위
한다는 일이 얼마나 개인의 큰 희생을 전제로 하고 있는가? 온 집안이
망하고 나라조차 망하는 때의 애국자의 처절한 호곡(號哭)을 듣는 듯하
다. 문천상이 원병(元兵)에게 잡혀가 끝내 굴하지 않고 죽기 직전에 썼다
는 〈정기가(正氣歌)〉는 더욱 유명하다. 원(元) 세조(世祖)도 그를 두고
진남자(眞男子)라 탄복했다 한다.

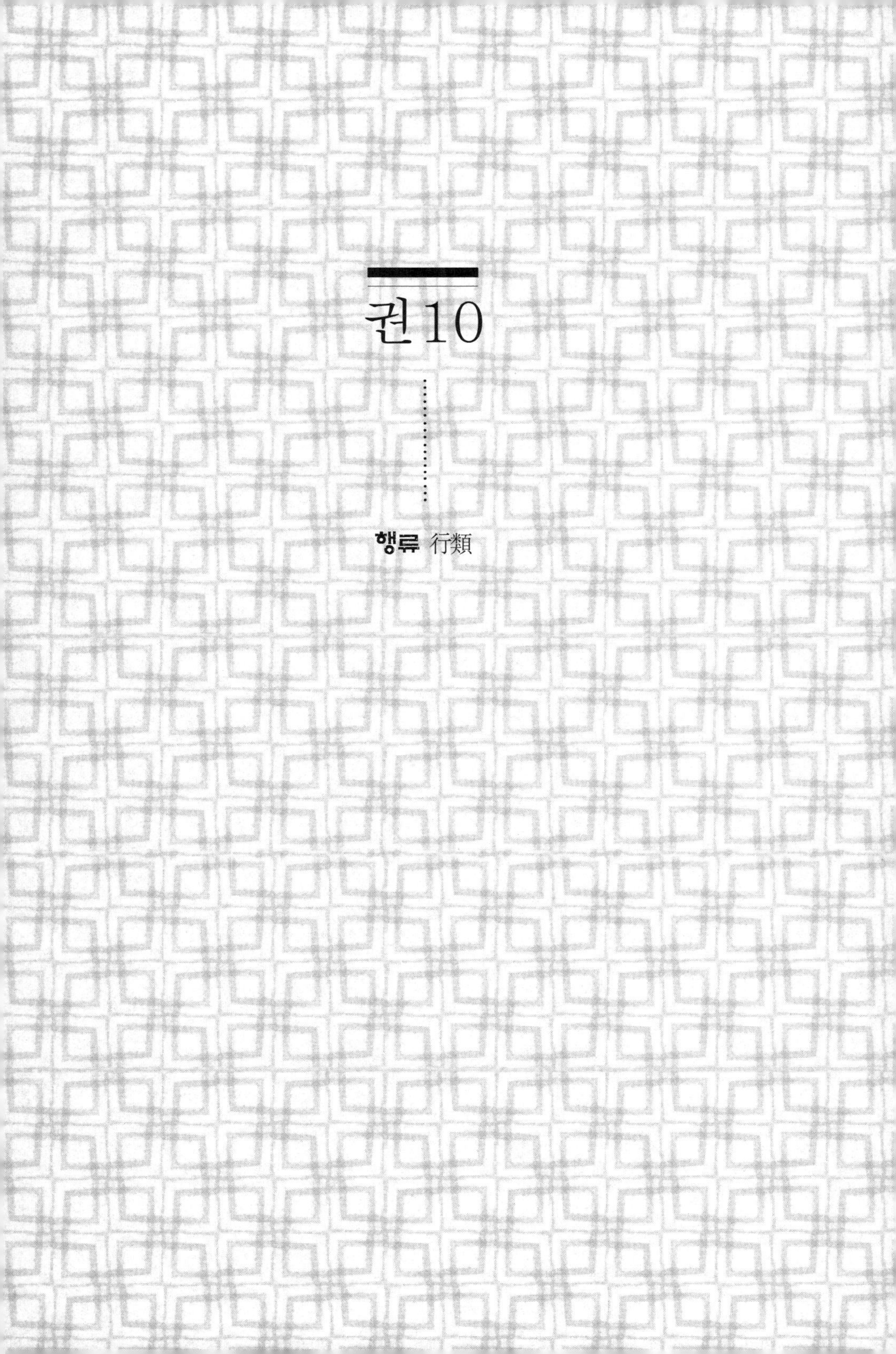

권10

행류 行類

행류(行類)

　행(行)은 옛 가요의 일체(一體)로 악부의 한가지 이름이다. 명(明) 서사증(徐師曾)의 《문체명변(文體明辨)》에서는 '걸음걸이가 달리는 듯하고 탁 트여 막힘이 없는 것을 행(行)이라 한다' 하였고, 역대 많은 중국 학자들이 여러 가지 설명을 하고 있지만, 실제로 옛 가요에서 행(行)이나 인(引) 또는 가(歌)·가행(歌行)이 구성이나 내용상 별다른 차이가 없다. 백거이(白居易)의 비파인(琵琶引)을 비파행(琵琶行)이라고도 부르는 것을 보아도 인(引)이나 행(行)이나 별 차이가 없는 것임을 알겠다.

가난할 적의 사귐(①貧交行)

두보(杜甫)

②翻手作雲③覆手雨하니, ④紛紛輕薄⑤何須數오?
　(번수작운복수우　분분경박하수수)
君不見⑥管鮑貧時交아? 此道今人棄如土라.
　(군불견관포빈시교　차도금인기여토)

　손 제치면 구름 일게 하고 손 엎으면 비오게 하듯 하는 인심이니, 수없이 어지러운 경박함을 어찌 따질 필요 있겠는가?
　그대는 보지 못했는가, 관중(管仲)과 포숙(鮑叔)의 가난할 적부터의 사귐을?

이 도리를 지금 사람들은 흙 버리듯 하고 있네.

주해　①　貧交行(빈교행)–가난할 적 사귐을 노래함.《두소릉집(杜少陵集)》권2
에 실려 있음.
②　翻手(번수)–손을 제치다.
③　覆手(복수)–손을 엎다. 번수(翻手)의 반대.
④　紛紛(분분)–많고 어지러운 것.
⑤　何須數(하수수)–어찌 반드시 세어야 하나. 어찌 꼭 따져야만 하겠는가?
⑥　管鮑(관포)–춘추(春秋)시대 제(齊)나라의 관중(管仲)과 포숙(鮑叔). 이
들은 어릴 적부터 친구여서 관중은 여러번 포숙을 속이기까지 했으나, 포
숙은 친구의 입장을 늘 이해해 주었고, 환공(桓公)이 즉위하자 포숙은 다
시 관중을 추천하여 제나라 재상이 되게 했다. 제(齊) 환공은 관중의 도
움으로 패업(覇業)을 이룩한다[《史記》 管晏列傳]. 여기에서 '관포지교(管
鮑之交)'란 말이 생겨났다.

해설　행(行)체의 시로서는 보기 드물게 짧으면서도 내용이나 문장이 잘
짜여진 수작(秀作)이다. 두보(杜甫)는 세상 인심의 경박함과 친구 사이의
신의가 없음을 탄식하며 이 시를 지었다.

취하여 부른 노래(①醉歌行)

두보(杜甫)

②陸機二十作文賦나, 汝更少年能綴文이라.
　(육기이십작문부　여갱소년능철문)
③總角草書又神速하니, 世上兒子徒紛紛이라.
　(총각초서우신속　세상아자도분분)

④驊騮作駒已⑤汗血이오, ⑥鷙鳥擧⑦翮連靑雲이라.
　　(화류작구이한혈　지조거핵연청운)

⑧詞源倒流⑨三峽水요, ⑩筆陣獨掃千人軍이라.
　　(사원도류삼협수　필진독소천인군)

只今年纔十六七에, ⑪射策君門期第一이라.
　　(지금년재십육칠　사책군문기제일)

⑫舊穿楊葉眞自知니, 暫⑬蹶霜蹄未爲失이라.
　　(구천양엽진자지　잠궐상제미위실)

⑭偶然擢秀非難取니, 會是⑮排風有⑯毛質이라.
　　(우연탁수비난취　회시배풍유모질)

汝身已見⑰唾成珠나, ⑱汝伯何由髮如漆고?
　　(여신이견타성주　여백하유발여칠)

春光⑲淡沲⑳秦東亭하고, ㉑渚蒲芽白㉒水荇靑이라.
　　(춘광담타진동정　저포아백수행청)

風吹客衣日㉓杲杲요, 樹㉔攪離思花㉕冥冥이라.
　　(풍취객의일고고　수교리사화명명)

酒盡㉖沙頭雙玉甁하니, 衆賓皆醉我獨醒이라.
　　(주진사두쌍옥병　중빈개취아독성)

乃知貧賤別更苦하니, ㉗呑聲㉘躑躅涕淚零이라.
　　(내지빈천별갱고　탄성척촉체루령)

　　진(晉) 육기(陸機)는 스무 살에 문부(文賦)를 지었다 하나,
　　너는 더 젊은 나이에 글을 잘 짓고 있다.
　　총각인데도 초서(草書) 매우 신속히 쓰니,
　　세상 아이들은 공연히 많기만 한 듯하다.
　　준마(駿馬)가 망아지를 낳아 이미 피 같은 땀 흘리는 것 같고,
　　사나운 매가 나래 펴 푸른 구름 사이를 나는 듯하다.
　　네 문장의 원천은 삼협(三峽)의 물이 거꾸로 쏟아져 흐르듯 하고,

붓을 잡으면 홀로 천 명의 적군을 쓸어낼 기세이다.
지금 나이 겨우 16, 7세인데,
임금 앞에서 과거(科擧)보면 1등으로 급제할 것이다.
옛날 버들잎을 백발백중시킨 양유기(養由基)처럼 정말 스스로를
잘 알고 있으니,
잠시 준마가 서리에 발굽 미끄러졌다 해도 실패가 되는 것은 아니다.
곧 빼어난 인물로 드러나는 것은 어려운 일 아니니,
반드시 바람을 밀고 날아오를 매 같은 재질 있기 때문이다.
네 자신은 이미 침을 뱉으면 진주가 되는 듯한 글재주 보이고 있
으나,
네 아저씨 어이하면 머리 옻칠처럼 검게 다시 젊어져 네 성공을
볼 수 있으랴?
지금 봄빛 장안(長安) 동정(東亭)에 살랑이고 있고,
물가 창포 흰 싹 돋고 마름풀은 파란데,
바람은 나그네 옷자락 날리고 햇살 밝으며,
나무는 이별의 심사 어지럽히고 꽃은 자욱하다.
백사장 가에서 술 다 마시어 두 백옥병 비니,
여러 손님들 모두 취하였으나 나만은 깨어 있다.
이제야 빈천한 사람들의 이별 더욱 괴로운 줄 알게 되니,
소리 삼켜 울며 머뭇거리니 눈물만 비오듯 한다.

주해 ① 醉歌行(취가행) ― 취하여 부른 노래. 본시 제하(題下)에 '두보(杜甫)
의 조카 두근(杜勤)이 과거에 떨어져 고향으로 돌아갈 때, 장안에서 전송
하다 취중(醉中)에 지은 것'이라는 주(注)가 붙어 있다. 《두소릉집(杜少陵
集)》 권3에 실려 있다.
② 陸機(육기, 261~303) ― 진(晉)나라 문인. 자는 사형(士衡). 아우 육운(陸
雲)과 함께 문명(文名)을 날렸다. 그의 문부(文賦)는 문론(文論)을 읊은

대표작임 [《晉書》列傳].

③ 總角(총각)—옛날 관(冠)을 쓰기 전 아이들의 머리 모양. 뒤에는 결혼 전 아이들을 가리키는 말로 쓰임.

④ 驊騮(화류)—옛날 주(周) 목왕(穆王)의 팔준마(八駿馬)의 하나[《穆天子傳》권1]. 털빛이 붉은 준마 이름임[郭璞 注].

⑤ 汗血(한혈)—피 같은 땀을 흘림. 한(漢) 무제(武帝) 때 대완국(大宛國)에서 구한 천리마가 피 같은 땀을 흘렸다 한다.

⑥ 鷙鳥(지조)—사나운 새. 매나 독수리.

⑦ 翮(핵)—죽지. 나래. 깃짓.

⑧ 詞源(사원)—문장의 원천.

⑨ 三峽(삼협)—장강(長江) 상류의 사천성(四川省)과 호북성(湖北省) 접경에 있는 세 곳의 급류. 곧 구당협(瞿塘峽)·무협(巫峽)·서릉협(西陵峽)임.

⑩ 筆陣(필진)—붓으로 친 진(陣). 여기서는 글을 쓰는 기세를 뜻함.

⑪ 射策(사책)—옛날 과거의 한 가지 방법으로, 대쪽[策]에 여러 가지 문제를 써놓고 그 중에서 한 가지를 응시자가 뽑은 다음 거기에 맞는 답안을 쓰는 것. 활을 쏘듯 책문(策問)에 맞추어 답을 쓴다는 데서 나온 말.

⑫ 舊穿楊葉(구천양엽)—옛날 버들잎을 뚫다. 초(楚)나라의 양유기(養由基)라는 사람은 활을 잘 쏘아 백보(百步) 밖에서 버들잎을 쏘아도 백발백중이었다 한다[《史記》周本紀]. 곧 과거에 급제하는 것은 틀림없는 일임을 비유함.

⑬ 蹶霜蹄(궐상제)—서리에 준마(駿馬)의 발굽이 미끄러지다. 궐(蹶)은 쓰러지다. 미끄러지다.

⑭ 偶然擢秀(우연탁수)—가끔 화초나 곡식이 특별히 빼어나 아름다운 꽃이 피거나 큰 이삭이 달리는 것. 곧 빼어난 인물로 드러나는 것에 비유함.

⑮ 排風(배풍)—바람을 밀치다. 매나 독수리가 바람을 밀치고 높은 하늘로 날아오르는 것.

⑯ 毛質(모질)—사나운 새로서의 우모(羽毛)의 재질. 높이 날아오를 재질.

⑰ 唾成珠(타성주)—침이 진주가 되다. 침을 뱉는 대로 모두 진주가 되다. 글을 쓰면 모두 아름다운 글이 됨에 비유함.

⑱ 汝伯(여백)─너의 백부(伯父). 너의 아저씨. 두보(杜甫) 자신을 가리킴.

⑲ 淡沱(담타)─담탕(淡蕩)과 같은 말로, 물이 출렁이다. 바람에 살랑거리다.

⑳ 秦東亭(진동정)─진(秦)은 장안 땅, 동정(東亭)은 동쪽의 역정(驛亭). 여기에서 두보가 조카를 고향으로 보내며 술에 취해 이 시를 쓴 것이다.

㉑ 渚蒲(저포)─물가의 창포.

㉒ 水荇(수행)─수초(水草)의 일종. 노랑어리연꽃.

㉓ 杲杲(고고)─밝은 모양.

㉔ 攪(교)─교란하다. 흔들어 어지럽히다.

㉕ 冥冥(명명)─어두운 모양. 자욱한 것. 분명치 않은 것.

㉖ 沙頭(사두)─사장(沙場) 가.

㉗ 吞聲(탄성)─소리를 삼키다. 소리를 삼키며 우는 것.

㉘ 躑躅(척촉)─머뭇거리다. 서성이다.

(해설) 이 시는 세 가지 운(韻)을 쓰고 있는데, 운이 바뀔 때마다 시의 내용도 단락이 지어지고 있다. 첫 단에서는 조카 두근(杜勤)의 문재(文才)를 노래하고, 둘째 단에서는 과거에 떨어진 것을 위로하고, 셋째 단에서는 이별을 슬퍼하고 있다. 자기 골육에 대한 두보(杜甫)의 애정과 떠나보내는 슬픔이 독자의 가슴을 울리는 작품이다. 특히 앞부분의 청신한 기세와 뒷부분의 침울한 분위기의 대조는 이 시의 효과를 더욱 확대시키고 있다.

미인들(①麗人行)

두보(杜甫)

②三月三日③天氣新하니, 長安水邊多麗人이라.
   (삼월삼일천기신   장안수변다려인)

④態濃意遠⑤淑且眞하고, ⑥肌理⑦細膩骨肉⑧勻이라.
　(태농의원숙차진　기리세니골육균)

繡羅衣裳照暮春하니, ⑨蹙金孔雀銀麒麟이라.
　(수라의상조모춘　축금공작은기린)

頭上何所有오? ⑩翠爲匐葉⑪垂鬢脣이라.
　(두상하소유　취위압엽수빈순)

背後何所見고? 珠壓⑫腰衱⑬穩稱身이라.
　(배후하소견　주압요겁온칭신)

就中雲幕⑭椒房親은, 賜名大國⑮虢與秦이라.
　(취중운막초방친　사명대국괵여진)

⑯紫駝之峯出⑰翠釜요, ⑱水精之盤行⑲素鱗이라.
　(자타지봉출취부　수정지반행소린)

⑳犀箸㉑厭飫久未下하고, ㉒鑾刀㉓縷切空㉔紛綸이라.
　(서저염어구미하　난도루절공분륜)

㉕黃門㉖飛鞚不動塵하고, ㉗御廚㉘絡繹送㉙八珍이라.
　(황문비공부동진　어주락역송팔진)

㉚簫鼓哀吟感鬼神하고, ㉛賓從雜遝㉜實要津이라.
　(소고애음감귀신　빈종잡답실요진)

後來㉝鞍馬何㉞逡巡고? ㉟當軒下馬入㊱錦茵이라.
　(후래안마하준순　당헌하마입금인)

㊲楊花雪落覆㊳白蘋하니, ㊴靑鳥飛去㊵銜紅巾이라.
　(양화설락복백빈　청조비거함홍건)

㊶炙手可熱勢㊷絶倫하니, 愼莫近前㊸丞相嗔이라.
　(자수가열세절륜　신막근전승상진)

　삼월 삼짇 날씨 봄기운 새로우니,
　장안의 물가에는 놀러나온 미인 많네.
　용태(容態)는 색깔 짙고 뜻은 속세에서 멀리 떨어져 훌륭하고 참

되며,
　살결은 곱고 매끄러우며 뼈와 살 균형잡혔네.
　수놓은 비단옷 늦봄 경치에 비추이는데,
　금실로 공작 수놓고 은실로 기린 수놓았네.
　머리 위엔 무엇이 있는가?
　비취 깃으로 나무 잎새 장식 만들어 귀밑머리 끝에 드리웠네.
　등 뒤에는 무엇이 보이는가?
　구슬들이 허리 옷자락 누르고 있어 몸매와 잘 어울리네.
　이들 중에서도 구름 같은 장막 속의 황후의 육친(肉親)은,
　큰 나라 명호(名號)를 하사받아 괵국부인(虢國夫人)·진국부인
(秦國夫人)으로 불리는 분들이네.
　자줏빛 낙타의 등 봉우리 고기 요리가 비취빛 솥에서 나오고,
　수정 쟁반에는 흰 물고기 요리가 담기어 있네.
　외뿔소 뿔로 만든 젓가락은 음식에 싫증이 나 오래도록 손대어지
지 않고,
　방울 달린 칼로 잘게 썰어 공연히 어지럽히기만 하네.
　내시는 나는 듯 말 몰고 오는데 먼지도 일으키지 않고,
　궁중의 부엌에선 연이어 갖가지 진미(珍味) 보내오네.
　퉁소 소리 북소리 슬피 울려 귀신들도 감동할 지경이고,
　손님들과 종자(從者)들 어지러이 몰려 요소요소에 차있네.
　뒤에 오는 말안장 위의 분은 어찌 천천히 움직이는가?
　장막 문앞에 와 말을 내려 비단 방석 위로 들어가네.
　버들 솜눈처럼 떨어져 흰 개구리밥 위에 덮히고,
　푸른 새 날아가는데 빨간 손수건을 들고 있네.
　손을 대면 뜨거워 데일만큼 권세 비길 데 없으니,
　가까이 앞으로 가 승상(丞相)께서 성내지 않으시도록 조심들 하
게나.

주해 ① 麗人行(여인행)—미인들을 노래함. 제하(題下)에 '천보(天寶) 13년 (754) 양국충(楊國忠)은 괵국부인(虢國夫人 : 楊貴妃의 언니)과 이웃에 살며 수시로 왕래하고 있었다. 혹 나란히 앉아 입조(入朝)할 때에도 장막을 치지 않아 길거리 사람들이 눈을 가려야 할 지경이었다. 두보(杜甫)는 그래서 〈여인행〉을 지었다'고 주(注)를 달고 있다. 《두소릉집(杜少陵集)》 권2에 실려 있음.

② 三月三日(삼월삼일)—음력 3월 3일은 삼짇날, 곧 상사절(上巳節)이라 하여, 물가에 나가 놀이를 하며 재액(災厄)을 씻어 버리는 습관이 있었다[《晉書》 禮志].

③ 天氣新(천기신)—날씨가 봄기운이 새롭다. 날씨가 청신(淸新)하다.

④ 態濃意遠(태농의원)—태(態)는 용태. 외모와 태도. 농(濃)은 짙은 것. 색깔이나 행동 등이 분명하고 자신있게 보이는 것. 의(意)는 뜻. 생각. 원(遠)은 속세의 일이나 보통사람들의 일에서 초연하여 멀리 있는 것. 따라서 이 구절은 귀족들이 의젓하고 존귀하게 보이는 것을 형용한 말임.

⑤ 淑且眞(숙차진)—훌륭하고도 참되다. 숙(淑)·진(眞)은 옛부터 여자들의 미덕으로 알려졌음.

⑥ 肌理(기리)—살결.

⑦ 細膩(세니)—곱고 매끄러운 것.

⑧ 勻(균)—가지런하다. 고르다. 균형이 잡히다.

⑨ 蹙金孔雀(축금공작)—축금(蹙金)은 금실을 대어 주름이 잡히게 수를 놓는 것. 따라서 금실로 공작 무늬의 수를 놓는 것.

⑩ 翠爲匌葉(취위압엽)—압엽(匌葉)은 나무 잎새 머리장식. 따라서 비취새 깃으로 나무 잎새 머리장식을 만드는 것.

⑪ 垂鬢脣(수빈순)—귀밑머리 끝에 드리우다.

⑫ 腰衱(요겁)—허리의 옷자락.

⑬ 穩稱身(온칭신)—안정되게 몸매에 어울리다. 옷이나 장식이 아름다울 뿐만 아니라 몸매도 아름다움을 뜻함.

⑭ 椒房親(초방친)—황후[여기서는 양귀비]와 육친들. 초방(椒房)은 황후의 거처. 황후의 거실 벽은 흙에 산초(山椒)를 개어 발랐기 때문에 이런 호

칭이 생겼음.

⑮ 虢與秦(괵여진) — 괵국부인(虢國夫人 : 양귀비의 셋째 언니)과 진국부인(秦國夫人 : 양귀비의 여덟째 언니). 이밖에 큰언니는 한국부인(韓國夫人)에 봉해졌다.

⑯ 紫駝之峯(자타지봉) — 자주색 털빛 낙타의 등 봉우리. 여기서는 낙타의 등 봉우리 고기로 만든 요리. 낙타의 등 봉우리 고기는 맛이 좋기로 유명하다. 타(駝)는 타(駝)로도 씀.

⑰ 翠釜(취부) — 비취색 솥. 비취빛 나는 아름다운 솥.

⑱ 水精之盤(수정지반) — 수정 쟁반.

⑲ 素鱗(소린) — 흰 비늘. 흰 비늘이 달린 깨끗한 생선.

⑳ 犀箸(서저) — 외뿔소 뿔로 만든 젓가락.

㉑ 厭飫(염어) — 좋은 음식에 싫증이 나 먹기 싫은 것.

㉒ 鸞刀(난도) — 난새 우는 소리가 나는 방울이 달린 칼 [《시경》 小雅 信南山 · 陳奐 《詩毛氏傳疏》].

㉓ 縷切(누절) — 잘게 써는 것.

㉔ 紛綸(분륜) — 어지러운 것. 번잡한 것.

㉕ 黃門(황문) — 중서(中書)에 속하던 환관의 관청 이름 [《漢書》 千官公卿表]. 궁전 안의 황문에 있는 내시들 [顔師古 注].

㉖ 飛鞚(비공) — 본시 공(鞚)은 말굴레. 여기서는 나는 듯이 말을 모는 것.

㉗ 御廚(어주) — 궁중의 부엌. 궁중의 음식 만드는 곳.

㉘ 絡繹(낙역) — 끊이지 않고 이어지는 것.

㉙ 八珍(팔진) — 여덟 가지 진미(珍味) [《周禮》 天官 膳夫]. 갖가지 진귀한 음식.

㉚ 簫鼓哀吟(소고애음) — 퉁소와 북소리가 슬프게 나다. 여러 가지 악기가 애상을 띤 음악을 연주함을 뜻함.

㉛ 賓從雜遝(빈종잡답) — 손님과 종자(從者)들이 많이 모인 것.

㉜ 實要津(실요진) — 요소요소에 차있다. 요진(要津)을 정치의 실력자로 보고, 정치적 실력자들이 모여 가득 차있다는 뜻으로 보아도 좋다.

㉝ 鞍馬(안마) — 안장이 놓인 말을 타는 것.

㉞ 逡巡(준순)－뒷걸음치듯 우물우물하는 것. 여기서는 여유있게 천천히 행동하는 모양.
㉟ 當軒(당헌)－집 문앞에 당도하는 것. 장막 앞에 당도하는 것.
㊱ 錦茵(금인)－비단 방석.
㊲ 楊花(양화)－버들꽃. 여기서는 버들솜.
㊳ 白蘋(백빈)－흰 개구리밥. 수초(水草)의 일종으로 잎이 물 위에 떠있음.
㊴ 靑鳥(청조)－파랑새. 옛날 서왕모(西王母)의 심부름하던 새[《漢武故事》]. 그러나 여기서는 물새의 일종으로 봄이 좋겠다.
㊵ 銜紅巾(함홍건)－빨간 손수건을 물다. 물새도 여자들의 빨간 손수건을 물고 갈만큼 물가에 화려한 치장을 한 부인들이 많이 나왔음을 형용한 말로 봄이 좋겠다.
㊶ 炙手可熱(자수가열)－대면 손을 델만큼 뜨겁다. 잘못 건드리면 혼남을 뜻함.
㊷ 絶倫(절륜)－달리 비길 곳 없이 뛰어난 것.
㊸ 丞相(승상)－양국충(楊國忠)을 가리킨다.

해설 이 시는 삼월 삼짇날 물가에 나와 노니는 귀족들의 화려한 놀이를 묘사한 시이다. 어세(語勢)로 보아 귀족들의 화려함을 단순히 칭송한 게 아니라 풍자의 뜻을 담고 있는 듯하다. 그러기에 중국 학자들은 흔히 이 시는 양국충(楊國忠)과 괵국부인(虢國夫人)의 불륜을 풍자한 것이라 풀이하였다[仇兆鰲《杜詩詳注》 등].

특히 '양화설락복백빈(楊花雪落覆白蘋), 청조비거함홍건(靑鳥飛去銜紅巾)'이란 말은 이들의 음사(淫事)를 직접 암시하며 풍자한 것이라 한다. 그러나 이것은 중국식의 지나친 해석이 아닐까 한다. 오히려 문면(文面)대로 시를 읽을 때 더욱 좋은 시임이 실감된다.

늙은 측백나무(①古栢行)

두보(杜甫)

②孔明廟前有老栢하니, 柯如靑銅根如石이라.
(공명묘전유로백 가여청동근여석)

③霜皮④溜雨四十圍하고, ⑤黛色⑥參天二千尺이라.
(상피류우사십위 대색참천이천척)

⑦君臣已與⑧時際會하니, 樹木猶爲人愛惜이라.
(군신이여시제회 수목유위인애석)

⑨雲來氣接巫峽長이오, ⑩月出寒通雪山白이라.
(운래기접무협장 월출한통설산백)

憶昨路繞⑪錦亭東하니, ⑫先主武侯同⑬閟宮이라.
(억작로요금정동 선주무후동비궁)

⑭崔嵬枝幹⑮郊原古요, ⑯窈窕丹靑⑰戶牖空이라.
(최외지간교원고 요조단청호유공)

⑱落落⑲盤踞雖得地나, ⑳冥冥孤高多烈風이라.
(낙락반거수득지 명명고고다열풍)

㉑扶持自是㉒神明力이오, ㉓正直元因㉔造化功이라.
(부지자시신명력 정직원인조화공)

㉕大廈如傾要㉖梁棟할새, ㉗萬牛回首丘山重이라.
(대하여경요량동 만우회수구산중)

不露㉘文章世已驚하고, ㉙未辭剪伐誰能送고?
(불로문장세이경 미사전벌수능송)

㉚苦心未免容螻蟻요, 香葉終經宿鸞鳳이라.
(고심미면용루의 향엽종경숙란봉)

[31] **志士幽人莫怨嗟**하라, **古來材大難爲用**이라.
　(지사유인막원차　고래재대난위용)

　제갈공명(諸葛孔明)의 묘(廟) 앞에 늙은 측백나무 있는데,
　가지는 청동 같고 뿌리는 돌 같네.
　서리에 오랜 세월 견딘 껍질 빗물에 젖어 있는데 마흔 아름이나
되고,
　검푸른 잎새 빛은 하늘로 퍼져 2천 척이나 솟아 있네.
　임금 유비(劉備)와 신하 제갈공명 이미 함께 시국 위해 만나 활약
했으니,
　묘 앞의 나무조차도 사람들의 아낌 받게 된 것일세.
　나무 끝에 구름 몰려오면 그 기운은 무협(巫峽)으로 길게 연해지고,
　달이 떠 나무에 비치면 싸늘함이 설산(雪山)의 흰 빛으로 통하네.
　생각컨대 옛날 길을 돌아 금정(錦亭) 동쪽 지난 일 있는데,
　촉(蜀)의 선주(先主) 유비와 제갈무후(諸葛武侯)가 같은 묘당에
모셔져 있었네.
　거기에도 높이 측백나무 가지와 줄기 자라 있어 교외(郊外)의 들
판도 오래된 듯하였고,
　으슥한 속에 단청(丹靑)은 남아 있었으나 문과 창 안은 텅 비어
있었네.
　측백나무 가지 퍼지고 뿌리 서리어 비록 좋은 땅 얻고 있으나,
　잎새 자욱하고 외로이 높이 자라 사나운 바람 많이 받네.
　자신을 지탱하여 온 것은 말할 것도 없이 신명(神明)의 힘일 것이고,
　바르고 곧게 자란 것은 본시 조물주의 공로 때문이리라.
　그러나 큰 집이 기울어 만약 들보나 기둥이 필요하다 해도,
　이 나무 언덕이나 산처럼 무거워 끌고 가려면 만 마리 소도 고개
돌려 버리리라.

아름다운 나무 무늬 드러내지 않았어도 세상 사람들은 이미 큰 재
목이라 하여 놀라고,

베어 가기를 사양하지 않으려 해도 이를 누가 운반하겠는가?

나무의 괴로워하는 중심엔 구멍이나 개미집 짓는 걸 면할 수 없고,

향기로운 나무 잎새는 마침내 난(鸞)새나 봉황(鳳凰)새 깃든 적
있었을 것이네.

뜻있는 선비나 속세를 숨어사는 사람들 원망하고 탄식하지 마라,

옛부터 재목이 크면 쓰여지기 어려웠다네.

(주해) ① 古栢行(고백행)─오래 묵은 측백나무 노래. 백(栢)은 백(柏)으로도
쏨. 이 시는 기주(夔州 : 四川省 奉節縣)의 제갈공명(諸葛孔明) 묘당(廟
堂) 앞에 있는 늙은 측백나무를 보고 노래한 것이다. 기주에는 촉주(蜀
主) 유비(劉備)의 묘와 제갈공명의 묘가 따로 있는데, 성도(成都)의 묘당
에는 두 분이 함께 모셔져 있다. 본서(本書) 제주(題注)에 성도의 제갈공
명 묘 앞의 측백나무를 노래한 것이라 한 것은 잘못이다. 《두소릉집(杜少
陵集)》엔 권15에 실려 있다.

② 孔明(공명)─삼국 촉(蜀)나라의 제갈량(諸葛亮). 자가 공명(孔明). 본시
양양(襄陽)에 숨어살았는데 촉주 유비가 삼고초려(三顧草廬)하여 불러내
뒤에 승상으로 삼았다. 제갈량은 지략(知略)이 뛰어나 무수히 조조군(曹
操軍)을 패배시켰고, 유비가 죽은 뒤 후주(後主)를 보좌하여 무향후(武鄕
侯)에 봉해졌다. 중원(中原)을 회복하여 한실(漢室)을 부흥시키려 하였으
나 끝내 뜻을 이루지 못하고 54세로 죽었다.

③ 霜皮(상피)─서리맞은 껍질. 여러 해 서리를 맞으며 자란 껍질.

④ 溜雨(유우)─빗물이 흘러내리는 것. 빗물에 젖어 있는 것.

⑤ 黛色(대색)─검푸른 색깔. 눈썹 그리는 화장품 색깔.

⑥ 參天(참천)─하늘로 퍼지다.

⑦ 君臣(군신)─촉주(蜀主) 유비와 승상 제갈량을 가리킴.

⑧ 時際會(시제회)─시국을 위해 만나다. 제회(際會)는 우연히 만나는 것.

⑨ 雲來氣接巫峽長(운래기접무협장)─측백나무 가지 끝에 구름이 날려 오면

그 기운은 무협(巫峽)으로 길게 이어진다. 무협은 장강(長江) 상류에 있
는 급류인 삼협(三峽)의 하나로 사천성 무산현(巫山縣)의 무산을 뚫고 흐
르는 곳이다.

⑩ 月出寒通雪山白(월출한통설산백)−달이 떠 나무에 비치면 싸늘함이 설산
(雪山)의 흰빛으로 통한다. 여기의 설산은 사천성 송반현(松潘縣) 남쪽
에 있는 민산(岷山)의 주봉(主峰)을 가리킨다.

⑪ 錦亭(금정)−사천성 성도(成都)에 있는 금강정(錦江亭)을 가리킴.

⑫ 先主武侯(선주무후)−선주(先主)는 촉(蜀)의 선주 유비, 무후(武侯)는 제
갈량. 후주(後主)에게서 무향후(武鄕侯)에 봉해져 무후(武侯)라고도 부른
다. 무향은 섬서성 포성현(褒城縣)의 옛 이름.

⑬ 閟宮(비궁)−조용히 닫혀져 있는 궁[《시경》 魯頌 閟宮, 毛傳]으로, 묘당
을 뜻함.

⑭ 崔嵬(최외)−산이 높이 솟은 모양. 여기서는 나무가 높이 자란 모양.

⑮ 郊原古(교원고)−성 밖의 들판도 오래된 듯하다.

⑯ 窈窕(요조)−으슥한 동굴의 모양. 여기서는 묘당이 깊고 으슥한 모양.

⑰ 戶牖(호유)−문과 창.

⑱ 落落(낙락)−성글고 틈이 있는 모양. 나뭇가지가 성글게 퍼져 있는 모양.

⑲ 盤踞(반거)−뿌리가 서려 있는 것. 뿌리가 꾸불꾸불 엉겨붙어 있는 것.

⑳ 冥冥(명명)−자욱한 모양. 나뭇가지와 잎새가 높이 무성하게 자라 자욱하
게 보이는 것.

㉑ 扶持(부지)−지탱해 오다. 넘어지지 않고 버티어 오다.

㉒ 神明力(신명력)−천지신명의 힘.

㉓ 正直(정직)−측백나무가 바르고 곧게 자란 것.

㉔ 造化(조화)−조물주.

㉕ 大廈(대하)−큰 집. 큰 건물.

㉖ 梁棟(양동)−기둥과 들보.

㉗ 萬牛回首(만우회수)−만 마리의 소도 너무 무거워 끌기를 단념하고 머리
를 돌린다는 뜻.

㉘ 文章(문장)−나무의 아름다운 무늬.

㉙ 未辭剪伐(미사전벌)—측백나무를 자르고 베는 것을 아무도 사양하지 않는다. 베는 것을 거부하지 않는다.

㉚ 苦心(고심)—괴로워하는 마음. 고난을 겪어온 나무의 중심을 가리킴.

㉛ 志士幽人(지사유인)—뜻있는 선비와 속세로부터 숨어사는 사람. 두보(杜甫)는 끝머리에서 이 측백나무를 뜻을 얻지 못한 뛰어난 큰 인물에 비유한 것이다.

[해설] 나무 자체의 묘사로는 이 시의 표현에 과장이 느껴진다. 그러나 측백나무의 겉모양이나 자란 기세를 이처럼 과장이라 느껴질 만큼 강한 기세로 표현한 것은 세상에서 뜻을 이루지 못한 큰 인물에 비유하기 위한 것인 듯하다. 두보(杜甫)는 은근히 자신을 측백나무에 견주고 싶었을 것이다. 그렇게 본다면 송(宋)대의 심괄(沈括)이 《몽계필담(夢溪筆談)》에서 이 측백나무 둘레가 사십 아름이고 높이가 2천 척이라 한 것은 있을 수 없는 일이라고 한 비판 같은 것은 무의미해진다.

병거행(①兵車行)

두보(杜甫)

車②轔轔馬③蕭蕭하고, ④行人弓箭各在腰라.
  (거린린마소소   행인궁전각재요)

爺孃妻子走相送하니, 塵埃不見⑤咸陽橋라.
  (야양처자주상송   진애불견함양교)

牽衣⑥頓足⑦攔道哭하니, 哭聲直上⑧干雲霄라.
  (견의돈족난도곡   곡성직상간운소)

道旁過者問行人하니, 行人但云⑨點行頻이라.
  (도방과자문행인   행인단운점행빈)

或從十五⑩北防河하여, 便至四十⑪西營田이라.
    (혹종십오북방하　변지사십서영전)

去時⑫里正與⑬裏頭러니, 歸來頭白⑭還戍邊이라.
    (거시리정여과두　귀래두백환수변)

⑮邊庭流血成海水나, ⑯武皇開邊意未已라.
    (변정류혈성해수　무황개변의미이)

君不聞漢家⑰山東二百州에, 千村萬落生⑱荊杞를?
    (군불문한가산동이백주　천촌만락생형기)

縱有健婦把⑲鋤犁나, 禾生⑳隴畝㉑無東西라.
    (종유건부파서리　화생농묘무동서)

況復㉒秦兵耐苦戰하니, 被驅不異犬與鷄라.
    (황부진병내고전　피구불이견여계)

㉓長者雖有問이나, 役夫敢伸恨고?
    (장자수유문　역부감신한)

且如今年冬엔, 未休㉔關西卒이라.
    (차여금년동　미휴관서졸)

縣官㉕急索租나, 租税從何出고?
    (현관급색조　조세종하출)

信知生男惡이오, 反是生女好라.
    (신지생남악　반시생녀호)

生女猶得嫁比鄰이나, 生男埋沒㉖隨百草라.
    (생녀유득가비린　생남매몰수백초)

君不見㉗青海頭에, 古來白骨無人收를?
    (군불견청해두　고래백골무인수)

新鬼㉘煩寃舊鬼哭하여, 天陰雨濕聲㉙啾啾라.
    (신귀번원구귀곡　천음우습성추추)

    수레는 덜컹덜컹 말은 히힝히힝,

출정하는 사람들은 활과 화살 제각기 허리에 차고 있네.

그들 부모 처자들은 뛰어오면서 전송하고 있는데,

흙먼지 때문에 함양교(咸陽橋)도 보이지 않네.

옷자락 잡아끌고 발 구르며 길을 막고 곡하니,

그 곡소리 곧장 구름 뜬 하늘에 닿도록 올라가네.

길가를 지나던 사람이 출정하는 사람에게 물어보니,

출정하는 사람은 다만 군대로 뽑혀가는 일이 잦다고만 말하네.

어떤 이는 열다섯 살부터 북쪽 황하를 방비하러 가,

그대로 마흔 살 되도록 서쪽의 둔전병(屯田兵)으로 있다네.

떠나갈 적에 이장(里長)이 관례(冠禮) 미리 올리고 머리 동여 주었었는데,

돌아올 때에는 머리 희어졌는데도 또 변방으로 수자리살러 가야 한다네.

변경 지방엔 흘린 피가 바닷물처럼 고였다 하는데도,

한(漢) 무제(武帝)처럼 임금은 변경 개척하려는 뜻 없어지지 않고 있네.

그대는 듣지 못했는가, 한 무제는 원정에 백성들 징벌하여 산동(山東) 지방 2백 고을의,

수천수만의 마을 모두 모형(牡荊)으로 덮혔던 일을?

비록 튼튼한 부인 있어 호미나 쟁기 잡고 일한다 해도,

벼가 밭둔덕 이랑에 마구 나 동서의 분간도 없게 되네.

더욱이 진(秦) 땅의 병사들은 고통스런 전쟁 잘 견디어 낸다 하였으니,

부려지는 것이 개와 닭이나 다를 것 없는 형편일세.

윗분이 비록 물어본다 해도,

졸자야 감히 원한 애기할 수 있겠는가?

또한 올해 겨울 같은 때에는,

관서(關西)의 병졸 징집도 끊이지 않고 있다네.
고을 관원은 다급히 조세(租稅)를 거두려 하나,
조세가 어디에서 나오겠는가?
진실로 아들 낳는 건 나쁘고,
도리어 딸 낳는 게 좋음을 알게 되었네.
딸 낳으면 그래도 이웃에 시집보낼 수 있으나,
아들 낳으면 들에 묻혀 잡초와 함께 썩게 된다네.
그대는 보지 못했는가 청해(靑海) 근처엔,
옛부터 흰 뼈 널려 있어도 거두는 사람 없다는 것을?
새로운 귀신은 번민으로 괴로워하고 낡은 귀신은 곡을 하여,
날 흐리고 비 젖는 때엔 귀신 소리 끊임없다네.

〔주해〕 ① 兵車行(병거행)─전거(戰車)의 노래. 실제로는 임금이 나라 땅을 넓히려는 욕심 때문에 전쟁에 끌려나가 일생을 망치는 무수한 젊은이와 도탄(塗炭)에 빠지는 백성들의 삶을 노래한 것임. 당(唐) 현종(玄宗)이 토번(吐蕃)을 정벌하여 백성들이 행역(行役)에 고통을 당하고 있는 것을 보다 못해 지은 시라 한다. 《두소릉집(杜少陵集)》 권2에 실려 있다.

② 轔轔(인린)─수레바퀴 소리〔《시경》 秦風 車轔〕.

③ 蕭蕭(소소)─말이 우는 소리〔《시경》 小雅 車攻〕.

④ 行人(행인)─출정하는 사람들. 전쟁터로 끌려가는 사람들.

⑤ 咸陽橋(함양교)─장안(長安) 서쪽 위수(渭水)에 놓인 다리 이름. 서위교(西渭橋)라고도 불렀음〔《大明一統志》〕.

⑥ 頓足(돈족)─발을 구르다.

⑦ 攔道哭(난도곡)─길을 가로막고 곡하다.

⑧ 干雲霄(간운소)─구름 뜬 하늘에까지 올라가 닿다.

⑨ 點行頻(점행빈)─장정들 명부를 점조(點照)하여 끌어가는 일이 잦다. 장정들을 전쟁터로 잡아가는 일이 잦아졌다.

⑩ 北防河(북방하)─개원(開元) 15년(727) 토번이 변경을 침입했는데, 황하

(黃河) 상류의 하우(河右 : 甘肅省 지방)도 침략하였다. 이때 '북쪽 하우를 방비했다'는 뜻. 제방을 막고 황하물이 넘쳐 터지는 것을 막는 것이 방하라고도 하나[《集註》] 옳지 않은 듯하다.

⑪ 西營田(서영전)―서쪽의 둔전병(屯田兵)이 되다. 둔전병은 평시엔 그곳의 농사를 짓고 있다가 일이 생기면 수비병(守備兵)이 되는 제도였다.

⑫ 里正(이정)―이장(里長). 촌장(村長).

⑬ 裹頭(과두)―출정하는 사람의 나이 열다섯인데도 미리 관례(冠禮)를 행하여 머리를 묶고 천으로 동여매 주는 것. 관례는 남자 스무 살 때 올리던 성인이 되는 의식.

⑭ 還戌邊(환수변)―또 변경으로 수자리살러 가다.

⑮ 邊庭(변정)―변경 지방. 흉노(匈奴)에게 북정(北庭)·남정(南庭)이 있어서[《後漢書》 班固傳] 변정이란 말을 썼다.

⑯ 武皇開邊(무황개변)―한(漢) 무제(武帝)가 변경을 개척하다. 현종(玄宗)을 한 무제에 견준 것임.

⑰ 山東二百州(산동이백주)―전국(戰國)시대 육국(六國)을 뜻하며, 모두 효산(崤山) 함곡관(函谷關) 동쪽에 있었기 때문이다. 거기에는 2백11주(州)가 있었다 한다. 이밖에 태항산(太行山) 동쪽[지금의 산동성] 또는 화산(華山)의 동쪽 지방을 산동이라고도 불렀다.

⑱ 荊杞(형기)―덩굴이 뻗는 잡초의 일종.

⑲ 鋤犁(서리)―호미와 쟁기. 농기구를 가리킴.

⑳ 隴畝(농묘)―밭둔덕과 밭이랑.

㉑ 無東西(무동서)―동서가 없다. 농사를 잘못 지어 곡식이 아무렇게나 자라 있는 것을 뜻함.

㉒ 秦兵(진병)―진(秦) 땅[陝西省]의 군대.

㉓ 長者(장자)―윗사람. 지위가 높은 군인.

㉔ 關西(관서)―함곡관(函谷關) 서쪽 지방. 섬서·감숙 지방.

㉕ 急索租(급색조)―다급히 조세를 받으려 하다.

㉖ 隨百草(수백초)―여러 잡초들과 함께 썩어감을 뜻한다.

㉗ 靑海(청해)―청해성(靑海省)에 있는 호수 이름. 몽고어로는 코코노루라

부름. 이때 토번(吐蕃)이 이 고장을 침략하여 가서한(哥舒翰)이 큰 공을
세웠던 고장.

㉘ 煩冤(번원)－번민으로 괴로워하다. 많은 시름이 사무치는 것.

㉙ 啾啾(추추)－흐느껴 우는 소리.

해설 이 시는 〈석호리(石壕吏)〉 등과 함께 두보(杜甫)가 전쟁에 시달리는
백성들의 처참한 모습을 고발한 유명한 사회시의 하나이다. 두보는 이처
럼 백성들의 고통을 이해하고 그들의 입장을 대변하려 하였기 때문에 후
세까지도 시성(詩聖)으로 받들어진 것이다. 두보에게 이처럼 뜨거운
인간애가 없었다면 문장만 가지고 성(聖)이란 칭호까지 얻지는 못했을
것이다.

　이 시는 대체로 7언이 중심이지만 5언도 여덟 구나 들어 있고, 6언이
두 구, 10언조차도 한 구 들어 있는 형식상의 변화가 다양한 시이다. 이
것이 가요체의 묘미라 할 것이다.

병마를 씻는 노래(①洗兵馬行)

두보(杜甫)

②中興諸將收③山東하여, ④捷書夜報⑤清晝同이라.
　　(중흥제장수산동　첩서야보청주동)

⑥河廣傳聞一葦過하니, ⑦胡危命在⑧破竹中이라.
　　(하광전문일위과　호위명재파죽중)

⑨祇殘⑩鄴城不日得이니, 獨任⑪朔方無限功이라.
　　(지잔업성불일득　독임삭방무한공)

京師皆騎⑫汗血馬하고, ⑬回紇⑭餧肉⑮葡萄宮이라.
　　(경사개기한혈마　회흘위육포도궁)

已喜皇威清⑯海岱나, 常思⑰仙仗過⑱崆峒이라.
(이희황위청해대 상사선장과공동)

⑲三年笛裏⑳關山月이오, 萬國兵前㉑草木風이라.
(삼년적리관산월 만국병전초목풍)

㉒成王功大㉓心轉小하고, ㉔郭相謀深古來少라.
(성왕공대심전소 곽상모심고래소)

㉕司徒清鑑懸明鏡이오, ㉖尚書氣與秋天㉗杳라.
(사도청감현명경 상서기여추천묘)

㉘二三豪俊爲時出하니, 整頓乾坤㉙濟時了라.
(이삼호준위시출 정돈건곤제시료)

㉚東走無復憶鱸魚요, ㉛南飛各有安巢鳥라.
(동주무부억로어 남비각유안소조)

青春復隨㉜冠冕入하여, ㉝紫禁㉞正耐㉟煙花繞라.
(청춘부수관면입 자금정내연화요)

㊱鶴駕通宵㊲鳳輦備요, 鷄鳴㊳問寢㊴龍樓曉라.
(학가통소봉련비 계명문침용루효)

㊵攀龍附鳳勢莫當하니, 天下盡化㊶爲侯王이라.
(반룡부봉세막당 천하진화위후왕)

汝等豈知㊷蒙帝力고? 時來不得㊸誇身强이라.
(여등기지몽제력 시래부득과신강)

㊹關中旣留㊺蕭丞相이오, 幕下復用㊻張子房이라.
(관중기류소승상 막하부용장자방)

㊼張公一生㊽江海客이오, 身長九尺㊾鬚眉蒼이라.
(장공일생강해객 신장구척수미창)

㊿徵起適遇(51)風雲會하니, (52)扶顚始知(53)籌策良이라.
(징기적우풍운회 부전시지주책량)

(54)青袍白馬更何有오? (55)後漢今周(56)喜再昌이라.
(청포백마갱하유 후한금주희재창)

⑤⑦寸地尺天皆⑤⑧入貢하고, ⑤⑨奇祥異瑞爭來送이라.
　　(촌지척천개입공　기상이서쟁래송)

不知何國⑥⑩致白環하고, 復道諸山得⑥①銀甕이라.
　　(부지하국치백환　부도제산득은옹)

⑥②隱士休歌紫芝曲하고, 詞人解撰⑥③河淸頌이라.
　　(은사휴가자지곡　사인해찬하청송)

田家⑥④望望⑥⑤惜雨乾이오, ⑥⑥布穀處處催春種이라.
　　(전가망망석우건　포곡처처최춘종)

⑥⑦淇上健兒歸莫懶하라, ⑥⑧城南思婦愁多夢이라.
　　(기상건아귀막라　성남사부수다몽)

安得壯士⑥⑨挽天河하여, 淨洗甲兵長不用고?
　　(안득장사만천하　정세갑병장불용)

　　나라 중흥시킨 여러 장수들 산동(山東) 지방을 수복하여,
　　승전 보고가 밤에도 통보되니 밝은 낮이나 같았네.
　　황하 넓다지만 듣건대 간단히 건너 진격했다니,
　　오랑캐 안녹산(安祿山) 잔도(殘徒)들의 위태로운 목숨 쪼개지는
대나무 같은 꼴일세.
　　오직 업성(鄴城)이 남았다지만 며칠 안으로 수복될 것이니,
　　오로지 삭방절도사(朔方節度使) 곽자의(郭子儀)에게 한없이 큰
그 일을 맡겼기 때문일세.
　　장안 사람들 모두 서역(西域)의 천리마 타고 있고,
　　우리 도운 위구르 사람들 포도궁(葡萄宮)에서 고기 배불리 먹고
있네.
　　이미 황제의 위세가 동해(東海)와 태산(泰山) 지방 맑게 한 것 기
쁘기는 하나,
　　늘 임금의 행차가 공동산(崆峒山) 지나 촉(蜀)으로 피란갔던 일

생각나네.
　지난 3년 동안 피리 소리 들으며 관산(關山)의 달 바라보았고,
　여러 나라 군사들 앞에서 초목 흔드는 바람 맞았네.
　태자인 성왕(成王)은 공로 큰데도 마음은 더욱 작아져 신중해지고,
　곽자의 재상은 계략 깊기가 옛날 사람 중에도 드물 정도이며,
　사도(司徒) 이광필(李光弼)의 맑은 감식력은 밝은 거울 달아놓은
듯하고,
　상서(尙書) 왕사례(王思禮)의 기개는 가을하늘처럼 고원(高遠)하네.
　이들 두세 분의 호걸들이 시국을 위해 나왔으니,
　천지를 정돈하여 어려운 시국을 잘 구제하였네.
　동쪽으로 가며 다시는 옛날 장한(張翰)처럼 고향의 농어 생각이
나 벼슬을 내던지는 이 없게 되었고,
　남쪽으로 날아가도 모두 제각기 편안히 깃들 둥지가 있게 되었네.
　한봄 기운도 다시 임금의 관(冠) 따라 궁중으로 들어와,
　궁성은 아침 안개와 꽃으로 둘려지게 되었네.
　태자의 수레 밤새도록 세워져 있고 임금의 수레도 갖추어져 있다가,
　닭이 울면 상황(上皇) 침소(寢所)에 문안드리려 새벽 용루문(龍
樓門)을 나서네.
　사람들 용(龍)에 매달리고 봉(鳳)에 붙어 공로 세워 기세 감당할
리 없게 되니,
　온 천하 사람들 모두 후왕(侯王)이 된 듯하네.
　그대들 어찌 임금의 힘입고 있음 의식하겠는가?
　때가 왔다고 해서 자신의 능력 강함 뽐내면 안되는 것일세.
　관중(關中)에는 이미 한(漢) 고조(高祖)의 소하(蕭何) 같은 두홍
점(杜鴻漸) 머물고 있고,
　군막(軍幕) 아래엔 또 한 고조의 장자방(張子房) 같은 장호(張鎬)
를 쓰고 있네.

장호는 평생을 장강(長江) 동해(東海) 지방 떠돌아다니는 나그네
였고,

키는 9척에 수염과 눈썹 검푸른 모습이네.

임금에게 불려 쓰여지게 되자 마침 호랑이 바람 만나고 용이 구름
만난 것처럼 되어,

넘어지는 나라 부축해 일으키니 비로소 계책 훌륭함 알게 되었네.

푸른 겉옷에 흰 말 탄 반란군이 다시 무슨 문제 되겠는가?

후한(後漢)의 광무제(光武帝)나 주(周) 선왕(宣王) 같은 나라의
중흥 보니 기쁘기만 하네.

이젠 천지 어느 조그만 곳에서도 모두 조공(朝貢)을 하게 되고,

기이한 상서(祥瑞)들을 다투어 보내오네.

어느 나라인지는 알 수 없으나 흰 옥고리를 보내왔고,

다시 여러 산에서는 은독이 나왔다 하네.

은사(隱士)들도 자지곡(紫芝曲)을 부르며 숨지 않게 되었고,

문인들은 하청송(河淸頌)을 지을 줄 알게 되었네.

농가에서는 농사 시작하기 바라며 빗물 마르는 것을 애석히 여기
고 있는데,

뻐꾹새는 곳곳에서 봄 씨 뿌리기 재촉하고 있네.

기수(淇水) 가의 건장한 병사들은 고향에 돌아가는 일 게을리 말
게나,

장안 성 남쪽 남편 그리는 부인들 시름 많은 꿈 꾸고 있다네.

어찌하면 장사를 구하여 은하수를 끌어다가,

갑옷과 무기 깨끗이 씻어 버리고 영원히 쓰지 않도록 할 수 있을까?

(주해) ① 洗兵馬行(세병마행)―병마를 씻는 노래. 《두소릉집(杜少陵集)》 권6
엔 〈세병행(洗兵行 : 무기를 씻어 버리는 노래)〉으로 되어 있는데, 더욱
내용과 부합된다. 이 시는 안녹산(安祿山)의 난이 다 평정되어가고 당

(唐)나라 중흥의 기운이 보임을 기뻐하면서 앞으로는 '무기와 갑옷을 깨끗이 씻어 버리고 다시는 쓰지 않게 되기 바라는 뜻'을 노래한 것이다.

② 中興諸將(중흥제장) - 안녹산의 난을 평정하여 당나라를 중흥시킨 여러 장수들. 곽자의(郭子儀) 이하 이 시에 보이는 여러 장수들을 가리킴.

③ 山東(산동) - 태항산(太行山) 동쪽 지방. 건원(乾元) 원년(758) 10월 곽자의가 행원(杏園)에서 하동(河東)으로 건너가 획가(獲嘉)에 이르러 안태청(安太淸)을 격파하니 그는 위주(衛州)로 도망했다. 곽자의는 위주를 포위하고 노경(魯炅)·이선침(李先琛)·최광원(崔光遠)·이사업(李嗣業) 등과 힘을 합쳐 안경서(安慶緒 : 안녹산의 아들)의 원군 7만을 쳐부수고 그의 아우 안경화(安慶和)를 잡아죽인 뒤에 위주까지 회복하였다[《通鑑》].

④ 捷書(첩서) - 승전 보고서.

⑤ 淸晝同(청주동) - 밝은 낮과 같다. 승전 보고는 밤중에 오더라도 낮이나 마찬가지로 즉시 임금에게 아뢰는 것을 뜻한다.

⑥ 河廣(하광) - 황하가 넓다. 《시경》 위풍(衛風) 하광(河廣)에 '누가 황하 넓다고 했나? 한 개의 갈대로도 건널 수 있다네[誰謂河廣? 一葦杭之]'하고 노래한 표현을 빌은 것. 곧 옛 위(衛) 땅인 위주를 황하를 쉽게 건너 진격하여 수복하였음을 뜻함.

⑦ 胡危命(호위명) - 오랑캐들의 위태로운 목숨. 안녹산 잔도(殘徒)들의 위태로운 목숨.

⑧ 破竹中(파죽중) - 쪼개지는 대나무 속에 있다. 대나무는 한번 쪼개지기 시작하면 계속 쪼개지므로, 이제는 구제받을 수 없는 형편에 있음을 뜻한다.

⑨ 祇(지) - 다만. 오직.

⑩ 鄴城(업성) - 옛 위군(魏郡)의 현(縣) 이름. 하남성 임장현(臨漳縣) 서쪽임.

⑪ 朔方(삭방) - 삭방절도사(朔方節度使) 곽자의(郭子儀)를 가리킴.

⑫ 汗血馬(한혈마) - 피 같은 땀을 흘리는 말. 한(漢) 무제(武帝) 때 대완국(大宛國)에서 천리마를 구해왔는데 피 같은 땀을 흘렸다 한다. 이때 회흘(回紇)에서 3천의 기병(騎兵)을 보내와 안경서(安慶緒)를 치는 것을 도왔던 일을 가리킨다.

⑬ 回紇(회흘) - 위구르의 한자 음역(音譯). 흉노(匈奴)의 자손으로 돌궐(突

厥)에 소속되었으나 당(唐)대에 돌궐에서 떨어져나와 위구르라 하였다. 곽자의를 도와 안녹산의 난을 평정하여 회골(回鶻)이라 사호(賜號)된 뒤 내외몽고(內外蒙古) 땅을 차지했다.

⑭ 餧(위) - 먹이다.

⑮ 葡萄宮(포도궁) - 본시 한(漢)대 상림원(上林苑)에 있던 궁 이름으로, 원제(元帝) 때 흉노의 선우(單于 : 흉노 왕)가 내조(來朝)하여 묵었던 곳[《漢書》 匈奴傳]. 이 고사를 이용 회흘 군대에게 잔치를 열어준 곳을 포도궁이라 불렀다.

⑯ 海岱(해대) - 동해(東海)와 태산(泰山)이 있는 지방. 산동(山東)·하북(河北) 지방을 가리킴.

⑰ 仙仗(선장) - 신선의 의장(儀仗). 천자의 행렬을 가리키며, 안녹산의 난이 일어나자 현종이 피란길을 나섰던 것을 가리킴.

⑱ 崆峒(공동) - 감숙성(甘肅省) 평량부(平涼府) 고원주(固原州) 서쪽에 있는 산 이름. 장안에서 촉(蜀)으로 가자면 이 산 곁을 지나야 한다.

⑲ 三年(삼년) - 숙종(肅宗) 지덕(至德) 원년(757)에서 건원(乾元) 2년(759)에 이르는 3년.

⑳ 關山月(관산월) - 본시 적(笛)의 곡(曲) 이름. 관문(關門)이 있는 산에 걸린 달을 바라본다는 뜻으로 진중(陣中) 망향의 뜻이 담긴 가사가 많다.

㉑ 草木風(초목풍) - 초목을 흔드는 바람을 맞았었다. 곧 전쟁 기운이 실린 거친 바람을 맞았었다.

㉒ 成王(성왕) - 숙종(肅宗)의 아들 광평왕(廣平王) 숙(俶). 건원 원년(758) 2월에 성왕(成王)에 봉해졌고 4월엔 태자가 되었다. 특히 장안·낙양을 수복하는 데 큰 공을 세웠다.

㉓ 心轉小(심전소) - 마음은 작게 되었다. 마음이 더욱 겸허하고 세심하게 되었음을 뜻함.

㉔ 郭相(곽상) - 중서령(中書令) 곽자의(郭子儀).

㉕ 司徒淸鑑(사도청감) - 사도(司徒)는 교육을 관장하는 벼슬로 이광필(李光弼)을 가리키며, 청감(淸鑑)은 맑은 감식력. 분명히 인물을 알아보는 능력을 뜻함.

㉖ 尙書(상서)―병부상서(兵部尙書) 왕사례(王思禮)를 뜻함. 이광필과 함께 안경서 토벌에 참가했다.

㉗ 杳(묘)―아득한 것. 고원(高遠)한 것.

㉘ 二三豪俊(이삼호준)―두세 명의 호걸들. 곽자의·이광필·왕사례 등 뛰어난 인물들.

㉙ 濟時了(제시료)―시국을 완전히 구제하다. 반란으로 어지러운 세상을 완전히 바로잡다.

㉚ 東走無復憶鱸魚(동주무부억로어)―동쪽으로 가며 다시는 농어를 생각하지 않다. 진(晉)나라 장한(張翰)이 가을바람이 일자 고향 오(吳) 땅의 고채(菰菜)와 순나물[蓴菜. 水草의 일종]국과 농어[鱸魚]회가 생각난다며 벼슬을 버리고 어지러운 세상을 피하여 동쪽 오(吳)로 갔다[《晉書》 張翰傳]는 고사를 인용한 표현. 곧 세상을 숨어살려는 사람이 없어졌음을 뜻함. 특히 송강(松江)의 농어회가 유명하다.

㉛ 南飛(남비)―남쪽으로 새가 날다. 위(魏) 조조(曹操)의 〈단가행(短歌行)〉에서 '까막까치 남쪽으로 날아가는데, 나무를 세 번 돌지만, 어느 가지에 의지해야 하나? [烏鵲南飛, 繞樹三匝, 何枝可依?]'고 한 표현을 인용한 것이다. 남쪽으로 나는 모든 새가 편히 깃들 곳이란 사람들이 몸을 의지할 임금 또는 왕조를 가리킴.

㉜ 冠冕(관면)―천자의 관. 현종(玄宗)을 뒤이은 숙종(肅宗)을 가리킴.

㉝ 紫禁(자금)―천자의 궁성. 하늘의 성좌(星座)인 자미궁(紫微宮)에서 나온 말로 금(禁)은 보통사람들의 출입을 금하는 데서 붙여졌음.

㉞ 正耐(정내)―마침 ……할 만하다. 마침 ……하게 되다.

㉟ 煙花繞(연화요)―안개의 꽃으로 둘려지다. 안개와 꽃으로 감싸지다.

㊱ 鶴駕通宵(학가통소)―학가(鶴駕)는 황태자의 수레. 주(周) 영왕(靈王)의 태자 왕자교(王子喬)가 백학(白鶴)을 타고 신선이 되어 갔다[劉向《列仙傳》]는 고사에서 태자의 수레를 학가라 부르게 됨. 통소(通宵)는 밤새도록 줄곧 세워져 있는 것.

㊲ 鳳輦(봉련)―천자의 수레. 봉황(鳳凰) 장식이 있어 그렇게 부른다.

㊳ 問寢(문침)―침소(寢所)에 문안드리다. 상황(上皇)이 된 현종의 침전(寢

殿)에 가 문안드리다.

㊿ 龍樓(용루)─한(漢) 태자궁(太子宮)의 문 이름〔《文選》王元長 曲水詩序 五臣 注〕.

㊵ 攀龍附鳳(반용부봉)─용에 매달리고 봉(鳳)에 붙다. 용봉(龍鳳)은 천자에 비유한 말. 곧 영주(英主) 밑에 벼슬하여 공업(功業)을 이룸을 뜻함.

㊶ 爲侯王(위후왕)─후왕이 되다. 제후나 왕에 봉해지는 것. 안녹산의 난이 끝난 뒤 많은 봉작(封爵)이 내려졌다.

㊷ 蒙帝力(몽제력)─황제의 힘을 입다. 요(堯)임금 때 백성들이 태평을 노래했다는 〈격양가(擊壤歌)〉 끝머리에 '황제의 힘이 우리에게 무슨 상관 있는가? 〔帝力於我何有哉〕'고 노래한 데서〔《帝王世記》〕 인용한 표현.

㊸ 誇身强(과신강)─자신의 강함을 뽐내는. 개지추(介之推)가 '하물며 천공(天功)을 당하여 자기 힘이라 해서 되겠는가? 〔況貪天功, 以爲己力〕'고 말한 데서〔《史記》晉世家〕 빌은 표현임.

㊹ 關中(관중)─함곡관(函谷關) 안쪽 지방. 장안을 중심으로 한 지방.

㊺ 蕭丞相(소승상)─한(漢) 고조(高祖)의 승상 소하(蕭何)처럼 군비 보급에 공이 큰 두홍점(杜鴻漸)〔《杜詩詳注》〕.

㊻ 張子房(장자방)─한 고조의 지장(智將)이었던 장량(張良, 子房은 字임) 같은 장호(張鎬). 지덕(至德) 2년(757) 방관(房琯)의 뒤를 이어 장호가 재상이 되었다.

㊼ 張公(장공)─장호를 가리킴.

㊽ 江海客(강해객)─장강(長江)과 동해(東海) 지방을 돌아다니며 자유로이 살던 사람.

㊾ 鬚眉蒼(수미창)─수염과 눈썹이 검푸르다. 풍채(風采)가 좋음을 뜻함.

㊿ 徵起(징기)─임금에게 불리어 쓰여지다.

51 風雲會(풍운회)─호랑이가 바람을, 용이 구름을 만나듯이, 훌륭한 임금과 뛰어난 신하가 만난 것.《역경(易經)》건괘(乾卦) 문언(文言)에 '구름은 용을 따르고, 바람은 호랑이를 따른다〔雲從龍, 風從虎〕'고 한 말에서 나온 표현.

52 扶顚(부전)─나라가 전복되어가는 것을 부축해 일으키다.

㊼ 籌策(주책) - 계책.

㊻ 靑袍白馬(청포백마) - 푸른 겉옷에 흰 말을 탄 자들. 안녹산의 반군(叛軍)을 가리킴. 양(梁)나라 무제(武帝) 때 후경(侯景)이 반란을 일으키며 푸른 천으로 겉옷[袍]을 만들어 입게 하고 자신은 흰 말에 탔다[《南史》侯景傳]. 이후로 반란군의 복장을 가리키는 말로 쓰이게 되었다.

㊺ 後漢今周(후한금주) - 한(漢)나라를 중흥시킨 광무제(光武帝)의 후신과도 같고 주(周)나라를 중흥시킨 선왕(宣王)이 지금 태어난 것처럼 숙종이 당나라를 중흥시킴을 뜻함.

㊾ 喜再昌(희재창) - 나라를 다시 창성케 함이 기쁘다. 나라의 중흥이 기쁘다.

㊿ 寸地尺天(촌지척천) - 조그만 천지의 한 부분. 조그만 나라들.

58 入貢(입공) - 공물을 들여오다. 조공(朝貢)을 바치다.

59 奇祥異瑞(기상이서) - 기이한 상서. 특별히 세상의 상서로움을 나타내는 물건.

60 致白環(치백환) - 흰 옥고리를 바치다. 순(舜)임금 때 서왕모(西王母)가 내조하여 백환(白環)을 바쳤다 한다[《竹書紀年》·《帝王世紀》]. 백환도 상서(祥瑞)의 하나임.

61 銀甕(은옹) - 은독. 흔히 술독으로 쓰였고 상서로운 것이라 알려졌다[《瑞應圖》].

62 隱士休歌紫芝曲(은사휴가자지곡) - 은사들은 자지곡을 노래하지 않게 되었다. 곧 세상을 버리고 숨어사는 사람이 없게 되었음을 뜻함. 자지곡은 진말(秦末) 상산(商山)에 숨어살던 사호(四皓)가 불렀다는 노래.

63 河清頌(하청송) - 태평성세를 찬양하는 노래. 황하(黃河)는 천년에 한번 맑아지는데 그때엔 성군(聖君)이 나와 태평을 이룬다 하였다[《拾遺記》]. 남조(南朝) 송(宋)나라 포조(鮑照)가 〈하청송(河淸頌)〉을 지었다[《宋書》臨川王義慶傳].

64 望望(망망) - 농사짓기를 바라고 있는 모양.

65 惜雨乾(석우건) - 빗물 마르는 것을 애석히 여기다. 건원(乾元) 2년(759) 봄엔 가뭄이 들었다 한다[本書 注].

66 布穀(포곡) - 뻐꾹새. 한자로는 '곡식 씨를 뿌려라'는 뜻을 나타낸다. 중국

에선 옛부터 뻐꾹새가 봄농사를 재촉하는 뜻으로 운다고 알려졌다.

⑥⑦ 淇上健兒(기상건아)—기수(淇水) 가의 건장한 병사들. 기수는 하남성 기
진(淇鎭) 동쪽에서 시작, 탕음현(湯陰縣)을 거쳐 기현(淇縣)에서 위하(衛
河)로 들어가는 강물 이름. 업성(鄴城)도 이 근처로 안녹산의 잔당(殘黨)
이 최후까지 남아 있던 지방이다.

⑥⑧ 城南思婦(성남사부)—장안성 남쪽의 남편을 그리워하고 있는 부인들.

⑥⑨ 挽天河(만천하)—은하수를 끌어오다.

해설 이 시는 두보(杜甫)가 자기 조국이 안녹산의 난을 평정하고 숙종(肅
宗)과 곽자의(郭子儀)를 비롯한 뛰어난 신하들의 힘으로 중흥을 이룩한
것을 기뻐하는 게 주제이다. 그러나 끝머리에서 '어찌하면 갑옷과 무기
깨끗이 씻어 버리고 영원히 쓰지 않도록 할까?'하고 노래한 것은 몇 년의
내전(內戰)을 통해서 겪은 백성들의 희생과 고통이 나무나 컸기 때문이
다. 중국 학자들 중에는 이 시가 현종(玄宗)을 밀어놓고 아들인 숙종이
왕위에 올랐던 불효를 풍자한 것이라 보기도 하나 지나친 천착인 듯하다.
오히려 자기 개인보다도 온 나라와 온 백성을 먼저 생각하는 시인의 큰
마음씀을 높이 사야 할 것이다.

　형식에 있어서도 네 번 운(韻)을 바꾸며 1운 12구(句)이고, 구들은 배
율(排律)을 겸한 독특한 체제여서, 내용뿐만 아니라 구성면에 있어서도
독특한 경지를 이룬 작품이다.

천자께 상주하러 들어감을 노래함(①入奏行)

두보(杜甫)

②竇侍御③驥之子④鳳之雛니, 年未三十忠義俱하고,
　(두시어기지자봉지추　연미삼십충의구)

⑤骨鯁絶代無하며,
　(골경절대무)

⑥炯如一段淸氷出萬壑하며, 置在⑦迎風寒露之⑧玉壺라.
　(형여일단청빙출만학　치재영풍한로지옥호)

⑨蔗漿歸廚⑩金盌凍하여, 洗滌⑪煩熱足以寧君軀라.
　(자장귀주금완동　세척번열족이영군구)

政用⑫踈通合⑬典則이오, ⑭戚聯豪貴⑮耽文儒라.
　(정용소통합전칙　척련호귀탐문유)

⑯兵革未息⑰人未蘇하니, 天子亦念⑱西南隅라.
　(병혁미식인미소　천자역념서남우)

⑲吐蕃⑳憑陵㉑氣頗麤하니, 竇氏㉒檢察應時須라.
　(토번빙릉기파추　두씨검찰응시수)

運粮㉓繩橋壯士喜요, 斬木㉔火井窮猿呼라.
　(운량승교장사희　참목화정궁원호)

㉕八州刺史思一戰하고, ㉖三城守邊却可圖라.
　(팔주자사사일전　삼성수변각가도)

此行入奏計未小요, 密奉聖旨恩應殊라.
　(차행입주계미소　밀봉성지은응수)

㉗繡衣春當㉘霄漢立이오, ㉙綵服日向㉚庭闈趨라.
　(수의춘당소한립　채복일향정위추)

㉛省郞京尹必㉜俯拾이오, 江花未落還㉝成都리라.
　(성랑경윤필부습　강화미락환성도)

肯訪㉞浣花老翁無아?
　(긍방완화노옹무)

爲君㉟酤酒㊱滿眼酤하고, 與奴白飯馬靑㊲蒭라.
　(위군고주만안고　여노백반마청추)

　두시어사(竇侍御史)는 천리마의 새끼나 봉황새 새끼 같은 사람이니,

나이 서른 되기 전에 충성과 의리 다 갖추었고,

강직하기 세상에 다시없을 정도이니,

깊은 골짜기에서 나온 빛나는 한 뭉치 얼음을,

영풍관(迎風館)과 한로관(寒露館)의 옥병에 넣어둔 것 같네.

사탕수수즙을 부엌으로 가져가 얼려 금대접에 담아,

무더위 씻게 하면 족히 임금님 몸 편케 해드릴 것이네.

그분의 정치는 일에 통달함으로써 법도에 부합되고,

친척은 호족·귀족과 연결되며 글과 유학(儒學) 좋아한다네.

반란은 끝나지 않고 사람들은 아직 소생(蘇生)치 못하고 있으니,

천자께서도 서남쪽 촉(蜀) 지방을 걱정하고 계시다네.

토번(吐蕃)은 당(唐)나라를 업신여기고 기세 매우 난폭하니,

두씨(竇氏)가 그곳 검찰(檢察) 맡은 것은 시국의 필요에 따른 걸세.

승교(繩橋)까지 군량(軍糧)을 날라다 주어 장병들 기뻐했고,

화정(火井) 지방에 나무를 다 베어 숨을 곳 없애자 적은 궁해진
원숭이들처럼 울부짖었네.

여덟 주(州)의 자사(刺史)들도 토번(吐蕃)과 싸우려 하게 되고,

세 성의 변경 수비 또한 도모할 수 있게 되었네.

이번 출장에 임금님께 들어가 상주한 일은 작지 않은 계책일 것이며,

임금님 뜻 남몰래 받들게 될 것이니 은총 매우 각별한 것일세.

시어사(侍御史)의 수놓은 옷 입고 봄날에 은하수 같은 궁전에 서
는 한편,

아이처럼 채색 옷 입고 날마다 부모님 찾아뵈러 다니겠지.

성랑(省郎)이나 경윤(京尹)쯤은 땅 위에 물건 줍듯 할 것이고,

강가의 꽃이 지기 전에 성도(成都)로 돌아오게 되리라.

돌아와선 완화계(浣花溪) 가의 이 늙은이 찾아줄 것인가?

당신 위해 술을 사되 잔뜩 살 것이며,

하인에겐 흰 밥 주고 말에는 푸른 꼴 먹여 주리라.

주해   ① 入奏行(입주행) − 천자께 상주하러 들어감을 노래함. 서산검찰사(西山檢察使) 두시어(竇侍御)가 업무 보고를 하러 조정으로 출장갈 때 지어 준 노래임.《두소릉집(杜少陵集)》권10에 실려 있음.

② 竇侍御(두시어) − 두(竇)는 성(姓), 시어(侍御)는 시어사로 관(官) 이름. 불법을 규찰하고 잡사(雜事)를 추탄하는 일을 맡았었다. 옛부터 시어사로서 특수한 직무를 맡고 지방에 나가는 사람들이 있었는데, 한(漢)대에도 주군(州郡)의 감독과 군량(軍糧)의 운송을 맡고 나가면 독군량시어사(督軍糧侍御史)라 했고, 치서시어사(治書侍御史)・전신시어사(殿申侍御史)・감찰시어사(監察侍御史) 등이 많았다. 두씨(竇氏)는 시의 내용으로 보아 사천성 지방의 독군량(督軍糧)과 검찰(檢察)을 함께 맡았던 시어사였던 듯하다.

③ 驥之子(기지자) − 기(驥)는 옛 천리마의 이름. 두씨가 천리마 새끼처럼 뛰어났음을 가리킴.

④ 鳳之雛(봉지추) − 봉황새의 병아리. 역시 그의 준수함을 뜻함.

⑤ 骨鯁(골경) − 뜻이 곧바른 것. 강직한 것. 본시 뼈와 생선뼈의 뜻. 경(鯁)은 경(骾)으로도 썼는데, 뼈가 목에 걸린다는 뜻으로 남이 하기 어려운 옳은 말을 함을 뜻한다.

⑥ 炯(형) − 빛나는 것. 번쩍번쩍하는 것.

⑦ 迎風寒露(영풍한로) − 한(漢)대 궁전 안의 두 관(館) 이름.

⑧ 玉壺(옥호) − 옥으로 만든 병. 특히 옥호빙(玉壺氷)은 마음이 맑은 것을 형용하는 말로 많이 쓰였다[鮑照〈代白頭吟〉淸如玉壺氷].

⑨ 蔗漿(자장) − 사탕수수즙으로 만든 음료.

⑩ 金盌凍(금완동) − 자장(蔗漿)을 옥호빙으로 얼음물처럼 만들어 금대접에 담는 것.

⑪ 煩熱(번열) − 무더위. 번거로운 더위. 무더위를 씻어 임금을 편안하게 해 준다는 것은 그의 강직하고 고결한 마음을 바탕으로 나라를 위해 봉사하여 임금을 잘 보좌함을 뜻한다.

⑫ 疎通(소통) − 통달하는 것. 막힘이 없는 것.

⑬ 典則(전칙)―법도, 법칙.

⑭ 戚聯豪貴(척련호귀)―친척관계는 호족·귀족들과 연결되다.

⑮ 耽文儒(탐문유)―글과 유학을 무척 좋아하다. 문학과 학문에 탐닉하다.

⑯ 兵革(병혁)―무기와 갑옷. 여기서는 전쟁 또는 내전(內戰). 반란을 뜻함.

⑰ 人未蘇(인미소)―사람들이 소생되지 못하고 있다. 사람들이 반란의 피해에서 완전히 회복되지 못하고 있다.

⑱ 西南隅(서남우)―서남쪽 모퉁이. 중국 서남 지방. 토번(吐蕃)이 중국의 내란을 틈타 침입하고 있었다.

⑲ 吐蕃(토번)―지금의 티베트에 있던 나라 이름. 번(蕃)은 번(番)으로도 쓰며, 티베트는 토번의 전음(轉音)임.

⑳ 憑陵(빙릉)―형세를 믿고 남을 업신여기는 것. 업신여기다.

㉑ 氣頗麤(기파추)―기세가 매우 거칠다. 기세가 대단히 난폭하다.

㉒ 檢察(검찰)―군사와 정치의 잘못을 살피는 것.

㉓ 繩橋(승교)―줄로 매단 다리. 조교(弔橋). 성도(成都)에 있었고 대나무 줄로 엮어 만들어 작교(筰橋)라 불렀다.

㉔ 火井(화정)―사천성(四川省) 임공현(臨邛縣 : 邛峽縣)에 있던 지명. 화정은 여러 곳에 있었는데 천연가스와 온천이 나온 곳인 듯하다.

㉕ 八州刺史(팔주자사)―8주는 서쪽의 토번과 남쪽 오랑캐인 만료(蠻獠)를 막던 검남절도사(劍南節度使) 아래 속해 있던 송주(松州)·유주(維州) 등 여덟 주. 숙종(肅宗) 때(757) 군(郡)을 주(州)로 고치고, 그곳 태수를 자사라 부르기로 했다.

㉖ 三城(삼성)―대종(代宗 : 肅宗의 아들) 초기에 토번에게 함락되었던 8주 중의 송주(松州)·유주(維州)와 보주(保州)의 세 성〔《唐書》〕. 이 책 주(注)에 청해(青海)의 삼성이라 함은 잘못인 듯.

㉗ 繡衣(수의)―수놓은 옷. 시어사(侍御史)의 예복을 가리킴.

㉘ 霄漢立(소한립)―하늘의 은하 같은 궁전 안에 서있다.

㉙ 綵服(채복)―채색의 옷. 옛날 노래자(老萊子)가 나이 70이 넘어서도 부모 앞에서는 오채(五綵)의 옷을 입고 어린아이 같은 짓을 했다는 고사〔《高士傳》〕에서 인용한 말.

㉚ 庭闈趨(정위추)−부모님 계신 집을 찾아가는 것. 정위(庭闈)는 부모님의 집 또는 부모님을 가리키는 말로 쓰임.

㉛ 省郞京尹(성랑경윤)−중서성(中書省)·상서성(尙書省)의 낭중(郞中)·시랑(侍郞) 벼슬과 경조윤(京兆尹). 경조윤은 서울의 장관.

㉜ 俯拾(부습)−몸을 숙여 물건을 줍듯 하다. 어떤 일을 쉽게 함을 뜻함.

㉝ 成都(성도)−사천성의 성도(省都). 두보(杜甫)와 두씨(竇氏) 모두 성도에 있었다.

㉞ 浣花(완화)−완화계(浣花溪). 두보는 이때 성도의 완화계 가에 살고 있었다.

㉟ 酤酒(고주)−술을 받아오다.

㊱ 滿眼酤(만안고)−눈 가득히 받아주다. 잔뜩 술을 사주다.

㊲ 蒭(추)−꼴. 풀.

해설 두씨(竇氏)는 이름이나 자도 알 수 없다. 두보(杜甫)의 시 내용으로 보아 성품이 매우 곧고 일도 잘했던 사람인 듯하다. 시어사(侍御史)인 두씨가 업무를 보고하러 입조할 때 두보가 지어준 시이다. 문장이나 시로서의 구성이 뛰어나나, 벼슬아치 면전이라 하지만 아첨에 가까운 느낌을 받게 된다.

고도호의 총마 노래(①高都護驄馬行)

두보(杜甫)

安西都護②胡青驄이, 聲價③欻然④來向東이라.
　　(안서도호호청총　성가훌연내향동)

此馬臨陣久無敵하고, 與人一心成大功이라.
　　(차마림진구무적　여인일심성대공)

功成⑤惠養⑥隨所致하여, ⑦飄飄遠自⑧流沙至라.
  (공성혜양수소치   표표원자유사지)

雄姿未受⑨伏櫪恩하고, 猛氣猶思戰場利라.
  (웅자미수복력은   맹기유사전장리)

⑩腕促⑪蹄高如⑫踏鐵하니, ⑬交河幾蹴⑭層冰裂고?
  (완촉제고여부철   교하기축층빙렬)

⑮五花散作雲滿身하고, 萬里方看汗流血이라.
  (오화산작운만신   만리방간한류혈)

長安壯兒不敢騎하니, 走過⑯掣電⑰傾城知라.
  (장안장아불감기   주과체전경성지)

⑱青絲絡頭爲君老러니, 何由却出⑲橫門道오?
  (청사락두위군로   하유각출횡문도)

  안서도호(安西都護) 고선지(高仙芝)의 서호산(西胡産) 푸른 털 말이,

  높은 명성과 평가 지닌 채 갑자기 동쪽 장안(長安)으로 왔네.

  이 말 전장에서 오랫동안 대적할 상대 없었고,

  사람과 한마음으로 큰 공 이룩하였네.

  공을 이룩하자 알뜰히 길러지며 데리고 가는대로 따라다니어,

  펄펄 날듯 멀리 유사(流沙) 지방으로부터 왔다네.

  웅자(雄姿)는 아직도 마판에 엎드려 길러지는 은혜 받으려 않고,

  용맹스런 기개는 아직도 전장이 유리하다 생각하네.

  말 발끝 관절 사이가 좁고 발굽은 두툼하게 높아 쇳덩이 뉘어놓은 것 같으니,

  교하(交河) 지방에선 몇 번이나 두터운 얼음 걷어차 깨어 놓았던고?

  오색 털빛 흩어져 구름이 온몸 가득 퍼져 있는 듯하고,

만리를 달려야 비로소 천리마(千里馬) 표시인 피 같은 땀 흘리는
것 보게 되네.

장안의 장정들도 감히 올라타지 못하니,

달리는 게 번갯불보다 빠름을 온 성안이 모두 알기 때문일세.

푸른 비단실 줄로 머리 동인 채 주인 위해 늙으려 하는데,

어찌하면 다시 장안 횡문(橫門) 길 나가 서역(西域) 땅에서 뛰어
볼까?

주해　① 高都護驄馬行(고도호총마행)－안서도호(安西都護)　고선지(高仙芝)
의 푸른 말 노래. 당(唐) 무측천(武則天) 때(693) 안서(安西)의 4진(鎭)
을 수복하고 구자국(龜玆國) 자리에 안서도호부를 설치했는데, 우전국(于
闐國) 서쪽에서 파사국(波斯國) 동쪽 사이의 16도독부가 모두 여기에 예
속되었다. 고선지는 고려(高麗) 출신 장군으로 개원(開元) 말(741)에 안
서부도호(安西副都護)가 되었고 천보(天寶) 6년(747)에는 소발율(小勃
律)을 토벌하여 그 임금을 사로잡는 등, 서역 개척에 큰 공을 세웠다. 총
마(驄馬)는 본디 푸른 털과 흰 털이 섞여 있는 말임.

② 胡青驄(호청총)－서호산(西胡産) 푸른 말.

③ 欻然(훌연)－갑자기. 훌(欻)은 훌(欻)로도 쓰며, 홀(忽)과 같음.

④ 來向東(내향동)－동쪽 장안으로 오다.

⑤ 惠養(혜양)－사랑하며 잘 기르는 것.

⑥ 隨所致(수소치)－데리고 가는 대로 따르다.

⑦ 飄飄(표표)－바람에 날리는 것. 바람에 날리듯 가벼이 달리는 것.

⑧ 流沙(유사)－사막. 특히 지금의 고비사막 일대를 가리킴.

⑨ 伏櫪(복력)－마판 위에 엎드리다. 마구간에서 주는 대로 받아먹으며 편히
지내는 것.

⑩ 腕促(완촉)－말발굽 위의 관절이 짧고 가는 것. 잘 뛰는 말의 특징을 나
타낸다.

⑪ 蹄高(제고)－말발굽이 두터워 높게 보임. 이것도 잘 달리는 말의 특징임.

⑫ 踏鐵(부철)－쇳덩이를 뉘어놓은 듯한 것. 튼튼하고 안정된 모양을 형용한

것임.

⑬ 交河(교하)—신강성(新疆省) 토로번현(吐魯番縣)의 옛 지명. 그곳에 교하
란 강물이 흐른다.

⑭ 層冰(층빙)—두터운 얼음.

⑮ 五花(오화)—털빛이 오색인 것. 말갈기를 따서 오화(五花)를 만든다. 또
는 오화의 낙인을 찍은 말이라는 등 여러 가지 해설도 있다[앞 권7 李
白 〈將進酒〉 참조].

⑯ 掣電(체전)—번개 치는 것.

⑰ 傾城(경성)—온 성. 온 성 안의 사람들.

⑱ 靑絲絡頭(청사락두)—파란 비단실로 짠 줄로 말의 머리를 동이는 것.

⑲ 橫門(횡문)—장안성 북서쪽의 가장 큰 문 이름. 이 문을 나서서 서역(西
域)으로 가게 된다.

(해설) 이 시는 당(唐)나라에서 활약한 고려 출신의 명장 고선지(高仙芝)의
말[馬]을 찬양한 노래이다. 겉으로는 말의 노래인 듯하나 실은 말 주인
고선지의 공로를 칭송하는 한편, 조국을 위해서는 당나라 사람이면 누구
나 나서서 싸워야 한다는 애국심도 함께 고취하고 있다. 문장에도 기세와
얼이 담긴 좋은 작품이다.

호현 이노인의 오랑캐 말 노래(①李鄠縣丈人胡馬行)

두보(杜甫)

丈人駿馬名②胡騮인데, 前年③避胡④過金牛라.
　　(장인준마명호류　전년피호과금우)

⑤回鞭却走⑥見天子러니, 朝飮⑦漢水暮⑧靈州라.
　　(회편각주현천자　조음한수모령주)

自矜胡騮^⑨奇絶代하니, 乘出千人萬人愛라.
（자긍호류기절대   승출천인만인애）

一聞說盡^⑩急難材로, ^⑪轉益愁向^⑫駑駘輩라.
（일문설진급난재   전익수향노태배）

頭上^⑬銳耳^⑭批秋竹이오, 脚下^⑮高蹄^⑯削寒玉이라.
（두상예이비추죽   각하고제삭한옥）

始知^⑰神龍別有種하니, 不比俗馬空多肉이라.
（시지신룡별유종   불비속마공다육）

洛陽大道^⑱時再淸하니, 累日喜得俱東行이라.
（낙양대도시재청   누일희득구동행）

^⑲鳳臆麟鬐未易識이나, 側身注目^⑳長風生이라.
（봉억린기미이식   측신주목장풍생）

노인의 준마(駿馬)는 이름이 호류(胡騮)인데,
전해에 오랑캐 난리 피하여 촉(蜀) 땅까지 갔었네.
말 되몰아 달려와 천자 뵈었는데,
아침에 한수(漢水) 물 마시고 저녁엔 천자 계신 영무(靈武)에 도착했다네.
스스로 뽐내기를, 호류는 세상에 다시없이 기특하여,
타고 나서면 천만인이 모두 사랑한다네.
얘기하는 것 한번 다 듣고 나니 위급함을 면케 해줄 재질인지라,
더욱더 둔한 말들 보고 시름 잃게 되네.
머리 위 날카로운 귀는 가을대 깎아놓은 듯하고,
다리 아래 높은 굽은 맑은 옥돌 잘라놓은 듯하네.
비로소 용 같은 말엔 특별한 종자 있음 알게 되니,
속된 말들 공연히 살 많이 붙은 것과는 다르네.
낙양(洛陽)의 한길 쪽도 시국 다시 맑아졌으니,

여러날만에 기쁘게도 이 말 구하여 함께 동쪽으로 오게 된 것이네.
봉황새 같은 가슴과 기린 같은 말갈기는 알아보기 쉽지 않으나,
몸 기울여 자세히 보면 긴 바람 일고 있다네.

주해 ① 李鄠縣丈人胡馬行(이호현장인호마행)—호현(鄠縣) 이노인의 오랑캐
말 노래. 호현은 부풍현(扶風縣)이라 했고, 지금의 섬서성 서안(西安). 장
인(丈人)은 노인. 《두시경전(杜詩鏡銓)》엔 권5에 실려 있음.
② 胡騮(호류)—서호산(西胡産)의 갈기는 검고 몸 털은 붉은 말. 여기서는
말 이름처럼 쓰이고 있다.
③ 避胡(피호)—오랑캐를 피하다. 안녹산(安祿山)의 난 때 현종(玄宗)을 따
라 피란한 것을 뜻함.
④ 過金牛(과금우)—촉(蜀) 땅을 방문하다. 진(秦)나라가 촉을 정벌하고자
하여, 금똥을 누는 금소를 주겠다고 촉왕(蜀王)을 속여 길을 내고 오게
한 뒤 촉을 정벌하고, 그곳을 금우(金牛)라 불렀다 한다〔揚雄《蜀土
記》〕. 양주(梁州) 금우현(金牛縣)으로 보고 피란갈 때 '금우(金牛)를 지
났다'고 풀이해도 된다.
⑤ 回鞭却走(회편각주)—회편(回鞭)은 말을 되돌려 모는 것. 각주(却走)는
되돌아 달려오는 것. 이때 천자인 숙종(肅宗)은 영무(靈武 : 寧夏省 平羅
縣 근처)에 있었다.
⑥ 見天子(현천자)—천자 숙종을 되돌아와 뵙다.
⑦ 漢水(한수)—강 이름. 촉 땅 가까운 한수가 흐르는 한중(漢中)을 아침에
출발한 것이다.
⑧ 靈州(영주)—영무(靈武)의 다른 이름.
⑨ 奇絶代(기절대)—1대(代)에 다시없을만큼 기특(奇特)한 것.
⑩ 急難材(급난재)—주인의 위난을 구해줄 만한 뛰어난 재질.
⑪ 轉益愁向(전익수향)—더욱더 시름 안고 바라보게 되다. 실망하는 것을
뜻함.
⑫ 駑駘輩(노태배)—아둔한 말들. 다른 보통 말들.
⑬ 銳耳(예이)—날카로운 귀. 좋은 말의 귀는 작고도 날카로워 대통을 비스

듬히 자른 것 같다고 하였다[《齊民要術》].

⑭ 批秋竹(비추죽)─가을대를 깎아놓은 듯하다. 말 귀의 예리함을 형용한 말.

⑮ 高蹄(고제)─좋은 말의 발굽은 두터워 높게 보인다 하였다[앞 〈高都護驄
   馬行〉 참조].

⑯ 削寒玉(삭한옥)─맑은 옥돌 잘라놓은 듯하다. 맑은 옥돌은 차가운 기운을
   띤다 하여 한옥(寒玉)이라 함.

⑰ 神龍(신룡)─신룡(神龍) 같은 좋은 말. 용마(龍馬). 《주례(周禮)》엔 키 8
   척(尺) 이상의 말을 용(龍)이라 한다 하였다.

⑱ 時再淸(시재청)─시국이 다시 맑아지다. 안녹산의 난이 완전히 평정되었
   음을 뜻함.

⑲ 鳳臆麟鬐(봉억린기)─봉황새 같은 가슴과 기린 같은 말갈기. 부견(苻堅)
   에게 대완국(大宛國)에서 바친 천리마가 '봉의 가슴에 기린의 몸'이었다고
   한 데서[《晉載記》] 나온 말.

⑳ 長風生(장풍생)─긴 바람이 일다. 하루 천리를 달릴 기운이 느껴짐을 뜻
   한다.

[해설] 이 시는 호류(胡騮)의 이력(履歷)과 빼어난 자질의 묘사가 중심을
이루고 있다. 두보(杜甫)는 뛰어난 인재를 자부하며 이런 시를 썼음이 분
명하다.

총마의 노래(①驄馬行)

두보(杜甫)

②鄧公③馬癖人共知나, 初得④花驄⑤大宛種이라.
   (등공마벽인공지   초득화총대완종)

夙昔傳聞思一見이러니, 牽來左右⑥神皆竦이라.
   (숙석전문사일견   견래좌우신개송)

雄姿逸態何[7]崷崒고? [8]顧影驕嘶自矜寵이라.
(웅자일태하추줄 고영교시자긍총)

[9]隅目青熒[10]夾鏡懸이오, [11]肉駿[12]硻磳[13]連錢動이라.
(우목청형협경현 육종외뢰연전동)

朝來少試[14]華軒下하고, 未覺千金滿高價라.
(조래소시화헌하 미각천금만고가)

[15]赤汗微生白雪毛하고, 銀鞍却覆[16]香羅帕이라.
(적한미생백설모 은안각복향라파)

[17]卿家舊物公能取하니, [18]天廐眞龍此[19]其亞라.
(경가구물공능취 천구진룡차기아)

晝洗須騰[20]涇渭深하고, 夕趨可[21]刷[22]幽幷夜라.
(주세수등경위심 석추가쇄유병야)

吾聞良驥老始成하니, 此馬數年人更驚이라.
(오문량기노시성 차마수년인갱경)

豈有四蹄疾如鳥하고, 不與[23]八駿[24]俱先鳴고?
(기유사제질여조 불여팔준구선명)

時俗[25]造次那得致오? [26]雲霧晦冥方降精이라.
(시속조차나득치 운무회명방강정)

近聞[27]下詔喧都邑하니, 肯使[28]騏驎地上行고?
(근문하조훤도읍 긍사기린지상행)

이등공(李鄧公)이 말 좋아하는 것은 사람들 모두가 알지만,

대완산(大宛産)의 푸른 얼룩말 처음으로 구하였네.

옛날에 그런 말 있다는 것 전해 듣고 한번 보고자 하였는데,

옆으로 끌고 오자 정신조차도 떨렸었다네.

웅자(雄姿)와 빼어난 태도 어찌 그리 특출한가?

자기 그림자 돌아보고 교만한 울음 울며 스스로 총애(寵愛)를 뽐
내네.

모진 눈 푸르게 빛나고 두 겹 거울 매달린 듯한 눈동자요,

살 갈기 울툭불툭하고 털무늬 연이어진 동전이 움직이는 듯하네.

아침이 되자 화려한 수레 아래 조금 시험해 보고는,

천금도 아주 높은 값임을 깨닫지 못하게 되었네.

붉은 땀이 흰 눈 같은 털에 약간 배어나는데,

은안장 위엔 또한 향기로운 비단수건 덮혀 있네.

양경(梁卿) 집안에 오래 길리워진 물건 이등공이 갖게 되니,

천자 마구간의 용 같은 말, 다음가는 것일세.

낮에는 경수(涇水)·위수(渭水)의 깊은 물에 몸 씻고 뛰쳐나와,

저녁에는 유주(幽州)·병주(幷州)까지 달려가 밤에는 몸 털 솔질
하게 되리라.

내 듣건대 훌륭한 천리마(千里馬)란 늙어야 비로소 이루어진다
했는데,

이 말은 몇 년 사이에 사람들 더욱 놀라게 하네.

말의 네 발굽이 빠르기 새와 같으면서도,

팔준(八駿)과 함께 앞서 울며 달리려들지 않을 말이 어찌 있겠는가?

세상에서 갑자기 이런 말 어찌 생겨날 수 있겠는가?

구름과 안개 자욱하게 어두운 때에야 비로소 정기(精氣) 내려와
태어난다네.

요사이 듣건대 좋은 말 구한다는 조명(詔命) 내려 도읍이 떠들썩
하니,

기린 같은 말을 땅 위에 걸어다니게 두려 하겠는가?

주해 ① 驄馬行(총마행)―푸르고 흰 얼룩말 노래. 천자가 태상(太常) 양경
　　(梁卿)에게 내린 말인데, 뒤에 이등공(李鄧公)이 보고 좋아하여 많은 돈
　　을 주고 샀던 말[原注].《두시경전(杜詩鏡銓)》권2에도 실려 있다.
　② 鄧公(등공)―이등공(李鄧公). 이 말을 산 사람.

③ 馬癖(마벽)-말을 지나치게 좋아하는 것.

④ 花驄(화총)-푸르고 흰 얼룩말. 화(花)는 얼룩의 뜻.

⑤ 大宛種(대완종)-서역(西域) 대완국산(大宛國産). 대완은 한(漢) 무제(武帝) 때 한혈마(汗血馬)를 얻었던 나라이다.

⑥ 神皆竦(신개송)-정신조차도 떨리다. 송(竦)은 뛰다, 떨리다. 정신을 못 차릴 정도로 좋아했음을 뜻함.

⑦ 嶕峷(추줄)-높이 솟은 모양. 특출한 모양.

⑧ 顧影驕嘶(고영교시)-자기 그림자를 돌아보며 교만하게 울다. 자기 외모에 자신을 지니고 있는 모양.

⑨ 隅目青熒(우목청형)-모난 눈이 파랗게 반짝이다. 좋은 말은 눈이 모가 나고 눈두덩은 높다 하였다[《相馬經》].

⑩ 夾鏡懸(협경현)-두 겹 거울이 매달리다. 눈동자를 형용한 말로, 좋은 말은 두 눈동자가 두 겹의 거울 같다 하였다[《赭白馬賦》].

⑪ 肉駿(육종)-근육으로 된 말갈기. 현종 때 이옹(李邕)이 구해 바친 서역의 준마(駿馬)가 '육종(肉駿)에 기린의 가슴'이었다 한다[《舊唐書》].

⑫ 磈礧(외뢰)-울툭불툭한 것.

⑬ 連錢動(연전동)-말의 얼룩무늬가 '이어진 동전 모양이 움직이는 듯하다'는 뜻.

⑭ 華軒(화헌)-화려한 수레.

⑮ 赤汗(적한)-붉은 땀. 피 같은 땀. 천리마의 표시임.

⑯ 香羅帕(향라파)-향기로운 비단수건. 말 땀을 닦는 수건이며, 말을 사치스럽게 길렀음을 나타냄.

⑰ 卿家(경가)-양경(梁卿)의 집안. 말을 천자로부터 하사받았던 사람의 집.

⑱ 天廐眞龍(천구진룡)-천자의 마구간에 진짜 용 같은 말. 옛부터 좋은 말을 용(龍)이라 불렀다[《周禮》].

⑲ 其亞(기아)-그 버금. 그 다음 등급의 것.

⑳ 涇渭(경위)-경수(涇水)와 위수(渭水). 장안(長安)·함양(咸陽) 근처를 흐르는 강물 이름으로, 낙수(洛水)와 합쳐 황하로 들어간다. 경수는 탁하고 위수는 맑은 것으로도 유명하다.

㉑ 刷(쇄)—말털에 솔질 또는 빗질을 하다.

㉒ 幽幷(유병)—유주(幽州)와 병주(幷州). 북쪽 지방. 경위(涇渭)로부터 수
천리 거리에 있다.

㉓ 八駿(팔준)—주(周) 목왕(穆王)의 여덟 마리 준마(駿馬)〔《穆天子傳》〕.

㉔ 俱先鳴(구선명)—함께 앞으로 달리며 먼저 울려 하다. 함께 앞을 다투다.

㉕ 造次(조차)—갑자기.

㉖ 雲霧晦冥(운무회명)—구름과 안개가 자욱하여 어두울 때. 월정(月精)이
말이 되는데, 달의 수는 12이므로 12월에 구름과 안개 자욱한 날 월정이
내려와 용마(龍馬)가 태어나게 된다 하였다〔《春秋考異記》〕.

㉗ 下詔(하조)—조명(詔命)이 내리다. 여기서는 좋은 말을 구하는 조명이 내
린 것.

㉘ 騏驎(기린)—천리마 이름〔《商君書》書策〕. 기린(麒麟)과도 통함. 기린이
땅 위를 걸어다니지 않게 되리라는 것은, 곧 이 말이 궁전으로 뽑혀 들어
가게 될 것임을 말한다.

(해설) 역시 이등공(李鄧公)이 갖고 있는 좋은 말을 노래한 것이다. 두보
(杜甫)는 말을 노래할 적마다 고일(高逸)한 기세 같은 것을 보여주고
있다.

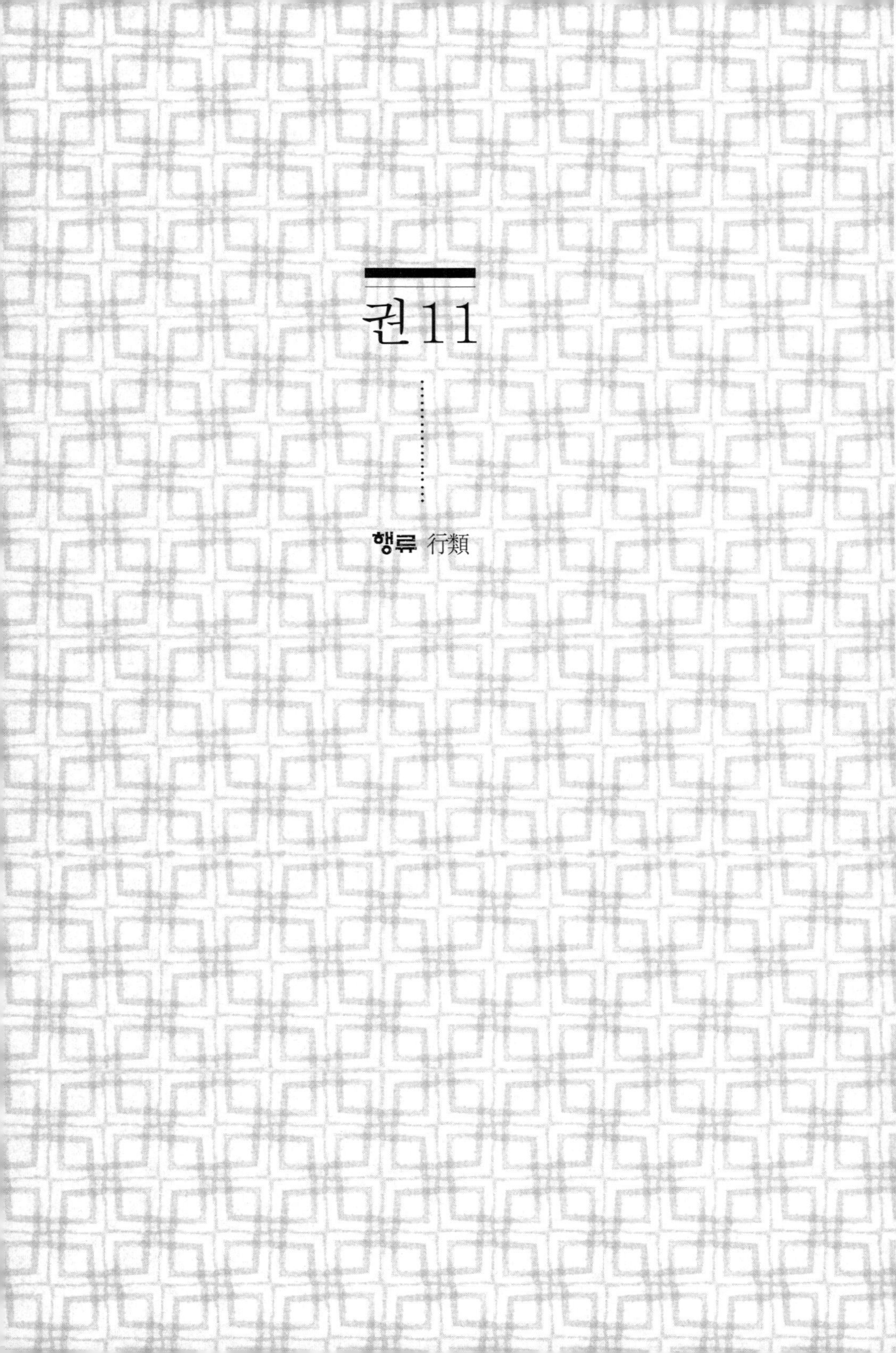

권11

행류 行類

초서를 노래함(①草書歌行)

이백(李白)

少年②上人號懷素하고, 草書天下稱獨步라.
　　(소년상인호회소　초서천하칭독보)

③墨池飛出④北溟魚요, 筆鋒殺盡⑤中山兎라.
　　(묵지비출북명어　필봉살진중산토)

八月九月天氣凉한대, 酒徒詞客滿高堂이라.
　　(팔월구월천기량　주도사객만고당)

⑥牋麻素絹⑦排數廂하고, ⑧宣州石硯墨色光이라.
　　(전마소견배수상　선주석연묵색광)

吾師醉後倚⑨繩床하여, 須臾⑩掃盡數千張이라.
　　(오사취후의승상　수유소진수천장)

⑪飄風驟雨驚⑫颯颯이오, 落花飛雪何⑬茫茫고?
　　(표풍취우경삽삽　낙화비설하망망)

起來向壁不停手하니, 一行數字大如斗라.
　　(기래향벽부정수　일행수자대여두)

⑭恍恍如聞神鬼驚이오, 時時只見⑮蛟龍走라.
　　(황황여문신귀경　시시지견교룡주)

⑯左盤右蹙如飛電하고, 狀同⑰楚漢相攻戰이라.
　　(좌반우축여비전　상동초한상공전)

⑱湖南七郡⑲凡幾家에, 家家⑳屛障㉑書題徧이라.
　　(호남칠군범기가　가가병장서제편)

㉒王逸少㉓張伯英이, 古來㉔幾許㉕浪得名고?
　　(왕일소장백영　고래기허낭득명)

㉖張顚老死不足數요, 我師㉗此義不師古라.
(장전로사부족수   아사차의불사고)

古來萬事貴天生이니, 何必要㉘公孫大娘㉙渾脱舞오?
(고래만사귀천생   하필요공손대낭혼탈무)

젊은 스님이 호를 회소(懷素)라 했는데,
초서(草書) 솜씨가 천하에서 독보적이라 하네.
먹물이 이룬 못에서는 북해(北海)의 큰 고기도 튀어나올 정도이고,
붓털 하도 닳아서 중산(中山)의 토끼를 다 잡아 없애게 할 정도
이네.
8, 9월 날씨 시원할 때,
술꾼과 문인이 큰 집 대청에 가득 찼네.
삼베 종이 흰 비단 여러 방에 벌여놓고,
선주(宣州)의 돌벼루에는 먹물빛이 넘치네.
우리 스님 취한 뒤 호상(胡牀)에 기대앉아,
잠깐 사이에 수천 장을 다 써버리네.
회오리바람 일며 소낙비 쏴 하고 내리듯 놀라게 하고,
꽃잎 떨어지고 눈 날린 듯 얼마나 엄청난가?
일어서서는 벽을 향해 손 멈추지 않고 써내니,
한 줄이 네댓 자요 한 자 크기가 한 말 정도이네.
정신 아찔한 사이 귀신도 놀라는 소리 들은 듯하고,
때때로 오직 교룡(蛟龍)이 달리는 것만이 보이는 듯하네.
왼편으로 구부리고 오른편으로 끌어당기고 하는 게 번개치듯 하고,
모습이 마치 초(楚)나라와 한(漢)나라가 서로 공격하며 전쟁하듯
하네.
호남(湖南)의 7군(郡)에는 거의 모든 집에,
집집마다 그의 글씨 담긴 병풍이나 액자가 두루 퍼져 있네.

왕희지(王羲之)나 장지(張芝) 같은 사람들은,
옛부터 얼마나 부질없이 명성을 얻었는가?
장욱(張旭)은 늙어 죽었으니 따질 것도 없고,
우리 스님의 이러한 의법(儀法)은 옛분을 스승삼은 것도 아닐세.
고래로 모든 일은 타고난 것이 소중하니,
어찌 반드시 공손대낭(公孫大娘)의 혼탈무(渾脫舞)가 있어야만
하겠는가?

주해 ① 草書歌行(초서가행)－초서의 노래. 회소(懷素)라는 스님의 초서 쓰
는 모습을 노래한 것.《이태백문집(李太白文集)》권7에 들어있다.
② 上人(상인)－불교에서 상덕지인(上德之人)의 뜻으로 쓰는 말. 후세에는
스님을 일컫는 말로 변하였다. 회소(懷素)는 성격이 매인 데가 없고 술을
좋아하고 초서를 잘 썼는데, 술에 취해 흥이 나면 절벽이고 동리 담이고
아무 데나 썼고, 가난하여 종이가 없었으므로 파초를 만여 그루 길러 그
잎새에 글씨를 썼다 한다[陸羽 懷素傳].
③ 墨池(묵지)－먹물로 이루어진 연못. 옛날 진(晉) 왕희지(王羲之)가 영가
태수(永嘉太守)로 있을 때 늘 못가에서 글씨를 써 못물이 검어져 사람들
이 묵지(墨池)라 불렀다 한다. 절강성(浙江省) 영가현(永嘉縣) 적곡산
(積穀山) 기슭에 있다.
④ 北溟魚(북명어)－북극 바다의 고기.《장자(莊子)》소요유(逍遙遊) 첫머
리에 '북극 바다에 고기가 있는데 그 이름을 곤(鯤)이라 한다. 곤의 고기
는 몇 천리나 되는지 모른다'고 한 데서 나온 말. 글씨를 많이 써서 큰 물
고기가 튀어나올 정도의 큰 묵지를 이루었다는 뜻.
⑤ 中山兎(중산토)－중산의 토끼. 중산은 안휘성(安徽省) 선성현(宣城縣) 북
쪽에 있는 산 이름. 이곳에서 나는 토끼털로 만든 붓이 옛부터 유명하였다.
⑥ 牋麻素絹(전마소견)－마지(麻紙)와 흰 비단. 마지는 삼을 원료로 만든 듯
하며, 왕희지가 중년에 많이 써 유명하다[《癸辛雜識》].
⑦ 排數廂(배수상)－몇 개의 방에 벌여놓다. 상(廂)은 행랑채의 방.
⑧ 宣州(선주)－안휘성 선성현의 옛 이름. 본시 좋은 종이와 붓[宣州筆과

畫宣紙]의 산지로 유명하다.

⑨ 繩床(승상)－호상(胡牀)이라고도 부르며 교의(交椅)이다.

⑩ 掃盡(소진)－다 쓸어 버리다. 다 초서를 써버리는 것.

⑪ 飄風驟雨(표풍취우)－회오리바람과 소낙비.

⑫ 颯颯(삽삽)－바람소리 또는 빗소리.

⑬ 茫茫(망망)－광대(廣大)한 모양.

⑭ 恍恍(황황)－정신이 아찔한 모양. 정신 차리지 못하는 모양.

⑮ 蛟龍走(교룡주)－교룡이 달리다. 교(蛟)도 용의 일종. 초서를 쓰는 모양
   을 형용한 말.

⑯ 左盤右蹙(좌반우축)－왼편으로 구부리고 오른편으로 끌어당기다. 이리저
   리 초서를 거침없이 쓰는 모양.

⑰ 楚漢(초한)－항우(項羽)의 초(楚)나라와 유방(劉邦)의 한(漢)나라.

⑱ 湖南七郡(호남칠군)－동정호(洞庭湖) 남쪽 지방의 일곱 군(郡). 호남성(湖
   南省)뿐만 아니라 광서성(廣西省)까지도 포함하는 지역을 옛날엔 호남이
   라 불렀는데, 일곱 개의 주(州)가 있었다〔《讀史方輿紀要》 歷代州城形勢〕.

⑲ 凡幾(범기)－거의 모든.

⑳ 屛障(병장)－병풍.

㉑ 書題徧(서제편)－글씨 쓴 액자가 보편화되어 있다. 서액(書額)이 널리 퍼
   져 있다.

㉒ 王逸少(왕일소)－왕희지(王羲之). 일소(逸少)는 그의 자. 〈난정집서(蘭亭
   集序)〉·〈황정경(黃庭經)〉 등을 남긴 진(晉)대의 명필가.

㉓ 張伯英(장백영)－후한(後漢)의 장지(張芝). 백영(伯英)은 그의 자. 비백
   서(飛白書)를 잘 썼고 초서에 뛰어나 초성(草聖)이라 일컬어진다.

㉔ 幾許(기허)－얼마나.

㉕ 浪(낭)－부질없이. 하릴없이.

㉖ 張顚(장전)－당(唐)대의 장욱(張旭). 자는 백고(伯高). 초서를 잘 썼고,
   술에 취하면 머리에 먹을 찍어 글씨를 쓰기도 하여 장전(張顚)이라 불렀
   다. 특히 공손대낭(公孫大娘)의 검기무(劍器舞 : 칼춤)를 보고 영감을 받
   아 초서가 크게 발전하였다 한다.

㉗ 此義(차의) – 이러한 의법(儀法). 이처럼 초서를 쓰는 것.

㉘ 公孫大娘(공손대낭) – 당(唐) 현종(玄宗) 때의 교방기(敎坊妓) 이름. 노래
도 잘했지만 검기무(劍器舞)를 잘 추었다. 전하는 말로는 장욱뿐만 아니
라 회소(懷素)까지도 그의 춤에서 굴곡(屈曲)하는 초서의 묘리(妙理)를
얻었다 한다.

㉙ 渾脫舞(혼탈무) – 당(唐)대에 유행한 춤 이름. 혼탈(渾脫)은 서역지방 말
인 듯하며, 공손대낭의 칼춤을 '서하검기(西河劍器)' 또는 '검기혼탈(劍器
渾脫)'이라고도 부른다〔杜甫〈觀公孫大娘弟子舞劍器行〉序〕.

[해설] 옛부터 이 시는 이백(李白)의 작품이 아니라 보는 학자들이 많았다.
회소(懷素)의 술 좋아하고 매인 곳 없이 행동하는 모양이 이백과 서로
통한다 하여 이 시를 이백에게 갖다붙였는지도 모른다. 어떻든 회소의 초
서(草書)는 이 시를 통해서 더욱 유명해졌다.

궁박함을 노래함(①偪側行)

두보(杜甫)

偪側何偪側고? 我居巷南子巷北이라.
　　(핍측하핍측　아거항남자항북)

可恨鄰里間에 十日一不見顏色이라.
　　(가한린리간　십일일불견안색)

自從②官馬送還官으로, 行路難行③澁如棘이라.
　　(자종관마송환관　행로난행삽여극)

我貧無乘非無足이나, 昔者相過今不得이라.
　　(아빈무승비무족　석자상과금부득)

實不是愛微軀요, 又④非關足無力이라.
　　(실불시애미구　우비관족무력)

徒步⑤翻愁官長怒리니, 此心⑥炯炯君應識이라.
　　(도보번수관장노　차심형형군응식)

曉來急雨春風⑦顚이나, ⑧睡美不聞⑨鍾鼓傳이라.
　　(효래급우춘풍전　수미불문종고전)

東家⑩寒驢許借我나, 泥滑不敢騎⑪朝天이라.
　　(동가건려허차아　이활불감기조천)

已令⑫請急⑬會通籍하니, 男兒性命絶可憐이라.
　　(이령청급회통적　남아성명절가련)

焉能終日心⑭拳拳고? 憶君誦詩神⑮凜然이라.
　　(언능종일심권권　억군송시신름연)

⑯辛夷始花亦已落하니, 況我與子非壯年고?
　　(신이시화역이락　황아여자비장년)

街頭酒價常苦貴하여, ⑰方外酒徒稀醉眠이라.
　　(가두주가상고귀　방외주도희취면)

速宜相就飮一斗니, ⑱恰有三百靑銅錢이라.
　　(속의상취음일두　흡유삼백청동전)

궁박하기 어찌 그리 궁박한가?
나는 골목 남쪽에 살고 그대는 골목 북쪽에 사는데,
한스럽게도 한 동리 이웃간에,
열흘에 한번도 얼굴 대하지 못하고 있네.
관청에서 말 거두어 관청으로 되가져간 뒤로부터,
길 다니기 어려움이 가시밭 가듯 깔끄럽네.
내 가난하여 탈 것 없어도 발까지 없는 것은 아니로되,
옛날 서로 찾아다니듯 지금은 할 수 없다네.
실로 미미한 이 몸 아껴서가 아니며,
또 다리에 힘 없기 때문도 아닐세.
걸어다니다 걱정 만들어 관청 어른 노여웁게 할 것이니,

이 마음 분명히 그대는 응당 알 것일세.

새벽 되자 갑자기 비내리고 봄바람 어지러웠으나,

잠 푹 들어 시각 알리는 종과 북소리 듣지 못했네.

동쪽 집에서 절름발이 노새 내게 빌려주기로 했으나,

진흙 미끄러워 감히 타고 궁전에 나가지 못하겠네.

이미 임시 휴가를 신청하여 마침 허락이 났지만,

남아의 한 목숨 매우 가련하게 느껴지네.

어찌 하루종일 마음 꽁하게 지니고 있을 수 있겠는가?

그대 시 외우는 정신 늠름하게 느껴졌던 생각 나네.

목련꽃 처음 피었다가 다시 이미 떨어졌는데,

하물며 나와 그대는 장년 나이 아니던가?

거리의 술값 늘 너무 비싸,

세상일 모르는 술꾼 취해 잠드는 일 드물다네.

어서 속히 만나서 술 한 말 마셔야 할 터인데,

마침 3백 전(錢)의 푸른 동전이 있다네.

주해 ① 偪側行(핍측행)−궁박(窮迫)함을 노래함. 다른 《두보시집(杜甫詩集)》
엔 '증필요(贈畢曜 : 필요에게 줌)'란 석자가 제목으로 덧붙여 있다. 두보에
겐 〈증필사요(贈畢四曜)〉란 시가 또 있는데, 필요는 글을 좋아하는 그의 친
구였는데 '굶주리고 헐벗어 하인들도 천하게 여겼다〔饑寒奴僕賤〕'고 읊었
을 정도로 가난했다. 《두시경전(杜詩鏡銓)》엔 권4에 실려 있다.

② 官馬(관마)−여기서는 '관에서 요구하는 말'의 뜻. 지덕(至德) 2년(757)에
숙종(肅宗)은 난적들에게 빼앗긴 양경(兩京)을 수복하려고 온 나라의 말
들을 군용으로 징발했다.

③ 澁如棘(삽여극)−깔끄럽기 가시밭 같다.

④ 非關(비관)−관계가 없다. ……때문이 아니다.

⑤ 翻愁(번수)−걱정을 일으키다. 걱정하게 만들다.

⑥ 炯炯(형형)−밝게 빛나는 모양. 분명한 것.

⑦ 顚(전)－어지러운 것. 광란(狂亂)한 것.

⑧ 睡美(수미)－잠을 잘 자다.

⑨ 鍾鼓(종고)－시각을 알리는 종소리와 북소리.

⑩ 蹇驢(건로)－절름발이 노새.

⑪ 朝天(조천)－천자의 궁전으로 가는 것.

⑫ 請急(청급)－다급히 휴가를 요청하는 것. 임시 휴가를 요청하는 것.

⑬ 會通籍(회통적)－마침 허락이 나다. 적(籍)이란 대쪽에 쓰인 일종의 공문으로, 통적(通籍)은 관청의 공문에 의하여 어떤 결정이 통보되는 것을 말함.

⑭ 拳拳(권권)－꼭 쥐고 놓지 않는 모양. 여기선 마음이 ‘꽁한 것’.

⑮ 凜然(늠연)－늠름한 것. 남에게 존경심과 두려움을 느끼게 하는 것.

⑯ 辛夷(신이)－목련(木蓮). 봄에 가장 일찍 꽃이 핀다.

⑰ 方外(방외)－이 세상 밖. 곧 세상일에 관심이 없는 것.

⑱ 恰(흡)－마침.

[해설] 지덕(至德) 2년(757) 숙종(肅宗)이 봉상(鳳翔)에 있을 때 두보(杜甫)는 천자를 배알한 뒤 좌습유(左拾遺)란 벼슬을 받았었다. 그러나 안녹산의 난이 한창이던 때라 두보는 정신적으로나 물질적으로나 매우 궁박하였던 것 같다. 그는 궁박한 친구를 동정하는 듯하면서도 실은 자신을 동정하고 있는 듯하다. 끝머리에 술이나 실컷 마시려는 뜻으로 결론을 내리고 있는 것도 그 때문이리라.

떠나가자(①去矣行)

두보(杜甫)

君不見②韝上鷹이, 一飽則③飛擘고?
（군불견구상응　일포즉비철）

焉能作④堂上燕하여, ⑤銜泥⑥附炎熱고?
　(언능작당상연　함니부염열)

野人⑦曠蕩無⑧靦顔하니, 豈可久在王侯間고?
　(야인광탕무전안　기가구재왕후문)

未試囊中⑨飱玉法이나, 明朝且入⑩藍田山이라.
　(미시낭중손옥법　명조차입남전산)

　그대는 보지 못했는가, 가죽 토시 위의 매가,

　한번 배불리 먹으면 곧 날아오르는 것을?

　어찌 큰 집 위의 제비처럼 되어,

　진흙 물고 와 덥고 뜨거운 권세 있는 집안에 붙겠는가?

　야인(野人)인 나는 넓고 거침이 없어 무안한 얼굴도 짓는 일 없으니,

　어찌 오랫동안 왕후(王侯)들 사이에 있을 수 있겠는가?

　아직 주머니 속의 옥을 먹는 법을 시험해 본 일은 없지만,

　내일 아침엔 벼슬 버리고 옥이 난다는 남전산(藍田山)으로 가리라.

주해　① 去矣行(거의행)−떠나갈 것을 노래함. 천보(天寶) 14년(755) 두보는
우위솔부주조참군(右衛率府冑曹參軍)이란 벼슬을 하고 있었는데, 벼슬을
버리고 떠나가려는 뜻을 노래한 것임.《두소릉집(杜少陵集)》권3에 실려
있음.

② 韝上鷹(구상응)−가죽 토시 위의 매. 매사냥꾼은 매를 가죽 토시 위에 앉
혀 갖고 다닌다.

③ 飛掣(비철)−날아가는 것.

④ 堂上燕(당상연)−큰 집 대청 앞의 제비.

⑤ 銜泥(함니)−진흙을 물고 오다.

⑥ 附炎熱(부염열)−권세가 대단하여 사람들 손을 데게 할만치 '뜨거운 집
안에 붙다'.

⑦ 曠蕩(광탕)−마음이 넓고 거침이 없는 것.

⑧ 靦顔(전안) ― 무안한 얼굴. 부끄러운 얼굴.

⑨ 殮玉法(손옥법) ― 옥을 먹는 법. 옥을 먹고 불로장생하는 법.

⑩ 藍田山(남전산) ― 섬서성(陝西省) 남전현(藍田縣) 동남쪽에 있는 산 이름. 복거산(覆車山)이라고도 부르며, 아름다운 옥의 산지로 유명하다.

(해설) 자신을 매에 비유하며 부잣집에 붙어사는 제비 같은 인간은 되지 못하겠다는 발상이 재미있다. 옛부터 순수(純粹)는 사회와 융화되기 어려웠던 것 같다.

심한 더위(①苦熱行)

왕곡(王轂)

②祝融南來③鞭火龍하니, ④火旗焰焰燒天紅이라.
　(축융남래편화룡　화기염염소천홍)

⑤日輪當午⑥凝不去하니, 萬國如在紅爐中이라.
　(일륜당오응불거　만국여재홍로중)

⑦五嶽翠乾雲彩滅하여, ⑧陽侯海底愁波竭이라.
　(오악취건운채멸　양후해저수파갈)

何當一夕⑨金風發하여, 爲我掃除天下熱고?
　(하당일석금풍발　위아소제천하열)

불의 신 축융(祝融)이 남쪽으로부터 불용을 채찍질하며 오니,
불꽃 깃발 펄펄 하늘에 붉게 타오르네.
태양은 하늘 가운데 엉겨붙어 떠나지 않으니,
모든 나라들이 붉게 타는 화로 가운데 놓인 듯.
모든 산의 파란 초목 마르고 구름 빛깔조차 없어져,
물의 신 양후(陽侯)는 바다 밑에서 물결 말라 버릴까 근심할 걸세.

언제면 하루 저녁에 가을바람 불어와,

나를 위해 천하의 열기 쓸어버려 주려나?

주해 ① 苦熱行(고열행)—심한 더위의 노래. 한여름의 무더위를 노래한 것으로, 《당문수(唐文粹)》 권13 악부 하에도 실림.

② 祝融(축융)—불의 신. 여름의 신. 남방의 신도 됨〔《禮記》 月令 注〕.

③ 鞭火龍(편화룡)—불용을 채찍질하다. 축융(祝融)은 불용이 모는 수레를 타고 다니며 세상에 열기를 뿌린다.

④ 火旗焰焰(화기염염)—불꽃 깃발 펄펄 타오르다. 화룡(火龍)의 수레엔 화기(火旗)가 꽂혀 있음.

⑤ 日輪當午(일륜당오)—태양이 정오(正午)의 자리에 있다. 해가 하늘 가운데 있는 것.

⑥ 凝不去(응불거)—엉겨붙어 떠나지 않다.

⑦ 五嶽翠乾(오악취건)—오악의 푸르름이 마르다. 오악은 중국 동서남북과 중앙의 명산으로 태산(泰山)·형산(衡山)·화산(華山)·항산(恒山)·숭산(嵩山). 곧 모든 산의 초목이 마른다는 뜻.

⑧ 陽侯(양후)—바다의 신. 물의 신〔《漢書》 揚雄傳〕.

⑨ 金風(금풍)—가을바람. 오행설에 금(金)은 서쪽, 가을에 해당됨.

해설 이 시는 칠언팔구이지만 율시(律詩)가 아니며 앞뒤로 운을 바꾼 고시체(古詩體)이다. 간단하면서도 전고(典故)를 잘 활용한 좋은 시이다.

비파행(①琵琶行)

백거이(白居易)

②潯陽江頭夜送客이러니, 楓葉③荻花秋④瑟瑟이라.
  (심양강두야송객   풍엽적화추슬슬)

主人下馬客在船하고, 擧酒欲飮無管絃하여,
(주인하마객재선   거주욕음무관현)

醉不成歡⑤慘將別하니, 別時茫茫江浸月이라.
(취불성환참장별   별시망망강침월)

忽聞水上琵琶聲하고, 主人忘歸客不發이라.
(홀문수상비파성   주인망귀객불발)

尋聲暗問彈者誰오하니, 琵琶聲停⑥欲語遲라.
(심성암문탄자수   비파성정욕어지)

移船相近邀相見하고, 添酒回燈重開宴이라.
(이선상근요상견   첨주회등중개연)

千呼萬喚始出來러니, 猶抱琵琶半遮面이라.
(천호만환시출래   유포비파반차면)

⑦轉軸⑧撥絃三兩聲하니, 未成曲調先有情이라.
(전축발현삼량성   미성곡조선유정)

⑨絃絃掩抑⑩聲聲思하여, 似訴平生不得志라.
(현현엄억성성사   사소평생부득지)

低眉信手續續彈하니, 說盡心中無限事라.
(저미신수속속탄   설진심중무한사)

⑪輕攏⑫慢撚⑬撥復挑하니, 初爲⑭霓裳後⑮六么라.
(경롱만연발부도   초위예상후륙요)

⑯大絃嘈嘈如急雨하고, ⑰小絃切切如私語라.
(대현조조여급우   소현절절여사어)

嘈嘈切切錯雜彈하니, 大珠小珠落玉盤이라.
(조조절절착잡탄   대주소주낙옥반)

⑱間關鶯語花底滑하고, ⑲幽咽泉流⑳冰下灘이라.
(간관앵어화저활   유열천류빙하탄)

冰泉㉑冷澁㉒絃凝絕하니, 凝絕不通聲㉓暫歇이라.
(빙천냉삽현응절   응절불통성잠헐)

別有幽愁暗恨生하니, 此時無聲勝有聲이라.
(별유유수암한생 차시무성승유성)

銀瓶㉔乍破㉕水漿迸하고, 鐵騎突出㉖刀鎗鳴이라.
(은병사파수장병 철기돌출도쟁명)

曲終㉗抽撥㉘當心畫하니, 四絃一聲如裂帛이라.
(곡종추발당심획 사현일성여열백)

東船西舫㉙悄無言하고, 唯見江心秋月白이라.
(동선서방초무언 유견강심추월백)

㉚沈吟收撥插絃中하고, 整頓衣裳起㉛斂容이라.
(침음수발삽현중 정돈의상기렴용)

自言本是㉜京城女로, 家在㉝蝦蟆陵下住라.
(자언본시경성녀 가재하마릉하주)

十三學得琵琶成하여, ㉞名屬敎坊㉟第一部라.
(십삼학득비파성 명촉교방제일부)

曲罷常敎㊱善才服하고, 妝成每被㊲秋娘妒라.
(곡파상교선재복 장성매피추낭투)

㊳五陵年少爭㊴纏頭하니, 一曲紅綃不知數라.
(오릉년소쟁전두 일곡홍초부지수)

㊵鈿頭銀篦擊節碎하고, 血色羅裙翻酒汚라.
(전두은비격절쇄 혈색라군번주오)

今年歡笑復明年하니, 秋月春風㊶等閑度라.
(금년환소부명년 추월춘풍등한도)

弟走從軍㊷阿姨死하고, 暮去朝來㊸顔色故라.
(제주종군아이사 모거조래안색고)

門前㊹冷落㊺鞍馬稀하니, ㊻老大嫁作商人婦라.
(문전냉락안마희 노대가작상인부)

商人重利輕別離하여, 前月㊼浮梁買茶去라.
(상인중리경별리 전월부량매차거)

去來江口守空船하니, [48]遠船明月江水寒이라.
(거래강구수공선   요선명월강수한)

夜深忽夢少年事하여, 夢啼粧淚[49]紅闌干이라.
(야심홀몽소년사   몽제장루홍란간)

我聞琵琶已歎息이오, 又聞此語重[50]唧唧이라.
(아문비파이탄식   우문차어중즉즉)

同是天涯[51]淪落人이어늘, 相逢何必曾相識고?
(동시천애윤락인   상봉하필증상식)

我從去年辭帝京으로, 謫居臥病潯陽城이라.
(아종거년사제경   적거와병심양성)

尋陽地僻無音樂하여, 終歲不聞絲竹聲이라.
(심양지벽무음악   종세불문사죽성)

住近[52]湓江地低濕하고, [53]黃蘆[54]苦竹遶宅生이라.
(주근분강지저습   황로고죽요택생)

其間旦暮聞何物고? [55]杜鵑啼血猿哀鳴이라.
(기간단모문하물   두견제혈원애명)

豈無[56]山歌與村笛고? [57]嘔啞嘲哳難爲聽이라.
(기무산가여촌적   구아조찰난위청)

今夜聞君琵琶語하니, 如聽仙樂耳暫明이라.
(금야문군비파어   여청선악이잠명)

莫辭更坐彈一曲하라, 爲君[58]翻作琵琶行이라.
(막사갱좌탄일곡   위군번작비파행)

感我此言良久立이라가, [59]却坐[60]促絃絃轉急이라.
(감아차언양구립   각좌촉현현전급)

[61]凄凄不似向前聲하여, 滿坐聞之皆[62]掩泣이라.
(처처불사향전성   만좌문지개엄읍)

就中泣下誰最多오? ^{⑥③}江州司馬^{⑥④}靑衫濕이라.
(취중읍하수최다   강주사마청삼습)

심양강 가에서 밤에 손님을 전송하였는데,
단풍잎 갈대꽃 위에 가을바람 쓸쓸하였네.
주인 말에서 내리고 손님은 배에 탔는데,
술잔 들어 마시려도 악기 반주도 없어,
취하여도 기뻐지지 않아 서글프게 작별하는데,
작별할 때 아득한 강물에는 달빛만 젖어 있었네.
그때 문득 물 위에 퍼지는 비파 소리 듣고,
주인은 돌아갈 것 잊고 손님은 떠나갈 것 잊었네.
소리 찾아가 은근히 타는 분 누구인가 물으니,
비파 소리 멈추고도 말은 머뭇거리기만 하네.
배 옮겨 가까이 가 불러내어 만나고자 하여,
술 다시 따르고 등불 다시 밝힌 다음 다시 잔치 벌였네.

여러번 부른 뒤에야 비로소 나왔는데,
여전히 비파를 안고 얼굴 반쯤 가렸었네.
비파 끝의 조리개 돌려 줄 조이고 디딩덩 줄 뜯어 보는데,
곡조를 이루기도 전에 먼저 정이 실려 있네.
줄줄마다 마음 억누르지만 소리마다 슬픔 실려,
평생의 불우한 정을 호소하는 것만 같았네.
눈 내리깔고 손 가는 대로 연이어 뜯는데,
마음속의 무한한 일들을 다 말해 주는 듯하였네.
왼손가락으로 줄 가벼이 누르고 천천히 비비며 오른손으로는 뜯
고 튕기고 하면서,
처음엔 예상우의곡(霓裳羽衣曲) 뜯고 뒤에는 육요(六么) 연주했네.

굵은 줄은 소리 낮고도 잦아 소낙비 내리는 듯,
가는 줄은 소리 가늘고도 애절하여 사정(私情)을 얘기하는 듯,
낮은 소리 가는 소리 엇섞어 뜯으니,
큰 구슬 작은 구슬들이 옥쟁반에 떨어지는 듯하고,
맑고 고운 꾀꼬리 소리 꽃가지 밑에 미끄러지듯,
그윽히 흐느끼는 샘물에 떠 얼음덩이 여울물에 떠내려가듯 하였네.
얼음 샘물 차서 걸리어 막히듯 줄 엉기어 끊어졌는가,
엉기어 끊어진 듯 줄 소리 잠시 멎는데,
각별히 그윽한 시름 솟고 남 모르는 한 생겨나니,
이런 때 소리가 없는 것은 소리나는 것보다도 감동적이네.
다시 은병이 갑자기 깨어져 담겼던 물이 터져나오듯,
철갑 두른 기병(騎兵)이 돌진하여 칼과 창이 부딪쳐 소리내듯 하고,
곡을 끝내고 줄 채 빼어내어 비파 가슴 앞에 들고 한번 그으니,
네 줄이 한꺼번에 비단 찢는 소리 내네.
동쪽 배고 서쪽 배고 고요히 아무 소리 내지 못하고,
오직 강물 가운데 가을달 희게 비친 것만이 보이네.

생각에 잠겨있다 줄 채 거두어 줄 가운데 꽂아놓고,
옷매무새 고치고는 일어나 얼굴빛 바로잡고는,
스스로 말하기를 '저는 본시 장안의 여자로,
하마릉(蝦蟆陵) 아래 있는 집에 살고 있었는데,
열세 살엔 비파를 잘 배워,
이름이 교방(敎坊)의 제1부에 올라 있었고,
한 곡 연주 끝나면 늘 비파의 명수들도 감복케 하였으며,
화장을 하면 언제나 추낭(秋娘)도 질투할 정도였답니다.
오릉(五陵)의 귀족 젊은이들도 제게 줄 선물 갖고 다투어,
한 곡 연주에 빨간 엷은 비단 수없이 받았고,

자개 박은 은빗을 장단 맞추느라 부숴뜨리기도 하였으며,
핏빛 비단 치마를 엎지른 술에 더럽히기도 하였지요.
올해도 즐기며 웃고 다시 다음해도 그렇게 하며,
가을달 봄바람을 아무 시름없이 보냈지요.
그러나 아우는 전쟁에 나가게 되고 양모는 죽으니,
저녁 가고 아침 오는 대로 얼굴빛 낡아지고,
문앞 쓸쓸하여져 손님들의 안장 얹은 말 보기 드물게 되니,
나이들어 시집가 장사꾼 마누라 되었지요.
장사꾼은 이익만 소중히 여기지 이별은 가벼이 여기는지라,
전달에 부량(浮梁)으로 차(茶)를 사러 갔지요.
저는 이 강 어귀를 왔다갔다 하며 빈 배 지키고 있는데,
밝은 달 배를 둘러싸고 강물은 싸늘하여,
밤 깊은 때 갑자기 젊었을 적 꿈이라도 꾸면,
꿈에 우느라 화장 지운 눈물 붉게 줄줄 흐른답니다.'

'내 비파 가락 듣고 이미 탄식했거니와,
또 이 말 들으니 거듭 한숨만 나오는구려.
똑같이 하늘 가에 몰락한 사람이거늘,
서로 만나 애기함에 어찌 반드시 전부터 안 사람 따질 것 있겠나?
나는 지난해 서울을 떠난 뒤로부터,
귀양살이로 심양성(潯陽城)에 병들어 누워 있었다네.
심양 땅은 편벽되어 음악이란 없고,
1년 내내 악기 소리라곤 듣지를 못하였네.
사는 곳 분강(湓江)에 가까워 땅 낮고 습하고,
누런 갈대와 대숲이 집 둘레에 자라 있네.
그런 속에서 아침저녁 무슨 소리 들리겠나?
두견새 피 토하며 울고 원숭이 슬피 우는 소리뿐,

어찌 농부들의 산가(山歌)와 마을 사람들의 피리조차 없겠는가?
조잡하고 시끄럽기만 하여 듣기 거북하기만 했지.
오늘 밤 그대의 비파 연주 듣고 나니,
마치 신선의 음악 들은 듯 귀 잠깐 사이에 깨끗해진 듯하네.
제발 사양말고 다시 앉아 한 곡조 더 뜯어 주게나.
그대 위해 글로 옮겨 비파행(琵琶行) 지어 줄 것이니.’

내 이 말에 감동된 듯 한참 서있다가,
물러앉아 잽싸게 줄 튕기니 줄가락 다급해져,
슬프기 먼저 곡과 같지 않아,
그 자리 사람들 모두 듣고는 눈물 닦으며 울었는데,
그중에서도 눈물을 누가 가장 많이 흘렸던가?
강주사마(江州司馬)인 내 푸른 저고리 눈물에 흠뻑 젖었었지.

주해　① 琵琶行(비파행)—비파의 노래. 비파는 4현(絃)으로 목이 길고 배가 넓은 악기 이름. 본시 서역 악기로 한(漢)대에 들어와 유행하였다. 이 시는 백거이(白居易)가 구강군(九江郡) 사마(司馬)로 좌천되어 있을 때(元和 11년, 816) 심양강(潯陽江) 분포구(湓浦口)에서 친구를 전송하다 비파 타는 여자를 만났던 감흥을 노래한 것이다. 《백씨장경집(白氏長慶集)》권 12에 실려 있다.
② 潯陽江(심양강)—강서성(江西省) 구강현(九江縣) 북쪽 부근의 장강(長江)의 별명.
③ 荻花(적화)—갈대꽃. 흰 갈대 꼬리.
④ 瑟瑟(슬슬)—가을바람이 설렁설렁 소리내며 부는 모양.
⑤ 慘將別(참장별)—슬프게 작별하려 하다.
⑥ 欲語遲(욕어지)—말이 더디려 하다. 바로 대답하지 못하고 머뭇거리다.
⑦ 轉軸(전축)—비파 목 끝의 조리개를 돌려 줄을 팽팽히 조이는 것.
⑧ 撥絃(발현)—줄을 아무렇게나 뜯어보는 것. 소리를 시험하는 것.

⑨ 絃絃掩抑(현현엄억)―줄줄이 감정을 가리고 억누르듯 은근한 소리를 내는 것.

⑩ 聲聲思(성성사)―소리마다 슬픔이 실리다. 소리마다 그리움이 실리다.

⑪ 輕攏(경롱)―가벼이 누르다. 농(攏)은 비파를 연주할 때 왼손가락으로 줄을 가벼이 누르는 것.

⑫ 慢撚(만연)―천천히 손끝으로 비비는 것. 연(撚)은 왼손가락으로 줄을 누른 다음 농현(弄絃)을 하는 것.

⑬ 撥復挑(발부도)―줄을 뜯고 또 튕기는 것. 발(撥)과 도(挑)도 오른손으로 연주할 때 현(絃)을 다루는 방법임.

⑭ 霓裳(예상)―예상우의곡(霓裳羽衣曲). 당(唐) 현종(玄宗)이 작곡했다는 음악.

⑮ 六么(육요)―녹요(綠腰)라고도 부르는 당(唐)대에 성행된 대곡(大曲) 이름.

⑯ 大絃嘈嘈(대현조조)―굵은 줄은 낮고 잦은 소리를 내다. 조조(嘈嘈)는 보통 시끄러운 소리를 형용한다.

⑰ 小絃切切(소현절절)―가는 줄은 소리가 가늘고도 애절한 것. 절절(切切)은 슬픈 것. 간절한 것. 가늘고 빠른 것 등을 형용한다.

⑱ 間關(간관)―소리가 맑고 아름답게 울리는 것.

⑲ 幽咽(유열)―그윽히 흐느끼다.

⑳ 冰下灘(빙하탄)―얼음이 여울물에 떠내려가는 것.

㉑ 冷澁(냉삽)―차가워져 걸리다. 물 위의 얼음덩이들이 서로 걸리어 붙어 떠내려가지 않는 것.

㉒ 絃凝絶(현응절)―줄이 엉기어 끊어지다.

㉓ 蹔歇(잠헐)―잠시 멈추다. 잠(蹔)은 잠(暫)으로도 씀.

㉔ 乍破(사파)―갑자기 깨지다.

㉕ 水漿迸(수장병)―물과 장이 흩어지다. 병 안의 물이나 장이 터져 흩어지다.

㉖ 刀鎗鳴(도쟁명)―칼과 창이 서로 부딪쳐 소리내다.

㉗ 抽撥(추발)―줄 채를 빼어내다. 발(撥)은 현을 뜯을 때 쓰는 물건. 줄채.

㉘ 當心畫(당심획)―비파를 들어 '가슴에 대고 줄채로 줄을 긋다'.

㉙ 悄(초)―고요한 것. 근심하는 것.

㉚ 沉吟(침음)―생각에 잠기는 것.

㉛ 斂容(염용)―얼굴빛을 바로잡다. 몸가짐을 바로잡다.

㉜ 京城(경성)―서울. 장안(長安).

㉝ 蝦蟆陵(하마릉)―장안 동쪽에 있는 한(漢)나라 동중서(董仲舒)의 능. 그는 대학자여서 무제(武帝)도 그 앞에서는 말에서 내렸다 하여 하마릉(下馬陵)이라 부르던 것이 하마릉(蝦蟆陵)으로 달리 쓰게 되었다.

㉞ 名屬敎坊(명촉교방)―이름이 교방(敎坊)에 오르다. 교방은 당(唐) 현종이 개설했던 음악 관서.

㉟ 第一部(제일부)―일류 악공들의 부서.

㊱ 善才(선재)―훌륭한 재능을 지닌 사람. 여기선 비파의 명수.

㊲ 秋娘(추낭)―옛날 기생 이름.

㊳ 五陵(오릉)―장안 성 밖에 한(漢)대 다섯 임금의 능이 있는 곳. 뒤에는 황족과 귀족들이 이곳에 몰려 살았다.

㊴ 纏頭(전두)―악공이나 기생에게 예물로 주던 물건. 흔히 비단을 머리에 감아주어 전두라 부르게 되었다.

㊵ 鈿頭銀篦(전두은비)―머리쪽은 자개를 박아 장식한 은으로 만든 머리빗.

㊶ 等閑度(등한도)―아무 걱정없이 보내다. 등한(等閑)은 아무 생각도 없는 것. 걱정없고 여유가 있는 것.

㊷ 阿姨(아이)―양모. 기생들의 양어머니.

㊸ 顔色故(안색고)―얼굴빛이 낡아지다. 몸이 늙는 것.

㊹ 冷落(냉락)―싸늘하게 시드는 것. 쓸쓸해지는 것.

㊺ 鞍馬稀(안마희)―안장 올려놓은 말 드물게 되다. 말타고 찾아오는 부자들이 드물게 되다.

㊻ 老大(노대)―나이가 들어.

㊼ 浮梁(부량)―차(茶)의 명산지 강서성(江西省) 부량현임.

㊽ 遶(요)―둘리다. 감싸다. 얽다. 요(繞)와 통함.

㊾ 紅闌干(홍란간)―붉게 줄줄 흐르다. 난간(闌干)은 줄줄 흐르는 것.

㊿ 喞喞(즉즉)―연이어 탄식하는 모양. 보통은 소리가 요란한 것을 형용하는 말임.

㉛ 淪落(윤락)-몰락하다. 타락하다.

㉜ 湓江(분강)-강서성 구강현(九江縣)에서 장강(長江)으로 합쳐지는 강물 이름.

㉝ 黃蘆(황로)-누런 갈대.

㉞ 苦竹(고죽)-대나무의 일종. 죽순은 먹을 수 있고, 대로는 바구니나 가구들을 많이 만든다.

㉟ 杜鵑啼血(두견제혈)-주말(周末) 촉왕(蜀王) 두우(杜宇 : 望帝)가 죽은 뒤 두견새[소쩍새]가 되었다 한다[《華陽國志》]. 그리고 두견새가 피를 토하고 울어 그 피가 두견화(杜鵑花)가 되었다 한다. 두우의 전설 자체에는 슬픈 게 없으나 두견새 울음소리가 애절하여 후세 문인들은 두견과 슬픔을 관련시키고 있다. 이 다음에 '춘강화조추월야(春江花朝秋月夜)에, 왕왕취주환독경(往往取酒還獨傾)이라'는 구가 탈락되었다 함.

㊱ 山歌(산가)-산사람의 노래. 사실은 농촌의 민요.

㊲ 嘔啞嘲哳(구아조찰)-소리가 잡되고 시끄러운 것.

㊳ 翻作(번작)-옮겨 짓다. 비파 곡조의 뜻을 글로 옮겨 쓰는 것.

㊴ 却坐(각좌)-물러나 앉다. 물러서서 제자리에 앉는 것.

㊵ 促絃(촉현)-빠른 동작으로 줄을 뜯는 것.

㊶ 凄凄(처처)-싸늘한 모양. 쓸쓸한 모양. 여기서는 처(悽)와 통하여 슬픈 모양.

㊷ 掩泣(엄읍)-눈물 닦으며 우는 것.

㊸ 江州司馬(강주사마)-백거이(白居易) 자신을 가리킴.

㊹ 靑衫(청삼)-파란 저고리. 삼(衫)은 웃옷의 일종.

（해설）　앞에［권8］보인 〈장한가(長恨歌)〉와 함께 백거이(白居易)의 시를 대표한다고 할 장시(長詩)이다. 장시이면서도 전편(全篇)의 얘기 속에 깃들인 서정이 독자들의 심금을 울린다. 이 시 앞에는 이 작품을 쓰게 된 연유를 밝힌 다음과 같은 작자의 서문이 붙어 있다. 참고로 번역과 본문을 소개한다.

비파행서(琵琶行序)

원화 10년(815) 나는 구강군(九江郡) 사마(司馬)로 좌천되었다. 그 다음해 가을 분강(湓江)의 포구에서 손님을 전송하다가 어느 배 안에서 밤에 비파를 타는 소리를 들었다. 그 곡조를 들으니 맑게 울리는 장안(長安)의 가락이었다. 그 사람에게 찾아가 물으니, 본시는 장안의 창녀(倡女)였는데 일찍이 목조이(穆曹二)란 명수에게서 비파를 배웠고, 나이들고 몸 늙어가자 장사꾼의 부인으로 몸을 맡긴 처지라 하였다. 마침내 술을 시키고 그로 하여금 유쾌히 몇 곡을 타게 하였는데, 곡이 끝나자 슬픈 모습으로 스스로 젊었을 적의 즐거웠던 일을 얘기하며, 지금은 몰락하고 초췌해져 강호(江湖) 사이를 옮겨 다니고 있다 하였다. 나는 2년 동안 지방에 나와 벼슬하며 고요히 편안하게 지냈는데, 이 사람의 말에 감동되고 나서 그날 밤에야 비로소 귀양온 것 같은 뜻을 깨닫게 되었다. 그래서 긴 노래를 지어 그에게 바친다. 도합 616자로, 제명을 〈비파행〉이라 한다.

〔元和十年에 予左遷九江郡司馬라. 明年秋에 送客湓浦口라가, 聞舟中夜彈琵琶者라. 聽其音하니, 錚錚然有京都聲이라. 問其人하니, 本長安倡女로, 嘗學琵琶於穆曹二善才러니, 年長色衰하여, 委身爲賈人婦라 하니라. 遂命酒使快彈數曲이러니, 曲罷憫然하여, 自敍少小時歡樂事하고, 今漂淪憔悴하여, 轉徙於江湖間이라. 予出官二年에, 恬然自安이러니, 感斯人言하고, 是夕始覺有遷謫意라. 因爲長句歌以贈之하나니, 凡六百一十六言이오, 命曰琵琶行이라 하니라.〕

대내 앞 광경(①內前行)

당경(唐庚)

內前車馬②撥不開러니, ③文德殿下④宣麻回라.
　(내전거마발불개　문덕전하선마회)
⑤紫微舍人拜⑥右相하니, ⑦中使⑧押赴⑨文昌臺라.
　(자미사인배우상　중사압부문창대)
⑩旄頭昨夜光照牖러니, 是夕⑪鋒芒如⑫禿箒라.
　(모두작야광조유　시석봉망여독추)
明朝化作甘雨來하니, ⑬官家喜得⑭調元手라.
　(명조화작감우래　관가희득조원수)
周公禮樂未制作이나, ⑮致身⑯姚宋亦不惡이라.
　(주공례악미제작　치신요송역불악)
我聞⑰二公拜相年에, 民間⑱斗米三四錢이라.
　(아문이공배상년　민간두미삼사전)

　대내(大內) 앞엔 수레와 말 밀쳐내도 길 열리지 않을 정도인데,
　문덕전(文德殿) 아래 마지(麻紙)에 쓴 선조(宣詔) 들고 돌아가는
이 있네.
　중서성(中書省)의 사인(舍人)이 우승상(右丞相)에 임명되는 것으로,
궁중의 사자가 천자께서 서명한 사령 갖고 문창대(文昌臺)로 가네.
혜성(彗星)이 지난밤에도 창을 통해 비쳤었는데,
그날 저녁엔 별꼬리가 몽당비처럼 되었고,
다음날 아침엔 날씨 변해 단비 내리니,
천자께선 모든 일의 근원을 잘 조화시킬 인물 얻었음 기뻐하게 되

었네.

  옛 주공(周公)처럼 예악(禮樂)을 제정할 정도까지 미치지는 못했
으나,

  개원(開元) 연간 요숭(姚崇)과 송경(宋璟) 같은 재상처럼 몸 바쳐
일하니 나쁘지 않은 일일세.

  내가 듣건대 요숭과 송경 두 분이 재상 노릇을 할 적에는,

  민간에 쌀 한 말이 3, 4전밖에 되지 않았다네.

주해 ① 內前行(내전행)―대내(大內) 앞의 광경을 노래함. 제하(題下)에 '대
    관(大觀) 4년(宋 徽宗, 1110) 장천각(張天覺, 이름은 商英)이 승상에 임
    명되었는데, 그날 저녁 나와 있던 혜성(彗星)이 없어지고, 오랜 가뭄 끝에
    비가 내렸다'고 주(注)가 달려 있다. 이 시는 당경(唐庚)이 채경(蔡京 : 奸
    臣임)의 뒤를 이어 장상영(張商英)이 승상에 임명되는 것을 보고 기뻐서
    지은 것이다.

② 撥不開(발불개)―밀쳐내도 길이 트이지 않다. 사람들과 거마가 잔뜩 모여
    있음을 형용한 것임.

③ 文德殿(문덕전)―송(宋)나라 궁전 이름.

④ 宣麻回(선마회)―마지(麻紙)에 쓴 선조(宣詔)를 들고 돌아오다. 선마(宣
    麻)는 당 이래로 대신들을 임명할 때 먼저 마지에 천자가 그 뜻을 적어
    여러 사람들에게 공시(公示)하여 동의를 얻은 다음 책명(冊命)의 예를 행
    하던 것이었다. 그러나 송대에 와서는 재상인 경우에만 직접 선마를 임명
    장처럼 본인에게 주었다한다[《朱子全書》歷代]. 따라서 장상영이 임명장
    을 받고 돌아감을 뜻한다.

⑤ 紫微舍人(자미사인)―중서성(中書省) 사인(舍人). 당 현종 때 중서성을
    자미성(紫微省)이라 불렀다[《通鑑》]. 나라의 여러 가지 업무를 총괄하고
    천자의 명령을 받드는 곳으로, 영(令), 시랑(侍郎) 아래 사인이 있었다.

⑥ 右相(우상)―상서성(尚書省) 우복야(右僕射). 당 현종 때 상서좌우복야
    (尚書左右僕射)를 좌우승상이라 바꿨다[《通鑑》].

⑦ 中使(중사)―궁중의 사신.

⑧ 押赴(압부)−천자가 서명한 사령(辭令)을 들고 가다.

⑨ 文昌臺(문창대)−상서성의 별칭[《新唐書》百官志]. 상서성은 조정의 육
  부(六部)를 통할하는 곳.

⑩ 旄頭(모두)−혜성의 별칭. 모(旄)는 물소 꼬리를 깃대 위에 꽂은 깃발.
  따라서 모두(旄頭)는 깃대 위의 쇠꼬리를 뜻한다. 혜성은 옛부터 불길한
  징조를 나타내는 것으로 알려져 왔다.

⑪ 鋒芒(봉망)−창끝 같은 별빛. 곧 혜성의 꼬리.

⑫ 禿箒(독추)−몽당비. 다 닳아빠져 자루만 남은 비.

⑬ 官家(관가)−천자를 가리킴. 옛날 '오제(五帝)는 관천하(官天下)하고 삼
  왕(三王)은 가천하(家天下)했다'는 말에서 나온 표현.

⑭ 調元手(조원수)−만물의 근원을 조화시킬 사람. 음양의 원기(元氣)를 조
  화시키는 인물. 본디 승상은 천자를 도와 음양의 원기를 조화시키는 게
  주된 임무라 생각했다[《漢書》丙吉傳].

⑮ 致身(치신)−몸 바쳐 일하는 것.

⑯ 姚宋(요송)−당 현종 개원(開元) 연간의 명재상이었던 요숭(姚崇)과 송경
  (宋璟).

⑰ 二公(이공)−요숭과 송경 두 분.

⑱ 斗米三四錢(두미삼사전)−쌀 한 말에 3, 4전하다. 물가가 싸서 살기 좋은
  것을 뜻함.

해설 어지러운 세상에 현상(賢相)을 기다리는 사람들의 간절한 소망 같은
것이 담겨 있다. 직접 장상영(張商英)에게 아부하지 않고 대내(大內)의
광경과 백성들의 뜻을 아울러 잘 노래한 작품이다.

속여인행(①續麗人行)

소식(蘇軾)

深宮無人春日長하고, ②沈香亭北百花香이라.
(심궁무인춘일장 침향정북백화향)

美人睡起③薄梳洗하니, 燕舞鶯啼空斷腸이라.
(미인수기박소세 연무앵제공단장)

畵工欲畵無窮意하니, 背立春風④初破睡라.
(화공욕화무궁의 배립춘풍초파수)

若敎回首却⑤嫣然이면, ⑥陽城下蔡俱⑦風靡리라.
(약교회수각언연 양성하채구풍미)

⑧杜陵飢客⑨眼長寒하고, 蹇驢破帽⑩隨金鞍이라.
(두릉기객안장한 건려파모수금안)

⑪隔花臨水時一見이나, 只許腰肢背後看이라.
(격화림수시일견 지허요지배후간)

心醉歸來茅屋裏하여, 方信人間有⑫西子라.
(심취귀래모옥리 방신인간유서자)

君不見⑬孟光擧案與眉齊아? 何曾背面傷春啼오?
(군불견맹광거안여미제 하증배면상춘제)

깊은 궁전엔 아무도 없는데 봄날만 길고,
침향정(沈香亭) 북쪽에선 갖가지 꽃이 향내 피운다.
미인이 자고 일어나 가벼이 머리 빗고 세수하고 나니,
제비 춤추고 꾀꼬리 울어 공연히 애간장 저미게 하네.
이 그림 그린 화공은 무궁한 뜻을 그려내고자 하였으니,

봄바람 등에 지고 서서 막 잠 깨는 모습일세.

만약 그로 하여금 머리 돌려 방긋 웃게라도 한다면,

양성(陽城)과 하채(下蔡)의 귀공자들 모두가 정신 잃고 바람에 풀 쓸리듯 되었으리라.

두릉(杜陵)의 굶주리던 나그네 두보(杜甫)도 눈까지 늘 가난했고,

절름발이 노새 타고 해진 모자 쓰고 금안장 놓인 말 탄 귀족들 따라다니다가,

곡강(曲江)에서 꽃가지 저쪽 물가의 미인을 한번 볼 수 있었으나,

오직 허리와 다리를 등 뒤에서 본 것뿐이었는데,

심취하여 자기 초가집 방 안으로 돌아와서야,

비로소 세상에 서시(西施) 같은 미인 있음을 믿게 되었네.

그대는 보지 못했는가, 양홍(梁鴻)의 처 맹광(孟光)이 음식상을 들고 올 때 언제나 눈썹 높이로 들었던 것을?

어찌 등 돌려 봄빛 가슴아파하면서 운 일이 있었겠는가?

주해 ① 續麗人行(속여인행) – 속미인가. 제하(題下)의 주(注)에 의하면 '이중모(李仲謀)의 집에 주방(周昉)이 그린 등을 돌려 기지개를 켜는 궁녀의 그림이 있는데 매우 정교했다. 장난삼아 이 시를 짓는다' 하였다. 앞에 보인[권9] 두보(杜甫)의 〈여인행〉의 속작(續作)이란 뜻을 나타내며, 《분류동파시(分類東坡詩)》 권11에 실려 있다.

② 沈香亭(침향정) – 당(唐)나라 궁전 안의 정자 이름. 흥경지(興慶池) 동쪽에 있었으며, 당 현종이 모란을 들여와 정사 앞에 심어 만발했을 때 양귀비와 함께 이곳에서 잔치를 벌였고, 또 이때 이백(李白)이 불려와 〈청평조(淸平調)〉 3수를 지어 유명하다.

③ 薄梳洗(박소세) – 간단히 머리 빗고 세수하다.

④ 初破睡(초파수) – 막 잠을 깨다. 서서 기지개를 켜는 모습을 형용한 말.

⑤ 嫣然(언연) – 웃는 모양.

⑥ 陽城下蔡(양성하채) – 초(楚)나라의 두 현(縣) 이름. 송옥(宋玉)이 〈호색

부(好色賦)〉에서 '생끗 한번 웃으면 양성(陽城)을 미혹시키고 하채(下蔡)를 정신잃게 한다〔嫣然一笑, 惑陽城, 迷下蔡〕'〔《文選》〕고 한 데서 인용한 말. 그 두 현은 초나라의 귀공자가 봉해진 곳〔李善 注〕.

⑦ 風靡(풍미)─바람에 초목이 한쪽으로 쓸리듯, 모두가 여자에게 정신을 빼앗기는 것.

⑧ 杜陵飢客(두릉기객)─두릉(杜陵)의 굶주리던 나그네. 〈여인행〉의 작자 두보(杜甫)를 가리킴.

⑨ 眼長寒(안장한)─눈이 늘 헐벗다. 아름다운 것을 늘 보지 못하였음을 뜻함.

⑩ 隨金鞍(수금안)─금 말안장에 올라앉은 귀족들을 따라다니며 붙어살다.

⑪ 隔花臨水(격화림수)─꽃가지 저쪽 물가. 두보가 장안의 곡강(曲江)에서 미인을 볼 적의 광경임.

⑫ 西子(서자)─서시(西施). 춘추시대 월(越)나라의 미녀. 월왕 구천(句踐)이 오왕(吳王) 부차(夫差)의 호색함을 알고 그에게 바쳐 오나라 정치를 어지럽혀 결국은 망하게 하였다.

⑬ 孟光(맹광)─후한(後漢) 양홍(梁鴻)의 처 이름. 맹광은 남편에게 음식을 올릴 때 늘 상을 눈썹 높이로 들어 공경의 뜻을 표시했다 한다. 중국인들이 정숙한 부인의 대표격으로 흔히 드는 사람임.

〔해설〕 이 시의 본뜻은 끝머리 두 구절에 있다. 여자는 맹광(孟光)처럼 정숙해야지 공연히 봄빛을 보고 시름을 품어서는 안된다는 것이다. 당시 귀족들의 풍습을 풍자하려는 뜻인 듯하다. 그밖에 앞의 미인의 묘사도 뛰어나고 두보(杜甫)의 묘사도 재미있는 좋은 작품이다.

서로 의심하지 말게나(①莫相疑行)

두보(杜甫)

男兒生無所成頭皓白하고, 牙齒欲落眞可惜이라.
　　(남아생무소성두호백　아치욕락진가석)

憶②獻三賦③蓬萊宮하니, 自在一日④聲輝赫이라.
　　(억헌삼부봉래궁　자괴일일성휘혁)

⑤集賢學士⑥如堵墻하고, 觀我落筆⑦中書堂이라.
　　(집현학사여도장　관아락필중서당)

往時文彩動人主러니, 此日飢寒⑧趨路傍이라.
　　(왕시문채동인주　차일기한추로방)

晩將⑨末契⑩託年少러니, 當面⑪輸心背面笑라.
　　(만장말계탁년소　당면수심배면소)

⑫寄謝⑬悠悠世上兒하나니, ⑭不爭好惡莫相疑하라.
　　(기사유유세상아　부쟁호오막상의)

남아로 태어나 이루어 놓은 일 없이 머리만 희어지고,
이빨도 빠져가고 있으니 정말 애석한 일일세.
옛날 삼대례부(三大禮賦)를 봉래궁(蓬萊宮)에 바쳤던 일 생각하니,
그때 하루아침에 명성과 영예가 빛났던 일 스스로도 괴성하게만
여겨지네.
집현전(集賢殿) 학사(學士)들이 담처럼 나를 둘러쌌었고,
내가 중서당(中書堂)에서 붓 들어 글 쓰는 것을 모두가 구경했었네.
지난날에는 아름다운 문장이 임금도 감동시켰었건만,
오늘날에는 굶주리고 헐벗으며 길가를 다니게 되었네.

만년에는 친구로서의 말석이라도 젊은 그대에게 의탁하려 했는데,
얼굴을 대하고는 마음을 주다가도 얼굴 돌려서는 나를 비웃네.
수많은 세상 사람들에게 말 전하여 인사드리나니,
좋아하고 싫어함을 다투지 않는다는 것을 의심하지 말아주기를!

주해 ① 莫相疑行(막상의행) — 의심하지 말아 달라는 노래. 두보(杜甫)는 안
녹산의 난 뒤 50세 가까이 되는 무렵부터 성도(成都)에 와 살면서 성도
윤(成都尹) 엄무(嚴武)의 도움을 많이 받았다. 그러나 영태(永泰) 원년
(765) 엄무가 죽고 전부터 알던 30여세의 곽영예(郭英乂)가 성도윤이 되
었다. 두보는 그와 뜻이 맞지 않아 결국 성도의 완화초당(浣花草堂)을 떠
나게 되었는데, 그때 지은 시라 한다.
② 獻三賦(헌삼부) — 천보(天寶) 10년(751) 두보가 현종에게 〈삼대례부(三大
禮賦)〉를 지어 바쳤던 것을 가리킴. 〈삼대례부〉란 현종이 태청궁(太淸宮)
에 조헌(朝獻)하고, 태묘(太廟)에 조향(朝享)하고, 남교(南郊)에 제사지낸
일을 읊은 세 부를 말함[杜甫 〈進三大禮賦表〉].
③ 蓬萊宮(봉래궁) — 당나라 궁전 이름. 전에는 대명궁(大明宮)이라 불렀고
서내(西內)에 있었다.
④ 聲輝(성휘) — 명성과 영광.
⑤ 集賢學士(집현학사) — 집현전 학사. 당 현종 때 집선전(集仙殿)을 마련하
고 학사를 두었는데, 뒤에 집현전이라 이름을 고쳤다[《通典》].
⑥ 如堵墻(여도장) — 담과 같아. 담벽처럼 둘러싸다. 많은 사람이 둘러서서
구경함을 형용하는 말.
⑦ 中書堂(중서당) — 재상이 있는 궁중의 당(堂) 이름.
⑧ 趨路傍(추로방) — 길가를 걸어다니다. 몸을 기탁할 곳도 없음을 표현함.
⑨ 末契(말계) — 교우관계에 있어서의 말석.
⑩ 託年少(탁년소) — 젊은 사람에게 의탁하다. 젊은 사람이란 곽영예(郭英乂)
를 가리킨다.
⑪ 輸心(수심) — 마음을 주다. 친근감을 보여주는 것.
⑫ 寄謝(기사) — 말을 전하여 인사하다.

⑬ 悠悠(유유)-수많은 모양.
⑭ 不爭好惡(부쟁호오)-좋아하고 싫어함을 탓하지 않는 것.

해설 글로 세상을 울린 두보(杜甫)도 그의 생전에는 몸 붙일 곳도 없던 경우가 허다했다. 젊은 성도윤(成都尹)의 마음과 어긋나 그곳을 떠나야만 했던 노시인의 서글픈 정경이 눈에 보이는 듯하다.

호랑이 그림(①虎圖行)

왕안석(王安石)

壯哉非熊亦非②貙니, 目光③夾鏡當坐隅라.
　(장재비웅역비추　목광협경당좌우)

橫行④妥尾不畏逐하고, ⑤顧眄欲去仍躊躇라.
　(횡행타미불외축　고혜욕거잉주저)

⑥卒然一見心爲動이러니, 熟視⑦稍稍摩其鬚라.
　(졸연일견심위동　숙시초초마기수)

固知畫者巧爲此니, 此物安肯來⑧庭除오?
　(고지화자교위차　차물안긍내정제)

想當⑨盤礴欲畫時에, ⑩睥睨衆史如⑪庸奴라.
　(상당반박욕화시　비예중사여용노)

神閑意定始一掃하니, 功與造化⑫論錙銖라.
　(신한의정시일소　공여조화논치수)

⑬悲風颯颯吹黃蘆하고, 上有寒雀驚相呼라.
　(비풍삽삽취황로　상유한작경상호)

⑭槎牙死樹鳴老烏한대, 向之⑮俛啄如⑯哺雛라.
　(사아사수명로오　향지면주여포추)

山墻野壁黃昏後에, [17]馮婦遙看亦下車라.
(산장야벽황혼후 풍부요간역하거)

웅장하도다, 곰도 아니요 또 이리도 아닌데,
눈빛을 두 개의 거울같이 빛내면서 한 모퉁이에 앉아 있네.
꼬리 늘어뜨리고 멋대로 다니며 사람이 쫓아도 두려워하지 않고,
돌아보며 떠나려 하다가도 여전히 우물거리고 있네.
갑자기 한번 보았을 적에는 심장이 뛰었는데,
자세히 들여다보니 조금씩 그 수염을 만지게 되네.
진실로 화공이 기교 다해 이걸 그렸음 알겠으니,
그렇지 않다면 이놈이 어찌 마당 섬돌에까지 오려 들겠는가?
막 두 다리 뻗고 앉아 그림 그리려 할 적 생각해 볼 때,
다른 여러 화공들 흘겨보며 하인처럼 여겼으리라.
정신 가라앉고 마음 안정되자 비로소 한번 붓 휘두르니,
그 결과는 조물주의 솜씨와 큰 차이가 없네.
처절한 바람 산들산들 누런 갈대에 불고,
위편에는 추위 뵈는 참새들 놀라 짹짹 우네.
앙상한 죽은 나무에는 늙은 까마귀 울고 있는데,
나무 향해 몸 굽혀 부리로 쪼기를 새끼에게 벌레 먹이듯 하고 있네.
산속집 담이나 들판집 벽에 해진 뒤 걸어놓으면,
풍부(馮婦)도 멀리서 보고 호랑이 잡으러 수레 몰고 오리라.

주해 ① 虎圖行(호도행)－호랑이 그림의 노래.《임천선생문집(臨川先生文集)》
권5에는 〈호도(虎圖)〉란 제목으로 이 시가 실려 있다.
② 貙(추)－이리 종류의 짐승.
③ 夾鏡(협경)－두 개의 거울. 양눈을 비유한 것.
④ 妥尾(타미)－꼬리를 늘어뜨림.
⑤ 顧盻(고혜)－돌아다보다. 혜(盻)는 반(盼)·면(眄)과 뜻이 통함.

⑥ 卒然(졸연)—갑자기. 졸지에.

⑦ 稍稍(초초)—조금씩. 점점.

⑧ 庭除(정제)—뜰의 섬돌 마당과 섬돌. 제(除)는 섬돌의 뜻.

⑨ 盤礴(반박)—두 다리를 쭉 펴고 털썩 앉아 있는 것〔《莊子》〕外篇 田子方 司馬彪 注〕. 반(盤)은 반(般)·반(槃) 등으로도 쓴다. 마서륜(馬敍倫)은 곧 방박(膀髆)으로 방(膀)은 겨드랑이, 박(髆)은 어깻죽지를 뜻한다고 《장자(莊子)》의 글을 달리 풀이하였다.

⑩ 睥睨衆史(비예중사)—여러 화공들을 흘겨보다. 곁눈질해 보다. 비예(睥睨)는 무시하는 태도로 보는 모양. 중사(衆史)는 여러 화공.

⑪ 庸奴(용노)—하인. 용(庸)은 용(傭)과 통함.

⑫ 論錙銖(논치수)—치수(錙銖)를 따지다. 치수는 극히 작은 것을 뜻함. 치(錙)는 6수(銖)이고, 수는 한 돈쭝 정도. 따라서 '치수의 차이를 따진다'는 것은 별 차이가 없는 것임.

⑬ 悲風颯颯(비풍삽삽)—슬픈 바람〔처절한 바람〕이 살랑살랑 불다. 호랑이가 울부짖음은 바람을 일으킨다 하며 《역경(易經)》 건괘(乾卦)에 '풍종호(風從虎)'라 하였다.

⑭ 槎牙(사아)—잎새가 다 떨어지고 나뭇가지만 앙상한 모양.

⑮ 俛噣(면주)—몸을 굽혀 부리로 쪼다.

⑯ 哺雛(포추)—새끼에게 벌레나 먹이를 물어다 먹이는 것.

⑰ 馮婦(풍부)—춘추시대 진(晉)나라 사람으로 호랑이를 잘 잡던 사람.《맹자(孟子)》진심(盡心) 하에 그는 호랑이가 있다는 말을 듣자 '팔뚝을 걷어올리며 수레에서 내렸다'는 말이 있다.

해설 《시인옥설(詩人玉屑)》의 권상(卷上) 7에서는 《만수시화(漫叟詩話)》를 인용하여 '형공(荊公 : 王安石)이 일찍이 구양공(歐陽公 : 歐陽修)과 여러 사람들과 함께 앉아 있는 자리에서 다같이 〈호도(虎圖)〉를 읊은 일이 있었다. 다른 여러 사람들은 아직 붓도 대지 못하고 있는 참인데, 형공은 벌써 다 지었다 했다. 구양공이 즉시 그걸 읽어보고는 무릎을 치며 찬탄하였다. 그 자리에 있던 사람들은 그 글을 보고는 붓을 놓고 감히 글

을 짓지 못하였다' 하였다. 《초계어은총화(苕溪漁隱叢話)》·《서청시화(西
淸詩話)》 등에도 이 얘기가 실려 있다 한다.

　왕안석(王安石)은 정치에 있어서뿐만 아니라 학문이나 문학에 있어
서도 소식(蘇軾)의 적수(敵手)라 할만한 인물이었다.

도원행(①桃源行)

왕안석(王安石)

　②望夷宮中③鹿爲馬하니, 秦人半死長城下라.
　　(망이궁중록위마　진인반사장성하)

　避世不獨④商山翁이오, 亦有桃源種桃者라.
　　(피세부독상산옹　역유도원종도자)

　一來種桃⑤不記春하고, 采花食實枝爲薪이라.
　　(일래종도불기춘　채화식실지위신)

　兒孫生長與世隔하여, 知有父子無君臣이라.
　　(아손생장여세격　지유부자무군신)

　漁郎放舟⑥迷遠近하여, 花間忽見驚相問이라.
　　(어랑방주미원근　화간홀견경상문)

　世上空知古有秦이나, 山中豈料今爲⑦晉고?
　　(세상공지고유진　산중기료금위진)

　聞道⑧長安吹戰塵하고, ⑨東風回首亦沾巾이라.
　　(문도장안취전진　동풍회수역첨건)

　⑩重華一去⑪寧復得고? 天下⑫紛紛⑬經幾秦가?
　　(중화일거영부득　천하분분경기진)

　진(秦)나라 망이궁(望夷宮) 안에선 사슴을 말이라 우기는 정치를

하니,

　진나라 사람들은 반이나 만리장성 아래에서 죽어갔다.

　그때 세상을 피하여 숨은 이들은 상산사호(商山四皓)뿐만이 아니었고,

　또 도원(桃源)이란 곳에서 복숭아나무 길렀던 이들도 있었다.

　한번 와서 복숭아나무 기르다 보니 가는 봄도 기억 못하였고,

　꽃 따고 열매 먹고 나뭇가지로는 땔나무 하였다.

　자손들이 자라나자 세상과 멀어지게 되어,

　부자가 있는 것은 알되 임금과 신하는 없는 걸로 알았다.

　고기잡이 배 가는 대로 가다 멀고 가까운 것도 모르게 되었는데,

　꽃가지 사이에 갑자기 그를 보고 놀라서 물어보았다.

　세상에선 부질없이 옛날에 진(秦)나라 있음을 알고 있으나,

　산 속에서야 지금이 진(晉)나라인 줄 어찌 생각했으리?

　장안(長安) 땅에 전쟁의 먼지 날려 한(漢)나라도 망했다는 말 듣고,

　봄바람에 머리 돌리며 눈물로 수건 적신다.

　순(舜) 같은 성군(聖君) 한번 가버리면 어찌 다시 나올까?

　천하는 어지러운데 그 새 몇 개의 진(秦)나라 있었던고?

주해　① 桃源行(도원행)－도원(桃源)의 노래. 도원은 진(晉)나라 도연명(陶淵明)의 〈도화원기(桃花源記)〉에 나오는 가공의 세계로, 흔히 무릉도원(武陵桃源)이라고도 부른다. 〈도원도(桃源圖)〉를 보며 읊은 시로 《임천선생문집(臨川先生文集)》 권4에 실려 있다.

② 望夷宮(망이궁)－진(秦)나라의 궁전 이름. 뒤에 진이세(秦二世)는 여기에서 조고(趙高)에게 죽음을 당하였다.

③ 鹿爲馬(녹위마)－사슴을 말이라 하다. 진이세 때 조고가 전권을 잡고자 할 때, 조고는 이세에게 사슴을 바치며 '말'이라 하였다. 이세는 조고가 사슴을 말이라 한다 하며 여러 신하들에게 사실을 확인하였다. 일부는 침묵

을 지키고, 일부는 말이라 하고, 일부는 사슴이라 하였는데, 조고는 사슴
이라 한 자들을 하나하나 모두 처치하고 전권을 잡았다 한다[《史記》秦
本紀].

④ 商山翁(상산옹)―진말(秦末)에 폭정을 피해 상산에 숨은 네 노인. 상산사
호(商山四皓)라 흔히 부른다. 상산은 섬서성에 있다.

⑤ 不記春(불기춘)―봄을 기억 못하다. 세월의 흐름 또는 계절의 변화를 모
르다.

⑥ 迷遠近(미원근)―멀고 가까운 것을 모르게 되다. 곧 길을 잃는 것.

⑦ 晉(진)―도연명(陶淵明)의 〈도화원기(桃花源記)〉에는 어부가 도원을 찾
아간 게 진(晉) 태원(太元) 연간(376~396)이라 하였다.

⑧ 長安吹戰塵(장안취전진)―장안에 전쟁의 먼지가 바람에 불리었다. 곧 진
(秦)나라 뒤의 한(漢)·위(魏)가 흥망하였고 여러번의 전쟁이 있었음을
뜻한다.

⑨ 東風(동풍)―봄바람.

⑩ 重華(중화)―순(舜)임금의 이름[《書經》舜典].

⑪ 寧復得(영부득)―어찌 다시 얻겠나? 어찌 다시 나오겠나?

⑫ 紛紛(분분)―어지러운 모양.

⑬ 經幾秦(경기진)―몇 개의 진(秦)나라가 있었던가? 진나라처럼 폭정으로
망해간 나라가 몇 개나 있었던가?

해설 이 책의 주(注)에서는 '옛부터 도원(桃源)을 읊은 사람들은 대부분
신선설(神仙說)에 미혹된 것이었으나, 왕안석(王安石)만은 진(秦)나라를
피하였던 사람들이라 하고 있다'고 하며, 왕안석이 인간의 문제로 도원을
읊은 것을 높이 평가하고 있다. 앞[권6] 한유(韓愈)의 〈도원도(桃源
圖)〉 시의 제하(題下)에도 '후세 사람들은 진(秦)나라 사람이 진(晉)대에
이르도록 죽지 않고 있는 것으로 알고 신선이라 생각하였다. 오직 한유
의 〈도원도〉, 왕안석의 〈도원행〉, 소식(蘇軾)의 〈화도원(和桃源)〉 시들만
은 도연명의 취지를 잘 터득한 것이라'고 하였다.

오늘 저녁(①今夕行)

두보(杜甫)

今夕何夕②歲云徂하니, ③更長燭明不可孤라.
　(금석하석세운조　경장촉명불가고)
咸陽客舍一事無하여, 相與④博塞爲歡娛라.
　(함양객사일사무　상여박색위환오)
⑤憑陵大叫呼⑥五白하니, ⑦袒跣不肯成⑧梟盧라.
　(빙릉대규호오백　단선불긍성효로)
英雄有時亦如此니, ⑨邂逅豈卽非⑩良圖오?
　(영웅유시역여차　해후기즉비량도)
君莫笑⑪劉毅從來布衣願하라, 家無⑫儋石⑬輸百萬이라.
　(군막소유의종래포의원　가무담석수백만)

오늘 저녁은 어떤 저녁인고 하니 한 해가 지나가는 저녁이라,
밤은 길고 촛불은 밝아 외로이 지낼 수 없는데,
함양의 여관에는 하나도 할 일이라곤 없어,
서로 모여 투전하며 즐기고 놀게 되었네.
남을 이기려는 듯 크게 '오백(五白)'이라 소리치며,
웃통 벗고 맨발로 하지만 효(梟)나 노(盧)는 잘 이루어지지 않네.
영웅도 때에 따라서는 역시 이처럼 놀아야 하니,
우연히 만난 친구들과 이렇게 밤 보냄이 어찌 좋은 생각 아니겠는가?
그대는 옛날 유의(劉毅)의 벼슬 못했을 적에 본시부터 지녔던 소
원을 비웃지 말게나,
집안에 몇 섬의 곡식도 없으면서 노름에 백만 섬을 걸었다네.

주해 ① 今夕行(금석행)-오늘 저녁 노래. '오늘 저녁'이란 '어느 해 섣달 그믐날 밤'이며, 함양(咸陽) 여관에서 사람들과 노름을 하며 보냈던 일을 노래한 것이다. 《두소릉집(杜少陵集)》 권1에 실려 있다.

② 歲云徂(세운조)-한 해가 가다. 운(云)은 어조사.

③ 更長(경장)-밤이 긴 것. 경(更)은 옛날 밤 시각을 나타내는 단위.

④ 博塞(박색)-주사위를 사용하는 노름의 일종. 투전 같은 것.

⑤ 憑陵(빙릉)-기세를 믿고 남을 업신여기는 것. 남을 이기려드는 것. 빙(憑)은 빙(馮)으로도 씀.

⑥ 五白(오백)-주사위의 다섯 눈인 듯. 주사위를 던지며 자기가 바라는 다섯 눈이 나오라고 오백(五白)이라 소리치는 것이다.

⑦ 袒跣(단선)-웃통을 벗고 맨발이 되는 것.

⑧ 梟盧(효로)-박색(博塞) 노름에서 가장 높은 끗발이 효(梟 : 부엉이 그림), 다음이 노(盧 : 개 그림)라 한다.

⑨ 邂逅(해후)-우연히 만나는 것. 우연히 만나 함께 노는 것.

⑩ 良圖(양도)-좋은 생각. 좋은 계책.

⑪ 劉毅(유의)-남조(南朝) 송(宋)나라 사람. 젊어서 집에 몇 섬의 곡식도 없으면서 노름판에서 백만 섬의 곡식을 걸었다 하며, 뒤에 군사를 일으켜 큰일을 하였다[《南史》].

⑫ 儋石(담석)-몇 섬의 곡식. 담(儋)은 담(擔)과 통하며, 제인(齊人)은 작은 독을 담(儋)이라 하는데 2곡(斛)들이라고도 하고[《漢書》 蒯通傳 應邵 注], 한 사람이 짊어질 수 있는 양이라고도 하고[上同 晉灼 注], 2석이 담이며 짊어질 수 있는 양이라고도 한다[《通雅》 算數].

⑬ 輸百萬(수백만)-백만을 걸다. 수(輸)는 현대어에서는 '지다', '잃다'의 뜻.

해설 젊은이의 호방한 기분을 노래한 시이다. 재물에 집착하는 세속을 비웃고 싶어서 돈 없이도 노름에 백만을 건 유의(劉毅)를 칭송했을 것이다.

군자의 노래(①君子行)

섭이중(聶夷中)

> 君子防未然이니, 不處嫌疑間이라.
> (군자방미연   불처혐의간)
> 瓜田不②納履요, 李下不正冠이라.
> (과전불납리   이하부정관)
> ③嫂叔不親授요, 長幼不④比肩이라.
> (수숙불친수   장유불비견)
> ⑤勞謙得其⑥柄이나, ⑦和光甚獨難이라.
> (노겸득기병   화광심독난)
> ⑧周公⑨下白屋하여, ⑩吐哺不及餐하고,
> (주공하백옥   토포불급찬)
> ⑪一沐三握髮하니, 後世稱聖賢이라.
> (일목삼악발   후세칭성현)

군자는 미연에 방지하는 것이니,
혐의받을 처신 하지 않는다네.
외밭에는 발을 들여놓지 아니하고,
오얏나무 아래에서는 관을 바로잡지 아니하며,
형수와 시동생 사이엔 친히 물건 주고받지 아니하고,
어른과 아이가 어깨를 나란히 하고 다니지 않는다네.
겸손하기에 수고를 하면 권세를 얻게 될 것이나,
자기를 나타내지 않는 일이 매우 어렵네.
옛날 주공(周公)은 초가에 검소하게 살며,

먹던 것도 뱉어놓고 사람 만나느라 식사도 제대로 못하고,
한번 머리 감는 사이 세 번이나 머리 쥔 채 나가 손님 만나서,
후세에 성현이라 일컫게 되었다네.

(주해)　① 君子行(군자행)－군자의 노래. 섭이중(聶夷中, 837~?)을 작자로 표
기한 것은 잘못. 본디 고악부(古樂府)로 곽무천(郭茂倩)의 《악부시집(樂
府詩集)》 상화가사평조곡(相和歌辭平調曲)에 실려 있다.
② 納履(납리)－신을 들여놓다. 발을 들여놓다.
③ 嫂叔(수숙)－형수와 시동생.
④ 比肩(비견)－어깨를 나란히 하다. 대등한 몸가짐을 갖는 것.
⑤ 勞謙(노겸)－겸손하려 힘쓰다[《易經》 謙卦].
⑥ 柄(병)－권세. 근본. 중요한 지위.
⑦ 和光(화광)－재지(才智)를 밖으로 드러내지 않는 것. 자기를 드러내지 않
는 것[《老子》 和其光, 同其塵].
⑧ 周公(주공)－주공(周公) 단(旦). 주(周) 무왕(武王)의 형제로 어린 성왕
(成王)을 보좌하여 주나라 문물제도를 이룩한 사람.
⑨ 下白屋(하백옥)－초가에 낮추어 살다. 초가에 소박하게 살다. 백옥(白屋)
은 초가, 또는 다듬지 않은 나무로 지은 허름한 집.
⑩ 吐哺(토포)－먹던 밥을 뱉는 것. 찾아온 손님을 만나기 위해 주공은 한
끼 밥을 먹는 사이 세 번이나 먹던 것을 뱉어놓았다 한다[《史記》 魯世
家].
⑪ 一沐三握髮(일목삼악발)－한 번 머리 감는 사이 세 번이나 머리를 움켜
쥐고 나가 손님을 만난 것. 토포(吐哺)와 같은 뜻임[《史記》 魯世家].

(해설)　군자로서의 행실을 노래한 시이다. 군자는 남에게 의심받을 만한 짓
을 해서는 안되고, 겸손하고 자기를 나타내려들지 말며, 현명한 사람들을
잘 대하여야 한다는 뜻이다.

분음의 노래(①汾陰行)

이교(李嶠)

君不見昔日②西京全盛時아? 汾陰③后土親祭祠라.
　(군불견석일서경전성시　분음후토친제사)

④齋宮宿寢⑤設齋供하고, 撞鍾鳴鼓⑥樹羽旗라.
　(재궁숙침설재공　당종명고수우기)

⑦漢家五葉才且雄하니, ⑧賓延萬靈服⑨九戎이라.
　(한가오엽재차웅　빈연만령복구융)

⑩栢梁賦詩⑪高宴罷하고, 詔書⑫法駕幸⑬河東이라.
　(백량부시고연파　조서법가행하동)

河東太守親掃除하고, 奉迎至尊導⑭鑾輿라.
　(하동태수친소제　봉영지존도란여)

⑮五營將校⑯列容衛하고, ⑰三河縱觀⑱空里閭라.
　(오영장교열용위　삼하종관공리려)

⑲回旌⑳駐蹕降㉑靈場하여, 焚香㉒奠醑㉓徼百祥이라.
　(회정주필강령장　분향전서요백상)

金鼎㉔發食正㉕焜煌하고, ㉖靈祇煒燁㉗攄景光이라.
　(금정발식정혼황　영기위엽터경광)

㉘埋玉陳牲禮神畢하고, 擧㉙麾上馬乘輿出이라.
　(매옥진생예신필　거휘상마승여출)

彼汾之曲㉚嘉可遊하니, 木蘭爲㉛楫桂爲舟라.
　(피분지곡가가유　목란위즙계위주)

㉜櫂歌微吟㉝彩鷁浮하니, 簫鼓哀鳴白雲秋라.
　(도가미음채익부　소고애명백운추)

歡娛[34]宴洽[35]賜群后하고, 家家復除[36]户牛酒라.
(환오연흡사군후   가가부제호우주)

[37]聲明動天[38]樂無有하니, 千秋萬歲南山壽라.
(성명동천낙무유   천추만세남산수)

自從天子向[39]秦關으로, [40]玉輦金車不復還이라.
(자종천자향진관   옥련금거불부환)

珠簾羽帳長寂寞하니, [41]鼎湖龍髥安可攀고?
(주렴우장장적막   정호룡염안가반)

[42]千齡人事一朝空하니, [43]四海爲家此路窮이라.
(천령인사일조공   사해위가차로궁)

雄豪意氣今何在오? [44]壇場宮苑盡[45]蒿蓬이라.
(웅호의기금하재   단장궁원진호봉)

路逢古老長太息하니, 世事回環不可測이라.
(노봉고로장태식   세사회환불가측)

昔時[46]青樓對歌舞러니, 今日黃埃[47]聚荆棘이라.
(석시청루대가무   금일황애취형극)

山川滿目淚沾衣하니, 富貴榮華能幾時오?
(산천만목누첨의   부귀영화능기시)

不見只今汾水上에, 惟有年年秋雁飛아?
(불견지금분수상   유유년년추안비)

그대는 보지 못했는가, 옛날 서한(西漢)의 전성시대를?
분음(汾陰)에서 땅의 신을 천자가 친히 제사지냈는데,
재궁(齋宮)에 머물러 자면서 재계 음식 만들어 올리게 하여 들고,
종 치고 북 울리며 새깃 꽂은 깃대 세웠네.
한(漢) 왕실 5대(代)는 재능이 있고도 영웅다웠으니,
모든 신령들 받들어 모시고 모든 오랑캐들 복종시켰네.

한(漢) 무제(武帝)는 백량대(栢梁臺)에서 시를 읊던 성대한 잔치 끝내고,

조서(詔書) 내린 다음 천자의 수레 내어 하동(河東)으로 납시었네.

하동태수(河東太守)는 친히 후토사(后土祠)를 소제한 다음,

지존 받들어 마중하여 천자의 수레 인도하였는데,

오영(五營)의 장교들 늘어서서 의용(儀容)과 호위(護衛)를 맡고,

삼하(三河) 사람들은 모두 구경나와 동리를 비웠었네.

정문(旌門)으로 돌아와 머물며 신령 모시는 곳에 내려와,

향 피우고 맑은 술 올리며 여러 가지 복을 비는데,

금솥의 음식 올리니 매우 휘황하고,

신령께서는 번쩍번쩍 상서로운 빛 발산했네.

옥 묻고 제물 늘어놓고 신령께 제례 다 올리고,

지휘기 들고 말 몰아 수레 타고 나가셨네.

그 분수(汾水)의 물굽이는 매우 놀이하기 좋은 곳이라,

목란(木蘭)으로 노 만들고 계수나무로 만든 배 타고서,

도가(櫂歌) 가늘게 읊조리며 채색의 배를 띄우니,

퉁소와 북소리 슬프게 울리고 가을하늘엔 흰구름만 떠갔네.

즐거운 잔치 무르익자 제후들에게 상을 내리시고,

집집마다 다시 우주(牛酒)를 내려주셨네.

천자의 명성 밝게 하늘 감동시키고 신령까지 즐겁게 해드리니,

천년 만년 남산처럼 수하실 것일세.

그러나 천자께서 진관(秦關) 향해 떠난 이후로,

천자의 수레는 다시 돌아오지 못하였네.

구슬발과 깃털장막 속은 언제나 적막하기만 하니,

정호(鼎湖)의 용수염 같은 것에 어찌 매달릴고?

천년 두고 사람들이 공들인 일 하루아침에 허사되니,

온 세계 한 집안 만들려던 길 이에 궁해졌네.

영웅호걸의 의기 지금은 어디에 있는가?
제사지내던 곳이며 궁정이며 모두 쑥대로 덮혔네.
길에서 늙은 노인 만나 길게 탄식하니,
세상일은 돌고돌아 예측할 수 없는 것이어서,
옛날에 기생집에서 어울려 노래하고 춤추었는데,
오늘은 누런 먼지 덮어쓰고 싸리와 가시나무에 싸여 있네.
눈 가득히 보이는 산과 내도 옷깃을 눈물로 젖게 하니,
부귀영화는 얼마나 오래 갈 수 있는 건가?
지금은 분수(汾水) 가에,
오직 해마다 가을이면 기러기나 날고 있음을 보지 못하는가?

(주해)　① 汾陰行(분음행)－분음(汾陰)을 노래함. 분음은 산서성(山西省) 영하현(榮河縣) 북쪽에 있던 현(縣) 이름. 거기에 분수(汾水)가 흐르고 있어 얻어진 이름이다. 원정(元鼎) 4년(기원전 113)에 무제(武帝)는 분음에서 보정(寶鼎)이 발견된 뒤 그곳에 후토사(后土祠)를 세우고 직접 가서 후토(后土)를 제사지냈다.

② 西京(서경)－장안(長安). 여기서는 서한(西漢)을 가리킴.

③ 后土(후토)－땅. 대지의 신.

④ 齋宮(재궁)－천자가 재계하는 궁전.

⑤ 設齋供(설재공)－재계할 때의 음식을 재계에 맞게 마련해 올리는 것.

⑥ 樹羽旗(수우기)－새깃 꽂은 기를 세우다. 우기(羽旗)는 우기(羽旂)라고도 하며, 오색의 새 깃털을 깃대 위에 꽂은 것.

⑦ 漢家五葉(한가오엽)－한(漢) 왕실의 5대. 곧 고조(高祖)·혜제(惠帝)·문제(文帝)·경제(景帝)·무제(武帝)를 가리킴.

⑧ 賓延萬靈(빈연만령)－모든 신령을 손님처럼 모시다. 모든 신령을 잘 모시다.

⑨ 九戎(구융)－모든 오랑캐들. 융(戎)·이(夷)·적(狄)·만(蠻)을 다 포함함.

⑩ 栢梁賦詩(백량부시)－백량대에서 시를 읊다. 한(漢) 무제는 백량대를 짓

고 여러 신하들을 모아 잔치하며 모두에게 칠언을 읊도록 하였다. 황제 이하 25명이 한 구절씩 읊은 연작(聯作)으로, 원봉(元封) 3년(기원전 108)에 지은 것이라 하나 청(淸) 고염무(顧炎武)를 비롯한 많은 학자들이 후세 사람의 위작일 것이라 의문을 제기하고 있다.

⑪ 高宴(고연)―성대한 잔치.

⑫ 法駕(법가)―천자의 수레.

⑬ 河東(하동)―대체로 산서성(山西省) 경내(境內)의 황하(黃河) 동쪽 지방. 분음(汾陰)은 그곳에 있었다.

⑭ 鑾輿(난여)―천자의 수레.

⑮ 五營將校(오영장교)―여러 군영의 장교들. 장수(長水)·보병(步兵)·사성(射聲)·둔기(屯騎)·월기(越騎) 등 5영[《後漢書》順帝紀 注]의 장교들.

⑯ 列容衛(열용위)―줄 서서 의용(儀容)과 호위(護衛)를 맡다. 의장(儀仗)도 갖추고 호위도 담당하다.

⑰ 三河(삼하)―한(漢)대에 하동(河東)·하내(河內)·하남(河南)의 삼군(三郡)을 이르던 말.

⑱ 空里閭(공리려)―마을이 텅 비다.

⑲ 回旌(회정)―정문(旌門)으로 돌아오다. 정문은 천자가 밖에 나가 제사를 지내거나 임시로 쉴 때 장막을 쳐 궁전을 삼고 깃대를 세워 만들어 놓은 문.

⑳ 駐蹕(주필)―천자가 밖에 나가 다니다 머무는 것.

㉑ 靈場(영장)―신령이 내리는 곳. 후토사(后土祠)를 가리킴.

㉒ 奠醑(전서)―좋은 술을 올리는 것.

㉓ 徼百祥(요백상)―백 가지 상서로움을 기구하다. 여러 가지 복을 빌다.

㉔ 發食(발식)―음식을 올리다. 음식을 제물로 차려 올리는 것.

㉕ 焜煌(혼황)―휘황하다. 빛이 환한 것.

㉖ 靈祇煒燁(영기위엽)―신령께서 빛을 발하다. 후토(后土)께서 번쩍번쩍 빛을 내시다.

㉗ 攄景光(터경광)―상서로운 빛을 발산하다.《한서(漢書)》교사지(郊祀志)에는 무제가 분음에 갔을 때, 어떤 사람이 분수 가에 붉은 비단 같은 빛

　이 나는 것을 보았다 하여, 거기에 후토사를 세웠다고 하였다.

㉘ 埋玉(매옥)—옥을 땅에 묻다. 후토(后土)에게 제물로 바치는 것이다.

㉙ 麾(휘)—지휘할 때 쓰는 깃발.

㉚ 嘉可遊(가가유)—매우 놀기에 좋다. 잘 놀기에 합당하다.

㉛ 檝(즙)—배의 노.

㉜ 櫂歌(도가)—본시는 뱃노래로 옛 악부 슬조(瑟調) 곡 이름. 그러나 진
　(晉)나라 때의 이 노래는 위(魏) 명제(明帝)의 시로 오(吳)나라를 평정했
　던 공훈을 노래한 내용이라 한다[《樂府解題》].

㉝ 彩鷁(채익)—채색으로 장식한 배. 익(鷁)은 본디 백로(白鷺) 비슷한 큰
　물새 이름.

㉞ 宴洽(연흡)—잔치가 무르익다.

㉟ 賜群后(사군후)—제후들에게 은사(恩賜)를 내리다. 군후는 제후와 같은 뜻.

㊱ 戶牛酒(호우주)—가호(家戶)별로 우주(牛酒)를 내리다. 우주는 천자의 하
　사물로 흔히 쓰이던 물건.《한서(漢書)》무제본기(武帝本紀)엔 분음에서
　후토에 제사지내기 직전에 옹(雍)에 가 오치(五畤)에 제사지내고 우주를
　내린 기록이 있다.

㊲ 聲明動天(성명동천)—성예(聲譽)가 밝게 하늘을 움직이다. 천자의 명성
　이 밝게 하늘을 감동시키다.

㊳ 樂無有(낙무유)—신령[后土]을 즐겁게 해드리다. 무유는 존재가 없는 것.
　도(道)나 신(神) 같은 것.

㊴ 秦關(진관)—진(秦)나라 관문(關門). 이곳에서는 당(唐) 현종(玄宗)이 촉
　(蜀)으로 피란갈 때 나갔던 관문을 말함.

㊵ 玉輦金車(옥련금거)—천자의 수레를 가리킴. 옥과 금으로 장식한 수레.

㊶ 鼎湖龍髥(정호룡염)—옛날 황제(黃帝)가 정호(鼎湖)에서 용을 타고 하늘
　에 올라갔는데, 그때 용의 수염을 잡고 따라 올라갔던 신하들은 모두 중
　간에서 떨어졌다 한다. 따라서 이 용의 수염은 권세가 떨어진 상황(上皇)
　이 된 현종을 가리킴.

㊷ 千齡人事(천령인사)—천년 두고 공들여 온 사람의 일. 천년 두고 닦아온
　당(唐)나라의 정치.

㊸ 四海爲家(사해위가) — 온 세계를 집안으로 삼다. 천하일통(天下一統)을 이룩하는 것.

㊹ 壇場(단장) — 땅을 높이고 깨끗이 만들어 놓은 곳. 곧 제단.

㊺ 蒿蓬(호봉) — 쑥. 쑥대가 우거진 것.

㊻ 靑樓(청루) — 기루(妓樓). 기생집.

㊼ 聚荊棘(취형극) — 싸리나무, 가시나무가 모여 자라다. 곤경에 빠져 있는 모양을 비유함.

해설 앞에서는 서한(西漢)의 전성시대와 분음(汾陰)에 가 후토(后土)에 제사지내며 국토의 확장을 위해 분주하던 한(漢) 무제(武帝)를 찬양하는 한편, 뒤에서는 세월의 덧없음을 한탄하고 있다. 뒤에 현종(玄宗)은 안녹산의 난이 일어나 적도(賊徒)들이 장안(長安)으로 쳐들어오자 촉(蜀) 땅으로 피란을 떠났는데, 도중에 악공이 이 시를 노래하는 것을 듣고 눈물을 흘리며 감탄하였다 한다〔《明皇傳信記》〕.

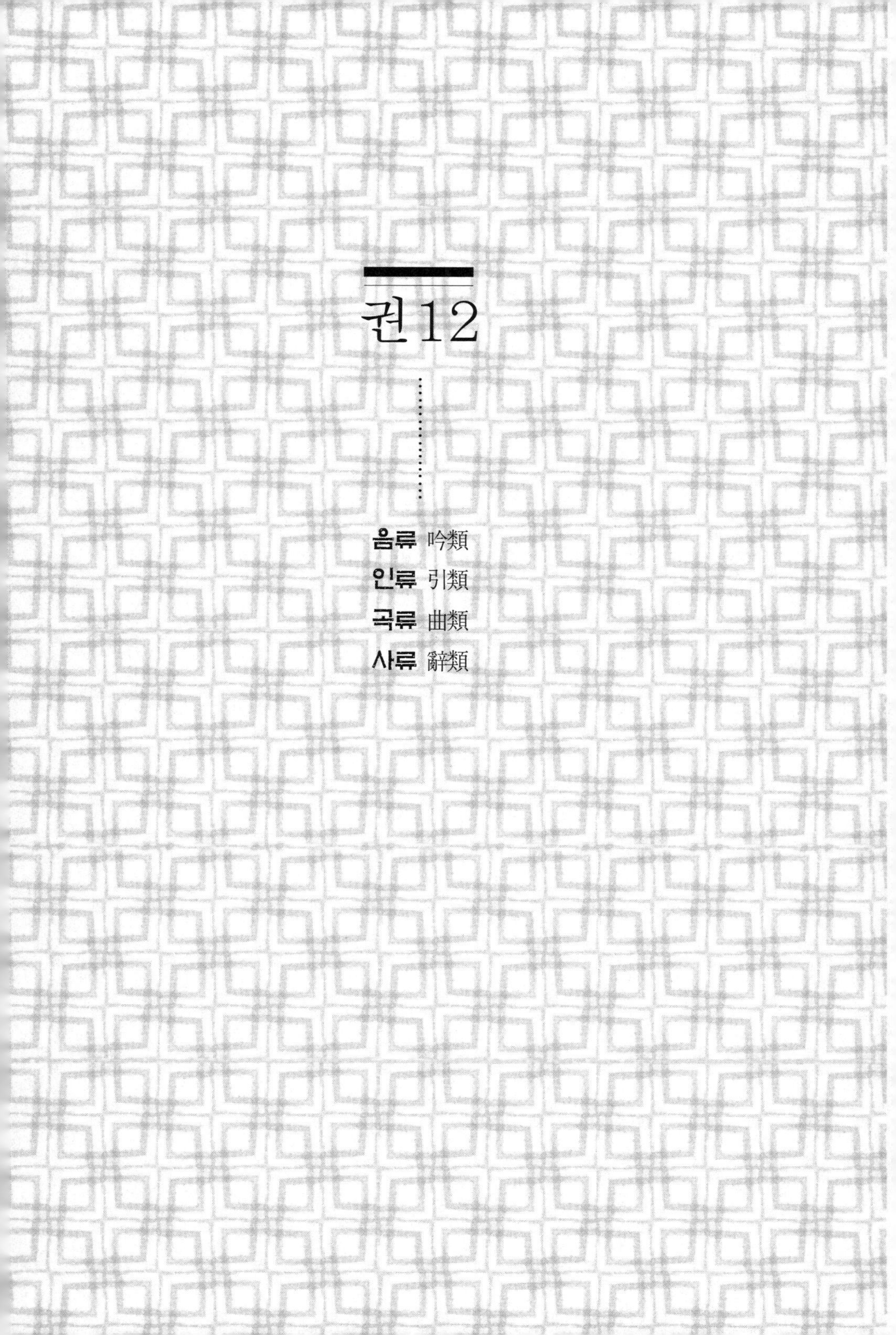

권12

음류 吟類
인류 引類
곡류 曲類
사류 辭類

음류(吟類)

음(吟)은 시체(詩體)의 일종. 명(明) 서사증(徐師曾)이 《문체명변(文體明辨)》에서 '탄식하고 개탄하며 슬퍼하고 시름하며, 자기 마음속에 서린 것을 펴내는 게 음(吟)이다'라고 하였다. 대체로 가(歌)·인(引) 따위보다는 슬픈 게 많다.

옛 장성을 읊음([1]古長城吟)

왕한(王翰)

長安少年無遠圖하여, 一生惟羨[2]執金吾라.
　　(장안소년무원도　일생유선집금오)
[3]麒麟殿前拜天子하고, 走馬爲君西擊胡라.
　　(기린전전배천자　주마위군서격호)
胡沙[4]獵獵吹人面하니, 漢虜相逢不相見이라.
　　(호사렵렵취인면　한로상봉불상견)
遙聞鍾鼓動地來하니, 傳道[5]單于夜猶戰이라.
　　(요문종고동지래　전도선우야유전)
此時顧恩寧顧身고? 爲君一行摧萬人이라.
　　(차시고은영고신　위군일행최만인)
壯士[6]揮戈回白日하니, 單于濺血[7]汚朱輪이라.
　　(장사휘과회백일　선우천혈오주륜)

回來飮馬⑧長城窟하니, 長城道傍多白骨이라.
　(회래음마장성굴　장성도방다백골)

問之⑨耆老何代人고? 云是秦王築城卒이라.
　(문지기로하대인　운시진왕축성졸)

黃昏塞北無人煙하고, 鬼哭⑩啾啾⑪聲沸天이라.
　(황혼새북무인연　귀곡추추성비천)

無罪見誅功不賞하고, 孤魂⑫流落此城邊이라.
　(무죄견주공불상　고혼류락차성변)

當昔秦王按劒起면, 諸侯膝行不敢視라.
　(당석진왕안검기　제후슬행불감시)

富國强兵二十年에, 築怨⑬興徭九千里라.
　(부국강병이십년　축원흥요구천리)

秦王築城何太愚오? 天實亡秦非北胡라.
　(진왕축성하태우　천실망진비부호)

一朝禍起⑭蕭墻內하니, 渭水⑮咸陽不復都라.
　(일조화기소장내　위수함양불부도)

　장안(長安)의 젊은이들 원대한 계획은 없고,
　일평생 오직 천자 행렬 인도하는 집금오(執金吾)만 부러워했는데,
　결국 기린전(麒麟殿) 앞에서 천자께 절하고,
　임금 위해 말 달리어 서쪽으로 오랑캐 치러 가게 되었다네.
　오랑캐 땅 모래 펄펄 날려 사람들 얼굴 때리니,
　한(漢)나라 군사와 오랑캐 군사 서로 만나도 보이지 않을 지경인데,
　멀리서 종소리 북소리 땅을 진동시키며 들려오니,
　흉노(匈奴) 선우(單于)는 밤에도 전쟁을 잘한다고 말 전하네.
　이런 때 임금의 은혜나 생각해야지 어찌 자기 몸 돌보겠는가?
　임금 위해 한번 달려나가 만 명의 적을 쳐부수는데,
　이 장사가 창을 휘두르자 밝은 해도 되돌아올 지경이었으니,

선우는 피 뿌리어 우리 붉은 수레바퀴 더럽혔네.

돌아오다 말에게 장성(長城)의 동굴에서 물마시게 하는데,

장성의 길가에는 흰 뼈 많네.

이에 대하여 그곳 노인에게 묻기를 이 뼈는 어느 때 사람이오 하니,

말하기를 진시황(秦始皇)이 장성 쌓을 적의 졸개들이라네.

해 저무는 국경 북쪽에는 사람들이나 밥짓는 연기 보이지 않고,

귀신들만 훌쩍훌쩍 울어 소리가 하늘로 비등하네.

죄 없이 죽음을 당하여 공로에는 상도 받지 못하고,

외로운 혼은 떠돌아다니다 이 장성 근처에 떨어져 있는 거네.

옛날에 진시황이 손 칼자루에 얹고 일어서면,

제후들은 무릎으로 기며 감히 쳐다보지도 못했었네.

부국강병 정책 20년 쓰는 동안,

원한 쌓으며 사람 징벌하여 9천 리의 성 쌓았네.

진시황이 성을 쌓은 게 얼마나 어리석기 짝이 없었던가?

하늘이 실은 진(秦)나라 망하게 한 것이지 북쪽 오랑캐 때문은 아니었네.

하루아침에 재난이 집안 안에서 일어나자,

위수(渭水) 가의 함양(咸陽)은 다시는 도읍 아닌 곳으로 변했네.

(주해) ① 古長城吟(고장성음)—옛 장성(長城)을 읊음. 만리장성(萬里長城)을 쌓아 백성들을 도탄에 빠뜨렸던 진시황(秦始皇)의 폭정을 노래한 시. 밖의 적보다 안의 백성들의 원한과 불만이 나라에 더 무서운 망조(亡兆)임을 강조한 시이다. 《당문수(唐文粹)》권12에 실려 있고 《악부시집(樂府詩集)》에는 〈음마장성굴행(飮馬長城窟行)〉이란 제목 아래 들어 있다.

② 執金吾(집금오)—옛날 벼슬 이름. 천자가 길을 나서면 앞에서 인도하며 비상에 대비하고, 평시에는 장안을 순시하며 비상에 대비하는 책임자〔《漢書》百官公卿表·同注〕. 손에 금오(金吾)라 부르는 동(銅)에 금을 입힌 봉(棒)을 들었고, 어사대부(御史大夫)·사례교위(司隷校尉) 등도 금오를

들었었다[崔豹《古今注》].

③ 麒麟殿(기린전)—한(漢) 미앙궁(未央宮)에 있었던 전각 이름[《三輔黃圖》].

④ 獵獵(엽렵)—바람이 부는 모양.

⑤ 單于(선우)—흉노(匈奴)의 임금.

⑥ 揮戈回白日(휘과회백일)—창을 휘두르면 밝은 해가 되돌아오다. 옛날 노양공(魯陽公)이 한(韓)나라와 싸울 때 해가 지려 하자 창을 휘둘러 해가 세 발이나 되돌아오게 하였다는 고사[《淮南子》覽冥訓]에서, 용맹스럽게 싸우는 모양을 비유한 것이다.

⑦ 汗朱輪(오주륜)—전차의 붉은 바퀴에 묻다. 선우가 피를 뿌리며 싸움에 패하여 죽었음[또는 부상한 것]을 형용한 말.

⑧ 長城窟(장성굴)—장성(長城)의 샘이 있는 동굴[《文選》飮馬長城窟行 李善 注].

⑨ 耆老(기로)—노인. 기(耆)는 60 또는 70세 이상. 노(老)는 50세 이상의 노인이라 한다.

⑩ 啾啾(추추)—많은 소리가 나는 모양. 여기서는 우는 소리.

⑪ 聲沸天(성비천)—소리가 하늘에 비등하였다.

⑫ 流落(유락)—흘러다니다 떨어지다. 밖으로 떠다니다 곤경에 빠져 한 곳에 머무는 것.

⑬ 興徭(흥요)—요역(徭役)을 일으키다. 사람들을 징발하여 일하게 하는 것.

⑭ 蕭墻(소장)—집안 안. 소(蕭)는 숙(肅)의 뜻, 장(墻)은 병(屛)의 뜻으로 신하가 임금을 뵈올 때 병풍 근처에 와서는 엄숙히 공경하는 태도를 지닌다 하여, 몸 가까이를 뜻함[《論語》季氏 注]. 후에는 재난의 불씨가 내부에 있을 때 '소장(蕭墻) 안에 있다'고 말하게 되었다.

⑮ 咸陽(함양)—함양은 위수(渭水) 북쪽에 있으며 진(秦)나라 도읍이 있던 곳으로, 항우(項羽)가 함양의 궁성에 불을 질러 석 달 넘도록 탔었다 한다.

(해설) 옛부터 나라가 큰 중국으로서는 나라의 급무가 언제나 국경 방비였다. 따라서 중국에는 옛부터 〈음마장성굴행(飮馬長城窟行)〉 같은 국경

문제를 주제로 한 시들이 무수히 지어졌다. 이 시는 장성을 쌓아 외적을 막는 것도 중요하지만 내정(內政)이 더욱 중요함을 강조한 게 주제이다. 한편 장안 젊은이들의 의기와 전쟁의 잔혹성도 아울러 잘 표현되고 있다.

백설조의 노래(①百舌吟)

유우석(劉禹錫)

曉星②寥落春雲低하니, 初聞百舌③間關啼라.
　(효성료락춘운저　초문백설간관제)

花枝滿空迷處所하고, 搖動繁英墜紅雨라.
　(화지만공미처소　요동번영추홍우)

④笙簧⑤百囀音韻多하니, ⑥黃鸝⑦呑聲燕無語라.
　(생황백전음운다　황려탄성연무어)

東方朝日遲遲升하니, 迎風弄景如⑧自矜이라.
　(동방조일지지승　영풍농영여자긍)

數聲不盡又飛去하여, 何許相逢綠楊路라.
　(수성부진우비거　하허상봉녹양로)

⑨綿蠻⑩宛轉似娛人이나, ⑪一心百舌何⑫紛紜고?
　(면만완전사오인　일심백설하분운)

⑬酡顏⑭俠少停歌聽하고, 墮⑮珥妖姬⑯和睡聞이라.
　(타안협소정가청　타이요희화수문)

⑰可憐光景何時盡고? 誰能⑱低回避⑲鷹隼가?
　(가련광경하시진　수능저회피응준)

⑳廷尉張羅自不關이오, ㉑潘郎挾彈㉒無情損이라.
　(정위장라자불관　반랑협탄무정손)

天生^㉓羽族爾何微오? 舌端萬變^㉔乘春輝라.
　(천생우족이하미　설단만변승춘휘)

南方^㉕朱鳥一朝^㉖見이면, ^㉗索寞無言^㉘蒿下飛리라.
　(남방주조일조현　삭막무언호하비)

새벽별 점점 사라지고 봄날의 구름 나직이 날 때,

백설조(百舌鳥) 쩍쩍 우는 소리 들리기 시작하네.

꽃가지 하늘에 가득하니 몸둘 곳을 알지 못할 듯하고,

많은 꽃 흔들어 붉은 비오듯 꽃잎 떨어지게 하네.

생황(笙簧)이 갖가지 소리 내듯 우는 소리 다양하니,

꾀꼬리도 소리 죽이고 제비도 조용하네.

동녘에 아침해 뉘엿뉘엿 떠오르니,

바람맞아 그림자〔景 : 影〕희롱하는 게 자신을 뽐내는 듯하네.

몇 번 우는 소리 다하기 전에 또 날아가 버리어,

어디에서 만나게 되는가 하니 푸른 버드나무 자란 길이네.

날렵하게 이리저리 날아다니며 사람을 즐겁게 하는 듯하지만,

마음은 하나인데 혀로는 백 가지 소리 내니 얼마나 요란한가?

술 취하여 얼굴 붉은 협기있는 젊은이 노래 멈추고 듣고,

옥 귀장식 떨어뜨린 아름다운 여자는 잠결에 듣는다네.

사랑스런 봄빛은 언제나 다하려나?

그 누가 백설조처럼 왔다갔다하다가 매나 새매 피할 수 있겠는가?

한(漢)나라 정위(廷尉)인 적공(翟公)이 그물을 쳐놓았다 해도 자
신은 상관없다 하고,

진(晉)나라 반악(潘岳)이 탄궁(彈弓)을 들고 있다 해도 자기를 손
상시킬까 마음쓰는 일 없네.

하늘이 낳은 새의 무리 중 그대는 얼마나 미세한 존재인가?

그러나 혀끝 만 가지로 변화시키며 봄빛을 타고 있구려.

그러나 남쪽의 주작(朱雀)이 여름 몰고 나타나는 날이면,
조용히 소리도 못내고 쑥대 밑으로 날게 되리라.

주해 ① 百舌吟(백설음)－백설조의 노래. 백설은 반설(反舌)이라고도 하며
갖가지 새의 소리를 내며 우는 새 이름.《유몽득문집(劉夢得文集)》권2에
실려 있음.

② 寥落(요락)－드물어지다. 점점 사라지다.

③ 間關(간관)－새가 우는 모양.

④ 笙簧(생황)－악기 이름. 둥근 통 위에 열세 개의 관(管)이 달린 입으로
부는 오르간 같은 악기. 생(笙)이라고도 하며, 관 밑의 얇은 혀를 불면 진
동하는 황(簧)이 붙어 있어 생황(笙簧)이라고도 함.

⑤ 百囀(백전)－백 가지로 소리내다. 여러 가지로 지저귀다.

⑥ 黃鸝(황려)－꾀꼬리.

⑦ 呑聲(탄성)－소리를 삼키다. 소리를 죽이다.

⑧ 自矜(자긍)－스스로 뽐내다. 자신을 자랑하다.

⑨ 綿蠻(면만)－작은 새모양〔《시경》小雅 縣蠻, 毛傳〕. 작은 새가 날아다니
는 모양.

⑩ 宛轉(완전)－유순하게 잘 따르는 것. 날렵하게 잘 움직이는 것.

⑪ 一心百舌(일심백설)－마음은 하나인데 혀는 백 가지 소리를 내다.

⑫ 紛紜(분운)－어지러운 것. 요란한 것.

⑬ 酡顔(타안)－술에 취하여 붉은 얼굴.

⑭ 俠少(협소)－협기(俠氣)있는 젊은이.

⑮ 珥(이)－귀 위에 매달리게 되어 있는 옥으로 만든 장식. 이 귀장식을 떨
어뜨리고 잔다는 것도 술에 취한 것을 뜻한다고 볼 수 있다.

⑯ 和睡聞(화수문)－잠결에 듣다. 자면서 듣다.

⑰ 可憐(가련)－아름다운. 가애(可愛)의 뜻.

⑱ 低回(저회)－왔다갔다하다. 배회하다.

⑲ 鷹隼(응준)－매와 새매.

⑳ 廷尉張羅(정위장라)－정위(廷尉)가 그물을 쳐놓다. 한(漢)대의 적공(翟

公)이 정위[형벌을 관장하는 권세 있는 관리]가 되자 문앞이 손님들로 메어지더니, 벼슬을 그만두자 문밖에 새그물을 쳐놓아도 될 정도였다는 고사[《史記》汲黯傳贊]에서 인용한 말.

㉑ 潘郎挾彈(반랑협탄) − 진(晉)나라 반악(潘岳)이 탄궁(彈弓)을 들고 있다. 반악이 〈사치부(射雉賦)〉에서 탄궁으로 꿩을 쏘아 잡는 모습을 노래하여 인용한 표현임.

㉒ 無情損(무정손) − 손상받는 것에 마음이 없다. 자기를 손상시킬까 마음쓰지 않다.

㉓ 羽族(우족) − 조류(鳥類). 새의 무리.

㉔ 乘春輝(승춘휘) − 봄빛을 타다. 권세가에 붙어 잘 지냄을 비유한 것이기도 함.

㉕ 朱鳥(주조) − 남방의 불을 대표하는 새[《淮南子》天文訓]. 주조(朱鳥)가 나타난다는 것은 더운 여름이 됨을 뜻함.

㉖ 見(현) − 나타나다. 출현의 뜻.

㉗ 索寞(삭막) − 조용한 것. 적막한 것.

㉘ 蒿(호) − 쑥. 쑥대.

해설 이 시의 백설(百舌)은 말이나 번드르하게 잘하며 권세가에게 아부하는 간사한 인간에 비유한 것임에 틀림없다. 중국적인 시큰한 풍자를 대표하는 작품이라 할 것이다.

양보산 노래(①梁甫吟)

제갈량(諸葛亮)

步出齊城門하여, **遙望**②**蕩陰里**하니,
　(보출제성문　요망탕음리)

里中有③三墳한대, ④纍纍正相似라.
　(이중유삼분　유류정상사)

問是誰家塚고하니, ⑤田疆古冶氏라.
　(문시수가총　전강고야씨)

力能⑥排南山이오, ⑦文能⑧絶地理라.
　(역능배남산　문능절지리)

一朝被讒言하여, 二桃殺三士라.
　(일조피참언　이도살삼사)

誰能爲此謀오? 相國齊⑨晏子라.
　(수능위차모　상국제안자)

　제(齊)나라 성문을 걸어나와,
　멀리 탕음리(蕩陰里) 바라보니,
　마을 가운데 세 묘가 있는데,
　연이어 있는 게 꼭 서로 비슷하네.
　저건 어느 집 무덤인가요 하고 물어보니,
　전개강(田開疆)·고야자(古冶子)·공손접(公孫接)의 무덤이라네.
　힘은 남산을 밀어낼 만하고,
　학문은 땅 위의 이치를 극하였었는데,
　하루아침에 모함을 받아,
　두 개의 복숭아 때문에 세 사람이 죽었다네.
　누가 이런 모의를 할 수 있었겠나?
　제(齊)나라 재상 안영(晏嬰)이었지.

주해　① 梁甫吟(양보음)－옛 악부의 초조곡(楚調曲) 이름. 양보(梁甫)는 태
　산(泰山) 아래 있는 작은 산 이름. 보(甫)는 보(父)로도 씀. 양보산에는
　무덤이 많아, 양보음은 일종의 장가(葬歌)로 불리웠다. 《예문유취(藝文
　類聚)》권19에도 실림. 이 책의 제주(題註)에 '제(齊) 경공(景公)에게는

진(陳, 田으로도 씀)개강(開疆)·고(顧, 古로도 씀)야자(冶子)·공손첩(公孫捷, 接으로도 씀)의 세 용사가 있었다. 안영(晏嬰)이 말하기를 "대왕께서 세 개의 복숭아를 따다가 그 중 하나는 잡수시고 각각 영을 내리시기를 공이 많은 사람에게 한 개씩 주겠다고 하십시오."하고 아뢰었다. 그 결과 진(陳)·고(顧) 두 사람이 나머지 복숭아를 먹었는데, 공손첩은 자살하고 말았다. 그러자 진·고 두 사람도 부끄러운 마음이 생겨 역시 따라서 자살하였다. 제갈량(諸葛亮)은 제(齊)나라 성문을 걸어나가다 이 세 사람의 무덤을 보고 이 시를 읊으며 탄식하였다'고 설명하고 있다.

② 蕩陰里(탕음리)─제(齊)나라 성문 밖의 마을 이름.

③ 三墳(삼분)─세 무덤. 세 묘.

④ 纍纍(유류)─연이어 있는 모양.

⑤ 田疆古冶氏(전강고야씨)─전개강(田開疆)·고야자(古冶子). 실제로는 공손첩까지 포함한 세 사람을 가리킴.

⑥ 排南山(배남산)─남산을 밀어내다.

⑦ 文(문)─학문. 글. 옛날엔 학문의 뜻으로 많이 쓰였다.

⑧ 絶地理(절지리)─땅 위의 이치를 극하다. 땅 위의 이치를 꿰뚫다.

⑨ 晏子(안자)─춘추시대 제(齊)나라의 재상 안영(晏嬰). 시(諡)는 평(平), 자는 중(仲). 흔히 안평중(晏平仲)이라고도 부름. 제(齊)나라 영공(靈公)·장공(莊公)·경공(景公)을 섬겼고, 《안자춘추(晏子春秋)》를 지었다. 안영은 앞의 세 용사가 자기에게 제대로 인사를 하지 않았다 하여 원한을 품고 이들을 계략으로 죽게 하였다 한다.

해설 제갈량(諸葛亮)은 촉한(蜀漢)의 유비(劉備)를 섬기기 이전에 이 시를 매우 좋아하여 늘 읊고 있었다 한다. 그로서는 힘과 능력이 뛰어난 세 사람이 죄없이 계략에 의하여 죽어간 게 무엇보다도 가슴아팠던 것 같다. 지금도 '이도살삼사(二桃殺三士)'란 성어(成語)는 매우 유명하다. 《고문원(古文苑)》엔 〈고양보음(古梁父吟)〉이란 제하(題下)에 이 시가 실려 있는데, 제갈량의 작품이 아닐 가능성이 많다.

인류(引類)

　　명(明) 서사증(徐師曾)은 《문체명변(文體明辨)》에서 '당(唐) 이후 비로소 이 체(體)가 있게 되었다' 하면서, '그 인(引)이라 이름 붙인 뜻은 함부로 얘기하기 어렵다' 하였다. 실제로 '행(行)' '가행(歌行)'과 별 차이가 없는 듯한 것들이다. 백거이(白居易)의 〈비파행(琵琶行)〉을 〈비파인(琵琶引)〉이라 부르기도 하는 것이 이를 증명한다.

단청의 노래(①丹靑引)

두보(杜甫)

②將軍③魏武之子孫으로, 於今④爲庶爲⑤淸門이라.
　　(장군위무지자손　어금위서위청문)

英雄割據雖已矣나, ⑥文彩風流今尙存이라.
　　(영웅할거수이의　문채풍류금상존)

學書初學⑦衛夫人하고, 但恨無過⑧王右軍이라.
　　(학서초학위부인　단한무과왕우군)

丹靑⑨不知老將至하니, ⑩富貴於我如浮雲이라.
　　(단청부지노장지　부귀어아여부운)

開元之中常引見하고, 承恩⑪數上⑫南薰殿이라.
　　(개원지중상인견　승은삭상남훈전)

⑬凌煙功臣⑭少顏色하여, 將軍下筆⑮開生面이라.
　　(능연공신소안색　장군하필개생면)

良相頭上⑯進賢冠하고, 猛將腰間⑰大羽箭이라.
(양상두상진현관   맹장요간대우전)

⑱褒公⑲鄂公毛髮動하니, 英姿⑳颯爽㉑來酣戰이라.
(포공악공모발동   영자삽상내감전)

㉒先帝天馬㉓玉花驄을, 畫工如山貌不同이라.
(선제천마옥화총   화공여산모부동)

是日牽來㉔赤墀下하니, 迥立㉕閶闔生長風이라.
(시일견래적지하   형립창합생장풍)

詔謂將軍㉖拂絹素하니, ㉗意匠慘澹㉘經營中이라.
(조위장군불견소   의장참담경영중)

㉙斯須㉚九重眞龍出하여, 一洗萬古凡馬空이라.
(사수구중진룡출   일세만고범마공)

玉花却在㉛御榻上하니, 榻上庭前㉜屹相向이라.
(옥화각재어탑상   탑상정전흘상향)

至尊含笑催賜金하니, ㉝圉人㉞太僕皆㉟惆悵이라.
(지존함소최사금   어인태복개추창)

弟子㊱韓幹早㊲入室하여, 亦能畫馬㊳窮殊相이라.
(제자한간조입실   역능화마궁수상)

幹惟畫肉不㊴畫骨하여, ㊵忍使㊶驊騮氣㊷凋喪이라.
(간유화육불화골   인사화류기조상)

將軍盡善盖有神하니, 必逢佳士亦㊸寫眞이라.
(장군진선개유신   필봉가사역사진)

卽今㊹漂泊㊺干戈際에, ㊻屢貌尋常行路人이라.
(즉금표박간과제   누모심상행로인)

途窮㊼返遭㊽俗眼白하니, 世上未有如公貧이라.
(도궁반조속안백   세상미유여공빈)

但看古來盛名下에, 終日㊾坎壈㊿纏其身이라.
(단간고래성명하   종일감람전기신)

조장군(曹將軍)은 위(魏) 무제(武帝)의 자손으로,

지금은 서민(庶民)이 되어 청빈한 집안이 되어 버렸네.

영웅이 할거(割據)하던 시대 비록 이미 끝났으나,

조씨(曹氏) 집안의 문장과 풍류는 지금도 아직 남아 있네.

글씨를 배움에 있어서는 처음에 위부인체(衛夫人體)를 배웠고,

오직 왕희지(王羲之)보다 뛰어나지 못함을 한하였다네.

그러나 그림에 있어서는 자신이 늙어가고 있음을 모를 정도로 열심이어서,

부귀 같은 것은 그에게는 뜬구름처럼 보이는 듯하네.

현종(玄宗)의 개원(開元) 연간에는 늘 불려 들어가 천자 뵈옵고,

은총을 받게 되자 자주 남훈전(南薰殿)에 올라갔었네.

능연각(凌煙閣)의 당(唐)나라 공신들 초상화 얼굴빛 엷어져 있었는데,

조장군이 붓을 대어 생생한 면모를 드러내놓았네.

훌륭한 재상들 머리 위에는 진현관(進賢冠)을 얹어놓고,

날랜 장수들 허리에는 큰 깃 달린 화살 끼워놓아,

포공(褒公) 단지현(段志玄)이나 악공(鄂公) 위지경덕(尉遲敬德)은 머리털이 움직이고 있는 듯이 되어,

영웅다운 모습은 바람 일으키며 심한 전쟁에서 막 돌아온 듯하네.

선제(先帝) 현종의 명마인 옥화총(玉花驄)은,

산처럼 많은 화공들이 그렸으되 모습이 같지 않았네.

어느 날 궁전 붉은 섬돌 아래로 끌고 왔는데,

멀리 궁전 문앞에 서있어도 긴 바람 일으키는 듯한 모습이었네.

조명(詔命)으로 장군에게 흰 비단에 그리도록 하자,

마음속으로 구도를 고심하듯 열심히 구상하더니,

잠깐 사이에 궁전 안에 진짜 용마를 만들어 놓아,

깨끗이 옛부터의 범상한 말그림은 씻어 없어지게 하였네.

옥화총이 도리어 천자의 걸상 옆에 있게 되니,

걸상 옆과 뜰 앞 양쪽에서 옥화총이 우뚝 서로 마주보게 되었네.

지존께서 웃음 머금고 상금 내려주기를 재촉하시니,

옥화총 기른 사람과 돌보던 사람들 모두 맥을 잃었네.

그의 제자 한간(韓幹)은 일찍이 스승의 기법 터득하여,

역시 말을 그림에 있어 뛰어난 모습을 다 표현할 수 있었는데,

한간은 단지 근육이나 그렸지 뼈는 그리지 못하여,

부득이 화류(驊騮) 같은 명마로 하여금 기운을 잃게 했네.

조장군이 훌륭한 그림 솜씨 발휘하는 데에는 신들린 때문인 듯,

반드시 훌륭한 사람 만나면 그 사람 초상화도 그렸다네.

지금 와서는 전쟁 끊이지 않는 속에 떠돌아다니는 신세 되어,

보통 길가는 사람 모습도 자주 그린다네.

앞길 막히었는데 다시 속인들의 질시까지 받게 되니,

세상에는 장군처럼 가난했던 이가 없을 것만 같네.

다만 보건대 옛부터 대단한 명성 날렸던 사람 밑에는,

언제나 불우함이 밀려와 그의 몸을 묶게 되네.

주해 ① 丹靑引(단청인)－단청의 노래. 단청은 붉은 물감과 푸른 물감으로 그림을 뜻하며, 《두소릉집(杜少陵集)》 권13에도 실려 있는데 제하(題下)에 '조장군패(曹將軍霸)에게 드림[贈曹將軍霸]'이라 자주(自注)하고 있다. 곧 조패(曹霸)의 그림 솜씨를 노래한 시이다.

② 將軍(장군)－조패를 가리킴. 현종(玄宗) 때 좌무위장군(左武衛將軍) 벼슬을 지내다 죄를 지어 삭적(削籍)되어 서민이 되었다. 말그림을 잘 그려 유명했다.

③ 魏武(위무)－위(魏)나라 무제(武帝) 조조(曹操).

④ 爲庶(위서)－관적(官籍)을 박탈당하여 서인이 되는 것.

⑤ 淸門(청문)－청빈한 집안.

⑥ 文彩風流(문채풍류)－문장 실력과 예능의 멋. 위(魏)나라 조조와 그 아들

조비(曹丕)·조식(曹植)이 모두 시문에 뛰어났고, 조패의 조상인 조비의
손자 조모(曹髦)는 문학뿐만 아니라 그림에도 뛰어났었다.

⑦ 衛夫人(위부인)─진(晉)나라 위부인(衛夫人). 이름은 삭(鑠). 정위(廷尉)
전지(展之)의 누이동생이며, 여음태수(汝陰太守) 이구지(李矩之)의 처.
예서(隷書)를 잘 썼고[張懷瓘《書斷》], 서법을 종요(鍾繇)에게서 배워
다시 왕희지(王羲之)에게 전하였다 한다[《法書要錄》].

⑧ 王右軍(왕우군)─진(晉)나라 왕희지. 우군(右軍)은 그의 벼슬.

⑨ 不知老將至(부지노장지)─늙음이 다가오고 있음도 알지 못한다. 어떤 일
에 열중하여 세월의 흐름조차도 의식치 않는 것[《論語》述而].

⑩ 富貴(부귀)─《논어(論語)》술이(述而)편에서 '의롭지 않으면서도 부하고
귀한 것은 나에게 있어 뜬구름과 같다[不義而富且貴, 於我如浮雲]'고 한
표현을 인용한 말.

⑪ 數(삭)─자주.

⑫ 南薰殿(남훈전)─장안(長安)의 흥경궁(興慶宮) 안에 있던 전각 이름.

⑬ 凌煙(능연)─능연각(凌煙閣). 당(唐) 태종(太宗)이 정관(貞觀) 17년(643)
염입본(閻立本)에게 명하여 능연각에 24명의 당나라 공신 초상화를 그리
게 하고 태종(太宗) 스스로 찬(贊)을 지었다. 태극궁(太極宮) 안에 있었다.

⑭ 少顔色(소안색)─얼굴 채색이 엷어지다.

⑮ 開生面(개생면)─생생한 얼굴을 드러내다.

⑯ 進賢冠(진현관)─예전에 검은 천으로 만든 관으로, 문유(文儒)의 복색(服
色)임[《後漢書》輿服志下].

⑰ 大羽箭(대우전)─큰 깃이 달린 화살. 태종이 장궁(長弓)과 대우전을 만들
었는데 보통 것의 두 배였다 한다.

⑱ 褒公(포공)─단지현(段志玄). 제주(齊州) 임치(臨淄) 사람으로 뒤에 포국
공(褒國公)에 봉해졌다. 능연각에는 열 번째 순위.

⑲ 鄂公(악공)─위지공(尉遲恭). 자는 경덕(敬德). 많은 무공(武功)으로 악
국공(鄂國公)에 봉해졌으며, 능연각의 순위는 일곱 번째.

⑳ 颯爽(삽상)─바람 부는 모양. 여기서는 바람을 일으키는 것.

㉑ 來酣戰(내감전)─심한 전쟁으로부터 돌아오다.

㉒ 先帝(선제) ─ 현종(玄宗)을 가리킴.

㉓ 玉花驄(옥화총) ─ 현종의 말 이름. 화총(花驄)은 푸른 털과 흰 털로 얼룩 무늬를 이룬 말.

㉔ 赤墀(적지) ─ 궁전의 섬돌 윗자리에 붉은 칠을 하여 놓은 곳. 단지(丹墀) 라고도 함.

㉕ 閶闔(창합) ─ 천자의 궁전 문. 천제(天帝)의 궁전 문.

㉖ 拂絹素(불견소) ─ 흰 비단 위를 붓으로 쓸듯 그리는 것.

㉗ 意匠慘澹(의장참담) ─ 마음속으로 구도를 고심하듯 열심히 생각하는 것. 참담(慘澹)은 고심하는 모양.

㉘ 經營(경영) ─ 계획을 세우다. 설계하다.

㉙ 斯須(사수) ─ 잠깐 사이. 짧은 동안.

㉚ 九重(구중) ─ 아홉 겹. 여기서는 구중궁궐. 곧 궁전 안을 뜻함.

㉛ 御榻(어탑) ─ 천자의 걸상. 탑(榻)은 길고 좁으면서도 낮은 걸상.

㉜ 屹(흘) ─ 산이 우뚝 솟은 모양.

㉝ 圉人(어인) ─ 말을 먹여 기르는 관리[《周禮》 夏官].

㉞ 太僕(태복) ─ 말과 수레를 돌보는 관리[《漢書》 百官表].

㉟ 惆悵(추창) ─ 뜻을 잃은 모양. 맥을 잃고 섭섭히 여기는 모양.

㊱ 韓幹(한간) ─ 대량(大梁) 사람으로 벼슬은 태부시승(太府寺丞)을 지냈다. 왕유(王維)가 그의 그림을 보고 추장(推獎)하였는데 사람과 말을 잘 그렸 다. 처음에는 조패(曹覇)를 스승으로 그림을 배웠으나, 뒤에는 발전하여 독보적 존재가 되었다[《名畫記》].

㊲ 入室(입실) ─ 방에 들어가다. 기법의 오묘한 경지를 터득한 것을 뜻함.《논 어(論語)》 안연(顏淵)편에 '유(由)는 당(堂)에는 올랐으나 방[室]에는 들 어가지 못하고 있다[由也升堂, 未入室]'고 한 표현에서 나온 말.

㊳ 窮殊相(궁수상) ─ 특수한 모양을 다 그려내다. 뛰어난 모습을 다 표현하다.

㊴ 畫骨(화골) ─ 뼈를 그리다. 여기서는 말 내부의 재질이나 기세 같은 것까 지도 표현하는 것을 뜻함. 따라서 앞의 화육(畫肉)은 말의 외부만을 그려 놓는 것임.

㊵ 忍(인) ─ 할 수 없이. 부득이.

㉛ 驊騮(화류)─준마의 이름. 주(周) 목왕(穆王)의 팔준(八駿)의 하나.

㉜ 凋喪(조상)─시들어 죽는 것. 기운을 잃는 것.

㉝ 寫眞(사진)─초상화를 그리는 것.

㉞ 漂泊(표박)─떠돌아다니다.

㉟ 干戈(간과)─방패와 창. 전쟁을 뜻함.

㊱ 屢貌(누모)─자주 그리다. 자주 묘사하다.

㊲ 返(반)─다시. 그 위에.

㊳ 俗眼白(속안백)─속인의 질시를 받다. 속세의 미움을 받다. 안백(眼白)은 옛날 진(晉)나라 완적(阮籍)이 세속적인 사람이 오면 흰 눈〔白眼〕으로 대하고, 자기가 좋아하는 사람이 오면 푸른 눈으로 대했다는 데서 나온 말〔《晉書》本傳〕.

㊴ 坎壈(감람)─뜻을 잃은 것. 불우한 처지에 있는 것.

㊵ 纏(전)─얽다. 묶다.

〔해설〕 조패(曹覇)의 유명한 그림솜씨와 그의 불우함이 잘 표현된 시이다. 자신도 불세출의 시재(詩才)를 지니고도 어렵게 살았기 때문에 이러한 빼어난 인물들의 처지에는 누구보다도 공감을 느끼고 있었을 것이다.

도죽 지팡이 노래(①桃竹杖引)

두보(杜甫)

②江心③磻石生桃竹하니, 蒼波④噴浸⑤尺度足이라.
　　(강심반석생도죽　창파분침척도족)

斬根削皮如紫玉하니, ⑥江妃⑦水仙惜不得이라.
　　(참근삭피여자옥　강비수선석부득)

[8]梓潼[9]使君開一束하니, 滿堂賓客皆歎息이라.
　　(재동사군개일속　만당빈객개탄식)

憐我老病贈[10]兩莖하니, 出入[11]爪甲鏗有聲이라.
　　(연아로병증양경　출입조갑갱유성)

老夫復欲東南征하니, 乘濤[12]鼓枻[13]白帝城이라.
　　(노부부욕동남정　승도고예백제성)

路幽必爲鬼神奪이오, 拔劒或與蛟龍爭이라.
　　(노유필위귀신탈　발검혹여교룡쟁)

重爲告曰, 杖兮杖兮여,
　　(중위고왈　장혜장혜)

爾之生也甚正直하니, 愼勿見水踴躍學[14]變化爲龍이라.
　　(이지생야심정직　신물견수용약학변화위룡)

使我不得爾之扶持면, [15]滅跡於[16]君山湖上之靑峯이라.
　　(사아부득이지부지　멸적어군산호상지청봉)

噫風塵[17]澒洞兮豺虎咬人하니, 忽失雙杖兮吾將[18]曷從고?
　　(희풍진홍동혜시호교인　홀실쌍장혜오장갈종)

강물 가운데 반석 위에 도죽(桃竹)이 자라는데,
푸른 물결이 뿜겨지고 적시어져 크기 충분하게 자랐네.
뿌리 자르고 껍질 벗기자 자옥(紫玉) 같은 속줄기 드러나니,
강물의 여신이며 물의 신선도 아깝게 여겼지만 어쩔 수 없게 되었네.
재주(梓州)의 자사(刺史)가 도죽을 한다발 갖다 풀어놓으니,
방에 가득 찬 손님 모두 탄식을 하네.
내가 늙어 병들었음 가엾게 여기어 두 개를 주었는데,
출입할 때 짚고 다니자 발톱에서 쟁그랑거리는 쇳소리 나는 듯하네.
이 늙은이 다시 동남쪽으로 여행하려 하니,
물결 타고 뱃전 두드리며 백제성(白帝城)을 지나게 될 것인데,

길 으슥하니 반드시 귀신들이 이 도죽장(桃竹杖) 빼앗으려 할 것
이고,

칼 빼들고 혹은 교룡(蛟龍)과도 싸워야 할지 모르겠네.

거듭 그래서 고하나니, 지팡이여, 지팡이여!

너의 삶은 매우 정직하였으니,

삼가 물을 보고는 뛰어올라 변화하여 용이 된 옛일을 본뜨지 말
게나.

나는 너의 부축을 받지 못하게 되면,

군산(君山)이 있는 동정호(洞庭湖) 위의 푸른 봉우리에서 실종되
고 말 걸세.

아아, 바람에 먼지 날려 자욱하듯 전란 계속되어 승냥이와 호랑이
가 사람을 무는 판이니,

갑자기 두 지팡이 잃게 된다면 나는 장차 무얼 의지하겠느냐?

주해 ① 桃竹杖引(도죽장인)―도죽(桃竹) 지팡이의 노래. 도죽은 도지죽(桃
枝竹)·종려죽(椶櫚竹)이라고도 하며, 잎새는 종려나무 같고 줄기는 대
같으면서도, 마디 사이가 짧고 속이 차 있어 천성(天成)의 지팡이 감인데
파주(巴州)·유주(渝州)〔모두 四川省〕에서 난다.《두소릉집(杜少陵集)》
권12에 실려 있는데, 제하(題下)에 '장유후(章留後)에게 드림〔贈章留後〕'
이라 자주(自注)되어 있다. 장유후란 장이(章彝)이며 유후는 벼슬 이름.
그가 보내준 도죽장(桃竹杖)에 대한 답례로 지어 보낸 것이다.

② 江心(강심)―강 가운데.

③ 磻石(반석)―반석(磐石). 넓고 편편한 큰 바위.

④ 噴浸(분침)―물이 뿜어지고 물에 젖고 하는 것.

⑤ 尺度足(척도족)―길이와 굵기가 충분하게 되다. 크기가 지팡이로 알맞게
되다.

⑥ 江妃(강비)―강의 여신. 순비(舜妃) 아황(娥皇)과 여영(女英)이 상수(湘
水)의 여신이 되었다 한다.

⑦ 水仙(수선) ― 물의 신선. 풍이(馮夷)·빙이(冰夷)라고도 함[《楚辭》王逸 章句].

⑧ 梓潼(재동) ― 재주(梓州)를 재동군(梓潼郡)이라고도 부르며, 사천성(四川省) 삼태현(三台縣)이었다.

⑨ 使君(사군) ― 고을의 태수 또는 자사(刺史). 그때 장이(章彝)가 재주자사(梓州刺史)였음. 또 시어사(侍御史)를 겸하여 동천(東川)의 유후(留後)가 되어 있어, 제주(題注)에선 장유후라 불렀다.

⑩ 兩莖(양경) ― 두 줄기, 두 개.

⑪ 爪甲(조갑) ― 손톱. 발톱. 여기서는 지팡이가 내는 소리가 발톱에서 쇳소리가 나는 것 같다고 한 것이다.

⑫ 鼓枻(고예) ― 뱃전을 두드리다. 뱃전을 치며 노래의 장단을 맞추는 것[《楚辭》漁父 王逸 章句]. 노를 소리내어 젓는 것으로 보는 이도 있다.

⑬ 白帝城(백제성) ― 사천성 봉절현(奉節縣) 동쪽 백제산(白帝山)에 있는 성 이름.

⑭ 變化爲龍(변화위룡) ― 변화하여 용이 되다. 호공(壺公)이 비장방(費長房)을 돌려보내며 한 죽장(竹杖)을 주고 타고 가도록 하였다. 비장방이 집으로 돌아와 죽장을 갈피(葛陂)에 내던지니 청룡(靑龍)으로 화했다 한다[《神仙傳》].

⑮ 滅跡(멸적) ― 실종되다. 간 곳을 모르게 되다.

⑯ 君山(군산) ― 동정호(洞庭湖) 가운데 있는 산 이름. 동정산이라고도 부르며 선녀가 살았다는 전설이 있다[《大明一統志》].

⑰ 潧洞(홍동) ― 자욱이 솟아오르는 모양. 어지러운 모양. 구름 기운 같은 것이 끝없이 자욱한 모양. 홍동(鴻洞)으로도 씀.

⑱ 曷從(갈종) ― 무엇을 따를 건가. 어디에 의지할 것인가?

(해설) 시구(詩句)에 변화가 많은 독특한 시체(詩體)이다. 중국 학자들 중에는 도죽장(桃竹杖)도 두보(杜甫)가 의지하려는 친구나 어떤 사람에게 비유한 것이라 보려는 사람이 많다.

위풍 녹사댁에서 조장군이 그린 말 그림을 보고 노래함
(①韋諷錄事宅觀曹將軍畫馬圖引)

두보(杜甫)

國初已來畫鞍馬는, 神妙獨數②江都王이러니,
　　(국초이래화안마　신묘독수강도왕)

將軍得名三十載에, 人間又見眞③乘黃이라.
　　(장군득명삼십재　인간우견진승황)

曾貌先帝④照夜白하니, ⑤龍池十日飛⑥霹靂이라.
　　(증모선제조야백　용지십일비벽력)

⑦内府⑧殷紅⑨馬腦盤을, ⑩婕妤傳詔⑪才人索하여,
　　(내부은홍마뇌반　첩여전조재인색)

盤賜將軍⑫拜舞歸할새, ⑬輕紈細綺⑭相追飛라.
　　(반사장군배무귀　경환세기상추비)

貴戚權門得筆跡하고, 始覺屏障生光輝라.
　　(귀척권문득필적　시각병장생광휘)

昔日太宗⑮拳毛騧와, 近時⑯郭家⑰師子花라.
　　(석일태종권모왜　근시곽가사자화)

今之新圖有二馬하여, 復令識者久歎嗟라.
　　(금지신도유이마　부령식자구탄차)

此皆騎戰一敵萬이니, ⑱縞素⑲漠漠⑳開風沙라.
　　(차개기전일적만　호소막막개풍사)

其餘七匹亦殊絶하니, ㉑迥若寒空㉒動煙雪이라.
　　(기여칠필역수절　형약한공동연설)

霜蹄蹴踏長^㉓楸間하고, ^㉔馬官^㉕厮養^㉖森成列이라.
　　(상제축답장추간　마관시양삼성렬)

可憐九馬爭^㉗神駿하니, 顧視淸高^㉘氣深穩이라.
　　(가련구마쟁신준　고시청고기심온)

借問苦心愛者誰오? 後有韋諷前^㉙支遁이라.
　　(차문고심애자수　후유위풍전지둔)

憶昔巡幸^㉚新豊宮할제, ^㉛翠華拂天來向東이라.
　　(억석순행신풍궁　취화불천내향동)

^㉜騰驤^㉝磊落三萬匹이, 皆與此圖筋骨同이라.
　　(등양뢰락삼만필　개여차도근골동)

自從^㉞獻寶朝河宗으로, 無復^㉟射蛟江水中이라.
　　(자종헌보조하종　무부사교강수중)

君不見^㊱金粟堆前松栢裏에, ^㊲龍媒去盡鳥呼風을?
　　(군불견금속퇴전송백리　용매거진조호풍)

당나라 초기 이래로 안장 놓인 말 그리는 데 있어서는,

신묘함에 있어 오직 강도왕(江都王)을 쳤었는데,

조장군(曹將軍)이 명성을 얻어 30년이 되자,

인간 세상에 또 진짜 신마(神馬) 보게 되었네.

일찍이 선제(先帝) 현종(玄宗)의 조야백(照夜白)을 그렸었는데,

용지(龍池)에서는 열흘 동안 심한 우레소리 났었다네.

궁중 창고의 검붉은 마노(瑪瑙) 쟁반 있는데,

천자가 첩여(婕妤)에게 영을 내려 재인(才人)에게 찾아오게 하여,

그 쟁반 조장군에게 하사하자 장군은 재배(再拜) 무도(舞蹈)하고 돌아가는데,

가벼운 흰 비단 고운 무늬 비단도 연이어 날듯 하사되었다네.

귀족들과 권세가들도 그의 필적을 얻고서,

비로소 병풍들도 빛을 발함을 느끼게 되었다네.
옛날 태종(太宗)의 권모왜(拳毛騧)와,
근래 곽자의(郭子儀) 장군 집안의 사자화(師子花),
지금의 새그림에 이 두 마리 말 그려져 있어,
다시 그것을 알아보는 사람들로 하여금 오래도록 감탄케 하여,
이것들 모두 기병전(騎兵戰)할 때 일기(一騎)가 만기(萬騎) 대적했으니,
흰 비단에 자욱이 바람에 날리는 모래 펼쳐지고 있는 듯하네.
그밖의 그려진 일곱 필 말도 역시 매우 뛰어난 것이어서,
멀리 차가운 하늘에 연기처럼 나부끼는 눈 움직이게 하는 듯하네.
서리 위 달리는 발굽은 긴 노나무 사이를 밟고 차고 있고,
말 관리하는 사람들과 말 먹이는 사람들 잔뜩 줄 서서 보고 있네.
멋진 아홉 필 말이 매우 뛰어난 모습 다투는데,
돌아보는 눈길 맑고 높고 기운은 침착하게 안정되어 있네.
묻나니 고심하며 이를 사랑하는 사람 누구인가?
후세에 그림 모은 위풍(韋諷)이 있고 전세에는 진(晉)나라에 지둔(支遁) 있었네.
생각컨대 옛날 현종(玄宗)이 신풍궁(新豊宮)에 납실 적에는,
비취새 깃으로 장식한 깃발 하늘에 펄럭이며 동쪽으로 왔었지.
그때 뛰어오르며 달리던 말 수없이 많아 3만 필이나 되었는데,
모두가 이 그림의 말과 근육이나 골격이 같았네.
옛날 주(周) 목왕(穆王)이 보물을 바치고 하백(河伯)에게 인도를 받아 서쪽으로 갔던 것처럼 현종이 촉(蜀)으로 피란간 뒤로는,
다시는 한(漢) 무제(武帝)가 길을 나서 장강(長江)에서 교룡(蛟龍)을 쏘아 잡듯 길 나서지 못하였네.
그대는 보지 못하는가, 현종의 무덤인 금속퇴(金粟堆) 앞 소나무와 측백나무 숲속에,

준마(駿馬)는 다 가버리고 새만 부는 바람 속에 울고 있는 것을?

주해 ① 韋諷錄事宅觀曹將軍畫馬圖引(위풍녹사댁관조장군화마도인)－위풍녹
사(韋諷錄事)의 집에서 조장군(曹將軍)이 그린 말 그림을 보고 노래함.
녹사(錄事)는 벼슬 이름, 위풍(韋諷)은 낭주(閬州 : 사천성 閬中縣)의 녹
사로 집은 성도(成都)에 있었다. 조장군은 앞 〈단청인(丹靑引)〉에 보인
조패(曹覇). 《두소릉집(杜少陵集)》 권13에선 인(引)을 가(歌)로 쓰고 있
고, 그 제주(題注)에 가(歌)자도 없는 판본도 있다 하였다.

② 江都王(강도왕)－이름은 서(緒). 곽왕(霍王) 원궤(元軌)의 아들이며 태종
(太宗)의 조카. 벼슬은 금주자사(金州刺史)를 지냈고, 글씨를 잘 썼으며
특히 말그림으로 유명했다〔《名畫記》〕.

③ 乘黃(승황)－비황(飛黃)이라고도 하며, 《산해경(山海經)》에 보이는 신마
(神馬) 이름.

④ 照夜白(조야백)－옥화총(玉花驄)과 함께 현종이 탔던 말 이름.

⑤ 龍池(용지)－흥경궁(興慶宮) 남훈전(南薰殿) 〔앞 〈丹靑引〉에 보임〕 북쪽
의 연못 이름. 늘 구름 기운이 있고 그 속에서 황룡이 나왔었다 한다〔《唐
六典》〕.

⑥ 霹靂(벽력)－우레소리가 나다. 용지(龍池)의 황룡이 말그림을 보고 자기
친구가 온 줄 알고 나오려고 움직였음을 뜻한다.

⑦ 內府(내부)－궁중의 창고.

⑧ 殷紅(은홍)－검붉은 빛.

⑨ 馬腦(마뇌)－마노(瑪瑙)로 보통 쓰며, 보석의 일종.

⑩ 婕妤(첩여)－여관(女官) 이름. 정3품에 해당하는 매우 지위가 높은 내관
(內官)〔《唐書》百官志〕.

⑪ 才人(재인)－여관(女官) 이름. 비교적 낮은 내관(內官)임.

⑫ 拜舞(배무)－재배하고 무도(舞蹈)하는 것. 천자에게 인사드릴 적에 두 번
절하고 예를 갖추는 동작을 하는 것.

⑬ 輕紈細綺(경환세기)－가벼운 흰 비단과 고운 무늬 비단.

⑭ 相追飛(상추비)－서로 쫓아 날아가다. 연달아 날려 보내듯 많은 비단을

다시 상으로 내리는 것.

⑮ 拳毛騧(권모왜)—당(唐) 태종(太宗)이 타던 말 이름으로 육준(六駿) 중의 하나. 왜(騧)는 온몸이 노랗고 입 근처만 검은 말.

⑯ 郭家(곽가)—곽자의(郭子儀)를 가리킴. 안녹산(安祿山)의 난을 전후하여 많은 공을 세운 장군.

⑰ 師子花(사자화)—사자총(獅子驄)이라고도 부르며, 대종(代宗) 때 토번(吐蕃)을 무찌르고 양경(兩京)을 수복한 공로로 천자가 내린 말 이름.

⑱ 縞素(호소)—흰 비단. 그림을 그린 비단을 가리킴.

⑲ 漠漠(막막)—널리 퍼진 모양. 널리 자욱한 모양.

⑳ 開風沙(개풍사)—바람에 날리는 모래가 펼쳐지다. 정말로 말들이 전장을 달리며 먼지를 일으키고 있는 듯하다는 뜻.

㉑ 逈若(형약)—멀리. 아득히.

㉒ 動煙雪(동연설)—연기처럼 나부끼는 눈을 움직이게 하다. 말들이 살아 움직이어 날리는 눈을 움직이게 하고 있는 듯하다는 뜻.

㉓ 楸(추)—노나무. 옛날에는 길가에 이 나무를 많이 심었다 한다.

㉔ 馬官(마관)—말을 관리하는 관원.

㉕ 厮養(시양)—말을 먹여 기르는 천한 자들.

㉖ 森成列(삼성렬)—많은 사람이 서서 줄을 이루고 있는 것.

㉗ 神駿(신준)—말의 뛰어난 모양.

㉘ 氣深穩(기심온)—기운이 깊고 평온하다. 기세가 침착하고 안정된 것.

㉙ 支遁(지둔)—진(晉)나라의 고승(高僧). 자는 도림(道林). 사안(謝安), 왕희지(王羲之) 등과 교유(交遊)하였고, 말을 좋아하여 늘 여러 마리를 직접 길렀다[《世說》].

㉚ 新豊宮(신풍궁)—섬서성(陝西省) 임동현(臨潼縣) 동쪽 여산(驪山) 아래 있던 이궁(離宮) 이름.

㉛ 翠華(취화)—비취색 깃으로 장식한 깃대. 천자의 기임.

㉜ 騰驤(등양)—말이 뛰어오르며 달리는 것.

㉝ 磊落(뇌락)—수가 많은 모양.

㉞ 獻寶朝河宗(헌보조하종)—주(周) 목왕(穆王)이 서쪽으로 갈 때 양우산(陽

紆山)에 이르러 구슬을 하종씨(河宗氏 : 河伯)에게 바치고 예를 갖추어 그의 인도로 서쪽으로 여행할 수 있었다[《穆天子傳》]. 목왕은 서쪽을 여행하고 돌아와 곧 죽었기 때문에, 이로써 당(唐) 현종(玄宗)이 안녹산의 난을 피하여 촉(蜀)으로 갔던 일을 가리킨다.

㉟ 射蛟江水中(사교강수중)－한(漢) 무제(武帝)가 심양(潯陽)에서 배로 장강(長江)을 여행하다 친히 교룡(蛟龍)을 활로 쏘아 잡았었다[《漢書》 武帝本紀]. 이로써 천자의 뜻있는 순행(巡幸)을 가리키고 있다.

㊱ 金粟堆(금속퇴)－섬서성(陝西省) 봉선현(奉先縣) 동북쪽 금속산(金粟山)에 있는 현종의 무덤이 있는 곳.

㊲ 龍媒(용매)－본시는 용을 불러들일 만한 말의 뜻[《漢書》 禮樂志]이나, 뒤에는 준마(駿馬)를 가리키는 말로 쓰임.

(해설) 이 시는 본디 조패(曹覇)의 말그림을 찬탄하는 내용이나, 끝머리 구절을 '준마(駿馬)는 다 가버리고 새만 부는 바람 속에 울고 있다'고 끝맺고 있다. 결국 왜 진짜 유명한 준마들은 모두 없어지고 그림만 남았느냐는 뜻이 된다. 여기에서도 두보(杜甫)가 말을 인물에 비유했음을 다시 느끼게 한다. 지난날의 뛰어난 인물들도 지금은 기록에만 남아 있고, 그런 인물이 없어 세상은 어지럽기만 하다는 뜻인 듯하다.

곡류(曲類)

　　곡(曲)은 악곡의 뜻으로 곡조를 따라 노래하는 가사체(歌辭體)를 말한다. 《시경(詩經)》 모전(毛傳)에도 '곡(曲)이 악(樂)에 합하여지는 것을 가(歌)라 하고, 도가(徒歌 : 반주없이 노래하는 것)를 요(謠)라 한다' 하였다. 따라서 곡은 음악과 관련이 깊은 것이지만 후세에는 시체(詩體)의 하나로 변하여, 노래가 지니던 서정적 성격만을 다른 시체보다 짙게 지니고 있을 따름이다.

명비곡(①明妃曲)　기일(其一)

왕안석(王安石)

明妃初出漢宮時에, 淚濕春風②鬢脚垂라.
　　(명비초출한궁시　누습춘풍빈각수)
③低回顧影④無顏色이나, 尚得君王⑤不自持라.
　　(저회고영무안색　상득군왕부자지)
歸來却在⑥丹靑手니, ⑦入眼平生未曾有라.
　　(귀래각괴단청수　입안평생미증유)
意態由來畫不成하니, 當年枉殺⑧毛延壽라.
　　(의태유래화불성　당년왕살모연수)
一去心知更不歸하니, 可憐⑨著盡漢宮衣라.
　　(일거심지갱불귀　가련착진한궁의)

寄聲欲問塞南事로되, 只有年年鴻鴈飛라.
　　(기성욕문새남사　지유년년홍안비)
佳人萬里傳消息하니, 好在⑩氈城莫相憶하라.
　　(가인만리전소식　호재전성막상억)
君不見⑪咫尺⑫長門閉⑬阿嬌아? 人生失意無南北이라.
　　(군불견지척장문폐아교　인생실의무남북)

　왕소군(王昭君)이 처음 흉노(匈奴)로 가려고 한(漢)나라 궁전 나
설 때,
　눈물은 봄바람에 젖고 머리끝은 늘어졌네.
　발을 떼어놓지 못하며 그림자 돌아보는 얼굴빛 어두웠으나,
　그래도 임금을 어찌할 줄 모르게 할 정도로 아름다웠네.
　원제(元帝)는 돌아와 드디어 화공의 솜씨 이상하게 여기고 추궁
하였으니,
　눈에 드는 여인 평생 동안 그림에선 보지 못하였기 때문이네.
　사람의 모습은 본디 그대로 그려낼 수 없는 것이니,
　그때 모연수(毛延壽)는 공연히 죽여 버린 셈이네.
　한번 가면 다시는 돌아오지 못할 것을 마음속에 알고 있었으니,
　가련하게도 한(漢)나라 궁전 옷을 입을 수 있는 만큼 입었다네.
　소식 전하여 국경 남쪽 한나라 일 물어보고자 해도,
　오직 해마다 기러기만 날아가고 있네.
　아름다운 그대에게 만리 길 소식 전하나니,
　흉노 성안에 잘 지내며 고향 땅 생각 말게나.
　그대는 보지 못했는가, 지척에 있는 장문궁(長門宮)에 아교(阿嬌)
를 가두어 놓았던 일을?
　사람이 세상에 나와서 뜻을 잃게 되면 남쪽 땅 북쪽 땅 구별도 없
는 법이지.

주해 ① 明妃曲(명비곡)─명비(明妃)의 노래. 명비는 한(漢) 원제(元帝) 때의 후궁 왕소군(王昭君). 원제는 후궁이 너무 많아 화공(畫工)에게 그림을 그려 올리게 하고는 그 그림을 보고 마음에 드는 여자를 골랐다. 때마침 흉노(匈奴)의 선우(單于)가 미녀를 요구하여, 원제는 그림을 보고 왕소군을 주기로 하였다[《後漢書》南匈奴傳을 보면 왕소군 자신이 흉노에 갈 것을 지원했음]. 그러나 뒤에 우연히 보니 왕소군은 한궁(漢宮) 제일의 미인이었다. 원제는 왕소군을 사랑하면서도 강력한 흉노의 세력 때문에 어쩌지 못하고 그대로 왕소군을 흉노로 보냈다 한다[《西京雜記》 권2]. 《임천선생문집(臨川先生文集)》 권4에 실려 있다.

② 鬢脚(빈각)─머리털 끝쪽.

③ 低回(저회)─차마 떠나지 못하는 모양. 서성이는 것.

④ 無顏色(무안색)─얼굴빛이 없다. 얼굴빛이 어둡다. 얼굴이 사색(死色)이다.

⑤ 不自持(부자지)─스스로를 지탱 못하다. 어쩔 줄을 모르다.

⑥ 丹青手(단청수)─화공. 화공의 솜씨.

⑦ 入眼(입안)─눈에 드는 것. 눈에 드는 미인.

⑧ 毛延壽(모연수)─원제의 명으로 미인들 초상화를 그렸던 화공 이름[《서경잡기》]. 원제는 왕소군을 본 뒤 화공이 그림을 잘못 그렸다 하여 그를 잡아 죽였다 한다.

⑨ 著盡(착진)─다하도록 입다. 곧 한궁(漢宮)의 옷을 입을 수 있는 대로 다 없어질 때까지 계속 입었다는 뜻일 것이다.

⑩ 氈城(전성)─담요[毛氈]를 쳐서 만든 장막의 성. 곧 몽고 사람들이 사는 곳을 가리킴.

⑪ 咫尺(지척)─아주 가까운 거리.

⑫ 長門(장문)─장안(長安)에 있던 한(漢) 궁전 이름.

⑬ 阿嬌(아교)─한(漢) 무제(武帝)의 진황후(陳皇后). 처음에는 무제의 총애를 받았으나 자식을 낳지 못하여 만년에는 장문궁(長門宮)에 갇혀 지내는 신세가 되었다.

해설 왕소군의 얘기를 비극화하여 노래한 왕안석(王安石, 1021~1086)의

이 〈명비곡(明妃曲)〉은 많은 사람들의 공감을 불러일으켜, 송(宋)나라에
서만도 수많은 사람들이 이에 화작(和作)하였다. 그리고 후세에는 원(元)
대 마치원(馬致遠)의 〈한궁추(漢宮秋)〉를 비롯하여 이를 주제로 한 여러
가지 희곡·소설까지도 나왔다.

명비곡([1]明妃曲)   기이(其二)

왕안석(王安石)

明妃出嫁與胡兒할세, [2]氈車百兩皆胡姬라.
   (명비출가여호아   전거백량개호희)
含情欲語獨無處하여, [3]傳與琵琶心自知라.
   (함정욕어독무처   전여비파심자지)
黃金[4]捍撥[5]春風手로, 彈看飛鴻勸胡酒라.
   (황금한발춘풍수   탄간비홍권호주)
漢宮侍女暗垂淚하고, 沙上行人却回首라.
   (한궁시녀암수루   사상행인각회수)
漢恩自淺胡自深하니, 人生樂在相知心이라.
   (한은자천호자심   인생낙재상지심)
可憐[6]靑冢已[7]蕪沒이나, 尙有哀絃留至今이라.
   (가련청총이무몰   상유애현유지금)

왕소군(王昭君)이 오랑캐 선우(單于)에게 시집갈 때,
오랑캐 마차 백량에는 모두 오랑캐 여인들뿐이어서,
품은 감정 말하고자 해도 홀로 상대할 곳 없어,
비파(琵琶)에 마음 전해 타면서 마음속으로 자기만 알고 있었네.

황금 줄채 쥐고 봄바람 일게 하는 손으로,
비파 타면서 날아가는 기러기 보며 선우에게 오랑캐 술 권하는데,
한나라 궁전의 시녀들은 속으로 눈물 흘리고,
모래밭 가는 행인들도 머리를 돌렸네.
한나라 은혜는 얇은데 오랑캐에서 받은 은혜 자연히 깊을 것이니,
인생의 즐거움 서로 마음 알아주는 데 있음 어이하랴.
가련하게도 청총(靑冢)은 이미 우거진 풀 속에 묻혀 버렸으나,
아직도 비파의 슬픈 가락은 지금까지도 남아 있다네.

(주해) ① 明妃曲(명비곡)—이 두번째 〈명비곡〉은 앞의 것보다도 더 왕소군(王
昭君)이 한궁(漢宮)을 떠날 때의 모습 묘사로 집중되어 있다.
② 氈車(전거)—담요로 수레 포장을 친 흉노(匈奴)의 수레.
③ 傳與琵琶(전여비파)—비파의 곡(曲)에 자기 정과 마음을 전하여 연주하
는 것. 이때 왕소군이 탔다는 곡으로 〈소군원(昭君怨)〉이 전한다.
④ 捍撥(한발)—비파 줄을 뜯을 때 쓰는 줄채.
⑤ 春風手(춘풍수)—봄바람을 일으키듯 움직이는 손. 봄바람처럼 부드럽게
움직이는 손.
⑥ 靑冢(청총)—푸른 무덤. 왕소군이 흉노에서 살다 죽은 뒤 장사를 지냈는
데, 소군(昭君)의 무덤만은 언제나 푸르러 청총이라 불렀다 한다. 총
(冢)은 총(塚)과 같음.
⑦ 蕪沒(무몰)—풀이 우거져 묻혀 버리다.

(해설) 이 시는 왕소군(王昭君)이 한(漢)나라를 떠날 때의 슬픈 모습을 노
래하다가, 결론은 '사람은 자기 마음을 알아주는 이가 제일이다'는 것과
'그의 비파 가락은 아직도 남아 전한다'는 말로 끝맺고 있다. 운을 세 가
지나 바꿔 쓰고 있는 게 특히 눈에 띤다.

명비곡([1]明妃曲)

구양수(歐陽修)

漢宮有佳人이나, 天子初未識이라.
　　(한궁유가인　천자초미식)

一朝隨漢使하여, 遠嫁單于國이라.
　　(일조수한사　원가선우국)

絶色天下無하니, 一失難再得이라.
　　(절색천하무　일실난재득)

雖能殺畫工이나, 於事竟何益고?
　　(수능살화공　어사경하익)

[2]耳目所及尚如此어든, 萬里安能制夷狄고?
　　(이목소급상여차　만리안능제이적)

漢計誠已拙하니, 女色[3]難自誇라.
　　(한계성이졸　여색난자과)

明妃去時淚를, [4]洒向枝上花라.
　　(명비거시루　쇄향지상화)

狂風日暮起하니, [5]飄泊落誰家오?
　　(광풍일모기　표박낙수가)

[6]紅顔勝人多[7]薄命하니, 莫怨春風當[8]自嗟하라.
　　(홍안승인다박명　막원춘풍당자차)

한(漢)나라 궁중에 미인이 있었으나,
천자는 처음엔 알지 못하였는데,
하루아침에 한나라 사자(使者) 따라서,

멀리 흉노(匈奴) 선우(單于)의 나라로 시집가게 되었다네.
절색의 미인이란 천하에 또 없는 것이니,
한번 잃으면 다시 얻기 어려운 것.
비록 화공을 죽일 수는 있다 해도,
그르친 일에 결국 무슨 이익 되겠는가?
천자의 이목이 미치는 일조차도 이렇게 처리되었다면,
만리 저쪽의 오랑캐들을 어찌 제어할 수가 있겠는가?
한나라 계책 진실로 졸렬했으니,
여색(女色)을 가지고는 스스로 뽐내기 어려웠던 일이었네.
왕소군(王昭君)은 떠날 적에 눈물을,
나뭇가지 위 꽃에 뿌렸는데,
사나운 바람 해 저물자 일어나니,
꽃잎처럼 날아다니다 어느 집에 떨어지게 될 것인가?
아름다운 붉은 얼굴 남보다 뛰어나면 박명(薄命)한 이 많은 법이니,
꽃잎 날리는 봄바람 원망말고 자기 운명이나 한탄할 것이네.

주해 ① 明妃曲(명비곡)－왕안석(王安石)의 앞 〈명비곡〉에 화작(和作)한 시
임. 《구문충공문집(歐文忠公文集)》 권8에 실려 있음.
② 耳目所及(이목소급)－이목이 미치는 일. 가까운 곳의 일.
③ 難自誇(난자과)－스스로 뽐내기 어렵다. 곧 미인을 흉노에게 주었다고,
흉노 문제를 간단히 해결하였다고 뽐내고 있을 수는 없는 일이라는 뜻.
④ 洒(쇄)－뿌리다.
⑤ 飄泊(표박)－바람에 날려 다니는 것. 떠돌아다니는 것. 꽃잎과 왕소군의
운명을 함께 노래하고 있다.
⑥ 紅顔(홍안)－붉은 얼굴. 혈색 좋은 아름다운 얼굴.
⑦ 薄命(박명)－좋지 않은 운명. 운명이 나쁜 것.
⑧ 自嗟(자차)－스스로 한탄하다. 자신의 운명을 탄식하다.

해설 구양수(歐陽修)의 시는 왕안석(王安石)의 경우보다 좀더 정치적인 면으로 기울어, 한족(漢族)으로서 오랑캐 방어에 경각심을 불러일으키고자 하고 있다. 그리고 왕소군 개인의 비극은 바람에 날리는 꽃잎 같은 운명으로 비교적 가볍게 처리하고 있다. 어떻든 시구(詩句)에 변화도 많고, 왕소군에 대한 또다른 감정을 노래한 좋은 시이다.

명비곡, 왕안석 시에 화작함([1]明妃曲和王介甫)

구양수(歐陽修)

胡人以鞍馬爲家射獵爲俗하고,
　　(호인이안마위가사렵위속)

泉甘草美[2]無常處하며, 鳥驚獸駭[3]爭馳逐이라.
　　(천감초미무상처　조경수해쟁치축)

誰將漢女嫁胡兒오? 風沙無情面如玉이라.
　　(수장한녀가호아　풍사무정면여옥)

身行不遇中國人하여, 馬上自作[4]思歸曲이라.
　　(신행불우중국인　마상자작사귀곡)

[5]推手爲琵却手琶하니, 胡人共聽亦[6]咨嗟라.
　　(추수위비각수파　호인공청역자차)

玉顏流落死天涯나, 琵琶却傳來漢家라.
　　(옥안류락사천애　비파각전내한가)

漢宮[7]爭按[8]新聲譜하니, 遺恨已深聲更苦라.
　　(한궁쟁안신성보　유한이심성갱고)

[9]纖纖女手生[10]洞房하여, 學得琵琶[11]不下堂이라.
　　(섬섬녀수생동방　학득비파불하당)

不識黃雲出塞路하니, **豈知此聲能斷腸**고?
(불식황운출새로 기지차성능단장)

오랑캐들은 안장 없은 말을 집으로 삼고 활 쏘며 사냥하는 것이 풍습인데,

그곳 샘물 달고 풀 아름답게 자란 곳 찾아다니며 일정하게 사는 곳 없고,

새 놀라고 짐승 놀라서 뛰면 다투어 말달리며 뒤쫓아 잡는다네.

누가 한(漢)나라 여인을 오랑캐 남자에게 시집보냈던가?

바람에 날리는 모래 무정하게도 옥 같은 얼굴 치는데,

가도가도 중국 사람은 만날 수 없어,

말 위에서 스스로 돌아가고픈 생각 비파곡(琵琶曲)으로 지어,

이리저리 비파 줄 뜯으니,

오랑캐들도 모두 듣고 역시 탄식하였다네.

옥 같은 얼굴의 왕소군(王昭君) 흉노(匈奴) 땅으로 흘러가 저 하늘가에서 죽어버렸으나,

그의 비파곡은 도리어 한나라로 전하여 와서,

한나라 궁전에선 다투어 새로운 곡보(曲譜)의 비파 연주하니,

그 곡조에 담긴 한 깊어 비파 소리 더욱 마음아프게 하였네.

곱고 여린 손의 왕소군 집안의 깊은 방안에서 자라,

비파를 배웠으되 문밖 출입해 본 일 없어,

누런 구름 이는 국경을 나가는 길은 알지조차 못했으니,

그 곡조가 사람들을 애끊게 할 줄이야 어이 알았으리?

주해 ① 明妃曲和王介甫(명비곡화왕개보) – 〈명비곡(明妃曲)〉, 왕안석(王安石) 에 화작(和作)함. 앞 왕안석의 〈명비곡〉 기이(其二)에 화(和)한 작품임.

② 無常處(무상처) – 일정한 거처가 없다.

③ 爭馳逐(쟁치축) – 다투어 말달리어 쫓다. 다투어 말달리어 쫓아가 잡다.

④ 思歸曲(사귀곡)—고향으로 돌아가고픈 생각을 담은 곡. 비파곡(琵琶曲)인
　〈소군원(昭君怨)〉을 가리킴.

⑤ 推手爲琵却手琶(추수위비각수파)—손을 앞쪽으로 밀어 비(琵)가 되고 손
　을 뒤편으로 끌어당겨 파(琶)가 된다. 비파를 연주할 때 이리저리 뜯는
　것을 말하는데, 비파란 어원(語源)에 대하여 《석명(釋名)》에서 '추수전왈
　비(推手前曰琵), 인수각왈파(引手却曰琶)'라 한 데서 빌은 표현임.

⑥ 咨嗟(자차)—탄식하다. 긴 한숨짓다.

⑦ 爭按(쟁안)—다투어 연주하다.

⑧ 新聲譜(신성보)—새로운 곡보(曲譜). 〈소군원(昭君怨)〉의 곡보.

⑨ 纖纖(섬섬)—여자 손이 곱고 여린 모양.

⑩ 洞房(동방)—집의 깊숙한 곳에 있는 방.

⑪ 不下堂(불하당)—대청을 내려오지 않았다. 곧 대청에서 내려와 문밖 출입
　을 한 일이 없다는 뜻.

[해설]　여기에서는 왕소군이 흉노로 가면서 연주하였다는 비파곡(琵琶曲)
인 〈소군원(昭君怨)〉을 중심으로 하여 왕소군이란 미인의 비극을 노래하
고 있다. 어떻든 이 시는 구양수(歐陽修) 자신이 "〈명비곡(明妃曲)〉의
후편[其一]은 이태백(李太白)도 짓지 못할 정도이다. 두보(杜甫)나 지을
수 있을 것이다. 그러나 전편[其二]은 두보도 지을 수 없는 수준의 것이
다. 나만이 지을 수 있는 것이다."고 하였을 정도로 자부한 시이다[葉夢
得《石林詩話》].

국경의 노래(①塞上曲)

황정견(黃庭堅)

十月北風②燕草黃하고, **燕人馬肥弓力强**이라.
　　(시월북풍연초황　연인마비궁력강)

虎皮③裁鞍④鵰羽箭으로, 射殺⑤山陰雙白狼이라.
　　(호피재안조우전　사살산음쌍백랑)

青氈帳高雪不濕하고, 擊鼓⑥傳觴⑦令行急이라.
　　(청전장고설불습　격고전상영행급)

戎王半醉擁⑧貂裘하고, ⑨昭君猶抱琵琶泣이라.
　　(융왕반취옹초구　소군유포비파읍)

10월 북풍 불어오니 연(燕) 땅의 풀 노랗게 시들고,
연 땅 사람들의 말 살찌고 활의 힘 세어지니,
호랑이 가죽 말려 안장 만들고 독수리 깃으로 화살 깃 만들어,
산 북쪽 기슭에서 두 마리 흰 이리 잡았네.
푸른 담요로 만든 장막 높이 쳐서 눈에도 젖지 않는 속에서,
북을 치며 술잔을 돌려 주령(酒令) 다급하게 행해지고 있네.
오랑캐 임금 거나하게 취하여 담비 갖옷 끌어안듯 입고 앉았고,
왕소군(王昭君)이 곁에 비파(琵琶)를 안은 채 울고 있네.

주해　① 塞上曲(새상곡)－국경의 노래. 당(唐) 이후 많이 지어진 악부(樂府)
의 일종으로 이른바 변새시(邊塞詩)를 대표하는 것이다.
② 燕(연)－주초(周初)에 소공석(召公奭)을 봉했던 나라로 지금의 하북성(河
北省) 대흥현(大興縣) 일대. 북경(北京) 부근이며 오랑캐 땅도 멀지 않
던 곳임.
③ 裁鞍(재안)－말려서 말 안장을 만들다.
④ 鵰(조)－독수리. 보라매.
⑤ 山陰(산음)－산의 북쪽 기슭.
⑥ 傳觴(전상)－술잔을 전하다.
⑦ 令(령)－주령(酒令). 술자리에서 술잔을 돌리는 법칙.
⑧ 貂裘(초구)－담비 갖옷.
⑨ 昭君(소군)－왕소군(王昭君). 오랑캐 임금에게 시집간 중국 여인을 가리

킨다고 볼 수도 있다.

해설 변새시(邊塞詩)는 비전적(非戰的)인 것들도 있지만 이처럼 애국심을 고취하려는 작품들도 많다. 앞에서는 국경지방 군사들의 의기를 칭찬해 놓고, 끝머리에 가서는 아직도 억지로 오랑캐에게 끌려간 많은 중국 여인들이 있음을 일깨우고 있는 것이다.

오서곡([1]烏棲曲)

이백(李白)

[2]姑蘇臺上烏棲時에, [3]吳王宮裏醉[4]西施라.
　　(고소대상오서시　오왕궁리취서시)

吳歌楚舞歡未畢이나, 靑山猶銜[5]半邊日이라.
　　(오가초무환미필　청산유함반변일)

[6]銀箭金壺[7]漏水多하여, 起看秋月墜江波하고,
　　(은전금호누수다　기간추월추강파)

東方漸高奈樂何오?
　　(동방점고내락하)

고소대(姑蘇臺) 위로 까마귀 깃들어 날아 돌아올 적에,
오왕(吳王) 부차(夫差)의 궁전 안에서는 서시(西施)와 함께 모두 술 취하여,
오(吳)나라 노래 초(楚)나라 춤으로 즐거움 다함이 없었는데,
푸른 산은 어느덧 반쪽 해를 물고 있었다네.
은바늘 달린 금 물시계의 물 많이 떨어져 내려,
일어나 보니 가을달 강물결 속으로 떨어지고,

동쪽엔 해 점점 높이 떠올랐지만 그 즐거움 어찌하였겠는가?

주해 ① 烏棲曲(오서곡)—까마귀 깃드는 노래.《악부시집(樂府詩集)》청상곡
사(請商曲辭) 서곡가(西曲歌)에 들어 있는 옛 악부(樂府) 제목이며,《분
류이태백시(分類李太白詩)》권3에도 실려 있다.
② 姑蘇臺(고소대)—소주(蘇州)에 있는 대(臺) 이름. 춘추시대 오왕(吳王)
합려(闔閭)가 지었고 다시 부차(夫差)가 증수하였다.
③ 吳王(오왕)—부차를 가리킴.
④ 西施(서시)—본시 월(越)나라 미녀. 월왕(越王) 구천(句踐)이 오왕(吳王)
부차가 여색을 좋아함을 알고 부차를 망치기 위해 바쳤던 여자. 과연 부
차는 서시에게 빠져 월나라에게 패망하고 만다.
⑤ 半邊日(반변일)—반쪽 해.
⑥ 銀箭金壺(은전금호)—은바늘과 금물통으로 된 물시계.
⑦ 漏水多(누수다)—물시계의 흘러 떨어진 물이 많다. 밤시간이 다 갔음을
뜻함.

해설 〈오서곡(烏棲曲)〉은 대부분이 환락(歡樂)을 노래한 것들이다. 환락
을 노래하면서도 나라를 망친 오(吳)나라 부차(夫差)와 서시(西施)를 인
용하여 은근히 경계심을 불러일으키고 있다. 2구·2구·3구로 짝지워 운
을 바꾸고, 도합 7구로 이루어진 독특한 시체이다. 중국 학자들 중에는
이백(李白)이 현종(玄宗)과 양귀비(楊貴妃)를 풍자하는 뜻으로 이 시를
지었다고 주장하는 이들도 있으나 아무래도 지나친 풀이인 듯하다.

사류(辭類)

    사(辭)는 《초사(楚辭)》에서 발전한 일종의 문체. 굴원(屈原)의 〈어부사(漁父辭)〉·한(漢) 무제(武帝)의 〈추풍사(秋風辭)〉 등이 시원(始源)이다. 따라서 부(賦)와도 비슷한 시체로 좀더 사설적(辭說的)인 내용을 담는 게 보통이다.

연창궁사([1]連昌宮辭)

원진(元稹)

連昌宮中滿宮竹이, 歲久無人[2]森似束이라.
    (연창궁중만궁죽　세구무인삼사속)

又有墻頭[3]千葉桃하니, 風動落花[4]紅蔌蔌이라.
    (우유장두천엽도　풍동낙화홍속속)

宮邊老人爲余泣하되, 少年[5]選進因曾入이러니,
    (궁변로인위여읍　소년선진인증입)

上皇正在[6]望仙樓하고, [7]太眞同憑欄干立이라.
    (상황정재망선루　태진동빙난간립)

樓上樓前盡[8]珠翠요, [9]炫轉熒煌照天地라.
    (누상루전진주취　현전형황조천지)

歸來如夢復如癡니, 何暇備言宮裡事오?
    (귀래여몽부여치　하가비언궁리사)

初過⑩寒食一百五하니, ⑪店舍無煙宮樹綠이라.
(초과한식일백오   점사무연궁수록)

夜半月高絃索鳴하니, ⑫賀老琵琶⑬定場屋이라.
(야반월고현삭명   하로비파정장옥)

⑭力士傳呼覓⑮念奴러니, 念奴⑯潛伴⑰諸郎宿이라.
(역사전호멱념노   염노잠반제랑숙)

須臾覓得又⑱連催하고, 特勅街中⑲許燃燭이라.
(수유멱득우련최   특칙가중허연촉)

⑳春嬌滿眼睡㉑紅綃라가, ㉒掠削雲鬟㉓旋粧束이라.
(춘교만안수홍초   약삭운환선장속)

㉔飛上九天歌一聲하니, ㉕二十五郎吹管逐이라.
(비상구천가일성   이십오랑취관축)

㉖逡巡㉗大遍梁州徹하고, ㉘色色龜玆㉙轟綠續이라.
(준순대편양주철   색색구자굉록속)

㉚李謩㉛擪笛傍宮墻하여, 偸得新翻數般曲이라.
(이모엽적방궁장   투득신번수반곡)

㉜平明大駕發行宮하니, 萬人㉝鼓舞途路中이라.
(평명대가발행궁   만인고무도노중)

百官㉞隊仗避㉟岐薛하고, ㊱楊氏諸姨㊲車鬪風이라.
(백관대장피기설   양씨제이거투풍)

明年十月㊳東都破하여, 御路猶存祿山過라.
(명년시월동도파   어로유존녹산과)

㊴驅令供頓不敢藏하니, 萬姓無聲淚潛墮라.
(구령공돈불감장   만성무성누잠타)

㊵兩京定後六七年에, 却尋家舍行宮前이라.
(양경정후육칠년   각심가사행궁전)

㊶莊園燒盡有枯井하고, 行宮㊷門闥樹㊸宛然이라.
(장원소진유고정   행궁문달수완연)

爾後相傳^㊹六皇帝나, 不到離宮門久閉라.
(이후상전육황제　부도리궁문구폐)

往來年少説長安하니, ^㊺玄武樓成^㊻花萼廢라.
(왕래년소설장안　현무루성화악폐)

去年敕使因^㊼斫竹하니, 偶値門開^㊽暫相逐이라.
(거년칙사인작죽　우치문개잠상축)

^㊾荊榛^㊿櫛比塞池塘하고, 狐兎⁵¹驕癡綠樹木이라.
(형진즐비색지당　호토교치녹수목)

⁵²舞榭欹傾基尚存하고, ⁵³文窓⁵⁴窈窕紗猶綠이라.
(무사의경기상존　문창요조사유록)

塵埋粉壁舊⁵⁵花鈿하고, 烏喙⁵⁶風箏碎如玉이라.
(진매분벽구화전　오훼풍쟁쇄여옥)

上皇偏愛⁵⁷臨砌花하여, 依然⁵⁸御榻臨階斜라.
(상황편애임체화　의연어탑임계사)

蛇出燕巢⁵⁹盤斗栱하고, ⁶⁰菌生香案⁶¹正當衙라.
(사출연소반두공　균생향안정당아)

寢殿相連⁶²端正樓하니, 太眞梳洗樓上頭라.
(침전상련단정루　태진소세누상두)

晨光未出⁶³簾影黑이나, 至今反掛⁶⁴珊瑚鉤라.
(신광미출염영흑　지금반괘산호구)

指向傍人因慟哭하고, 却出宮門淚相續이라.
(지향방인인통곡　각출궁문누상속)

自從此後還閉門하고, 夜夜狐狸上門屋이라.
(자종차후환폐문　야야호리상문옥)

我聞此語心骨悲하니, 太平誰致亂者誰오?
(아문차어심골비　태평수치란자수)

翁言⁶⁵野父何分別고? 耳聞眼見爲君説이라.
(옹언야보하분별　이문안견위군설)

[66]姚崇宋璟作相公할제, 勸諫上皇言語切이라.
　　(요숭송경작상공　권간상황언어절)

[67]燮理陰陽禾黍豊하고, 調和中外無兵戎이라.
　　(섭리음양화서풍　조화중외무병융)

長官淸平太守好하고, [68]揀選皆言由至公이라.
　　(장관청평태수호　간선개언유지공)

開元欲末姚宋死하니, 朝廷漸漸由[69]妃子라.
　　(개원욕말요송사　조정점점유비자)

[70]祿山宮裏養作兒하고, [71]虢國門前鬧如市라.
　　(녹산궁리양작아　괵국문전요여시)

弄權宰相不記名하니, 依俙憶得[72]楊與李라.
　　(농권재상불기명　의희억득양여리)

[73]廟謨顚倒四海搖하니, 五十年來作[74]瘡痏라.
　　(묘모전도사해요　오십년래작창유)

今皇神聖[75]丞相明하여, 詔書纔下[76]吳蜀平이라.
　　(금황신성승상명　조서재하오촉평)

官軍又取[77]淮西賊하니, 此賊亦除天下寧이라.
　　(관군우취회서적　차적역제천하녕)

年年耕種宮前道러니, 今年[78]不遣子孫耕이라.
　　(연년경종궁전도　금년불견자손경)

老翁此意深[79]望幸하니, 努力廟謨休用兵하라.
　　(노옹차의심망행　노력묘모휴용병)

연창궁(連昌宮) 안의 궁에 가득 찬 대나무가,

　세월 오래되고 사람 아무도 없어 다발로 묶어놓은 듯 빽빽하고 높
이 자랐네.

　또 담머리에는 벽도(碧桃)나무 있는데,

부는 바람에 꽃잎 떨어져 붉은 꽃잎 어지럽네.
궁전 옆에 한 노인 있다가 나에게 울며 말해 주었네.
젊어서 뽑히어 일찍이 궁 안으로 들어갔는데,
상황(上皇)인 현종(玄宗)께선 마침 망선루(望仙樓)에 계시면서,
양귀비(楊貴妃)와 함께 난간에 기대어 서 계셨는데,
누(樓) 위와 앞은 모두 진주와 비취로 장식한 여자들로 가득하고,
찬란하고 휘황한 빛이 하늘과 땅 비추고 있었다네.
돌아와 보니 꿈과도 같았고 또 바보가 된 것도 같았으니,
궁전 안 일을 다 말할 겨를 어디 있겠느냐고 하네.

처음으로 동지(冬至) 후 105일 지난 한식(寒食)날 맞았을 적,
　상점이나 민가에선 연기 오르지 않아 궁전의 나무 더욱 푸르기만
한데,
　밤중 달 높이 뜨자 현악기 소리 울렸으니,
　악공 하회지(賀懷知)가 비파(琵琶)로 연회 시작 연주하는 소리였네.
　고역사(高力士)가 현종의 뜻 소리쳐 전하여 명기(名妓) 염노(念
奴)를 찾게 하니,
　염노는 남몰래 젊은 악공들과 어울리고 있었는데,
　곧 찾아내어 연이어 빨리 오기 재촉하며,
　특명 내리어 거리에 촛불 켜는 것 허락했네.
　봄의 아리따움 눈 가득 담고 붉은 비단 침구 속에서 자다가 나와,
　구름 같은 머리 빗어넘기고 재빨리 화장 몸치장하고 달려와,
　하늘로 날아오르는 듯한 노래 한 곡조 부르니,
　이십오랑(郎)은 적(笛)을 불어 반주하는데,
　곧장 대편(大遍) 양주곡(梁州曲)을 끝까지 다 부르고,
　여러 가지 구자악(龜茲樂)을 연이어 노래불렀다네.
　이때 이모(李謨)는 적(笛) 들고 궁전 담 곁에 숨어,

새로 작곡한 몇 가지 곡조를 훔쳐 베꼈다네.

이른 새벽 천자의 수레 행궁(行宮)을 출발하니,
수많은 사람들 길거리 가운데서 신이 나 날뛰고,
여러 관원과 의장(儀仗)은 기왕(岐王)·설왕(薛王)의 길 비키게
하며,
양귀비(楊貴妃) 여러 형제를 수레 바람과 싸우듯 달려갔네.
다음해 10월에 동도(東都) 낙양(洛陽)이 반란군에게 함락되어,
한길은 그대로 있으되 거기엔 안녹산(安祿山)이 지나다니고,
억지 명령으로 숙식(宿食) 제공하라 해도 감히 숨지도 못하고,
백성들 소리없이 눈물만 남몰래 떨구었네.
서경(西京) 장안(長安)과 동도 낙양 수복한 뒤 6, 7년에,
다시 집 찾아 행궁 앞으로 돌아왔는데,
농가들 다 타버리고 마른 우물만 남아 있고,
행궁 문 안쪽에는 나무들 우거져 있었네.
그 뒤로 여섯 황제가 서로 천자 자리에 올랐으나,
아무도 이 행궁에는 오시지 않아 문은 오래 닫혀 있다네.

내왕하는 젊은이들이 하는 장안 애기 듣건대,
현무루(玄武樓) 새로 세우고 화악루(花萼樓)는 없애버렸다네.
작년에 천자의 사자가 와서 대나무를 베었는데,
마침 문 열 때에 잠시 따라 들어가 보니,
싸리나무 개암나무 같은 잡목 잔뜩 우거져 연못 메워지고,
여우와 토끼 사람 보고도 놀라지 않아 교만한 듯 바보인 듯 푸른
나무 사이에 뛰노는데,
춤추며 놀던 높은 정자 기울어졌으되 터는 그대로 남아 있고,
꽃무늬 새긴 창 으슥한데 창사(窓紗)는 아직도 파란 빛 남았으며,

먼지 덮인 흰 벽 아래 낡은 꽃비녀 보였고,
까마귀 풍경 쪼아 옥 부숴지는 소리 내고 있으며,
상황(上皇) 현종(玄宗)이 섬돌 가까이의 꽃을 특히 좋아해서,
옛날대로 천자의 걸상 섬돌 향해 기울어져 있으며,
뱀이 제비집에서 기어나와 기둥머리에 감기고,
향로 탁자에는 버섯이 난 채 천자 계시던 곳 향해 놓여 있더라.
침전(寢殿)은 단정루(端正樓)와 연이어져 있는데,
양귀비가 그 누(樓) 위에서 머리 빗고 세수했다네.
아침 햇빛 나오지 않아 발 그림자 검을 때였는데,
지금도 산호 발고리만은 젖혀져 걸려 있더라네.
옆사람에게 그걸 손가락질하며 통곡을 하고,
궁문으로 물러 나오는 데도 눈물은 연이어 흐르더라.
이 뒤로부터는 다시 문 닫히어,
밤마다 여우와 살쾡이가 문 위며 지붕 위 오르내린다.
내 이 말 듣고 마음과 뼛속까지 슬퍼졌으니,
평화는 누가 이룩하는 것이며 혼란은 누가 일으키는 것인가?

노인 말하기를, 시골 영감 무슨 분별이 있겠소마는,
귀로 듣고 눈으로 본 걸 당신 위해 말해 주리다.
전에 요숭(姚崇)과 송경(宋璟)이 재상 노릇을 할 적에는,
상황(上皇) 현종에게 옳은 일 권하고 잘못된 일 간하여 아뢰는 말
절실하였고,
음양(陰陽)의 변화 잘 다스리어 곡식은 풍년이 들었으며,
안팎을 잘 조화시켜 전쟁이란 없었고,
장관들은 깨끗하고 공정하고 태수(太守)들도 훌륭하여,
관리 선용이 모두 지극히 공정히 이루어진 때문이었네.
개원(開元) 말엽에 요숭과 송경이 죽자,

조정은 점점 양귀비 손에 놀아나게 되었으니,
안녹산이 궁 안으로 들어와 양귀비의 양자가 되기도 하였고,
곽국부인(虢國夫人)의 집 문앞은 시끄럽기 시장 같았소.
권세를 희롱하던 재상의 이름 똑똑히 알지 못하지만,
어렴풋이 양국충(楊國忠)과 이임보(李林甫)라 기억하고 있소.
조정의 계책 무너지고 온 세상이 요동하니,
50년 동안 나라는 부스럼과 상처로 앓게 된 거지요.

지금의 헌종(憲宗) 신성스러우시고 승상 또한 명철(明哲)하여,
조서(詔書) 내리자마자 오(吳) 땅 이기(李錡)와 촉(蜀) 땅 유벽
(劉闢)의 난 모두 평정하였네.
관군(官軍)은 또 회서(淮西) 오원제(吳元濟)의 반란군 정벌하니,
이 반란군도 없어지자 천하가 평화로워졌네.
해마다 궁전 앞길까지 곡식을 심었는데,
금년엔 천자 납실까 보아 농민 자손들 길에 농사짓지 않았네.
이 늙은이의 마음 천자의 행행(行幸)을 간절히 바라고 있으니,
조정의 올바른 계책에 힘쓰고 전쟁 않기 바라기 때문일세.

(주해) ① 連昌宮辭(연창궁사)―연창궁(連昌宮)의 노래. 연창궁은 하남군(河南
郡) 수안현(壽安縣 : 지금의 河南省 宜陽縣)에 있던 행궁(行宮) 이름. 연
창궁 근처에 사는 노인의 입을 빌어 안녹산의 난이 일어나기 전후 현종
때의 정치 상황과 흥쇠(興衰)의 원인을 노래하고, 다시 옛날의 평화를 되
찾고자 하는 소망을 읊은 것이다. 원진(元稹)의 이른바 풍자시 중에서는
유명한 작품의 하나이다.
② 森似束(삼사속)―대나무가 길고 빽빽하게 자라 다발로 묶어 세운 듯하다
는 뜻.
③ 千葉桃(천엽도)―벽도(碧桃)의 별명. 복숭아나무의 일종.
④ 紅簌簌(홍속속)―붉은 꽃잎이 어지러이 날려 떨어지는 모양.

⑤ 選進(선진)-일하는 사람으로 뽑혀 연창궁에 들어간 것.

⑥ 望仙樓(망선루)-본시 섬서성(陝西省) 여산(驪山)의 화청궁(華淸宮)에 있던 누(樓) 이름. 작자는 연창궁에도 가보지 않고 상상으로 읊은 것이어서 다른 궁전의 누 이름까지 인용하고 있는 것이다. 실제로는 현종과 양귀비도 연창궁에 간 일이 없었다.

⑦ 太眞(태진)-양귀비의 사호(賜號).

⑧ 珠翠(주취)-진주와 비취. 진주와 비취로 장식한 미녀들을 가리킴.

⑨ 炫轉熒煌(현전형황)-찬란하고 휘황한 것. 빛이 밝고 요란한 것.

⑩ 寒食(한식)-동지(冬至) 후 105일만에 오는 절후 이름. 옛 풍속으로 이 날은 집에 불을 때지 않았다.

⑪ 店舍無煙(점사무연)-가게와 집에서 연기가 나지 않는 것. 한식날의 풍경임.

⑫ 賀老(하로)-악공(樂工)인 하회지(賀懷知). 현종 때 비파(琵琶)의 명수로 이름났었다.

⑬ 定場屋(정장옥)-압장(壓場)이라고도 하며 연희나 음악 연주를 시작할 때 처음으로 연주하여 장내(場內)를 정숙케 하는 것.

⑭ 力士(역사)-고역사(高力士). 현종 때 내관(內官)으로 벼슬이 표기대장군(驃騎大將軍)까지 올라갔고 제국공(齊國公)에도 봉해졌던 사람. 현종의 총애를 받아 언제나 천자 곁에서 일하며 막대한 권세를 지녔었다.

⑮ 念奴(염노)-현종 때의 명기(名妓) 이름.

⑯ 潛伴(잠반)-남몰래 짝을 짓다. 남몰래 어울리다.

⑰ 諸郎(제랑)-궁전에서 일하는 젊은 예인(藝人)들.

⑱ 連催(연최)-연달아 재촉하다. 자꾸 빨리 천자의 잔칫자리에 나갈 것을 재촉하는 것.

⑲ 許燃燭(허연촉)-촛불을 켜도록 허락하다. 한식날이지만 염노(念奴)의 몸치장을 빨리 할 수 있도록 특별히 촛불 밝히는 것을 허락한 것이다.

⑳ 春嬌(춘교)-봄의 아리따움. 여인으로서의 애교.

㉑ 紅綃(홍초)-붉은 비단. 붉은 비단으로 만든 침구.

㉒ 掠削(약삭)-손으로 빗고 쓰다듬는 것.

㉓ 旋粧束(선장속)-재빨리 화장하고 몸치장하는 것.

㉔ 飛上九天(비상구천)—높은 하늘로 날아오르다. 노랫소리를 높게 뽑는 것을 형용한 말.

㉕ 二十五郎(이십오랑)—빈왕(邠王) 이승령(李承寧). 현종의 아우로 적(笛)의 명수였다.

㉖ 逡巡(준순)—여기서는 무엇을 빨리 하는 모양. 보통은 '뒷걸음질치는 모양'을 뜻하나, 여기서는 예외임.

㉗ 大遍梁州徹(대편양주철)—대편(大遍) 〈양주곡(梁州曲)〉을 끝까지 다 부르다. 〈양주곡〉은 본디 서량악곡(西涼樂曲)인데 대편과 소편(小遍)이 있었다〔《唐書》禮樂志〕. 대편은 소편보다 완정한 전곡(全曲)일 것이다.

㉘ 色色龜玆(색색구자)—여러 가지 구자(龜玆) 음악. 구자는 한(漢)대의 서역(西域) 나라 이름. 당(唐)대에는 구자악부(龜玆樂府)를 두었을 정도로 그곳 음악이 성행하였다.

㉙ 轟綠續(굉록속)—연이어 소리가 울리다. 연이어 노래불리어지다. 녹속(綠續)은 연이어지는 것.

㉚ 李謨(이모)—적(笛)의 명수. 현종이 일찍이 상양궁(上陽宮)에서 새로운 곡을 밤에 지었는데, 다음날인 정월 보름에 남몰래 등불놀이에 나갔다. 그런데 어떤 주루(酒樓) 위에서 전날 밤 자신이 작곡한 적을 부는 소리를 듣고 깜짝 놀라 사람을 보내어 잡아들였다. 그에게 심문하자 그는 '전날 밤 천진교(天津橋) 위를 거닐다가 궁중에서 나는 음악 소리를 듣고 기보(記譜)한 것이며, 저는 장안(長安)에서 적을 잘 불기로 유명한 이모(李謨)입니다'라는 대답이었다. 현종은 기이하게 여기고 상을 주어 돌려보냈다 한다〔作者自注〕.

㉛ 擘笛(엽적)—적(笛)을 꽉 쥐다. 적을 들다.

㉜ 平明(평명)—날이 샐 무렵. 이른 새벽.

㉝ 鼓舞(고무)—신이 나 들뛰는 것. 감동하여 분발하는 것.

㉞ 隊仗(대장)—의장(儀仗)을 맡은 사람들.

㉟ 岐薛(기설)—기왕(岐王) 이범(李范)과 설왕(薛王) 이업(李業). 모두 현종의 동생들.

㊱ 楊氏諸姨(양씨제이)—양씨 집안의 출가한 여자 형제들. 양귀비의 언니인

한국부인(韓國夫人)·괵국부인(虢國夫人)·진국부인(秦國夫人) 등을 가리킴.

㊲ 車鬪風(거투풍)－수레가 바람과 다투다. 수레가 바람처럼 빨리 달림을 형용한 말.

㊳ 東都(동도)－낙양(洛陽). 천보(天寶) 14년(755) 12월에 동도 낙양이 안녹산에게 함락되었음.

㊴ 驅令供頓(구령공돈)－억지 명령으로 숙식을 제공토록 하는 것.

㊵ 兩京定後(양경정후)－장안(長安)과 낙양이 곽자의(郭子儀)에 의하여 수복된 뒤[肅宗 때].

㊶ 莊園(장원)－귀족의 시골 농가와 부속 시설.

㊷ 門闥(문달)－대궐문. 궁문.

㊸ 宛然(완연)－뚜렷이 보이다. 무성한 모양.

㊹ 六皇帝(육황제)－현종(玄宗)·숙종(肅宗)·대종(代宗)·덕종(德宗)·순종(順宗)·헌종(憲宗)에 이르는 여섯 황제.

㊺ 玄武樓(현무루)－장안(長安) 대명궁(大明宮) 북쪽에 있던 누(樓) 이름. 덕종 때 세움.

㊻ 花萼(화악)－장안 흥경궁(興慶宮) 서남쪽에 있던 누 이름. 현종 때 세웠음.

㊼ 斫(작)－찍다, 베다.

㊽ 蹔相逐(잠상축)－잠시 따라 들어가 보다.

㊾ 荆榛(형진)－싸리나무와 개암나무. 잡목을 가리킴.

㊿ 櫛比(즐비)－빗살처럼 빽빽히 들어선 것.

(51) 驕癡(교치)－교만하거나 바보 같다. 사람을 보고도 놀라지 않는 모양을 형용한 말.

(52) 舞榭(무사)－춤추고 놀던 높은 정자.

(53) 文窓(문창)－꽃무늬를 조각한 창문.

(54) 窈窕(요조)－깊고 으슥한 모양.

(55) 花鈿(화전)－꽃비녀. 꽃장식이 달린 여자의 머리장식.

(56) 風箏(풍쟁)－풍경. 지붕 처마에 달린 쇠로 만든 방울 같은 것.

(57) 臨砌花(임체화)－섬돌 가까이에 피어 있는 꽃.

㉘ 御榻(어탑) – 천자의 걸상.

㉙ 盤斗栱(반두공) – 기둥 위 나무에 감기다. 두공(斗栱)은 기둥 위에 얹은 네모꼴 나무. 반(盤)은 뱀이 감기는 것. 서리는 것.

㉚ 菌(균) – 버섯.

㉛ 正當衙(정당아) – 바로 천자 계시던 곳에 향해 있는 것. 아(衙)는 천자가 거처하는 곳〔《新唐書》 儀衙志 上〕.

㉜ 端正樓(단정루) – 본시 섬서성(陝西省) 여산(驪山)의 화청궁(華淸宮)에 있던 누(樓) 이름. 앞의 망선루(望仙樓)와 함께 상상으로 빌어 쓴 것임.

㉝ 簾影黑(염영흑) – 발 그림자가 검다. 이것은 앞 양귀비가 세수할 적을 형용한 말임.

㉞ 珊瑚鉤(산호구) – 산호로 만든 발고리.

㉟ 野父(야보) – 시골 영감. 촌 영감.

㊱ 姚崇宋璟(요숭송경) – 현종 개원(開元) 연간의 두 재상 이름. 모두 정치를 잘하여 태평성대를 이룩했다.

㊲ 爕理陰陽(섭리음양) – 음양의 변화를 잘 다스리어 자연과 인간세계가 모두 조화를 이루게 하는 것. 옛날엔 이것이 재상의 임무라 여겼다.

㊳ 揀選(간선) – 관리를 뽑아 쓰는 것.

㊴ 妃子(비자) – 양귀비를 가리킴.

㊵ 祿山宮裏養作兒(녹산궁리양작아) – 안녹산이 궁 안으로 들어와 양귀비의 양자가 되다. 천보(天寶) 10년(751) 안녹산이 궁중에 들어왔을 때 양귀비는 그에게 매력을 느끼어 그를 양자로 삼고, 세아회(洗兒會)를 한다고 법석을 떨어 현종에게 세아전(洗兒錢)을 받아내기도 하였다. 이때 안녹산도 양귀비에게 빠져 뒤에 반란을 일으키는 원인의 하나가 되었다.

㊶ 虢國(괵국) – 양귀비의 언니 괵국부인의 집.

㊷ 楊與李(양여리) – 양국충(楊國忠)과 이임보(李林甫). 두 사람 모두 현종의 천보 연간의 재상으로 나라를 망치는 정치를 한 사람들임.

㊸ 廟謨(묘모) – 조정의 계책. 조정의 계획. 나라의 정책.

㊹ 瘡痏(창유) – 부스럼과 상처. 백성들에게 끼친 해독을 가리킴.

㊺ 丞相(승상) – 이때의 임금은 헌종(憲宗), 재상은 배도(裵度)였음.

⑯ 吳蜀(오촉)-오(吳)는 강남동도절도사(江南東道節度使) 이기(李錡), 촉
   (蜀)은 서천절도사(西川節度使) 유벽(劉闢)을 가리키며, 이들은 모두 반
   란을 일으켰음.
⑰ 淮西賊(회서적)-회서절도사(淮西節度使) 오원제(吳元濟)를 가리킴. 그는
   원화(元和) 10년(815)에 반란을 일으켰는데, 원화 12년 말에 평정했음.
⑱ 不遣子孫耕(불견자손경)-연창궁(連昌宮) 앞길을 경작하던 농민들도 다
   시 평화가 찾아오자 천자가 이 행궁(行宮)으로 납시기를 바라 '자손들을
   보내어 길에 농사를 짓지 않게 되었다'는 뜻.
⑲ 望幸(망행)-천자의 행행(幸行)을 바라는 것. 천자가 연창궁에 오시기를
   바라는 것.

[해설] 원진(元稹, 779~831)의 대표적인 풍유시라지만 모두가 허구적인 내
용이다. 무엇보다 작자 자신이 연창궁(連昌宮)에 가본 일도 없고, 현종과
양귀비가 그곳에 왔던 일도 없으며, 여기에서 노래하고 있는 망선루(望仙
樓)·단정루(端正樓) 등은 모두 여산(驪山)의 화청궁(華淸宮)에 있는 누
(樓) 이름이다. 그럼에도 불구하고 당(唐) 제국은 왜 한때 강성하였는데
하루아침에 멸망할 위기로 빠졌고, 지금은 어떻게 하여 다시 국세(國勢)
를 회복하게 되었는가 잘 설명된 시이다.
   내용의 구성에는 문제가 없지만 시적인 표현에 있어서는 아무래도 백
거이(白居易)에게 뒤지는 듯하다. 그 시대 사람들이 이들의 시체를 원백
체(元白體)라 하였고, 원진과 백거이는 의기투합하는 친구였지만 아무래
도 문재(文才)는 백거이 쪽이 한발 앞서고 있다.

—— **고문진보 전집**(前集) **종**(終)

작자 약전(作者略傳)

　　성(姓)과 이름의 우리 한자음(漢字音)을 가나다 순서로 배열하였고, 자(字)나 호(號)가 아닌 이름을 모두 표제(標題)로 썼음.

가도(賈島, 779~843)　자는 낭선(浪仙), 또는 낭선(閬仙). 범양(范陽 : 北京) 사람. 처음에 집을 나가 중이 되어 무본(無本)이라 호(號)하였는데, 뒤에 환속하여 여러번 과거를 보았으나 급제하지 못하였다. 그러나 장강주부(長江主簿)를 지낸 적이 있어 가장강(賈長江)이라고도 부른다. 한번은 '조숙지변수(鳥宿池邊樹), 승고월하문(僧敲月下門)'이란 시구를 지으며 길을 가다 '고(敲)'자를 '퇴(推)'자로 바꿀까 어쩔까 생각하다 경조윤(京兆尹) 한유(韓愈)의 행차에 부딪치게 되었다. 한유는 그 연유를 듣고 '고(敲)'자를 권한 뒤, 그의 문재를 높이 사 친구가 되었다. 글을 고치는 뜻의 '퇴고(推敲)'란 말은 여기서 나왔다. 그의 시는 맹교(孟郊)와 흔히 병칭되어 '교한도수(郊寒島瘦)'라 일컬어졌으나 〔그의 시의 범위가 좁고 가난하고 메마른 정조가 담긴 것이 많기 때문임〕 속기(俗氣) 없는 고담(枯淡)한 맛이 송(宋)대 시에 많은 영향을 주었다. 《장강집(長江集)》10권이 있다.

강엄(江淹, 444~505)　자는 문통(文通). 남조(南朝) 양(梁)나라 때의 제양(濟陽) 고성(考城 : 河南省) 사람. 송(宋)·제(齊)·양(梁) 세 왕조를 섬기어 양나라에선 금자선록대부(金紫先祿大夫) 벼슬까지 지냈다. 어려서부터 가난하면서도 학문을 좋아하여 일찍부터 문명(文名)을 날렸다. 그의 시는 청려(淸麗)한 맛이 있고 의고(擬古)의 작품이 많다. 한부(恨賦)·별부(別賦) 등에서는 더욱 정교한 표현과 짙은 감상을 잘 표현하고 있다. 《강문통집(江

文通集)》이 있다.

고변(高騈, 821~884) 자는 천리(千里). 당(唐) 유주(幽州 : 河北省) 사람. 젊어서 힘이 좋고 무예에 뛰어났다. 주숙명(朱叔明)을 섬겨 부(府)의 사마(司馬), 시사대부(侍史大夫)를 지냈고, 서천절도(西川節度)까지 올랐다. 그러나 반심(叛心)을 지닌 게 알려져 결국은 신망(信望)과 병권(兵權)을 모두 잃고, 신선술(神仙術)에 빠졌다가 잡혀 죽고 말았다. 시를 좋아하여 기발한 표현으로 수작(秀作)을 남기고 있다.

고적(高適, 702~765) 자는 달부(達夫) 또는 중무(仲武). 하북성(河北省) 창주(滄州) 사람. 젊어서는 세상일에 얽매임 없이 돌아다니기를 좋아하였으나 관운(官運)은 좋아 가서한(哥舒翰)의 서기(書記)로부터 시작하여 검남(劍南)·검서(劍西) 절도사, 형부시랑(刑部侍郎) 등을 지냈고, 발해현후(勃海縣侯)에 봉해지기도 하였다. 당(唐)나라 시인 중 벼슬은 가장 현저했다고 하겠다. 그는 군사관계로 변경에 오래 머물렀으므로 시도 자연 변새(邊塞)를 시제(詩題)로 한 것이 많다. 청년시절은 오로지 관직에 전념하였으나 50세가 되면서 비로소 시를

쓰기 시작했다. 그의 시에는 굉방고장(宏放高壯)한 기개가 보이며 잠참(岑參)과 시풍이 같은 무리라 하겠다.《고중무집(高仲武集)》10권이 있고, 또 당시 사람들의 사화집(詞華集)인《중흥간기집(中興間氣集)》2권을 편찬하기도 하였다.

구양수(歐陽修, 1007~1072) 자는 영숙(永叔), 호는 취옹(醉翁)·육일거사(六一居士). 여릉(盧陵 : 江西省 吉安) 사람. 북송 초기의 뛰어난 문학가이며 정치가. 진사(進士)가 된 뒤 추밀부사(樞密副使), 참지정사(參知政事) 등을 지내다 태자소사(太子少師)로 치사(致仕)하였고, 시호를 문충공(文忠公)이라 하였다. 왕안석(王安石)·증공(曾鞏)·소순(蘇洵)·소식(蘇軾)·소철(蘇轍)이 모두 그의 추천으로 벼슬길에 올랐다. 왕안석의 신법(新法)엔 반대하면서도 정치개혁을 통한 올바른 정치풍토를 이룩하려 하였다. 문학에 있어서는 실용적인 개념을 바탕으로 형식적인 수식보다는 내용을 중시하였다. 시에 있어서는 평담(平淡)을 위주로 한 새로운 시풍을 개척하였고, 산문(散文)에 있어서는 한유(韓愈)와 유종원(柳宗元)의 고문운동(古文運動)을 계승하여 고문을 확정지어 '당송팔대가(唐宋八大

家)'의 한 사람이 되었다. 송(宋)대 사(詞)가 성행하게 된 데에도 그의 공이 크며, 경학(經學)에 있어서도 새로운 학풍을 여는 많은 저술을 남겼다. 《구양문충공집(歐陽文忠公集)》153권이 있다.

노동(盧仝, 795?~835) 호가 옥천자(玉川子)이고, 당나라 범양(范陽 : 北京) 사람. 일찍이 하남(河南)의 소실산(少室山)에 숨어살며, 벼슬하지 않고 깨끗한 일생을 보냈다. 세상을 풍자하는 시를 많이 지었고, 기괴한 색채를 띤 작품이 많다. 차(茶)의 전문가로 유명하고 한유(韓愈)도 그의 시를 높이 샀다. 환관을 풍자하는 시를 쓴 이유로 정쟁에 휘말려 죽었다. 《옥천자집(玉川子集)》2권, 《외집(外集)》1권이 있다.

당경(唐庚, 1071~1121) 자는 자서(子西), 노국선생(魯國先生)이라 호(號)하였다. 북송 미주(眉州) 단릉(丹稜 : 四川省) 사람. 글을 잘 지었고 진사(進士)가 된 뒤 종자박사(宗子博士)가 되었다. 장상영(張商英)의 추천으로 제거경기상평(提擧京畿常平)이 되었으나, 장상영이 재상 자리를 물러나자 그도 혜주(惠州)로 좌천되었다. 곧 상청태평궁(上清太平宮) 제거(提擧)가 되었

다 고향으로 돌아가는 도중에 죽었다. 정밀한 글로 이름났고, 《당미산집(唐眉山集)》24권을 남겼다.

도연명(陶淵明, 365~427) 잠(潛)이 이름이고 자가 연명(淵明)이라고도 하고, 이름이 원량(元亮, 또는 字)이라고도 한다. 사시(私諡)를 정절(靖節)이라 하여 정절선생이라고도 불렸다. 동진(東晉) 때 심양(潯陽) 채상(柴桑 : 江西省 九江) 사람. 진(晉)나라 대사마(大司馬) 도간(陶侃)의 증손이라고도 한다. 젊어서부터 책을 많이 읽고 시문을 잘했다. 집이 가난하여 벼슬을 하다 팽택현령(彭澤縣令)이 되었는데, 마침 군독우(郡督郵)가 시찰을 나와 밑의 사람들이 도연명에게 관복을 입고 나와 만나라고 하자 "나는 5두미(斗米) 때문에 허리를 꺾을 수는 없다."고 하며 그날로 사표를 내고 〈귀거래사(歸去來辭)〉를 읊으며 전원으로 돌아갔다 한다. 이후로 그는 전원에 파묻혀 술을 벗하며 시로 한평생을 보냈다. 그의 시는 자연 속에서 체험하는 정감과 시골 생활을 잘 표현하고 있다. 그는 중국 시의 수준을 한 단계 높여놓은 기념비적 작가이며, 본격적인 자연시(自然詩)는 그에게서 비롯된다. 사영운(謝靈運)의 시가 자연을 아름답게

묘사하는 데 힘쓴 데 반하여 도연명은 자기 속에 일단 자연을 융화시킨 다음 자신과 융화된 자연을 시로 재생시켰다. 그가 후세 중국 문학사에 끼친 영향은 매우 크다. 《도정절집(陶靖節集)》 4권이 있다.

두보(杜甫, 712~770) 두보는 당나라뿐 아니라 중국 역사상 가장 위대한 시인 중의 한 사람이다. 보통 이백(李白)을 시선(詩仙), 두보를 시성(詩聖)이라 하며 흔히 '이두(李杜)'라 부르고 있으나 후세 중국 문학에 끼친 영향은 오히려 이백보다 크다고 하겠다.

자는 자미(子美). 본디 양양(襄陽 : 湖北省) 사람이나 할아버지 때 하남성 공현(鞏縣)으로 옮겨왔다. 40세까지 방랑이 그의 주된 생활이었으며[남으로 吳·越, 북으로 齊와 趙에 이르렀으며 30세를 전후하여 이백과 사귈 때는 그와 함께 梁·宋·齊·魯를 돌아다니며, 이른바 '携手同游, 醉眠共被' 하였다. 그러나 이백보다 11세나 젊었다], 40세가 되어서 장안(長安)에 이르러 〈삼대례부(三大禮賦)〉를 올려 현종(玄宗)을 감탄시켰으나 중히 쓰여지지 못했다. 안녹산(安祿山)의 난 때는 적중(賊中)으로부터 도망하여 봉상(鳳翔)에 이르러 숙종

(肅宗)을 알현(謁見)하고 곁에서 일을 도왔으나 얼마 못가서 방관(房琯)의 일로 말미암아 화주(華州)로 폄적되었다. 이 뒤부터 관직에 마음이 없어 진주(秦州)·동곡(同谷) 등을 돌아다니다가 다시 성도(成都)로 돌아왔다. 성도에서 구우(舊友) 검남절도사(劍南節度使) 엄무(嚴武)에게 의탁하여 한 칸 초옥(草屋)을 짓고 얼마 동안을 보냈다. 이때 검교공부원외랑(檢校工部員外郎)으로 엄무를 도와 흔히 두공부(杜工部)라고도 부른다. 엄무가 죽은 뒤 성도로부터 기주(夔州)로 옮겨 2년을 지내고 다시 호남(湖南)으로 갔으며 뇌양(末陽)에서 일생을 마쳤다. 그는 일생을 유랑하였으나 심후한 천성이 여러 가지 현실을 접하면서 그 감회를 위대한 시로 써내게 된 것이다. 흔히 그를 사실적인 사회시인이라 말한다. '잔갱여냉적(殘羹與冷炙), 도처잠비신(到處潛悲辛)'이란 시구를 보면 알 수 있듯이 그의 생활이 지극히 곤궁했으므로 그의 시도 침울한 것이 대부분이다.

그는 민생질고(民生疾苦), 사회 불평, 충군애국(忠君愛國)과 당시의 현실을 그대로 시로 읊었으므로 후세 사람들이 그를 '시사(詩史)'라고도 부른다. 그가 섬(陝)·촉

(蜀)·호남(湖南) 등의 지방을 유랑하던 12년 동안의 생활은 특히 비참하였고, 그때의 그의 심령상의 모든 것이 시로 표현되었다. 그가 스스로 '어불경인사불휴(語不驚人死不休)'라 하고 또 '노래점어성률세(老來漸於聲律細)'라고 했듯이 그의 시를 쓰는 기교도 더욱 성숙해졌으며 당(唐)대의 각종 시체(詩體)를 거의 모두 그는 시험하였다. 그의 시는 율시(律詩)와 악부(樂府)가 가장 아름답고, 고체(古體)와 배율(排律)도 역시 대단히 훌륭한 것이 많으나 절구(絕句)만은 그다지 뛰어나다 할 수 없다. 그는 한때 장안(長安)·두릉(杜陵)에 살았으므로 소릉야로(少陵野老) 또는 두릉포의(杜陵布衣)라 자칭했고, 또 노두(老杜)라고도 부른다. 《두공부집(杜工部集)》 25권이 있다.

마존(馬存, ?~1096) 자는 자재(子才). 북송 낙평(樂平 : 江西省 都陽縣 부근) 사람. 서적(徐積)의 문인으로 진사가 된 뒤 관찰추관(觀察推官)을 지냈다. 그의 시는 웅혼호방(雄渾豪放)한 맛이 있고 선련체(蟬聯體)의 시를 잘 지었다.

매요신(梅堯臣, 1002~1060) 자는 성유(聖兪). 북송의 선성(宣城 : 安徽省) 사람. 선성은 옛날에 완릉(宛陵)이라고도 불러 매완릉(梅宛陵)이라고도 흔히 불렀다. 하남(河南)의 주부(主簿)에서 시작하여 국자감직강(國子監直講)·상서도관원외랑(尙書都官員外郎) 등의 벼슬을 하였다. 소순흠(蘇舜欽)과 함께 시로 유명하여 '소매(蘇梅)'란 칭호가 있었고, 구양수(歐陽修)의 시우(詩友)였다. 그의 시는 평담하고 소박하며 당시 사회상도 반영하려고 노력하여 구양수와 함께 송시(宋詩)의 혁신에 크게 공헌하였다. 《완릉집(宛陵集)》 60권이 있다.

맹교(孟郊, 751~814) 자는 동야(東野). 당나라 호주(湖州) 무강(武康 : 浙江省) 사람. 젊어서부터 숭산(嵩山)에 숨어살았다. 한유(韓愈)와 친교가 있었고, 50세가 다 되어 진사에 급제하여 율양(溧陽 : 江蘇省) 현위(縣尉)가 되었다. 대체로 곤궁한 일생을 보내어, 그의 시에는 고난과 불평이 담긴 것들이 많다. 그러나 문장은 평용(平庸)하고 천속(淺俗)한 것을 피하고 수경(瘦硬)함을 추구하였다. 오언고시(五言古詩)를 특히 잘 지어 가도(賈島)와 함께 이름을 날려, 흔히 고음시인(苦吟詩人)이라 일컬어진다. 《맹동야집(孟東野集)》 10권이 있다.

문천상(文天祥, 1236~1283) 자는 송서(宋瑞) 또는 이선(履善), 호는 문산(文山)이었고, 남송 길주(吉州) 여릉(廬陵 : 江西省 吉安市) 사람. 진사가 된 뒤 감주지사(贛州知事) 등을 지냈고, 공제(恭帝)의 덕우(德祐) 원년(1275)에 원(元)나라 군대가 쳐들어오자 우승상(右丞相)으로서 천자를 도와 항쟁에 나섰다. 원군(元軍)에 잡혔다 도망하여 복주(福州)에서 좌승상(左丞相)이 되었고, 다시 원군과 싸우다 대패하여 순주(循州)로 도망하였다. 위왕(衛王) 밑에서 소보(少保)로 신국공(信國公)에 봉해졌으나 조양(潮陽)에서 원군에게 잡히어 끝내 굴복하지 않아 3년 뒤(1283)에 죽음을 당하였다. 그가 죽기 전에 지은 〈정기가(正氣歌)〉가 특히 유명하며, 《문산집(文山集)》 21권, 《문산시사(文山詩史)》 4권이 세상에 전한다.

반첩여(班婕妤, 기원전 7년 전후) 첩여(婕妤)는 여관(女官) 이름. 전한(前漢) 좌조월기교위(左曹越騎校尉) 반황(班況)의 딸. 젊어서 재학(才學)이 있었고, 후궁으로 들어가 성제(成帝)의 총애를 받아 첩여(婕妤)가 되었으나 뒤에 조비연(趙飛燕) 때문에 성제의 사랑을 빼앗겼다. 첩여는 태후(太后)의 장신궁(長信宮)에서 지내다 성제가 죽은 뒤 원릉(園陵)을 돌보았다. 〈원가행(怨歌行)〉은 그녀가 사랑을 잃은 슬픔을 읊었다는 명작이다.

백거이(白居易, 772~846) 자는 낙천(樂天), 호는 취음선생(醉吟先生) 또는 향산거사(香山居士)라 하였고, 당나라 태원(太原 : 山西省) 사람이나 뒤에 하규(下邽 : 陝西省 渭南)으로 옮겨 살았다. 진사가 된 뒤 비서성교서랑(秘書省校書郎)·좌습유(左拾遺)·좌찬선대부(左贊善大夫) 등의 벼슬을 지냈고, 원화(元和) 10년(815) 상서(上書)를 했다 득죄(得罪)하여 강주사마(江州司馬)로 쫓겨났다. 뒤에 항주(杭州)·소주(蘇州) 자사(刺史)를 거쳐 문종(文宗) 때 형부시랑(刑部侍郎)·하남윤(河南尹)·태자소부(太子少傅)가 되었고 풍익현개국후(馮翊縣開國侯)에 봉해졌으며, 845년 형부상서(刑部尚書)로 치사(致仕)하였다. 그의 산문은 정세하고도 표현이 절실하였고, 시는 쉬우면서도 유창하여 일반 사람들이 널리 좋아하였다. 원진(元稹)과 창화(唱和)하여 그의 시체(詩體)를 흔히 '원백체(元白體)'라 부르며, 유우석(劉禹錫)과도 사귀어 '유백(劉白)'이란 호칭도 있었다. 그는 시란 정치 사회의 현실을 반영하고 모순을 고발하는 풍유시이어야만 한다고 주장하며 신악부(新樂府) 등 수많은 백성들의 생활을 반영하고 정치의 모순을 드러내는 시를 썼다. 그러나 그는 서정에도 뛰어나 〈비파행(琵琶行)〉·〈장한가(長恨歌)〉를 비롯한 작품들이 세상에 널리 유행하였다. 《백씨장경집(白氏長慶集)》 71권이 있다.

사과(謝邁, ?~1133) 자는 유반(幼槃), 호는 죽우(竹友). 북송 임천(臨川 : 江西省) 사람. 사일(謝逸)의 동생으로, 수행(修行)에 뛰어났었으나 진사에는 급제하지 못하였다. 여본중(呂本中)은 이들 형제를 강서시파(江西詩派)에 넣고 있으나, 황정견(黃庭堅)과는 달리 원취(遠趣)가 있다. 《죽우집(竹友集)》 10권과 《죽우사(竹友詞)》 1권을 남겼다.

사령운(謝靈運, 385~433) 남조(南朝) 송나라 진군(陳郡) 양하(陽夏 : 河南省 太康) 사람. 사현(謝玄)의 손자로 강락공(康樂公)을 습봉(襲封)받아 흔히 사강락(謝康樂)이라고도 부른다. 일찍부터 동생 사혜련(謝惠連)과 문명(文名)을 날렸다. 영가태수(永嘉太守)·시중(侍中)·임천내사(臨川內史) 등의 벼슬을 지냈으나 송나라에 대해 모반하다 잡혀 죽었다. 그는 귀족 출신답게 사치스런 생활을 하며 산수(山水)를 유람하기 좋아하였다. 그의 유람에는 항상 길을 닦고 물건을 나르는 종자(從者)가 수백 명이나 되었고, 산수를 대하면 늘 그 승경(勝景)을 시로 그려냈다. 그의 시는 자연경물의 묘사가 세밀하고 정교하여 독특한 경지를 이룩하였으며, 중국 산수시의 발전에 큰 공헌을 하였다. 다만 지나치게 형식을 추구한 듯한 흠이 느껴진다. 《사강락집(謝康樂集)》 8권이 있다.

사마광(司馬光, 1019~1086) 자는 군실(君實). 세상에서 속수선생(涑水先生)이라 불렀으며, 북송 섬주(陝州) 하현(夏縣) 속수향(涑水鄉 : 山西省) 사람이다. 어려서부터 총명하였고, 20세에 진사가 된 뒤 단명학사(端明學士)·지영흥군(知永興軍) 벼슬을 지냈고, 신종(神宗) 때엔 어사중승(御史中丞)이 되었으나, 왕안석(王安石)의 신법(新法)에 반대하여 벼슬에서 쫓겨났다. 철종(哲宗)이 즉위하자 문하시랑(門下侍郎)·상서좌복야(尙書左僕射)로 신법을 개정하였으나 8개월만에 죽었다. 태사온국공(太師溫國公)에 추증(追贈)되고 시호를 문정공(文正公)이라 하였다. 《자치통감(資治通

鑑)》290권이 명저로 알려졌고, 시문에도 뛰어나 《전가집(傳家集)》 80권을 남기고 있다.

사방득(謝枋得, 1226~1289) 자는 군직(君直), 호는 첩산(疊山). 남송 익양(弋陽:江西省) 사람. 송말(宋末) 문천상(文天祥)과 함께 진사가 되어, 강동제형(江東提刑) 등을 거쳐 강서초유사지신주(江西招諭使知信州)가 되었다. 신주(信州)까지 원병(元兵)에게 함락되자 처자는 모두 원병에게 잡혀갔고 자신은 이름을 바꾸어 복건(福建) 일대에 숨어 지냈다. 뒤에 원나라 세종(世宗)에게 잡혀 벼슬을 강요당하게 되자 스스로 음식을 끊고 죽었다. 문인들이 문절(文節)이라 사시(私諡)하였다. 그는 육상산(陸象山) 계열의 학자로, 여러 가지 학술적인 저술도 남겼다. 그의 시에는 옛날을 생각하며 현재를 슬퍼하는 침통한 것들이 많으며, 《첩산집(疊山集)》 5권이 있다.

사조(謝朓, 464~499) 자는 현휘(玄暉). 남북조시대 남제(南齊)의 진군(陳郡) 양하(陽夏:河南省 太康) 사람. 진(晉)나라 사안(謝安)의 동생으로 귀족 출신이며, 제(齊)나라에선 선성태수(宣城太守)를 지내어 사선성(謝宣城)이라고도 부른다. 뒤에 상서이부랑(尙書吏部郞) 등의 벼슬을 하였으나 모함을 받아 옥에서 죽었다. 그는 자연풍경을 많이 읊었고, 청려수일(淸麗秀逸)한 풍격을 지녔다. 그의 오언시(五言詩)는 특히 서정에 뛰어났고, 이미 당(唐)대의 풍격을 어느 정도 지니어 오언시의 율체화(律體化)에 큰 공헌을 하였다. 《사선성집(謝宣城集)》 5권이 있다.

석관휴(釋貫休, 832~912) 속성(俗姓)은 강(姜), 자는 덕은(德隱). 당나라 5대 불승(佛僧)으로 난계(蘭谿:浙江省) 사람. 뒤에 선월대사(禪月大師)란 호가 내려졌고, 서화와 시로 그 시대에 유명했다. 시는 악부(樂府)와 고율(古律)에 뛰어났고 《선월집(禪月集)》 25권이 있다.

섭이중(聶夷中, 837~?) 자는 탄지(坦之), 당나라 하동(河東:山西省 永濟 부근) 사람. 진사가 된 뒤 겨우 화음현위(華陰縣尉) 등을 지냈으나 시종 가난했다. 따라서 시국의 어려움, 백성들 특히 농민의 곤경을 동정하는 내용의 시를 많이 썼다. 특히 악부체에 뛰어났다.

소과(蘇過, 1072~1123) 자는 숙당

(叔黨). 송나라 미산(眉山 : 四川省) 사람. 소식(蘇軾)의 아들로 글뿐 아니라 서화에도 뛰어나 사람들이 소파(小坡)라 불렀다. 병부우승무랑(兵部右承務郎)·영창부(潁昌府) 낭성현(郎城縣) 지사(知事)·중산부(中山府) 통판(通判) 등을 지냈다. 소식이 영주(英州)·혜주(惠州)에서 시작 담이(儋耳)·염주(廉州)·영주(永州) 등지로 귀양살이 다닐 적에는 홀로 따라다니며 시중들었다. 소식이 죽은 뒤에는 영창(潁昌)에 자리잡고 살며 그곳을 소사천(所斜川)이라 이름 짓고 사천거사(斜川居士)라 자호(自號)하였다. 《사천집(斜川集)》5권을 남겼다.

소상(蘇庠, 1100 전후) 자는 양직(養直), 호는 생옹(眚翁). 북송에서 남송에 걸쳐 활약한 문인. 일생을 벼슬하지 않고 살았으나 그의 시는 소식(蘇軾)이 이백(李白)에 비겼을 정도의 수준이었다. 여산(廬山)에서 80여세에 수(壽)를 마쳤다. 《후호집(後湖集)》10권과 《후호사(後湖詞)》1권을 남겼다.

소식(蘇軾, 1036~1101) 자는 자첨(子瞻), 호는 동파(東坡). 북송 미산(眉山 : 四川省) 사람으로, 아버지 소순(蘇洵), 아우 소철(蘇轍)과

함께 '삼소(三蘇)'라 불리어진 문호임. 가우(嘉祐) 2년(1057) 진사가 되어 대리평사(大理評事)·봉상부첨판(鳳翔府簽判) 등을 지냈다. 왕안석의 신법에 반대하여 신종(神宗)에게 그 불편을 상소한 끝에, 항주(杭州) 통판(通判)으로 내쫓겼다 호주(湖州)·황주(黃州)·혜주(惠州) 등으로 옮겼다. 철종(哲宗)이 즉위하자 조봉랑(朝奉郎)으로 불러들인 뒤 예부시랑(禮部侍郎)·중서사인(中書舍人)·한림학사(翰林學士) 겸 시독(侍讀) 등을 지냈다. 그러나 뒤에는 다시 죄명으로 지방관으로 쫓겨나 여러 곳을 돌아다니다, 소성(紹聖) 초(1094)에는 다시 신법을 행하는 바람에 혜주·창화(昌化) 등지로 쫓겨났다. 휘종(徽宗) 때 대사(大赦)로 조봉랑(朝奉郎)이 되고 다시 성도옥국관(成都玉局觀) 제거(提擧)가 되었다. 죽은 뒤 시호를 문충(文忠)이라 하였다. 그는 산문에 있어서나 시(詩)·사(詞)에 있어 호방하고 준일한 작풍으로 송대 문단을 대표할 만하였고, 서화에도 능하였다. '소문사학사(蘇門四學士)'를 비롯한 수많은 후진들을 발전케 하였고, 수많은 학술적인 저술 이외에도 《동파전집(東坡全集)》115권과 《동파사(東坡詞)》1권을 남기고 있다.

소옹(邵雍, 1011~1077) 자는 요부(堯夫). 북송 범양(范陽 : 河北省) 사람. 평생을 공성(共城 : 河南省) 소문산(蘇門山) 백천(百泉) 가에 숨어살며 공부에만 전념하여 《역(易)》과 도서상수지학(圖書象數之學)에 일가(一家)를 이루었다. 그는 자기가 사는 곳을 안락와(安樂窩)라 부르고 안락선생(安樂先生)이라 자호(自號)하기도 하였다. 죽은 뒤 시호를 강절(康節)이라 하였다. 그의 시는 철학사상이나 도덕관을 읊은 작품들로 독특한 경지에 이르고 있다. 많은 학술적인 저술 이외에도 《이천격양집(伊川擊壤集)》 23권이 있다.

송지문(宋之問, 656?~712) 일명 소련(少連), 자는 연청(延淸). 당나라 분주(汾州 : 山西省) 사람으로 어려서부터 문재(文才)로 알려졌으며 오언시(五言詩)를 가장 잘 썼다. 그러나 사람됨이 비속하여 측천무후(則天武后) 때 무후의 영신(倿臣) 장이지(張易之)에게 아첨하여 그 사람 대신 시를 써주었을 뿐 아니라 익기(溺器)까지 받쳐들었다고 한다. 중종(中宗) 때 수문관직학사(修文館直學士)가 되었고 예종(睿宗) 때 폄적되어 흠주(欽州)에 가서 그곳에서 오래지 않아 사사(賜死)당하였다. 그는 인품이 비록 깨끗하지 못하였으나 초당(初唐) 때 심전기(沈佺期)와 함께 문명(文名)을 날리어 흔히 '심송(沈宋)'이라 불렸고, 근체시(近體詩)의 완성에 특히 큰 공헌을 하였다.

승청순(僧淸順, ?~1090?) 자는 이연(怡然). 북송 서호(西湖)의 시승(詩僧). 서호의 북산(北山)에 승(僧) 도잠(道潛)과 함께 살았고 소식(蘇軾)의 만년의 시우(詩友)였다. 그의 시에는 가구(佳句)가 많으며, 왕안석도 매우 좋아했었다 한다.

심약(沈約, 441~513) 자는 휴문(休文). 남조 양(梁)나라 오흥(吳興) 무강(武康 : 浙江省) 사람. 송(宋)·제(齊) 두 나라를 섬긴 뒤 양(梁) 무제(武帝)를 도와 벼슬이 상서령(尙書令)에 이르고 건창현후(建昌縣侯)에 봉해졌다. 죽은 뒤 시호를 은후(隱侯)라 하였다. 학문이 깊은 위에 시율에 정통하여 《사성보(四聲譜)》를 지어 사성팔병(四聲八病) 등의 원칙을 내세움으로써 시체(詩體)의 새로운 발전에 크게 기여하였다. 그의 시는 사조(謝朓)·왕융(王融) 등과 함께 성률(聲律)에 주의를 기울여 문학사에서 '영명체(永明體)'라 부른다. 후세 근체시의 발전은 그에게 힘입은 바 매우 크다.

《심은후집(沈隱侯集)》100권이 있다.

양분(楊賁, 生卒 미상) 당 덕종(德宗, 780~804) 때 사람[《文章正宗》注]. 천보(天寶) 3년(744)에 과거에 급제했다고도 한다[《唐詩紀事》].《당서(唐書)》에도 그의 전(傳)은 없다.

오융(吳融, 850?~901?) 자는 자화(子華). 당나라 산음(山陰 : 浙江省) 사람. 진사가 된 뒤 위소(韋昭)가 촉(蜀)을 토벌할 때 장서기(掌書記)였으나, 죄를 지고 형남(荊南 : 湖北)을 유랑했다. 뒤에 다시 좌보궐(左補闕)을 시작으로 한림학사(翰林學士), 중서사인(中書舍人)을 거쳐 호부시랑(戶部侍郎)·한림승지(翰林承旨)를 지냈다.《당영가시(唐英歌詩)》3권을 지었다.

오은지(吳隱之, ?~413) 자는 처묵(處默). 동진(東晉) 복양(濮陽) 견성(鄄城 : 山東省 濮縣 부근) 사람. 학문에 뛰어났고 일찍부터 맑은 절조로 유명하였다. 광주(廣州)는 물산이 풍부하여 자사(刺史)들이 사리(私利)를 취하자, 조정에선 오은지(吳隱之)를 광주자사에 임명했다. 그는 부임하며 여기에 실린 〈탐천(貪泉)〉 시를 읊어 절조를 나타내

고 깨끗한 벼슬살이를 하였다. 뒤에 중령군(中領軍)에 올랐고 선록대부(先祿大夫)의 금장자완(金章紫綬)을 받았다.

왕곡(王轂, 900년 전후 사람) 자는 허중(虛中). 당 의춘(宜春 : 江西省 吉安縣) 사람. 진사가 된 이래 당 말(唐末)에 상서낭중(尙書郎中)으로 치사하였다. 그의 문집 3권이 전한다.

왕안석(王安石, 1021~1086) 자는 개보(介甫), 호는 반산(半山). 강서성(江西省) 임천(臨川) 사람이어서 왕임천(王臨川)이라고도 부르고 뒤에 형국공(荊國公)에 봉해져 왕형공(王荊公)이라고도 부른다. 북송 때의 뛰어난 정치가이며 문학가요 사상가이다. 어려서부터 독서를 좋아하여 일찍이 문명을 날렸다. 인종(仁宗) 때 진사가 되었고, 가우(嘉祐) 3년(1058)에는 전언서(前言書)를 올리어 정치 개혁을 주장하였고, 신종(神宗) 희녕(熙寧) 2년(1069)에 참지정사(參知政事)가 되고 이어 재상이 되자, 곧 청묘(靑苗)·균수(均輸)·시역(市易)·면역(免役)·농전수리(農田水利) 등을 골자로 하는 이른바 신법을 적극 추진하였다. 사마광(司馬光)·소식(蘇軾) 등

보수파의 반대로 격렬한 정쟁을 벌였으나 결국 신법은 성공을 거두지 못하였다. 재상을 그만둔 뒤 강녕(江寧 : 지금의 江蘇省 南京)에 퇴거하다 죽었는데, 시호를 문공(文公)이라 하였다. 시는 당시의 사회 현실을 반영하는 작품을 비롯한 좋은 작품들을 많이 남겼고, 산문에 있어서도 이른바 '당송팔대가(唐宋八大家)'의 한 사람으로 친다. 그밖에 《주관신의(周官新義)》 등 학술적인 저술도 많으며, 《왕임천문집(王臨川文集)》29권이 전하고 《당백가시선(唐百家詩選)》을 편찬하기도 하였다.

왕우칭(王禹偁, 954~1001) 자는 원지(元之). 북송 제주(濟州) 거야(鉅野 : 河北省) 사람. 진사가 된 뒤 태종(太宗) 때 우습유(右拾遺) 직사관(直史館)을 비롯하여 좌사간(左司諫) 지제고(知制誥)·대리시판관(大理寺判官) 등을 거쳐 한림학사(翰林學士) 등을 지낸 뒤 황주(黃州) 자사(刺史)로 나갔다가 기주(蘄州)로 옮긴 뒤 죽었다. 그는 형식적 수식을 존중했던 송초(宋初)의 서곤체(西崑體)를 반대하고 시는 두보(杜甫)·백거이(白居易), 문(文)은 한유(韓愈)·유종원(柳宗元)을 존중했다. 작품이 평이하고도 소

박했으며 당시의 정치 사회를 풍자하는 내용도 적지않다. 《소휵집(小畜集)》20권, 《승명집(承明集)》10권, 《집의(集議)》10권, 《시(詩)》3권이 있다.

왕유(王維, 701~761) 자는 마힐(摩詰). 원적(原籍)은 산서성(山西省) 태원(太原) 사람이나 아버지를 따라 산서성(山西省) 영제(永濟)에 옮겨와 살았다. 그는 조숙한 작가로 9세 때부터 글을 썼다. 〈낙양여아행(洛陽女兒行)〉은 16세 때의 작품이며 〈도원행(桃源行)〉은 19세 때의 작품인데 모두 이미 성숙한 경지를 보여주고 있다. 당나라 시인 중 그는 전원시파(田園詩派)를 대표하며 맹호연(孟浩然)·저광희(儲光義)·위응물(韋應物)·유종원(柳宗元) 등과 맥을 같이하는데 학자들은 모두 그를 첫머리에 꼽는다. 21세에 진사가 되었다. 안녹산의 난 후에는 사상이 일변하여 점점 불교로 기울어지게 되었다. 뒤에 벼슬이 상서우승(尚書右丞)에까지 이르렀으나 한적한 생활을 좋아하여 만년엔 독서를 즐기었다. 그는 검소한 성품으로 무늬 있는 옷을 입지 아니하고 처가 죽은 뒤에는 재취(再娶)하지 않았다. 그후 망천(輞川)에 있는 산수가 기승(奇勝)한

남전별서(藍田別墅)에 가서 그곳에서 일생을 마쳤다. 그는 다재다예한 사람으로 시를 잘할 뿐 아니라 그림도 잘 그려 소동파(蘇東坡)가 '시중유화(詩中有畵), 화중유시(畵中有詩)'란 유명한 시어(詩語)를 남기게 하였다. 그는 오언율시(五言律詩)와 오언절구(五言絶句)를 가장 잘 지었으며, 망천에 있을 때는 특히 오언절구를 많이 썼는데 그 짤막한 20개의 글자 속에 유연신왕(悠然神往)하는 아름다운 경지를 담았다. 그는 원래 부귀공자(富貴公子)였으나 뒤에 산수에 정을 붙인 까닭에 시 중에 염정담원(恬靜淡遠)한 정조가 넘치며 또 그런 유려수미(柔麗秀美)한 글을 쓰게 되었던 것이다. 《사감유평(史鑑類評)》에 그의 시를 '상림춘효(上林春曉), 방수미석(芳樹微熽)'이라 한 것은 적절한 표현이라 하겠다. 그는 안사(安史)의 난이 일어났던 시기에 살았던 사람이었으나 현실에 관심이 없었던 까닭에 그의 시 가운데 시 대상을 반영시킨 것은 찾아보기 힘들다. 《당왕우승집(唐王右丞集)》 6권이 전한다.

왕한(王翰, 687~726) 《구당서(舊唐書)》에는 왕한(王澣)으로 되어 있다. 자는 자우(子羽)로 산서성(山西省) 진양(晉陽) 사람. 진사에 급제하여 벼슬이 통사사인(通事舍人)·가부(駕部 : 輿馬驛運을　管掌)원외(員外)에 이르렀다. 선주(仙州 : 河南省 葉縣)에서 별가(別駕)를 지낼 때 매일 재사(才士)와 호걸들과 더불어 음주·수렵을 즐겼다. 뒤에 호남(湖南)·도주(道州)의 사마(司馬)로 좌천되어 그곳에서 죽었다. 특히 〈양주사(涼州詞)〉가 유명하며 《왕한집(王翰集)》 10권이 있다.

위야(魏野, 960~1019) 자는 중선(仲先), 호는 초당거사(草堂居士). 북송의 은일시인(隱逸詩人). 벼슬을 멀리하고 섬주(陝州) 동교(東郊)에 낙천동(樂天洞)을 마련하고, 금(琴)을 벗하여 평생을 보냈다. 죽은 뒤 비서성(秘書省) 저작랑(著作郞)이 추증되었다. 정고(精苦)하여 시를 지었고 속기(俗氣)가 없었으며, 경발(警拔)한 구절이 많았고, 당인시풍(唐人詩風)이 있어 임화정(林和靖)과 병칭되었다. 그의 시집 《초당집(草堂集)》은 뒤에 《거록동관집(鉅鹿東觀集)》 10권으로 전하여지게 되었다.

위응물(韋應物, 737~790?) 당나라 장안(長安) 사람. 젊었을 적에는 의협을 좋아했고 삼위랑(三衛郞)으로 현종(玄宗)을 섬겼다. 뒤에 저주(滁州)·강주(江州)·소주(蘇州) 등지의 자사(刺史)를 지내어, 위강주(韋江州) 또는 위소주(韋蘇州)라고도 부른다. 그의 시는 전원풍물의 묘사에 뛰어났고, 문장이 간결하면서도 담박하다. 간혹 당시의 민생질고를 반영하는 작품도 썼다. 도연명(陶淵明)을 좋아하여 그를 의작한 작품이 적지않고, 왕유(王維)·맹호연(孟浩然)·유종원(柳宗元) 등과 함께 자연을 노래한 작가를 대표한다. 《위소주집(韋蘇州集)》 10권이 전한다.

원진(元稹, 779~831) 자는 미지(微之). 당나라 하남(河南 : 河南省 洛陽) 사람. 열다섯 살에 진사가 된 뒤 좌습유(左拾遺) 등을 거쳐 감찰어사(監察御史)가 되었으나, 정쟁에 말려들어 통주사마(通州司馬)로 쫓겨났다. 그러나 중도에 변절하여 환관(宦官)에게 붙어 공부시랑(工部侍郞)이 되었고, 목종(穆宗) 때에는 배도(裵度)와 함께 재상 자리에 올랐고, 무창절도사(武昌節度使)가 되어 죽었다. 그는 백거이와 친했고 문학이념도 비슷하여 현실을 풍자하는 신악부운동(新樂府運動)을 전개하여 세상에선 백거이와 함께 '원백(元白)'이라 불렀다. 시의 표현이나 내용이 백거이에 매우 가까우나

모든 면에서 백거이보다는 한 수 아래이다. 《원씨장경집(元氏長慶集)》 100권, 《소집(小集)》 10권이 전한다.

유방(劉邦, 기원전 257~195) 자는 계(季). 한(漢)나라 개국(開國) 황제인 고조(高祖). 본디 패국(沛國) 풍읍(豐邑 : 江蘇省 沛縣) 사람이어서, 뒤에 패공(沛公)이라 부르기도 하였다. 본디 사수(泗水) 가의 정장(亭長 : 里長)이었으나 진말(秦末)에 기의(起義)하여 항우(項羽)와 함께 진(秦)을 쳤다. 항우는 패공을 한왕(漢王)에 봉했으나, 뒤엔 항우와 싸워 천하를 통일한 뒤 국호를 한(漢)이라 하고 함양(咸陽)에 도읍을 정하였다. 12년 천자로 세상을 다스렸고, 〈대풍가(大風歌)〉 이외에도 〈홍곡가(鴻鵠歌)〉가 전한다.

유영(柳永, 1045 전후) 원명(原名)은 삼변(三變), 자는 기경(耆卿). 북송 숭안(崇安 : 福建省) 사람. 형제의 배항(排行)이 일곱번째라 유칠(柳七)이라고도 부르고, 진사가 된 뒤 둔전원외랑(屯田員外郞)을 잠시 지내 유둔전(柳屯田)이라고도 부른다. 낭만적이어서 그밖엔 벼슬도 못하고 술과 여자 속에 파묻혀 일생을 보냈다. 그는 사(詞)의 작가로 특히

장조(長調)인 만사(慢詞)를 창작하여 그의 사는 널리 노래불려졌고 송사(宋詞) 발전에 큰몫을 하였다. 시는 별로 전하는 게 없으며 사집(詞集)으로 《악장집(樂章集)》이 전한다.

유우석(劉禹錫, 772~843) 자는 몽득(夢得). 당나라 중산(中山) 무극(無極 : 河北省) 사람. 정원(貞元) 9년(793)에 진사가 되어 감찰어사(監察御史)를 지냈다. 유종원(柳宗元)과 함께 정치혁신을 주장하는 왕숙문(王叔文) 집단에 들어가 탁지원외랑(度支員外郞)을 지내다, 숙문이 실패하자 낭주사마(朗州司馬)로 쫓겨났다. 오랜 뒤에 배도(裴度)의 추천으로 태자빈객(太子賓客) 등을 거쳐 검교예부상서(檢校禮部尙書)로 벼슬을 마쳤다. 죽은 뒤 호부상서(戶部尙書)가 추증되었다. 그의 시는 통속적이면서도 매끄러웠고 백거이와 친하게 지냈다. 특히 그의 민가적(民歌的) 작품들은 다른 시인들이 전혀 흉내내지 못할 수준이며, 고문(古文)도 잘 지었다. 《유빈객문집(劉賓客文集)》〔一名 《中山集》〕 30권, 《외집(外集)》 10권이 있다.

유종원(柳宗元, 773~819) 자는 자후(子厚). 당나라 하동(河東 : 山西省 永濟) 사람. 진사가 된 뒤 교서랑(校書郞) 등을 지냈다. 순종(順宗) 때 유우석(劉禹錫) 등과 왕숙문(王叔文)의 혁신 정치 집단에 참여하여 예부원외랑(禮部員外郞)을 지냈으나, 실패하자 영주사마(永州司馬)로 쫓겨났다. 원화(元和) 10년(815)엔 유주자사(柳州刺史)로 옮기어져 그곳에서 죽어, 사람들은 그를 유유주(柳柳州)라고도 부른다. 유종원은 한유(韓愈)와 함께 고문운동(古文運動)을 전개하여 흔히 '한유(韓柳)'라고도 부른다. 그의 산문은 한유의 웅혼함과는 달리 빼어난 맛이 있고, 사회의 모순을 비판하는 풍자적인 글과 산수유기(山水遊記)에 특히 뛰어났다. 시는 더욱 한유보다 세련되어 맑고 빼어난 풍격을 지녔고, 자연 속의 정경을 노래하여 도연명에서 왕유(王維)·맹호연(孟浩然)·위응물(韋應物)을 이어 받은 자연시파(自然詩派)로 알려졌다. 그의 시 중에는 청원(淸遠)한 한적을 읊은 좋은 시가 많다. 《유하동집(柳河東集)》 45권, 《외집(外集)》 2권이 있다.

육구몽(陸龜蒙, ?~881?) 자는 노망(魯望), 강호산인(江湖散人)·천수자(天隨子)·보리선생(甫里先生)

등으로 호하였다. 당나라 소주(蘇州 : 江蘇省) 사람. 학문에 뛰어났고 벼슬은 시작하자 곧 내던지고 송강(松江) 보리(甫里 : 江蘇省)에 숨어살았다. 피일휴(皮日休)와 함께 사람들은 '피륙(皮陸)'이라 불렀다. 산문에는 당시의 모순을 폭로하는 글이 많으나 시에는 자연 풍경을 노래한 게 많다. 많은 저술과 함께 《보리선생문집(甫里先生文集)》 20권을 남겼다.

이교(李嶠, 644~713) 자는 거산(巨山). 당초(唐初)의 조주(趙州) 찬황(贊皇 : 河北省) 사람. 어려서부터 문명을 날렸고, 진사가 된 뒤 급사중(給事中) 등을 지내다, 측천무후(則天武后)의 비위에 어긋나 윤주사마(潤州司馬)로 쫓겨났다. 오랜 뒤에 다시 봉각사인(鳳閣舍人)이 되었고, 동중서문하삼품(同中書門下三品)으로 특진하고 조국공(趙國公)에 봉해졌다. 현종 때엔 다시 노주별가(盧州別駕)로 쫓겨나기도 하였다. 그의 시는 영물(詠物)이 많아 정취가 부족하나 최융(崔融)·소미도(蘇味道) 등과 함께 이름이 알려졌다. 《문집(文集)》 50권, 《잡영시(雜詠詩)》 12권 등이 전한다.

이백(李白, 701~762) 자는 태백(太白), 청련거사(靑蓮居士)라 자호(自號)하였다. 두보(杜甫)와 함께 쌍벽을 이루는 당의 대표적 시인. 선조(先祖) 때 농서(隴西) 성기(成紀 : 甘肅省 天水)에 살다가 죄를 져서 서역(西域)으로 옮겼는데 이백은 이곳에서 태어났다. 모친이 아마 호인(胡人)인 것같이 생각하므로 이백은 혼혈종일 가능성도 있다[당시 그를 가리켜, 눈은 불꽃 같고 입을 벌리면 굶주린 호랑이 같다고 했다]. 5세 되던 때 온 집안이 사천(四川)으로 갔다. 그래서 어떤 사람은 그를 촉군(蜀郡) 사람이라고도 한다. 또 그 스스로는 농서(隴西 : 지금의 甘肅省) 포의(布衣)라 하고 있다[與韓荊州書].[어떤 사람은 이백의 선조는 원래 胡人이었는데 장사하러 四川에 옮겨 왔다고도 말한다] 그의 일생은 낭만으로 가득 차 있으며 세상일에 구애받지 않았다. 어려서부터 의협심이 강했고 재산을 가볍게 여겨 남에게도 상당히 후하였다. 열다섯 살이 되어서는 검술을 좋아하여 널리 제후들의 일에도 간여하였다. 또 일찍이 양주(楊州)에 놀러가서는 1년도 되지 못해 황금 3천여만을 써버렸다 한다. 또 젊어서 사람을 몇 명 죽였으나 거리끼지 않았다는 말도 있다. 25세쯤 되던 무렵 촉(蜀)을 떠나 장강(長江)·한수(漢水)·제(齊)·노(魯) 등의 지방을 두루 돌아다녔다. 천보(天寶) 초에 장안에 이르러 하지장(賀知章)의 알선으로 현종을 만나 송(頌) 한 편을 올리어 한림원(翰林院)에 공봉(供奉)케 되어, 후세엔 이한림(李翰林)이라고도 부른다. 한번은 현종이 침향정(沉香亭)에서 양귀비와 잔치를 벌이고 꽃구경을 하면서 이백을 불러 시를 짓게 하였는데, 이때 지은 것이 바로 〈청평조(淸平調)〉 3수이다. 그는 벼슬은 하지 못하고, 곧 다시 장안을 떠나 여러 곳을 만유(漫游)하였다. 안녹산이 난을 일으켰을 때는 여산(廬山)에 있었는데 영왕(永王) 이린(李璘)의 청을 받아 그를 돕다가 이린의 모반이 실패하자 그도 잡혀갔으나 곽자의(郭子儀)의 도움으로 죽음을 면하여 야랑(夜郎)으로 귀양가게 되었는데 도중에 사면되어 돌아왔다. 그 뒤에 곧장 심양(潯陽：九江)·의성(宜城)·금릉(金陵) 일대를 유랑하였다. 마지막에는 집안 아저씨뻘 되는 당도령(當塗令) 이양빙(李陽冰)에게 의지하여 살았는데, 전하는 말에 의하면 채석기(采石磯)에서 뱃놀이를 하다가 술에 취하여 달을 잡으려고 물속에 뛰어들어 죽었다고 한다. 그는 낭만 시인(浪漫詩人)의 한 사람으로 남

아 있다. 고사(故事)도 무척 많아서 일일이 기록할 수 없는 정도이다. 그의 시풍은 첫째 의기호매(意氣豪邁)하여 늘 자기 마음대로 글을 써서 굉려(宏麗)하고 웅위(雄偉)한 의경(意境)을 나타내고 있다. 둘째 정사표일(情思飄逸)하여 시문이 선인(仙人)의 말 같아서 사람들을 감탄케 한다〔賀知章은 그를 ‘謫仙人’이라 불렀다〕. 또 일생 동안 시국이 뜻과 같지 않다고 생각하여 시 가운데 퇴미(頹靡)하고 자방(自放)한 의취가 엿보인다. 두보가 이백을 읊어 ‘실컷 술마시고 미친 듯 노래부르며 공연히 나날을 보냈으니, 높이 휘날리고 우뚝 솟은 의기는 누구 위해 웅장한 것인가?〔痛飮狂歌空度日, 飛揚跋扈爲誰雄〕’라 하였다. 《이태백시(李太白詩)》30권이 전한다.

이신(李紳, 780~846) 자는 공수(公垂). 당나라 무석(無錫：江蘇省) 사람. 진사가 된 뒤 국자감조교(國子監助敎)를 지냈고, 무종(武宗) 때에는 재상이 되었고, 뒤에 회남절도사(淮南節度使)도 지냈다. 시호는 문숙(文肅)이라 하였다. 이덕유(李德裕)·원진(元稹)과 함께 ‘삼준(三俊)’이라 불리우기도 하였고, 백거이(白居易)·원진(元稹)과 친교

를 맺어 신악부운동(新樂府運動)에 참여하여 현실을 풍자하는 많은 작품을 썼다. 《추석유집(追昔游集)》이 전한다.

이업(李鄴, 曹鄴 816~875?의 잘못) 《당문수(唐文粹)》엔 〈독이사전(讀李斯傳)〉 시를 조업(曹鄴)의 작이라 하였고, 《당시기사(唐詩紀事)》에서도 조업이 이 시를 지었다 하였다. 조업은 자가 업지(鄴之), 당나라 계림(桂林 : 廣西省) 사람. 진사가 된 뒤 함통(咸通) 초(860) 태상박사(太常博士)가 되고 양주자사(洋州刺史)도 지냈다. 사회 현실과 서민들의 어려운 생활에 대하여 눈을 떴던 작가이며, 《조업집(曹鄴集)》 1권이 전한다.

이하(李賀, 791~817) 자는 장길(長吉). 창곡(昌谷 : 河南省 宜陽) 사람. 당실(唐室)의 후손으로 어려서부터 글을 잘 지어, 한유(韓愈)·황보식(皇甫湜) 등에게 인정을 받았고 심아지(沈亞之)와 친하게 지냈다. 벼슬은 봉예랑(奉禮郎)·협율랑(協律郎)을 지냈으나 27세에 죽었다. 그의 시는 예리한 감각을 바탕으로 하여 새로운 표현과 상상을 융합시켜 아름답고 신기한 경지를 이루고 있어, 흔히 귀재(鬼才)라 일

컬어진다. 특히 악부가행(樂府歌行)에 뛰어났고, 현실을 풍자하는 작품들도 있다. 전체적으로 음울한 분위기를 느끼게 하며, 자기의 온 심령을 기울여 시를 쓴 듯하다. 《이장길가시(李長吉歌詩)》 4권이 전한다.

인종황제(仁宗皇帝, 1010~1063) 조정(趙禎). 처음 이름은 수익(受益). 진종(眞宗)의 여섯째 아들로 송나라 네번째 임금. 43년 동안 세상을 다스렸고, 인종은 그의 묘호(廟號)임. 그의 시대엔 부필(富弼)·한기(韓琦)·범중엄(范仲淹)·구양수(歐陽修) 등의 명신이 조정에 가득 찼고, 인종 자신도 공검한 위에 백성을 사랑하여 훌륭한 정치를 하였다.

잠참(岑參, 715~770) 원적(原籍)이 하남성(河南省) 남양(南陽)이나 뒤에 형주(荊州)·강릉(江陵)으로 옮겨와 살았다. 사천(四川) 가주자사(嘉州刺史)로 있었던 까닭에 잠가주(岑嘉州)라고도 부른다. 만년은 성도(成都)에서 지내다 그곳에서 죽었다. 그는 악부의 민가적(民歌的) 정신과 어조로 변경의 풍광과 전장의 정경을 잘 읊었다. 그러므로 고적(高適)과 시풍이 비슷하여 흔히 '고잠(高岑)'이라고 부른다. 그의

시는 청초초기(淸峭超奇)한 것이 특징이고 중년에 봉상청(封常淸)의 군대를 따라 신강(新疆)에 가있었으므로 서역 지방에 관한 시가 많은데, 이것들은 특히 호방정발(豪放挺拔)하다. 《잠가주집(岑嘉州集)》18권이 있다.

장곡(張轂, 연대 및 何人인지 미상) 《고문대전(古文大全)》에는 장곡(張穀)으로 되어 있으나, 모두 어떤 사람인지 알 수 없다. 이 책의 〈행로난(行路難)〉은 《악부시집(樂府詩集)》·《당문수(唐文粹)》·《장사업집(張司業集)》에 모두 장적(張籍)의 작품으로 되어 있으니, 장적의 잘못일 것이다.

장뢰(張耒, 1054~1114) 자는 문잠(文潛), 호는 가산(柯山)·완구선생(宛丘先生)이라고도 불리었다. 북송 초주(楚州) 회음(淮陰 : 江蘇省 淸江) 사람. 소철(蘇轍)에게 배웠고 소식(蘇軾)에게 문재를 인정받았다. 진사가 된 뒤 저작랑(著作郞)·기거사인(起居舍人)·용도각학사(龍圖閣學士) 등을 거쳐, 소식과 함께 귀양을 다니다가 휘종(徽宗) 때엔 태상소경(太常少卿)을 지냈다. 다시 영주(穎州)·여주(汝州)를 거쳐 진주(陳州) 숭복사(崇福寺) 주관

(主管)으로 있다 죽었다. 시는 백거이를 본받았고 장적(張籍)의 악부도 배워, 당시의 사회상을 쉬운 표현으로 반영하기에 힘썼다. '소문사학사(蘇門四學士)' 중의 한 사람으로 《완구집(宛丘集)》76권을 남겼다.

장열(張說, 667~730) 자는 도제(道濟) 또는 열지(說之). 당나라 낙양(洛陽) 사람. 무후(武后) 때 과거에 급제하여 태자교서랑(太子校書郞)을 비롯 병부시랑(兵部侍郞)·홍문관학사(弘文館學士) 등을 지낸 뒤 현종 때에는 중서령(中書令)이 되고 연국공(燕國公)에 봉해졌다. 그 시대 조정의 중요한 문서는 모두 그의 손에서 나와 세상 사람들이 소정(蘇頲)과 함께 '대수필(大手筆)'이라 불렀다. 죽은 뒤 문정(文貞)이라 시(諡)하였다. 그는 시에도 뛰어나 특히 사경(寫景)과 서정에 정치(情致)를 보였다. 소설도 썼다 하며, 《장연공집(張燕公集)》30권이 전한다.

장영(張詠, 946~1015) 자는 복지(復之), 호는 괴애(乖崖). 북송 견성(鄄城 : 山東省) 사람. 태종(太宗) 때 진사가 된 뒤 익주지사(益州知事)·이부상서(吏部尙書)·진주지

사(陳州知事)를 지냈고, 죽은 뒤 좌복야(左僕射)가 추증되고, 충정(忠定)이라 시(諡)하였다. 성격이 강직하고 엄격하였으며 《괴애집(乖崖集)》12권을 남기고 있다.

장적(張籍, 768?~830?) 자는 문창(文昌). 당나라 화주(和州) 오강(烏江 : 安徽省) 사람. 진사가 된 뒤 태축비서랑(太祝秘書郎)·수부원외랑(水部員外郎)·국자사업(國子司業) 등의 벼슬을 지내어, 흔히 장사업(張司業) 또는 장수부(張水部)라고도 부른다. 그의 시풍은 백거이(白居易)와 비슷하여, 그 사회의 모순을 고발하는 악부체 시를 많이 지었다. 서정시에 있어서도 청려하면서도 진실하고 평담한 경향을 보여주는 수작들을 남겼다. 왕건(王建)과 함께 '장왕(張王)'이라 불리어지기도 하였고, 《장사업집(張司業集)》8권을 남기고 있다.

제갈량(諸葛亮, 181~234) 자는 공명(孔明). 삼국시대 촉한(蜀漢)의 승상으로 낭야(瑯琊 : 山東省) 사람. 처음엔 양양(襄陽)에 숨어살며 〈양보음(梁甫吟)〉이나 읊고 지냈으나, 촉주(蜀主) 유비(劉備)의 삼고초려(三顧草廬)로 세상에 나와 촉을 도와 싸워 《삼국지연의(三國志演義)》

의 중심 인물로 유명해졌다. 유비가 죽은 뒤엔 후주(後主)를 섬기며 싸워 무수한 일화를 남겼으나 결국은 뜻을 이루지 못한 채 전장에서 병으로 죽었다. 특히 그의 글로 〈출사표(出師表)〉가 유명하며 《제갈무후집(諸葛武侯集)》1권이 있다.

조경종(曹景宗, 506년 전후) 자는 자진(子震). 남조 양(梁)나라 때의 장군. 위(魏)나라 군사를 깨친 공으로 양무제(梁武帝)가 경릉태수(竟陵太守)를 내렸고, 뒤에 영주자사(郢州刺史)에 도독을 겸하였고, 경릉현후(竟陵縣侯)에 봉해졌다. 다시 시중중위장군(侍中中衛將軍)이 되었고, 회수(淮水)에서 위나라 장수 양대안(楊大眼)을 격파하고 개선했을 때 무제가 화광전(華光殿)에서 잔치를 열었는데, 그때 지은 〈경병운(競病韻)〉 시가 유명하다.

조식(曹植, 192~232) 자는 자건(子建). 삼국시대 위(魏)나라 조조(曹操)의 셋째 아들, 문제(文帝) 조비(曹丕)의 아우. 이 조조 3부자는 수많은 문인들을 이끌며 본격적으로 오언시를 짓기 시작하여 중국 문학을 제 궤도에 올려놓은 건안문학(建安文學)의 인도자들이다. 그 중에도 특히 조식의 시가 뛰어나다.

처음엔 동아왕(東阿王), 뒤엔 진왕(陳王)에 봉해졌고, 죽은 뒤 시(諡)를 사왕(思王)이라 하였다. 따라서 흔히 진사왕(陳思王)이라고도 부른다. 《조자건집(曹子建集)》10권이 있다.

주희(朱熹, 1130~1200) 자는 원회(元晦) 또는 중회(仲晦)·자양(紫陽). 운곡산인(雲谷山人)·회옹(晦翁)·창주병수(滄州病叟)·둔옹(遯翁) 등의 호를 썼다. 남송 휘주(徽州) 무원(婺源:江西省) 사람. 진사가 된 뒤 고종(高宗)·효종(孝宗)·광종(光宗)·영종(寧宗)을 섬기며, 벼슬이 보문각대제(寶文閣待制)에 올랐다. 그의 학문은 모든 이치를 추구하여 앎을 얻으며, 자신을 반성하고 성실히 행동하며 거경(居敬)을 위주로 하여, 마침내 송대 성리학(性理學)을 집대성하게 되었다. 따라서 성리학은 정주학(程朱學)·주자학(朱子學)으로도 불리운다. 죽은 뒤 문공(文公)이라 시(諡)하였고, 휘국공(徽國公)에 추봉되었으며, 공자묘(孔子廟)에 종사(從祀)되었다. 그는 학자였을 뿐만 아니라 시문에도 뛰어났고, 《시집전(詩集傳)》·《초사집주(楚辭集注)》등 문학 연구에 있어서도 큰 업적을 남겼다. 특히 그의 시는 송시(宋詩)의

두드러진 특징의 하나라 할 수 있는 철리(哲理)를 담은 작품들이 적지않다. 《주자문집(朱子文集)》100권을 비롯하여 수많은 저술을 남겼다.

증공(曾鞏, 1019~1083) 자는 자고(子固), 남풍선생(南豐先生)이라 호하였다. 북송 남풍(南豐:江西省) 사람. 일찍이 구양수(歐陽修)에게 문재를 인정받았고, 진사가 된 뒤 중서사인(中書舍人)을 지냈다. 산문은 중후하고 곧아서 주희(朱熹) 등 많은 사람들이 존중하였고 '당송팔대가(唐宋八大家)' 중의 한 사람이다. 시는 산문만은 못하나 작풍이 역시 성실하다. 《원풍유고(元豐類稿)》50권, 부록 1권이 있다.

진사도(陳師道, 1053~1101) 자는 이상(履常) 또는 무기(無己)라 하였고, 호를 후산거사(後山居士)라 하였다. 북송 팽성(彭城:江蘇省 徐州) 사람. 증공(曾鞏)을 사사(師事)했으나 과거는 보지 않았다. 뒤의 소식(蘇軾)의 추천으로 서주교수(徐州敎授)를 거쳐 비서성정자(秘書省正字)가 되었다. 그는 강서시파(江西詩派)의 중요한 작가로 시는 황정견(黃庭堅)과 두보를 본받으며 간고(簡古)한 풍격을 추구하

였고, 일상생활을 주제로 한 작품들이 많다. 서정에도 뛰어나며, 고문(古文)에도 능하였다. 《후산집(後山集)》30권이 전한다.

진종황제(眞宗皇帝, 968~1022) 조원간(趙元侃). 뒤에 이름을 항(恒)이라 고쳤고, 송나라 태종(太宗)의 셋째 아들로 송나라 세 번째 임금. 처음에 양왕(襄王)에 봉해졌다. 태자가 된 다음 태종이 죽자(997) 황제가 되어 25년 동안 나라를 다스렸다. 묘호(廟號)가 진종(眞宗)이며 영정릉(永定陵)에 묻혔다.

최호(崔顥, 704?~754) 당나라 변주(汴州 : 河南省 開封) 사람이다. 개원(開元) 11년(723) 진사에 급제하였다. 어떤 사람들의 설에 의하면 글을 잘 지었으나 행실은 경박했다고 한다. 도박을 좋아하고 술을 즐기며 여자도 미인만을 가렸기 때문에 오래 가지 못하고 헤어졌다. 관직은 사훈원외랑(司勳員外郞)에 이르렀다. 그의 시는 어려서는 대단히 부염경박(浮艶輕薄)하였으나 만년에는 기풍있고 뼈있는 시를 썼다. 그의 칠언율시 중 〈황학루(黃鶴樓)〉·〈행경화음(行經華陰)〉 등은 특히 유명하다. 《하악영령집(河岳英靈集)》과 《국수집(國秀集)》에

실린 시 10여편 이외에도 《최호시집(崔顥詩集)》이 있다.

한구(韓駒, ?~1135) 자는 자창(子蒼). 북송 촉(蜀 : 四川省)의 육정감(淯井監) 사람. 소식(蘇軾)에게 배워 시법을 논한 〈능양정법안(陵陽正法眼)〉을 짓기도 하였다. 정화(政和) 초(1111)에 아버지 친구 가상(賈祥)의 추천으로 휘종(徽宗)에게 그의 시문이 인정되어 진사가 된 뒤 비서성정자(秘書省正字)를 시작으로 휘유대제(徽猷待制)로 치사(致仕)하였다. 그의 시는 깎고 다듬고 한 끝에 이루어진 것이어서 여본중(呂本中)은 강서시파(江西詩派) 계보 속에 넣었으나 자신은 황정견(黃庭堅)과의 관계를 인정치 않았다. 《능양집(陵陽集)》이 전한다.

한유(韓愈, 768~824) 자는 퇴지(退之). 당나라 남양(南陽 : 河南省) 사람. 송대에 창려백(昌黎伯)에 추봉되어 흔히 한창려(韓昌黎)라고도 부른다. 일찍이 고아가 되어 형수에게 양육되었으나, 열심히 공부하여 정원(貞元) 8년(792)에 진사가 되었다. 벼슬은 일찍이 감찰어사(監察御史)·국자박사(國子博士) 등을 지냈으나 헌종(憲宗)이 불골(佛骨)을 맞아들이는 것을 간하는 〈논불

골표(論佛骨表)〉를 올렸다가 조주
자사(潮州刺史)로 좌천되었다. 뒤
에 다시 이부시랑(吏部侍郞)에까지
승진되었고 죽은 뒤 문공(文公)이
라 시(諡)하였다. 그는 사상면에서
유학을 숭상하고 불교를 내치며, 육
조 이래의 형식미를 강구한 변려문
(騈儷文)을 반대하고 고문운동(古
文運動)을 전개시켰다. 그 결과 유
종원(柳宗元)과 함께 당대(唐代)
고문의 쌍벽을 이루었고 '당송팔대
가' 중의 첫째 인물로 꼽히게 되었
다. 그의 시는 신기(新奇)한 표현을
추구하며 진부함을 반대하였고, 산
문적인 표현도 서슴치 않아 너무나
험괴(險怪)함에 흘렀다는 평을 듣
는다. 특히 유학에 있어서는 요순
(堯舜)에서 공맹(孔孟)으로 전해
내려오던 이른바 학문의 '도통(道
統)'을 주장하여 송대 성리학 발전
에도 적지않은 영향을 끼쳤다. 《창려
집(昌黎集)》40권과 《외집(外集)》
10권이 전한다.

형거실(邢居實, 1100년 전후) 자는
돈부(惇夫). 송나라 초 어사중승(御
史中丞)을 지냈고 정호(程顥)의 제
자였던 형서(邢恕)의 아들. 여덟 살
에 〈명비인(明妃引)〉을 지어 세상
에 알려졌고, 사마광(司馬光)에게
배웠으며, 소식(蘇軾)·황정견(黃

庭堅) 등과도 내왕이 있었던 사람
이다.

황정견(黃庭堅, 1045~1105) 자는 노
직(魯直), 호는 산곡도인(山谷道
人)·부옹(涪翁)이라 하였고, 북송
분녕(分寧 : 江西省 修水) 사람. 치
평(治平) 4년(1067)에 진사가 된
뒤 교서랑(校書郞)·신종실록검토
관(神宗實錄檢討官)·저작랑(著作
郞) 등을 지냈다. 소성(紹聖) 4년
(1094)에는 신종실록이 사실과 어
긋난다는 죄명으로 검주(黔州)·융
주(戎州 : 모두 四川省)에 유배당하
였다. 휘종(徽宗) 때 다시 태평주지
사(太平州知事) 등을 지냈으나 다
시 의주(宜州 : 湖北)로 귀양가 그
곳에서 죽었다. 그의 시는 형식상
두보를 배우면서도 '무일자무래처
(無一字無來處)'·'점철성금(點鐵
成金)' 등을 내세우며 독특하고 딱
딱한 풍격을 추구하였다. 그는 용속
(庸俗)함을 물리치고 시구를 단련
하는 데 많은 성과를 올렸으나 사
상이나 내용을 경시하고 형식에 너
무 편중한 느낌을 받게 한다. 어떻
든 이러한 그의 시풍은 강서시파
(江西詩派)를 이룩하여 송대 시단
에 큰 영향을 끼쳤다. 그는 소식(蘇
軾) 문하에서 나와 '소황(蘇黃)'이
라 불리우기도 하고, 진관(秦觀)·

조보지(晁補之)·장뇌(張耒)와　함
께 '소문사학사(蘇門四學士)'라 불
리우기도 하지만 스승 소식과는 풍
격이 다른 시풍을 개척했다.《황예

장집(黃豫章集)》30권과《별집(別
集)》14권이 있다. 서법(書法)에도
뛰어나 많은 비각(碑刻)과 묵적(墨
跡)도 남기고 있다.

색　인(索引)

新完譯 **古文眞寶** 前集

改訂 初版 發行 ● 2005年 1月 25日
改訂 初版 4刷 發行 ● 2022年 8月 10日

編纂者 ● 黃　　堅
譯著者 ● 金 學 主
發行者 ● 金 東 求

發行處 ● 明 文 堂 (1923. 10. 1 창립)
서울특별시 종로구 윤보선길 61(안국동)
우체국 010579-01-000682
전 화 (영) 733-3039, 734-4798
　　　(편) 733-4748
FAX 734-9209
Homepage / www.myungmundang.net
E-mail / mmdbook1@hanmail.net
등록 1977.11.19. 제1~148호

● 낙장 및 파본은 교환해 드립니다.
● 불허 복제·판권 본사 소유.

값 20,000원
ISBN 89-7270-765-1　94140
ISBN 89-7270-052-5　(세트)